Se vend à PARIS,

Chez DESRAY, Libraire, rue Haute-Feuille, N.° 4.

VOYAGE
DE DÉCOUVERTES
AUX TERRES AUSTRALES,

EXÉCUTÉ

SUR LES CORVETTES LE GÉOGRAPHE, LE NATURALISTE,

ET LA GOËLETTE LE CASUARINA,

Pendant les années 1800, 1801, 1802, 1803 et 1804;

SOUS LE COMMANDEMENT DU CAPITAINE DE VAISSEAU N. BAUDIN.

NAVIGATION ET GÉOGRAPHIE.

PUBLIÉ

PAR ORDRE DE SON EXCELLENCE LE MINISTRE DE LA MARINE ET DES COLONIES;

ET RÉDIGÉ

Par M. Louis FREYCINET, Capitaine de frégate, Chevalier de Saint-Louis et de la Légion d'honneur, Correspondant de l'Institut de France, et de la Société des Sciences, Belles-Lettres et Arts de Rochefort, &c.; Commandant du *Casuarina* pendant l'expédition.

...... Quæque ipse... vidi
Et quorum pars... fui.
ÆNEID. lib. 2.

(AVEC UN ATLAS.)

A PARIS,

DE L'IMPRIMERIE ROYALE.

1815.

PRÉFACE.

Les récits de voyages, lorsqu'ils sont moins destinés à l'instruction qu'à l'amusement des gens du monde, doivent atteindre leur but par la nouveauté des faits observés, l'éclat et la diversité des tableaux, souvent même par l'intérêt qu'ils inspirent pour les voyageurs. Afin d'en bannir la sécheresse, on écarte les détails minutieux de la science, et, au moyen d'oppositions ménagées à propos, on ne présente que ce qui peut plaire. C'est ainsi que LA HARPE, dans l'Histoire générale des Voyages, élagua de la volumineuse mais utile compilation de l'abbé PRÉVOST, tout ce qui étoit trop scientifique.

Tel ne sauroit être l'ouvrage que je présente au public: résumé de toutes les observations nautiques et hydrographiques recueillies pendant une longue navigation, étant de même que l'atlas auquel il sert de texte, destiné sur-tout aux marins et aux géographes, il faut que l'exactitude en fasse le principal mérite. Mais ce qui ne peut manquer de répandre une grande monotonie dans notre récit et dans la description des objets, c'est l'aspect uniforme de stérilité que nous ont

PRÉFACE.

offert la plupart des côtes le long desquelles nous avons navigué.

A notre retour en France, nous vîmes avec étonnement qu'il régnoit dans tous les esprits une prévention si défavorable contre nos travaux, que déjà on les jugeoit indignes d'être publiés : comme si les maux que nous avions soufferts, et dont un grand nombre de nos compagnons de voyage avoient été les victimes, eussent pu devenir un motif légitime de reproches !

Sans doute notre expédition a été contrariée de mille manières; on peut dire même qu'il n'en est point de ce genre qui, dans les temps modernes, ait été plus pénible ; mais les résultats dont elle a enrichi les sciences, ne la rendent-ils pas d'autant plus honorable pour ceux qui l'ont entreprise et poursuivie avec constance !

Cependant le Gouvernement ordonna de publier à ses frais les divers résultats de nos recherches. M. PÉRON fut chargé, par le Ministre de l'intérieur, de tout ce qui appartenoit aux sciences naturelles et à la relation du voyage : il s'est occupé de cette tâche jusqu'à sa mort. Les détails nautiques et géographiques étoient naturellement du ressort de la marine; la rédaction m'en fut confiée par le Ministre de ce département.

Il étoit indispensable que ce dernier ouvrage fût exécuté

PRÉFACE.

par l'un des membres de l'expédition : la plupart des matériaux n'eussent offert à tout autre qu'un dédale inextricable. Chacun de nous ayant, en effet, travaillé d'après ses vues particulières et suivi un plan différent, j'ai dû trouver parfois quelques lacunes, mais plus souvent une surabondance d'observations sur les mêmes points ; ce qui a contribué à retarder la marche de mon travail, en multipliant les difficultés. Il m'a fallu examiner un grand nombre de journaux, et discuter avec méthode et impartialité des opinions quelquefois divergentes : ordinairement, mes propres observations éclaircissoient mes doutes et fixoient mon incertitude ; mais quand je n'ai pu concilier des manières de voir qui se contrarioient mutuellement, je me suis astreint à rapporter les unes et les autres, laissant aux navigateurs qui nous succéderont à prononcer ultérieurement.

J'ai employé à la composition de cet ouvrage le résultat de mes travaux sur la corvette *le Naturaliste* et sur la goëlette *le Casuarina*; les journaux du Commandant BAUDIN, ceux de MM. HAMELIN, PÉRON, BAILLY, BOULLANGER, LESCHENAULT, H. FREYCINET, FAURE, RONSARD, RANSONNET, MONTBAZIN et BRETON, m'ont été particulièrement utiles pour les descriptions géographiques : à l'égard des autres classes de nos observations, j'ai soigneusement indiqué dans le cours de l'ouvrage les auteurs à qui elles sont dues ; il seroit inutile de le répéter ici.

PRÉFACE.

Un navigateur Anglois, dont j'honore la mémoire et les talens, le Capitaine MATTHEW FLINDERS, étoit, en même temps que nous, vers la côte du Sud-Ouest de la Nouvelle-Hollande, et s'y occupoit des mêmes recherches. Sa relation n'a été publiée qu'en 1814, deux ans après l'impression de mon atlas, et je me suis abstenu de faire usage, dans le texte, des précieuses observations qu'elle renferme. Il ne faut donc pas confondre avec les derniers travaux de FLINDERS, ceux que, plusieurs fois, j'ai eu occasion de citer, et qu'il exécuta en 1798 et 1799 à la Nouvelle-Hollande et à la Terre de Diémen, lorsqu'il étoit Lieutenant sur la corvette *the Reliance*.

Le premier volume de l'histoire de notre voyage, rédigé par PÉRON, a donné lieu à M. FLINDERS d'attaquer notre nomenclature, et de réclamer le droit de première découverte, relativement aux parties de la côte Sud-Ouest de la Nouvelle-Hollande, vues, en premier lieu, par lui et par le Capitaine GRANT.

Tout en accordant à ces navigateurs *la priorité de découvertes* pour les terres qu'ils ont aperçues avant nous, ce que jamais M. PÉRON ni moi ne leur avons contesté, il est vrai de dire que nous n'avons eu connoissance des matériaux de leurs voyages, qu'après notre retour en France et depuis qu'ils ont été rendus publics. Notre exploration est donc aussi un

travail

PRÉFACE.

travail *de découvertes;* et quant à la nomenclature des Anglois, il est certain que nous ne pouvions pas l'employer avant de la connoître.

Ce peu de mots suffit déjà pour justifier nos intentions; je reviendrai néanmoins plus en détail sur cette matière, dans le second volume de l'Histoire de notre voyage, que je dois incessamment mettre au jour.

Plusieurs savans ont bien voulu m'aider de leurs conseils: la reconnoissance me fait un devoir de nommer feu MM. DE BOUGAINVILLE et DE FLEURIEU, ainsi que MM. DE ROSSEL, BUACHE et BEAUTEMPS - BEAUPRÉ. Leurs soins obligeans m'ont aplani une partie des difficultés que présentoit cet ouvrage : si les efforts que j'ai faits laissent encore voir mon insuffisance, ils attesteront peut-être aussi le zèle persévérant qui m'a soutenu.

NOMS DES OFFICIERS, ASPIRANS, SAVANS ET ARTISTES,

embarqués pour l'expédition de Découvertes aux Terres Australes.

Nota. On a fait précéder d'un * les noms des personnes qui, par raison de santé ou par d'autres motifs, ne sont pas allées jusqu'aux Terres Australes, et sont restées à l'Ile-de-France dès le commencement de la campagne.

1.° A bord de la corvette *le Géographe*. | Partie du Havre le 19 octobre 1800.
Rentrée à Lorient le 25 mars 1804.

État-major.

NICOLAS BAUDIN............	Capitaine de vaisseau, Commandant de l'expédition; mort à l'Ile-de-France, le 16 septembre 1803.
LE BAS DE SAINTE-CROIX...	Capitaine de frégate; débarqué malade sur l'île Timor, le 2 novembre 1801.
*PIERRE-GUILLAUME GICQUEL.	Lieutenant de vaisseau; laissé malade à l'Ile-de-France, le 25 avril 1801.
*FRANÇOIS-ANDRÉ BAUDIN....	Lieutenant de vaisseau; laissé malade à l'Ile-de-France, le 25 avril 1801.
HENRI DESAULSES DE FREYCINET.	Enseigne de vaisseau; fait Lieutenant de vaisseau provisoire à Timor, le 20 octobre 1801; confirmé dans ce grade le 5 mars 1803.
*JEAN-ANTOINE CAPMARTIN...	Enseigne de vaisseau; laissé malade à l'Ile-de-France, le 25 avril 1801.
FRANÇOIS-MICHEL RONSARD..	Ingénieur-constructeur de la marine; a rempli les fonctions d'Enseigne de vaisseau depuis le 29 septembre 1801, et celles de Lieutenant depuis le 20 octobre 1801.

NOMS DES OFFICIERS, &c.

Offi.^{rs} **de santé.**
- Lharidon de Crémènec..... Chirurgien-major.
- Hubert-Jules Tailleter..... Second Chirurgien ; passé à bord du *Naturaliste*, au port Jackson, le 3 novembre 1802.

Aspirans de la marine.
- Bonnefoi de Montbazin..... Aspirant de 1.re classe ; fait Enseigne de vaisseau provisoire à Timor, le 20 octobre 1801 ; confirmé dans ce grade le 24 avril 1802.
- *Peureux de Mélay........ Aspirant de 1.re classe ; laissé malade à l'Ile-de-France, le 25 avril 1801.
- *Pierre-Antoine Morin..... Aspirant de 1.re classe ; laissé malade à l'Ile-de-France, le 25 avril 1801.
- Désiré Breton............ Aspirant de 1.re classe ; passé à bord du *Naturaliste*, à Timor, le 29 octobre 1801.
- Hyacinthe de Bougainville. Aspirant de 2.e classe ; fait Aspirant de 1.re classe provisoire à Timor, le 20 octobre 1801 ; passé à bord du *Naturaliste*, au port Jackson, le 3 novembre 1802.
- Charles Baudin (des Ardennes). Aspirant de 2.e classe.
- *Jacques-Philippe Montgery. Aspirant de 2.e classe ; laissé malade à l'Ile-de-France, le 25 avril 1801.
- Jean-Marie Maurouard.... Aide-timonnier ; fait Aspirant de 1.re classe provisoire à Timor, le 20 octobre 1801 ; passé à bord du *Naturaliste*, au port Jackson, le 3 novembre 1802.

NOMS DES OFFICIERS, &c.

Savans et Artistes.

*Frédéric Bissy............. Astronome ; laissé malade à l'Ile-de-France, le 25 avril 1801.

Charles-Pierre Boullanger. Ingénieur hydrographe ; est passé à deux reprises sur la goëlette *le Casuarina*, savoir : 1.° du 7 au 27 décembre 1802 ; 2.° du 10 janvier au 18 février 1803.

Leschenault de la Tour.... Botaniste ; passé sur *le Naturaliste*, à Timor, le 7 octobre 1801 ; rembarqué sur *le Géographe*, au port Jackson, le 3 novembre 1802 ; laissé malade à Timor, le 2 juin 1803.

René Maugé............... Zoologiste ; mort à l'île Maria, le 21 février 1802.

François Péron............ Zoologiste.

Stanislas Levillain........ Zoologiste ; passé à bord du *Naturaliste*, à l'Ile-de-France, le 22 avril 1801 ; mort en mer le 29 décembre 1801.

Louis Depuch............. Minéralogiste ; passé sur *le Naturaliste*, au port Jackson, le 3 novembre 1802 ; le 3 février 1803, débarqué malade à l'Ile-de-France, où il est mort peu de jours après.

Charles-Alexandre Lesueur. Peintre d'histoire naturelle.

Nicolas-Martin Petit...... Peintre de genre.

*Jacques Milbert........... Peintre de paysage ; laissé malade à l'Ile-de-France, le 25 avril 1801.

*Louis Lebrun.............. Dessinateur-architecte : laissé malade à l'Ile-de-France, le 25 avril 1801.

Anselme Riedlé............ Jardinier en chef ; mort à Timor, le 21 octobre 1801.

Antoine Sautier........... Garçon jardinier ; mort en mer, le 15 novembre 1801.

Antoine Guichenot*........ Garçon jardinier.

a C'est par erreur que ce nom se trouve autrement orthographié dans le corps du texte et sur nos cartes.

NOMS DES OFFICIERS, &c.

2.° A bord de la corvette *le Naturaliste*. { Partie du Havre le 19 octobre 1800.
Rentrée dans le même port le 7 juin 1803.

État-major.

Emmanuel Hamelin..........	Capitaine de frégate ; commandant la corvette.
*Bertrand Bonie............	Lieutenant de vaisseau ; laissé malade à l'Ile-de-France, le 25 avril 1801.
Pierre Milius..............	Lieutenant de vaisseau ; fait Capitaine de frégate provisoire à Timor, le 20 octobre 1801 ; laissé malade au port Jackson, le 18 mai 1802. Après la mort du Commandant Baudin, à l'Ile-de-France, embarqué sur *le Géographe*, pour en prendre le commandement, le 28 septembre 1803.
Louis Desaulses de Freycinet.	Enseigne de vaisseau ; fait Lieutenant de vaisseau provisoire à Timor, le 20 octobre 1801 ; confirmé dans ce grade le 5 mars 1803 ; nommé au commandement de la goëlette *le Casuarina*, au port Jackson, le 23 septembre 1802. Lors du désarmement de ce bâtiment à l'Ile-de-France, passé sur *le Géographe* le 29 août 1803.
Jacques de Saint-Cricq....	Enseigne de vaisseau ; fait Lieutenant de vaisseau provisoire à Timor, le 20 octobre 1801.
François Heirisson.'........	Enseigne de vaisseau.
Furcy Picquet.............	Enseigne de vaisseau ; passé à bord du *Géographe*, à l'Ile-de-France, le 22 avril 1801 ; débarqué sur l'île Timor, le 26 août 1801.

Off.⁺⁺ de santé.	Jérôme Bellefin............	Chirurgien-major.
	François Collas............	Pharmacien; passé sur *le Géographe*, au port Jackson, le 3 novembre 1802.
Aspirans de la marine.	Joseph Ransonnet..........	Aspirant de 1.ʳᵉ classe; fait Enseigne de vaisseau provisoire, à Timor, le 20 octobre 1801; confirmé dans ce grade le 26 octobre 1803; passé à bord du *Géographe*, à Timor, le 29 octobre 1801; passé à bord du *Casuarina*, à Timor, le 10 mai 1803; et rembarqué sur *le Géographe*, à l'Ile-de-France, le 29 août 1803.
	Charles Moreau............	Aspirant de 1.ʳᵉ classe; fait Enseigne de vaisseau provisoire à Timor, le 20 octobre 1801.
	*Julien Billard............	Aspirant de 1.ʳᵉ classe; laissé malade à l'Ile-de-France, le 25 avril 1801.
	Étienne Giraud............	Aspirant de 1.ʳᵉ classe.
	Victor Couture............	Aspirant de 1.ʳᵉ classe.
	Mengin Duvaldailly.......	Aspirant de 2.ᵉ classe.
	*André Bottard............	Aspirant de 2.ᵉ classe; laissé malade à l'Ile-de-France, le 25 avril 1801.
	*Étienne Isabelle..........	Aspirant de 2.ᵉ classe; laissé malade à l'Ile-de-France, le 25 avril 1801.
	Joseph Brue...............	Aspirant de 1.ʳᵉ classe, embarqué à l'Ile-de-France, le 21 avril 1801; passé sur *le Géographe*, à Timor, le 29 octobre 1801; rembarqué sur *le Naturaliste*, au port Jackson, le 3 novembre 1802.

NOMS DES OFFICIERS, &c.

Suite des Aspirans de la marine.	Brévedent du Bocage.....	Aide-timonnier; fait Aspirant de 2.ᵉ classe provisoire, à Timor, le 20 octobre 1801, et Enseigne de vaisseau le 26 octobre 1803; embarqué sur *le Casuarina*, au port Jackson, le 23 septembre 1802; passé sur *le Géographe*, à Timor, le 10 mai 1803.
	Amand Desgouhier.........	Pilotin; fait Aspirant de 2.ᵉ classe provisoire à Timor, le 20 octobre 1801; mort en mer le 26 mai 1803.
Savans et Artistes.	Pierre-François Bernier....	Astronome; passé sur *le Géographe*, à l'Ile-de-France, le 22 avril 1801; mort en mer le 6 juin 1803.
	Pierre Faure..............	Ingénieur géographe; passé sur *le Géographe*, au port Jackson, le 3 novembre 1802; débarqué à l'Ile-de-France, le 15 décembre 1803.
	*André Michaux............	Botaniste; débarqué à l'Ile-de-France, le 20 avril 1801.
	*Jacques Delisse............	Botaniste; laissé malade à l'Ile-de-France, le 25 avril 1801.
	*Bory de Saint-Vincent.....	Zoologiste; laissé malade à l'Ile-de-France, le 25 avril 1801.
	*Désiré Dumont............	Zoologiste; laissé malade à l'Ile-de-France, le 25 avril 1801.
	Charles Bailly............	Minéralogiste; passé à bord du *Géographe*, au port Jackson, le 3 novembre 1802.
	*Michel Garnier...........	Peintre de genre; laissé malade à l'Ile-de-France, le 25 avril 1801.
	*François Caguet..........	Garçon jardinier; débarqué à l'Ile-de-France, le 20 avril 1801.
	*Merlot...................	Garçon jardinier; débarqué à l'Ile-de-France, le 20 avril 1801.

3.° A bord de la goëlette *le Casuarina*. { Armée au port Jackson, le 23 septembre 1802.
Désarmée à l'Ile-de-France, le 29 août 1803.

État-major.
{
Louis Desaulses de Freycinet. Lieutenant de vaisseau, commandant la goëlette.
Brévedent du Bocage....... Aspirant de 2.ᵉ classe, faisant fonction d'Enseigne de vaisseau; passé à bord du *Géographe*, à Timor, le 10 mai 1803.
Joseph Ransonnet.......... Enseigne de vaisseau; embarqué à Timor, en remplacement de M. Brévedent, le 10 mai 1803.
}

VOYAGE

VOYAGE

DE

DÉCOUVERTES

AUX TERRES AUSTRALES.

NAVIGATION ET GÉOGRAPHIE.

LIVRE I.er

ITINÉRAIRE.

L'HISTOIRE générale et particulière des voyages, en présentant dans des cartes plus ou moins exactes la configuration des pays qui ont été visités, doit encore faire connaître la marche qu'on a suivie pour y parvenir, et le concours des moyens employés dans l'exécution de ces travaux géographiques. Ce sont ces détails qui prouvent la véracité du narrateur et l'exactitude des résultats qu'il publie. Aussi nous voyons que dans toutes les relations de ce genre, quelque intéressantes qu'elles soient d'ailleurs, on n'a pu s'affranchir de l'ordre des dates, quoiqu'il y répande plus ou moins de sécheresse et de monotonie.

Notre expédition de découvertes aux Terres Australes offrira peut-être le premier exemple d'une longue navigation dont l'histoire se trouve partagée en deux parties distinctes : 1.° l'historique proprement dit, retraçant les connoissances physiques et naturelles qui intéressent la plupart des savans, les incidens et les événemens divers qui captivent l'attention des curieux ; 2.° les travaux nautiques, astronomiques et géographiques, qui sont plus particulièrement du ressort des marins, et qui, tout au plus, occupent la classe peu nombreuse de ceux qui se livrent spécialement à l'étude du globe et s'intéressent aux progrès de l'astronomie.

Telle est la division naturelle autant qu'ingénieuse conçue par Son Exc. l'amiral DECRÈS, Ministre de la marine et des colonies, en me traçant la tâche que j'avois à remplir.

M. PÉRON [a] n'a pas dû, dans sa brillante relation, suivre un autre ordre que celui des dates, pour mieux établir la série et la liaison des événemens qu'il rapporte. Je n'aurai pas, comme lui, l'avantage de reproduire ici ces observations curieuses, ces anecdotes piquantes, qui, embellies par les charmes du style, font ressortir en même temps l'intérêt de l'ouvrage et le mérite de l'écrivain : ma tâche doit se borner à présenter à ceux qui voudront lire mon travail, l'exposé fidèle des notions que nous avons pu recueillir sur des pays qu'ils auroient à visiter après nous.

Il falloit donc commencer par tracer l'itinéraire de notre voyage : quoique nécessairement aride, cette partie est néanmoins indispensable pour faire connoître l'ordre successif de nos opérations. Elle formera le premier Livre.

Le second comprendra les descriptions nautiques et géographiques, et le troisième l'analyse des cartes. Nous réunirons dans le Livre suivant, les résultats généraux de nos observations, et le tableau de nos routes diverses, pendant le voyage.

[a] Rédacteur de la partie historique du Voyage aux Terres Australes.

LIVRE I.er ITINÉRAIRE.

§. 1.er

DE FRANCE À L'ILE-DE-FRANCE.

[Du 19 Octobre 1800 au 25 Avril 1801.]

LES corvettes *le Géographe* et *le Naturaliste*, chargées par Sa Majesté de faire des découvertes dans les régions Australes, partirent du port du Havre le 19 octobre 1800. Elles se dirigèrent d'abord sur Ténériffe, où elles devoient prendre du vin de campagne et quelques rafraîchissemens. Après une relâche de onze jours, qui ne produisit point les avantages sur lesquels nous avions compté, nous remîmes sous voiles le 13 novembre au soir, et nous poursuivîmes notre route vers l'Ile-de-France.

Cinq jours après nous doublâmes le Cap-Vert à quarante lieues de distance. Notre Commandant vouloit couper l'équateur par les 10 ou 12° de longitude à l'Ouest du méridien de Paris; mais les calmes et les courans que nous rencontrâmes à l'entrée du golfe de Guinée, contrarièrent beaucoup ce projet, et nous repoussèrent fort loin vers l'Ouest. Nous ne pûmes effectuer ce passage que par les 23° 40' de longitude, et le 12 décembre seulement. Ce retard nous fut pénible, et il influa de la manière la plus fâcheuse sur la suite de notre voyage [a]. Nous eûmes la vue du Cap de Bonne-Espérance le 3 février 1801, et nous le dépassâmes avec rapidité, nous bornant à prendre les relèvemens nécessaires pour vérifier la marche de nos montres marines.

Après avoir doublé Madagascar, nous éprouvâmes, par les 52 degrés de longitude orientale, une violente bourasque du S. S. O. au S. S. E., qui ne dura que vingt-quatre heures, mais qui nous causa quelques légères avaries. Nous nous remîmes bientôt en route, et fûmes rendus à l'Ile-de-France le 15 mars au soir.

1800.
Octobre.

Novembre.

Décembre.

1801.
Février.

Mars.

[a] *Voyage aux Terres Australes, historique*, tom. *I*, pag. 64 et 207.

Le but de notre relâche dans cette colonie étoit de remplacer les provisions consommées pendant la traversée, et de nous procurer le vin et les autres denrées que notre Commandant avoit d'abord espéré de trouver à Ténériffe. Mais ici les ressources étoient moins abondantes encore ; en sorte qu'après bien des tentatives infructueuses, il fallut se contenter d'un approvisionnement médiocre, et se résoudre, pour la suite du voyage, à des privations multipliées.

Plusieurs officiers et savans de l'expédition, incommodés déjà par les fatigues du voyage, obtinrent leur débarquement, et restèrent dans la colonie.

Nous fîmes nos dispositions pour mettre sous voiles, et le 25 avril nous dirigeâmes notre route vers la Nouvelle-Hollande.

§. 2.

DE L'ILE-DE-FRANCE À TIMOR.

[Du 25 Avril au 13 Novembre 1801.]

APRÈS nous être élevés par le parallèle de 30 à 34 degrés pour trouver des vents favorables, nous gouvernâmes à l'Est, et nous eûmes connoissance de la Terre de Leuwin, le 27 mai 1801, par les 34° 20′ de latitude : c'est l'espace compris entre le *cap Gossellin* et le *cap Hamelin*. Nous prolongeâmes la côte, en remontant au Nord jusqu'au *cap du Naturaliste*, au-delà duquel nous découvrîmes une baie très-vaste ouverte au N. O., qui fut désignée sous le nom de *baie du Géographe*. Nous y jetâmes l'ancre le 30 au soir, et y séjournâmes, à divers mouillages, jusqu'au 8 juin.

Une tempête violente du N. N. E. au N. N. O. nous força de quitter précipitamment cette baie ; et dans la nuit périlleuse et obscure qui suivit notre appareillage, nos deux corvettes furent séparées. Nous fîmes de vains efforts pour nous rejoindre ; et après les recherches d'usage, M. HAMELIN, Capitaine du *Naturaliste*, jugea convenable de faire voile, sans plus de délai, pour le rendez-vous *qui lui avoit été assigné*, devant l'île Rottnest.

1801.

Le Commandant fit une manœuvre différente ; et présumant que sa conserve relâcheroit à la baie des Chiens-Marins, il alla mouiller, pour l'y attendre, auprès de *l'île Bernier*, vers la partie septentrionale de la baie. Après de vaines espérances de réunion, et un séjour prolongé depuis le 28 juin jusqu'au 12 juillet, le Commandant mit de nouveau sous voiles, et s'avança au Nord pour commencer l'importante exploration de la Terre de Witt. Cette première reconnoissance fut rapide et incomplète à beaucoup d'égards ; elle servit cependant à déterminer avec exactitude la position du *cap Murat*, qui forme l'extrémité N. O. de la Nouvelle-Hollande, et la position d'un grand nombre d'îles et d'îlots qui furent successivement découverts. Les plus remarquables sont les *îles de Rivoli*, *l'île l'Hermite*, les *îles Forestier*, les *îles Lacépède*, et la majeure partie de celles qui composent l'*archipel Bonaparte*.

Juillet.

Le *Géographe* mouilla devant l'île *Cassini*, le 14 août de la même année. A cette époque, le défaut de vivres, et sur-tout la disette d'eau douce, rendoient une relâche nécessaire. La fatigue de l'équipage, son épuisement, les maladies qui se développoient déjà, pressoient d'abandonner une côte inhospitalière. Ces considérations décidèrent le Commandant à faire route pour Timor, où il avoit d'ailleurs quelque espoir de se réunir avec sa conserve *le Naturaliste*.

Août.

M. HAMELIN ne resta pas oisif à son mouillage devant l'île Rottnest. Il fit examiner par M. FAURE, ingénieur-géographe, et par moi, le groupe d'îles désigné sur nos cartes sous le nom d'*îles Louis-Napoléon*. Un canot fut envoyé également pour faire le plan de la *rivière des Cygnes*. M. HEIRISSON, chargé de cette expédition, s'avança à vingt lieues environ de l'embouchure : l'eau étoit encore salée au point où il s'arrêta.

Ne voyant pas arriver la corvette *le Géographe*, le capitaine du

Naturaliste pensa qu'il pourroit la rencontrer à la baie des Chiens-Marins. Pour éviter les inconvéniens d'une séparation, il ne voulut pas retarder sa marche pour l'examen très-important sans doute, mais beaucoup trop long, de la Terre d'Édels ; il se borna à reconnoître quelques-uns de ses points principaux, et notamment la *baie Gantheaume* et la bande dangereuse d'îles et de récifs connue sous le nom de *Houtmans-Abrolhos*.

Le *Naturaliste* jeta l'ancre à la baie des Chiens-Marins, le 16 juillet, quatre jours après le départ du *Géographe*. Il en repartit le 4 septembre suivant.

Son séjour sur cette rade devint utile par les travaux que j'exécutai de concert avec M. FAURE, pour la description géographique de la partie méridionale de la baie. Je fus plus spécialement chargé de l'exploration de l'*île Dirck-Hartighs*, du *Passage-Épineux* et de tout le développement de côte qui appartient au *havre Henri-Freycinet*. Je reconnus que la portion de terre qui s'étend du *cap Lesueur* à la *pointe des Hauts-Fonds*, n'appartenoit point à une île, ainsi qu'on l'avoit cru jusqu'alors et que l'indiquoient positivement nos anciennes cartes, mais qu'elle se rattachoit à une grande presqu'île que je désignai sous le nom de *presqu'île Péron*.

M. FAURE commença ses relèvemens à la pointe des Hauts-Fonds. Il explora le *havre Hamelin* et l'*île Faure*, remarquable et précieuse à-la-fois par l'abondance des tortues excellentes que l'on y trouve dans la saison de la ponte, c'est-à-dire, dans le mois de juillet.

M. RANSONNET fit d'intéressantes observations des marées, tant sur la côte Nord de la presqu'île Péron, que sur l'île Dirck-Hartighs : les résultats qu'il obtint se trouveront réunis à la fin de cet ouvrage.

Les mêmes motifs devoient nous rapprocher des mêmes lieux où déjà s'étoit rendu *le Géographe*; nous quittâmes donc la baie des Chiens-Marins, pour nous diriger sur Timor, que nous regardions comme le point de ravitaillement le plus convenable à nos besoins. Nous reconnûmes, en faisant route, les îles de Nouveau-Savu, Benjoar, Savu et Simâô, et jetâmes l'ancre dans la baie de Coupang, sur l'île de Timor, le 21 septembre. Nous opérâmes de cette manière, et pour ainsi dire par hasard, notre réunion avec *le Géographe*.

Plusieurs travaux du plus grand intérêt eurent lieu pendant notre séjour à Coupang. MM. BERNIER et HENRI FREYCINET s'attachèrent sur-tout à multiplier les observations de longitude par les distances lunaires. MM. PÉRON et LESUEUR réunirent d'importantes données sur la topographie de la baie, et M. BOULLANGER, quelques documens pour en fixer l'ensemble.

Après avoir renouvelé leurs provisions et pris divers rafraîchissemens, les corvettes françoises remirent en mer le 13 novembre 1801, pour se rendre à la partie la plus australe de la Terre de Diémen. La dyssenterie nous avoit fait perdre à Timor un grand nombre de nos compagnons de voyage. Ce fléau destructeur nous accompagna encore après notre départ, et ne nous abandonna que lorsque nous fûmes parvenus dans les parties froides de l'hémisphère antarctique. Cette épidémie cruelle fut remplacée par une autre tout aussi meurtrière, le scorbut, qui nous mit dans la plus grande détresse, ainsi qu'on le verra plus bas.

§. 3.

DE TIMOR AU PORT JACKSON.

[Du 13 Novembre 1801 au 28 Juin 1802.]

EN quittant Timor, nous fîmes route pour passer au Nord de Savu, dont nous eûmes connoissance le 15 novembre 1801. Le lendemain, nous aperçûmes le Nouveau-Savu, que nous doublâmes au Sud d'assez près.

Notre projet étoit de fixer la position des îles Trials; mais, contrariés par les vents d'O., nous ne pûmes atteindre que le 10 décembre la position que nos cartes assignent à ce groupe d'îles. Nous n'en eûmes cependant aucune connoissance, et ne remarquâmes même nul indice de leur proximité.

Depuis les 15° jusque par les 28° de latitude, nous éprouvâmes sans interruption des vents de S. E. Ils furent encore dominans jusque par le 34.e degré, mais interrompus quelquefois par ceux du S. O. ; au-delà, nous ne trouvâmes plus que des vents d'O., d'une intensité plus forte, et accompagnés presque sans cesse d'un temps humide et brumeux.

Nous eûmes la première vue des pitons de la Terre de Diémen, le 13 janvier 1802. Nous doublâmes le cap Sud de cette grande île, à midi du même jour, et allâmes mouiller le soir, dans l'Est de l'île aux Perdrix, à l'entrée du canal Dentrecasteaux.

Nos corvettes s'avancèrent ensuite vers le port Nord-Ouest ; elles y établirent leur observatoire, et complétèrent leur provision d'eau et de bois. Les embarcations visitèrent diverses parties du canal ; M. HENRI FREYCINET remonta la rivière du Nord, plusieurs milles au-delà du point où s'étoit terminée la reconnoissance des géographes de l'amiral DENTRECASTEAUX.

Chargé d'une mission intéressante dans l'Est de la presqu'île du Nord, M. FAURE découvrit le *port Buache*, le *bassin Ransonnet*, la *rivière Brue*, et acquit la certitude que la portion de terre désignée sous le nom d'*île Tasman* sur les cartes de DENTRECASTEAUX, n'est qu'une presqu'île jointe à la grande terre : il prouva, par conséquent, qu'il n'existoit aucune communication directe entre la baie du Nord et la baie Marion.

Ainsi que cela avoit eu lieu dans nos précédentes relâches, M. BERNIER s'occupa de régler la marche de nos chronomètres, et fit les observations astronomiques nécessaires pour fixer la position absolue du lieu où nous nous trouvions.

Nous quittâmes le canal Dentrecasteaux le 17 février ; et le lendemain,

lendemain, après avoir doublé successivement les caps Raoul et Pillar, nous jetâmes l'ancre à l'entrée d'Oyster-bay, sur l'île Maria.

Le temps du séjour de nos corvettes sur cette rade fut employé à diverses reconnoissances géographiques. MM. Henri Freycinet et Bernier firent la recherche du port *Frédérick-Hendrik*, qu'ils trouvèrent dans la position relative que lui assigne Tasman. Ils levèrent avec grand détail le plan de cette partie de côte.

L'île Maria devint aussi l'objet d'une expédition particulière qui fut confiée à MM. Péron et Boullanger. Trois jours furent employés à faire le tour de cette île, et à recueillir sur sa constitution, sa forme et ses productions diverses, les faits les plus précieux et les plus exacts.

Une troisième embarcation, aux ordres de MM. Faure et Bailly, fut envoyée au Nord ; elle devoit reconnoître le groupe d'îles désigné par le capitaine Furneaux, et, après lui, tracé sur toutes nos cartes sous le nom d'*îles Schouten*.

Nos géographes découvrirent la *baie Fleurieu*, et s'assurèrent que la plupart des terres que Furneaux avoit prises pour des îles, ne sont réellement qu'une suite de presqu'îles attenantes au continent. Il n'existe qu'une seule île Schouten : quelques îlots se trouvent à sa partie Sud, circonstance qui s'accorde fort bien avec ce que Tasman avoit vu, et qu'il a indiqué sur sa carte.

Pour compléter la reconnoissance des terres qui étoient dans notre voisinage, il restoit encore à examiner la portion de côte qui s'étend depuis la baie Marion jusqu'à la baie Fleurieu. Je m'occupai de ce travail, dont le résultat le plus important fut la découverte du *port Montbazin*.

Nos opérations étant ainsi terminées, et rien ne nous retenant plus au mouillage, nous remîmes sous voiles le 27 février pour continuer l'exploration de la côte orientale de la Terre de Diémen. Parvenus au 42.ᵉ degré de latitude, où MM. Faure et Bailly avoient cessé de s'avancer au Nord, notre Commandant résolut

1802.

Février.

de faire continuer par ses embarcations la géographie de toute la portion de côte qui nous restoit à voir jusqu'au détroit de Banks. MM. BOULLANGER et MAUROUARD furent désignés pour cet objet, et s'embarquèrent, en conséquence, dans le grand canot du *Géographe*. Ils avoient ordre de revenir tous les soirs à bord ; et le Commandant devoit, à cet effet, naviguer toujours à petite distance de terre, sans jamais perdre de vue son canot. Telles furent les instructions remises à MM. BOULLANGER et MAUROUARD, dans l'après-midi du 6 mars.

Ils commencèrent leurs relèvemens à la hauteur du *cap Tourville;* mais nos compagnons étoient destinés à subir les plus rudes épreuves. *Le Géographe*, qui avoit pris la bordée du large, n'étoit point en vue à la fin du jour : dans la nuit, il se sépara de la corvette *le Naturaliste*, et nos amis ne purent revenir à bord de leur vaisseau. Le lendemain, quoique privés entièrement de nourriture, ils poursuivirent leur route au Nord, en continuant de faire l'exploration de la côte. La découverte de *l'île Maurouard* leur fournit un abri salutaire contre les fureurs de l'océan, et leur procura aussi pour subsistance quelques oiseaux de mer et de l'eau douce.

Ne voyant point paroître *le Géographe*, ils s'avancèrent jusqu'au détroit de Banks, où ils trouvèrent par hasard le brick anglois *le Harrington*, capitaine CAMPBELL, qui leur donna l'hospitalité. *Le Naturaliste* arriva bientôt dans les mêmes parages, et recueillit cette embarcation, qui ne put elle-même rejoindre *le Géographe* que quatre mois après, et lors de notre relâche à la colonie angloise de la Nouvelle-Galles.

Cependant, les inquiétudes étoient très-vives à bord du Commandant. Deux jours entiers avoient été employés, sans aucun succès, à la recherche de son canot. Séparé de sa conserve *le Naturaliste*, et ayant espoir de la rencontrer dans le Nord, *le Géographe* se décida à faire route pour le détroit de Bass. Le mauvais temps

LIVRE I.ᵉʳ *ITINÉRAIRE.*

le tint plusieurs jours éloigné de l'île Waterhouse, désignée comme point de rendez-vous. Il y arriva enfin le jour même où *le Naturaliste*, désespérant de l'y voir venir, en étoit parti pour aller le chercher dans le Sud.

1802.

Ainsi s'opéra la seconde séparation de nos corvettes. Nous allons rendre compte successivement des travaux de chacune d'elles, depuis cette époque jusqu'à l'instant de leur relâche et de leur réunion au port Jackson.

Ce fut le 28 mars que *le Géographe* commença sa belle mais périlleuse reconnaissance de la *terre Napoléon :* MM. BERNIER et H. FREYCINET, chargés d'en faire la géographie, poursuivirent sans interruption cet important travail, pendant toute la campagne.

Mars.

Le 8 avril au soir, étant en vue de la *presqu'île Fleurieu* et de l'*île Decrès*, on rencontra la corvette *l'Investigator*, commandée par le capitaine FLINDERS, naviguant, comme nous, en découvertes. Cet officier est le même qui avait déjà publié plusieurs cartes intéressantes de la terre de Diémen et du détroit de Bass, fruit du premier voyage qu'il fit dans les mers australes, en 1798 et 1799.

Avril.

Notre Commandant pénétra dans les deux *golfes Joséphine* et *Bonaparte,* d'où il fut chassé par la multiplicité des bancs et le tirant-d'eau trop fort de son navire. Il fut obligé de renvoyer à une seconde campagne la reconnaissance complète de ces deux grands enfoncemens.

Il visita toute la côte septentrionale de l'île Decrès, les *îles Vauban, Berthier, Catinat, Laplace,* le groupe des *îles Jérôme*, les îles Saint-Pierre et les îles Saint-François. Tous ces travaux le conduisirent jusqu'au 8 mai, c'est-à-dire, au commencement de l'hivernage.

Mai.

A cette époque, les vents d'O. souffloient avec fureur; l'atmosphère continuellement brumeuse et humide, le ciel chargé de pesans nuages, étoient à-la-fois contraires à la perfection de nos travaux géographiques, et préjudiciables à la santé de l'équipage, qui se trouvoit réduit au dernier point de détresse.

Le scorbut, en effet, exerçoit depuis long-temps les plus affreux ravages. Une relâche étoit indispensable; il fallut bien s'y décider : la route fut, en conséquence, ordonnée au Sud. *Le Géographe* se dirigea vers la terre de Diémen, où l'on avoit le projet de faire de l'eau et du bois. Il y arriva le 20 mai, jeta l'ancre dans la baie de l'Aventure, sur la côte Orientale de l'île Bruny, et séjourna deux jours à ce mouillage. Il en repartit le 22, doubla l'île Maria par le Sud, et demeura sur la côte pendant treize jours, vainement occupé à vérifier quelques positions géographiques fixées déjà par nos précédentes opérations.

Tous ces retards épuisèrent de plus en plus un équipage qu'une épidémie cruelle tourmentoit depuis long-temps. Le 4 juin, il ne restoit plus que quatre matelots valides. Il fallut enfin céder à la nécessité, et se diriger vers cette relâche si utile et si vivement desirée, le port Jackson.

Le Géographe parvint à l'entrée de ce port le 17 du même mois. Les vents avoient été jusqu'alors favorables à sa route ; mais lorsqu'il lui fallut louvoyer pour donner dans la passe, ses évolutions, qui, malgré que des palans fussent frappés sur toutes les manœuvres, ne purent se faire que vent arrière, le faisoient aller en dérive, loin de le faire gagner au vent.

Près de toucher au lieu de son salut, il lui auroit été sans doute impossible d'y atteindre, si le gouverneur anglois, M. King, auquel on avoit rendu compte des manœuvres de ce bâtiment, n'eût deviné son état de détresse, et ne lui eût envoyé les secours dont il avoit un si pressant besoin.

Ce fut sous de pareils auspices que le *Géographe* entra dans le port le 20 juin, et qu'il put trouver un terme aux vicissitudes cruelles qui l'avaient accablé durant sa longue et périlleuse navigation.

Nous avons laissé la corvette *le Naturaliste*, inquiète sur le sort de sa conserve, quittant le mouillage de l'île Waterhouse, où elle étoit demeurée long-temps, pour aller pousser ses recherches dans le Sud. Le capitaine HAMELIN présumoit que *le Géographe* avoit éprouvé des avaries considérables ; sans cela, auroit-il pu concevoir que le Commandant eût abandonné volontairement son canot et son équipage sur une côte déserte, et qu'il eût négligé de venir au rendez-vous où lui-même étoit resté à l'attendre pendant plusieurs jours. Malheureusement, toutes ces combinaisons, quelque vraisemblables qu'elles pussent être, étoient encore loin de la vérité ; mais il n'étoit donné qu'au temps d'expliquer une énigme aussi étrange. Il doit suffire de montrer ici quelles ont été les conséquences de nos calculs dans la circonstance dont il s'agit.

Le Naturaliste s'avança de nouveau jusqu'à l'île Maria : ne trouvant aucun indice de sa conserve, il revint dans le détroit de Bass, visita lui-même, ou fit examiner par ses embarcations, tous les ports, tous les mouillages où il présumoit que le Commandant auroit pu relâcher ; c'est ainsi que la baie de Kent fut reconnue par MM. FAURE, LESCHENAULT et BAILLY ; que le port Dalrymple le fut par M. FAURE et par moi, et le port Western par MM. MILIUS, FAURE et LESCHENAULT. Ces expéditions diverses avoient encore un autre but d'utilité, celui de réunir de précieux matériaux sur la géographie des parties les plus intéressantes du détroit de Bass. Dans les chapitres de cet ouvrage où nous devons présenter l'ensemble de nos observations, nous ferons connoître d'une manière plus précise la part que chacun de nous a prise à ces travaux ; nous insisterons sur l'importance qu'ils méritent et sur le degré de confiance qu'on peut leur accorder.

Trompé dans ses espérances, et privé de la quantité de vivres nécessaire pour continuer plus long-temps la recherche qu'il avoit commencée, le capitaine HAMELIN prit la résolution d'aller se ravitailler au port Jackson ; il y arriva le 25 avril : *le Géographe* n'y étoit point encore. Il embarqua les vivres qui lui étoient indispensables, remit sous voiles le 18 du mois suivant, et se dirigea vers le Sud de la terre de Diémen. Mais toutes les fureurs de l'hiver austral se faisoient sentir dans ces parages, et le scorbut s'étoit déjà déclaré à bord du bâtiment. Il étoit désormais inutile de lutter contre tant de difficultés. Le seul parti raisonnable étoit celui d'une prompte relâche; ce fut aussi à quoi l'on s'arrêta. La route fut donc ordonnée au Nord. Le 28 juin, nous arrivâmes à la hauteur du port Jackson, où nous entrâmes le même jour; nous eûmes la satisfaction d'y rencontrer notre conserve et nos amis, pour lesquels nous avions eu de si vives et de si légitimes inquiétudes.

§. 4.

Du port Jackson à Timor,

[Du 28 Juin 1802 au 6 Mai 1803.]

Il est doux, après de grandes fatigues et de cruelles privations, de goûter quelques instans de repos : mais, lorsque aux extrémités du monde, si loin de sa patrie, on retrouve chez un peuple ennemi les secours les plus généreux, les consolations les plus affectueuses, le cœur s'ouvre alors à de flatteuses impressions; la pensée se reporte avec complaisance sur ces précieux effets de la civilisation européenne, effets que des esprits chagrins ont voulu méconnoître, mais qu'une sage comparaison avec les mœurs farouches des hordes de sauvages rend plus évidens et plus touchans encore.

Notre séjour au port Jackson dura cinq mois. Sous tous les rapports, il nous fut salutaire. Nos vaisseaux, fatigués par une navigation non interrompue de près de deux ans, exigeaient de grandes réparations; ils furent radoubés : nos équipages, foibles et languissans, recouvrèrent la santé; enfin, nous pûmes remplacer et compléter les vivres et les autres munitions qui se trouvoient consommées.

Cependant les pertes successives que nous avions faites, en

diminuant la masse de nos équipages, rendoient désormais nécessaire de renvoyer en France l'un de nos bâtimens, en ne lui laissant que le nombre d'hommes strictement indispensable pour effectuer sa traversée ; cette résolution étoit aussi conseillée par l'obligation de faire parvenir en France les collections d'histoire naturelle rassemblées depuis le commencement de la campagne, ainsi que les cartes, les mémoires et les observations qui se trouvoient alors rédigés. *Le Naturaliste* fut désigné pour cet objet, et on lui remit ce précieux dépôt du fruit de nos recherches. Un nombre considérable de plantes vivantes ; de graines de toute espèce et quelques animaux particuliers à la Nouvelle-Hollande, furent embarqués sur le même bâtiment, et destinés à enrichir notre pays.

1802.

Le Commandant ne pouvoit avoir oublié que la grandeur de son navire ne lui avoit pas permis de terminer l'exploration des deux golfes de la Terre Napoléon ; il lui falloit, pour achever ce travail, un bâtiment d'un plus petit tonnage. Il n'hésita pas d'en faire l'emplette. Il y avoit alors sur les chantiers de la ville de Sydney, une goëlette de vingt-neuf pieds de longueur, très-convenable à l'objet auquel on la destinoit ; elle fut réunie aux bâtimens de l'expédition, et nommée *le Casuarina*, à cause du bois dont elle étoit construite. Le commandement m'en fut confié, et je quittai la corvette *le Naturaliste*, où j'étois embarqué en qualité de premier lieutenant, pour m'occuper des dispositions nécessaires à la nouvelle campagne que j'allois entreprendre.

Mon armement fut terminé au commencement d'août : nous aurions repris la mer à cette époque, si les travaux qui s'exécutoient à bord du *Géographe* et du *Naturaliste*, eussent été achevés.

Août.

Pendant que les officiers des corvettes s'occupoient des réparations et de l'approvisionnement de leurs vaisseaux, que nos infatigables naturalistes Péron, Lesueur, Depuch et Leschenault, examinoient et recueilloient de tout côté les faits divers qui s'offroient à leurs regards, notre astronome M. Bernier poursuivoit ses observations accoutumées, et obtenoit de précieux résultats. Ainsi chacun de nous s'attachoit à remplir la tâche glorieuse qu'il s'étoit imposée au commencement du voyage, bien convaincu que de cet ensemble d'efforts devoit dépendre le succès de l'expédition.

Tous nos préparatifs étant terminés, nous quittâmes le port Jackson, à quatre heures du matin, le 18 novembre 1802, et fîmes route pour le détroit de Bass. *Le Naturaliste* navigua de conserve avec nous : il devoit nous accompagner jusqu'à l'île King, qui étoit le point de rendez-vous désigné, en cas de séparation.

Le 25, nous nous trouvions à l'entrée du détroit et dans le N. E. des îles des Furneaux ; nous éprouvâmes un coup de vent de S. S. O. qui souffla pendant plusieurs jours avec une extrême furie, et faillit être funeste au *Casuarina*. Le 6 décembre, nos trois navires mouillèrent dans la baie des Éléphans, sur l'île King.

Trois jours après, *le Naturaliste* reçut ses dernières instructions, et appareilla pour se rendre en Europe. Il attérit à l'Ile-de-France, où il débarqua quelques malades ; fut arrêté le 27 mai 1803, en vue des côtes d'Angleterre, et conduit à Portsmouth par la frégate *la Minerve*, capitaine CHARLES BULLEN ; relâché ensuite le 6 juin, il entra le lendemain dans le port du Havre, d'où il étoit parti deux ans sept mois et dix-huit jours auparavant.

Tel fut le sort de notre conserve. Pour nous, naviguant dans les parages orageux des mers australes, entourés de périls sans cesse renaissans, il nous restoit encore bien des rivages à parcourir, bien des travaux à terminer, avant de revoir notre terre natale.

Le Casuarina avoit beaucoup souffert pendant le mauvais temps ; ses coutures étoient entr'ouvertes, et il ne faisoit pas moins de trois pouces d'eau à l'heure. Tous les calfats et charpentiers du *Géographe* travaillèrent aux réparations dont il avoit besoin. Remise bientôt en état de tenir la mer, cette goëlette fut expédiée, le 7 décembre, pour faire la géographie des îles Hunter, situées à la partie

partie N. O. de la terre de Diémen. Ce travail étoit d'une grande importance. M. BOULLANGER me fut adjoint pour l'exécuter; et malgré le mauvais temps et les orages dont nous fûmes sans cesse assaillis, nous parvînmes à compléter nos opérations en dix-neuf jours.

Pendant l'absence du *Casuarina*, *le Géographe* fit reconnoître l'île King. M. FAURE, chargé d'en faire le plan, s'en acquitta avec beaucoup de distinction. Cette île n'ayant été jusqu'alors fréquentée que par quelques pêcheurs anglois, il est le premier qui en ait fait le tour. Il ne trouva aucun port sur toute cette île; et les divers mouillages qui s'y rencontrent, sont tellement mauvais, que *le Géographe*, après avoir eu ses câbles coupés par le fond, fut deux fois obligé de gagner le large pour se mettre en sûreté.

Je n'ai parlé que de nos opérations géographiques; cependant nos autres observateurs ne demeuroient pas oisifs; ils se livroient avec ardeur à leurs savantes recherches. M. BERNIER, établi sur le rocher des Éléphans, où il avoit dressé son observatoire, s'occupoit de la vérification de nos montres marines, tandis que mon estimable ami, M. PÉRON, réunissoit sur l'île King et sur les pêcheries lucratives que les Anglois y ont formées, les détails les plus curieux et les plus intéressans.

En quittant le détroit de Bass, nous nous rendîmes directement à l'île Decrès, dont nous avions à terminer l'exploration commencée dans la campagne précédente. Le 2 janvier 1803, nous atterrîmes au *cap Sané*, qui gît à son extrémité Orientale. *Le Casuarina* se tint fort près de terre, tandis que *le Géographe*, suivant une route parallèle, naviguoit à une plus grande distance. Les journées du 2 au 7 janvier furent employées à examiner toutes les côtes de l'Est, du Sud, de l'Ouest et du Nord de cette grande île. Enfin, nous arrivâmes dans la *baie Bougainville*, où nous jetâmes l'ancre à peu de distance et dans l'Est du *cap Delambre*.

Le Géographe resta vingt-six jours à ce mouillage, pendant lesquels la description générale de la baie fut complétée. M. RANSONNET visita avec détail l'*anse des Hauts - Fonds*, ainsi que celle *des Phoques*. Le *port Daché* fut reconnu à son tour par MM. FAURE et MONTBAZIN ; mais il est tellement encombré de bancs, que les plus petites embarcations pourroient seules venir y chercher un refuge. M. BERNIER plaça ses instrumens sur la côte Orientale de la baie; il y observa avec persévérance. Ses travaux, joints à ceux de M. HENRI FREYCINET, nous ont été d'une grande utilité. MM. PÉRON, LESCHENAULT et BAILLY enrichirent de leur côté les sciences naturelles et la physique d'une foule de faits précieux, qui doivent être présentés ailleurs avec tout l'intérêt qui leur appartient.

Des travaux d'un autre genre, mais non moins recommandables sans doute, étoient exécutés par M. RONSARD. En appareillant de l'île King, la chaloupe du *Géographe* avoit été engloutie. Cette embarcation étoit d'une nécessité indispensable, et M. RONSARD entreprit d'en faire construire une autre à bord : il en fit sur-le-champ préparer toutes les pièces, et l'on commença à les assembler. Avant de quitter le mouillage, la construction de cette chaloupe étoit fort avancée ; elle fut terminée sous voiles, presque entièrement avec le bois recueilli sur l'île King et sur l'île Decrès.

Le séjour prolongé de la corvette *le Géographe* sur cette dernière île, n'avoit pas seulement pour objet l'examen détaillé de la baie Bougainville : j'avois été expédié avec *le Casuarina* pour compléter la reconnoissance des deux golfes de la Terre Napoléon, et l'on m'avoit donné l'île Decrès pour lieu de rendez-vous.

Je devois n'employer que vingt jours à faire cette exploration intéressante : mais le Commandant, pour s'assurer que je n'outrepasserois pas ses ordres, voulut que je n'emportasse de l'eau que pour un mois, se réservant de faire compléter cette provision à mon retour. Il me fut signifié que si je n'étois pas arrivé à l'époque fixée (le 31 janvier), *le Géographe* ne m'attendroit pas davantage, et continueroit ses opérations le long de la côte, en se rendant aux îles Saint-François, dont la géographie n'étoit point terminée.

Je partis le 10 janvier 1803, à dix heures du soir, ayant à mon bord M. BOULLANGER, ingénieur hydrographe, qui m'avoit été adjoint. Nous employâmes les journées du 11 au 18 à visiter le golfe Joséphine, et nous nous occupâmes ensuite de l'examen du golfe Bonaparte. Je savois que l'embouchure de celui-ci étoit plus vaste que celle du premier golfe, et je conjecturai avec raison que sa profondeur étoit aussi plus considérable. Je me hâtai, en conséquence, d'en prolonger les bords. Le 22, je parvins à son extrémité Septentrionale. Je crus y voir l'embouchure d'une rivière ; mais le défaut d'un canot et la grande multiplicité des bancs m'empêchèrent d'y pénétrer. Je louvoyai pour revenir au Sud, et continuer mon exploration. Le 28 au soir, j'arrivai dans le magnifique *port Champagny*, mais j'eus à peine le loisir de jeter un coup-d'œil rapide sur son ensemble dans la journée du 29.

Quoiqu'il me restât quelques points à voir en dehors et dans le Sud de ce port, l'époque fixée pour mon retour m'obligea d'abandonner la côte. J'avois encore trente lieues à faire pour rejoindre *le Géographe*, et je me trouvois au bout de ma provision d'eau. Toutefois je pensois que deux jours devoient me suffire ; et si les vents m'eussent favorisé, je serois arrivé au rendez-vous avant l'instant prescrit par mes instructions : il devoit en être autrement. Les calmes me retardèrent, et je n'éprouvai d'ailleurs que des vents peu favorables, ou même tout-à-fait opposés à la route que j'avois à suivre. Enfin, le 1.er février, j'arrivai à la vue de l'île Decrès ; c'étoit un jour plus tard qu'il ne le falloit, et déjà *le Géographe* étoit sous voiles. A deux heures après midi, nous l'aperçûmes à l'horizon, gouvernant à l'O. avec un sillage très-rapide. A trois heures 10′ il étoit par notre travers au vent et à une lieue de distance. Je revirai sur lui ; je m'attendois à le voir mettre en panne ou laisser porter sur moi ; ce fut en vain : aucun changement ne fut ordonné dans sa route ni dans sa voilure.

1803.

Février.

Incapable dès-lors de suivre sa marche rapide, je le perdis bientôt de vue.

Étonné de ces manœuvres, et ne concevant rien aux motifs qui pouvoient engager le Commandant à me délaisser ainsi dans l'état de détresse où il me savoit réduit, je forçai de voiles, en suivant la route que *le Géographe* tenoit encore au moment où nous avions cessé de le voir : mais bientôt, et comme pour rendre toute espèce de réunion impossible, le Commandant revira de bord à la nuit, changea de route, revint sur l'île Decrès, et par ces dernières combinaisons, plus inexplicables encore que les précédentes, la séparation des deux navires fut consommée.

Je continuai de courir à l'Ouest jusqu'au 2 février. Le lendemain, je fis gouverner au N. O., dans l'intention de rallier les îles Saint-François, où je croyois que *le Géographe* devoit se rendre. Ce même jour, à cinq heures du matin, je me trouvois par le travers de l'*île la Caille* et de l'*île Chappe*, qui font partie du groupe des îles Laplace ; j'en découvris une troisième qui avoit échappé aux recherches antérieures du *Géographe*, et que je nommai *île Fermat*. Au coucher du soleil, j'en découvris encore trois autres, qui se rattachent au groupe des îles Jérôme, et que je désignai sous le nom d'*îles du Vétéran*. Le 5 février, je découvris deux nouvelles îles ; je les nommai *île Desbrosse* et *île d'Après*.

Le 6 et le 7, je louvoyai, malgré le mauvais temps, entre les îles Saint-François et les *îles du Géographe*, sans rencontrer aucun indice de la présence de ma conserve, et même sans trouver un lieu propre au mouillage. Fatigué par la force du vent et par l'inutilité de mes recherches, je me décidai enfin à faire route pour le port du Roi Georges, à l'extrémité Occidentale de la Terre de Nuyts. Les motifs de cette détermination n'étoient que trop impérieux : la *franche ferrure* de mon gouvernail étoit cassée ; il ne restoit plus à bord de l'eau que pour quatre jours, et j'avois trois cents lieues à faire pour atteindre le seul point de la côte où je pusse m'en procurer.... Cette résolution prise, la ration d'eau, déjà très-foible, fut encore réduite de moitié, et celle de biscuit diminuée de trois onces. Malgré de telles privations, il est horrible de le dire, la moindre contrariété dans les vents devoit entraîner notre ruine.

Ce fut avec cette effrayante perspective, qu'après avoir déterminé la position du *récif du Casuarina*, je pris la route de l'Ouest, en donnant l'ordre de faire, jour et nuit, toute la voile que le bâtiment pourroit porter.

Le ciel sembla sourire à nos efforts; pendant six jours entiers, la brise ne cessa pas un instant de souffler bon frais de l'E. S. E. à l'E. N. E. par l'E., et conséquemment de nous pousser vent arrière sur le port. Nous l'atteignîmes enfin dans l'après-midi du 13 février. A cette époque, mon navire se trouvoit tellement avarié, qu'il fallut aussitôt l'échouer sur la plage; *quelques bouteilles d'eau seulement restoient à bord*.....

Ainsi, sans cette circonstance, véritablement extraordinaire, de vents forcés pendant six jours [a], la mort la plus cruelle eût été pour nous le résultat d'une séparation aussi inconcevable.

Après s'être séparé du *Casuarina*, le *Géographe* fit route vers les *îles Joséphine*. Il mouilla dans la *baie Murat* le 7 février, et fit reconnoître par ses embarcations les divers détails de la côte. MM. DE MONTBAZIN, PÉRON et BERNIER examinèrent l'*île Eugène*, l'*anse Decrès*, l'*anse Suffren* et la baie Murat, dont l'accès est dangereux et le mouillage peu abrité. L'*anse Tourville* fut explorée par MM. RANSONNET et FAURE. Ces travaux terminés, on remit sous voiles le 11 février au matin. MM. H. FREYCINET et BERNIER complétèrent dans cette journée la belle suite de travaux géographiques qu'ils avoient commencée à la Terre Napoléon. Leurs derniers relèvemens eurent lieu aux *îles Labourdonnais*, voisines de celles de *Montenotte* et du *cap des Adieux*, cette limite Occidentale

[a] Trois jours après mon arrivée au port du Roi Georges, les vents se halèrent à l'O. et soufflèrent pendant un grand nombre de jours dans cette direction avec la plus grande violence.

de la Terre Napoléon, déterminée déjà lors de notre première campagne.

En quittant la côte, le Commandant se dirigea vers le port du Roi Georges, où son projet étoit d'aller faire aiguade. Il y arriva le 18 février, cinq jours après *le Casuarina*. Ce fut l'époque de notre réunion.

Nous fîmes sur ce point diverses observations astronomiques et géographiques, qui m'ont servi à dresser le plan général de ce port. M. FAURE fut chargé d'examiner le havre aux Huîtres et le port du Roi Georges proprement dit. M. RANSONNET poussa ses recherches dans l'Est du Mont-Gardner, et découvrit une baie commode et spacieuse, dans laquelle il trouva au mouillage un brick américain, occupé de la pêche des phoques. Cette circonstance nous fit donner à l'enfoncement dont il s'agit, le nom de *port des Deux-Peuples*.

Le 1.er mars 1803, nos bâtimens s'étant approvisionnés d'eau et de bois, et *le Casuarina* ayant obtenu du *Géographe* un complément de quatre mois de vivres, nous remîmes sous voiles pour continuer nos opérations.

Le 6, je reçus ordre d'aller explorer une portion de la Terre de Nuyts, dans laquelle nous avions cru remarquer d'abord l'ouverture de quelque havre. Une brume épaisse me fit perdre de vue *le Géographe*; j'avois ordre, dans ce cas, d'aller l'attendre à l'île Rottnest, et je m'y rendis sans délai. Tout en faisant route, je prolongeai la Terre de Leuwin et la baie du Géographe, dont je fis l'exploration, et j'arrivai au rendez-vous le 11 mars, dans la matinée. Le Commandant n'y parvint que deux jours après. Comme moi, il avoit contourné la baie du Géographe; mais il s'y étoit arrêté pour donner le temps à M. DE MONTBAZIN d'aller reconnoître le *port Leschenault*, situé dans le voisinage.

En quittant l'île Rottnest, je desirois explorer dans son ensemble cette même Terre d'Édels, dont *le Naturaliste* n'avoit pu voir qu'un très-petit nombre de points en 1801. J'aurois voulu sur-tout fixer avec exactitude l'intervalle qui sépare le continent d'avec les redoutables *Abrolhos*, dont la position est encore incertaine ; mais le Commandant ne le jugea pas à propos. Nous nous dirigeâmes en conséquence, l'un et l'autre, vers la baie des Chiens-Marins, où nous espérions ramasser quelques tortues.

Pendant le séjour que nous fîmes sur cette rade, je m'occupai à sonder la partie de ce vaste enfoncement comprise entre la presqu'île Péron, l'île de Dorre, l'île Bernier et le continent.

Le 23 mars, nous appareillâmes de nouveau pour commencer notre seconde exploration de la Terre de Witt. Après avoir reconnu le cap Murat, qui en forme l'extrémité Occidentale, et relevé à grande distance le groupe d'îles nommé précédemment *îles de Rivoli*, nous continuâmes à nous avancer vers l'Est.

Nous reconnûmes successivement les *îles de Montel-llo*, l'*archipel de Dampier*, et diverses parties des terres continentales. Le 2 avril, nous traversâmes le *banc des Amphinomes*, sur lequel *le Géographe* se trouva en grand danger d'échouer ; il parvint cependant à s'en dégager sans accident. Arrivé à la hauteur du *cap Bossut*, le *Casuarina*, qui naviguoit à très-petite distance de terre, fut porté tout-à-coup sur un brisant étendu, qu'il traversa au milieu des lames et par deux brasses d'eau. Le 8, nous dépassâmes l'*île Gantheaume*, de six milles de longueur, l'*île Carnot* et les îles de Lacépède, derrière lesquelles aborda le célèbre DAMPIER, en 1688.

Dans notre précédente campagne, nous avions cru remarquer que le *cap Mollien* appartenoit au continent. Une bande de brume et la grande distance où nous étions de terre furent cause de cette erreur. Nous reconnûmes, le 5 avril, que ce cap se rattache à une île de trois lieues de longueur, que nous avons nommée *île Adèle*.

Le 16 et le 17, nous ne fûmes pas en vue de la côte ; nous la ralliâmes le 18, à la hauteur des *îles Champagny*, et prolongeâmes,

1803.

Avril.

pour la seconde fois, les îles nombreuses de l'archipel Bonaparte. Nous ne pénétrâmes point au milieu d'elles, et à peine pûmes-nous avoir connoissance des terres du continent qui se trouvoient au-delà. Le *Casuarina* ne reçut aucune mission particulière, et navigua toujours dans les eaux du *Géographe*, quelque pressantes que pussent être, d'ailleurs, mes sollicitations auprès du Commandant.

Nous mouillâmes le 24 auprès de l'île Cassini, où s'étoient terminés nos relèvemens l'année précédente, et où nous suspendîmes encore une fois nos opérations pour aller relâcher à Timor.

Avant de faire route pour cette relâche, je fus expédié pour reconnoître quelques *pros* Malais aperçus au milieu des *îles de l'Institut*. Ces bâtimens, expédiés de Macassar, au nombre de vingt-six, étoient occupés à la pêche des *holothuries*, espèces de mollusques très-recherchées des Chinois, comme un puissant aphrodisiaque. Toutes les années une expédition semblable arrive sur les côtes de la Nouvelle-Hollande avec la mousson du N. O.; elle en repart avec celle du S. E.

Je profitai de ma navigation entre ces îles, quelque rapide qu'elle pût être, pour en faire la géographie; je ne pus toutefois en prendre qu'une esquisse imparfaite, le temps dont je pouvois disposer étant extrêmement limité.

§. 5.

DE TIMOR EN FRANCE.

[Du 16 Mai 1803 au 16 Avril 1804.]

Depuis le 6 mai, où nous entrâmes dans la baie de Coupang, jusqu'au 3 juin, jour de notre départ, nous fûmes occupés sans cesse à compléter nos provisions de campagne, et à faire, à bord de nos bâtimens, les réparations nécessaires pour reprendre la mer. Notre astronome, M. BERNIER, et M. H. FREYCINET, continuèrent,

continuèrent, pendant cet intervalle, les observations de distances lunaires, que dans notre première relâche ils avoient déjà beaucoup multipliées.

Nos relèvemens à la Terre de Witt, ayant cessé à deux reprises différentes auprès de l'île Cassini, il nous restoit encore à explorer une portion de cette terre avant de parvenir au *cap de Léoben*, qui en forme la limite Orientale; il falloit nous occuper ensuite de la Terre d'Arnheim, de celle de Carpentarie, et de la côte S. O. de la Nouvelle-Guinée, où devoient se terminer les travaux géographiques qu'il nous étoit ordonné de faire aux Terres Australes.

Quoique la mousson du S. E. vînt de s'établir, et se trouvât opposée par conséquent à la route que nous avions à faire, espérant toutefois que les courans d'O. pourroient encore lui être favorables, notre Commandant se décida à quitter Timor, pour tâcher de s'avancer vers l'Est.

Nous partîmes, ainsi que je l'ai dit plus haut, dans les premiers jours du mois de juin; le 4, nous reconnûmes l'extrémité Occidentale de Rottie et les îlots qui l'avoisinent; et huit jours après, nous abordâmes de nouveau sur la côte de la Nouvelle-Hollande.

Nous louvoyâmes péniblement jusqu'au 26 juin, au milieu du *golfe Joseph-Bonaparte*; mais nous ne pûmes pas y faire un travail suivi; il fallut se borner à la détermination de quelques points principaux, dont les plus remarquables sont le *cap Rulhière*, les *îles Lacrosse*, les *îles Barthélemy*, l'*île Péron* et le *cap Fourcroy*. Parvenu à la hauteur du *cap Helvétius*, le Commandant sentit la nécessité de naviguer au large de terre; il s'éloigna donc, et, donnant plus d'étendue à ses bordées, il s'avança jusque par les 8° 26′ 33″ de latitude Sud et 131° 10′ de longitude Orientale, c'est-à-dire, à trente lieues dans le S. O. des îles Arrou.

Nous luttions depuis trente-quatre jours contre les élémens; la mousson étoit dans toute sa force, et les courans nous drossoient considérablement dans l'O.: peut-être cependant eussions-nous pu atteindre la côte de la Nouvelle-Guinée, dont nous n'étions pas très-éloignés à cette époque; mais la situation de nos équipages épuisés par de longues privations, et sur lesquels la dyssenterie exerçoit de nouveau ses ravages, l'absence absolue de toute espèce de médicamens, la disette de diverses parties de nos vivres, engagèrent notre Commandant, grièvement malade lui-même, à terminer là ses opérations. Notre astronome M. BERNIER venoit de succomber sous le poids des fatigues : sa mort, en nous privant de l'un des membres les plus distingués et les plus laborieux de notre expédition, augmentoit profondément les regrets que nous avoit déjà fait éprouver plusieurs fois, durant le cours de ce pénible voyage, la perte d'un grand nombre de nos respectables collaborateurs.

Ce fut le 7 juillet, à dix heures du soir, que nous mîmes le cap sur l'Ile-de-France. Cette circonstance causa une joie générale à bord; car elle nous faisoit entrevoir le terme prochain d'une navigation malheureuse.

Le 11 juillet nous vîmes les hautes terres de la côte Méridionale de Timor, qui furent prolongées de fort près. Le 13, nous traversâmes, pour la dernière fois, le détroit de Rottie, et le lendemain nous doublâmes au Sud l'île Savu, à grande distance.

Nos corvettes naviguèrent de conserve jusqu'au 25 juillet. Séparées ensuite par un coup de vent, elles ne se rejoignirent qu'à l'Ile-de-France. Le *Géographe* y aborda le 7 août, et le *Casuarina* douze jours plus tard.

En arrivant dans cette colonie, nous déposâmes entre les mains du Commandant les cartes, journaux, mémoires, et généralement toutes les observations que nous avions faites ou recueillies pendant le cours de la campagne. Chacun de nous fut tenu de donner sa parole d'honneur qu'il avoit fait une remise fidèle et complète. Tous ces papiers cachetés, furent réunis dans une caisse, et adressés à S. E. le Ministre de la marine.

Ici finit réellement notre voyage de découvertes, pour tout ce qui est relatif à la géographie. Il ne nous reste plus maintenant qu'à rapporter les principales circonstances de notre séjour à l'Ile-de-France, et de notre retour en Europe. Quelques lignes suffiront à cet objet.

Le Casuarina n'étant plus nécessaire à l'expédition, je reçus ordre de le désarmer le 29 août 1803, et de passer avec mon équipage sur la corvette *le Géographe*. J'avois commandé cette goëlette pendant onze mois, dont huit mois environ sous voiles.

Le 16 septembre, M. BAUDIN, commandant de notre expédition, mourut à la suite d'une maladie longue et cruelle. Il fut enterré le jour suivant avec tous les honneurs dus au rang qu'il occupoit dans la marine militaire.

M. le capitaine de frégate MILIUS, embarqué dans le principe sur la corvette *le Naturaliste*, mais laissé ensuite au port Jackson pour cause de maladie, se trouvoit à l'Ile-de-France lors de notre arrivée ; à la mort de notre chef, il fut nommé au commandement du *Géographe*.

Nous séjournâmes quatre mois et demi à l'Ile-de-France, et cette relâche nous fut très-salutaire. Après avoir pris le repos dont nous avions besoin, et fait à notre bâtiment les réparations qui étoient utiles, nous nous mîmes en route, le 16 décembre, pour revenir dans notre patrie.

Le 3 janvier 1804, nous relâchâmes au cap de Bonne-Espérance, pour y prendre quelques rafraîchissemens. Nous nous remîmes en mer le 24 janvier. Dix jours après, nous passâmes à vue de l'île de Sainte-Hélène, et le 23 mars nous arrivâmes sur les côtes de France. Nous mouillâmes le lendemain en rade de l'île de Groix, et le 25 dans le port de Lorient.

La durée de notre voyage a été de quarante-un mois et demi hors des ports de France, et j'ai estimé à plus de dix-sept mille lieues marines ou vingt-un mille lieues moyennes de France, la somme des routes parcourues dans cet intervalle par la corvette *le Géographe*,

*D 2

1804.
Avril.

Après avoir déposé à terre nos collections nombreuses en objets d'histoire naturelle, nous commençâmes, le 14 avril, le désarmement de la corvette. Le 16, ce travail étant terminé, le bâtiment fut rendu au port, et notre équipage congédié pour trois mois.

Tel est le tableau sommaire de notre route et de nos opérations. C'est au public maintenant à juger des résultats; nous allons lui en soumettre successivement toutes les parties.

LIVRE II.

DESCRIPTIONS GÉOGRAPHIQUES ET NAUTIQUES.

Quoique ce livre soit consacré aux descriptions géographiques et nautiques, on ne doit pas s'attendre à y rencontrer une suite de topographies générales. Un travail de ce genre, qu'il eût été impossible de compléter pendant une navigation rapide, seroit d'ailleurs étranger au plan qu'il a fallu nous prescrire; nous devons nous borner à parler des points que nous avons vus, et à faire connoître, pour chacun d'eux, la masse d'observations que le temps et les circonstances nous ont permis de rassembler.

Nous allons traiter d'abord de la Terre de Diémen; nous nous occuperons ensuite du détroit de Bass, qui sépare cette grande île de la Nouvelle-Hollande; nous parlerons successivement des diverses parties de ce continent. La Terre Napoléon, dont la reconnoissance complète a exigé deux campagnes pénibles et difficiles, sera décrite. La Terre de Nuyts, celles de Leuwin, d'Édels et d'Endracht, nous présenteront des découvertes intéressantes, sur un développement de côtes de plus de trois cents lieues. La Terre de Witt, plus étendue encore, nous fournira des détails multipliés; et la Nouvelle-Galles du Sud, diverses observations relatives au port Jackson: nous terminerons enfin notre second livre par quelques détails sur plusieurs îles du grand archipel d'Asie, et notamment sur celle de Timor.

CHAPITRE I.ᵉʳ

TERRE DE DIÉMEN.

La Terre de Diémen, découverte par ABEL TASMAN[a] le 24 novembre 1642, fut regardée, jusqu'à la fin du dix-huitième siècle, comme formant l'extrémité Méridionale de la Nouvelle-Hollande. Le détroit qui la sépare du grand continent Austral avoit été soupçonné long-temps avant sa découverte; mais ce ne fut qu'en 1797 que l'intrépide et savant M. BASS fut à portée de vérifier les conjectures formées à cet égard. Son étonnante navigation dans une simple chaloupe de baleiniers, est devenue à jamais célèbre par l'importance de ses résultats[b].

Le capitaine MARION, dont la fin a été si tragique et si déplorable, fut, en 1772, le second des Européens qui abordèrent sur cette île[c]. FURNEAUX y arriva une année plus tard, et découvrit la baie de l'Aventure[d], excellent point de relâche et de ravitaillement, vers lequel COOK lui-même se dirigea en 1777[e]. Après onze ans d'intervalle, elle fut encore visitée par le commandant du navire *le Bounty*, assez connu par la révolte de son équipage et sa périlleuse traversée de Tofoa à Timor, dans la chaloupe de son vaisseau[f]. En 1788 et 1789, le capitaine JOHN HUNTER, depuis gouverneur du port Jackson, vint aussi la reconnoître; mais, sans y aborder, il se contenta de vérifier les positions géographiques précédemment

---

[a] HARRIS, Collection of voyages, &c.
MELCHISEDECH THÉVENOT, Relation de divers voyages curieux, &c.
VALENTYN, Oud en nieuw Oost-Indien, &c.
DALRYMPLE, Historical collection, &c.
[b] MATTHEW FLINDERS, Observations on the coasts of van Diemen's land, &c.

[c] MARION, nouveau Voyage à la mer du Sud, &c.
[d] COOK, second Voyage.
[e] COOK, third Voyage.
[f] BLIGH'S Narrative of the Bounty's voyage to Otaheite.

déterminées par Cook [a]. La découverte de la baie aux Huîtres est due au capitaine H. Cox, qui vint y jeter l'ancre en 1789 [b]; et Vancouver, qui, par ses connoissances éminentes, eût pu nous procurer des lumières précieuses sur ce pays, ne fit que l'entrevoir en 1791, dans sa traversée de la Terre de Nuyts à la Nouvelle-Zélande [c].

Cette portion des Terres Australes n'étoit guère mieux connue qu'à l'époque de sa découverte par Tasman, lorsque l'expédition françoise, aux ordres de l'amiral Dentrecasteaux, vint, en 1792 et 1793, ouvrir un vaste champ aux observations les plus importantes et les plus précieuses [d].

Le capitaine Flinders fit le premier, en 1798, la circonnavigation de la Terre de Diémen. Il confirma la découverte de M. Bass, et recueillit d'excellens matériaux sur la géographie de la côte du Nord et de la côte Occidentale de cette partie du globe [e].

Ce n'est point ici le lieu de comparer dans leurs différentes parties le travail de ces habiles navigateurs avec celui qui nous est propre; nous reviendrons plus tard sur cette discussion intéressante, lorsque nous donnerons l'analyse des cartes qui composent notre atlas.

La Terre de Diémen *(carte n.° 2)* s'étend de 40° 35' 40" à 43° 38' 34" de latitude Sud et de 142° 23' à 146° 17' de longitude Orientale du méridien de Paris. Elle est bornée au Nord par le détroit de Bass et celui de Banks, à l'Est, à l'Ouest et au Sud par le grand Océan Austral. Sa forme est irrégulièrement triangulaire. Son plus grand diamètre, dirigé du N. O. au S. E., depuis le *cap Berthoud* jusqu'au cap Pillar, est de près de soixante-dix lieues *. On peut estimer sa

---

[a] John Hunter, an Historical Journ. &c.
[b] Georges Mortimer, Observ. and remarks made during a voyage, &c. commander John Henry Cox, &c.
[c] Georges Vancouver, a Voyage of Discovery, &c.
[d] Dentrecasteaux, Voyage à la recherche de La Pérouse, &c.
[e] Flinders, Observations on the coasts of van Diemen's land, &c.

* A moins que nous ne prévenions du contraire, nous emploierons constamment pour mesure itinéraire, dans le cours de cet ouvrage, la lieue marine de 20 au degré, ou le mille géographique, qui est le tiers de la lieue marine.

surface à deux mille deux cents lieues marines carrées, équivalant à trois mille quatre cent trente-sept lieues et demie moyennes de France, ou à six cent soixante-dix-neuf myriamètres carrés.

On ne connoît point encore l'intérieur de ce vaste pays ; mais, à en juger par l'aspect de ses côtes, il doit être fertile, et riche en productions végétales. Quelques-unes des montagnes qui peuvent être aperçues du rivage, sont assez élevées pour conserver de la neige pendant l'été. Deux rivières importantes, l'une au Nord et l'autre au Sud, viennent porter leurs eaux dans l'Océan. Diverses tentatives ont été faites pour connoître leur cours ; mais on ne les a point encore remontées aussi avant qu'il seroit possible de le faire.

La partie du Sud et celle du S. E. de cette grande île sont extrêmement découpées. Le canal Dentrecasteaux, les ports et les baies nombreuses qui s'y rattachent, le port Buache et quelques autres, offrent aux besoins des navigateurs les ressources les plus abondantes, les abris les plus salutaires.

La côte de l'Est, moins riche en détails de ce genre, présente cependant l'île Maria, dans l'Ouest de laquelle il y a un fort bon mouillage, et à peu de distance de cette île, le *port Montbazin* et la *baie Fleurieu*, qui jouissent d'avantages particuliers.

Au N. E. de la Terre de Diémen, à l'entrée du détroit de Banks et dans le Sud des îles Furneaux, se trouve l'île Swan, et dans l'O. de celle-ci l'île Waterhouse ; plus loin, le port Dalrymple, qui est formé par l'embouchure d'une rivière rapide ; enfin les îles Hunter, qui sont à son extrémité Nord-Ouest.

§. Ier

Partie Sud de la Terre de Diémen.

Nous comprenons sous la dénomination de *partie Sud de la Terre de Diémen*, la portion de côte qui, du cap Sud-Ouest, s'étend jusque

LIVRE II. *Descriptions géogr. et nautiques.* 33

jusque sous le méridien de la presqu'île du Nord; nous appellerons *partie Sud-Est* celle qui, de ce dernier point, s'avance jusque sous le parallèle de l'île Maria. Nous ne nous occuperons dans ce paragraphe que de la première partie.

TERRE DE DIÉMEN.

La côte Méridionale de la Terre de Diémen, comprise entre le cap Sud-Ouest et le cap Sud, est assez élevée; elle est écore, et privée entièrement de plages sablonneuses. On peut en avoir connoissance de très-loin en mer, lorsque le temps est beau; on la voit alors sous l'aspect d'un amas d'îles, circonstance qui est due aux coupures multipliées qui s'y rencontrent. Cette côte n'a point été examinée jusqu'à ce jour avec les détails qu'elle exige; les coupures dont nous venons de parler, semblent faire présumer cependant qu'on y trouveroit diverses anses, plus ou moins propres à servir de refuge aux navigateurs [a]. La terre nous a paru très-saine, au-delà des îles et des rochers qui en sont à quelque distance : celui de Mewstone, l'un des plus avancés au Sud, est de forme à-peu-près ronde; comme il est écore et fort élevé, on peut le ranger à petite distance.

Côte du Sud.

Au-delà du cap Sud, entre le cap Bruny et le cap Méridional de la baie de la Recherche, se trouve l'entrée de ce bras de mer remarquable connu sous le nom de *canal Dentrecasteaux*. Il ne fut pas aperçu du capitaine TASMAN, qui le premier aborda dans ces parages, non plus que par les navigateurs qui y vinrent après lui. Une découverte aussi importante devoit appartenir au marin célèbre qui lui a imposé son nom, et qui le premier en a consigné les détails dans cette suite de belles cartes levées avec tant de soin et d'exactitude, par le savant hydrographe de son expédition.

Canal Dentrecasteaux.

Le canal Dentrecasteaux, pris depuis la baie de la Recherche jus-

---

[a] M. FLINDERS, qui a passé, en 1798, entre les îles Maetsuiker et la grande Terre, ne partage pas notre opinion. « Tous les navigateurs qui jusqu'ici ont prolongé cette côte (dit-il), se sont toujours tenus, que je sache, au large de Mewstone; et ils ont supposé ordinairement qu'il y avoit diverses ouvertures entre le cap Sud-Ouest et le cap Sud, où l'on trouveroit un excellent abri; mais les espaces entre les caps intermédiaires ne sont que des baies fort basses, ouvertes aux vents du Sud. » (*Observ. on the coasts of van Diemen's land.*)

E

qu'au cap Méridional de la presqu'île du Nord, peut avoir douze lieues de longueur. Il est légèrement sinueux, mais affecte une direction générale du S. E. au N. O. Sa largeur n'est pas constante ; elle varie depuis sept dixièmes de mille jusqu'à huit milles environ.

Deux ports très-beaux et très-commodes se trouvent au fond de la baie de la Recherche. L'amiral DENTRECASTEAUX, qui y a relâché, donne à leur sujet des notions intéressantes et fort utiles [a]. Au-delà, en remontant au Nord, on rencontre la baie des Moules, le port de l'Espérance et la rivière Huon. Ces divers enfoncemens nous ont paru précieux sous le rapport nautique ; mais n'y étant pas entrés nous-mêmes, nous nous dispenserons d'en parler davantage ici.

Le port des Cygnes est situé à l'embouchure de la rivière Huon. Son étendue dans une direction N. et S. est d'une lieue et demie, sur une largeur beaucoup moindre. Plusieurs anses profondes présentent, sur l'un et l'autre bord, toutes les commodités nécessaires à la sûreté des navires. Ses rivages, quoique peu élevés, sont, en général, fort écores ; leur pente est assez douce, et la fertilité remarquable du sol offre par-tout le spectacle le plus varié et le plus enchanteur. Dans beaucoup d'endroits, on trouve des quais formés par la nature, où il seroit facile de faire accoster les plus gros vaisseaux, et même de les abattre en carène.

Au milieu du port, on a depuis 4 jusqu'à 8 brasses d'eau sur un fond de sable vaseux ; et à l'exception de l'intérieur de quelques baies, la sonde ne rapporte jamais moins de 3 à 4 brasses à petite portée de fusil du rivage.

La seule rivière de quelque importance que nous y ayons trouvée, la seule aussi qui nous ait paru devoir conserver de l'eau douce toute l'année, est la *rivière Fleurieu :* son embouchure est marécageuse, et obstruée par un banc de vase qui en défend l'approche. Ailleurs, ce

---

[a] Voyage de DENTRECASTEAUX, tom. *I*, pag. 49—78 et 228—248.

ne sont que des torrens alimentés dans la saison des pluies. En multipliant les recherches, on trouveroit peut-être quelques sources dans les anses qui avoisinent l'entrée du port ; on voit, en effet, dans cette partie, un grand nombre de ravins, et il est vraisemblable que quelques-uns servent de lit à des ruisseaux permanens.

Vers l'extrémité Nord du canal, et sur sa côte Occidentale, se trouve le port Nord-Ouest. Sa position lui a fait donner le nom qu'il porte. Sa forme est celle d'un quadrilatère irrégulier. Son ouverture est de deux milles, sa profondeur de six. Ses deux pointes d'entrée sont hautes et rocailleuses ; le reste des rivages est beaucoup moins élevé, et d'un abord par-tout extrêmement sûr.

Plusieurs ruisseaux viennent déboucher dans sa partie Septentrionale. Le plus considérable, qui prend vraisemblablement sa source à la montagne du Plateau, nous servit d'aiguade. Son embouchure, partagée en deux branches, est obstruée par plusieurs bancs qui, mêlés à de gros troncs d'arbres, en rendent l'approche difficile, même pour les petites embarcations. Nous ne pûmes y faire que cent barriques d'eau environ, et encore ce fut d'une manière pénible : obligés de tenir notre chaloupe à flot à une grande distance de terre, nous faisions conduire nos futailles en drôme par un de nos canots légers ; mais ce qu'il y avoit de plus fatigant, c'étoit de rouler ces mêmes barriques sur un lit de galets pendant l'espace d'un demi-mille, pour les conduire au rivage.

Après tout, l'eau de cette rivière n'étoit pas de bonne qualité. Quoique à la rigueur elle fût potable, le goût en étoit cependant mauvais, et nos médecins attribuent à son usage les coliques qu'éprouvèrent plusieurs personnes de nos équipages.

En visitant le pays que parcourt sur ce point le ruisseau de l'aiguade, nous reconnûmes que le terrain bas qui l'environne est une plaine assez vaste, coupée par différens canaux, dans lesquels la haute mer pénètre, et forme, par conséquent, une grande quantité de marécages. Cette plaine seroit sûrement très fertile, si elle étoit cultivée,

TERRE DE DIÉMEN.

Rivière du Nord.

après avoir donné un écoulement aux eaux, car le terroir en est excellent : celui des montagnes et des collines qui l'avoisinent est également bon et propre à l'agriculture.

En quittant le port Nord-Ouest, on se trouve à l'embouchure de la rivière du Nord *(cartes n.os 2 et 3)*, qui comprend la double baie, et termine dans cette partie le canal Dentrecasteaux. Les embarcations de l'amiral françois n'ayant remonté cette rivière que jusqu'à la hauteur du gros morne, mon frère M. H. FREYCINET fut chargé d'en continuer la reconnoissance jusqu'au point où il pourroit rencontrer de l'eau douce. Un banc de vase presque perpendiculaire au cours de la rivière vint contrarier ses opérations ; il ne put ni déterminer son étendue, ni s'assurer s'il existoit une passe pour le franchir. Du lieu où le canot fut obligé de rétrograder, les battures paroissoient se prolonger encore assez au loin. M. H. FREYCINET ne pouvant y pénétrer avec son embarcation, débarqua sur le côté Méridional de la rivière, et s'avança à pied vers le lieu qui lui étoit prescrit par ses instructions.

La rivière forme un coude près du gros morne, et se dirige, jusqu'au banc qui en barre le cours, entre des terres d'une hauteur médiocre. Ses bords sont marécageux, et presque par-tout inaccessibles, à cause du peu de profondeur de l'eau. La partie la plus large est aussi celle où il y a le plus de hauts-fonds, et dont les rives sont le plus remplies de marécages. Au-delà des bancs, la rivière coule entre une haute chaîne de montagnes, et diminue progressivement de largeur. L'eau perd sa salure par degrés ; mais elle n'est tout-à-fait potable qu'au point qui a été indiqué sur le plan. Le courant est très-rapide, sur-tout celui de jusant, qui ne paroît pas filer moins de trois milles à l'heure.

Au-delà du banc dont nous venons de parler, le pays, qui est d'un aspect très-sauvage, se trouvoit alors presque entièrement brûlé par les naturels. Au point où la rivière se dirige de nouveau vers le Nord, les terres sont mieux boisées, et n'offrent plus qu'une route impraticable à travers les marais et les bois. Une journée de marche n'eût pas été suffisante pour s'avancer jusqu'aux gorges de montagnes éloignées entre lesquelles on voyoit la rivière couler.

TERRE DE DIÉMEN.

En revenant vers le Sud, on trouve dans l'Est de la montagne du Plateau, un fort joli ruisseau qui débouche dans une anse commode. En rangeant la terre à tribord, à petite distance, on passe successivement par 3, 2 $\frac{1}{2}$, 1 $\frac{1}{2}$ et 1 brasse d'eau; à ce point, on peut débarquer à pied sec. Une chaloupe pourroit y accoster sans peine; et de là au ruisseau, qui n'est plus éloigné que de quatre-vingts toises, le chemin est beau et convenable pour rouler les barriques. M. Breton, qui a visité cette aiguade, pense qu'elle est de beaucoup préférable à celle que nous avions établie dans le port Nord-Ouest; l'eau d'ailleurs y paroît de meilleure qualité.

Nous venons de parler successivement de tous les enfoncemens qui se trouvent sur la côte Ouest et sur la côte Nord du canal Dentrecasteaux: sa partie Orientale se compose entièrement des rivages de l'île Bruny. Cette île, de dix lieues de longueur, est d'une forme très-irrégulière. Plusieurs isthmes, dont le plus remarquable sépare la baie de ce nom d'avec celle de l'Aventure, resserrent sa surface sur divers points; le terrain est d'inégale hauteur, et quelques parties assez élevées sont remarquables par leur constitution géologique: le cap Cannelé entre autres, et la portion de côtes qui s'y rattache vers le Sud, présentent à l'œil une coupe abrupte qui paroît composée d'immenses aiguilles basaltiques. Par-tout la végétation se montre avec vigueur, et vient déceler la fertilité du sol.

Île Bruny.

Plusieurs baies profondes sur l'un et l'autre bord offrent de bons mouillages. La grande Anse, la petite Anse, la baie de l'Isthme, et celle qui gît au N. E. de la pointe Le Grand, peuvent recevoir les plus forts navires. La grande Anse est une baie très-spacieuse, et par conséquent peu abritée contre les vents. Nous mouillâmes à son entrée, à un mille de distance et dans l'Est de l'île aux Perdrix: les vents de S. O., qui souffloient à cette époque, nous incommodè-

Grande Anse, Petite Anse, Baie de l'Isthme.

rent un peu; cependant la mer n'y étoit pas houleuse, et ce mouillage auroit été suffisant, si des ports plus beaux, et sur-tout plus commodes, n'eussent pas été dans notre voisinage.

La côte du large de l'île Bruny présente deux baies remarquables: l'une, appelée baie Mauvaise, est exposée à toute la fureur des vents du S. O.; l'autre, nommée par FURNEAUX baie de l'Aventure, est au contraire un excellent point de relâche, avec des vents de cette partie. On y trouve, dans toutes les saisons, des aiguades abondantes et commodes.

Les sondes, au milieu du canal Dentrecasteaux, sont, en général, de 7 à 25 brasses, sur un fond de vase noire. La navigation n'y a rien de difficile; et si l'on est muni des excellens plans de M. BEAUTEMPS-BEAUPRÉ [*], on pourra y naviguer, soit de jour, soit de nuit, sans craindre d'être induit en erreur. Le seul danger qui existe est un banc étendu qui gît le long de la côte par le travers de la pointe Riche et en face de la baie de l'Isthme. Il ne s'avance pas fort au large, et il suffit d'être prévenu de sa position pour n'avoir point à le redouter.

Dans le trajet que nous fîmes pour nous rendre de la grande Anse au port Nord-Ouest, nous eûmes des vents très-inconstans qui sembloient suivre la direction des montagnes. Quand nous passions par le travers des gorges qui pouvoient leur servir d'issue, nous éprouvions des risées très-fortes, et, l'instant d'après, nous restions en calme plat. Au reste, cet inconvénient est ordinaire dans la navigation entre des terres hautes et resserrées.

A nos divers mouillages, nous avons toujours eu beaucoup de peine pour relever nos ancres, à cause de la ténacité du fond de vase qui existe presque par-tout. Dans la grande Anse, par exemple, lorsque notre ancre fut hors de l'eau, il s'y trouva plus de mille livres pesant d'une vase noire et dure que le mouvement et le choc

---

[*] Hydrographe en chef de l'expédition de DENTRECASTEAUX, aujourd'hui sous chef du dépôt impérial des cartes et plans de la marine, &c.

de l'eau n'avoient pu détacher. Malgré cette résistance considérable du fond, il nous arriva plusieurs fois de chasser sur nos ancres, quoique nous eussions dehors une forte touée.

De tous les mouillages où nous avons été dans le canal, aucun n'est exempt d'inconvéniens. La grande Anse et le port Nord-Ouest sont trop vastes pour qu'on puisse y trouver, à toutes les époques, un abri contre la force des vents. Le port des Cygnes seroit un refuge assuré et précieux dans le cas où l'on auroit un radoub à faire; mais l'eau douce y est rare, difficile à recueillir, et ne paroît pas être de bonne qualité.

DENTRECASTEAUX, qui relâcha, en 1792 et 1793, dans les deux ports qui sont au fond de la baie de la Recherche (le port du Nord et le port du Sud), en parle de manière à leur faire accorder la préférence sur tous ceux de cette partie des Terres Australes. Il dit en substance que le port du Nord est le lieu le plus convenable pour faire les réparations que peuvent rendre nécessaires les gros temps auxquels on est exposé dans ces parages orageux. La mer y est si tranquille, qu'elle est à peine agitée par les vents les plus violens. Les aiguades y sont multipliées; mais elles ont le grand inconvénient d'être à sec pendant l'été[a] : circonstance qui, pour le dire en passant, est commune au port de l'Espérance, et vraisemblablement aussi au port des Cygnes.

Le port du Sud, ajoute le même navigateur, en jouissant des mêmes avantages que le port du Nord, en a d'autres qui lui sont propres et qui le rendent de beaucoup supérieur. Il peut fournir en toute saison une grande abondance de très-bonne eau, que l'on peut faire avec une extrême facilité[b].

Nous croyons devoir désigner en conséquence le port du Sud de la baie de la Recherche comme le meilleur point de relâche dans le cas d'un séjour un peu prolongé sur cette côte : si, au

---

[a] Voyage de DENTRECASTEAUX, tom. I.
[b] Ibid.

contraire, on ne vouloit que renouveler sa provision d'eau et de bois, le mouillage de la baie de l'Aventure me paroîtroit alors le plus convenable.

Le sol de l'île Bruny, et celui de la Terre de Diémen qui lui est opposé, sont en général d'une très-bonne qualité. La terre végétale, dans quelques endroits, n'a pas moins de deux ou trois pieds de profondeur. La végétation est par-tout abondante et vigoureuse; les forêts sont riches et touffues : les arbres les plus communs et les plus remarquables dans toute l'étendue du canal, sont les casuarina, les mimosa, les banksia et les eucalyptus.

A la couleur près, le bois de casuarina ressemble beaucoup à celui du chêne de nos climats; pesanteur, dureté, liant, tout est analogue. On peut l'employer avec avantage dans la construction navale : l'élégance de ses marbrures, le poli parfait qu'il peut recevoir, le rendent également fort propre à la menuiserie, et sur-tout à l'ébénisterie.

Le mimosa convient aussi à ce dernier usage; mais ses dimensions trop foibles ne permettent guère de s'en servir dans l'architecture navale.

Quoique d'un tissu moins liant que le casuarina, le banksia pourroit fournir cependant des courbes précieuses à la marine. Son bois, d'une belle couleur, est d'ailleurs fort agréable, et convient aux ouvrages d'ébénisterie.

A l'égard de l'eucalyptus, les fortes proportions de son bois, sa tige droite, élancée et dépourvue de branches, doivent le faire considérer comme très-convenable pour la mâture. A la vérité, sa pesanteur spécifique[a] et son peu d'élasticité sont un assez grand inconvénient pour l'objet dont il s'agit; mais cet arbre n'en sera pas moins extrêmement précieux pour les navires qui dans ces parages auroient éprouvé des avaries considérables.

[a] Le pied cube de ce bois, lorsqu'il est vert, dit M. HAMELIN dans son journal, ne pèse pas moins de 79 livres ½, ou à-peu-près 39 kilogrammes.

Dans

Dans le grand nombre d'eucalyptus que nous fîmes abattre au port Nord-Ouest, il s'en trouva un dont le tronc avoit 37 pieds [12,^{m}01] de hauteur, sur 14 pieds [4,^{m}54] de tour. Il étoit parfaitement sain à l'intérieur; circonstance qui mérite d'autant plus d'être remarquée, que tous ceux que nous avions fait couper, soit pour bois de chauffage, soit pour nos autres besoins, quoique d'une bonne apparence au-dehors, étoient tous viciés au-dedans par la présence d'une résine fort abondante.

Parmi les arbres particuliers à ces contrées, il en est un encore qui doit être cité comme pouvant être fort utile à la marine; c'est le xanthorrhea. Il fournit une résine abondante analogue à notre brai sec, et que l'on pourroit au besoin y substituer. Quelques essais que nous fîmes faire par nos calfats, eurent le plus heureux succès.

Nous n'aperçûmes aucun arbre qui portât des fruits mangeables; presque tous avoient une texture ligneuse, comparable à celle de notre pomme de pin. Le fruit du *cycas*, espèce de palmier, qui porte une noix recouverte d'une enveloppe rougeâtre, a la chair extrêmement vénéneuse. M. LABILLARDIÈRE assure cependant[a] qu'on peut lui enlever par la macération cette qualité malfaisante.

Les herbacées convenables aux usages domestiques, ne sont pas très-variées : un peu de cresson, du persil sauvage, du cerfeuil, une espèce d'oseille et de perce-pierre, en composent la liste succincte. Il est probable que les sauvages connoissent plusieurs racines bonnes à manger; mais quelles que soient les recherches que nous ayons faites, nous n'avons pu découvrir qu'une espèce de petite carotte; encore est-elle assez rare.

Si les végétaux offrent d'aussi foibles ressources à l'homme, la nature s'est plue à le dédommager par la richesse et l'abondance de quelques espèces du règne animal. Le grand et le petit kanguroo se trouvent sur les deux rives du canal. La chair de ce quadrupède

---

[a] LABILLARDIÈRE, Voyage à la recherche de LA PÉROUSE.

est agréable, lorsqu'il est jeune; autrement, elle est plus ou moins dure et coriace : elle forme néanmoins, dans tous les cas, une nourriture salubre pour les équipages. Nous parlerons, dans le §. 2 du chapitre suivant, de la manière la plus avantageuse et la plus convenable de faire la chasse à ces animaux.

Parmi les oiseaux, le cygne noir est sans contredit le plus intéressant. Sa chair est tendre, délicate, et pourroit être recherchée pour les tables les plus somptueuses. Cet oiseau existe en nombre prodigieux dans le port des Cygnes, dans la rivière du Nord et dans plusieurs autres parties du canal. Il n'est pas toujours facile de le prendre, parce que, lors même qu'il est dans la mue, il nage avec une inconcevable rapidité, en se dirigeant toujours vers l'origine du vent. On peut l'attendre à l'affût, ou le chasser dans un canot qui marche bien à l'aviron.

Le canard, la sarcelle, une petite espèce de perdrix, la caille, le merle, le pigeon doré, et une grande variété de perroquets, existent en abondance, les uns dans le voisinage des marais, et les autres répandus dans les bois. On peut en prendre sans beaucoup de peine une grande quantité ; mais cette chasse est bien moins avantageuse que celle des cygnes.

La classe des poissons peut fournir d'excellens rafraîchissemens : sans parler des chiens de mer et des requins, qui ont la chair peu agréable, nous citerons les raies de plusieurs espèces, dont quelques-unes ne pèsent pas moins de trois à quatre cents livres, et qui sont un manger délicieux ; les perches, les orphies, les soles, limandes, carrelets, turbots, cottes, polynèmes, &c. qui s'y montrent par-tout en grandes troupes.

Nos pêches, établies sur une multitude de points, nous furent fort productives. Nous harponnâmes beaucoup de raies sur les bancs de la rivière de l'aiguade, dans le fond du port Nord-Ouest, dans la baie de l'Isthme, et sur tous les hauts-fonds où l'eau n'étoit point agitée. Dans la plupart des anses de l'île Bruny, la pêche à la seine nous a toujours été avantageuse; nous avons également employé la ligne dormante, garnie de cinquante ou cent hameçons, sur les fonds sablonneux, et la ligne volante, sur les fonds de roche ou en pleine eau.

Les crustacés nous donnèrent quelques homards, beaucoup de langoustes et de crabes, dont quelques-uns d'une très-forte dimension. Nous en avons pris souvent à la ligne; mais la pêche avec la nasse de filet, soit dans la grande Anse, soit dans le port Nord-Ouest, nous a toujours paru préférable. Nous pouvions recueillir par ce moyen au-delà de quatre-vingts langoustes ou crabes dans un jour.

Les huîtres, les peignes et les moules sont ici les espèces de coquillages les plus remarquables. Nous devons faire observer, à l'égard de ces dernières, que souvent elles renferment un petit crabe, ou de petites perles grises qui sont vénéneuses et peuvent occasionner de fortes coliques. Il faut éviter de manger de pareilles moules.

A ces diverses espèces d'animaux testacés, nous ajouterons encore la grande oreille de mer, dont les sauvages de cette contrée font une immense consommation, mais qui n'est pas de très-bon goût.

Les huîtres sont en grand nombre dans les petites baies qui gisent au S. de la pointe Gicquel (pointe S. d'entrée du port N. O.) et dans le fond des divers ports du canal. On peut ramasser des moules presque par-tout de basse mer; leur pêche n'offre ni peine ni difficulté. A l'égard des peignes ou pélerines, qui sont un manger délicat, nous les avons constamment ramassés avec la drague : on les rencontre dans quelques parties en assez grande quantité, notamment dans le voisinage et au S. du port Nord-Ouest.

Les naturels du canal Dentrecasteaux sont peu nombreux. Ils vivent par troupes errantes dans les bois, réduits au dernier degré de misère et d'abrutissement. La plupart nous ont paru méchans, soupçonneux et craintifs. COOK et DENTRECASTEAUX ont cependant, ainsi que nous, rencontré quelques individus qui avoient l'air doux et affable; mais ni les uns ni les autres nous ne sommes demeurés assez long-temps sur les mêmes lieux, pour être en état de tracer d'une manière exacte et définitive le tableau du caractère moral de ces peuples[a].

Dans un état si éloigné de la civilisation, leurs arts n'ont pu beaucoup se perfectionner. Habitans d'un pays entrecoupé par une infinité de bras de mer, à peine ont-ils su imaginer des pirogues pour y naviguer, et ces pirogues sont encore d'une construction extrêmement défectueuse.

Nous en avons vu et mesuré plusieurs qui étoient de la même dimension, et construites d'une manière absolument semblable. Trois rouleaux d'écorce d'eucalyptus en formoient toute la charpente. Le rouleau ou la pièce principale avoit $4,^m55$ [14^p] de long sur une épaisseur d'un mètre [3^p]; les deux autres, $3,^m9$ [12^p] de long sur $0,^m32$ [1^{po}] d'épaisseur seulement. Ces faisceaux qui, pris chacun à part, ressembloient assez à la vergue d'un vaisseau, étoient réunis par leurs extrémités, ce qui les faisoit relever en pointe et constituoit l'ensemble de la pirogue. L'assemblage étoit fait assez solidement avec une sorte d'herbe ou de jonc. Dans cet état, l'embarcation avoit les dimensions suivantes :

Longueur en dedans	$2,^m95 =$	9^p 1^p
Largeur en dehors	$0, 89 =$	2. 9.
Hauteur totale	$0, 65 =$	2. 0.
Creux au milieu	$0, 22 =$	0. 8.
Grosseur aux extrémités	$0, 27 =$	0. 10.

Les sauvages peuvent se placer cinq ou six dans ces pirogues; mais plus communément ils ne s'y mettent que trois ou quatre à-la-fois. Leurs pagaies sont de simples morceaux de bois, de $2,^m5$

---

[a] Nous ne faisons qu'indiquer ici ces résultats précieux de nos observations; ceux qui voudront de plus grands détails, peuvent recourir à la relation historique de notre voyage, rédigée par M. PÉRON. *(Paris, chez Arthus Bertrand.)*

LIVRE II. *Descriptions géogr. et nautiques.* 45

[7^P 8^{po}], jusqu'à 4 et même 5 mètres de long [11^P 6^{po} et 15^P 5^{po}], sur une grosseur qui varie depuis 2 jusqu'à 5 centimètres [de 1^{po} à 2^{po}]. Quelquefois, et lorsque l'eau n'est pas très-profonde, ils se servent de ces bâtons pour pousser sur le fond, comme nous le faisons avec nos gaffes.

Ils se tiennent ordinairement assis pour manœuvrer leurs pirogues ; ils y placent alors des bottes de foin qui leur servent de siége : d'autres fois ils se tiennent debout. Nous ne les avons vus traverser le canal que par un beau temps ; on conçoit que des embarcations aussi frêles et aussi imparfaites n'auroient jamais pu s'avancer, ni même seulement se soutenir, sur une mer houleuse. Au reste, il ne paroît pas qu'ils aient jamais tenté de faire de plus longues navigations que d'aller d'une pointe à l'autre, ou de traverser une baie ou un port, dans l'intérieur du canal.

Il est à remarquer qu'ils placent constamment un foyer à l'une des extrémités de leurs pirogues ; et pour empêcher la communication du feu, ils mettent par-dessous une couche de terre ou de cendre d'une suffisante épaisseur.

M. Péron a donné, dans le recueil de planches qui accompagne la partie historique de notre voyage, un dessin fort exact des pirogues des sauvages de la Terre de Diémen : il se trouve sous le n.° XIV.

Nous n'avons jamais été à portée d'examiner la manière dont ils font leurs pêches ; mais comme il me paroît important de donner une idée de leur industrie à cet égard, j'emprunterai les détails suivans à M. Labillardière, l'un des compagnons de voyage de l'amiral Dentrecasteaux.

« Nous n'avions eu jusqu'alors, dit-il [a], qu'une foible idée des » peines que se donnent les femmes pour procurer les alimens » nécessaires à la subsistance de leur famille. Bientôt elles prirent » chacune un panier, et furent suivies de leurs filles, qui les

TERRE DE DIÉMEN.

---

[a] Labillardière, Voyage à la recherche de La Pérouse, tom. *II*, pag. *52*.

46 VOYAGE AUX TERRES AUSTRALES,

» imitèrent; puis elles gagnèrent des rochers avancés dans la mer, et
» de là elles s'aventurèrent au fond des eaux pour y chercher des
» crustacés et des coquillages. Comme elles y étoient depuis long-
» temps, nous eûmes de vives inquiétudes sur leur sort ; car elles
» avoient plongé au milieu de plantes marines d'une grande lon-
» gueur. Nous craignions qu'elles ne s'y trouvassent engagées, et
» qu'elles ne pussent regagner la surface de la mer : enfin elles re-
» parurent, et nous montrèrent qu'il leur étoit facile de rester sous
» l'eau deux fois plus long-temps que nos plus habiles plongeurs.
» Un instant leur suffisoit pour respirer; puis elles replongeoient,
» à différentes reprises, jusqu'à ce que leur panier fût à-peu-près
» rempli. La plupart étoient munies d'un petit morceau de bois
» taillé en forme de spatule; elles s'en servoient pour détacher de
» dessus les rochers cachés sous les eaux, à de grandes profondeurs,
» de fort grosses oreilles de mer ; peut-être les choisissoient-elles,
» car celles qu'elles apportoient étoient toutes très-volumineuses.

» A la vue de ces gros homards qui remplissoient leurs paniers,
» nous craignîmes que ces crustacés ne déchirassent ces malheu-
» reuses femmes avec leurs énormes pinces; mais nous ne tardâmes
» pas à nous apercevoir qu'elles avoient eu la précaution de les
» tuer dès qu'elles les avoient pris. Elles ne sortoient de l'eau que
» pour venir apporter à leurs maris les fruits de leur pêche, et
» souvent elles retournoient plonger presque aussitôt, jusqu'à ce
» qu'elles eussent fait une provision assez abondante pour nourrir
» leur famille : d'autres fois, elles se réchauffoient pendant quelque
» temps, le visage tourné vers le feu où grilloit la pêche, et elles
» avoient allumé derrière elles d'autres petits feux pour se réchauffer
» en tout sens à-la-fois. Il sembloit qu'elles regrettassent de rester
» oisiv   un seul instant; car tout en se réchauffant, elles étoient
» encore occupées à faire griller des coquillages qu'elles mettoient
» sur les charbons avec la plus grande précaution ; mais elles pre-
» noient beaucoup moins de soins pour les homards qu'elles jetoient

» indifféremment au milieu des flammes. Dès qu'ils étoient cuits, « elles en distribuoient les pattes aux hommes et aux enfans, se » réservant le corps, qu'elles mangeoient quelquefois avant de re- » tourner au fond de la mer. »

Pendant notre séjour dans le canal Dentrecasteaux, nous fîmes diverses observations physiques et astronomiques que nous allons réunir ici, pour compléter ce qui nous reste à dire sur la partie Sud de la Terre de Diémen.

L'irrégularité des marées est très-remarquable dans ces parages. DENTRECASTEAUX, en 1793, et FLINDERS, en 1798, firent à cet égard des remarques du même genre; le premier, au port du Sud de la baie de la Recherche; le second, dans la rivière du Nord.

Une de nos embarcations, aux ordres de M. RONSARD, étant allée baliser l'entrée de la *rivière de l'Aiguade* au fond du port Nord-Ouest, resta échouée sur les bancs (le 25 janvier 1802), jusqu'à ce que la mer eût assez rapporté pour la remettre à flot. M. RONSARD passa trois heures dans cette position, sans pouvoir déterminer si la mer montoit ou baissoit, quoiqu'il fût dans une situation qui lui permit d'observer une différence de niveau de trois pouces et même moins. Pendant cet espace de temps, vingt fois la mer rapporta de deux à trois pouces, et vingt fois aussi elle descendit de la même quantité. Après trois heures d'incertitude, la mer baissa beaucoup et assécha le banc sur lequel l'embarcation se trouvait.

Le même jour, M. BERNIER observoit les marées sur l'îlot de l'Aiguade. La mer ne monta que d'un pied ce jour-là. Le surlendemain, la mer fut haute au même lieu à six heures et demie. Après avoir baissé de quelques pouces, elle remonta jusqu'à midi et demi, où elle se trouva plus élevée d'un pied que le matin; et tout le jour, elle ne fit que hausser et baisser alternativement de quelques pouces. Ces irrégularités, jointes à celles qui avoient déjà été remarquées, nous décidèrent à ne plus continuer sur ce point un genre d'observations qui n'offroit aucun intérêt réel, puisqu'on ne pouvoit rien en conclure pour la grandeur des marées et pour l'heure du port.

Au lieu de notre mouillage, nous obtînmes des résultats tout-à-fait différens. Le jour de la nouvelle lune, il y eut haute mer à sept heures et demie, et l'élévation fut de sept pieds. M. HAMELIN, à qui nous devons cette dernière observation, pense, d'après des remarques qui lui sont particulières, que les marées d'équinoxe peuvent s'élever ici, dans quelques circonstances, jusqu'à dix et même onze pieds. Sans prétendre infirmer l'opinion de cet officier expérimenté, je me bornerai à dire qu'elle s'écarte prodigieusement de tous les faits recueillis dans les mêmes parages, tant par nous-mêmes que par les navigateurs qui nous ont précédés.

M. H. FREYCINET, pendant sa mission dans la rivière du Nord, fit aussi sur divers points quelques observations des marées, qui se trouveront détaillées à la fin de cet ouvrage. L'établissement moyen que j'en ai déduit, est 8^h, et le montant de l'eau 4 à 5 pieds; résultats qui s'accordent parfaitement avec ceux que le capitaine FLINDERS obtint en 1798[a].

Nous n'avons point observé les marées pendant notre relâche à la baie de l'Aventure. COOK, qui y mouilla en 1777, nous apprend que la pleine mer eut lieu à 3 heures du matin, deux jours avant le dernier quartier; d'où l'on déduit pour l'instant de l'établissement, $11^h 39'$. Cette quantité paroîtra bien forte, si on la compare aux résultats obtenus par M. FLINDERS et par nous, dans le canal Dentrecasteaux. Le montant de l'eau observé par COOK n'étoit que d'un pied et demi.

De ce qui précède, on doit conclure que l'heure des marées est encore vaguement déterminée à la partie Sud de la Terre de Diémen, et que ces phénomènes y sont sujets à des anomalies singulières, dues probablement aux localités. DENTRECASTEAUX crut qu'il n'existoit qu'une marée en vingt-quatre heures; mais nous en avons

[a] FLINDERS, Observ. on the coasts of van Diemen's land, *pag. 6.*

observé deux bien distinctes ; celle de nuit a été constamment plus forte que celle de jour.

Lors de sa relâche dans la rivière du Nord, M. FLINDERS vit quelquefois la marée descendre douze heures de suite et plus, d'autres fois monter pendant un temps aussi considérable, lorsque près du rivage elle suivoit ses périodes ordinaires ; un *sous-courant* en sens contraire lui parut être la cause de cette irrégularité.

Pendant les mois de janvier et février, nous eûmes au port Nord-Ouest quelques jours de beau temps ; il fut rare cependant d'en voir plus de trois ou quatre se succéder sans interruption. En général, le ciel étoit couvert, l'atmosphère brumeuse et les vents variables. Ceux du N. O. au S. O. par l'O. prévaloient ; sur trois jours, ils ont soufflé deux fois dans cette direction, et nous ont procuré du mauvais temps et de pesantes rafales. Les vents du N. E. au S. E., accompagnés quelquefois de très-fortes risées, nous ont plus souvent amené du beau temps [a].

Les huttes construites par les sauvages, tant sur la Terre de Diémen que sur l'île Bruny, ayant toutes leur ouverture tournée du N. E. au S. E., nous conclurons de cette disposition constante, que les vents d'E. ne sont jamais bien forts dans ces parages, ou que du moins ils n'y sont pas très-incommodes. En réunissant aux nombreux témoignages des navigateurs qui nous ont précédés, les observations que nous avons faites nous-mêmes à diverses époques, on est en droit de croire que les vents d'E. qui le plus communément soufflent ici pendant l'été, sont, en effet, bien moins fréquens dans ces mers que ceux de l'O. Les vents de S. O., qui sont dominans, ont une impétuosité extrême ; ils traînent avec eux les frimas du pôle, les brumes épaisses et les ouragans. Il est facile de se faire une idée de leur fureur, en voyant abattus dans les forêts des arbres d'une grosseur énorme, et affectant tous dans leur chute une direction constante de l'O. vers l'E.

[a] *Voyez* le tableau de nos observat.[s] météorologiques, inséré dans le IV.[e] livre de cet ouvrage.

La température moyenne observée à midi durant notre séjour dans le canal, c'est-à-dire, depuis le 14 janvier jusqu'au 16 février 1802, a été de $+11^d$ R., et ses écarts extrêmes de $+10^d,3$ à $+17^d,9$. Je dois remarquer à ce sujet que notre thermomètre, placé à bord, n'a pu donner un résultat aussi élevé que celui qu'on auroit probablement eu à terre. Je me suis procuré une observation thermométrique correspondante à celle du 2 février à midi ; c'est la seule que j'aie pu obtenir. Tandis que le thermomètre à bord indiquoit $+13^d,8$, on avoit à terre à l'observatoire $+19^d,5$; je ne pense pas cependant que la différence ait toujours été aussi considérable. Quoi qu'il en soit, il paroît que, dans l'été de ces régions, la chaleur est en général beaucoup moins forte qu'elle ne l'est ordinairement à pareille latitude dans nos climats Septentrionaux.

Le baromètre, observé à midi, a donné pour hauteur moyenne 27^p $11^l,6$; les extrêmes de ces variations ont été 27^p $4^l,7$ et 28^p $3^l,9$.

Parmi les phénomènes météorologiques que nous avons eu occasion d'observer au port Nord-Ouest, celui qui eut lieu le 5 février est un des plus remarquables. Au coucher du soleil, le disque de cet astre étoit d'une couleur rouge très-éclatante ; les vents étoient alors variables du S. E. au N. E. par l'E., la brise foible et l'atmosphère brumeuse. Cette apparence dans le disque du soleil, observée déjà plusieurs fois par nous sur la côte du Nord-Ouest de la Nouvelle-Hollande, avoit toujours été un présage assuré d'une forte brise pour le lendemain. Elle ne nous trompa point encore cette fois : en effet, le vent fut calme toute la nuit ; mais le 6 février, depuis trois heures du matin jusqu'à onze, nous éprouvâmes un vent du N., accompagné de violentes rafales, qui nous procurèrent une chaleur étouffante. Quelques personnes ont pensé que la cause de cette forte chaleur devoit être attribuée à l'embrasement des bois, opéré par les naturels. M. PÉRON n'étoit pas de cet avis ; il croyoit au contraire que le vent dont il s'agit, n'avoit

LIVRE II. *Descriptions géogr. et nautiques.* 51

acquis un aussi haut degré de température qu'en passant sur les sables brûlans de l'intérieur de la Nouvelle - Hollande. Quoi qu'il en soit, nos instrumens météorologiques éprouvèrent de grandes et subites variations pendant la durée de ce vent extraordinaire. Le thermomètre, en moins d'un quart d'heure, monta de $+11^d$ à $+18^d$ R., et s'éleva même jusqu'à $+22^d$. Le baromètre, qui étoit à $28^p\ 1^l$, descendit de 7 lignes 3 dixièmes.

Le capitaine Cook éprouva une bouffée de vent du même genre, lorsqu'en 1777 il appareilla de la baie de l'Aventure[a]. Le baromètre baissa tout-à-coup, et le thermomètre monta dans un instant de 20^d de Farenheit, ou de près de 9^d de Réaumur; mais la chaleur fut de courte durée. Il est important de remarquer, à ce sujet, que le vent observé par Cook dans les circonstances dont il s'agit, avoit sa direction au N. E., et que par conséquent il ne pouvoit venir des terres de la Nouvelle-Hollande. D'un autre côté, rien n'a pu nous faire présumer que l'intérieur de la Terre de Diémen fût un désert sablonneux.

M. Bernier avoit établi son observatoire sur un petit îlot situé à l'embouchure de la rivière de l'aiguade, dans le port du Nord-Ouest. Voici le résultat des observations qu'il y a faites, indépendamment de celles qui sont relatives aux marées :

Latitude déduite de quatre hauteurs méridiennes du soleil. 43° 0′ 55″ Sud.
Longitude moyenne de vingt-quatre distances orientales de la lune au soleil, corrigées de 17′ 4″, erreur des tables de la lune [b] . . . . 145. 2. 45. E. Paris.
Inclinaison magnétique, déduite d'un grand nombre d'observations . . . . . . } aiguille { N.° 2 = 69. 12. 15. | janvier
N.° 4 = 71. 5. 0. | et
Inclinaison moyenne . . . . 70. 8. 37. { février
Inclinaison moyenne par un milieu entre toutes les observations faites par nous dans le canal Dentrecasteaux . . . . . 70. 7. 40. } 1802.

---

[a] Cook, 3.ᵉ Voyage, *tom. I, pag. 151 et 152* de la traduction françoise.
[b] Pour de plus grands détails, *voyez* dans le livre suivant le chapitre qui traite de la correction des longitudes observées pendant notre voyage.

TERRE DE DIÉMEN.

Déclinaison de l'aiguille aimantée $\begin{cases} \text{par les boussoles} \\ \quad \text{du } \textit{Géographe}.. \\ \text{par les boussoles} \\ \quad \text{du } \textit{Naturaliste}. \end{cases} \begin{matrix} 10° \ 24' \ 52'' \\ \\ 8. \ 10. \ 42. \end{matrix} \Bigg\}$ N. E. $\begin{matrix}\text{janvier}\\\text{et}\\\text{février}\\1802.\end{matrix}$

Déclinaison moyenne.................... 9. 17. 47. N. E.

Pendant notre mouillage à la baie de l'Aventure, le 21 mai 1802, M. BERNIER eut à bord les résultats suivans :

Inclinaison magnétique, aiguille............ $\begin{cases} \text{N.}° \ 2 = 71° \ 33' \ 45'' \\ \text{N.}° \ 4 = 72. \ 22. \ 30. \end{cases}$ mai 1802.

Inclinaison moyenne....................... 71. 58. 7.

mais ces résultats sont moins certains que ceux qui ont été obtenus au canal Dentrecasteaux.

COOK observa dans la baie de l'Aventure, en 1777,

Inclinaison de l'aiguille aimantée...................... 70° 15' ¼.
Déclinaison N. E................................... 5. 15.

DENTRECASTEAUX, pendant ses relâches au port du Nord et au port du Sud de la baie de la Recherche, avoit trouvé :

Inclinaison de l'aiguille aimantée......... $\begin{cases} \text{en } 1792.... \ 70° \ 50' \\ \text{en } 1793... \begin{cases} 71. \ 1. \\ 72. \ 2. \end{cases} \end{cases}$

Déclinaison N. E..................... en 1792.... 8. 1.

La moyenne des observations de déclinaison faites par le capitaine FLINDERS en 1798, avoit été de 8° 51' N. E.

Il résulte de la comparaison que nous venons de faire, que l'inclinaison de l'aiguille a peu changé depuis COOK jusqu'à l'époque où nous avons observé nous-mêmes ; du moins les variations, si elles existent, sont trop foibles et nos observations trop peu concordantes, pour qu'on puisse déterminer la quantité de ce changement.

Il n'en est pas de même de la déclinaison. En comparant les observations de Cook avec celles qui nous sont propres, on verra que, dans vingt-cinq ans, l'augmentation de déclinaison a été de 4° 3′, c'est-à-dire environ de 10′ par an. Calculant, d'après ces données, la déclinaison pour les années 1792 et 1798, on trouve dans le premier cas, 7° 45′, et Dentrecasteaux a obtenu directement 8° 1′; on a dans le second cas, 8° 39′, ce qui ne diffère que de 12′ des observations immédiates du capitaine Flinders.

En 1642, et long-temps avant l'arrivée de Cook, Tasman avoit trouvé la déclinaison de la boussole de 3° N. E.[a] dans la baie de Frédérick-Hendrick (aujourd'hui baie Marion). Cette observation nous conduit à un rapprochement curieux : si on la compare, en effet, avec le résultat que nous avons obtenu, on trouvera que l'augmentation en déclinaison pendant cent soixante années, a été de 6° 18′, ce qui donne deux ou trois minutes d'augmentation annuelle seulement, et confirme une remarque déjà faite ailleurs[b], que *la variation des déclinaisons magnétiques dans un même lieu, n'est pas toujours proportionnelle ou sensiblement proportionnelle au temps.*

§. 2.

Partie S. E. de la Terre de Diémen.

La partie Sud-Est de la Terre de Diémen est aussi découpée que sa partie Méridionale. On y remarque deux grandes presqu'îles qui, réunies par des isthmes extrêmement bas, justifient assez l'erreur de quelques navigateurs, qui ont pensé qu'elles formoient des îles distinctes. Plusieurs ports et baies profondes se rencontrent sur divers points. Nous allons successivement les faire connoître, en commençant par ceux qui sont les plus voisins du canal Dentrecasteaux.

Dans le N. E. de l'île Willaumez se présente une ouverture d'une

---

[a] Dalrymple, Historical collection of voyages, tom. *I*, pag. 69.
[b] Haüy, Traité de physique, tom. *II*, pag. 100 (2.ᵉ édition.)

lieue de largeur, qui donne entrée dans une suite d'enfoncemens très-vastes, dont une partie seulement avoit été explorée par les embarcations de l'amiral DENTRECASTEAUX. Ils sont compris sous le nom de *baie du Nord*, de bassin Ransonnet et de port Buache. La reconnoissance complète en a été faite par M. FAURE, et c'est à lui que nous devons également les détails que nous allons réunir ici.

Le premier enfoncement où l'on pénètre a dix milles de profondeur. Il se termine par une baie sablonneuse, que les cartes de M. BEAUTEMPS-BEAUPRÉ ont consacrée sous le nom de baie du Nord. Dans le N. E. se trouve la rivière Brue, et dans l'E. l'entrée du port Buache. Plusieurs îlots, dont le plus considérable se nomme îlot Saint-Aignan, se voient aussi dans cette partie.

Un étang qui communique à la mer, existe dans le voisinage du cap Deslacs; les navires qui ne caleroient pas au-delà de huit pieds d'eau, pourroient y trouver un excellent abri. La sonde ne rapporte à l'entrée qu'une brasse trois quarts; mais en dedans, il n'y en a pas moins de 3 et 4 sur un beau fond de sable.

Formé d'un étang du même genre, le bassin Ransonnet communique dans la baie du Nord par une ouverture placée au fond et vers la partie Orientale de la baie.

La rivière Brue est barrée par un banc de sable; mais cette circonstance n'a pu empêcher M. FAURE de la remonter en canot jusqu'à une lieue et demie de son embouchure. A ce point, il ne s'étoit encore aperçu d'aucune diminution dans la salure de l'eau; mais s'étant avancé davantage, il en trouva le lit entièrement à sec. En continuant de remonter encore, il ne vit qu'une ravine remplie de galets, qui lui parut ne pouvoir fournir de l'eau que dans le temps des pluies. Il rencontra cependant, çà et là, quelques lagunes ou étangs d'eau douce.

Le port Buache est très-vaste et entouré de terres de hauteurs inégales. En partant de la pointe Joannet, et s'avançant au S. E. jusqu'au premier ruisseau marqué sur nos cartes, on arrive sur une côte parfaitement saine, qui peut être prolongée à petite distance, par 4, 5 et 6 brasses d'eau. Le ruisseau dont il vient d'être question étoit à sec à l'époque où il fut visité par M. FAURE : il n'en étoit pas de même d'un second ruisseau situé dans l'E. et à une lieue environ du premier ; deux réservoirs placés près de son embouchure, permettent, dans toutes les saisons, d'y trouver une aiguade facile.

TERRE DE DIÉMEN.

La partie Sud-Est du port Buache se dessine sous la forme d'un boyau ou d'un enfoncement très-étroit, terminé par un isthme sablonneux et fort bas, qui peut avoir quatre-vingts toises de largeur sur une longueur de cent toises. Il réunit la presqu'île Tasman avec la presqu'île Forestier, et sépare le port Buache de la *baie Monge*.

En quittant le port Buache et la baie du Nord, on se trouve entre la presqu'île Tasman et l'île Bruny, vaste étendue de mer connue jadis sous le nom de *baie des Tempêtes*. Elle contient la baie de l'Aventure, dont nous avons déjà parlé, et la *baie Maingon*, où ne sont point entrées nos corvettes ; les caps Boreel et Pillar, éloignés l'un de l'autre de douze lieues, en forment les limites.

Baie de Tempêtes.

Près de ce dernier cap, l'île Tasman présente ses flancs noirâtres et déchirés ; son élévation est considérable, sa constitution entièrement rocailleuse et stérile. Le cap Raoul, le cap Pillar et le *cap Haüy*, ainsi que l'île Tasman elle-même, paroissent formés d'une multitude de colonnes de basalte réunies en faisceaux.

Ile Tasman.

Les terres élevées voisines du cap Pillar sont en général arides et peu boisées ; mais au N. O., la végétation est plus vigoureuse et d'un aspect plus gracieux.

Côte au Nord du cap Pillar.

La *baie Dolomieu*, qui n'a guère plus d'un mille d'ouverture, est terminée par une plage de sable blanc, très-remarquable : la mer nous y parut assez calme ; néanmoins nous ne pûmes assurer que le mouillage y fût bon. Toujours est-il certain qu'il ne seroit tenable qu'avec des vents de terre ; ceux du large pénétrant dans la baie sans beaucoup d'obstacles.

Au-delà de la baie Dolomieu, les terres sont hautes et de belle apparence ; le sommet et le revers des montagnes sont coupés à pic du côté de la mer.

La baie Monge est vaste et très-ouverte. Nous avons déjà fait observer qu'elle n'est séparée du port Buache que par un isthme fort bas.

Du *cap Surville*, qui termine vers le Nord la baie Monge, jusqu'au cap de Frédérick-Hendrick, les terres sont hautes et très-escarpées. Dans cet espace, la côte n'offre ni mouillage ni abri ; la mer y brise par-tout avec force.

Entre ce dernier cap et celui de Bernier se trouve la grande baie connue sous le nom de *baie Marion*. Ce n'est qu'une rade foraine, praticable seulement dans sa partie du Sud.

Depuis le cap Bernier jusqu'à la *pointe du Ressac*, la côte est d'une hauteur médiocre, et se trouve bordée de petites anses sablonneuses peu profondes où l'on pourroit accoster avec des vents de terre. L'anse la plus voisine du cap Bernier seroit, dans ce cas, la plus convenable. De la pointe du Ressac à l'entrée du port Frédérick-Hendrick, qui gît au S. O. de la baie, on trouve une plage de sable continue où le débarquement est dangereux en tout temps, et absolument impossible dès que les vents soufflent du large. Une barre terrible y forme alors un énorme brisant qui déferle avec furie à plus de deux encâblures au large. Un ruisseau ou torrent considérable vient déboucher au milieu de cette plage ; mais il n'a de l'eau que dans la saison des pluies.

« Les brisans qui sont à l'entrée du port Frédérick-Hendrick, dit M. H. FREYCINET, paroissent en rendre la passe très-difficile ; cependant elle n'est pas mauvaise. Je n'y ai point trouvé moins de 3 brasses d'eau. J'ai rangé d'assez près le récif de la pointe ; et après l'avoir doublé, je me suis rapproché de la côte de l'Est, où se rencontre une eau plus profonde et plus tranquille.

» Ce point ne peut servir de relâche qu'aux bâtimens d'un petit tonnage,

LIVRE II. *Descriptions géogr. et nautiques.* 57

tonnage, le brassiage étant par-tout irrégulier et assez foible. Dans la partie du Sud, où la navigation m'a paru le plus libre, la sonde ne donne pas au-delà de 3 brasses. Ailleurs, le port est obstrué par des hauts-fonds et par des bancs fort étendus qui assèchent de basse mer.

» Les terres du côté de l'Est et du Sud sont hautes; celles des deux autres parties, quoique plus basses, ne laissent pas d'offrir un abri suffisant contre tous les vents. Les rivages sont découpés, et forment, sur divers points, de petites presqu'îles et des anses profondes.

» Un seul ruisseau d'eau douce existe dans le S. E. du port; on y trouve aussi plusieurs torrens asséchés qui annoncent par la profondeur de leur lit qu'ils doivent être considérables dans la saison des pluies. Le seul endroit où une chaloupe doive accoster pour faire aiguade, est à un mille du point où l'on peut prendre l'eau.

» Les ressources de ce port sont l'eau et le bois. On pourroit y pêcher en abondance d'excellent poisson, et sur-tout une quantité prodigieuse de raies et de chiens-marins. Le lieu qui m'a paru le plus propre à la pêche est le banc qu'on laisse à gauche en entrant.

» La nature du pays est absolument la même qu'au canal Dentrecasteaux. A l'égard de l'espèce humaine, nous avons rencontré par-tout des indices qui prouvent que ces contrées sont habitées, mais nous n'en avons pas vu les indigènes.

» Il n'a pas été possible de faire des observations suivies sur les marées. Ce que nous pouvons dire de plus positif à cet égard, c'est qu'elles sont de douze heures, et marnent de quatre pieds; elles produisent un fort courant qui se fait principalement sentir à l'entrée du port, dans la direction du N. E. au S. O.; sa vîtesse peut être estimée à deux milles. »

TERRE
DE DIÉMEN.

H

§. 3.

ILE MARIA.

L'ÎLE MARIA *(cartes n.ᵒˢ 3, 5 et 7)*, située par 42° 41′ 52″ de latitude Sud, et par 145° 54′ 40″ de longitude Orientale (position de la pointe Maugé), gît dans le N. E. de la baie Marion, et n'est séparée de la Terre de Diémen que par un canal d'une lieue de largeur.

La longueur de cette île, du Nord au Sud, depuis le *cap Boullanger* jusqu'au *cap Péron*, est de douze milles. Sa surface se resserre vers le milieu, et ne forme plus qu'un isthme bas et sablonneux, qui sépare la baie des Huîtres de la *baie Riedlé*. La plus grande longueur de l'île se trouve sur sa partie Nord ; elle est de sept milles et demi, depuis le cap Mistaken jusqu'à la *pointe Lesueur*; la largeur de sa partie Méridionale est beaucoup moins considérable.

Lorsqu'on s'avance du S. au N. pour entrer dans le canal qui sépare la Terre de Diémen de l'île Maria, on commence à trouver fond, par 30 et 25 brasses, aussitôt qu'on a doublé la pointe Sud de l'île. Le brassiage diminue alors promptement ; il n'étoit que de 9 et 10 brasses, par le travers de la baie des Huîtres, au lieu de notre mouillage.

Cette baie, à cause de son foible brassiage, n'est praticable que pour les canots ; encore ne peuvent-ils approcher du rivage qu'à la distance de quinze à vingt toises. Les sondes, dans les parties les plus profondes, ne vont pas au-delà de 4 brasses, et ne sont le plus souvent que d'une, de 2 ou de 3, sur un fond de sable blanc très-fin.

Nous devons à MM. BOULLANGER et PÉRON la plupart des notions que nous avons recueillies sur l'île Maria ; ce que nous dirons à la suite de ce paragraphe, est en grande partie tiré du journal de leur navigation.

La pointe Lesueur et la *pointe Maugé*, qui forment les extrémités de la baie des Huîtres, sont toutes les deux fort basses, ainsi que le fond de la baie lui-même. Le rivage s'élève progressivement en allant au S., où l'on rencontre bientôt des bords escarpés et entièrement rocailleux.

Les côtes du Sud, de l'Est et du N. N. E. sont par-tout de nature granitique; abruptes, taillées à pic, elles s'élèvent comme une muraille de deux à trois cents pieds de hauteur; on y remarque parfois des cavernes assez vastes, dans lesquelles les eaux s'engouffrent avec fracas.

Les sommets des montagnes les plus élevées présentent par-tout des formes déchirées; ces mêmes inégalités se retrouvent dans les écueils et les brisans qui existent en plusieurs endroits, et dans le rocher que nous avons nommé *la Pyramide*.

Après le cap Maurouard, la côte s'abaisse graduellement jusqu'à une pointe attenante à l'isthme qui sépare la baie des Huîtres de la baie Riedlé. On peut descendre sur ce point, quand les vents viennent de terre; mais plus au N., et sur-tout dans la partie N. O. de la baie, l'approche du rivage est défendue par une barre très-forte.

Les sondes, dans le fond de cette baie, vont depuis 11 jusqu'à 16 brasses, sable fin; quelquefois, seulement près de terre et vers la côte N. E., on trouve fond de roche; le brassiage n'est alors que de 5 à 6 brasses.

La baie Riedlé seroit un fort mauvais mouillage pour les bâtimens qui auroient le projet d'y faire un séjour prolongé; elle est entièrement ouverte aux vents et à la mer, depuis le S. jusqu'au N. E., et n'est presque pas abritée des vents d'O., à cause du peu de hauteur de l'isthme.

Depuis le cap Mistaken jusqu'au cap Boullanger, la côte est très-escarpée; la sonde, à petite distance, ne donne pas fond à 22 brasses: mais après avoir doublé le cap Boullanger, on retrouve des terres basses et boisées, qui se prolongent au S. jusqu'à la pointe Lesueur.

Nous avons relâché à l'île Maria, dans la saison la plus sèche de l'année ; il est donc peu étonnant que l'eau douce y ait été fort rare. L'aiguade que le capitaine Cox indique comme la plus commode, dans le S. de la baie des Huîtres, étoit entièrement tarie : il en étoit de même d'une autre ravine qui existe dans le Nord.

Les sources les plus intéressantes que nous ayons vues sur l'île Maria ont été découvertes par MM. Péron et Boullanger, près de la *pointe des Tombeaux*, dans la baie Riedlé : elles sont au nombre de deux. La première, qui est la plus Occidentale, est aussi la plus considérable, et celle dont les eaux sont de meilleure qualité. Elle coule assez abondamment pour que l'on puisse s'y approvisionner dans toutes les saisons ; mais il faudroit, pour l'embarquer, venir mouiller à l'entrée de la baie, ce qui seroit dangereux, et ne pourroit être utile que dans un très-petit nombre de cas. La seconde source, plus rapprochée de la pointe des Tombeaux, est moins commode encore que la précédente ; l'eau en est aussi moins bonne.

Le sol de l'île Maria est en général d'excellente qualité ; la terre, très-épaisse dans les vallées, l'est moins au sommet des montagnes et sur leur revers ; cependant la végétation ne s'y montre pas aussi active qu'au canal Dentrecasteaux, quoique les produits en soient d'ailleurs parfaitement semblables, et puissent être employés aux mêmes usages.

Il n'y a point de gros quadrupèdes sur l'île Maria, ou du moins nous n'y en avons point rencontré. On y voit les mêmes espèces d'oiseaux observées dans le canal, à l'exception toutefois des cygnes.

La côte n'est pas très-poissonneuse, et cette observation avoit déjà été faite avant nous par le capitaine Cox, au commencement de l'hiver de ces contrées.

Avec le secours seul de la ligne et dans quelques heures de temps, il est arrivé plusieurs fois à un petit nombre de nos pêcheurs de prendre une si grande quantité de homards et de langoustes, qu'on pouvoit aisément en faire des distributions à tout l'équipage. Les

LIVRE II. *Descriptions géogr. et nautiques.* 61

homards sur-tout, qui recherchent les trous des rochers, sont en nombre prodigieux autour de l'île Maria ; ils étoient généralement rares dans le canal Dentrecasteaux, et ne se trouvoient encore que vers les parties les plus déchirées. Les araignées de mer, au contraire, qui se complaisent dans la vase, étoient très-abondantes sur tous les points du canal, et paroissoient ne pas exister autour de l'île Maria.

Il y a beaucoup de moules sur les côtes de cette île. Il n'en est pas de même des ormiers ; quelque communs que soient ces derniers coquillages sur une partie du rivage, il est toujours difficile de se les procurer, parce qu'ils habitent sous les rochers les plus profonds, où l'on ne peut guère arriver qu'en plongeant. Les huîtres y sont monstrueuses, plus abondantes encore dans la baie devant laquelle nous étions mouillés, et qui tire son nom de la grande multiplicité de ce coquillage : elles y sont véritablement excellentes.

Aussi sauvages et aussi misérables que les naturels du canal Dentrecasteaux, ceux de l'île Maria nous ont paru également défians et perfides.

Leurs pirogues sont de la même forme que celles que nous avons déjà décrites, et d'une construction tout aussi imparfaite. Elles en diffèrent en ce qu'au lieu d'y employer l'écorce d'eucalyptus, on s'est servi exclusivement d'une espèce de roseau connu en France sous le nom de *roseau à quenouille*, et qui croît abondamment sur le bord des marais de la côte Nord de la baie aux Huîtres.

M. PÉRON a trouvé plusieurs tombeaux construits en écorce d'arbre, ce qui semble supposer dans les naturels de l'île Maria, un degré de civilisation auquel ne sont point encore parvenus ceux du canal Dentrecasteaux. On peut voir la description intéressante de ces monumens dans le tome I.er de la Relation historique de notre voyage, page 265 et suivantes. Je dois me borner à y renvoyer le lecteur.

Pendant notre séjour au mouillage, les vents soufflèrent de tous les points du compas. Ceux de la partie de l'E., depuis le N. N. E.

62 VOYAGE AUX TERRES AUSTRALES,

jusqu'au S. S. E., furent les plus constans, et ceux du S. S. O. les plus forts. Nous eûmes souvent de la pluie et de la brume, sans remarquer toutefois qu'elle eût aucun rapport réglé avec la direction des vents régnans.

Le terme moyen de la température observée à midi a été de $+13^d,7$ R., et les limites de ses variations $+15^d,4$ et $+12^d$. La différence $3^d,4$ m'a paru dépendre du plus ou moins d'agitation et d'humidité de l'atmosphère, et de la direction des vents. M. PÉRON, par un milieu entre un plus grand nombre d'observations, trouve pour résultat moyen de la température $+12^d,9$ R., et pour limite des variations $+15^d$ et $+8^d$, différence qui est considérable, et dépend des mêmes causes que nous venons d'indiquer[a].

Les variations du baromètre ont aussi été fort remarquables; plusieurs fois le mercure s'est abaissé de $28^p 4^l$ à $27^p 10^l$, et même à $27^p 9^l,5$. Sa hauteur moyenne observée à midi a été de $28^p 0^l,8$.

Malgré le peu de loisir que lui laissa son expédition dans le port Frédérick-Hendrik, M. BERNIER voulut encore aller observer sur l'île Maria. Il descendit à deux reprises sur la côte Méridionale de la baie aux Huîtres, détermina sa latitude, et y prit aussi plusieurs suites de distances lunaires. J'ai déduit de ces observations la position géographique de la pointe Maugé, telle que je l'ai indiquée au commencement de ce paragraphe.

Le jour même de notre appareillage, nous trouvâmes pour la déclinaison de la boussole 9° 8' N. E., quantité qui se rapproche, à quelques minutes près, des résultats que nous avons obtenus dans le canal Dentrecasteaux.

---

[a] Voyage aux Terres Australes, historiq. *tom. I, pag. 298.*

§. 4.

Partie Orientale de la Terre de Diémen.

Nous comprenons sous cette dénomination générale toute la portion de côte qui, du *cap Bernier*, s'étend au Nord jusqu'au cap Portland, dans un espace de quarante-une lieues *(cartes n.ᵒˢ 2 et 3)*. Sa direction principale va du Nord au Sud; et si l'on excepte le coude formé par la baie Fleurieu, elle ne varie guère de direction.

Le cap Bernier, situé par 42° 26′ 5″ de latitude Sud, et par 145° 47′ 36″ de longitude *(carte n.° 5)*, est à cinq milles de distance et à-peu-près sous le parallèle de l'extrémité Méridionale de l'île Maria. Il est élevé, et très-remarquable par sa forme conique. On trouve, en remontant au Nord jusqu'à la *pointe des Galets*, une côte écore et escarpée; près de terre la sonde ne rapporte pas moins de 7 à 8 brasses. Au-delà de cette dernière pointe, on arrive dans une anse de galets, qui sert de débouché à un étang marécageux.

Plus loin, la côte se relève un peu pour se rabaisser ensuite: une pointe basse, en avant de laquelle est un banc de sable, gît en face d'un îlot qui, à cause de sa position entre l'île Maria et la grande terre, a reçu le nom d'*îlot du Milieu*. Il est de forme ovale; son grand diamètre peut avoir cent vingt toises, et le plus petit soixante-quinze. Il est cerné par de gros rochers à fleur d'eau et par beaucoup de galets: on n'y voit ni arbres, ni arbustes; cependant la terre qui couvre le noyau de roche granitique dont il est formé, paroît être de bonne qualité. Une espèce de gramen long et très-fin, qui seroit pour les bestiaux un fort bon pâturage, y végète en abondance.

A deux milles et demi, dans le N. O. de l'îlot du Milieu, est un cap escarpé passé lequel la côte se dirige au O. N. O. Le rivage est élevé et composé de roches coupées à pic. En face se présente une ouverture d'un mille de largeur; c'est l'entrée du port Montbazin.

L'étendue de ce port n'est pas considérable, à cause d'un vaste banc de vase et d'herbier sur lequel la sonde ne donne qu'une brasse ou une brasse et demie d'eau. On pourroit mouiller à l'entrée par les 5, 7 ou 10 brasses, fond de vase; mais on n'y seroit pas à l'abri des vents du S., malheureusement si forts et si violens dans ces parages.

Plusieurs rivières salées, grossies souvent par les eaux pluviales, ont dans ce port une issue à laquelle on doit, sans contredit, l'immense quantité de vase qui s'y rencontre; à l'époque où j'en fis l'exploration (en février), il n'y avoit point d'eau douce.

Tout le terrain qui avoisine ces rivières est marécageux, et doit être entièrement submergé à de certaines époques. Les joncs, la criste marine et les plantes habituées aux marais, y croissent en grand nombre. On y voit peu d'arbres : mais en portant ses regards vers l'intérieur du pays, l'aspect change tout-à-fait ; les arbres sont alors très-multipliés, et la végétation dans toute sa force. Une chaîne de montagnes, dont la direction m'a paru N. E. et S. O., est éloignée du rivage d'environ une lieue et demie.

Du port Montbazin au *cap Bougainville*, la côte, dans une étendue de cinq milles, est escarpée et presque par-tout inabordable. Près du rivage on ne trouve pas moins de 14 brasses d'eau, quelquefois 22 et même plus.

De là jusqu'au *cap Bailly*, les terres sont moins élevées, mais tout aussi écores et aussi boisées que celles du Sud.

L'îlot des Phoques, situé à deux lieues dans l'Est de la grande terre, est un rocher stérile et rocailleux. Nous l'avons vu couvert d'une innombrable quantité d'ours marins. La sonde, à deux longueurs de canot dans l'Ouest, rapporte 14 brasses, et 30 brasses à moins d'un mille de distance.

Le cap Bailly forme l'extrémité de cette baie large et spacieuse, que nous avons nommée baie Fleurieu. Sa dimension, du Nord au Sud, est de quinze milles, sur dix seulement de l'Est à l'Ouest. Au Nord,

LIVRE II. *Descriptions géogr. et nautiques.*

TERRE DE DIÉMEN.

Nord, elle est basse et sablonneuse; plus élevée et plus écore à l'Ouest, elle est cependant abordable sur tous les points. Dans l'Est, elle est limitée par la *presqu'île Freycinet* et l'île Schouten, séparées l'une de l'autre par le *détroit du Géographe*. Nous n'avons pas sondé le milieu de cette baie; mais à en juger par les sondes prises sur les bords, on doit trouver par-tout un bon mouillage. A la vérité, la rade est entièrement ouverte au Sud; cependant M. FAURE, qui y a navigué avec des vents très-forts, n'a pas observé que la mer y fût mauvaise.

Presqu'île Freycinet.

D'une constitution analogue à celle de l'île Maria, la presqu'île Freycinet est haute, escarpée et stérile au large, basse, adoucie et boisée du côté de l'Ouest. La partie comprise entre le *cap Degérando* et le *cap Forestier*, est coupée à pic, comme un rempart; quelques pitons dépouillés s'élancent du milieu de ces montagnes rembrunies, et n'offrent au navigateur qu'un aspect des plus sévères. Au-delà est la *baie Thouin*, d'une lieue d'ouverture. Le cap Tourville, qui la termine au Nord, est très-élevé. Dans le fond, un massif de montagnes, lié aux terres qui l'avoisinent par des isthmes fort bas, fait paroître les parties élevées de la côte, lorsqu'on en est au large, comme une suite d'îles distinctes.

Celui de ces isthmes qui est le plus au Sud, a un mille et demi de longueur sur un demi-mille de large. Un étang d'eau douce formé par l'écoulement des eaux pluviales, occupe la plus grande partie de sa surface. Il n'est séparé de la mer, du côté de l'Ouest, que par un intervalle de vingt-cinq toises, couvert de dunes de sable. L'espace qui n'est pas occupé par l'étang est garni d'un bois assez touffu.

Les deux baies qui sont dans l'O. de la presqu'île, et sur-tout la plus Méridionale, pourroient offrir une bonne relâche. L'*îlot du Refuge*, qui est à l'entrée de cette dernière, n'est pas très-élevé; mais il est bien boisé et peut donner un abri suffisant. Un navire qui seroit mouillé dans son voisinage, auroit toute facilité pour se

I

procurer du bois, et trouveroit une aiguade abondante dans l'étang dont nous venons de parler.

Ainsi que nous venons de le faire connoître pour l'île Maria et pour la presqu'île Freycinet, l'île Schouten est entièrement formée, dans sa partie Orientale, de montagnes granitiques très escarpées, et privées presque entièrement de végétation, tandis que dans l'O. les terres sont plus déprimées et plus fertiles. Il y a vers cette même côte Occidentale une grande plage de sable sur laquelle MM. FAURE et BAILLY n'ont pu descendre, à cause de la houle. Un récif sous l'eau est à quelque distance au large, et rend dangereux l'abord de cette partie. Un petit ruisseau d'excellente eau douce se trouve au Sud de l'île, dans une anse où un canot pourroit accoster facilement.

La constitution de la côte Orientale de la presqu'île Freycinet, au Nord du cap Tourville, continue d'être aride et peu boisée. Composées uniquement de masses de rochers stériles, les montagnes se terminent brusquement à la mer ; quelques blocs détachés gisent sur ses bords. Le brassiage, fort près de terre, est de 6 à 9 brasses, fond de sable et roches ; au large il est beaucoup plus considérable.

Au-delà du *cap Lodi*, les terres se relèvent un peu ; elles sont bien boisées vers la pointe Saint-Patrick, et plus élevées en s'approchant du cap Sainte-Hélène ; divers pitons remarquables par leur forme élancée et pyramidale se font distinguer vers l'intérieur.

Au Sud et à peu de distance du cap Sainte-Hélène, on rencontre la petite île Maurouard, de moins d'un mille de diamètre ; quoique de peu d'importance, elle a cependant été précieuse pour nous. (*Itinéraire*, pag. 10.)

Le cap Sainte-Hélène est élevé, mais beaucoup moins cependant que celui d'Eddystone, qui forme l'extrémité Nord de la baie des Feux. Au large du premier est une traînée de rochers hors de l'eau, qui se prolonge à environ une lieue de distance.

La côte que nous venons de décrire, depuis l'île Schouten jusqu'au cap Eddystone, affecte une direction sensiblement Nord et

Sud : entièrement exposée à la fureur des vents du large, elle ne présente, sur aucun point, de mouillages commodes; on pourroit, à la vérité, jeter l'ancre dans l'O. de l'île Maurouard, par les 18 brasses d'eau, mais on ne devroit prendre ce parti que dans un cas forcé.

TERRE DE DIÉMEN.
Mouillage dans l'O. de l'île Maurouard.

Du cap Eddystone au cap Portland, les terres ont leur direction au N. O. Elles sont fort basses et bordées d'une plage sablonneuse, sur laquelle la mer brise d'une manière épouvantable, et ne permet d'aborder nulle part. Les montagnes qui se voient sans interruption dans l'intérieur, s'éloignent de plus en plus des bords de la mer, à mesure qu'elles s'avancent au Nord.

Deux groupes de rochers, de forme bizarre, se font remarquer dans ces parages; le plus au Nord est en face du *cap du Naturaliste*, dont il n'est éloigné que d'une lieue. On diroit des ruines de deux grands villages, dont les clochers sont figurés par les cimes élancées de quelques roches aiguës.

Plusieurs fois nous avons observé sur cette côte, que, pour peu que la brise eût de force, la mer devenoit promptement grosse, et qu'elle se calmoit assez vîte, lorsque le vent cessoit de souffler. Cet effet nous a paru dépendre des courans.

§. 5.

Côte Nord de la Terre de Diémen.

C'est au cap Portland que commence la partie Septentrionale de la Terre de Diémen; elle s'étend jusqu'aux îles Hunter, dans un espace de cinquante-deux lieues *(carte n.° 6)*. Nous n'avons point exploré cette côte en totalité, mais seulement son extrémité Orientale; l'intervalle compris entre le port Dalrymple et Circular-Head n'a point été vu.

L'île Swan, à deux lieues et sur le parallèle du cap Portland, se

68 VOYAGE AUX TERRES AUSTRALES,

TERRE DE DIÉMEN.

Île Swan.

trouve vers la bande Méridionale du détroit de Banks. Son sol est essentiellement composé d'une roche granitique noire amphibolique, sur laquelle reposent des monticules de sable. Une partie de l'île est couverte d'arbres et d'arbustes; le reste est rempli de longues herbes et de joncs. Elle ne contient pas d'eau courante; cependant nous avons pu nous y procurer facilement de l'eau douce en creusant des puits de quelques pieds de profondeur, dans les endroits qui paroissoient les plus humides.

Le nom donné à cette île nous avoit fait penser que l'on devoit y rencontrer des cygnes ; peut-être y en a-t-il dans certaines saisons ; mais à l'époque où nous y étions (en mars), nous n'en avons aperçu aucune trace[a]. Les oies, au contraire, étoient faciles à prendre et en grand nombre ; elles formoient une nourriture à-la-fois agréable et salutaire. Une espèce de manchot de couleur blanche et bleue pulluloit également sur ses bords.

Les phoques y étoient fort abondans ; quelques-uns se faisoient remarquer par des dimensions très-considérables.

Au N. O. et à un mille de distance de l'île Swan, il existe un petit îlot d'une constitution semblable à celle de l'île principale, où sont aussi beaucoup de phoques et de manchots.

Cap Portland.

Le cap Portland, situé par 40° 42′ 27″ de latitude Sud et 145° 49′ 26″ de longitude Orientale, est extrêmement bas. Son sol est composé d'une roche granitique recouverte d'une petite couche de terre, sur laquelle la végétation est très-languissante : nulle part il n'y a de grands arbres, mais seulement quelques broussailles répandues çà et là. Dans l'intérieur, de grandes forêts s'étendent au loin, et sont entrecoupées, à de certains intervalles, par des plaines couvertes d'une herbe touffue.

Une chaîne de hautes montagnes se dirigeant du S. E. au N. O., s'aperçoit à cinq ou six lieues de la côte, et paroît aller se joindre

---

[a] Le capitaine FLINDERS, qui a visité cette île en novembre 1798, n'y a vu, comme nous, aucun de ces précieux oiseaux. (*Voy.* FLINDERS, Observ. &c. *pag. 15.*)

LIVRE II. *Descriptions géogr. et nautiques.* 69

aux terres élevées voisines du cap Eddystone, sur la côte N. E. de la Terre de Diémen, tandis qu'elle se prolonge dans l'O. jusqu'au port Dalrymple, et même au-delà.

Au Nord et à un mille du cap Portland, sont quelques rochers environnés de récifs; on peut passer entre eux et la terre, mais il faut avancer avec précaution.

Dans le S. O. du cap Portland, est une baie assez vaste, abritée contre les vents de l'E. au S. O. par le S., qui nous a semblé promettre de bons mouillages; nous ne l'avons pas sondée.

« L'île Waterhouse, qui gît à l'extrémité Occidentale de cette baie, dit M. BAILLY, a l'apparence d'un plateau élevé de cent cinquante à deux cents pieds, allant en pente du côté de l'Est, du Nord et de l'Ouest, mais coupé à pic du côté du Sud. La partie intérieure du sol est composée d'un granit noir, semblable à celui du cap Portland et de l'île Swan : sur ce granit reposent des lits de grès horizontaux. Toute la partie supérieure du plateau est couverte d'arbres, tandis que les pentes ne présentent que des arbrisseaux très-rapprochés entre eux, sur-tout dans les parties qui forment des ravines. Ces arbrisseaux entretiennent la terre dans un état d'humidité habituel; on voit couler sous leur ombrage plusieurs filets d'eau douce, susceptibles de fournir aux besoins des hommes qui seroient établis sur cette île.

» Waterhouse nourrit un grand nombre de manchots, et une espèce de petit quadrupède à poils longs et de la grosseur d'un rat. D'immenses légions de phoques s'y rencontrent par troupes de plusieurs centaines; quelques-uns sont d'une grosseur comparable à celle d'un bœuf. »

Sur la Terre de Diémen, dans le voisinage de Waterhouse, la côte est coupée à pic; il y a de bonne eau et une aiguade facile, où l'on pourroit remplir les futailles à l'aide d'une manche, en faisant accoster l'embarcation le long des roches. Nous y avons vu beaucoup de kangurous, des oies et quantité d'autres oiseaux.

TERRE DE DIÉMEN.

Baie dans le S. O. du cap Portland.

De Waterhouse au port Dalrymple, la côte est basse et bien boisée : on aperçoit dans l'intérieur, et sur-tout dans l'Est du port, de très-hautes montagnes, dont quelques-unes nous ont semblé arides et comme formées de roches nues.

Le capitaine Hamelin, voulant s'assurer si *le Géographe* étoit allé relâcher dans le port Dalrymple, nous envoya, M. Faure et moi, pour faire la recherche de ce bâtiment. Nous fûmes chargés d'examiner en outre le degré d'exactitude de la carte que M. Flinders a levée de ce port, en 1798. Il nous étoit ordonné de nous avancer aussi loin que nous pourrions le faire, dans l'intervalle de temps fixé pour remplir cette mission. Notre marche devoit être trop précipitée pour qu'il nous fût possible de lever un plan exact ; nous ne l'entreprîmes pas, et nous nous contentâmes de jeter un coup d'œil rapide sur les détails nombreux que cet enfoncement présente. *(Voy. le* Plan particulier de ce port, *carte n.° 6.)*

Nous nous sommes avancés de quatorze milles en dix-huit heures ; et cette distance paroîtra considérable, si l'on fait attention à la force des courans que nous avons eus à vaincre. Lorsque nous donnâmes dans la passe d'entrée, nous étions à la fin du jusant ; la marée nous poussoit en dehors avec une vîtesse de deux milles quatre dixièmes à l'heure : au point où nous cessâmes de nous avancer, elle étoit de quatre milles quatre dixièmes ; et malgré la force de la brise, nous eûmes de la peine à l'étaler en joignant les efforts des avirons à ceux de nos voiles. Le courant de flot nous a paru moins fort que celui de jusant, ce qui prouve que les eaux qui alloient à la mer, avoient une vîtesse indépendante des marées, et confirme l'opinion que le port Dalrymple est formé par l'embouchure d'un fleuve.

Sa direction générale est du N. O. au S. E. Plusieurs bras et enfoncemens profonds se dirigent tant à droite qu'à gauche de son cours principal, et forment diverses anses, où les navires pourroient se mettre en sûreté contre les vents et les courans. L'entrée paroît d'abord très-large, mais elle est obstruée par plusieurs bancs de roche et de sable qui la rendent d'un accès difficile. Le chenal est cependant profond, et praticable pour toute espèce de navires. Il eût été intéressant d'observer ces bancs et ces récifs, ainsi que ceux qui sont en dedans du port; mais la rigueur et la nature de nos ordres ne nous permirent pas de nous occuper de ce travail.

Le terrain qui borde l'une et l'autre rive est de très-bonne qualité, la végétation par-tout vigoureuse et le pays bien boisé; mais les arbres que j'ai examinés étoient peu propres aux constructions navales. L'eau douce n'y est pas non plus très-abondante [a].

Nous n'avons point eu occasion de nous apercevoir que ce port fût poissonneux. Les coquillages, et sur-tout les moules, sont en abondance le long du rivage; et l'on voit des canards et des sarcelles en divers endroits. Les cygnes y sont en grand nombre; nous en avons pris plusieurs avec d'autant plus de facilité, que ces oiseaux, étant alors dans la mue, ne voloient qu'avec beaucoup de peine [b].

Nous allons terminer notre article sur le port Dalrymple, en rapportant les instructions données par le capitaine FLINDERS [c], tant pour entrer dans le port que pour naviguer dans son intérieur. Elles sont traduites de ses *Observations sur la Terre de Diémen*.

« L'inspection de la carte fera suffisamment connoître que ce
» port est d'un accès difficile. En addition au plan particulier que
» j'en donne, je ferois observer à un vaisseau qui devroit y entrer,
» que la plus grande partie des bancs sont couverts à mi-marée. Il est
» donc convenable de donner dans la passe au commencement du
» flot, ou même un peu avant.

» Une ligne tirée à deux encablures au large de *Low-Head*

---

[a] « Un navire qui auroit besoin de beau-
» coup d'eau ou qui voudroit se radouber,
» dit le capitaine FLINDERS (Observ. on van
» Diemen's land, pag. 19) ne pourroit mieux
» faire, je pense, que de remonter la rivière
» jusqu'au point où elle est douce. A notre
» dernier mouillage, l'eau étoit presque pota-
» ble de basse mer, d'où je conclus que si
» les circonstances nous eussent permis de
» remonter cinq ou six milles plus haut, nous
» aurions rencontré de l'eau douce. »

[b] M. FLINDERS a vu beaucoup de kanguroos et de traces de casoars dans le voisinage
du port Dalrymple. *Op. cit.* pag. 20.

[c] *Ibid.* pag. 16.

» [Pointe-Basse], vers le milieu du port, sera avec de très-petites
» déviations la route que doit suivre un vaisseau pour se rendre
» presque jusqu'à l'*île Green* [île Verte][a]. Il y a deux passes dans
» ce chenal. La plus voisine de Low-Head se trouve parmi des
» touffes de goêmon. Ces herbes ne s'élèvent pas jusqu'à la surface
» de l'eau, mais se distinguent suffisamment du haut des mâts, ou
» de la hune de misaine ; et avec un vent sous vergue, un navire qui
» obéit bien à son gouvernail peut les éviter en embardant sur un
» bord ou sur l'autre. La dernière fois que nous sommes entrés dans
» ce port (sur le sloop *the Norfolk*), nous naviguâmes sur ces touffes
» d'herbes, poussés par un coup de vent de O. N. O.; nous ne vîmes
» des brisans sur aucune d'elles, excepté sur la touffe extérieure, que
» j'ai marquée sur ma carte comme une roche[b]. D'où je conclus que
» ces touffes ne peuvent pas être couvertes par moins de 3 brasses
» d'eau.

» A une distance de deux câbles au plus de Low-Head, le
» passage intérieur est probablement dégagé de goêmon ; du moins
» cela nous a-t-il paru ainsi, examiné du sommet de cette pointe.

» Le banc le plus éloigné de Low-Head gît à-peu-près à mi-
» distance du rivage opposé. Il est, je crois, à sec à toutes les marées,
» et se trouve ordinairement fréquenté par des cormorans et par
» d'autres oiseaux. Pour gagner le chenal par la passe extérieure, il
» faut s'avancer à un quart de mille de ce banc, au point où sont
» marquées 9 brasses, et gouverner alors sur la plage du lagon[c],
» jusqu'à ce qu'on soit au milieu du chenal. On jugera qu'on y est
» parvenu, par la profondeur de l'eau, par l'ouverture de l'entrée,
» et par la comparaison de la carte avec la terre.

» Étant parvenu dans cette partie du chenal, le milieu du havre
» pourra s'apercevoir ; et si le temps n'est pas embrumé, *Middle-*

---

[a] L'île Green est au milieu du chenal, et à 4^m,6 de Low-Head.

[b] Cette roche est à 0^m,7 de Low-Head.

[c] Ce lagon est sur la rive Occidentale de la rivière, et à 1^m,3 de Low-Head.

» *Head-*

LIVRE II. Descriptions géogr. et nautiques. 73

» *Head* [le cap du Milieu]ᵃ se verra aussi. Gouvernez directement
» sur ce cap pendant un mille et demi, en veillant avec attention
» du haut des mâts sur le grand récif de tribord. Il vaut mieux se
» tenir de ce côté, afin de se rapprocher davantage du milieu du
» port, si la profondeur de l'eau s'abaissoit à moins de 5 ou 6 brasses.

» La plus Septentrionale des montagnes qui sont sur la rive de
» l'Est, est aussi la plus voisine du bord de l'eau. Au sommet est
» un vide entre les arbres. Lorsqu'on relèvera ce vide à l'E. ¼ N. E.
» du compasᵇ, on sera vers la partie la plus dangereuse du canal, et
» par le travers d'une roche qui gît à un quart de mille du rivage de
» bâbord. Cette roche est couverte avant la mi-marée, et n'est point
» écore ; elle est dangereuse, sur-tout lorsque le jusant est un peu
» avancé. Sa position est indiquée souvent, mais peut-être pas tou-
» jours, par un fort bouillonnement de l'eau.

» C'est principalement à cause de cette roche que j'ai recom-
» mandé de ranger de préférence le grand récif de tribord. Ce
» récif, qui est un mélange de coquilles, de sable et de vase, sur un
» massif de roche, se distinguera facilement du haut des mâts, et
» presque en tout temps ; et si l'on donne dans la passe avant que
» la marée soit très-élevée, on en verra la plus grande partie à sec.
» C'est pourquoi, après avoir passé cette roche dangereuse, tendez
» toujours à vous rapprocher du rivage de tribord, en faisant grande
» attention à la sonde jusqu'à ce que vous soyez près de l'île Green.
» Cette île paroîtra d'abord comme un point, et le chenal direct
» semblera en être à droite ou dans l'Ouest ; mais sachant qu'il se
» trouve dans l'Est de l'île, on le découvrira aisément.

» La chose principale à laquelle il faut faire attention en dou-
» blant l'île Green, c'est de veiller *Middle-Rock* [la Roche du Milieu].
» Cette roche est couverte à mi-marée, comme la plupart des
» autres. Elle gît à distance égale de l'île Green et des deux pointes

ᵃ *Middle-Head* gît au S. S. E. et à 6ᵐ,5 ᵇ C'est l'E. 5° 15' N. corrigé de 6° de varia-
de Low-Head.   tion N. E.

K

» de l'*anse Outer* [l'anse extérieure][a], et se trouve par conséquent
» au milieu du chenal. L'eau est profonde à environ 20 verges
» [à-peu-près 56 pieds ou 18 mètres] de la roche, et la passe est
» nette sur l'un et sur l'autre bord. Mais si la roche étoit couverte,
» la route la plus sûre seroit de ranger l'île de très-près. Cette pré-
» caution est sur-tout nécessaire de jusant, parce que la roche est
» couverte pendant la première moitié de l'èbe, et que les eaux la
» dépassent rapidement, quand elle est à découvert.

» Après avoir doublé l'île Green, à peine peut-on dire qu'il
» existe quelque danger pour entrer dans le bassin ; car les pointes
» sont toutes escarpées, et *Shag-Rock* [roche du Cormoran][b] n'est
» couverte qu'à l'instant de la haute mer. Un vaisseau peut s'avancer
» avec sécurité vers l'Ouest, en passant entre Shag-Rock et la
» pointe voisine. Il faut avoir soin de se rapprocher suffisamment
» de cette pointe, si le courant va de flot, et de ne pas s'avancer
» trop près des battures qui sont à l'entrée de *Western-arm* [bras Occi-
» dental][c], avant de jeter l'ancre.

» Pour remonter la rivière (car je considère cet enfoncement
» comme une rivière au-delà de l'île Middle[d]), on n'a besoin
» d'aucune autre instruction que de consulter la carte, particuliè-
» rement aux environs de *l'île Brush* [l'île des Broussailles][e]. Après
» avoir dépassé le point où se terminent les sondes, un canot ou
» deux peuvent être mis en avant pour éclairer la marche du na-
» vire. »

---

[a] Sur la côte Orientale du port et à 3ᵐ,5 de Low-Head.

[b] A 5 milles de distance de Low-Head.

[c] C'est le premier que l'on rencontre sur la côte de l'Ouest, à 5 milles de Low-Head.

[d] A 5ᵐ,9 de Low-Head.

[e] A 9ᵐ,8 de Low-Head et à peu de distance du point où je me suis arrêté.

§. 6.

Partie Nord-Ouest de la Terre de Diémen.

Iles Hunter.

Les îles Hunter *(cartes n.ᵒˢ 2 et 8)*, placées à l'extrémité N. O. de la Terre de Diémen, furent découvertes en décembre 1798 par le capitaine Flinders. Cet habile navigateur ne pénétra point au milieu de ce groupe, et se contenta d'en observer les traits les plus essentiels en naviguant au large. Il résulte de la direction de sa route, qu'il n'a pu avoir une connoissance exacte que de leur partie Nord. Celles du Sud, du S. O., et la portion de la grande terre qui s'y rattache, étoient encore indéterminées, lorsque nous arrivâmes dans ces parages.

Parmi ces îles, on en distingue deux principales : la plus Orientale a son grand diamètre dirigé du N. E. au S. O., et peut avoir dans ce sens huit milles environ; sa largeur moyenne est de quatre ou cinq. Elle a été nommée par Flinders *île Three-Hummock* [île des Trois-Mondrains], à cause de trois pitons remarquables qui s'élèvent de sa surface.

L'*île Fleurieu* n'est séparée de la première que par le *canal Péron*, de deux milles de largeur. Son étendue Nord et Sud est de onze milles, et sa largeur n'excède pas la moitié de cette quantité.

Plusieurs îlots sont placés autour de l'île Fleurieu. Le plus considérable n'a pas au-delà d'un mille et demi de diamètre.

Sur la Terre de Diémen, le *cap Buache*, au Nord duquel sont quelques petits îlots, forme la séparation de deux baies remarquables. La première, qui gît dans l'Ouest, est la plus étendue; elle a neuf milles d'ouverture et se termine au cap Berthoud : nous l'avons nommée *baie Boullanger*. La seconde, ou la *baie Ransonnet*, se prolonge jusqu'au cap Guyton; elle est beaucoup moins profonde. De là à *Circular-Head* [cap Rond], où *le Casuarina* a terminé ses relèvemens, la distance est de quatre lieues: on distingue dans l'Ouest l'*entrée du Casuarina*, dont le *cap Élie* forme l'extrémité Septentrionale. Sa largeur, prise à ce point, est à-peu-près d'une lieue.

Tel est l'ensemble des côtes explorées par *le Casuarina*, vers cette portion des Terres Australes. Nous allons rattacher à chaque point les observations qui s'y rapportent.

L'île Three-Hummock est d'un aspect agréable, et son sol d'une élévation médiocre; trois pitons principaux qui s'y font remarquer, peuvent s'apercevoir à une assez grande distance en mer, et sont un excellent point de reconnoissance. Celui du N. E. est le plus élevé; il peut être vu parfaitement à sept ou huit lieues et même davantage. Quelques parties paroissent fertiles et sont bien boisées; d'autres sont privées de végétation et entièrement stériles. Ici la roche qui forme la charpente de l'île se montre à découvert; ailleurs on ne voit que des dunes de sable, sur lesquelles sont un petit nombre d'arbustes rabougris, ou de broussailles desséchées. Certains lieux enfin, quoique d'un aspect fertile, sont totalement dépourvus d'arbres et ne sont couverts que de prairies.

Nous sommes descendus une seule fois à terre, vers l'extrémité Occidentale de la *baie Coulomb*. Notre débarquement se fit avec facilité dans une petite anse de sable, bien fermée et très-commode, dont les pointes étoient basses et composées d'un granit gris micacé. Cette portion de l'île est boisée, sans avoir cependant des arbres fort élevés. A peu de distance du rivage, le terrain est extrêmement sablonneux; mais en avançant davantage vers l'intérieur, on trouve une terre d'assez bonne qualité, couverte de plusieurs sortes de végétaux. Nous parcourûmes les bois dans diverses directions; ils étoient tellement fourrés, tellement encombrés d'arbres renversés par les vents, que nous eûmes de la peine à nous en retirer. Nous vîmes fréquemment des masses considérables de granit élevées au dessus du sol.

Indépendamment de la baie Coulomb, où le débarquement est commode et le mouillage sûr, il existe encore de bons points d'attérissage dans le Sud et dans l'Est de l'île Three-Hummock. Nous croyons devoir recommander à cet effet la jolie baie qui gît au Nord du *cap Adanson*. Au reste, la direction des vents et leur degré de force dirigeront le navigateur dans le choix qu'il aura à faire.

À l'exception du brisant qui est au milieu et tout près de la côte Orientale, et des récifs peu importans que l'on découvre dans le N. E. de la baie Coulomb, on peut dire que les côtes de l'île Three-Hummock sont très-saines ; le brassiage est en général peu considérable sur ses bords, mais il n'existe nulle autre part de dangers que l'on n'aperçoive parfaitement.

Au Sud de l'île est un îlot de roches, lié à la côte par des rochers de moindre dimension. Il peut être rangé à très-petite distance.

L'île Fleurieu, quoique plus étendue que l'île Three-Hummock, est cependant bien moins fertile. Sa partie Septentrionale sur-tout est entièrement stérile, et présente un caractère de désolation et de sécheresse remarquable. Les côtes du Sud, composées de collines d'une médiocre hauteur, sont légèrement boisées.

Au Nord, le *cap Kéraudren* est bas, rocailleux et découpé ; nous avons fixé sa position géographique par 40° 25′ 38″ de latitude Sud et par 142° 38′ 7″ de longitude à l'Est du méridien de Paris.

Entre ce dernier cap et le cap Lenoir, est la *baie Cuvier*, de deux lieues d'ouverture. Entièrement exposée aux vents d'Ouest, et bordée presque par-tout de forts récifs, cette baie ne seroit pas un mouillage très-commode ; cependant le brassiage n'y est pas mauvais ; le fond est par-tout de sable, et la profondeur de l'eau variable de 9 à 14 brasses. La côte est écore, et peut être rangée de près ; on y remarque de distance en distance des rochers détachés du rivage et des anses de sable de diverses grandeurs.

Le *cap Lenoir* est entouré de rochers et de brisans qui s'étendent probablement fort au large : son approche doit être évitée comme très-dangereuse.

TERRE DE DIÉMEN.

Île Fleurieu.

En prolongeant vers le Sud la côte Occidentale de l'île Fleurieu, on rencontre la *pointe Cassard*, qui termine une jolie baie de sable : de là jusqu'au *cap Lislet*, qui forme l'extrémité Sud de l'île, les récifs ne s'avancent que peu au large. Du cap Lislet, en remontant au Nord par l'Est, on remarque quelques anses sablonneuses ; mais comme nous n'avons vu cette partie de côte que de loin, nous n'en parlerons pas avec plus de détails.

L'*île Petit*, et une autre de moindre étendue qui est dans le Nord-Est, sont rocailleuses, arides et privées de végétation.

Dans l'Ouest de la pointe Cassard et à la distance d'une lieue, on voit l'*île Cartier*, haute, escarpée et n'offrant à l'œil qu'une roche toute nue ; au Sud-Ouest, l'*île Longue*, moins élevée que la première, mais tout aussi dépouillée ; et dans le Sud de celle-ci, l'*île Breton*, qui se présente comme un immense tombeau ; plus loin et dans la même direction, deux rochers en forme de pain de sucre. Plusieurs petits îlots, des brisans, des récifs et des roches à fleur d'eau parsemés dans les espaces intermédiaires, rendent la navigation au S. O. de l'île Fleurieu aussi dangereuse que difficile.

En s'avançant dans l'O., le S. O. et le N. O. de l'île Cartier, on rencontre trois énormes rochers coniques qui semblent s'élancer du fond des eaux ; et à plus grande distance, par la latitude du cap Lenoir, sont encore deux autres rochers tout aussi dépouillés et tout aussi écores que les précédens.

Au large du cap Kéraudren et dans l'O. N. O. de ce cap, est un banc de sable étendu sur lequel la mer brise avec fracas. Il y a néanmoins bon passage entre la terre et ce brisant, qui semble être recouvert lui-même par beaucoup d'eau. Nous l'avons approché jusque par les 6 brasses, et nous éprouvions déjà l'effet des lames les plus voisines [a]. Je pense qu'il n'y a pas moins de 4 brasses d'eau sur la sommité de ce banc.

---

[a] Nos matelots croyoient que ce brisant attiroit le navire. Je suis bien éloigné de partager une idée aussi ridicule ; mais il est certain que l'illusion, à cet égard, étoit telle, qu'il falloit s'aider du raisonnement pour s'en garantir.

LIVRE II. Descriptions géogr. et nautiques. 79

En suivant toujours la direction du O. N. O., on arrive à un îlot de roches, déchiré, stérile et peu élevé, que M. Flinders a nommé *îlot des Albatrosses*. Il est fort écore, ainsi que tous ceux dont nous venons de parler, et peut être rangé vers le Nord à la distance d'un jet de pierre.

Sur le continent, dans le S. S. O. du cap Lislet et à une lieue et demie environ, se présente le cap Berthoud, qui, ainsi que nous l'avons dit plus haut, forme l'extrémité Occidentale de la baie Boullanger. Cette baie, quoique très-vaste, est encombrée d'un banc de sable qui la cerne de toute part. Au N. O. du cap Buache, les bancs sont aussi très-multipliés ; il en existe un dans sa partie Ouest, dont le sommet est hors de l'eau.

Au Nord on voit encore plusieurs battures, un récif peu étendu, et cinq petits îlots de roche qui sont bas et stériles. Le cap Buache forme lui-même l'extrémité d'une langue de terre étroite, basse et médiocrement boisée, dans l'Est de laquelle se dessine la baie Ransonnet. Elle offre un très-bon mouillage avec des vents du Sud à l'Ouest; mais le brassiage de sa partie Nord se ressent un peu du voisinage des bancs : plus au Sud, la sonde rapporte de 5 à 7 brasses d'eau, fond de sable.

Le *cap Guyton* est bas et rocailleux; quelques petits rochers, entourés de brisans, s'avancent au large, à un quart de mille tout au plus. Le *cap Élie* est d'une constitution semblable, et tout l'espace compris entre ces deux derniers caps est bas, sablonneux, peu fertile et médiocrement boisé.

L'entrée du Casuarina se présente d'abord comme l'embouchure d'une rivière : elle est obstruée par un grand nombre de bancs dont quelques-uns assèchent de basse mer. Au S. S. O. du cap Élie et au milieu à-peu-près de l'ouverture, est un petit îlot, lié à la côte Sud de l'entrée par une barre sur laquelle la mer ne déferle que foiblement, du moins avec des vents de terre.

Lorsqu'on pénètre plus avant, les bancs de sable se montrent en

Terre de Diémen.

Côte N. O. de la Terre de Diémen.

Entrée du Casuarina.

plus grand nombre, et finissent enfin par intercepter tout passage. Je pense qu'au-delà on rencontreroit des marécages, et peut-être aussi le lit de quelque torrent. La foiblesse des courans que nous avons observés dans ces parages, ne nous permet pas de supposer qu'il y existe un fort ruisseau permanent.

Les deux rives de l'entrée du Casuarina ne sont pas très-fertiles; le terrain par-tout y est sablonneux, quoique cependant assez bien planté. La partie Nord, beaucoup plus basse que l'autre, est pleine de marécages. La côte du Sud, formée de collines uniformes et d'une hauteur médiocre, se prolonge dans l'Est sans sinuosités sensibles jusqu'à Circular-Head.

De petits navires trouveroient un excellent mouillage à l'embouchure de cet enfoncement et un abri assuré contre des vents de toute espèce. La passe pour y arriver est au Nord du petit îlot dont on a parlé, en rangeant de préférence le cap Élie : la sonde guidera pour suivre le chenal, au milieu duquel on aura $4\frac{1}{2}$, 4 et 3 brasses d'eau, fond de sable et quelquefois sable et herbier. Ce point de relâche seroit précieux pour un bâtiment qui viendroit faire la chasse des phoques.

Quoique nous n'ayons découvert aucune trace d'eau douce, il ne faudroit pas conclure qu'il n'en existe point sur les îles Hunter; nous pensons qu'on doit en rencontrer dans la partie Orientale de l'île Three-Hummock : dans tous les cas, on pourroit s'en procurer, en creusant des puits de quelques pieds de profondeur dans les terrains marécageux de l'entrée du Casuarina.

Circular-Head est un cap montueux, qui n'étant joint au reste de la côte que par un isthme fort bas, paroît en quelque sorte en être isolé.

La navigation autour des îles Hunter n'est pas sans difficultés. A l'Est, toutefois, elle est parfaitement libre ; et si l'on connoît bien vers le Nord la position du brisant qui avoisine le cap Kéraudren, on n'a plus à redouter que l'approche des terres, qui elle-même ne seroit dangereuse

dangereuse qu'autant qu'on s'y laisseroit affaler par un vent forcé.

Il n'en est pas de même de la partie de l'Ouest et de celle du Sud. Embarrassées par des îlots nombreux, par des récifs et des bancs multipliés, les passes sont plus tortueuses, plus dangereuses aussi à parcourir.

Nous n'avons point cherché de passage entre les divers îlots qui sont au Sud de l'île Cartier ; mais nous sommes persuadés qu'il y en a plusieurs. Quoi qu'il en soit, nous avons pu nous convaincre que l'on pouvoit naviguer, avec un fort brassiage, entre ces mêmes îlots et la côte S. O. de l'île Fleurieu.

Lorsque nous donnâmes dans cette passe, les vents souffloient bon frais, la mer étoit grosse et le temps orageux ; la sonde indiquoit l'instant où nous devions changer de route : mais aussitôt que nous eûmes examiné quelques-uns des rochers et des récifs qui nous environnoient, nous jugeâmes, par analogie, de ceux que nous ne connoissions point encore. Nous nous avançâmes alors avec plus de hardiesse ; et cette combinaison, que j'ai eu souvent occasion de faire dans d'autres circonstances, m'a servi particulièrement ici avec beaucoup de succès.

La marée portoit au large avec vîtesse ; et quoique le vent fût contraire et nous obligeât par sa force à ne porter que les basses voiles, nous ne laissâmes pas de louvoyer avec avantage. Il nous fallut, à plusieurs reprises, mettre en ralingue pour nous laisser dériver dans le vent, et cette manœuvre étoit indispensable dans ces passes étroites et dangereuses. Toutefois les vagues qui venoient se briser sur cet amas de rochers, offroient un spectacle effrayant : quelques-uns, absolument à fleur d'eau, développoient une nappe d'écume blanchâtre ; d'autres, plus élevés, mais d'une couleur noire, formoient avec les premiers un contraste imposant et terrible.

Ainsi que nous l'avons dit plus haut, l'espace qui s'étend au N. O. du cap Buache est obstrué par divers bancs de sable : ils laissent cependant un bon passage depuis 5 jusqu'à 10 brasses d'eau ; mais il

L

ne conviendroit pas de s'y engager par un mauvais temps, à moins d'une absolue nécessité. Les bancs qui se prolongent à l'Est du même cap sont éloignés de trois milles de la côte de l'île Three-Hummock. Le louvoyage entre cette île et les bancs est donc encore suffisamment large; la sonde y rapporte de 16 à 19 et 22 brasses, fond de sable. Le brassiage est moindre dans le S. O. de l'île; nous n'y avons trouvé que 6, 7 et 8 brasses. Je crois qu'en naviguant dans cette partie, il sera prudent de ranger de préférence les côtes de l'île Three-Hummock, qui sont suffisamment écores.

A l'égard du canal Péron, nous l'avons traversé deux fois, en nous tenant toujours, il est vrai, vers sa partie Orientale ; mais nous n'avons découvert nulle part l'apparence d'un danger. La sonde nous y a donné de 13 à 33 brasses.

Productions. Ce seroit ici le lieu de rendre compte des productions, tant végétales qu'animales, de cette partie de la Terre de Diémen. Ayant tenu la mer presque sans interruption pendant tout le temps que nous sommes restés dans ces parages, nous n'avons pu nous livrer à ces sortes de recherches : nous pouvons dire cependant que les phoques existent dans ces parages en très-grande abondance ; nous avons vu des îlots qui en étoient couverts. Les poissons nous ont paru très-rares aux divers mouillages où nous avons été ; à peine avons-nous pu en prendre quelques-uns à la ligne; un requin pêché au Sud du cap Adanson, a été notre meilleure capture.

A l'égard des oiseaux, les pétrels et les cormorans ont été vus en nombre considérable sur les îlots qui avoisinent les îles Hunter; on pourroit se procurer également beaucoup de cygnes et de canards dans l'entrée du Casuarina.

Espèce humaine. Une fumée aperçue sur l'île Fleurieu et à peu de distance de la pointe Cassard est le seul indice que nous ayons eu de l'existence de l'espèce humaine sur ces tristes bords. Je crois néanmoins que les sauvages n'habitent pas constamment les îles Hunter, mais qu'ils y viennent de la Terre de Diémen à certaines époques.

Pendant notre séjour sur cette côte (en décembre 1802), les vents les plus impétueux, ceux qui presque toujours procuroient de la pluie et des orages, ont soufflé du O. N. O. à l'O. S. O. Les vents de la partie de l'E., du N. E. ou du S. E. se sont fait sentir quelquefois aussi avec force, mais ils n'ont pas eu la même durée. Le plus souvent ces derniers étoient foibles et accompagnés de beau temps.

TERRE DE DIÉMEN.
Observations physiques.

Nous avons observé sans interruption les courans à nos divers mouillages ; par-tout ils ont eu le même *maximum* de vîtesse : un mille et demi. Leur direction a été variable selon les localités : dans le canal Péron, ils portoient, suivant la marée, N. et S.,

Au Nord du cap Buache............ N. E. et S. O. ;
Au Sud du cap Adanson............ N. N. O. et S. S. E. ;
Au S. E. de l'île Petit............... N. N. E. et O. S. O. ;
Enfin dans la baie Ransonnet......... N. N. O. et S. S. E.

§. 7.

CÔTE OCCIDENTALE DE LA TERRE DE DIÉMEN.

LES contrariétés que j'ai éprouvées pendant ma mission aux îles Hunter, ne me permirent pas d'examiner, comme j'en avois le projet, les détails de la côte située dans l'Ouest et au Sud du cap Berthoud; détails d'autant plus importans, que le capitaine FLINDERS lui-même n'avoit pu les voir que de fort loin pendant sa campagne de 1798.

Dans les journées du 13 et du 14 décembre, nous accostâmes la terre d'assez près, par les 41° 10′ de latitude; elle est basse, sablonneuse et aride; l'intérieur est passablement boisé. Malgré le peu d'élévation de la côte, la sonde, à petite distance du rivage, rapportoit 6, mais plus souvent 12 et 15 brasses, au pied des récifs, et de 40 à 60 brasses à quatre milles au large. De forts brisans s'étendent presque sans interruption dans cette partie, ce qui rend l'abord de la côte tout-à-fait impossible et ses approches dangereuses. Lorsque le vent vient du large, le ressac fait un bruit considérable, que l'on entend de fort loin; il ajoute à l'effroi du navigateur qui se trouve affalé sur cette terre sauvage.

Nous n'avons pu voir aucun habitant sur cette côte, ni même aucune fumée dans l'intérieur; circonstance d'autant plus remarquable, que sur la côte de l'Est de la même Terre, le nombre des feux étoit prodigieusement multiplié.

Nous bornerons ici ce que nous avions à dire dans ce chapitre sur la Terre de Diémen. Nous eussions dû, pour terminer la description du littoral de cette grande île, parler des autres portions de sa côte Occidentale et de celle du S. O.; mais nous ne les avons point vues. Hâtons-nous donc de parcourir d'autres rivages, et de continuer l'esquisse du grand tableau que nous nous sommes proposé de mettre sous les yeux de nos lecteurs.

CHAPITRE II.

Détroit de Bass.

En commençant sa belle reconnoissance de la Nouvelle-Galles du Sud, le capitaine Cook ne fit aucune recherche pour s'assurer s'il y avoit un détroit entre la Nouvelle-Hollande et la Terre de Diémen. Cet habile navigateur eut le bon esprit de ne point prononcer sur un fait encore douteux, quelle que fût d'ailleurs son opinion sur une matière aussi importante [a]. Furneaux se montra moins réservé ; après une exploration rapide de la côte Orientale de la Terre de Diémen, il s'avança un peu au Nord du parallèle des Sœurs, prit connoissance des terres du continent, et crut s'être suffisamment assuré de la non-existence d'un détroit dans cette partie [b].

Le jugement porté par l'un des compagnons de Cook, avoit fait long-temps autorité parmi les géographes, quand des observations plus modernes, et sur-tout plus précises, venant de nouveau donner l'éveil, parurent exiger un examen sévère et plus approfondi.

Le capitaine John Hunter, qui passa en 1789 au large des îles Furneaux et de la pointe Hicks, éprouva un fort courant d'Est, opposé aux vents qui souffloient alors et à une grosse houle de l'Ouest. Il eut raison de penser qu'il devoit y avoir dans cet espace, soit un golfe très-profond, soit un détroit [c]. Dentrecasteaux

---

[a] « Je ne puis pas déterminer, dit-il, si » elle est jointe à la Terre de Van-Diémen, » ou si elle en est séparée. » Cook, 1.er Voy. in Hawesw., tom. *III, pag. 310* de la trad. franç. in-4.º

[b] « Je crois, dit Furneaux, qu'il n'y a » point de détroit entre la Nouvelle-Hollande et la Terre de Van-Diémen, mais » seulement une baie très-profonde. » Cook, 2.^d Voy. tom. *I, pag. 232* de la trad. franç. in-4.º

[c] An historical Journal &c. by John Hunter, *pag. 125;* London, 1793.

§ 1.ᵉʳ

ILES DE L'EST.

Îles Furneaux.

C'EÛT été un travail bien utile que de fixer avec précision la configuration et le nombre des îles Furneaux; leur position à l'entrée Orientale du détroit de Bass auroit rendu cette détermination très-importante. On sait que ce groupe est composé de trois îles principales; la quantité des petites et la forme particulière de chacune n'ont point encore été déterminées. Leur direction générale est N.N.O. et S.S.E., leur étendue dans ce sens d'environ vingt lieues. L'île des Patriarches occupe à elle seule plus de la moitié de cet espace; celle du Cap-Barren, moins grande du N. au S., a sa grande dimension dirigée en longitude. Les îles Préservation et Clarke, au Midi, terminent de ce côté le groupe qui nous occupe. Au Nord, on trouve les Sœurs, et dans l'Ouest les îles Chappelle, dont le nombre est encore ignoré. Plusieurs canaux existent entre ces îles; le plus large, entre l'île Cap-Barren et celle des Patriarches, contient une grande quantité d'îles dont on ne connoît ni le nombre ni le gisement.

Les îles Furneaux sont en général fort élevées, et peuvent aisément être aperçues à dix et même quinze lieues en mer. Leur aspect est stérile; sur quelques points cependant, sur-tout au Sud-Ouest, on distingue une verdure agréable.

Nous avons vu et relevé ces îles très-fréquemment, mais nos embarcations n'ont abordé qu'à leur partie Méridionale *(Voy.* le Plan particulier *carte n.° 6).* MM. FAURE et BAILLY, chargés de cette reconnoissance difficile, vont nous fournir les remarques qu'il leur a été possible de rassembler, quoique un violent coup de vent les ait presque sans cesse condamnés à l'inaction.

Baie de Kent.

« Les terres qui bordent la baie de Kent sont hautes vers l'Est

ainsi

LIVRE II. Descriptions géogr. et nautiques. 89

ainsi que vers l'Ouest; dans le fond, au contraire, elles sont basses, sablonneuses, bien boisées, et paroissent former un isthme étroit; sous ce rapport, la constitution de l'île ressemble parfaitement à celle de la presqu'île Freycinet, de l'île Maria, de la presqu'île Forestier, &c.

» La baie de Kent, de quatre milles et demi d'ouverture et trois milles de profondeur, est obstruée, dans sa partie Orientale, par un banc de sable, sur lequel il n'y a souvent pas assez d'eau pour un canot : ce banc occupe à-peu-près la moitié de l'étendue totale de la baie. Dans l'O., quelques rochers où la mer brise, y rendent la navigation dangereuse et pénible. Entre ces rochers et la côte Occidentale de l'île, les Anglois ont trouvé un excellent mouillage par les 4 et 7 brasses d'eau. Pour y arriver, il faut prolonger par le Sud la terre à petite distance. Le mauvais temps n'a pas permis à notre embarcation d'aller le visiter.

» La côte Nord de l'île Clarke est basse, formée de roches granitiques disposées en bancs verticaux, parallèles entre eux et au rivage : de grosses roches de granit détachées du sol se trouvent dans le N. O. A quelques pas des bords de la mer, le sol est couvert d'arbustes et d'arbrisseaux; mais la couche végétale étant peu profonde, on n'y voit pas d'aussi grands arbres que sur la partie opposée de l'île Cap-Barren.

» L'île Préservation, située dans l'O. de l'espace qui sépare l'île Cap-Barren de l'île Clarke, n'est qu'un large plateau granitique, qui n'a guère plus de cent pieds au-dessus du niveau de la mer. Ses côtes sont découpées en une infinité de petites anses sablonneuses, devant lesquelles un grand nombre de rochers semblent placés tout exprès pour en interdire l'approche. La plupart forment des brisans presque à fleur d'eau, tandis que d'autres, s'élevant au-dessus de la surface de la mer, en bravent toute la fureur. La roche granitique dont se compose la substance entière de l'île est recouverte d'une couche de terre végétale peu profonde, mais qui suffit cependant à la nourriture de quelques arbrisseaux et d'une herbe assez épaisse.

Marginalia: DÉTROIT DE BASS. — Île Clarke. — Île Préservation.

» A la partie Méridionale de l'île, on remarque sur des espèces de buttes assez hautes, de gros blocs de granit isolés, placés au-dessus du sol, sur lequel ils reposent comme en équilibre et sans y paroître adhérens.

» Dans quelques endroits, dans ceux sur-tout où viennent aboutir les sinuosités du terrain, sont de petits espaces tapissés d'une verdure agréable, entretenue par l'humidité plus grande de ces lieux déclives. Les arbres les plus élevés n'ont pas au-delà de douze pieds de hauteur.

» La côte de l'Est est en même temps la plus saine et celle qui présente un meilleur abri. Le brassiage cependant y est assez foible, et ne convient qu'à des embarcations qui ne caleroient pas au-delà de neuf à dix pieds d'eau. La côte du Sud et du S. O., toute hérissée de brisans et de récifs, est absolument inabordable.

» La mer est profonde entre les roches de la côte N. O. On peut les approcher de près; mais je crois qu'il seroit dangereux de s'engager dans les canaux qu'elles forment entre elles, quelque favorables que les vents pussent être. » *(Journal de M. BAILLY.)*

« Je vis dans cette partie, observe M. FAURE, deux passages dont le plus Nord me sembla difficile à cause des roches qui, dans l'O., s'étendent assez pour en boucher presque entièrement l'entrée. Le second me parut libre, et je le crois très-praticable. Sur la côte de l'O. il y a beaucoup de roches; quelques-unes sont cachées sous l'eau, ou se découvrent à marée basse; d'autres enfin, plus ou moins élevées au dessus du niveau de la mer, se trouvent tantôt éparses, et tantôt réunies par des dunes que le vent et les courans y ont amoncelées. On remarque sur ces dunes quelques plantes languissantes. »

Les rivages de l'île Préservation et de l'île Clarke étoient parsemés de débris de navires anglais; circonstance qui prouve combien ces parages sont dangereux à fréquenter.

La rade comprise entre l'île Clarke et l'île Cap-Barren est

commode et sûre. Son étendue, prise depuis la pointe N. O. de la première de ces îles, s'avance dans l'O. d'environ trois milles. La profondeur de l'eau est depuis 6 jusqu'à 12 brasses, sur un fond de sable vaseux propre au mouillage. Elle est tellement environnée par les terres voisines, qu'elle seroit défendue contre tous les vents, si ceux de l'E. à l'O., en passant par le S., ne pouvoient pas s'y faire sentir quelquefois avec violence. La mer cependant ne doit jamais y être bien mauvaise; car, quoique notre embarcation s'y soit trouvée par un vent forcé de la partie de l'Est, le débarquement a toujours été facile sur tous les points. La disposition particulière de ce mouillage le fait jouir de cet avantage, que l'on peut y arriver et en partir, quelle que soit la direction des vents, soit par la passe de l'Est, soit par celle qui existe au Nord et au Sud de l'île Préservation.

Les Anglois fréquentent plus ordinairement le mouillage qui est au S. E. de cette dernière île. Il est bien abrité des vents de S. O. et de ceux de l'O., qui sont dominans. Sous ce rapport il mérite la préférence.

A l'égard de l'eau douce, elle manque absolument sur l'île Préservation et sur l'île Clarke : j'ignore même si l'île Cap-Barren pourroit en fournir; mais toute la partie de cette île voisine de la rade que j'ai décrite, étant couverte de hautes montagnes très-bien boisées, et cette côte étant découpée en baies profondes, je suis porté à croire que des recherches dirigées vers cette partie y feroient découvrir une ou plusieurs sources suffisantes pour les besoins des navigateurs.

On trouve en abondance, sur l'île Clarke et sur l'île Préservation, l'espèce d'oie particulière à la Nouvelle-Hollande. Ces oiseaux sont faciles à prendre et fournissent une nourriture saine et délicieuse. Les manchots, d'un assez mauvais goût, y sont aussi en grand nombre : grillés sur les charbons ardens, ils acquièrent un goût peu différent de celui des harengs saurs; c'est la seule préparation qui puisse les rendre mangeables. Sur toutes les îles et rochers, on voit une prodigieuse quantité de phoques, auxquels on pourroit faire une chasse aussi facile que productive.

Le mauvais temps nous empêcha de faire aucune tentative pour prendre du poisson; cependant tout annonce qu'il doit y en avoir beaucoup, soit parmi les rochers qui environnent l'île Préservation, soit sur les plages sablonneuses qui s'y rencontrent.

Détroit de Banks. — L'espace de mer compris entre l'île Clarke et la Terre de Diémen est désigné sous le nom particulier de *détroit de Banks*. L'île Swan et l'îlot qui l'avoisine, ainsi que les rochers situés au Nord du cap Portland, sont les seuls objets qu'on y distingue. Nous en avons parlé dans le chapitre précédent.

Les courans sont violens dans le détroit de Banks. Nous les avons observés de deux milles huit dixièmes dans leur maximum; le flot portoit à l'O., et le jusant dans la direction opposée. Le brassiage n'est pas au-dessous de 14 brasses; et quoique le fond soit propre au mouillage, il seroit incommode et souvent même dangereux d'y rester, lorsque le vent et le courant portent du même côté. La corvette *le Naturaliste* y a perdu deux ancres dont les câbles ont cassé par le mauvais temps; leurs bouées étant tenues sous l'eau par la force de la marée, il n'a pas été possible de les relever.

Devant Waterhouse, le courant est beaucoup moins sensible; sa plus grande vitesse a été trouvée d'un mille seulement. Le flot portoit au S. O., et le jusant au N. E.

Groupe de Kent. — Dans le N. O. des îles Furneaux, et à-peu-près au milieu de la distance qui les sépare de la Nouvelle-Hollande, est un amas d'îlots stériles, compris sous le nom de *groupe de Kent*; au S. O., le petit groupe, composé d'un îlot et de quelques rochers ; le Coin de Mire, remarquable par la forme à laquelle il doit son nom, est un peu plus avancé du côté de l'Ouest; enfin, plusieurs îlots de diverses formes et dimensions gisent dans le voisinage du Promontoire. Ces îlots nous ont paru offrir en général peu de ressources aux

LIVRE II. *Descriptions géogr. et nautiques.* 93

navigateurs ; ils sont élevés, rocailleux, d'un aspect granitique ; et à l'exception d'un petit nombre d'arbres rabougris, la stérilité la plus profonde est leur partage.

DÉTROIT DE BASS.

A quinze milles au Sud du Promontoire, il y a un brisant de roches à fleur d'eau, sur lequel la corvette *le Géographe* faillit se perdre le 3 décembre 1802. Il est à-peu-près à mi-chenal entre le Cône et le Coin de Mire, par 39° 24′ 15″ de latitude Sud, et 144° 24′ 20″ de longitude Orientale.

Les courans, dans cette partie du détroit de Bass, ne sont pas moins violens que dans le détroit de Banks ; leur vîtesse est de plus de trois milles à l'heure entre les îlots du Promontoire, et leur force vraisemblablement variable selon l'intensité et la direction du vent.

Nous avons navigué à petite distance du groupe de Kent. Les côtes en sont escarpées, ainsi que celles de tous les îlots environnans. Le capitaine FLINDERS, qui a traversé le canal qui partage ce groupe du Nord au Sud, assure qu'il est praticable pour les plus grands navires. Seulement, dit-il, on doit soigneusement veiller sa voilure, sur-tout si l'on est au plus près : car, du calme que l'on éprouve à l'abri des plus hautes terres, on passe tout-à-coup à des rafales impétueuses qui s'élancent des gorges voisines. Le sloop *the Norfolk* manqua de chavirer dans ces circonstances[a]. Cette réflexion est applicable à la navigation près des rochers élevés qui sont en si grand nombre dans le détroit ; c'est ce que nous avons expérimenté plus d'une fois nous-mêmes, soit ici, soit ailleurs.

Les observations astronomiques faites pendant notre mouillage dans le détroit de Banks, m'ont servi à déterminer la position de la pointe S. E. de l'île Préservation. En adoptant pour sa latitude celle que lui assigne le capitaine FLINDERS, 40° 29′ 0″ Sud, sa longitude sera de 146° 1′ 19″. Elle diffère de + 7′ 4″ de celle de la carte angloise.

Observations astronomiques et physiques.

La position de l'extrémité Sud du Promontoire, conclue des

[a] FLINDERS, *Observations* &c. pag. 28.

DÉTROIT DE BASS.

travaux faits à la mer à diverses époques de notre navigation, nous ont donné 39° 10' 15" de latitude Méridionale, et 144° 20' 15" de longitude à l'Est de Paris. On trouvera à la fin de ce volume le tableau de nos observations de déclinaison de l'aiguille aimantée dans cette partie du détroit. Prenant une moyenne entre celles du 20 au 28 mars 1802, et du 24 novembre au 4 décembre de la même année, on a 8° 38' N. E. Les observations extrêmes diffèrent l'une de l'autre de 4° 8'. Cette différence, qui est considérable, peut dépendre de diverses causes locales, peut-être aussi de l'incertitude due au mouvement du navire.

La mer ayant été assez unie pendant les journées des 1.ᵉʳ, 2 et 5 décembre 1802, M. BERNIER a pu observer sur le pont l'inclinaison de l'aimant; il l'a trouvée ainsi qu'il suit :

1802,

1.ᵉʳ décembre, aiguille { N.° 2 = 68° ; N.° 3 = 70 ; N.° 4 = 70. } Inclinaison moyenne = 69° 20'.

2 décembre, aiguille { N.° 2 = 66 ; N.° 3 = 68 ; N.° 4 = 68. } Inclinaison moyenne = 67 20.

5 décembre, aiguille { N.° 2 = 68 ; N.° 3 = 70 ; N.° 4 = 70. } Inclinaison moyenne = 69 20.

Inclinaison moyenne de toutes ces observations = 68° 40'.

Un grand nombre de résultats obtenus, soit devant l'île Swan, soit près de Waterhouse, nous ont donné pour la déclinaison de l'aiguille aimantée dans le premier cas, 10° 0' 10" N. E., et dans le second, 10° 2' 37" N. E.

§ 2.

ILES DE L'OUEST.

On pourroit comprendre les îles Hunter au nombre des îles Occidentales du détroit de Bass; mais elles sont tellement liées à la partie N. O. de la Terre de Diémen, qu'il nous a paru convenable de les placer dans cette division de notre ouvrage.

L'île King et les îlots divers qui se trouvent dans son voisinage, seront donc les seules Terres décrites dans ce paragraphe.

La découverte de l'île King est due au capitaine REED, commandant la goëlette angloise *the Martha*[a]. Il n'en fixa point l'étendue, et se borna à faire connoître approximativement [b] la latitude de sa partie Méridionale. Nous sommes les premiers qui ayons fait une reconnoissance complète de toute l'île. Ce travail important est dû à M. FAURE, l'un de nos ingénieurs géographes : les détails nautiques que nous allons réunir ici seront presque entièrement tirés de ses journaux.

L'île King *(carte n.° 7)* est la plus grande de toutes celles du détroit de Bass. Son étendue du Nord au Sud n'est pas au-dessous de quarante milles; sa largeur, prise depuis le *cap Palmer* jusqu'à la *pointe Cowper*, est à-peu-près de vingt-cinq; sa circonférence, de cent onze : elle est éloignée de onze lieues des îles Hunter, de douze lieues de la partie la plus voisine de la Terre Napoléon, de trente-sept du Promontoire, enfin de cinquante-quatre des îles Furneaux.

La baie des Éléphans, qui doit son nom à l'espèce de phoque dont nous aurons bientôt occasion de parler, est sur la côte Orien-

---

[a] FLINDERS, Observations &c. *pag. 34.*
[b] Sur la carte angloise du détroit de Bass, publiée en 1800 par M. FLINDERS, la partie Méridionale de l'île King se trouve portée par 40° 8'; l'auteur annonce cependant que cette latitude est très-certaine. (FLINDERS, Obs. &c. *pag. 34.*) M. FAURE a cru devoir fixer la position du cap Bonpland par 40° 12' 15" de latitude Sud et 141° 44' 25" à l'Est de Paris.

tale de l'île King. Ses bords sont composés de dunes médiocrement élevées. Elle est peu profonde, et n'a pas moins de six milles d'ouverture. Au large de la pointe Cowper, qui forme son extrémité Nord, est un îlot rocailleux et tout-à-fait stérile, nommé *Rocher des Éléphans;* sa partie Septentrionale est défendue par un brisant assez considérable ; toutefois il y a passage à terre de l'îlot.

De la pointe Cowper au *cap Chardin*, les terres sont basses, sablonneuses, et couvertes de verdure à peu de distance du rivage. Un brisant est joint au cap Chardin ; en dehors est un second brisant plus considérable. Entre les deux, on trouve 6 brasses d'eau, fond de sable, à deux encablures de terre.

Jusqu'ici la côte avoit suivi une direction générale du N. au S., mais au-delà du cap Chardin et jusqu'au *cap d'Anville,* elle a sa direction au O. N. O. Deux pointes basses de roches se distinguent dans cet espace ; le reste est formé de dunes de hauteur médiocre, coupées à pic au bord de la mer.

Le cap d'Anville est le plus Septentrional de l'île ; il est rocailleux et entouré de brisans redoutables. A quatre milles au Nord on voit deux îlots, et dans l'Est et le S. O. de ceux-ci, de longues bandes de récifs sur lesquelles la mer déferle avec force. Entre eux et le cap d'Anville, le passage est praticable pour toute espèce de bâtiment ; il faut avoir soin de contourner la terre à un mille et demi de distance à-peu-près, par les 11 et 13 brasses, fond de sable. Les courans sont violens dans cette partie, et la houle extrêmement forte.

Après qu'on a doublé le cap d'Anville, la côte prend sa direction au S. O. Elle est haute, bien boisée, et défendue par d'énormes brisans jusqu'à l'entrée de la baie des Phoques. Cette baie peut avoir six milles d'ouverture. Vers sa partie Sud on trouve un lagon d'eau salée assez étendu, qui communique à la mer. Dans l'O. de la pointe qui en est voisine et à deux milles de distance, gisent deux îles d'environ la même dimension, nommées par les Anglois *New-Year Day islands*

LIVRE II. *Descriptions géogr. et nautiques.*

islands [îles du Nouvel-An]. L'intervalle qui sépare ces îles du cap Palmer n'a guère plus d'un mille ; on doit y naviguer avec circonspection, à cause des brisans qui se projettent à une assez grande distance au large. La *baie des Récifs* tire son nom de la constitution qui lui est propre ; les terres qui la bordent sont basses, sablonneuses et bien boisées. A une lieue S. O. du *cap Olivier* est un brisant, entre lequel et la terre il y a bon passage. Du cap Olivier au *cap Bonpland*, la côte court au S. S. E. ; elle est formée de falaises arides très-escarpées ; les bords sont découpés en une multitude de petites anses où l'on voit beaucoup de rochers. La mer doit y déferler d'une manière horrible, lorsque la brise souffle du large avec force. Le cap Bonpland, qui forme l'extrémité Sud de l'île King, est rocailleux et fort bas ; un petit rocher gît dans l'Est à deux milles. Au-delà, les terres se dirigent brusquement au N. E., et continuent de suivre cette aire de vent presque jusqu'à la *pointe Plumier*. Plusieurs îlots et quelques brisans, à terre desquels on peut trouver passage, se rencontrent dans cette partie. La terre se relève vers l'Est ; elle y est bien boisée et fertile. La pointe Plumier est la limite Méridionale de la *baie des Éléphens ;* dans son voisinage il y a plusieurs ruisseaux qui sont d'excellentes aiguades.

Les sondes, dans l'intérieur de la baie, sont depuis 5 jusqu'à 10 brasses, selon les distances au rivage ; mais au large et notamment par le travers du *Rocher des Éléphans*, est un haut-fond sur lequel on ne trouve que 7 et même 6 brasses $\frac{1}{2}$ d'eau, à deux lieues de terre à-peu-près. Pendant le séjour de la corvette *le Géographe* au mouillage (du 7 au 12 décembre), on a remarqué que souvent il s'élevoit au large, dans le N. E., une très-grosse lame qui parfois sembloit briser. Quelques personnes ont pensé que cet effet étoit dû au mirage ; mais il est plus naturel de l'attribuer à la présence du haut-fond dont je viens de parler. Cette batture d'ailleurs ne paroît nullement dangereuse ; nous ne croyons pas qu'il y ait moins de 6 brasses dans sa partie la plus élevée ; sur les accores, le fond aug-

DÉTROIT
DE BASS.

mente assez vîte : il passe rapidement de 7 et 8 brasses à 12, 15, 20 et 25, toujours fond de sable.

La nature du fond, dans la baie des Éléphans, paroît d'abord être très-propre au mouillage ; la sonde rapporte constamment un sable vaseux et noir, mais la couche en est si peu profonde et recouvre d'ailleurs des roches tellement tranchantes, qu'on ne peut y rester à l'ancre avec sécurité. *Le Géographe* eut deux fois son câble coupé par les roches dont nous parlons, *le Casuarina* une fois; et la goëlette angloise *the Cumberland,* qui vint à ce mouillage pendant notre séjour, éprouva la même avarie.

Nous sommes tentés de croire que cet inconvénient se reproduit sur tous les p... de l'île; comme elle est d'ailleurs entourée de récifs, qu'elle est absolument dépourvue de toute espèce de ports, on peut en conclure que le séjour doit en être justement redouté par les navigateurs. Peut-être trouveroit-on un bon abri dans l'E. des îles du Nouvel-An. M. FAURE, qui seul a pu acquérir quelques lumières précises à cet égard, n'en faisant nullement mention dans son Journal, nous présentons nos réflexions avec défiance et comme une simple présomption. De belle mer et par un temps calme, le débarquement, dans la baie des Éléphans, n'est pas très-facile; le ressac qui a lieu sur la plage sans aucune interruption, s'y fait sentir plus fortement, lorsque la brise souffle du S. S. O., et davantage encore quand elle vient de l'Est.

M. PÉRON étant demeuré plusieurs jours sur l'île King, nous ne pouvons mieux faire, pour donner une idée de la constitution intérieure du pays, que de transcrire textuellement ce que ses Journaux contiennent à ce sujet; documens d'autant plus intéressans, qu'aux observations qui lui sont propres, M. PÉRON a pu joindre des renseignemens fournis par les pêcheurs anglois établis sur l'île qui nous occupe.

« Toute la partie de l'île que nous avons pu reconnoître présente le tableau d'une végétation forte et vigoureuse; en divers endroits, les arbres et les arbrisseaux se trouvent tellement pressés à la surface du sol, et leurs débris sont par-tout si multipliés, qu'il est presque impossible de pénétrer au milieu des forêts : mais en général les végétaux qui les composent n'offrent pas ces proportions gigantesques que nous avions admirées dans ceux de la terre de Diémen ; du reste ils appartiennent aux mêmes genres que ces derniers ; comme eux, ils sont dépourvus de toute espèce de fruits mangeables, et sont inutiles sous ce rapport aux besoins de l'homme et des animaux frugivores.

» Aucune espèce de substance saline ne s'est offerte à notre observation ; mais les pêcheurs prétendent qu'il y a dans l'intérieur du pays une colline entièrement composée de sel gemme. J'indique ce fait important sans vouloir en garantir ni en contester l'exactitude.

» L'île King jouit de l'avantage précieux d'être abondamment pourvue d'eau douce. Par-tout où la disposition du sol peut se prêter à l'écoulement des eaux et à leur réunion, on trouve des sources nombreuses : c'est ainsi, par exemple, que vers le fond de la baie des Éléphans, la direction des collines étant perpendiculaire au rivage, et tout le sol sur ce point étant granitique, il existe cinq à six ruisseaux dans l'espace de deux lieues seulement ; il en est de même dans la *baie des Phoques*, opposée aux îles du Nouvel-An, où l'on trouve aussi plusieurs sources. Mais à la côte N. E., à celle de l'O. et du S. O., où le sol se compose particulièrement de dunes sablonneuses, incapables de retenir l'eau des pluies, nous n'avons pu découvrir aucune trace de ruisseaux ; et comme ces dunes présentent vers la mer une barrière non interrompue, il est possible de présumer que les eaux sont contraintes à refluer vers l'intérieur du pays. Cette présomption se trouve en quelque sorte confirmée par le rapport des pêcheurs anglais : ils assurent qu'il existe au centre de l'île une espèce de grand lac, dont les eaux sont très-profondes, et du milieu desquelles s'élève une petite île, que jusqu'à ce jour ils ont négligé de visiter.

DÉTROIT DE BASS.

» Toutes les eaux de l'île sont chargées d'une si forte proportion d'oxide de fer, qu'il paroît probable que le métal qui sert de base à cet oxide, entre pour beaucoup dans la composition de certaines roches : peut-être même forme-t-il des mines particulières; nous n'avons rien vu cependant qui pût confirmer cette conjecture. »

Bien que le nombre des ruisseaux soit assez multiplié dans la baie des Éléphans, il n'est cependant pas facile d'y faire aiguade. C'est au ruisseau le plus voisin de la pointe Plumier, que *le Géographe* a pu recueillir quelques barriques d'eau ; par-tout ailleurs l'abordage n'étoit seulement pas praticable.

Productions.

« Considérées sous le rapport de la subsistance de l'homme, les productions zoologiques de l'île King présentent de nombreux et importans avantages; les kanguroos ont une chair plus tendre et plus savoureuse que celle des animaux du même genre répandus sur le continent voisin. Déjà le wombat [a], réduit à l'état domestique par les pêcheurs anglois, va chercher pendant le jour au milieu des forêts la nourriture dont il a besoin, et rentre le soir dans la cabane qui lui sert de retraite. Animal doux et stupide, il est précieux par la délicatesse de sa chair, qui nous a paru préférable à celle de tous les autres animaux de ces régions. La langue des phoques monstrueux qui sont ici en si grand nombre, est regardée par les pêcheurs comme un fort bon manger. Le puissant casoar, haut de 5 à 7 pieds [16 à 23 décimètres], donne des œufs de la grosseur de ceux de l'autruche, et plus délicats que ces derniers: la viande de cet oiseau antarctique, intermédiaire, pour ainsi dire, entre celle du coq d'Inde et du jeune cochon, est véritablement exquise. Les innombrables troupes de cormorans, de pétrels, de mauves et de manchots établies sur le rocher des Éléphans, fournissent, pendant une partie de l'année, des milliers

---

[a] Les Anglois écrivent *womat*. C'est le nom donné à l'animal dont il s'agit par les sauvages du port Jackson; nos naturalistes l'ont appelé *phascolomis wombat*.

d'œufs presque aussi bons que ceux de nos poules domestiques. Enfin, les crustacées divers et les coquillages qui pullulent dans ces mers, complètent le riche ensemble des ressources que la nature présente ici à l'homme. »

Nous avons vu très-peu de poissons dans la baie des Éléphans. Le petit nombre de ceux qui ont été pêchés à la ligne, étoient du genre des côtes et des blennies.

On trouve sur l'île King deux espèces de serpens triangulaires voisins du genre *Boa*; l'une et l'autre sont venimeuses. Un chien piqué par un de ces serpens, mourut au bout de cinq minutes [a].

« Tous les moyens de chasse sont suffisans pour se procurer les wombats, qui ne savent ni fuir, ni se défendre : quant aux casoars et aux kanguroos, les pêcheurs, afin de les atteindre, ont dressé des chiens qui vont seuls battre les bois, et qui manquent rarement d'étrangler chaque jour plusieurs de ces animaux : l'expédition terminée, les chiens abandonnent leur proie, accourent vers leurs maîtres, et par des signes non équivoques, annoncent les succès qu'ils ont obtenus. Quelques hommes se détachent alors, suivent ces intelligens pourvoyeurs, qui, sans se tromper, les conduisent aux lieux où gisent leurs victimes. » A défaut de chien, comme les casoars et les kanguroos ont l'habitude de venir tous les soirs sur la plage, on pourroit les y attendre à l'affût. On reconnoît aisément les lieux qu'ils fréquentent aux empreintes qu'ils laissent sur le sable.

L'île King n'étoit point habitée à l'époque de sa découverte; mais treize mois avant notre arrivée, les Anglois y avoient formé divers établissemens de pêche, destinés à se procurer la peau et

---

[a] M. FLINDERS a trouvé à la partie Sud-Est de la Terre de Diémen, une espèce de serpent dont le venin ne paroît pas moins actif. « Ils ressemblent tellement à un bâton brûlé, » dit-il, qu'il est nécessaire de beaucoup d'at- » tention pour les découvrir. L'un d'eux fut » pris vivant, mais mourut bientôt après, et, » à ce qu'il parut, par suite de sa propre mor- » sure. » (FLINDERS, Observations &c. pag. 8.)

l'huile des éléphans marins ou phoques à trompe qui pullulent sur ces bords*.

« Ces pêcheurs ont fixé leur habitation au sommet d'une colline, sur la pointe Nord de la baie des Éléphans. Elle consistoit, à la fin de 1802, en quatre loges ou cabanes construites avec des pièces de bois fichées en terre et réunies en angle vers le haut ; quelques écorces grossières fermoient les intervalles que les pièces de bois laissoient entre elles. Le chef des pêcheurs, le bon COWPER, occupoit un de ces tristes réduits avec une femme des îles Sandwich, qu'il avoit amenée de Mowée, et qui lui tenoit lieu d'épouse et de principale ménagère. Dans cette même cabane se trouvoient réunies les provisions communes les plus précieuses, particulièrement celle des liqueurs fortes. Dans les autres cases logeoit le reste des pêcheurs. Un large brasier, entretenu jour et nuit avec de gros troncs d'arbres, servoit en même temps à chauffer les hommes et à cuire leurs alimens. Un vaste hangar voisin contenoit une énorme quantité de grosses barriques remplies d'huile, ainsi que plusieurs milliers de peaux de phoques desséchées et prêtes à partir pour la Chine.

» La facilité qu'ont les pêcheurs anglois de se procurer la nourriture nécessaire, ajoute beaucoup à l'importance du commerce dont ils s'occupent. Avec quelques faibles provisions de viandes salées, de farine ou de biscuit, pour parer aux accidens imprévus, ces hommes peuvent subsister des années entières sans coûter rien à leurs armateurs. La plupart d'entre eux ne dépensent pas beaucoup non plus pour se vêtir ; car en faisant subir quelques préparations grossières aux peaux de phoques et de kanguroos, ils trouvent moyen d'en obtenir des habits. Tous ces détails, quelque minutieux qu'ils puissent paroître, se rattachent pourtant d'une manière essentielle à l'histoire des pêches angloises dans les régions australes : de

* On peut voir un dessin de ces animaux dans la principale vignette de notre carte n.° 10, où sont aussi des kanguroos.

LIVRE II. DESCRIPTIONS GÉOGR. ET NAUTIQUES. 103

telles économies ne sauroient être étrangères à ces bénéfices énormes que les armateurs britanniques retirent de leurs expéditions sur ces rivages lointains. »

Notre astronome ayant établi son observatoire sur le rocher des Éléphans, y resta depuis le 8 jusqu'au 23 décembre 1802. Le mauvais temps l'a beaucoup contrarié dans les travaux qu'il se proposoit de faire ; voici néanmoins le résumé de ses observations :

DÉTROIT DE BASS.

Observations astronomiques et physiques.

Latitude déduite de cinq hauteurs méridiennes du soleil et de vingt-huit observations voisines du méridien..........................		39° 49' 30" Sud.
Longitude d'après les montres corrigées. (Ce résultat est conclu de deux observations d'angles horaires et de dix-huit hauteurs correspondantes.).......		142° 7' 2" E. Paris.
Inclinaison de l'aimant, aiguille	N.° 2 {66° 45' / 65. 45.} 66° 15' N.° 3 {69. 0. / 69. 30.} 69. 15. N.° 4 {69. 0. / 69. 0.} 69. 0.	
Inclinaison moyenne de toutes ces observations..........		68° 10'.
Déclinaison...............................		4° 2' N. E.
Elle est sensiblement la même que celle observée à bord, qui a donné pour moyenne..................................		4° 9' N. E.

Ces résultats diffèrent beaucoup de ceux obtenus dans la partie Orientale du détroit de Bass, qui n'ont pas donné moins de 10° dans le Sud, et 8° 38' au Nord.

L'heure de la haute mer ou l'établissement des marées dans la baie des Éléphans est à midi 18'. Le courant est assez fort ; le loch a indiqué son *maximum* de vitesse d'un mille trois quarts.

Quoique M. BERNIER ait toujours observé au même lieu, il a cependant fait usage, dans ses calculs, de dépressions de l'horizon différentes. En la mesurant plusieurs fois, il s'est aperçu qu'elle n'étoit pas constamment la même, et il a fait usage à chaque fois, dans la réduction de ses hauteurs, de la dépression qu'il mesuroit immédiatement avant ou après l'observation. La différence des valeurs extrêmes qu'il a trouvées pour cette correction, alloit à 0' 45. Il paroît qu'on doit l'attribuer à la réfraction terrestre, ou au mirage, qui élevoit plus ou moins la ligne d'horizon à laquelle il rapportoit les astres, ainsi qu'on le pratique à la mer. Nous reviendrons ailleurs sur cet important phénomène.

A l'exception des îles du Nouvel-An, tous les îlots qui entourent l'île King sont rocailleux et stériles, mais aucun d'eux ne mérite une attention particulière; en général ils sont écores; quelques-uns cependant sont entourés de brisans. L'inspection de la carte les fera suffisamment connoître.

Le grand espace de mer qui est dans l'Est de l'île King nous a paru assez libre; et à l'exception de trois petits îlots qui ont été aperçus à treize lieues de la baie des Éléphans, et par la même latitude, nous n'avons rien vu jusqu'aux îles Furneaux.

L'intervalle compris depuis les îles Hunter jusqu'au port Dalrymple, a été moins visité par nos corvettes; ainsi il seroit possible qu'il y existât quelques îlots que nous n'eussions pas aperçus.

Les courans rapides que nous avons dit exister dans le détroit de Bass, le grand nombre de rochers, d'îles et d'îlots qui s'y rencontrent, les récifs qui se trouvent sur un grand nombre de points, l'incertitude enfin où l'on est encore sur l'existence et la position de plusieurs, doivent rendre la navigation, dans ces parages, aussi difficile que dangereuse.

Il ne conviendroit point de donner dans le détroit, lorsque le temps est forcé et brumeux, ou même pendant une nuit obscure; mais par un temps maniable, et sur-tout avec des vents routiers, on pourra y naviguer sans crainte. Si l'on vient de l'Ouest et que les vents soufflent de cette partie, en tirant vers le Nord, il sera convenable de passer au Nord de l'île King. On prendra connoissance de de la terre Napoléon à la hauteur du *cap Desaix*, en se maintenant par les 39° 10′ de latitude. De ce point, on gouvernera à l'E. ¼ S. E. jusque sous le méridien du Promontoire. On aura connoissance sûrement alors des hautes terres qui le composent; mais, dans tous les cas, on pourra distinguer l'*îlot du Coin de Mire*, dont la position est certaine [a] et le sol assez élevé pour être vu à grande distance. Dans le N. O. de cet îlot gît un brisant dangereux à fleur d'eau; il faudra s'en défier. Si l'on range le Coin de Mire à deux ou trois milles, on n'aura rien à en craindre. Au-delà et dans l'Est on rencontrera le groupe de Kent, qui est fort écore, et les îles Furneaux, qui sont dans cette partie les dernières terres qui exigeront la surveillance du navigateur.

La passe au Sud de l'île King est un peu moins large que celle du Nord; elle contient quelques îlots qui la rétrécissent encore; cependant il y a grande eau par-tout, et un navire qui se trouveroit par 40° 20′ de latitude, ne devroit pas balancer à donner dans la passe. Il pourroit prendre connoissance de l'île Albatrosses [b], qui fait partie du groupe des îles Hunter; et selon que sa route l'appelleroit au Nord ou au Sud, il se dirigeroit, soit vers le Coin de Mire et le groupe de Kent, soit vers le détroit de Banks.

Les canaux qui existent parmi les îlots situés entre le Promontoire et les îles Furneaux, nous ont paru par-tout praticables; cependant nous ne pouvons rigoureusement répondre que de ceux où nous avons passé nous-mêmes.

La navigation du détroit de Banks n'offre d'autres dangers que ceux qui pourroient naître d'une trop grande proximité de la terre, soit du côté des îles Furneaux, soit de celui de l'île de Diémen. En se maintenant à mi-chenal, on trouvera par-tout la mer parfaitement libre.

---

[a] Nous l'avons déterminée par 39° 33′ 0″ de latitude et 144° 34′ 5″ de longitude à l'Est de Paris.

[b] Elle gît par 40° 23′ 50″ Sud et par 142° 31′ 54″ à l'Est de Paris.

Il importera de faire attention à la force et à la direction des courans, et de les combiner avec la route que l'on veut faire. Leur vîtesse est extrême, ainsi que nous l'avons fait remarquer plus haut, et leur direction générale est de l'E. à l'O., ou de l'O. à l'E., suivant les marées.

VUES GÉNÉRALES
SUR LA NOUVELLE-HOLLANDE.

La Nouvelle-Hollande *(carte n.º 1)*, justement regardée par les géographes modernes comme un cinquième continent, est située au Sud des Moluques et de la Nouvelle-Guinée, entre la mer des Indes et le grand Océan Austral. Ses limites, en latitude, sont les parallèles de 10° 38′ 20″ et de 39° 10′ 15″ Sud, et en longitude les méridiens de 110° 40′ 0″ et de 151° 12′ 55″ à l'Orient de Paris. Sa dimension principale, dirigée de l'Est à l'Ouest, peut avoir 730 lieues marines = 912 lieues moyennes de France [a], ou 4055 kilomètres. Sa plus grande largeur, prise depuis le cap Yorck jusqu'au promontoire de Wilson, 572 lieues marines = 715 lieues moyennes ou 2178 kilomètres, et son plus petit diamètre, allant du golfe de Carpentarie à l'extrémité du golfe Bonaparte, 290 lieues marines = 362 lieues moyennes, ou 1611 kilomètres. A l'égard de sa surface, nous l'avons calculée de

$$\left\{ \begin{array}{l} 253200 \text{ lieues marines}\ldots.. \\ 384375 \text{ lieues moyennes}\ldots. \\ 75926 \text{ myriamètres}\ldots\ldots. \end{array} \right\} \text{ carrés.}$$

L'Europe ayant 501875 lieues moyennes carrées, l'Asie 2200000, l'Afrique 1560000, et l'Amérique 2160000 [b], il en résulte que les

Situation.
Limites.
Dimensions.
Surface.

---

[a] De 25 au degré.

[b] Pour ces trois derniers nombres, voyez Lesage, *Atlas historique*, Mappemonde. Le même auteur indique la surface de l'Europe de 500000 lieues moyennes carrées. Paucton, dans sa *Métrologie*, donne des résul- tats différens : il annonce d'abord, *pag. 469*, que les surfaces de l'Europe, de l'Afrique, de l'Asie et de l'Amérique, sont entre elles comme les nombres 1 : 4 : 5 : 7. Plus loin, *pag. 470*, il assigne à l'Europe 171834 milles (de 15 au degré) carrés ; *pag. 471*, à l'Asie

surfaces de ces continens sont dans les rapports de 3 : 4 : 17 . 12 : 17, à-peu-près.

L'ensemble des côtes de la Nouvelle-Hollande est partagé en différens espaces qui portent le nom de *Terres*, et ces divisions sont au nombre de neuf. La première vers l'E., ou la Terre Napoléon, commence à l'extrémité Sud du promontoire de Wilson et se prolonge jusqu'au cap des Adieux ; elle comprend l'île Decrès, les golfes Joséphine et Bonaparte, et une suite nombreuse d'îles, de baies et de ports du plus grand intérêt. La Terre de Nuyts, qui lui est contiguë, s'avance à l'Ouest jusqu'au cap de Nuyts. Nous n'avons exploré que la portion de son extrémité Occidentale qui avoisine le port du Roi-George. La Terre de Leuwin vient ensuite et s'étend jusqu'à la rivière des Cygnes ; la baie du Géographe, ce premier théâtre de nos travaux, en est le point le plus remarquable. Plus loin se trouve la Terre d'Édels, dont les rives sont écores et d'un abord difficile ; elle comprend les îles Louis-Napoléon et la rivière des Cygnes. La Terre d'Endracht commence à la pointe Escarpée : peu étendue en latitude, elle est cependant recommandable par les ressources qu'elle offre aux navigateurs ; la baie des Chiens-Marins, les îles Dirck-Hartighs, de Dorre et Bernier, sont intéressantes sous ce rapport. Le cap Murat est la limite extrême Septentrionale de cette Terre ; il est à-la-fois la pointe N. O. du continent et l'origine de la Terre de Witt. Cette dernière, d'un abord plus dangereux qu'aucune des précédentes, est parsemée d'une multitude d'îles et d'îlots, de bancs et de récifs, qui souvent entravent la navigation,

---

641093 milles ; *pag. 472*, à l'Afrique 531638 milles ; enfin à l'Amérique 572172. Ces nombres, réduits en lieues moyennes de France carrées, en les multipliant par le rapport $\frac{624}{773}$, donnent pour l'Europe 477317 lieues moyennes, pour l'Asie 1780815, pour l'Afrique 1476770, et pour l'Amérique 1589330, quantités qui, 1.° ne sont point dans les rapports fixés précédemment, et 2.°

diffèrent, quelquefois beaucoup, des calculs auxquels je me suis arrêté. DE BOUGE, dans son *Tableau géograph. et histor. de l'Europe*, publié en 1809 et 1810, fixe la surface de ce continent à 171396 milles (de 15 au degré) carrés = 476100 lieues moyennes carrées. LESAGE, PAUCTON, DE BOUGE et moi, nous sommes à-peu-près d'accord sur ce point.

mais qui présentent aussi quelques avantages. Le cap de Léoben la termine du côté de l'Est. De ce point jusqu'au cap Yorck, qui forme l'extrémité Nord de la Nouvelle-Hollande, on trouve les Terres d'Arnheim et de Carpentarie [a], que nous n'avons pas visitées. Du cap Yorck, en revenant au Sud par l'Est jusqu'au promontoire de Wilson, se développe la Terre de la Nouvelle-Galles. D'une navigation souvent fort dangereuse, cette partie est extrêmement riche en détails nautiques; c'est vers son extrémité Méridionale que se trouve le comté de Cumberland, où les Anglois ont établi leur colonie du port Jackson. C'est le seul point de la côte où nous ayons abordé. NOUVELLE-HOLLANDE.

On n'a point encore pénétré dans l'intérieur de la Nouvelle-Hollande. Les Anglois, à la vérité, ont fait quelques incursions du côté du port Jackson, mais elles sont peu considérables [b] et ne s'avancent pas à vingt lieues, perpendiculairement à la direction du rivage de la mer. A l'exception d'un très-petit nombre de points, situés pour la plupart sur la côte de la Nouvelle-Galles, les terres du continent sont généralement basses, sablonneuses et stériles; nulle part on ne rencontre ces fleuves majestueux qui sont le gage de la fertilité du sol et qui l'entretiennent. La rivière des Cygnes, celle de Parramatta et d'Hawkesbury, ne sont que des torrens, dans le lit desquels la mer pénètre, mais dont la source est presque à sec pendant une partie de l'année. Intérieur. Nature du sol. Rivières.

Après cet exposé préliminaire, nous allons poursuivre nos descriptions géographiques, commencées déjà dans nos deux premiers chapitres. Nous suivrons dans ce travail les divisions que nous venons d'établir.

[a] Quelques géographes placent aussi dans cet intervalle une *Terre de Diémen du Nord*: nous avons cru devoir supprimer cette dénomination, afin d'éviter les méprises et les doubles emplois de nomenclature; en cela, nous avons suivi l'exemple des hydrographes François les plus célèbres, MM. DE FLEURIEU, BUACHE et BEAUTEMPS-BEAUPRÉ.

[b] Ceci se rapporte à la fin de l'année 1802.

CHAPITRE III.

TERRE NAPOLÉON.

L'ÉTENDUE de la Terre Napoléon *(carte n.° 10)*, entre les limites fixées ci-dessus, est de près de cinq cents lieues, en suivant les sinuosités du rivage ; mais si l'on prenoit la plus courte distance entre ses deux points extrêmes, on la trouveroit seulement de deux cent quatre-vingts lieues, sur une direction sensiblement N. O. $\frac{1}{4}$ O. et S. E. $\frac{1}{4}$ E.

Nous partagerons cet espace en plusieurs parties, qui vont faire chacune l'objet d'un paragraphe.

§. 1.ᵉʳ

DEPUIS LE PROMONTOIRE DE WILSON JUSQU'AU PORT WESTERN INCLUSIVEMENT.

LA position géographique du promontoire de Wilson a été donnée dans le chapitre précédent *(pag. 93)*. Ce cap Méridional de la Nouvelle-Hollande *(carte n.° 11)* est d'un aspect agréable et pittoresque, lorsqu'on en est à bonne distance ; mais à mesure qu'on s'en approche, on s'aperçoit qu'il est absolument aride. Les rochers qui composent sa charpente sont à nu sur plusieurs points, quoique, vers l'intérieur, les terres soient passablement boisées. La direction générale de la côte jusqu'au port Western, est le N. O. $\frac{1}{4}$ O. Deux baies étendues se rencontrent dans cet espace ; la plus Orientale, nommée *baie Paterson*, a vingt milles d'ouverture. Les hautes terres du promontoire finissent à l'endroit où la côte Est de la baie commence à se diriger vers l'O. ; elles sont écores jusque-là, et ne paroissent abordables que dans une petite anse qui sert d'embouchure à un ruisseau d'eau douce. La partie la plus enfoncée de la même baie est basse et sablonneuse; elle se relève vers sa pointe Occidentale, et se termine par un brisant qui s'avance d'un mille au large.

TERRE NAPOLÉON.

La *baie de la Vénus* gît dans l'O. de la précédente, et contient une multitude d'anses plus ou moins profondes. Les terres sont de bonne hauteur aux extrémités des pointes; mais par-tout ailleurs elles sont basses et formées de dunes d'un sable blanchâtre. On distingue vers l'intérieur une chaîne de montagnes de médiocre hauteur, boisées, et se dirigeant au N. E.

Depuis la baie de la Vénus jusqu'au port Western, la côte est sablonneuse et peu fertile; on remarque par intervalles plusieurs falaises de roches, sur lesquelles la mer brise quelquefois à une assez grande distance.

La découverte du port Western *(carte n.° 12)* est due, ainsi que nous l'avons déjà fait connoître, au célèbre M. Bass; il n'en a na qu'une *esquisse à vue*, incomplète par conséquent sous beaucoup de rapports. Elle a été publiée par M. Flinders dans sa carte de 1801.

Port Western.

La beauté de ce port, son étendue et ses ressources, sa position à l'entrée d'un détroit orageux, le rendent précieux à la marine. Sa longueur totale prise du N. au S. est au moins de huit lieues, sur une largeur variable de trois à cinq.

Un bassin aussi vaste n'offriroit point aux navires un abri suffisant, si deux grandes îles n'en diminuoient la surface. La première, ou celle d'entrée, que nous avons nommée *île des Anglois*, garantit l'intérieur du port, de la houle du large. Dans l'E. et dans l'O. sont les deux issues désignées sous les noms de *passe de l'Est* et de *passe de l'Ouest*.

L'*île des François* gît vers le fond du port; elle est circonscrite, dans cette partie, par les terres continentales, et laisse entre elles

TERRE NAPOLÉON.

et ses propres rivages un espace de mer assez vaste pour recevoir les flottes les plus nombreuses, mais d'ailleurs suffisamment resserré pour n'avoir rien à redouter de l'impétuosité des vents. De cette disposition il résulte que le bassin général du port est partagé en plusieurs bassins particuliers, qui constituent eux-mêmes autant de ports commodes. Nous avons appelé *bassin de l'Ouest* celui qui est dans l'O. de l'île des François; *bassin de l'Est*, celui du côté opposé; enfin, *bassin du Sud*, celui qui est au Sud de la même île. Ce dernier est plus vaste que les deux autres; mais comme il contient aussi un plus grand nombre de bancs, l'espace où l'on peut naviguer se trouve de beaucoup restreint. Les uns et les autres peuvent offrir d'importantes ressources pour la sûreté des navires; quoique variable, le brassiage est cependant assez fort pour permettre aux plus gros vaisseaux d'y entrer avec facilité.

Île des Anglois.

L'île des Anglois peut avoir environ quatre lieues d'étendue de l'Est à l'Ouest, sur une lieue et demie du Nord au Sud. Son sol est peu élevé; et quoiqu'il soit de nature sablonneuse, les plantes y sont pressées et y végètent avec beaucoup de vigueur[a]. Dans quelques parties on rencontre un terreau profond et léger, et presque par-tout des lianes qui rendent le trajet pénible. On peut aborder facilement à la côte Nord, à celles de l'Est et du S. E. de l'île; dans l'O., une ligne de brisans et quelques îlots, et au Sud des récifs multipliés, en défendent l'approche. La pointe S. E. est entourée d'une ceinture de rochers granitiques arrondis, entassés sans régularité, et offrant dans leur composition une grande quantité de *feld-spath*.

Île des François.

Le diamètre moyen de l'île des François ne s'étend guère au-delà de huit milles. Ses bords sont presque par-tout défendus par des bancs de vase qui, parfois, rendent le débarquement difficile. Par-tout on y rencontre un terreau excellent et profond, composé de débris de végétaux et d'une terre argileuse qui contient beaucoup

---

[a] Les renseignemens suivans, relatifs au port Western, sont dus à MM. MILIUS et FAURE, mais sur-tout à M. LESCHENAULT, botaniste de l'expédition.

d'oxide

d'oxide de fer. Il paroît que cette île n'est pas constamment habitée, mais que les naturels du continent y passent quelquefois. Ceci sembleroit indiquer qu'ils ont une idée de la navigation ; nous n'avons pu apercevoir cependant aucune trace de leurs pirogues.

TERRE NAPOLÉON.

Le port Western est d'un aspect riant ; la végétation y est forte et vigoureuse. Les terres sont peu élevées ; et comme la majeure partie n'est point ordinairement habitée, les beaux massifs de verdure qui s'y rencontrent sont beaucoup moins attaqués par le feu, qu'on ne le remarque vers l'extrémité S. E. de la terre de Diémen.

On peut arriver dans le port Western, soit par la passe de l'Est, soit par celle de l'Ouest. La première cependant est difficile, et ne convient qu'à de petites embarcations ; nous pensons même qu'il seroit nécessaire dans ce cas de choisir, pour entrer, l'instant de la haute mer. La seconde est de beaucoup préférable ; elle est divisée en deux parties distinctes par une chaîne de brisans. Celle qui est la plus voisine de l'île des Anglois, la seule que nous ayons examinée, est commode, en ce qu'on a toujours la terre pour guide ; et quant au brassiage, il est assez considérable pour permettre l'entrée aux plus gros vaisseaux. Il convient de se tenir à mi-chenal, où la sonde rapporte 7, 8 et 9 brasses, fond de sable fin.

Faisant route pour donner dans le port, il faut porter petite voile et sonder souvent, afin d'éviter différens bancs de vase et de sable que la mer ne découvre qu'à la fin du jusant. L'entrée du bassin de l'Ouest est à-la-fois plus libre et plus large que celle du bassin de l'Est. En se guidant sur la sonde, on parvient aisément dans le premier : pour arriver dans le second, il convient de ne pas se rapprocher trop des îlots que l'on rencontre sur tribord ; la route à tenir est de ranger à petite distance, c'est-à-dire, à $\frac{1}{4}$ ou $\frac{2}{4}$ d'encablure, la côte Orientale de l'île des François, en ayant le cap au N. $\frac{1}{4}$ N. O. jusqu'à ce qu'on ait dépassé les îlots ; après quoi l'on viendra au N. E. pour trouver le chenal.

Le bassin de l'Ouest nous a paru préférable à celui de l'Est, parce

114 VOYAGE AUX TERRES AUSTRALES,

TERRE NAPOLÉON.
Productions.

que le fond y est plus net; l'un et l'autre cependant pourroient recevoir une quantité immense de vaisseaux.

Les navigateurs qui viendront relâcher au port Western, y trouveront en abondance de quoi renouveler leur provision de bois. A l'égard de l'eau douce, quoiqu'on en rencontre sur plusieurs points, elle n'est nulle part très-abondante. Les aiguades que nous avons aperçues, gisent l'une dans la partie S. E. de l'île des Anglois, et l'autre sur l'île des François, un peu au Nord de l'entrée du bassin de l'Est. Il en existe, dit-on, une troisième, découverte par M. BASS, mais nous ne l'avons pas examinée.

Le seul végétal propre à la nourriture qui ait été recueilli par nos matelots, est une espèce d'oseille sauvage, aussi agréable que salutaire.

Le règne animal nous a fourni quelques oiseaux, et quantité de poissons. Parmi les premiers, on remarque d'abord un grand nombre de cygnes noirs, des mouettes, goëlands, sarcelles, cormorans, cigognes, huîtriers, courlis et de gros pélicans; ensuite plusieurs sortes de perroquets, beaucoup de corbeaux, et la même espèce de caille que l'on trouve aussi sur la terre de Diémen.

A l'égard des poissons, quelques espèces sont précieuses par leurs grandes dimensions et par le goût exquis de leur chair. Nous en avons fait une abondante provision; mais nous n'avons pas été si heureux pour les coquillages, qui sont ici en général fort rares.

Espèce humaine.

Les habitans nous ont paru peu nombreux, et leur timidité plus grande encore que celle des naturels du canal Dentrecasteaux.

Observations astronomiques et physiques.

Les circonstances n'ayant point permis à MM. MILIUS et FAURE de faire des observations astronomiques dans le port Western, la position de ce havre important n'a pu être déterminée que par suite des relèvemens faits à la mer, à bord de nos corvettes. C'est ainsi que nous avons fixé la pointe S. E. de l'île des Anglois, par 38° 39′ 34″ de latitude Sud et 143° 7′ 17″ de longitude Orientale.

« L'établissement du port dans l'intérieur des bassins de l'Ouest

LIVRE II. Descriptions géogr. et nautiques. 115

et de l'Est, dit M. Milius, est à 8ʰ 30'. Le courant parcourt depuis un jusqu'à deux milles par heure. L'eau s'élève de 6 à 7 pieds dans les marées ordinaires ; mais je crois que dans quelques circonstances elle peut monter d'une douzaine de pieds. Dans la passe de l'Est, l'établissement diffère beaucoup de celui de l'intérieur du port ; j'y ai observé la pleine mer à 11ʰ ½, un jour avant le premier quartier de la lune, ce qui donne pour l'heure du port 7ʰ 0'. »

§. 2.

Depuis le port Western jusqu'à la presqu'île Fleurieu.

Nous venons de vanter la beauté du port Western ; mais celui que l'on rencontre à peu de distance vers l'O. *(carte n.° 11)*, ne paroît pas moins recommandable, tant par son étendue que par sa commodité. Nous en avons observé l'entrée le 30 mars 1802, sans toutefois pénétrer dans son intérieur. Les Anglois, qui l'ont examiné avec détails (voyez *cartes n.ᵒˢ 6 et 10*), lui ont donné le nom de *port Phillip*, en l'honneur du premier gouverneur de la colonie du port Jackson.

Ce port remarquable est situé dans le fond et au N. E. d'une baie de dix à douze lieues d'ouverture, nommée par nous *baie Talleyrand*. La partie N. de cette baie est tellement basse, qu'on ne peut bien la distinguer que lorsqu'on en est à très-petite distance. Vers l'intérieur, on voit de hautes montagnes ; elles se rapprochent du rivage à la hauteur du *cap Suffren* ; et de ce point jusqu'au *cap Marengo*, la côte, plus élevée encore, est d'un aspect riant et fertile. Nous n'avons aperçu aucun danger qui ne fût près du rivage et très-apparent.

Au *cap Desaix*, les terres changent tout-à-coup d'aspect et de direction ; elles prennent leur cours à l'O. N. O., et souvent s'abaissent à tel point, que la mer y forme des marais ou des lagons étendus *(carte n.° 13)*, qu'il nous a été facile d'apercevoir du haut

*P 2

des barres de perroquet. Le caractère d'une stérilité profonde est empreint sur toute cette côte, d'ailleurs par-tout écore et taillée à pic. Quelques grandes taches blanches que l'on distingue en différens endroits, pourroient servir de points de reconnoissance. De hautes terres se voient dans l'intérieur.

Un énorme rocher détaché et qui se trouve à moitié de la distance entre l'*île Latreille* et le *cap du Mont-Tabor*, par les 140° 30′ de longitude, affecte la forme la plus singulière ; il représente un pont naturel de deux arches, ayant de 130 à 150 pieds d'ouverture sur 60 à 80 pieds de hauteur. Un rocher saillant et plus petit forme en avant du premier une espèce d'éperon, tandis que le dessus de la roche principale, qui est légèrement convexe à sa partie moyenne et plan dans toute son étendue, figure assez bien une enclume de maréchal.

Tout l'espace compris entre l'île Latreille et le cap du Mont-Tabor, si l'on en excepte peut-être quelques très-petites anses sablonneuses, est inabordable ; par-tout la mer brise avec force, et les récifs se prolongent même parfois à plusieurs encablures au large : cependant on peut, en général, suivre le rivage de fort près, l'eau étant très-profonde sur ses bords.

L'*île Fourcroy*, voisine du *cap Réaumur*, est basse, aride et taillée à pic ; je crois qu'il y a bon passage entre elle et le continent. A l'extrémité S. O. de la *baie Tourville* est l'*île du Dragon*, ainsi nommée de sa forme bizarre. Le canal qui la sépare de la grande terre nous a paru sûr et facile, quoique étroit. Cette île n'est au reste qu'un rocher aride, près duquel il s'en trouve deux autres qui semblent être joints au premier par des roches sous-marines.

Entre la baie Tourville et la *baie Descartes*, la côte fait une saillie assez prononcée, dont les pointes les plus au large ont été désignées sous les noms de *cap Montaigne* et de *cap Duquesne*. Cet espace de terre est passablement élevé, comparativement au reste ; on y voit aussi quelques arbres. La baie Descartes elle-même est

LIVRE II. *Descriptions géogr. et nautiques.* 117

basse, sablonneuse et stérile, et cette constitution continue jusqu'au *cap Boufflers*. A ce point on distingue plusieurs montagnes et quelques pitons, dont le plus remarquable a reçu le nom de *Mont-Saint-Bernard*. Les *Charpentiers*, énorme chaîne de brisans, se prolongent depuis le milieu de l'espace qui sépare le cap du Mont-Saint-Bernard d'avec le cap Boufflers, jusqu'à ce dernier cap. Nous avons rangé ces récifs à un ou deux milles de distance, et nous avons trouvé par-tout une eau très-profonde.

TERRE NAPOLÉON.

Du cap Boufflers au *cap Lannes*, les terres sont encore plus basses et tout aussi stériles que les précédentes. Le récif qui gît dans l'O. et à sept milles du *cap Buffon*, est dangereux, parce qu'il est séparé de la côte; il nous a paru formé d'un banc de sable.

Nous ne sommes pas entrés dans la *baie de Rivoli;* mais diverses coupures que nous avons remarquées, ont dû nous faire soupçonner que cet enfoncement s'étendoit dans l'intérieur au-delà des limites que nous pouvions apercevoir. Un brisant est près du *cap de Jaffa*, qui forme l'extrémité Occidentale de la baie, et qui paroît d'un abord dangereux. Du cap de Jaffa au *cap Bernouilli*, même stérilité, même aspect déprimé et sablonneux du sol; le rivage est aussi défendu sur plusieurs points par des rochers et par des récifs.

La côte, depuis le *cap Bélidor* jusqu'au *cap Dombey*, à l'extrémité Sud de la *baie de Guichen*, s'étend du S. E. au N. O.; de ce dernier point au cap Bernouilli, elle se dirige au Nord. La baie de Guichen est dans l'intervalle; sa largeur est de dix lieues. Plusieurs anses profondes se rencontrent dans son contour; mais il ne paroît pas qu'aucune soit propre au mouillage : toutefois on ne pourroit tenter d'y jeter l'ancre qu'avec des vents de terre. On voit au milieu de la baie un groupe de rochers sur lesquels la mer déferle avec furie, sur-tout lorsque les vents soufflent du large.

Le cap Bernouilli est saillant, aigu et coupé à pic; sa position géographique est par 37° 0′ 9″ de latitude Sud, et 137° 22′ 35″ de longitude Orientale. Au large, quelques roches s'élèvent au-dessus de

TERRE NAPOLÉON.

l'eau; l'une d'elles est remarquable par une échancrure ressemblant à une embrasure de canon.

Au Nord du cap Bernouilli, les terres se renfoncent vers l'Est pour former la *baie Lacépède*, qui n'a pas moins de dix-sept milles d'ouverture, et qui se termine au *cap Morard-de-Galles*.

De ce dernier cap, en s'avançant jusqu'à la hauteur du *cap Fermat*, la côte suit assez uniformément la direction du N. N. O.; elle est basse, sablonneuse, et n'inspire que la tristesse; la mer brise partout le long du rivage. Du haut des mâts, on aperçoit dans l'intérieur, aussi loin que la vue peut s'étendre, une stérilité complète; ce ne sont que sables dépourvus de toute espèce de végétation. A une lieue et demie du rivage et par 36° 25′ de latitude, à-peu-près, il existe un très-fort brisant environné d'une batture qui paroît se prolonger jusqu'à terre.

Le même caractère de monotonie et de stérilité se reproduit jusqu'au *cap Villars*; de ce point, jusqu'au *cap Cretet*, la côte est un peu moins déprimée. Deux baies assez profondes se rencontrent dans cet espace : la plus Orientale a été nommée *baie Mollien*; et la seconde, *baie Cretet*. Nous ne sommes entrés ni dans l'une ni dans l'autre.

Les terres qui appartiennent à la presqu'île Fleurieu sont passablement hautes; la partie Orientale et celle du Sud, jusqu'au *cap Dupleix*, contiennent diverses coupures qui paroissent formées par des torrens. Tous étoient à sec, lorsque nous passâmes devant cette côte, en avril 1802. La végétation y étoit très-languissante; à peine apercevoit-on, sur le revers des hautes collines qui viennent aboutir à la mer, quelques arbustes ou quelques arbrisseaux rabougris; nulle part il n'y avoit de grands arbres, et tout l'espace que nous avons pu distinguer dans l'intérieur du pays, affectoit la même stérilité.

Situ... près du cap de ce nom, les *îlots Decaën* sont tellement rapproché... e terre, qu'il n'est possible de les distinguer que lorsqu'on en est à très-petite distance. Si l'on étoit pris de calme dans ce parages, on pourroit jeter l'ancre dans leur voisinage par les 24 ou 21 brasses, fond de sable très-propre au mouillage; avantage assez rare sur toute la portion de côte que nous venons de décrire.

Les hautes terres au Sud de la presqu'île Fleurieu ne sont pas d'un aspect désagréable; elles se terminent à pic à la mer, et sont inabordables. On y trouve cependant, parfois, de petites anses sablonneuses; mais la houle du large y apportant sans cesse des flots agités, il seroit impossible d'y opérer un débarquement.

Le *cap d'Alembert* forme l'extrémité la plus Occidentale de la presqu'île qui nous occupe; sa position géographique est par 35° 31' 51" de latitude Méridionale, et 135° 39' 33" de longitude Orientale. Au S. et au S. O. de ce point, se trouve la grande île Decrès, qui va faire le sujet du paragraphe suivant.

§. 3.

ILE DECRÈS.

L'ÎLE Decrès *(carte n.° 15)* est située entre les parallèles de 35° 32' 48" et 36° 4' 23" Sud, et les méridiens de 134° 14' 38" et 135° 50' 34" à l'Orient de Paris. Placée à l'entrée du golfe Joséphine, elle est séparée des terres de la Nouvelle-Hollande par le *détroit de Lacépède* et par celui *de Colbert*.

La longueur de cette île, prise de l'E. à l'O., est de vingt-six lieues; sa plus grande largeur de onze, et le contour de ses côtes de soixante-seize. J'ai évalué sa surface à cent trente-neuf lieues marines carrées, équivalentes à quarante-trois myriamètres carrés à très-peu près. Sa moindre distance du continent est de neuf milles. C'est la largeur du détroit de Colbert, prise au point le plus resserré et à-peu-près par le travers des *îlots Bourdet*, qui gisent au milieu de ce détroit.

Quoique en général assez élevée, si on la compare aux terres continentales déjà décrites, l'île Decrès ne présente cependant aucune espèce de montagne. Son sol est composé de collines de différentes hauteurs dont les sommets sont presque par-tout uniformes. A quelques exceptions près, que nous ferons bientôt connoître, les bords en sont taillés à pic et s'élèvent du sein des eaux comme d'immenses remparts. Les couleurs en sont tristes et sombres, variant tour à tour dans leur intensité.

La pointe la plus Orientale de l'île, désignée sur nos cartes sous le nom de *cap Sané*, se termine à la mer par une pente qui n'est pas extrêmement rapide. De ce cap jusqu'à la *baie d'Estrées*, le terrain est de nature sablonneuse et entièrement dépouillé d'arbres; on n'y voit de loin en loin que quelques touffes de bruyères ou d'arbustes peu élevés. Le sol de la baie d'Estrées n'est pas de meilleure qualité; mais la côte est beaucoup plus basse, sur-tout dans sa partie Occidentale; elle se relève à la hauteur du *cap Linois*, pour se rabaisser ensuite au-delà du *cap Gantheaume*, qui est le plus Méridional de l'île. La *baie Vivonne* paroît être obstruée par des récifs et n'offrir aucune ressource à la navigation; le *cap Kersaint* la termine vers l'O.; et de là jusqu'au cap *Du-Couëdic*, la terre est écore, escarpée, de hauteur uniforme et d'un aspect peu fertile.

Deux récifs se trouvent dans le S. de l'île Decrès: le premier gît au S. E. du cap Gantheaume, et le second dans le S. E. du cap Du-Couëdic; ils consistent, l'un et l'autre, en un plateau de roche à fleur d'eau, sur lequel la mer déferle avec fureur. Il y a bon passage entre la terre et eux; la sonde n'y apporte pas moins de 32 brasses.

Auprès du cap Du-Couëdic, se rencontre un autre brisant qui s'avance d'environ deux milles au large, et trois petits îlots stériles nommés *îlots du Casuarina*.

Ici la côte change brusquement de direction; elle court au N. O. jusqu'au *cap Bedout*, en avant duquel il y a aussi un brisant et un îlot stérile.

Du

Du cap Bedout au *cap Borda*, la côte court sensiblement N. et S. Les terres n'offrent qu'un plateau de collines uniformes, où l'on distingue quelques foibles traces de végétation, mais aucun arbre proprement dit. Trois milles environ au S. du cap Borda, une ravine large et profonde, laisse apercevoir dans l'intérieur quelques collines assez bien boisées; nous l'avons nommée *ravine des Casoars*.

La partie Nord de l'île Decrès s'étend du cap Borda au *cap Vendôme*, en suivant une direction générale E. N. E. D'une constitution analogue à la côte Sud de l'île, ses rivages sont nus et dépouillés. On remarque quelques anses sablonneuses dans le voisinage de ce dernier cap, et je crois qu'on pourroit y trouver de fort bons mouillages. La sonde, à un mille de terre, rapporte de 20 à 23 brasses fond de sable.

Le cap Vendôme est le plus Septentrional de l'île Decrès; il forme aussi l'extrémité Occidentale de la grande baie Bougainville, terminée vers l'E. par le cap Delambre. Cette baie, de dix-sept milles d'ouverture sur environ neuf milles de profondeur, est découpée en plusieurs anses plus ou moins commodes: la première en venant de l'O. a été désignée sous le nom d'anse des Hauts-Fonds; une île sablonneuse, obstruée par un grand nombre de bancs de sable et de vase, est à son entrée. M. RANSONNET a fait la reconnoissance de cette partie de la côte; il a trouvé que cet enfoncement, qui se termine par un lagon marécageux, étoit absolument impraticable pour les plus petites embarcations. « Ce lagon, dit-il, va se perdre au loin dans des marécages entourés d'une lisière d'arbres élevés, qui forment une sorte de palissade touffue et circulaire. Une multitude d'arbrisseaux et de broussailles rendent, sur ce point, le trajet à pied fort difficile. »

Les terres qui terminent l'anse des Hauts-Fonds, s'élèvent par une pente graduelle, et forment à peu de distance du rivage une chaîne de collines qui entoure la côte. La plage est couverte de débris de coquilles, et l'on aperçoit, en quelques endroits, des mâchoires et des têtes de marsouins et de phoques que la mer y a déposées.

Quoique le pays soit ici bien boisé, nous n'y avons vu aucune trace d'eau douce; il est probable cependant qu'on s'en procureroit en creusant des puits, même peu profonds.

L'anse des Phoques est assez vaste; le brassiage toutefois y est si foible, qu'elle ne pourroit pas recevoir des embarcations qui caleroient au-delà d'une brasse ou une brasse et demie. Vers son extrémité Sud-Est, l'eau est beaucoup plus profonde; mais ce mouillage n'offre aucun abri.

Le lieu le plus convenable pour mettre à l'ancre est dans l'anse comprise entre le *cap des Kanguroos* et le cap Delambre; c'est la partie Orientale de la baie Bougainville. La sonde y rapporte depuis 4 jusqu'à 9 brasses d'eau, fond de sable; mais si l'on pénétroit à l'extrémité Sud de cette anse, on n'auroit bientôt qu'un brassiage de $2\frac{1}{2}$ à 3 brasses.

Le port Daché n'est qu'un lagon rempli de bancs; les navires qui ne tireroient pas plus de 2 brasses, y entreroient cependant sans difficultés; ils y trouveroient l'abri le plus salutaire, le plus commode et le plus complet.

« Les rivages de la baie Bougainville, dit le savant historien de
» notre Voyage, sont formés de collines peu élevées; mais la ver-
» dure qui les couvre, et les forêts dont les sommités se montrent
» sur divers points, présentent un aspect riant et fort agréable.
» Toute la partie Occidentale de la baie est composée principa-
» lement d'un grès ferrugineux rouge et très-dur: c'est à cette
» roche singulière que le cap des Kanguroos, celui *du Géographe*,
» le *cap Rouge* et le cap Vendôme doivent la teinte rougeâtre et
» sombre qui les fait distinguer de loin.

» Le sable du rivage est très-fin, de nature quartzeuse, mélangé
» d'environ une cinquième partie de terre calcaire fortement atté-
» nuée. Ce sable, repoussé du bord de la mer par les vents et par

LIVRE II. Descriptions géogr. et nautiques.

» les eaux, s'élève sur une grande partie du rivage en dunes de
» 60 à 80 pieds de hauteur. » Mais son effet le plus remarquable
est d'envelopper le tronc et même jusqu'aux branches des arbres
voisins, et d'en faire ainsi, en fort peu de temps, des pétrifications
aussi curieuses que singulières. *(Voy.* les développemens intéressans
donnés à ce sujet, *Voyage aux Terres Austr.*, tom. *II*, pag. *75 et
168—172.)*

Nulle part sur l'île Decrès, nous n'avons aperçu de ruisseaux,
ou seulement de sources vives, et toutes nos observations tendent
à nous confirmer qu'il n'en existe sur aucun point. Il est vrai que
nous avons fait cette recherche dans la saison la plus chaude de
l'année, le mois de janvier. Malgré cette disette apparente, nous
sommes parvenus à nous procurer quelques barriques d'eau assez
bonne, en creusant des puits dans une petite anse qui gît à l'O. du
cap Delambre, et que, pour cette raison, nous avons nommée *anse
des Sources.*

« Dans le fond de la baie, on rencontre des forêts qui paroissent
se prolonger assez loin vers l'intérieur. Elles se composent, comme
toutes celles de ces régions lointaines, de diverses espèces d'eucalyptus, de banksia, de casuarina, &c. Parmi ces arbres, sur-tout
parmi les plus gros, il en est un grand nombre qui sont si complétement gâtés à l'intérieur, qu'ils ne sauroient être employés à
aucune sorte d'usage. » *(Journal de M. Péron.)*

Malgré ces inconvéniens, on peut trouver des bois propres à
l'architecture navale; mais ils sont de petites dimensions. M. Ronsard y recueillit une grande partie de celui dont il fit usage pour
la construction de la chaloupe du *Géographe. (Itinéraire, pag. 18.)*

Les kanguroos sont en troupes nombreuses sur l'île Decrès;
nous en avons vu de deux espèces, dont une est de la hauteur d'un
homme. La chasse que nous avons faite de ces quadrupèdes a toujours été fort productive, et nous a fourni un aliment aussi agréable
qu'abondant.

TERRE NAPOLÉON.

Productions.

On pourroit établir avec avantage une pêche de phoques dans ces parages. La multiplication de ces amphibies est considérable, et l'on en rencontre de plusieurs espèces.

Parmi les oiseaux de terre, le casoar doit être cité en première ligne, tant à cause de son utilité pour la nourriture des équipages, que de sa taille et du nombre prodigieux d'individus qui se trouvent sur l'île Decrès. Les bois sont également remplis de cacatoës, de mésanges, de bouvreuils de pigeons aux ailes dorées &c. &c.

A l'égard des oiseaux pélagiens et de rivage, ils se composent de pélicans, de mauves, de sarcelles, d'huîtriers, &c.

La baie Bougainville nous a fourni peu de poisson bon à manger; circonstance que l'on doit attribuer sans doute à l'énorme quantité de requins qui pullulent dans son sein. Plusieurs de ces monstres ont des dimensions prodigieuses; nous en avons pris un qui ne pesoit pas moins de douze cents livres [587 kilogrammes]; mais on en voyoit dans la mer de beaucoup plus gros.

A l'entrée du port Daché, nous avons rencontré une grande espèce d'huître, qui forme sur ce point des bancs très-étendus. La chair en est tendre et délicate.

« Vers le fond de l'anse Orientale de la baie Bougainville, dit M. PÉRON, se trouvent des espèces de prairies couvertes d'algues et d'ulvas, au milieu desquelles vivent enfouis dans la vase et dans les sables des *pinnes marines* ou *jambonneaux* : ces coquillages fournissent une soie comparable, sous tous les rapports, à celle qu'on obtient d'animaux analogues le long des côtes de la Calabre et de la Sicile ; mais les jambonneaux européens n'habitant qu'à une profondeur de 30 à 40 pieds, la pêche en est difficile ; au lieu que ceux de l'île Decrès sont à peine couverts de 25 à 30 pouces d'eau. On pourroit aisément en ramasser des milliers dans quelques heures. »

Espèce humaine. Pendant notre séjour dans la baie Bougainville et notre navigation autour de l'île, nous n'avons vu aucun signe de l'existence

LIVRE II. Descriptions géogr. et nautiques. 125

de l'espèce humaine dans ces parages. M. Ransonnet, lors de son exploration de l'anse des Hauts-Fonds et de l'anse des Phoques, remarqua dans les bois, et quelquefois aussi sur les bords de la mer, des arbres dont le tronc avoit été entamé par le feu. Pourroit-on conclure de là que les sauvages du continent viennent à de certaines époques sur l'île qui nous occupe? C'est ce que nous ne nous permettrons point de décider.

Terre Napoléon.

Les vents dominans à l'île Decrès, pendant le mois de janvier 1803, ont été ceux du N. au S. par l'E.; ils nous ont presque toujours procuré du beau temps. Ceux de la partie de l'O., au contraire, étoient souvent accompagnés d'orages. Nous avions fait déjà des remarques du même genre, lors de notre première campagne sur ces bords, en avril 1802.

Observations physiques et astronomiques.

Le terme moyen de nos observations thermométriques a été pour midi de $+17^d,3$. Les vents du N. E., du N. N. E. et de l'E. N. E. ont toujours été accompagnés d'une plus forte chaleur, que nos physiciens ont attribuée au passage de ces mêmes vents sur les sables brûlans de la Nouvelle-Hollande.

« L'atmosphère, sur les côtes arides et déprimées de l'île Decrès, s'est montrée presque toujours d'une sérénité parfaite; à peine, dans l'espace de vingt jours, avons-nous eu quelques instants d'une pluie légère: le 15 janvier 1803, un foible orage qui nous arrivoit de l'O., fut dissipé aussitôt, pour ainsi dire, qu'il eut touché les rivages de l'île. La marche de l'hygromètre fut conforme à l'état de l'atmosphère, et les variations de cet instrument comprises entre 68 et 94^d. Nous donnerons pour terme moyen $82^d,05$; mais de tous les résultats que nous obtînmes en ce genre, le plus précieux, sans doute, fut la marche rapide de l'aiguille vers la sécheresse, au moment où les vents du N. E. souffloient avec force; de 94^d elle rétrograda jusqu'à 68^d.

« Que si l'on veut maintenant comparer ces résultats de nos recherches météorologiques sur l'île Decrès, avec ceux du même

genre que nous avons obtenus sur l'île King quinze jours auparavant, on trouve que le thermomètre s'est élevé beaucoup plus haut sur la première de ces îles que sur la dernière ; que le terme moyen de la chaleur, qui n'avoit été que de 14^d dans la baie des Éléphans, est de 17^d,3 pour l'île Decrès ; et que celui de l'humidité est, à ce dernier point, de 18^d,28 moindre que sur l'île King. Sans doute de telles différences ne sauroient dépendre de la position de deux endroits si voisins ; mais on en trouve la cause réelle dans la constitution opposée des deux îles que je compare. »
(Journal de M. PÉRON.)

La latitude de notre observatoire, conclue de dix observations de la hauteur méridienne du soleil, a été trouvée par M. BERNIER, de 35° 43' 28" Sud : 144 distances lunaires Orientales, et 108 distances Occidentales, lui avoient donné pour la longitude du même point 135° 46' 44" ; mais après avoir corrigé ces observations des erreurs des tables de la lune, elle a été réduite à 135° 33' 13" à l'E. de Paris.

Nous avons eu les résultats suivans pour l'inclinaison de l'aiguille aimantée :

$$\text{Inclinaison...Aiguille} \begin{cases} \text{N.° 2.} \begin{cases} 62° \ 45' \\ 63. \ \ 3. \end{cases} \text{moyenne } 62° \ 54'. \\ \text{N.° 3.} \begin{cases} 66. \ 30. \\ 67. \ \ 0. \end{cases} \text{moyenne } 66. \ 45. \\ \text{N.° 4.} \begin{cases} 66. \ 30. \\ 66. \ 20. \end{cases} \text{moyenne } 66. \ 25. \end{cases} \text{janvier 1803.}$$

Inclinaison moyenne,....................... 65° 21' 20".

Les observations de la déclinaison de la boussole, ont donné quelquefois à M. H. FREYCINET, des quantités assez différentes entre elles :

LIVRE II. Descriptions géogr. et nautiques.   127

Observations de 1803 faites à bord dans la baie Bougainville..
- par une première observation...... 3° 40' 46" N. O.
- par une seconde............. 2. 15. 40. N. O.
- par une troisième............ 0. 45. 0. N. E.
- dont la moyenne est .... 1° 43' 49" N. O.

TERRE NAPOLÉON.

Ces résultats me paroissent d'autant plus étonnans, qu'ils s'accordent moins avec ceux qui avoient été obtenus en 1802 dans le voisinage de la même île; nous avions eu en effet le 10 avril.
.... 3° 59' N. E.
et le 12 suivant...................... 4. 23. N. E.

dont la moyenne.................... 4° 11' N. E.
diffère beaucoup de la précédente : mais comme cette dernière est beaucoup mieux en rapport avec celles des jours qui l'avoisinent, nous l'adopterons de préférence pour la déclinaison de la boussole, dans la baie Bougainville, à l'époque de notre séjour.

Pour terminer ce que nous avons à dire sur l'île Decrès, il ne nous reste qu'à parler de la partie Nord-Est de la *presqu'île de la Galissonnière*, qui s'étend du cap Delambre au cap Sané, le plus Oriental de l'île. Nous avons déjà dit que l'on devoit y remarquer l'anse des Sources ; à quelque distance dans l'E. se trouve la *baie Du-Guai-Trouin*, qui nous a paru offrir un bon mouillage, mais dont nous n'avons point fait un examen particulier. Dans la nuit du 10 au 11 avril 1802, *le Géographe* laissa tomber l'ancre près de la pointe Occidentale de cette baie ; il n'y resta que peu d'instans.

Du cap Delambre au cap Sané.

§. 4.

GOLFES DE LA TERRE NAPOLÉON.

Les golfes de la Terre Napoléon sont au nombre de deux : le plus Oriental a été nommé *golfe Joséphine*; son étendue en latitude est d'environ vingt-quatre lieues, sa plus grande largeur de huit à dix seulement.

A peu de distance et dans le Nord du *cap d'Alembert*, la terre prend brusquement sa direction à l'E., et forme la *baie Hortense*, dont le *cap Lætitia* est l'extrémité Septentrionale. Sans être montueux, le rivage est ici passablement élevé; on n'y voit par-tout qu'un sol aride, couvert d'herbes desséchées et de quelques arbres languissans; de larges sillons se font remarquer sur le revers des coteaux; on n'y aperçoit d'ailleurs aucune trace d'eau douce. Du cap Lætitia la côte s'avance droit au N., pour s'incliner ensuite vers l'O.; elle est coupée à pic, depuis le *cap Sévigné* jusqu'au *cap Stéphanie*; de là au *cap Lafayette*, on la voit basse, sablonneuse et couverte de petits arbres; on lui retrouve le même aspect jusqu'à la *pointe Victorine*, près de laquelle les terres paroissent marécageuses. De hautes collines s'aperçoivent dans l'intérieur. Une multitude de bancs sous l'eau et hors de l'eau, forment à cette hauteur une ceinture étendue qui défend l'approche du rivage; en s'avançant au large, le brassiage augmente avec rapidité.

Après le *cap Deshoulières*, la côte devient d'une hauteur moyenne; elle se contourne à l'O., forme la *baie Caroline*, qui est la partie la plus Septentrionale du golfe, et de là prend sa direction au Sud, en tirant vers l'O., jusqu'à l'extrémité Méridionale de ce grand enfoncement.

Nous avons rangé à moins d'un mille de distance, et par les 4 brasses d'eau, la *pointe Dorothée*, qui est basse et saillante. De ce point jusqu'au *cap Amélie*, on voit des terres d'une médiocre élévation, et l'on y distingue par intervalles des falaises de roches rougeâtres, et des ravines profondes, creusées sans doute par les eaux pluviales. Le sol, peu fertile dans cette partie, n'est pas entièrement dénué de végétation. La côte est fort saine et peut être approchée à un jet de pierre de distance; on ne trouve pas moins de 9 brasses d'eau à la hauteur de la *pointe Pauline* et sur la rive opposée.

Du

LIVRE II. DESCRIPTIONS GÉOGR. ET NAUTIQUES. 129

Du cap Amélie au *cap Éliza*, même constitution dans les terres; avec cette différence essentielle cependant que les rivages en sont défendus par divers bancs de sable, d'autant plus dangereux qu'ils s'avancent davantage au large; quelques-uns sont hors de l'eau. Le plus étendu est en face du *cap la Rochefoucauld*; son extrémité Nord est à sec; l'extrémité opposée, quoique moins élevée, donne cependant naissance à un large brisant. Je voulus essayer de passer avec *le Casuarina* entre cette batture et le cap qui l'avoisine; mais la sonde ne me rapportant plus que 2 brasses, et le vent étant peu maniable d'ailleurs, je fus obligé de revenir sur mes pas.

TERRE NAPOLÉON.

Nous n'avons vu aucun danger au milieu du golfe Joséphine; la sonde y rapporte presque constamment fond de sable, et depuis 20 jusqu'à 27 brasses d'eau.

Le cap Éliza est plus élevé que le reste du rivage; il forme l'extrémité S. O. du golfe. De ce point jusqu'au *cap Berthier*, la côte se dirige de l'E. à l'O. Elle est basse, peu sinueuse, et n'est composée que de dunes dépourvues de végétation.

Côte S. de la presqu'île Cambacérès.

Un banc assez étendu se fait remarquer près de la *pointe d'Aguesseau*; il s'avance fort au large. Je m'en suis approché jusque par les 3 brasses d'eau. *Le Casuarina*, qui mouilla dans le voisinage pour étaler la marée contraire [le 18 janvier 1803], eut son câble coupé par le fond, malgré que la sonde eût indiqué un sable très-pur. Il paroîtroit constant, d'après cela, que le fond participe ici de la nature de celui que nous avons observé à l'île King *(ch. II, pag. 98)*.

A peu de distance dans le S. et vers l'E. du cap Berthier, on distingue la *pointe Mornay*, située au Sud de la *presqu'île Cambacérès*; elle est entourée d'un brisant redoutable.

Entre les côtes que nous venons d'examiner et la partie Nord de l'île Decrès, se trouve le détroit de Lacepède; il a dix-neuf milles de largeur sur une longueur de trente-six milles. Les îles Vauban gisent à son extrémité N. O.: ce groupe, composé d'une île principale très-élevée, nommée *île Laubadère*, et de trois îlots, tous

Détroit de Lacepède.

R

également rocailleux, noirâtres et stériles, est voisin de la pointe Mornay. Le canal qui existe dans l'E. de l'île Laubadère, a une lieue de largeur; il est praticable pour les plus gros navires.

L'étendue du golfe Bonaparte, dans le sens de sa longueur, n'a pas moins de soixante lieues; quoique légèrement sinueuse, sa direction générale s'incline du N. N. E. au S. S. O. Sa largeur, prise par le travers du port Champagny, est de vingt lieues, et de dix seulement près de son embouchure. Cette dernière dimension est diminuée encore par la présence des îles Berthier, qui gisent à-peu-près au milieu de l'entrée du golfe. Par le travers du *cap Condorcet* et du *cap Condillac*, sa largeur n'est plus que de seize lieues; elle est beaucoup moindre encore au-delà de la *baie Turenne*.

Les circonstances ne nous ont pas permis d'examiner dans tous ses détails la partie Sud-Est du golfe Bonaparte, et notamment l'intervalle compris entre le cap Berthier et la *baie Duguesclin*, qui n'a été vu que du haut des mâts: les terres y sont basses, tantôt formées par des dunes, et quelquefois par des falaises coupées à pic, où l'on distingue plusieurs crevasses. Cette côte est empreinte d'un caractère presque absolu de stérilité; mais en approchant du *cap Sully*, on découvre quelques monticules assez bien boisés.

L'*île Dalberg* n'est qu'un plateau de roches stériles, gisant parallèlement aux terres continentales, et défendu au Nord par un fort brisant.

En face de la baie Duguesclin on trouve le *récif du Géographe*, qui paroît n'être formé que par la sommité d'un banc de sable; on peut en passer, soit dans l'E., soit dans l'O., par un bon brassiage; mais la dernière passe, comme plus large, doit être préférée.

La baie Duguesclin, de deux lieues d'ouverture, est défendue par un banc de sable, où la sonde ne rapporte que de 4 à 3 et 2 brasses d'eau. Les terres qui la bordent sont de moyenne élévation; on y voit des falaises de roches et quelques bouquets d'arbres. Le *cap Mondovi*, au N. duquel se trouve l'*îlot Dugommier*, sépare cette dernière baie de la *baie Pascal*. Tout aussi peu commode pour la navigation, quoique d'une plus grande largeur, la baie Pascal n'a pas un aspect de fertilité bien remarquable; toutefois le piton qui est dans le N. E. du cap Condorcet, pourroit donner naissance à quelque ruisseau; nous n'avons pu vérifier nos présomptions à cet égard.

Depuis la baie Duguesclin jusqu'au *cap Fléchier*, la côte s'étend au N. E. ¼ N.; elle s'incline au N. N. O. pour revenir ensuite à l'E. N. E., et former les contours de la baie Turenne. De vastes bancs de sable à fleur d'eau et assez écores, placés entre la *pointe Fénélon* et la *pointe Bossuet*, défendent l'approche des terres auxquelles ils sont joints. Le rivage est très-bas dans cette partie; mais à quelque distance dans l'intérieur, nous avons aperçu une terre haute dont nous n'avons pu fixer l'étendue vers le Sud, mais qui, vers le Nord, nous a paru s'étendre indéfiniment. Cette chaîne de montagnes se rapproche des bords de la mer, dans le fond de la baie Turenne, en suivant toujours la direction du méridien.

A la hauteur de la *pointe Bayard*, les deux rives du golfe sont très-rapprochées, et suivent une direction sensiblement parallèle; leur éloignement n'est guère de plus de deux lieues. La pointe Bayard est basse, ainsi que la côte qui est au-delà; mais les hautes terres sur le second plan sont peu éloignées. Au *cap Bernadotte*, elles tombent à pic dans la mer, et l'on retrouve le même caractère d'escarpement sur la bande opposée dans le voisinage du *cap Racine*. La multitude de bancs hors de l'eau qui sont vers cette extrémité du golfe, nous a empêchés de nous avancer plus au Nord. Au point où nous nous sommes arrêtés, notre vue étoit bornée par une terre basse mal terminée, où se trouve peut-être l'embouchure de quelques ruisseaux. Quoi qu'il en soit, les courans très-foibles que l'on y observe, nous ont mis en droit de penser que ces ruisseaux, s'ils existent, ne peuvent être que d'une légère importance.

Jusqu'ici nous avons décrit les rives Orientales du golfe Bona-

132 VOYAGE AUX TERRES AUSTRALES,

TERRE NAPOLÉON.

parte, celles de l'Ouest présentent des détails plus intéressans. Nous regrettons d'avoir été obligés de les parcourir toujours avec une trop grande rapidité. La *baie Voltaire* est de ce nombre; nous ne l'avons point sondée; mais à en juger par les apparences, elle doit contenir de précieux mouillages : ses bords sont agréables et bien boisés.

Entre le *cap Delille* et le *cap Lafontaine* on voit des collines d'une élévation moyenne et d'un aspect gracieux. Sur cette côte le brassiage est plus considérable que sur la rive opposée; il faudroit la hanter de préférence, si l'on vouloit se rendre à la baie Voltaire.

Les terres tournent à l'O., après le cap Lafontaine ; elles se renfoncent bientôt pour former les *baies Corneille* et *Crébillon*, et reprendre ensuite leur direction vers le Sud. Ces deux baies sont assez vastes : la première paroît n'avoir qu'un foible brassiage; et la seconde, obstruée par une batture sablonneuse, doit être tout-à-fait impraticable. Le *cap Chaulieu* la termine au Sud, et se fait remarquer par un piton qui, comparé au reste de la côte, est assez élevé ; vu à une grande distance, il se présente sous l'apparence d'un îlot.

Plus au Sud un peu vers l'Ouest et à trois lieues environ dans les terres, on distingue le *piton du Casuarina*, qui pourroit sur ce point servir de reconnoissance ; sa position géographique est 35° 13' de latitude S. et 134° 50' de longitude E. Paris.

La côte comprise entre le cap Chaulieu et le *cap Amyot* est de petite hauteur ; on n'y voit que de foibles traces de végétation ; le cap Amyot lui-même est fort bas, et son abord est défendu par un banc de sable sous l'eau, où nous avons sondé par les 3 et 4 brasses. Les terres conservent le même aspect jusqu'au *cap Rollin* et jusqu'au cap Condillac, devant lesquels on voit aussi plusieurs bancs de sable. A ce dernier point, elles se dirigent vers l'O., en tirant au S. jusqu'à la hauteur de la *baie Fontanes* ; dans cet intervalle se rencontre l'*île Volney*, qui est extrêmement basse, ainsi que les terres voisines. Il y a quelques bancs de sable dans sa partie Orientale, et dans l'Ouest une grande baie. Le *Casuarina* ayant prolongé pendant la nuit la portion de côte qui de l'île Volney s'avance jusqu'au *cap Mably*, n'a pu s'assurer des détails qu'elle présente. Il seroit possible que ce que nous avons pris pour une île, tînt au continent; néanmoins nous ne le pensons pas.

De la baie Fontanes au *cap Méchain*, la terre se dirige plus au Sud : elle est d'une petite hauteur; mais les rives sont escarpées, et la sonde, à moins d'un mille de distance, n'a souvent pas trouvé le fond par les 8 et 9 brasses.

De ce point jusqu'au port Champagny, la côte conserve la même direction générale; elle est toutefois plus sinueuse. La *baie Laplace*, de trois lieues d'ouverture, l'*anse Descartes*, la *baie Massena* et la *baie Maret*, sont des enfoncemens considérables qui méritent l'attention des navigateurs. A l'exception de l'anse Descartes, nous ne sommes entrés dans aucune de ces baies; peut-être y trouveroit-on des détails intéressans, notamment dans la baie Maret, qui n'a pas moins de deux lieues de profondeur, et dont le contour nous a paru, dans l'éloignement, moins nettement terminé que celui des deux autres. L'anse Descartes, au N. de laquelle se trouve la petite *île d'Alembert*, offre un mouillage salutaire par les 4, 5 et 6 brasses d'eau. Les terres sont fort basses vers cette partie, et je crois même que dans quelques endroits elles sont marécageuses.

Le *cap Lalande*, qui forme l'extrémité N. de la baie Massena, est d'une élévation remarquable; et la petite portion de côte qui s'étend de ce point au *cap Euler* est rocailleuse, taillée à pic au bord de la mer, et d'un aspect sévère : la sonde, à moins d'une encâblure du rivage, ne donne pas moins de 15 brasses d'eau. Quelques brisans qui s'y font remarquer s'étendent peu au large; il en est de même de ceux qui se trouvent dans le voisinage du *cap de Thou*.

Les *îles de Léoben* gisent dans l'O. et l'O.S.O. de ce dernier cap; elles sont au nombre de sept, dont la principale se nomme *île*

TERRE NAPOLÉON.

Iles de Léoben.

Castiglione. Les autres ont été désignées sous les noms d'*île Roveredo*, c'est la plus septentrionale; d'*îles Voltri*, *Mondovi*, *Bassano*, *Milesimo*, enfin d'*île Dego*, qui est la plus Sud du groupe. Toutes ces îles, que nous avons vues de loin, nous ont paru médiocrement élevées et aussi peu fertiles que la portion du continent qui leur est opposée.

L'*île Gassendi* et l'*île Raynal* gisent dans le Sud de la baie Maret. le port Champagny se présente ensuite, et forme, sans contredit, le point le plus intéressant du golfe Bonaparte *(Voy.* le Plan particulier, *carte n.° 17)*. Ce port, par son importance et ses détails, eût exigé un examen de plusieurs jours; c'est à regret que nous n'avons pu donner à son exploration qu'un petit nombre d'heures, à peine suffisantes pour tracer une esquisse de son ensemble. L'étendue de ce port est considérable, mais cette étendue ne peut nuire à sa sûreté. Resserrée sur divers points, sa surface se trouve divisée en plusieurs bassins, tous également précieux, et que nous allons décrire successivement.

Celui du centre, auquel nous avons donné le nom de *canal Dégérando*, est limité d'un côté par les terres continentales, formant sur ce point une ou plusieurs anses commodes, et de l'autre par l'*île Lagrange*, qui divise en deux l'ouverture du port, et l'abrite de la houle et des vents du large. Ce canal sert de communication au *bassin du Nord*, d'une forme presque circulaire, et aux deux bassins inférieurs, dont l'un, nommé *bassin de l'Ouest*, est le plus vaste, et l'autre, *bassin du Sud*, est le plus Oriental.

A l'entrée du bassin de l'Ouest et sur la côte Septentrionale on voit l'*île Cérant*; elle est petite, boisée et d'un aspect très-agréable; on ne peut naviguer qu'au Sud de cette île. Le *Casuarina*, qui voulut tenter la passe du Nord, n'y trouvant qu'une brasse et demie d'eau, manqua d'y échouer.

L'*île Victoire* et l'*île Suzanne* gisent au Sud de l'île Lagrange et à l'entrée du bassin du Sud; tout semble annoncer qu'on peut les accoster de fort près.

LIVRE II. Descriptions géogr. et nautiques.

L'île Lagrange est remarquable par sa constitution; sans être très-élevée, elle contient cependant des collines qui toutes nous ont offert un aspect de fertilité auquel nos yeux depuis long-temps n'étoient pas accoutumés. La pointe S. O. de cette île, près de laquelle on distingue un piton, est basse, rocailleuse, et forme un quai naturel tellement écore, que les plus gros vaisseaux pourroient y accoster. A deux encâblures de distance, la sonde nous a constamment rapporté 11 brasses. Plusieurs anses profondes sont à la partie Sud de l'île; leurs rivages sont bordés de galets.

A l'exception du banc qui avoisine l'île Cérant et qui lui est contigu au Nord, nous n'avons aperçu aucun danger dans le port Champagny; le brassiage s'y soutient presque constamment de 9 à 10 et 11 brasses, tantôt sable vaseux, et tantôt mêlé à quelques herbiers. La partie la moins profonde est à l'entrée du bassin de l'Ouest, au S. du canal Dégérando, où la sonde ne rapporte que de 7 à 8 brasses. Le fond est en général propre au mouillage. Une seule fois nous avons eu fond de roche près de la pointe S. O. de l'île Lagrange, et un petit nombre de fois le même fond dans le S. E. de l'île Cérant.

Deux passes principales donnent accès dans le port: l'une, située au N. de l'île Lagrange, a reçu de sa position le nom de *passe du Nord*; l'autre, nommée *passe du Sud*, contient les deux petites îles Suzanne et Victoire, dont nous avons déjà fait mention. Le *cap Colbert*, qui est très-bas, forme la pointe extrême S. E. du port qui nous occupe. Dans l'E. N. E. on voit la petite *île Chaliou*; c'est le dernier point relevé dans ces parages par *le Casuarina*.

Le port Champagny pourroit recevoir dans son sein les flottes réunies de l'Europe entière; elles y seroient en sûreté contre toute espèce de vent.

Sans être très-élevées, les terres ont ici une hauteur suffisante pour former un excellent abri; elles sont boisées et fertiles. Je ne fais aucun doute que l'on ne pût y trouver de l'eau douce assez abondamment pour fournir aux besoins des navires qui viendroient y relâcher. Le débarquement nous a paru facile par-tout, et les rivages de nature à ce que les plus gros navires pussent y accoster à quai, et même y abattre facilement en carène.

L'examen rapide que nous avons fait de ce port magnifique, le défaut de canot pour descendre à terre, enfin la rigueur extrême des ordres qui nous obligeoient à revenir promptement au rendez-vous sur l'île Decrès[a]; telles sont les causes qui nous empêchent de rien dire de plus précis et de plus complet sur les productions particulières à ce point intéressant de la Nouvelle Hollande.

La présence de l'espèce humaine sur ces bords n'est pas douteuse; elle nous a été signalée par plusieurs fumées aperçues sur divers points du continent.

En quittant le port Champagny et se dirigeant au S. S. E., on rencontre le groupe des îles Berthier. Elles sont au nombre de cinq, dont les principales ont reçu les noms d'*île Marengo*, c'est la plus grande; d'*île d'Aboukir*, et d'*île de la Favorite*. Nous avons lieu de penser qu'il y a bon passage au milieu de toutes ces îles, mais nous n'avons pas eu le temps de nous en assurer.

Entre les îles Berthier et les îles de Léoben, au Nord, se rencontrent les deux petites *îles Duroc* et *Clarke*; plus loin, un banc de roches aperçu par *le Géographe* en 1802; il est en latitude par le travers du cap Colbert; mais sa longitude n'a pas été déterminée avec précision.

Pour compléter la reconnoissance des côtes du golfe Bonaparte, il nous eût fallu examiner l'espace compris entre le cap Colbert et le *cap Turenne*, qui gît à sept lieues plus au Sud; le temps et les circonstances n'ont pu nous le permettre.

---

[a] Itinéraire, pag. 18 et 19; Relat. hist. du voyage, tom. II, pag. 83, 97 et 128.

§. 5.

Depuis le golfe Bonaparte jusqu'au cap des Adieux.

Vers le S. O. des îles Berthier, non loin du cap Turenne, se trouvent les îles Catinat, au nombre de quatre, également arides, stériles et rocailleuses. La plus considérable, l'*île Montmorency*, n'a pas au-delà de deux milles dans sa plus grande dimension. Elles sont exposées à toute la fureur des lames du large, et paroissent être inabordables sur tous les points.

Du cap Turenne, qui est élevé et de couleur obscure, au *cap Brune*, dans un intervalle de dix-sept lieues, la côte se dirige au O. N. O.; son développement offre divers détails remarquables. La profondeur de la *baie Ségur* n'a pu être déterminée vers le N. O.; deux îlots se dessinoient à l'horizon dans cette direction, et nous pensons qu'il peut y avoir au-delà un port ou un enfoncement intéressant à connoître.

Au Sud du *cap Grécourt*, à une demi-lieue de distance, est l'*île Saint-Lambert*; viennent ensuite la *baie Jussieu* et la *baie Lavoisier*, terminée par le *cap Vauquelin*; l'*île Guyton*, défendue au Sud par un fort brisant, en gît à petite distance. Tout cet espace de terre est peu élevé, et formé de dunes reposant sur un sol d'un grès jaunâtre. On n'y voit aucun arbre, mais seulement une végétation languissante. Sur le second plan est une terre plus élevée.

Le cap Vauquelin, taillé à pic, ressemble à un énorme bastion; de là jusqu'au *cap Feuillée*, la terre, d'une couleur sale et rembrunie, est aussi basse et stérile. Plus loin on voit la *baie Rochon*, et dans l'O. S. O. de celle-ci, les *îles Laplace*; nous avons nommé les principales, *île le Gentil*, *île la Caille*, *île Maupertuis*, *île Pingré*, *île Chappe* et *île Fermat*: toutes portent l'empreinte d'une sécheresse et d'une stérilité complètes. *Le Géographe* a passé entre l'île le Gentil et l'île

Pingré, et n'a pas trouvé moins de 25 brasses d'eau au milieu du canal. Les terres continentales ne sont pas d'un aspect plus agréable que tous ces îlots ; en général, elles se terminent à la mer par une coupe abrupte. Il y a des récifs le long de la côte, et dans quelques parties on rencontre tantôt des rochers entassés sans ordre, tantôt des dunes dépouillées de verdure et se prolongeant vers l'intérieur. Le *piton Borda* est le point le plus remarquable d'un massif de montagnes isolées qui s'aperçoit dans le lointain.

Les côtes de la *baie Delambre*, ainsi que les terres adjacentes, sont stériles et sablonneuses ; quelques parties du rivage sont formées de rochers énormes entassés les uns sur les autres.

Du *cap Montgolfier*, situé à l'extrémité Nord de la baie Delambre, à la *pointe Liancourt*, qui en est à trois lieues dans le N. O., les terres sont fort basses. L'*îlot des Dauphins* est à moitié de cet intervalle.

Nous n'avons aperçu la terre que de fort loin entre la pointe Liancourt et le *cap du Vétéran*, et nous n'avons pu en observer les détails ; nous nous sommes convaincus cependant que le même caractère de stérilité observé précédemment existoit encore ici. Cette aridité affligeante a lieu également plus au Nord jusqu'au *cap Corréa*.

En face de ce cap on voit dans le S. O. le groupe des îles Jérôme, de quinze lieues d'étendue ; les *îles Andréossy, Meyronnet* et *Morio* en sont les principales : toutes sont dépouillées de végétation, et n'offrent ni abri ni ressources au navigateur. Nous pensons que les canaux qui existent entre ces îles peuvent tous être pratiqués ; celui qui sépare l'île Andréossy de l'île Morio, est large et profond ; nous n'y avons pas trouvé moins de 30 à 33 brasses d'eau.

Entre le cap Corréa et le *cap Hallé*, sur un intervalle de quinze lieues, est un espace de terre que nous n'avons point vu. Deux îles sont en avant de cette portion de côte ; la première, qui est la plus grande et la plus Orientale, a reçu le nom d'*île Poissonnier* ; l'autre, qui peut avoir trois milles de diamètre, celui d'*île Percy*.

Après le cap Hallé on trouve la *baie Lemouier*, barrée par d'affreux récifs. Le *cap Fernel* forme son extrémité N. et la sépare de la *baie Corvisart*, entièrement ouverte aux lames et aux vents du large. Toute la côte jusqu'au *cap Ambroise-Paré* est basse, sablonneuse, et comme noyée sur plusieurs points ; on n'y voit que des dunes arides, coupées à pic au bord de la mer, d'une teinte grise et jaunâtre, sans aucune trace de végétation. Au large et à quatre milles de distance est la petite *île Cuvier*, entourée de brisans ; son aspect est tout aussi triste que celui du continent voisin. Nous n'avons pu nous assurer s'il existait un passage entre cette île et la grande terre.

TERRE NAPOLÉON.

La dépression extrême du sol dans le fond de la *baie Louis* (*carte n.° 18*), nous porte à croire qu'elle est bordée par des marécages. Le grand nombre de fumées que nous y avons aperçues, est un indice certain de la présence de l'espèce humaine sur cette côte.

Après la baie Louis et à partir du *cap Lavoisier*, la côte se dirige au N. N. O., forme plusieurs anses, et se renfonce à la hauteur de la baie Murat et de l'*anse Tourville*. Elle prend ensuite sa direction vers l'O. jusqu'au cap des Adieux, qui est la limite Occidentale de la Terre Napoléon, et sa séparation d'avec la Terre de Nuyts. Plusieurs îles, des bancs et des récifs sont dans cet espace. Le groupe le plus intéressant est à l'entrée de la baie Murat ; il a été consacré sous le nom d'*îles Joséphine* ; l'île Eugène est la plus considérable des six qui le composent.

Îles Joséphine.

Au S. S. E. de celle-ci, les îles Saint-Pierre sont au nombre de cinq, et liées aux précédentes par *la Rambarde*, immense chaîne de brisans. Au S. O., les îles Saint-François offrent un grand développement, et sont tout-à-fait stériles. « On seroit tenté de croire, dit M. Péron, que les îles Saint-Pierre et les îles Saint-François se composent essentiellement de substances secondaires, ou même tertiaires ; mais en observant que les îles Joséphine, qui leur ressemblent d'ailleurs sous tant de rapports, sont cependant

Îles Saint-Pierre et îles Saint-François.

S 2

VOYAGE AUX TERRES AUSTRALES,

TERRE NAPOLÉON.

granitiques, il est difficile de ne pas croire que cette dernière origine soit commune à toutes les îles de cette partie de la Nouvelle-Hollande. »

Divers groupes d'îles et d'îlots.

En tirant au N., on rencontre à peu de distance du continent les petites îles du Géographe; l'île Desbrosse en est éloignée de quatre à cinq lieues dans l'O. Au N. O. l'*île Coquebert*, et au-delà, dans la même direction, les *îles Rubens* et l'*île Vernet*, ne sont que des amas de grosses roches. Les îles Labourdonnais, défendues par un récif au large, et l'*île Rameau* plus au Nord, sont petites, déprimées et stériles, ainsi que toutes celles dont on vient de parler. Plus loin vers le S. O., les îles de Montenotte présentent la même constitution sauvage.

Deux énormes brisans, dans l'O. des îles Saint-François, ont reçu les noms de *récif du Casuarina* et de *récif du Géographe*.

Une stérilité affligeante se reproduit sur tous les points de la côte entre le cap Lavoisier et le cap des Adieux; rarement aperçoit-on çà et là de foibles arbrisseaux et quelques plantes languissantes; les terres, généralement basses, ont par-tout une teinte jaunâtre et rembrunie qui inspire la tristesse.

A la hauteur du *cap Vien*, quelques collines parsemées d'un peu de verdure se montrent en second plan vers l'intérieur; mais du *cap Mansard* au cap des Adieux, ce n'est plus qu'une suite de falaises basses, escarpées et stériles.

L'extrémité de la *baie Denon*, qui de loin nous a paru déchirée, donne peut-être issue à quelque ruisseau ou à quelque marais salé.

Baie Murat.

La baie Murat *(voy.* le Plan particulier, *carte n.° 18)* s'étend du *cap d'Estrées* au *cap Jérôme* : ses points principaux sont le *cap Vivonne*, défendu par quelques rochers, dont plusieurs sous l'eau, le *cap Thévenard* et le *cap Beaufort*. L'anse Decrès et l'anse Suffren gisent dans sa partie Orientale; dans l'O., l'anse Tourville est obstruée par des bancs et terminée par des marais étendus.

L'île Eugène, placée à l'ouverture de la baie Murat, la garantit des efforts des lames du Sud et du S. E.; mais ne pouvant arrêter celles du S. O., le mouillage ne doit pas y être tenable pendant le mauvais temps. D'ailleurs la grande quantité de bancs très-élevés qui s'y rencontrent, restreignent beaucoup la place où un navire pourroit jeter l'ancre.

Les îles Joséphine sont essentiellement primitives ; il en est de même du continent dans le voisinage, par-tout où nous avons pu pénétrer.

« Au-dessus des grès et des granits dont se compose la char-
» pente de ces îles, dit M. Péron [a], repose une couche de
» sable très-fin de couleur blanche, grise ou même rougeâtre, qui,
» sur plusieurs points, constitue des chaînes de dunes élevées, et
» qui, porté quelquefois vers l'intérieur des terres, y couvre de
» ses ondes mobiles les arbustes et même les arbres les plus hauts.
» Mélange singulier de parties calcaires et quartzeuses, ce sable
» est susceptible, dans certaines circonstances, de former en peu
» de jours une espèce de ciment très-dur et qui s'attache à tous
» les corps. C'est à lui qu'il faut rapporter l'origine de la plupart
» des grès secondaires qu'on trouve sur ces plages ; c'est encore
» lui qui joue le principal rôle dans cette foule de concrétions qui
» se présentent à chaque pas. » Nous en avons vu déjà de singuliers exemples sur l'île Decrès ; nous en observerons encore à la baie du Géographe, à l'île Rottnest et à la baie des Chiens-Marins [b].

Toutes les îles Joséphine ont le même aspect, et probablement aussi une constitution analogue ; elles sont sablonneuses et couvertes de quelques broussailles. Nulle part, soit sur les îles, soit sur le continent, nous n'avons pu découvrir de traces d'eau douce. Vers

TERRE NAPOLÉON.

Iles Joséphine.

---

[a] Voyage aux Terres Austr. historique, tom. II, pag. 116.

[b] On trouvera d'importans et d'intéressans détails à ce sujet dans le XXVIII.ᵉ chapitre de l'histoire de notre voyage, intitulé : De quelques phénomènes de la zoologie des régions Australes, applicables à l'histoire physique du globe et à celle de l'espèce humaine, tom. II, pag. 161-192.

l'extrémité Nord de l'île Eugène, il y a quelques étangs et marais salés.

Ainsi que nous l'avons observé déjà, la végétation vers cette partie de la Nouvelle-Hollande est foible et languissante. Un petit nombre d'arbrisseaux et quelques arbres du genre des banksia et des casuarina, sont les seuls grands végétaux que l'on y distingue, et rarement atteignent-ils une hauteur médiocre ; du reste on n'y trouve aucun fruit, aucune plante convenable à la nourriture de l'homme.

Le règne animal peut offrir quelques ressources. Le kanguroo existe en grand nombre sur l'île Eugène, où l'on peut en faire une chasse productive; nous ne l'avons point vu sur le continent. Ce quadrupède parvient au poids de huit à dix livres [quatre à cinq kilogrammes] ; sa fourrure est épaisse, son poil très-fin et d'une belle couleur rousse tirant sur le brun.

Les phoques sont très-multipliés sur toutes les îles Joséphine; mais on n'y voit aucun oiseau de terre. Parmi les oiseaux de mer, on distingue le manchot, le cormoran, la mauve et le pélican. Plusieurs débris de squelettes et de carapaces nous ont appris que l'île Eugène étoit fréquentée par de grandes tortues de mer; elles y viennent sans doute au printemps faire leur ponte, après quoi elles gagnent le large. M. DE MONTBAZIN, dans sa course pour la reconnoissance de la baie Murat, vit nager près de son canot une très-grosse tortue; c'est le seul individu de cette famille qui ait été aperçu pendant les quatre jours que *le Géographe* est resté au mouillage sur cette côte (en février).

Le poisson étoit extrêmement rare; et quoique les coquillages fussent multipliés, peu cependant étoient bons à manger. Les moules en sont l'espèce la plus remarquable et la plus utile.

Il n'existe aucun habitant sur toutes ces îles; nous en avons vu quelques-uns dans les parties marécageuses du continent, mais nous n'avons pu communiquer avec eux. Leur existence doit être bien misérable, sur un sol aussi stérile et aussi ingrat.

LIVRE II. DESCRIPTIONS GÉOGR. ET NAUTIQUES. 143

Une observation de la haute mer faite par M. BERNIER, près du cap Vivonne, le 8 février 1803, lui a donné pour l'établissement, midi 26'; ascension perpendiculaire des eaux, trois pieds; elle peut aller à quatre ou cinq dans les grandes marées; M. PÉRON croit même qu'elle doit s'élever dans quelques cas jusqu'à dix ou douze. Le courant observé à bord du *Géographe*, portoit au Sud à l'instant du flot et à l'E. N. E. lors du jusant; sa vîtesse aux $\frac{2}{3}$ de la marée étoit d'environ un mille.

Durant notre séjour au mouillage, les vents ont soufflé constamment du S. E. au S. avec assez de force : cette direction paroît leur être habituelle dans cette saison, tandis qu'en automne et en hiver, ils viennent presque sans interruption de la bande de l'Ouest; c'est au moins ce que nos propres remarques, appuyées de celles de tous les voyageurs *qui ont approché* des mêmes parages, nous mettent en droit de conclure[a]. Lors des vents du large, la houle déferle sur la côte avec une fureur d'autant plus grande, que la brise est plus forte et dure depuis plus long-temps : malheur au navire qui se trouveroit alors affalé sur la terre; il n'auroit aucun salut à espérer.

La température moyenne observée à midi à bord, du 7 au 10 février, a été de $+16^d,4$, et les limites de ses variations aux mêmes époques de $+15^d,2$ à $+17^d$. Le baromètre s'est soutenu de $28^p\,3^l$ à $28^p\,4^l$.

La position de notre mouillage, conclue de plusieurs observations de MM. BERNIER et H. FREYCINET, est par 32° 9' 0" de latitude S. et 131° 12' 1" de longitude à l'E. de Paris, corrigée.

Nos observations magnétiques n'ont point marché ici avec une grande régularité. M. H. FREYCINET a trouvé, en employant deux

TERRE NAPOLÉON.

Observations physiques et astronomiques.

---

[a] *Voyez* les Voyages de TASMAN, MARION, FURNEAUX, COOK, BLIGH, HUNTER, PHILIP, COX, VANCOUVER, DENTRECASTEAUX, BROUGHTON et GRANT. A la lecture de ses divers ouvrages, j'ai joint celle de deux relations manuscrites, dont une du capit.^e RUAULT-COUTANCE, en 1803, et l'autre écrite à bord du navire anglois *the Arniston*, en 1804.

excellentes boussoles, les résultats suivans, déduits d'une série d'observations beaucoup plus nombreuse :

$$\left.\begin{array}{l}\text{Déclinaison N. O.}\left\{\begin{array}{l}\text{Boussole N.}^\text{o}\text{ 1}=1^\circ\ 27'\\ \text{———— N.}^\text{o}\text{ 2}=1.\ \ 9.\\ \text{———— N.}^\text{o}\text{ 3}=0.\ 42.\end{array}\right\}\text{par azimut}\ldots\ldots\\ \text{Déclinaison N. E. ———— N.}^\text{o}\text{ 2}=0.\ \ 8.\text{ par amplitude occase}\\ \text{Déclinaison N. O.}\left\{\begin{array}{l}\text{———— N.}^\text{o}\text{ 2}=1.\ 27.\\ \text{———— N.}^\text{o}\text{ 2}=1.\ 15.\\ \text{———— N.}^\text{o}\text{ 1}=0.\ 25.\\ \text{———— N.}^\text{o}\text{ 1}=0.\ 25.\\ \text{———— N.}^\text{o}\text{ 1}=0.\ 19.\text{ par amplitude occase}\end{array}\right\}\text{par azimut}\ldots\ldots\end{array}\right\}\begin{array}{l}\text{le 9}\\ \text{février}\\ \\ 1803,\\ \text{le 10}\\ \text{février}\end{array}$$

Déclinaison moyenne............ 0° 46′ 40″ N. O.

* M. Péron indique les limites de cette variation de 13 à 16 degrés, Voy. aux Terres Austr, tom. II, pag. 112. La différence vient essentiellement du lieu où étoit placé le thermomètre, circonstance qui mériteroit d'être toujours soigneusement notée.

CHAPITRE IV.

CHAPITRE IV.

Terre de Nuyts.

Nous avons déjà fixé les limites de cette Terre au cap des Adieux, du côté de l'E., et, dans l'O., au cap de Nuyts (*pag. 108*). L'intervalle entre ces points extrêmes est de 260 lieues marines = 325 lieues moyennes de France, ou environ 1444 kilomètres. Dentrecasteaux fit une reconnoissance complète de cette côte en 1792, et Vancouver, une année auparavant, quoique n'en ayant vu qu'une petite partie, avoit cependant fait l'importante découverte du port du Roi-George. On peut voir dans les ouvrages de ces deux célèbres navigateurs, les détails relatifs à la description de cette portion de la Nouvelle-Hollande : nous n'entreprendrons point de les réunir ici ; nous ne devons parler que de nos observations au port du Roi-George et dans les environs.

§. 1.er

Port du Roi-George ; Port des Deux-Peuples.

Le port du Roi-George n'est éloigné du cap de Nuyts que d'une vingtaine de lieues. Sa position à l'extrémité S. O. de la Nouvelle-Hollande, ses ressources précieuses, sur un continent où il est si rare d'en rencontrer, en font une relâche du plus grand intérêt.

Trois bassins principaux composent son ensemble (*carte n.° 19*) : le premier ou le plus extérieur porte le nom de port du Roi-George proprement dit ; il sert de rade aux deux autres, le havre aux Huîtres et le havre de la Princesse-Royale.

Entourée de terres assez hautes, la rade offre par-tout un abri assuré et un mouillage excellent. L'ouverture principale, dirigée vers l'Est, n'a pas moins de quatre milles ; mais elle est défendue de la houle du large par les îles Michaelmas et Break-Sea, et par la brusque élévation du fond, qui, passant tout-à-coup de 25 à 16 brasses, tend sans cesse à diminuer l'agitation des flots.

Bald-Head est le cap Sud de l'entrée; il est élevé et forme l'extrémité d'une péninsule montueuse fort aride, qui constitue la côte Méridionale de la rade et du havre de la Princesse-Royale. Dépouillé de toute végétation, ce cap est encore remarquable par l'existence d'un champ entier de corail et de madrépores, situé à une grande hauteur au-dessus du niveau de la mer [a].

Si de Bald-Head on s'avance vers l'O. en prolongeant la côte intérieure de la rade, on trouvera diverses petites anses sablonneuses, dont une, plus profonde et mieux fermée que les autres, a été nommée *anse de l'Aiguade* : deux jolis ruisseaux viennent y déboucher, et fournissent abondamment d'excellente eau douce, que l'on peut embarquer avec facilité. Au-delà commence une plage de sable étendue, d'une blancheur éblouissante, qui, après s'être dirigée un instant de l'E. à l'O., court ensuite directement au N. jusqu'à l'*île de l'Observatoire*. La côte est fort basse dans cette partie, et se rattache à une seconde presqu'île étroite, qui, s'élevant perpendiculairement à la direction de la première, sépare le havre de la Princesse d'avec le port proprement dit. L'extrémité Sud de cette presqu'île est formée par des dunes, au milieu desquelles il y a trois étangs d'eau douce. Les terres, plus élevées et moins stériles à la hauteur de l'île de l'Observatoire, se rabaissent ensuite graduellement en se rapprochant de l'entrée du havre de la Princesse, et conservent par-tout alors une constitution plutôt rocailleuse que sablonneuse.

L'île de l'Observatoire elle-même est agréable, bien boisée et liée à la grande terre par une traînée de récifs qui s'avance, au Nord et dans l'Est de l'île, à une ou deux encâblures de distance.

Vers la partie Nord-Ouest du port on voit l'entrée du havre aux

---

[a] Voyage de VANCOUVER, tom. *I*, pag. 77 de la traduc. franç. in-4.º, et Voyage aux Terres Austr. tom. *II*, pag. 175.

Huîtres. Les terres sont basses et sablonneuses dans les environs; mais la côte du Nord, jusque par le travers de l'île Michaelmas, contient deux groupes de collines de moyenne élévation, et, entre ces collines, des dunes et quelques étangs d'eau douce peu éloignés du rivage.

TERRE DE NUYTS.

L'entrée du havre de la Princesse-Royale peut avoir quatre encâblures de largeur; l'eau, sur-tout à bâbord, y est assez profonde pour donner accès aux plus grands vaisseaux; mais l'intérieur, obstrué par des bancs étendus, ne permettroit pas de s'avancer jusque dans le fond. Toutefois, si l'on avoit à se radouber pendant la mauvaise saison, le mouillage à peu de distance de l'entrée, et sur la côte Nord, seroit le plus convenable.

Havre de la Princesse-Royale.

A l'exception de la partie Septentrionale, qui est d'une hauteur moyenne, les côtes de ce havre sont basses et quelquefois marécageuses. Quoique les terres ne soient pas parfaitement boisées, on y rencontre cependant, de distance en distance, des bosquets étendus et touffus; ailleurs, ce sont des savanes, des arbrisseaux, et parfois aussi des dunes stériles. Le ruisseau le plus considérable a son embouchure vers le S.; ses eaux sont abondantes et d'une excellente qualité; mais dans l'état actuel des choses, il ne seroit pas possible à une chaloupe de s'en approcher assez près pour y faire aiguade.

Quand on sort du havre de la Princesse, la côte se dirige au N.; les hautes terres se rabaissent bientôt et sont remplacées par des dunes, derrière lesquelles est un étang salé, qui communique avec le havre aux Huîtres et vers sa partie du Sud-Ouest.

On arrive à l'entrée de ce dernier enfoncement par un chenal étroit et peu profond, sensiblement parallèle à la côte, mais où des navires tirant plus de 15 pieds d'eau ne pourroient pas naviguer.

Havre aux Huîtres.

Ce bassin, d'une forme à-peu-près circulaire, a l'aspect le plus agréable; la vigueur de la végétation, la multiplicité des arbres, l'élévation des terres, le calme parfait que l'on y éprouve, plaisent à l'œil et récréent la pensée.

Il est malheureux que tant d'avantages se trouvent détruits par l'inconvénient très-grave qui résulte de la quantité des bancs, et qu'un port, en apparence si commode, puisse être si peu utile à la navigation. Nous avons parlé de la barre qui est à l'entrée; dans l'intérieur, le brassiage augmente et se soutient à peu de distance de la côte Occidentale, par 4, 6 et 7 brasses, sur un fond de vase et d'herbier. Dans l'E., les bancs sont plus multipliés et plus développés; ils se rattachent aux marais qui tapissent cette partie du rivage.

L'*île du Jardin*, à un demi-mille de l'entrée, est couverte d'une espèce de gramen très-fin et de quelques broussailles; nous n'y avons vu aucune trace des végétaux semés par Vancouver, qui ont été étouffés sans doute par les plantes indigènes, ou peut-être aussi dévorés par la quantité prodigieuse d'énormes fourmis qui s'y rencontrent.

En suivant la côte Ouest du havre aux Huîtres et se dirigeant au N., on arrive à l'embouchure d'un bras de mer, qui communique avec un lagon salé marécageux: plus loin est l'embouchure de la *rivière des François*, que M. Faure a remontée à quatre milles et demi de distance; l'entrée en est difficile à cause des bancs; cependant on trouve dans le chenal depuis 8 pieds d'eau jusqu'à 2 brasses. Une chaîne de montagnes, dirigée du N. au S., paroît être le lieu où cette rivière prend sa source. Plusieurs ruisseaux viennent en grossir le cours, sans que nulle part on s'aperçoive que la salure de l'eau y diminue, du moins dans les limites que nous avons parcourues. Au point le plus Nord, le courant descendoit avec un demi-nœud de vitesse, et le brassiage étoit assez considérable pour faire flotter un canot. Quelques îlots sont placés de distance en distance. Environ à une lieue de l'embouchure et au-delà, la rivière est barrée par des digues formées par les sauvages pour prendre du poisson. Ces digues, au milieu de chacune desquelles est une petite île, sont construites avec assez d'intelligence, et composées d'un amas de roches artistement disposées: plusieurs embrasures sont percées au-dessous du niveau de la basse mer; mais l'orifice en est beaucoup plus large du côté de la marée montante que de celui de la marée descendante; de sorte qu'il est bien difficile que les poissons qui ont pu facilement y entrer, en sortent de même. Du reste, les bords de cette rivière sont fort agréables; les terres sont hautes et bien pourvues de grands arbres; on y voit de fréquens indices du séjour des habitans, et les fumées nombreuses que nous avons aperçues vers l'intérieur, ne laissent aucun doute sur la multiplicité des hordes qui peuplent cette partie de la Nouvelle-Hollande.

En partant du point du rivage qui est au N. de l'île Michaelmas, et se dirigeant à l'E., on prolonge une côte basse d'abord, et composée de dunes stériles. L'aspect change bientôt; au Mont-Gardner, les terres sont fort élevées et se projettent sous la forme d'un cône immense au-dessus des eaux. Cette montagne très-escarpée est entièrement privée de végétation; deux rochers et un brisant en sont vers l'Est à peu de distance.

Après avoir doublé ce brisant, on arrive devant un joli enfoncement, nommé *port des Deux-Peuples*. La largeur de l'entrée est d'un mille, mais la baie s'élargit en dedans; on y a depuis 5 jusqu'à 15 brasses, fond propre au mouillage. Un brisant et plus loin un îlot se trouvent à sa pointe Sud; et dans la partie Méridionale de l'enfoncement sont aussi un îlot et un brisant joints l'un avec l'autre. Les terres dans l'O. et dans le N. sont fort basses; des étangs d'eau douce couvrent une partie de la surface du sol, qui d'ailleurs ne nourrit que des broussailles épaisses implantées dans le sable.

A cinq milles dans l'E. N. E. de ce port, une anse bien fermée, étroite et commode, sert d'embouchure à un ruisseau qui coule sur un lit de cailloux. Elle ne seroit praticable que pour de petites embarcations, à cause de la foible largeur de l'entrée. Dans le chenal, on rencontre 7, 6, 5, 4 et 3 brasses d'eau.

La côte, de ce point jusqu'au port des Deux-Peuples, est écore et très-élevée; elle conserve une constitution semblable du côté de l'Est. Dans la même direction, on trouve l'île Pelée *(carte n.° 1)*, « couverte de petits arbres fort minces et fort droits, ainsi que de quelques broussailles. Cette île, dit M. RANSONNET, est d'un accès sinon impossible, au moins très-dangereux, pour peu que la mer soit agitée. J'y ai vu des oies sauvages à bec vert, des cormorans et beaucoup de phoques : il paroît qu'il y a aussi des kanguroos. »

Malgré la vigueur de la végétation sur quelques-uns des points du port du Roi-George, le sol y est généralement peu fertile et de nature sablonneuse ; souvent même la roche se montre à nu. Le céleri et le persil sauvage sont les seules plantes qui nous aient paru propres à la nourriture de l'homme.

Nous n'avons aperçu d'autres quadrupèdes que des kanguroos et des chiens très-grands et très-beaux, fidèles compagnons des habitans de ces contrées. Les oiseaux de terre et de mer y sont rares et très-farouches ; les premiers sur-tout n'ont donné que des perruches et des pigeons dorés ; les autres, des oies, des canards, des sarcelles, des cormorans et des mauves ; mais point de cygnes noirs, quoique VANCOUVER en ait vu en septembre dans le havre aux Huîtres.

En revanche, les diverses espèces de poissons étoient aussi bonnes que multipliées, et nous ont constamment fourni une nourriture agréable et salubre. Des scombres, semblables à nos maquereaux d'Europe, mais beaucoup plus petits que ces derniers, ont été pêchés dans la rade en nombre prodigieux ; on a pris, près de Bald-Head et de l'îlot de roche, dans l'O. duquel nous étions mouillés, plusieurs sortes de perches, de brêmes et un poisson ressemblant au thon. Des spares, mulets, labres, murènes, ésox, raies, squales, &c. étoient répandus dans toutes les parties de la rade et des havres voisins.

Les coquillages n'étoient pas moins abondans ; les oreilles de mer, les lépas, les patelles, les moules et les huîtres, sont les espèces les plus remarquables. Ces dernières se trouvent sur-tout dans le havre du même nom et dans celui de la Princesse-Royale.

Les étangs d'eau douce, situés sur la presqu'île qui sépare la rade du port de la Princesse, nourrissent une espèce d'écrevisse particulière à ces contrées; il est probable qu'on en trouveroit également dans les étangs qui avoisinent le havre aux Huîtres et le port des Deux-Peuples.

VANCOUVER, à la vérité dans une saison différente de celle où nous étions sur ces rivages, avoit aperçu beaucoup de phoques; nous n'en avons vu qu'un petit nombre sur la rade.

Dans l'anse de l'Aiguade, nous avons tué un serpent venimeux qui avoit six pieds de longueur; c'est le seul individu de ce genre que nous ayons rencontré.

Pendant les onze jours que nous sommes restés au mouillage, les vents ont soufflé de tous les points de l'horizon; mais ceux de l'O. ont été plus fréquens et plus intenses. Étant presque toujours accompagnés de grains et de pesantes raffales, sur-tout lorsqu'ils se rapprochoient du S. O., ils nous ont incommodés. Quoique nous fussions à l'abri de la mer, nous n'avons pas laissé de chasser plusieurs fois sur nos ancres, qui avoient cependant de fortes touées; il est vrai que la tenue est médiocre. Les vents de l'E. au S. E. ont ordinairement été accompagnés d'un ciel clair et beau; mais ils apportoient dans le port une houle très-forte, et rendoient le séjour de la rade désagréable.

« Les variations de l'atmosphère n'ont été que trop subordonnées à ces vents du S. S. O. à l'O. S. O. ; un ciel toujours couvert, nuageux et même brumeux, de fréquentes averses, ont signalé leur triste règne, et les instrumens météorologiques ont marché, pour ainsi dire, au gré de leurs caprices; ainsi le baromètre, de 28 pouces 3 et 4 lignes, est descendu souvent jusqu'à 27 pouces 10 et 11 lignes; le thermomètre, de 12 et 13 degrés, s'est élevé jusqu'à 22 et même 24 degrés; et l'hygromètre a varié du 63.ᵉ au 100.ᵉ degré: variations d'autant plus remarquables et plus fortes, que la marche des instrumens, à de telles latitudes, est ordinairement plus régulière et plus uniforme. » *(Journal de M. PÉRON.)*

TERRE DE NUYTS.

Les marées sont ici fort irrégulières; nous avons vu à plusieurs reprises la mer haute deux fois, et basse deux fois, dans l'espace de six heures. Celles de jour ont été constamment les plus foibles. La plus haute ascension pendant le jour n'a pas été au-delà de 3 pieds; dans la nuit, elle a été souvent de 7 pieds et même de 8; mais lors de cette dernière observation, la lune étoit nouvelle. VANCOUVER, en 1791, n'obtint pas des résultats plus exacts.

M. BERNIER a trouvé, par une moyenne conclue de sept hauteurs méridiennes du soleil, la latitude de l'observatoire 35° 3′ 30″; et sa longitude par les montres corrigée, 115° 38′ 6″ à l'Est de Paris.

Déviations magnétiques.
- Inclinaison, aiguille
  - N.° 2 = 61° 30′.
  - N.° 3 = 67. 00.
  - N.° 4 = 63. 00.
- Inclinaison moyenne........ 63° 50′ [a].
- Déclinaison N. O...
  - à terre
    - 10° 48′.
    - 4. 00.
    - 4. 00.
    - 7. 48.
  - à bord. 7. 30.
- Déclinaison moyenne N. O... 6° 49′ [b].

février 1803.

Tout cela n'est pas très-satisfaisant, et l'on doit sans doute attribuer cette incertitude à la présence des roches ferrugineuses qui se trouvent sur divers points de la côte. Au pied de Bald-Head, M. BOULLANGER vit sa boussole varier de 15 à 20 degrés, en la transportant du point où elle étoit à un autre très-voisin.

[a] VANCOUVER indique 64° 54′.
[b] En 1791, VANCOUVER avoit trouvé, par une moyenne entre douze observations, 5° N. O. Ses observations étoient peu concordantes et se tenoient entre les limites de 3° 55′ et 7° 11′.

§. 2.

§. 2.

PORTION DE CÔTE VISITÉE DANS L'OUEST DU PORT
DU ROI-GEORGE.

Au Sud de Bald-Head, à un mille de distance, on voit un brisant de peu d'étendue, et dans l'O. S. O. les îles de l'Éclipse, qui sont stériles et entourées de récifs. La partie du continent qui s'avance jusqu'au cap Howe *(carte n.° 1)*, est généralement de bonne hauteur, et peut s'apercevoir avec facilité de dix ou douze lieues en mer, lorsque le temps est beau. Ses rivages, élevés et coupés à pic, offrent, de distance en distance, quelques îlots peu considérables, qui ne sont pas éloignés de la côte. Les parties montueuses se montrent le plus souvent sous l'apparence d'îles, parce que, à quatre ou cinq lieues au large, on ne voit pas les terres basses qui les joignent les unes aux autres. La même constitution se reproduit jusqu'au *cap Pingré*, qui est le point où *le Casuarina* a commencé ses relèvemens dans la journée du 6 mars.

Le cap Pingré *(carte n.° 20)* est peu saillant : il forme l'extrémité Orientale d'une baie de quatre à cinq milles d'ouverture, obstruée par des brisans et terminée dans l'O. au *cap Faujas*. Un îlot rocailleux et stérile, qui en est à petite distance, paroît être joint à ce dernier cap par des récifs. Le fond de la baie est bas, et l'on voit des terres plus hautes en second plan ; tout annonce que l'espace intermédiaire est marécageux, et même qu'il contient des lagons ou étangs salés, communiquant avec la mer : le rapport de nos vigies confirme cette opinion. Le cap Faujas, sans être très-élevé, l'est cependant plus que ceux qui en sont voisins ; il est taillé à pic. Entre ce dernier et le *cap Lacroix* sont trois grandes anses ; celle de l'O. sur-tout est remplie de brisans dangereux : les terres du rivage sont fort basses, mais on distingue

TERRE DE NUYTS.

sur ce point plusieurs plans de montagnes éloignées. A trois milles environ dans l'O. du cap Lacroix, est une bande de récifs; plus loin, de nouveaux brisans sont auprès de la côte. En s'avançant encore, on arrive aux *îles du Casuarina ;* elles sont au nombre de trois ; quelques récifs les entourent et d'autres se trouvent dans le voisinage. On ne remarque sur leur surface, d'ailleurs tout-à-fait rocailleuse, aucune apparence de végétation : il faut s'en approcher avec beaucoup de réserve. Tout l'espace compris entre le cap Pingré et le *cap Mably* est de la plus affligeante aridité : des fumées aperçues en assez grand nombre prouvent cependant que l'espèce humaine n'est pas étrangère à ces tristes bords.

Deux jours après notre départ du port du Roi-George, nous trouvâmes que les courans nous avoient portés en vingt-quatre heures de douze milles dans le N. O. Cette observation est contraire à celle que fit VANCOUVER, en septembre et octobre 1791 [a]; mais peut-être doit-on attribuer cette disparité à la différence de saison, les vents soufflant plus constamment, tantôt de la bande de l'Est, et tantôt de celle de l'Ouest.

[a] Voyage de VANCOUVER, *tom. I, pag. 59 et 68* de la trad. franç. in-4.°

CHAPITRE V.

Terre de Leuwin.

Si l'on tire une ligne de l'extrémité du cap de Nuyts à l'embouchure de la rivière des Cygnes, sa direction sera le N. $\frac{1}{4}$ N. O., et sa longueur de 65 lieues marines; mais si l'on suit les principales sinuosités de la côte, on trouvera pour le développement de la Terre de Leuwin, 93 lieues marines = 116 lieues moyennes de France = 517 kilomètres. De cet espace, nous n'avons exploré que la partie qui s'étend au N. du cap Gossellin; nous allons en consigner la description dans les trois paragraphes suivans.

§. 1.er

Du cap Gossellin au cap du Naturaliste.

Saint-Allouarn, sur la flûte *le Gros-Ventre*, mouilla au Sud de cette terre le 18 mars 1772. Vainement voulut-il y aborder; de forts brisans l'obligèrent à prendre le large. Son journal, qui n'a jamais été imprimé, ne nous apprend rien que nous ne sachions mieux aujourd'hui sur ce pays stérile.

Lorsqu'on est à neuf lieues au large, l'intervalle qui sépare le cap Gossellin du cap Hamelin, semble être découpé en un assez grand nombre de petites îles; cet effet est produit par les monticules les plus saillans de la côte, et quelquefois aussi par le *mirage*. Il faut être à trois lieues de la terre pour la voir bien distinctement.

L'aridité la plus affligeante se montre sur tous les points; quelques broussailles, et parfois de petits bouquets d'arbres foibles et rabougris, offrent cependant, de loin à loin, une verdure agréable qui contraste avec la sécheresse extrême du sol. Nulle part la côte n'est abordable.

TERRE DE LEUWIN.

A une lieue au large et au S. du cap Gossellin, on trouve l'îlot *Saint-Allouarn*, qui n'est qu'un rocher noirâtre; dans l'O. il y a un fort brisant. Avant d'arriver au cap Hamelin, on rencontre un nombre assez considérable de rochers hors de l'eau, dont quelques-uns sont à deux milles du rivage. Plus loin encore vers le S. et sous le méridien de ce dernier cap, est une roche à fleur d'eau très-dangereuse, sur laquelle *le Géographe* a failli se perdre, et qu'il a rangée à portée de pistolet. Elle est fort écore.

Excellent point de reconnoissance.

Au N. et très-près du cap Hamelin, une grande tache de sable blanc se fait distinguer sur la côte; c'est un fort bon point de reconnoissance : nous en avons fixé la position géographique par 34° 11' 40" de latitude S. et 112° 41' 30" de longitude à l'E. de Paris.

Du cap Hamelin au cap du Naturaliste, la côte se dirige au N. sans former de grandes sinuosités ; elle est d'une élévation moyenne : quelques parties sont boisées; le reste, presque par-tout, est couvert de broussailles, dans l'intervalle desquelles se montre un terrain sablonneux. Sur le rivage on voit quelques pointes rocailleuses et des brisans qui ne s'éloignent presque pas de terre. En général, nous n'avons remarqué aucun danger qui, dans l'espace que nous considérons, puisse empêcher un bâtiment de grandeur quelconque de s'approcher du rivage à un mille de distance, et même plus près.

Mouillages.

Avec des vents du N. au S. par l'O., on ne pourroit trouver aucun abri sur cette côte, même pour de petites embarcations. Le mouillage, avec des vents de terre, ne seroit praticable que par cas fortuit ; car le fond est très-sale, la sonde n'indiquant presque toujours que du corail et des roches.

Animaux.

Nous n'eûmes (en mai 1801) la visite d'aucun oiseau de terre, et nous vûmes seulement en mer deux damiers. Cette rareté d'oiseaux nous parut être un indice certain de la stérilité du sol et du peu de ressource que la mer pouvoit offrir pour leur nourriture. A la même époque, les baleines se montroient en très-grand nombre : elles étoient rares en mars 1803.

TERRE DE LEUWIN.

On seroit tenté de penser qu'une terre aussi aride n'est point habitée; mais le nombre considérable de fumées que nous avons aperçues, n'ont pu nous laisser aucun doute sur le contraire.

Habitans.

§. 2.

Baie du Géographe.

La largeur de la baie du Géographe, depuis le cap du Naturaliste jusqu'à la *pointe du Casuarina*, est de onze lieues; sa profondeur est de cinq. La côte Occidentale est composée de collines; tout le reste n'est qu'une suite de dunes; mais on aperçoit vers l'E. des terres montueuses à cinq ou six lieues dans l'intérieur.

A quinze milles environ au N. du cap du Naturaliste est un brisant étendu, dont nous avons fait la découverte à l'époque de notre première campagne. Nous pensons qu'il est formé par la sommité d'un banc de sable, et que l'approche en est dangereuse. La reconnoissance que nous avons faite de ce récif n'a point été assez complète pour que nous puissions en dire rien de plus positif.

Récif du Naturaliste.

Dans la même direction, mais tout près de terre, on trouve quelques rochers sur lesquels la mer brise, et « un peu dans l'E. de ces rochers, dit M. Picquet, une barre qui déferle avec force, sur un fond de 7 à 8 brasses, au moment où l'on s'y attend le moins : il importe de s'en défier. »

Vers l'E. et non loin du cap dont nous venons de parler, qui est bas, saillant et rocailleux, on rencontre une anse terminée par deux pointes éloignées l'une de l'autre d'un peu moins d'une lieue : c'est l'*anse Depuch*.

Anse Depuch.

Le fond de cette anse est bordé d'une grève de sable blanc, et quoique le débarquement ait d'abord paru être facile, le ressac y est considérable, même par un beau temps. De distance en distance, de grands rochers grisâtres et rougeâtres se montrent sur le sable du rivage, où ils semblent comme implantés. La mer brise contre ces aspérités, mais avec beaucoup moins de violence que contre les deux pointes. Le fond, près de terre, est semé de roches qui nous ont paru de même nature et semblablement posées; elles sont très-apparentes, quoique recouvertes de 6, 8, 10, 12, 15 brasses d'eau et même plus, lorsqu'on va au large. Ce qui les fait sur-tout distinguer, c'est le contraste qui naît de leur couleur rembrunie et de la blancheur du sable dans toutes les autres parties : ce contraste affecte de telle sorte le fond de la mer, que des hauteurs voisines il seroit aisé non-seulement de compter le nombre de ces roches, mais encore d'indiquer leur forme et l'espace qu'elles occupent. Tous ces rochers, à en juger du moins par ceux du rivage, sont d'un beau granit à grain très-fin, dont la surface extérieure a été arrondie et polie par l'action continue des flots.

En arrivant à terre, on trouve premièrement une plage sablonneuse très-unie qui s'étend à environ vingt toises de la limite des marées; elle se termine à une petite falaise, si l'on peut donner ce nom à une terrasse de 5 à 8 pieds d'élévation, composée aussi d'un sable blanc très-fin. C'est au-dessus de cette falaise que commence la végétation; elle est d'abord peu active, mais elle le devient davantage, à mesure qu'on s'avance sur un sol moins sablonneux. Bientôt on arrive au pied d'une colline qui forme le premier plan du terrain; les hauteurs du second plan sont beaucoup plus étendues et plus arides : les premières contiennent une assez grande quantité d'arbres de moyenne hauteur, des arbrisseaux et des plantes parasites; les autres, au contraire, ne nous ont offert qu'une courte bruyère mêlée, par intervalles, à un très-petit nombre d'arbres rabougris.

La roche se montre à nu sur la plupart des hauteurs voisines, où l'on rencontre encore des morceaux de mine de fer limoneuse : en général, cette partie de la baie du Géographe nous a paru entièrement composée de roche primitive et d'un terrain d'alluvion. Aucun filet d'eau douce, aucune trace de courans momentanés que produisent souvent les ravines et les vallons, ne se sont offerts à nos regards.

A demi-encablure au large, la sonde rapporte depuis 1 brasse ½ jusqu'à 3 brasses, fond de sable fin et roche ; à une encablure, de 3 à 7, fond de sable fin mêlé de corail ; à deux encablures, de 10 à 15 brasses, sable fin. Le mouillage à petite distance de terre est bon, mais il le devient davantage, à mesure que l'on s'éloigne de la côte. Le fond toutefois est un peu dur ; cependant quand une fois les ancres ont bien mordu, ce qui peut arriver après qu'elles ont chassé, il est difficile qu'elles chassent encore.

M. DE MONTBAZIN a découvert dans le S. E. de l'anse Depuch, une petite baie bien fermée ; le débarquement y est très-commode, la mer ne brisant pas du tout sur la plage de sable qui l'entoure, ni même de beau temps sur les rochers qui sont auprès d'une des pointes. Le rivage est peu élevé et la terre bien couverte de bois ; mais on n'a pu apercevoir la moindre trace d'eau douce. Dans toute la largeur de cette anse, on trouve, à un mille de terre, de 5 à 6 brasses d'eau sur un fond de sable blanc. Le brassiage augmente avec régularité en avançant au large.

La côte, qui jusqu'ici s'étoit maintenue de moyenne élévation, change bientôt tout-à-fait d'aspect ; ce ne sont plus que des dunes arides jusqu'à la pointe du Casuarina. Quelques-unes n'étant recouvertes d'aucune espèce de végétaux, présentent à l'œil de grandes taches blanchâtres qui sont autant de points de reconnoissance. Toutes se terminent à la mer par une pente assez rapide, qui est beaucoup moins brusque à leur revers. Sur ce côté intérieur on voit aussi quantité de broussailles et d'arbrisseaux de différentes sortes ;

Marginalia:
TERRE DE LEUWIN.
Mouillages.
Anse au S. E. de l'anse Depuch.
Fond de la baie et côte Orientale.

au-delà une plaine d'un quart de lieue d'étendue se termine à la lisière d'une forêt agréable. Le sol, quoique sablonneux, paroît convenir à la culture, à en juger toutefois par la vigueur de la végétation et par la multiplicité de plantes de diverses espèces que nous avons aperçues.

Étangs salés. Derrière les grandes dunes qui forment la côte Orientale de la baie, des étangs salés et des marais très-étendus communiquent à la mer par plusieurs ouvertures ; l'un de ces étangs, séparé de la grève par une langue de terre de quarante à cinquante toises de largeur, peut avoir une lieue de longueur sur un dixième de large environ. C'est près des bords de cet étang que se trouve le bosquet religieux découvert par M. PÉRON, et qu'il a décrit, tom. I, pag. 73-77 de l'*Histoire de notre voyage*.

Rivière Vasse. La *rivière Vasse* est une des issues dont nous venons de parler. Son entrée est peu apparente : une barre la rend difficile ; cependant une fois qu'on est parvenu à la franchir, on rencontre assez d'eau pour faire flotter un canot ; mais la navigation devient bientôt impossible, par la diminution du brassiage et la quantité de troncs et de branches d'arbres qui ont été transportés par les eaux au milieu du chenal.

On remarque quelques embranchemens, dont un forme un canal parallèle à la côte dans la direction N. et S. Au reste, cette rivière, ou plutôt cette suite de bras de mer, est par-tout entièrement salée ; les bords sont bien garnis de grands arbres ; et malgré la disette totale d'eau douce, on peut, en creusant des puits d'une petite profondeur, y trouver au besoin une eau saumâtre.

Mouillages ; navigation. Le *récif du Naturaliste* est le seul danger éloigné de terre que les navigateurs aient à redouter dans la baie qui nous occupe ; par-tout ailleurs on aura bon mouillage. Il est à remarquer que la sonde, qui, avant d'arriver au cap du Naturaliste, n'indique jamais qu'un mauvais fond, rapporte toujours ici un fond pur de beau sable. Les madrépores que l'on trouve quelquefois ne sont point en assez grand nombre

nombre pour endommager les câbles. *Le Naturaliste* perdit cependant deux ancres au mouillage ; la première étoit placée sur un sable tellement dur, qu'en voulant la relever, on en rompit les pattes, après avoir fait des efforts inouis ; la seconde cassa de même par le fond, à la suite des violens mouvemens de tangage que nous éprouvâmes, au commencement de l'ouragan du mois de juin 1801. Peut-être que le fond n'est pas aussi net que nous l'avons cru, et qu'il s'y trouve des roches recouvertes de sable que la sonde ne peut indiquer.

TERRE DE LEUWIN.

Les arbres que l'on rencontre dans la baie du Géographe sont, en général, un peu éloignés du rivage ; les espèces en sont variées ; quelques-uns parviennent à de très-fortes proportions, et sous ce rapport ils pourroient convenir aux constructions navales. Les plus communs sont les eucalyptus, les mimosa, les banksia, et une espèce de *juniperus* remarquable par la profondeur des couches de son liber, par leur délicatesse et leur légèreté ; les naturels s'en servent pour couvrir leurs cabanes, pour les tapisser, pour s'en faire des lits et des couvertures. Dans l'anse Depuch, on voit un arbuste que sa forme et son odeur feroient prendre pour un laurier ; et dans toutes les parties de la baie, une quantité considérable de xanthorrhea, arbre qui fournit une résine abondante et précieuse pour les usages nautiques : en la brûlant, elle exhale une odeur qui ressemble beaucoup à celle de l'écorce d'orange. Sur les dunes du bord de la mer, croissent des genêts, des bruyères, genevriers, houx, romarins, &c.

Productions.

Les végétaux mangeables se réduisent à une espèce de céleri sauvage, à du pourpier, de la pimprenelle, de la perce-pierre, et à une espèce d'*orchis*, dont la racine paroît faire partie de la nourriture des naturels.

Nous n'avons vu d'autres quadrupèdes que des chiens ; mais souvent on a aperçu sur le sol des traces de kanguroos, et des terriers semblables à ceux de nos lapins, quoique plus petits.

X

Autant ces parages sont pauvres en animaux de cette classe, autant ils sont riches en oiseaux de tout genre. On distingue d'abord le superbe aras noir, beaucoup de perroquets et de perruches, des aigles, des faucons, des chouettes, des merles, quantité de corbeaux et d'alouettes, de colombes, de tourterelles, de cailles, &c. Parmi les oiseaux aquatiques, nous citerons les albatrosses et les pétrels, les canards, les sarcelles et les cygnes noirs qui sont en grand nombre sur la rivière Vasse et les marais voisins; en outre, une multitude de sternes, mauves, goëlans, fous, pélicans, hérons, râles, huîtriers, courlis et pluviers.

Les baleines, qui, lors de notre première campagne, étoient très-multipliées dans la baie, ne nous ont plus offert, en 1803, que quelques individus morts et flottant à la surface de la mer. Pendant nos relâches, nous n'y avons pris que très-peu de poissons, qui consistoient principalement en scombres ou maquereaux, en perches, cottes et tétrodons. Les étangs sont abondamment pourvus de poissons qui paroissent faire, en grande partie, la nourriture des naturels. Les mêmes étangs doivent contenir aussi des écrevisses; car nous avons vu sur leurs bords plusieurs débris de ces crustacés. Une seule tortue a été aperçue dans la baie, en juin.

Les coquillages ne nous ont rien offert de très-convenable à la nourriture; les oreilles et les lépas sont ce qu'il y a de mieux.

Les hordes sauvages qui existent vers cette partie de la Nouvelle-Hollande sont passablement multipliées, mais très-misérables, ainsi que nous avons eu occasion de l'observer sur d'autres points du continent. Quelques individus nous ont montré du courage et même de l'audace, quoique cependant un caractère de timidité et de crainte nous ait paru être le partage du plus grand nombre. Rien ne nous a annoncé que ces peuples connussent l'art de la navigation. La pêche leur est familière, et la fouëne est l'instrument que nous leur avons vu employer de préférence : ils dressent aussi des piéges, pour le même objet, sur les bords de la rivière Vasse.

Les marées ne sont pas très-fortes et ne s'élèvent guère, dans la morte eau, à plus de six pieds, et dans les nouvelles et pleines lunes au-dessus de huit. Quand elles montent au-delà, la force et la direction du vent doivent influer sur leur ascension. Le flot porte au N. E. ¼ N. dans le voisinage de la pointe du Casuarina, et au N. E., près le cap du Naturaliste ; le jusant ou la marée descendante se dirige dans le sens opposé. M. Hamelin pense que la pleine mer doit avoir lieu dans la baie, à 11^h 40' le jour de la nouvelle et pleine lune.

TERRE DE LEUWIN. Observations physiques et astronomiques.

A notre atterrage sur la Terre de Leuwin, en juin 1801, les vents de terre et de mer nous parurent avoir d'abord une marche uniforme et réglée. Le matin, ils étoient de la partie de l'E. variables au N., et dans l'après-midi du S. E. au S., où ils restoient la plus grande partie de la nuit. Les brises étoient modérées, d'une fraîcheur agréable, et le ciel presque toujours serein. Ce beau temps nous accompagna jusque dans la baie du Géographe, et y continua quelques jours ; mais au dernier quartier de la lune, cet astre ayant atteint sa déclinaison boréale, le temps changea entièrement, et nous n'eûmes plus qu'une suite non interrompue d'ouragans et de vents forcés jusqu'au changement de constitution lunaire. Dans cet intervalle, les vents du O. N. O. au O. S. O. ont prévalu et presque toujours ont été accompagnés de pluie ou d'une brume épaisse.

En mars 1803, au contraire, les vents dominans étoient ceux du S. S. E. à l'E. N. E. ; ils nous ont procuré du beau temps. L'inverse a eu lieu lorsque la brise s'est rapprochée de l'O.

« Il est à remarquer, dit M. Hamelin, que dans ces parages, quoique la lune ne soit pas sur l'horizon pendant les nuits orageuses et venteuses, il fait néanmoins toujours très-clair ; le ciel entre les grains paroît lumineux, et les étoiles même ne perdent pas leur éclat, comme cela a lieu en pareille circonstance dans nos mers d'Europe : dans la Manche de Bretagne, avec autant de vent, le ciel est totalement couvert. Pendant les nuits des 10 et 11 juin 1801, le ciel, par intervalles, fut entièrement couvert d'une teinte uniforme, d'un gris blanchâtre, et, après les grains qui se succédoient avec rapidité, on pouvoit apercevoir toute la surface azurée du ciel, à l'exception d'une bande de 8 à 10° voisine de l'horizon. Les éclairs étoient fréquens au N. O., mais n'avoient point cette vivacité qui leur est ordinaire. La tempête qui venoit du N. E. le 9 juin, passa au N. O. le lendemain, et souffla pendant les grains avec une grande furie. La pluie ne duroit qu'un moment; le temps ensuite étoit nuageux, depuis l'horizon jusqu'à 10° au-dessus; quelquefois néanmoins les nuages s'élevoient beaucoup plus haut. »

Nos observations thermométriques n'ont pas été assez prolongées dans un même lieu, pour que nous puissions donner ici le terme moyen de la température : les limites de leur variation pendant notre séjour dans la baie du Géographe, en juin 1801, ont été + 11^d,7 et + 13^d,8 à bord. Le baromètre, à la même époque, a varié de 27^p 7^l,5 à 28^p 6^l,8, l'hygromètre de 70^d est parvenu au terme extrême de saturation. En mars 1803, le thermomètre s'est soutenu de + 15^d,5 à + 18^d,5. Pour de plus grands détails, on peut consulter nos Tables de routes et d'observations météorologiques *(liv. IV)*.

Les réfractions atmosphériques nous ont présenté des phénomènes aussi curieux qu'intéressans; ils sont connus sous le nom de *mirage*, et sont un effet des variations de la densité de l'air, au voisinage de l'horizon.

Dans la matinée du 1.er juin 1801, nos corvettes parurent être plusieurs fois environnées de brisans; nos vigies étoient tellement dans l'erreur à cet égard, que souvent elles nous annoncèrent qu'il y avoit des récifs de l'avant à nous. Comme nous naviguions la sonde à la main et que le fond suivoit une marche très-régulière, nous continuâmes à courir la même bordée, et ne tardâmes pas à être tous pleinement détrompés; car ces prétendus brisans se montrèrent dans le lieu même que nous venions de quitter. « Tantôt, dit

» M. Péron, les terres les plus uniformes et les plus basses nous
» paroissoient portées au-dessus des eaux, et profondément dé-
» chirées dans toutes leurs parties ; tantôt leurs crêtes supérieures
» sembloient renversées et reposer ainsi sur les vagues. » Nos
observations d'angles horaires devoient être affectées de ces variations. Le mirage, en élevant la ligne d'horizon à laquelle nous rap-
portions la hauteur des astres, nous donnoit constamment des résultats erronés ; le matin, nous avions des angles horaires trop
grands, et le soir ils étoient trop foibles, d'où résultoit la même
incorrection dans nos longitudes : la différence, à ces deux époques
de la journée, a été quelquefois de 7′ de degré. M. Bernier ne
l'a trouvée que de 3′ par ses observations du 5 et du 6 juin ; mais
l'erreur étoit variable comme l'état de l'atmosphère. Une cause
aussi mobile devoit occasionner des anomalies plus singulières encore : « En effet, dit M. Hamelin, le même observateur, avec le
» même instrument bien rectifié, trouvoit souvent, d'un moment à
» l'autre, une grande différence dans les longitudes d'angles ho-
» raires ; » et ce fait a été observé plusieurs fois. Nous reviendrons
sur ce phénomène dans notre cinquième livre.

Il ne fut point établi d'observatoire à terre pendant notre séjour
dans la baie du Géographe ; cependant MM. Bernier et Boullanger étant descendus sur le bord de la mer, observèrent dans
le voisinage du grand étang, 33° 30′ de latitude S., et 113° 10′ 32″
de longitude E. Paris, corrigée.

A l'égard de nos observations magnétiques, elles ont été nombreuses et sont dues à plusieurs observateurs. En voici le tableau :

VOYAGE AUX TERRES AUSTRALES,

TERRE DE LEUWIN.

MM. Hamelin et L. Freycinet.	30 mai, par amplitude et par azimuth.		4° 30'.	
	31 mai........................		4. 14.	
	1.er juin........................		4. 30.	
	4 juin..........................		5. 00.	
	Déclinaison moyenne...		4° 33' 30".	Année 1801.
M. Breton.	30 mai.. { par amplitude ortive.....		5° 48'.	
	{ par 6 azimuths........		5. 25.	
	31 mai.. { par 18 azimuths.......		5. 25.	
	{ par amplitude occase....		5. 17.	
	5 juin.. { par 24 azimuths.......		5. 24.	
	{ par amplitude occase....		5. 25.	
	Déclinaison moyenne....		5° 27' 20".	
M. H. Freycinet.	9 mars. { par azimuth............		9° 9'.	
			7. 26.	
			8. 1.	
			8. 2.	
			9. 43.	
	Déclinaison moyenne.....		8° 28' 12".	
MM. Bernier et H. Freycinet.	10 mars. { par azimuth { grand compas		7° 1'.	
			6. 48.	
	{ petit compas.		8. 50.	
			9. 41.	
	Déclinaison moyenne....		8° 5' 0".	Année 1803.
	11 mars. { par azimuth { grand compas		4° 59'.	
			4. 11.	
	{ petit compas.		8. 26.	
			8. 28.	
	Déclinaison moyenne....		6° 31' 0".	
M. Bernier.	11 mars. { aiguille...... { N.° 2 = 60° 0'.			
	{ N.° 3 = 65. 0.			
	{ N.° 4 = 62. 0.			
	Inclinaison moyenne....		62° 20'	

Déclinaison Nord-Ouest.

Déviations magnétiques.

Inclinaison.

§. 3.

DE LA BAIE DU GÉOGRAPHE À LA RIVIÈRE DES CYGNES.

Au Nord de la pointe du Casuarina est une petite anse, dans le fond de laquelle on distingue l'enfoncement que nous avons nommé port Leschenault.

Ce port paroît être lié au système d'étangs salés et de marécages que nous avons observés dans la baie du Géographe, et sous ce point de vue on peut le comparer à la rivière Vasse. Ainsi que cela a lieu pour cette rivière, l'entrée est barrée par un banc, qui traverse la passe dans toute sa largeur et sur lequel il y a très-peu d'eau. Au milieu la sonde rapporte une brasse, mais le fond diminue rapidement en s'approchant de l'un et l'autre bord.

A la pointe Orientale d'entrée, on voit un îlot de sable qui est joint à la grande terre par la batture dont nous venons de parler. En dedans de la barre, la sonde indique 2 brasses et 2 brasses $\frac{1}{2}$, fond vaseux. En avançant davantage, on découvre deux ouvertures : l'une à tribord, qui est assez étroite ; l'autre à bâbord, dont la largeur est diminuée par une île sablonneuse, entourée de bancs, et couverte d'arbrisseaux touffus. Cette île forme la limite de la partie navigable du port ; mais au-delà des bancs, l'eau se montre encore très-profonde.

En quittant le port Leschenault et remontant au N. jusqu'au *cap Bouvard*, la côte suit une direction uniforme, et n'offre aucune sinuosité sensible. Par-tout les terres sont basses, sablonneuses et couvertes de broussailles ; mais à quelque distance dans l'E., et parallèlement au rivage, la chaîne de montagnes observée déjà plus au Sud, se fait encore apercevoir ; on y remarque une belle végétation.

Par 32° 46' de latitude et à 2 milles de la côte, est un banc de

168 VOYAGE AUX TERRES AUSTRALES,

TERRE DE LEUWIN.

sable séparé de la terre, sur lequel il n'y a que 3 ½ et 4 brasses d'eau. Par-tout ailleurs, à la distance d'une lieue ou d'une demi-lieue, la sonde ne donne pas moins de 9 brasses, fond de joli sable propre au mouillage.

Au Nord du cap Bouvard, la côte se renfonce un peu vers l'Est jusqu'au cap Péron, qui est bas et saillant. Quelques récifs se montrent dans le voisinage, et défendent tout passage entre ce dernier cap et l'îlot qui gît au Sud de l'île Buache. *Le Casuarina* a tenté cette route, et l'a poursuivie jusque par 2 brasses ½ d'eau; les hauts fonds l'empêchèrent de la continuer, et il fut obligé de chercher son salut en s'échappant au travers des brisans.

Entre le cap Péron et l'embouchure de la rivière des Cygnes, on trouve une grande baie, dont il ne nous a pas été possible de faire l'examen détaillé. C'est en face de cette baie que sont les îles Louis-Napoléon, dont nous parlerons dans le chapitre suivant.

Observations sur les courans.

Pendant notre campagne de 1801 à la Terre de Leuwin, les courans nous ont paru changer deux fois de direction : du cap Gosselin au cap du Naturaliste, ils nous portèrent avec force du S. vers l'O., et quelquefois aussi du S. vers l'E.; mais de ce dernier cap, en remontant au Nord jusqu'au cap Péron, ils se dirigèrent plus ordinairement du N. à l'O., que vers toute autre partie.

CHAPITRE VI.

CHAPITRE VI.

TERRE D'ÉDELS.

L'EMBOUCHURE de la rivière des Cygnes et la pointe Escarpée, qui sont les limites de la Terre d'Édels au N. et au S., gisent, l'une par rapport à l'autre, N. N. O. et S. S. E., à cent vingt-neuf lieues de distance environ *(carte n.° 22)*. Il est quelques portions de cet espace que nous n'avons pas explorées ; nous les ferons connoître en même temps que nous rendrons compte de nos observations.

§. 1.er

ILES LOUIS-NAPOLÉON.

CES îles, au nombre de trois principales, se nomment Rottnest, Buache et Bertholet *(carte n.° 21)*. Leur gisement réciproque est N. O. et S. E. VLAMING, navigateur hollandois, reconnut la première en 1696, et lui donna le nom de *Rottnest* [Nid de rats], probablement parce qu'il y trouva en grande quantité une espèce de *péramèle* très-remarquable, qu'il prit pour un rat des bois, ainsi qu'il le dit lui-même dans sa relation.

L'île Rottnest, la plus Orientale et la plus N. du groupe qui nous occupe, a son plus grand diamètre dirigé du N. E. $\frac{1}{4}$ E. au S. O. $\frac{1}{4}$ O. ; sa longueur dans ce sens est d'environ huit milles. Un fort brisant tient à sa pointe S. O. ; quelques îlots, des rochers et des brisans sont dans son voisinage, tant à l'E. qu'au N. E. et au S. Ses rivages, généralement écores et de hauteur médiocre, sont composés de roches d'un grès calcaire, qui laissent toutefois apercevoir entre elles des anses d'un sable très-blanc. Quoique peu substantiel en

Ile Rottnest.

TERRE D'ÉDELS.

apparence, le sol fournit cependant une végétation abondante et vigoureuse. L'intérieur du pays, coupé par une multitude de collines bien boisées, par des prairies et par quelques étangs, est d'un aspect très-agréable ; des arbustes d'un port gracieux y répandent une douce odeur, et de belles fleurs rouges et jaunes viennent encore embellir le paysage [a]. Malheureusement, nous n'avons pu trouver aucune source d'eau douce, et tout nous porte à croire que l'île n'en fournit pas. On pourroit, à la vérité, en ouvrant des puits de deux ou trois pieds de profondeur, dans les lieux les plus humides, se procurer une eau potable ; mais ce ne seroit qu'en petite quantité.

Les étangs dont il vient d'être question et que nous avons nommés *étangs Duvaldailly*, sont situés près de la côte N. E. de l'île : l'eau en est salée ; une quantité prodigieuse de coquilles bivalves d'une seule espèce, forme à l'entour une plage d'environ quinze pieds de largeur, couronnée par des coteaux fertiles.

Ile Buache.

L'*île Buache*, d'un aspect à-peu-près semblable à celui de Rottnest, est environnée de bancs ; et quoiqu'elle offre des plages de sable assez multipliées, l'abord en est difficile. « Sa charpente, observe M. BAILLY, est composée de roches calcaires plus ou moins mélangées de sable, et contenant quelques empreintes de coquilles ; elles sont disposées par couches horizontales de peu d'épaisseur, qui paroissent se prolonger dans l'intérieur de l'île. Au lieu de constituer des monticules isolés, ces roches forment de longues arêtes continues, qui présentent de chaque côté une pente uniforme et rapide. Ainsi que sur l'île précédente, nous n'avons pu y trouver de traces d'eau douce ; et l'on ne doit pas en être surpris, d'après la constitution du sol : car le sable qui recouvre ou plutôt qui forme des couches superficielles, repose sur une roche calcaire,

---

[a] VLAMING parle de l'île Rottnest avec une sorte d'enthousiasme que nous sommes loin de partager. « Je crois, dit-il, que de » tant de gens qui cherchent à se rendre » heureux, beaucoup mépriseroient la fortune » de nos pays, pour choisir celui-ci, qui leur » paroitroit un paradis terrestre. »
(*Manuscrit.*)

LIVRE II. Descriptions géogr. et nautiques. 171

dont le tissu lâche et poreux ne sauroit opposer aucun obstacle à l'infiltration des eaux. » L'intérieur est parfaitement boisé ; les arbres sont généralement élevés et les arbustes d'un port très-agréable. Quoique le sol soit couvert de sable, la végétation est cependant fort active. « Dans quelques endroits, dit M. Milius, on rencontre au-dessous du sable un terrain noir, très-propre à l'agriculture, et couvert d'une herbe haute et épaisse. »

L'île Bertholet, absolument stérile, est entourée de rochers et de brisans, sur-tout dans la partie du Sud : il y a dans le N. E. une petite plage de sable sur laquelle on peut débarquer.

Situé dans le N. ¼ N. E. de l'île Buache, « le *récif Giraud* se distingue, dit M. Bailly, par la forme d'une des roches qui le composent, et qui ressemble assez bien à un soulier. Cette roche sert plus particulièrement de refuge à un grand nombre d'oiseaux de mer.

» Toutes ces îles, tous ces rochers, disséminés à peu de distance du continent, sont réunis par un banc de roches qui s'étend à près de trois lieues de la grande terre. L'île Rottnest se rattache à cette ligne de récifs, et la plus foible embarcation ne sauroit en quelques endroits y trouver un passage. »

On voit en rade de grosses taches noirâtres sur un fond de sable blanc, que d'abord nous avons prises pour des roches, mais que nous avons reconnues ensuite être des touffes d'herbe. Il paroît cependant qu'au point où *le Naturaliste* jeta l'ancre *(carte n.º 22)*, il se trouvoit, soit des roches, soit du corail, quoique la sonde indiquât toujours fond de sable ; notre câble y fut ragué, ce qui nous obligea de le rafraîchir de 25 brasses. « Du reste, dans toute l'étendue de la rade, dit M. Saint-Cricq, le fond est de sable tellement mobile, qu'il conviendra toujours d'empenneller les ancres, lorsqu'on voudra y rester quelque temps. »

Entre les îles Buache et Bertholet, la sonde rapporte de 6 à 7 brasses ; en général, il paroît y avoir beaucoup d'eau entre ces îles.

TERRE D'ÉDELS.

Île Bertholet.

Récif Giraud.

Mouillages.

Y 2

TERRE D'ÉDELS.

Lorsqu'on se rapproche de l'île Buache, le brassiage diminue et varie de 6 à 4 et 3 brasses : cette partie offre beaucoup de bancs entre lesquels on a 15 brasses, tandis que dessus il n'y en a que 2, 3 et 4. Si l'on s'avance en face de l'embouchure de la rivière des Cygnes, on aura des sondes fort inégales sur un beau fond de sable blanc.

La même irrégularité de sondes se rencontre également au S. de l'île Rottnest. Plusieurs battures ont pu y être aperçues, à cause de la grande transparence de l'eau; les circonstances ne nous ont pas permis de les sonder. Le *Casuarina* voulut tenter ce travail en 1803, mais pressé par les ordres qu'il avoit reçus, à peine eut-il le temps d'en commencer l'ébauche.

Nous avons vu sur la côte Nord de l'île Rottnest, les débris d'un naufrage récent; c'étoit le traversin des bittes d'un navire de 300 à 350 tonneaux; on y distinguoit parfaitement encore l'effet du frottement des câbles et plusieurs chevilles en fer bien conservées: preuve certaine du danger de la navigation sur ces bords sauvages.

Parmi les arbres que nous avons vus, on doit en rencontrer de propres à l'architecture navale; n'ayant fait aucune expérience à ce sujet, nous ne pouvons juger ici que sur les apparences.

Productions.

Un seul fruit a été trouvé sur l'île Buache; il ressemble à une prune, mais nous ignorons s'il est vénéneux.

Les quadrupèdes observés sont, 1.° une petite espèce de kanguroo de deux pieds de hauteur, qui est en grand nombre sur l'île Rottnest; 2.° un animal de la grosseur d'un rat très-fort, que nos naturalistes ont désigné sous le nom de *péramèle à long nez*.

Les phoques sont par-tout très-multipliés (juin 1801). Quelquefois ils s'avancent dans l'intérieur des forêts à d'assez grandes distances. Il y en a du poids de 140 livres [68 kilogrammes $\frac{1}{2}$] et au-delà ; leurs fourrures sont fines, bien fournies, et, sous ce rapport, pourroient être d'un grand intérêt: il seroit facile de s'en procurer de riches cargaisons. La graisse de ces amphibies, lorsqu'elle est fraîche, est très-bonne à manger ; nous l'avons employée souvent en friture, sans y trouver de mauvais goût ni aucune odeur désagréable. La chair nous a fourni une nourriture passable, sur-tout lorsqu'en tuant ces animaux on avoit eu la précaution de les saigner, au lieu de les assommer.

Les baleines se sont montrées également en nombre si prodigieux, qu'un navire pêcheur eût pu y compléter très-vite son chargement.

La classe des oiseaux nous a offert des perdrix, et des corbeaux plus petits que ceux d'Europe, mais d'un goût délicieux ; quelques oiseaux noirs à yeux, bec et pattes rouges ; des albatrosses, des damiers, des mauves, des fous, &c.

Les serpens sont assez communs sur l'île Rottnest : plusieurs n'ont pas moins de quatre à cinq pieds de long, sur un diamètre d'un pouce et demi à deux pouces. Leur couleur est grisâtre. Nous n'avons pas observé qu'ils fussent venimeux.

La pêche nous a fourni d'excellent poisson et en abondance ; cependant il y a eu des jours où nous n'avons pu en prendre un seul : j'ai cru remarquer que ces jours correspondoient à ceux du plus grand calme des vents et des flots. Peut-être qu'alors les poissons s'avançoient davantage au large, et ne revenoient auprès de nous que lorsque la mer étant trop agitée, ils avoient besoin de chercher, par un plus petit brassiage, des vagues moins tumultueuses.

Ce qui, parmi les poissons, nous frappa sur-tout, ce fut la multiplicité des squales ou requins ; ils ne quittèrent pas un seul instant le navire : la plupart d'entre eux étoient véritablement énormes. Nous en prîmes un qui avoit le museau beaucoup plus pointu que les autres ; sa longueur étoit de treize pieds, sa circonférence de dix, et son poids total de 1300 livres [environ 636 kilogrammes]. Nous en avons observé quelques-uns de dimensions doubles de celles-ci. On peut donc raisonnablement douter qu'aucune autre partie des mers présente en ce genre des monstres plus puissans et

TERRE D'EDELS.

plus redoutables. Les poissons bons à manger étoient une espèce de merlan et de carangue, mais sur-tout un poisson rouge bossu, de la famille des *coryphènes*, et dont la chair est de la plus grande délicatesse; plusieurs ne pèsent pas moins de huit à dix livres : on les trouve par-tout et en nombre très-considérable.

Quantité de serpens marins ont été vus aux environs du navire, principalement lorsque la mer étoit tranquille.

Nulle part nous n'avons rencontré de coquillages bons à manger.

Les îles Louis-Napoléon ne sont point habitées, et il ne paroît pas que les naturels de la terre ferme y soient jamais descendus.

« Le mauvais temps que nous avons éprouvé à notre mouillage devant Rottnest, dit M. HAMELIN, n'a pas permis que je fisse des observations très-exactes sur les marées. Il m'a paru cependant que les eaux montoient de six à sept pieds le jour de la pleine lune, la haute mer étant à $9^h \frac{1}{2}$. Le flot court N. N. O. et quelquefois N. O., et le jusant, qui est très-violent dans les premières heures, au S. S. E., au S. et au S. O. Le vent modifie beaucoup la direction du courant, sur-tout lorsqu'on s'avance au large. »

Pendant notre séjour sur la rade (en juin 1801), les vents ont soufflé successivement de tous les points de l'horizon. En général, ceux de l'E. ont été foibles et nous ont procuré du beau temps; ceux de l'O., du S. O. et du N. O. nous ont, au contraire, amené constamment des grains et de la pluie.

Lorsqu'il ventoit grand frais, ou qu'il étoit au moment de venter, nous voyions paroître autour de nous beaucoup de pétrels, de damiers, de fous, &c. qui s'en alloient aussitôt que le temps se remettoit au beau.

La hauteur moyenne du baromètre à midi, du 15 au 26 juin, a été $28^p 3',4$, et les extrêmes $28^p 1',0$ et $28^p 5',8$. Le thermomètre, qui a varié de $12^d,0$ à $15^d,6$, a donné pour terme moyen $13^d,8$: en mars 1803, il s'éleva davantage; pendant les journées du 11 au 13, il se maintint à bord de $16^d,0$ à $16^d,6$.

LIVRE II. Descriptions géogr. et nautiques.   175

La latitude de l'extrémité Nord de Rottnest a été déterminée de 31° 58' 47" S., et la longitude corrigée, du même point, de 113° 9' 4" à l'E. de Paris.

Une seule observation magnétique faite sous voiles, a donné pour la déclinaison dans ces parages, en 1803, 4° 37' N. O.

Des phénomènes analogues à ceux qui sont décrits dans le chapitre précédent, relativement au mirage, ont également été observés ici.

§. 2.

RIVIÈRE DES CYGNES.

L'EMBOUCHURE de la rivière des Cygnes *(carte n.° 21)*, située par 32° 4' 31" de latitude S. et par 113° 26' 28" de longitude à l'E. de Paris, est obstruée par une barre de roches qu'il est très-difficile de franchir, et qui seroit tout-à-fait impraticable, si les vents souffloient du large [a]. Un banc de roches poreuses semble avoir été coupé pour laisser un libre écoulement aux eaux. D'énormes quartiers de roches roulés et rougeâtres occupent l'espace intermédiaire, et ne paroissent pas adhérer au sol : tout annonce que ces roches sont d'une nature différente de celles du rivage, à droite et à gauche de l'entrée ; celles-ci offrent par-tout des excavations, de larges fentes verticales où la mer vient se briser avec violence. La passe, située à tribord en entrant, est étroite et peu profonde ; elle est partagée en deux parties, dans chacune desquelles on a de 5 à 6 pieds d'eau. Dès qu'on a franchi la barre, on parvient par 7 à 8 pieds ; il faut alors s'avancer promptement vers l'O. pour éviter deux bancs de sable qui sont sur la rive droite. Après un mille de route, la navigation devient tout-à-fait libre ; et si l'on se tient à mi-chenal, on est sûr de ne pas avoir moins de 7, 8 et 9 pieds d'eau. La rivière se

[a] Les détails contenus dans ce paragraphe sont dus presque en totalité à MM. HEIRISSON et BAILLY.

dirige aussi au N. l'espace d'environ sept milles, sans faire de sinuosités sensibles. Arrivé à ce point, on rencontre deux bancs qui touchent à la rive Orientale : il faut alors ranger la côte opposée, où le brassiage n'a pas moins de 8 pieds. Au-delà de ces bancs, le cours de la rivière s'incline vers l'E. jusqu'à une pointe basse, où l'on voit un arbre isolé ; un banc étendu défend l'approche de cette pointe, et le chenal continue d'être dans l'O. par les 10 pieds de profondeur. A cette hauteur, le fleuve a plus d'un mille de large ; il s'élargit davantage encore, et forme sur l'un et l'autre bord des anses spacieuses, qui n'ont pas été sondées. Dans la direction du S. E., se présente une ouverture qui est peut-être un second bras de la rivière ; elle a reçu le nom d'*Entrée Moreau*, de l'un de nos aspirans : nous n'y avons pas pénétré. En face et dans le N. O., une pointe aiguë est défendue par un banc assez vaste. Le chenal se rapproche ici de la côte Orientale : on y trouve 13 pieds d'eau. En cet endroit, la rivière offre un vaste bassin de deux milles et demi de diamètre ; elle se rétrécit ensuite pour s'élargir de nouveau au-delà d'une pointe après laquelle est un banc ; elle s'incline alors au N. E., et le chenal revient à l'O. : mais bientôt les bancs se développent et barrent entièrement son cours. Plusieurs îles paroissent dans cette partie ; elles sont basses et noyées : nous les avons nommées *îles Heirisson*. Sur ce dernier banc, le brassiage est très-foible ; il varie d'un à 2 et 3 pieds ; mais après qu'on l'a franchi, la sonde retombe à 5, 8, 10, 12 et 15 pieds d'eau. Le lit de la rivière se rétrécit à ce point ; il n'a bientôt plus qu'un tiers de mille, et se prolonge en serpentant jusqu'au lieu où nous avons terminé notre reconnoissance. Dans tout cet espace, entièrement libre de hauts-fonds, le brassiage n'est pas au-dessous de 7 pieds, et quelquefois il va jusqu'à 10. De là, on aperçoit au loin la rivière se prolonger au N. vers de hautes montagnes où elle paroît prendre sa source.

Son cours est fort lent ; il se développe dans une vallée dont un des côtés offre toujours une coupe abrupte qui, quand elle cesse

d'un

d'un bord, passe subitement à l'autre; on y découvre des assises horizontales qui présentent par-tout des traces de l'ancien séjour de la mer. La roche est presque exclusivement composée d'incrustations de coquilles, de racines et même de troncs d'arbres pétrifiés, phénomène qui se reproduit en différens endroits de la Nouvelle-Hollande *(voy. pag. 123)*; toutes ces substances sont bien conservées.

Plusieurs de ces roches ont un aspect assez pittoresque: les unes ressemblent à des pans de murailles qui tombent en ruines; d'autres ne figurent pas mal ces anciens châteaux qui, du temps de la féodalité, couronnoient en Europe toutes les hauteurs, et offroient le témoignage de la puissance de leurs maîtres.

Au Nord des îles Heirisson, le pays est bas et presque noyé; une couche de sable à gros grains, et probablement d'une ancienne formation, recouvre un banc très-épais d'argile tenace et rougeâtre. A ce changement de constitution du sol, correspondent d'autres phénomènes importans: contenues par la couche argileuse, les eaux des pluies et des rosées restent à la surface de la terre, s'infiltrent dans le sable quartzeux dont nous avons parlé, forment de petites mares bourbeuses, des espèces de petits lacs, ou bien coulent en ruisseaux vers la rivière, dont les eaux, dès ce moment, commencent à perdre quelque chose de leur salure: jusqu'alors elles s'étoient soutenues presque aussi salées que celles de la mer.

« La rive droite de la rivière près de l'embouchure est stérile, dit M. COLAS[a]; on n'y aperçoit aucune espèce de végétaux, tandis que nous avons vu dans l'E. (en juin 1801) des arbrisseaux en fleur qui affectoient agréablement la vue et l'odorat. Les arbres à résine sont rares et ne se voient que sur un petit nombre de points. Ce n'est qu'après avoir fait quelques lieues dans l'intérieur qu'on rencontre un terrain plus boisé, quoiqu'il n'y ait encore aucun arbre de très-fortes dimensions. A huit ou dix lieues de l'embouchure,

[a] Pharmacien de notre expédition.

le nombre des plantes est très-varié : il y a des arbres de douze à quinze pieds de circonférence, et de cinquante à soixante pieds de hauteur. Là aussi le sol est très-fertile ; il le devient davantage encore quand on s'avance dans l'intérieur. J'ai vu de vastes pâturages composés d'une herbe ressemblant au trèfle ; en plantes potagères, je n'ai aperçu que du céleri et de la criste marine. »

M. MILIUS a cueilli une espèce de gland très-odorant, et diverses espèces de racines qui ne paroissent pas vénéneuses. Il n'en est pas de même d'un fruit ressemblant à la châtaigne, et qui est ici en grande abondance ; le goût en est excellent, mais les effets en sont perfides : plusieurs de nos compagnons qui mangèrent de cet aliment empoisonné, en furent fort malades [*].

Beaucoup de kanguroos, des perroquets, des perruches, de gros corbeaux et des cygnes noirs, sont les animaux les plus remarquables que nous ayons vus dans ces parages. Il est probable que la rivière contient beaucoup de poisson ; VLAMING le dit expressément ; mais comme tous nos journaux gardent le silence à ce sujet, je me tiendrai dans la même réserve.

Espèce humaine. L'espèce humaine est en assez grand nombre sur ces bords ; mais nous n'avons pu avoir avec les naturels aucune relation directe ; toutes nos observations se sont bornées à reconnoître les lieux où ils avoient demeuré. Quelques traces de pied humain nous ont étonnés par leur grandeur. VLAMING, cent cinq ans avant nous, avoit fait une observation semblable : « Nous remarquâmes au rivage voisin, dit-il, plusieurs pas de personnes d'une grandeur extraordinaire. » *(Ms.)* Ces faits, quoique bien positifs, ne peuvent suffire cependant, ainsi que l'ont pensé quelques personnes, pour prouver l'existence d'une race de géans dans ces parages, d'autant moins que nous n'avons vu ces traces de pied énorme qu'en petit nombre, et que l'on en

---

[*] VLAMING fait aussi mention de plusieurs de ses gens, « qui ayant fait cuire différens fruits qu'ils avoient amassés, en éprouvèrent du mal après les avoir mangés. » *(Ms.)*

trouvoit une multitude dans le voisinage, avec les dimensions ordinaires.

Il ne paroît pas que les sauvages de ces contrées soient navigateurs ; du moins nous n'avons aperçu aucun vestige de leurs pirogues.

§. 3.
Depuis la rivière des Cygnes jusqu'à la pointe Escarpée [a].

Il s'en faut beaucoup que nous ayons pu explorer en totalité la portion de côte intéressante qui fait l'objet de ce paragraphe : on en verra les raisons dans notre Itinéraire, *pag. 6 et 22*. Fidèles au plan que nous nous sommes tracé, nous allons réunir ici la série de nos observations, laissant à d'autres navigateurs le soin de compléter ce que nous n'avons pu faire, ou de rectifier ce que nous n'avons vu qu'imparfaitement.

Aux environs du *cap Leschenault,* la côte est plus élevée que vers aucune partie des rivages de la Terre de Leuwin ; à huit ou dix lieues de distance, elle s'annonce comme une suite d'îles basses et noyées ; mais plus près, comme une terre de médiocre hauteur.

L'entrée de la *baie Breton* est défendue par une chaîne de récifs qui s'avancent assez au large. Plus au N. et par 30° 59′ de latitude, l'*île Lancelin* gît à moins de deux milles de terre ; au N. et à une lieue de cette île environ commencent de très-grandes et très-hautes falaises blanches, qui, le matin et le soir, donnent à cette côte l'aspect d'une terre couverte de neige ; sur l'une d'elles, on distingue deux mondrains verts très-remarquables. Après ces falaises est la petite *île Boullanger,* au N. de laquelle les falaises recommencent encore.

La portion de terre comprise entre la baie Breton et l'île Boullanger, est sèche, aride, dénuée d'arbres, et couverte de sable blanc

---
[a] La substance de ce paragraphe est tirée, en très-grande partie, du journal de M. Hamelin.

TERRE
D'ÉDELS.

ou de broussailles rougeâtres : je crois qu'il n'y a pas un grand arbre par lieue ; nous n'en avons vu qu'un seul bouquet formant un petit bois au sommet d'un second plan de terre vers la partie Septentrionale de la baie Breton. Quelques roches au-dessus de l'eau se trouvent sur la même côte, mais il n'y a pas autant d'îlots que semble l'indiquer la carte de VLAMING.

Au-delà de l'île Boullanger se dessine la *baie Jurien*, dont les terres sont basses, couvertes d'un bois épais qui offre un assez joli coup d'œil, et sur-tout un contraste frappant avec l'affreuse stérilité des terres voisines. Les récifs nous ont paru cerner la baie de toute part ; mais cela ne peut être réellement, puisque VLAMING, sur le même point, a pu envoyer une de ses embarcations à terre. La sonde, à deux lieues des récifs, rapporte de 20 à 21 brasses, fond dur et salé. Plus au N. sur la côte sont trois pitons élevés ; les deux extrêmes ont été nommés *piton Lesueur* et *piton Péron*.

Il reste de grands doutes sur la position, le nombre et l'étendue des îles et récifs composant le groupe des Abrolhos ; nous discuterons ce point de géographie dans notre III.e livre : posons, en attendant, quelques jalons pour nous diriger dans cette partie de notre travail.

Houtman's-Abrolhos.

« L'île principale des Abrolhos, qui est la seule que j'aie vue, dit M. HAMELIN (les autres ayant toujours été mangées par la terre), est longue, peu haute, et paroît aride dans toute son étendue ; du côté de l'O., elle a des falaises de pierres rougeâtres, au pied desquelles la mer brise : je doute cependant que les récifs à l'O. de cette île s'avancent aussi loin que le supposent toutes nos cartes ; peut-être que s'il eût fait mauvais temps, nous aurions vu la mer déferler plus au large. » Ces détails sont positifs ; mais il y a malheureusement ici conflit d'opinions : quelques personnes n'osent assurer que nous ayons vu les Abrolhos ; d'autres, et je suis de ce nombre, pensent que ce que nous avons pris pour ce groupe d'îles, est une portion du continent.

M. Hamelin paroîtroit disposé à se ranger à cet avis, puisqu'il ajoute : « A dix ou douze lieues de terre, on voit à peine les Abrolhos, et l'on croiroit qu'ils n'en sont pas détachés. » Or, l'examen de nos routes prouve que nous n'avons pas approché le continent sur ce point à une moindre distance.

TERRE D'ÉDELS.

« Les Abrolhos, dit cependant encore le même officier, ne sont pas éloignés de la grande terre de plus de vingt-trois à vingt-quatre milles à leur extrémité Sud, et beaucoup moins à leur extrémité Nord; car ils paroissent converger avec elles : Tortelduyf peut être à dix milles de la côte, qui me semble faire un enfoncement à cette hauteur. Étant dans l'O. de ces îles, M. Saint-Cricq et moi nous les avons relevées au compas de la grande hune, car nous ne pouvions les voir de dessus le pont, à cause de la distance ; même j'ai eu besoin de ma longue-vue pour les distinguer. » J'ai aussi examiné alors, avec une longue-vue, cette même portion de côte, et j'étois placé sur les barres de grand perroquet ; j'apercevois bien le brisement des lames, les terres découpées auxquelles les brisans se rattachent; mais je n'ai pu me convaincre qu'elles fussent séparées du continent. Le journal de M. Saint-Cricq ne dit rien de précis à ce sujet, ainsi ce ne pourra être que par une exploration nouvelle et complète de ces parages, qu'on sera à portée d'éclaircir tous les doutes que nous venons d'élever.

Entre les parallèles de 29° et de 28° 20', la terre est très-haute; on y remarque deux montagnes bien reconnoissables par leur forme qui approche de celle de *la Grange*, sur la côte de Saint-Domingue, ou de la *montagne de la Table*, au Cap de Bonne-Espérance ; une autre ressemble un peu au *Pouce*, de l'Ile-de-France. La terre est aride, bordée de falaises rougeâtres; on y voit peu de sable comparativement aux terres plus au Sud. Le plateau que nous avons nommé *montagne du Naturaliste*, se trouve par les 28° 12'; au N. de ce parallèle, les terres sont plus déprimées, bordées de falaises de sable et de quelques broussailles. Plus loin commence une falaise

Côte au Nord des Abrolhos.

TERRE D'ÉDELS.

rouge, qui se prolonge sans interruption à une assez grande distance. Sur les doubles terres dont on voit les sommets du haut des mâts, il y a quelques arbres; tandis qu'au bord de la mer, ce ne sont que des broussailles ou des arbrisseaux. La sonde, à trois lieues de la côte, indique de 28 à 34 brasses, fond de sable.

Bientôt on aperçoit une tache blanche étendue et très-remarquable; plus au N., la *pointe Rouge*, après laquelle se développe la baie Gantheaume, qui eût mérité un examen particulier, mais où nous ne sommes point entrés. VLAMING, qui y jeta l'ancre en janvier 1697, débarqua sur divers points. Il fait l'éloge de la bonté de la rade et de l'aspect du pays, quoique après plusieurs courses dans l'intérieur, il n'eût pas été satisfait de ses productions.

Nous avons poussé un assez grand nombre de bordées au large de la pointe Rouge, et nous avons trouvé un bon brassiage depuis 32 jusqu'à 45 brasses d'eau, selon notre distance de terre.

Entre 27° de latitude et le parallèle de la pointe Escarpée, la terre est haute, bordée de falaises rouges, qui sont disposées par couches horizontales, et taillées à pic au bord de la mer : elle n'est couverte par aucun arbre et a l'aspect le plus désagréable. La côte est saine; toutefois il seroit impossible d'y débarquer, à cause du grand escarpement et de la hauteur des falaises; la mer d'ailleurs y occasionne un ressac si considérable, qu'elle en interdit toute approche. « Les » brisans y donnent d'une si grande fureur, dit VLAMING, que l'on » diroit que tout ce qui est là autour doit trembler et se démembrer; » ce qui nous sembloit fort épouvantable à voir. » *(Ms.)*

Productions.

Des baleines d'une petite espèce se sont montrées en grand nombre à la fin de juin 1801; on les voyoit sur-tout pendant le beau temps. En mars 1803, nous n'en avons aperçu aucune. La classe des oiseaux nous a fourni des albatrosses, des pétrels, damiers, fous, mauvettes, un paille-en-cu rougeâtre, des oiseaux blancs à queue fourchue, et d'autres ressemblant à nos vanneaux. Nous ne pouvons rien dire de précis sur les produits de la terre; à en juger par les apparences, l'analogie et ce que VLAMING a pu observer sur quelques points, ils ne doivent être ni bien précieux ni bien abondans.

TERRE D'ÉDELS.

Nos tables de route feront connoître avec détail les vents que nous avons observés dans ces parages. On y verra qu'en général ceux de l'O. nous ont plutôt procuré du mauvais temps que ceux de la bande opposée, et cela aux deux époques de notre navigation sur cette côte. Presque toujours avec un vent forcé, nous avons entendu des raffales accompagnées de pluie, qui faisoient plus de bruit qu'elles ne pesoient; le vent ne se déclaroit ordinairement que quelques heures après. Ainsi que nous l'avions déjà observé à l'île Rottnest, l'absence ou la présence des oiseaux de mer autour de notre navire, a constamment été pour nous (en juin 1801) un indice du beau ou du mauvais temps.

Observations physiques.

La direction et la force des courans a paru tenir essentiellement à la nature même des vents régnans : jamais la brise n'a soufflé plus de trente-six ou de quarante-huit heures d'un même rumb voisin du N. ou du S., sans que les courans soient venus de cette direction. A la suite d'un coup de vent du N. à l'O., les courans nous ont fait dériver en quatre jours (du 11 au 15 juillet 1801) de soixante-trois milles au S. E. $\frac{1}{4}$ S.

Un effet de mirage assez curieux a été observé le 30 juin. Nous étions en vue de la terre, que nous jugions d'une foible hauteur, quand tout-à-coup la brume s'étant élevée de ce côté, cette même terre grandit tout-à-coup et se montra d'une élévation moyenne.

Pendant plusieurs jours, M. HAMELIN, qui observoit régulièrement la déclinaison de la boussole, trouva, par la comparaison des résultats qu'il avoit obtenus, que les déclinaisons déduites de l'amplitude ortive, étoient toujours plus foibles que les déclinaisons déduites de l'observation des azimuths et de l'amplitude occase[a]. Cette

---

[a] Je regrette de ne pouvoir produire ici le détail de ces observations; mais voici le seul fait que j'aie pu recueillir : Le 9 juillet 1801, l'amplitude ortive a donné 5° 50′ N. O., et

remarque lui fit naître l'idée que peut-être tous les matins, au soleil levant, l'aiguille aimantée étoit rappelée de l'O. vers l'E : supposition qui satisfaisoit aux observations. Cette idée, qu'il eût été intéressant de vérifier par des observations faites avec soin à terre, n'a cependant point eu de suite. J'en fais mention toutefois, parce qu'elle pourra diriger les navigateurs vers une classe de phénomènes encore peu étudiés, quoique d'un grand intérêt pour la marine.

Van-Swinden a constaté l'existence des trois phénomènes suivans :

1.° *Qu'il est des endroits dans lesquels l'aiguille est sujette à une variation périodique diurne, par laquelle elle s'avance, le matin, jusque vers midi, ou, peu après midi, vers l'O., pour reculer ensuite, dans la soirée, vers l'E. ;*

2.° *Qu'il est des endroits dans lesquels la variation diurne n'a pas lieu, mais où l'aiguille reste stationnaire ;*

3.° *Enfin, qu'il est des endroits dans lesquels la variation diurne a lieu quelquefois, mais où d'autres fois l'aiguille est stationnaire, ou sujette le plus fréquemment à des mouvemens opposés*[a].

Les observations de M. Hamelin appartiendroient à la troisième classe de phénomènes par lesquels l'aiguille se rapprocheroit, le matin, vers l'E., pour revenir vers l'O. dans la soirée. « Ce mouvement, dit Van-Swinden[b], est excessivement rare dans les lieux où la variation diurne réglée s'observe » ; mais peut-être arrive-t-il plus fréquemment ou est-il assujetti à des lois différentes, selon les lieux divers où l'on observe.

---

l'amplitude occase 8° 13'; différence = 2° 23'.

[a] *Voyez* la Dissertation sur les mouvemens irréguliers de l'aiguille aimantée, dans le Recueil des Mémoires sur l'analogie de l'électricité et du magnétisme, par Van-Swinden, *tom. III, pag. 4 et 6.* Voyez aussi les Recherches sur les aiguilles aimantées, du même auteur, dans le Recueil des Mémoires des savans étrangers, *tom. VIII, pag. 300 et suiv.*

[b] Mémoires cités sur l'analogie de l'électricité et du magnétisme, *pag. 101.*

CHAPITRE VII.

CHAPITRE VII.

TERRE D'ENDRACHT.

CETTE portion de la Nouvelle-Hollande *(carte n.° 1)* n'a pas un grand développement. Limitée, d'une part, au cap Murat, et de l'autre à la pointe Escarpée, son étendue en ligne directe ne va guère qu'à 93 lieues = 517 kilomètres, du N. $\frac{1}{4}$ N. E. au S. $\frac{1}{4}$ S. O. à-peu-près ; mais cet espace de terre est remarquable par l'importance des détails nautiques qu'il renferme, par les ressources qu'il offre aux navigateurs, enfin par les avantages que le commerce peut en retirer. Nos corvettes sont venues à plusieurs reprises sur ces rivages ; à deux époques différentes aussi, elles ont jeté l'ancre dans la baie des Chiens-Marins *(cartes n.°s 22 et 23)* : c'est de l'ensemble de nos observations diverses que va se composer, dans le premier paragraphe de ce chapitre, la description de ce vaste enfoncement.

§. 1.er

BAIE DES CHIENS-MARINS.

APRÈS DIRCK-HARTIGHS et VLAMING [a], le premier Européen qui visita la baie des Chiens-Marins fut le capitaine DAMPIER, navigateur admirable, si l'on observe à quelle époque il a vécu. C'est à lui que sont dues les seules notions exactes que l'on eût sur ces contrées jusqu'à l'instant où nous y arrivâmes [b]. Il mouilla

---

[a] VLAMING a donné quelques détails vagues et incertains sur la baie qui nous occupe ; mais on n'a jusqu'ici imprimé qu'une note sur son expédition, dans l'Histoire générale des Voyages de l'abbé PREVOST.

[b] *Voy.* le Voyage de WILLIAM DAMPIER aux Terres Australes en 1699, dans la collection de ses Voyages, tom. *IV* de la trad. franç. Amsterdam, 1705.

Aa

dans le N. E. de l'île Dirck-Hartighs, reconnut la partie N. O. de la presqu'île Péron, qu'il prit lui-même pour une île, resta plusieurs jours à l'ancre près de l'île de Dorre, et donna le nom de *Shark's bay* [ou baie des Chiens-Marins] à tout l'espace compris entre les îles de l'Ouest et la terre continentale, sans en avoir reconnu la configuration et l'étendue. Faut-il s'étonner, d'après cela, que DAMPIER, en général si exact dans tous ses travaux, ait imposé le nom de *baie* à une suite de golfes, de havres et de baies qui n'ont nullement la forme de ce qu'on désigne généralement et de ce qu'il faut entendre par cette dernière dénomination! Nous la lui conserverons cependant, quelque impropre qu'elle puisse être, afin d'éviter les inconvéniens, toujours très-graves, qu'entraînent après eux les changemens de nomenclature.

SAINT-ALLOUARN, commandant de la flûte *le Gros-ventre*, parut, en 1772, sur ces mêmes rivages; il prit connoissance des terres du Nord de la presqu'île Péron, nomma *pointe des Hauts-Fonds* son cap le plus Septentrional, et repartit sans avoir rien fait pour la géographie de cette intéressante portion de la Terre d'Endracht.

Des travaux qui nous sont propres, il résulte que la baie des Chiens-Marins est un grand enfoncement de cinquante lieues de longueur, à prendre depuis le *cap Cuvier*, au N., jusqu'à l'extrémité S. du havre Henri-Freycinet; que toute sa côte Orientale est exclusivement formée par le continent; que celle de l'Ouest se compose de l'îlot de Koks, de l'île Bernier, de l'île de Dorre, de l'île Dirck-Hartighs, et d'une partie des terres continentales. Le milieu de la baie, dans l'E. de Dirck-Hartighs, est occupé par la presqu'île Péron, à l'E. et à l'O. de laquelle se trouvent les havres Henri-Freycinet et Hamelin; par l'île Faure et par un grand nombre de bancs sous-marins.

L'îlot de Koks n'est qu'un rocher stérile et sauvage, joint par une traînée de récifs à l'île Bernier, dont il n'est éloigné que d'un demi-mille.

Placée sensiblement dans le sens du méridien, cette dernière a douze milles de longueur, sur une largeur variable d'un mille à quatre; son élévation, plus grande au S. qu'au N., est de cinquante-quatre pieds au point où nous avions établi notre observatoire. La charpente de l'île, essentiellement rocailleuse, est composée d'un grès coquillier calcaire, tantôt blanchâtre, tantôt rougeâtre, et disposé par couches horizontales de 7 à 11 pouces [2 à 3 décimètres] d'épaisseur. Souvent, dans ces énormes massifs de roches, on trouve à plus de 150 pieds [50 mètres environ] au-dessus du niveau de la mer, une multitude de coquilles pétrifiées, presque toutes univalves, qui y adhèrent fortement. La surface est recouverte d'une couche de sable calcaire très-fin, qui forme près du rivage, sur la côte Orientale, une chaîne de dunes de 60 à 80 pieds [19 à 26 mètres] de hauteur. Sur les bords de la mer, on voit par intervalles quelques rochers anfractueux et escarpés.

« A l'égard de sa côte Ouest, dit M. BOULLANGER, elle n'est point un amas de dunes, mais un mur de roches à pic, qui, vers le S., a plus de cent pieds [33 mètres] d'élévation. On y marche comme sur un vaste plateau, à la base duquel la mer vient se briser avec fracas. L'écume surmonte, même de beau temps, des fragmens de roches de plus de 40 pieds [13 mètres] de hauteur, et il n'est pas douteux que, dans les fortes tempêtes, elle ne parvienne aussi au sommet de la falaise, sur laquelle on trouve à chaque pas des patelles et d'autres coquilles roulées que la mer y a lancées. Au pied de ce premier mur, est un autre plateau moins élevé, formé par des lits de roches horizontaux que la lame couvre et découvre alternativement. Plusieurs crevasses offrent, de distance en distance, un spectacle bizarre : quand la lame approche, il sort par chacune d'elles un jet intermittent qui cesse quand elle se retire. On ne peut voir sans effroi ce côté Occidental de l'île, quand on réfléchit au sort funeste qu'éprouveroient d'infortunés navigateurs jetés par un naufrage sur ces bords inhospitaliers.

» Vers la partie Nord, des effondremens du plateau principal ont produit deux grandes cavernes qui vont jusqu'à la mer. »

Toutes les côtes de l'île sont bordées de récifs; mais la partie de l'Est étant plus abritée que celle de l'Ouest, on peut, lorsque la mer est belle, y débarquer, sur un grand nombre de points, dans de petites criques assez commodes.

Quoique la végétation ne puisse pas être très-vigoureuse sur un sol entièrement privé d'eau douce, et d'ailleurs aussi peu favorable à son développement, elle n'y est cependant pas nulle. Les bruyères y sont multipliées, et des arbrisseaux peu élevés y croissent en assez grand nombre. Les plus remarquables n'ont pas au-delà de 10 pieds de hauteur et 7 à 8 pouces de diamètre. Dans le Sud, la stérilité est plus prononcée, car on n'y voit aucun arbrisseau. Le bois à brûler est rare sur cette île et difficile à faire; la majeure partie de celui qui fut recueilli par *le Géographe*, y avoit été apportée par les courans, et venoit de la grande terre.

Les herbacées fournissent une espèce de gramen d'autant plus intéressant à connoître, qu'il donne un grain farineux semblable à celui du froment, et croît sur les sables les plus arides. Sous ce double rapport, il pourroit être utile de le naturaliser en Europe.

L'île de Dorre n'est séparée de l'île précédente que par un intervalle d'un mille, obstrué par des roches et des brisans. Sa direction est à-peu-près N. et S.; sa longueur de vingt milles, et sa largeur de trois à quatre. D'une constitution géologique analogue à celle de l'île Bernier, l'île de Dorre est, ainsi que cette dernière, bordée d'une ceinture de récifs, qui n'en défend l'approche que sur les parties exposées aux vents et à la mer du large. Par-tout elle nous a paru fort écore; mais peut-être faut-il en excepter sa côte Orientale, devant laquelle *le Casuarina* a rencontré l'accore d'un banc de sable dont les limites n'ont pu être bien fixées. Sur cette île, dont au reste nous n'avons visité que la partie Sud, la végétation est nulle presque entièrement, le roc se montrant par-tout à nu.

Un espace beaucoup plus grand existe entre l'île de Dorre et Dirck-Hartighs; nous l'avons désigné sous le nom de *passage du Naturaliste*, et il forme l'une des entrées principales de la baie. Une bature nommée *récif de Dampier* est située au milieu de la passe; elle a deux milles de l'E. à l'O., et la moitié en largeur; le brassiage y est de 2 ½ à 3 brasses : de petites embarcations peuvent y naviguer, mais il faut que ce soit avec prudence, car la houle y est souvent très-forte et les lames sourdes fort dangereuses. M. SAINT-CRICQ, à qui nous devons ces détails, a sondé lui-même cette bature dans un des canots du *Naturaliste*.

La partie Nord de Dirck-Hartighs est sensiblement dans la direction du méridien, tandis que celle du Sud se contourne un peu pour se rapprocher de l'E. Sa longueur, prise du *cap de l'Inscription* au *cap Ransonnet*, est de quarante milles; sa largeur, au N. du *Coin-de-Mire*, de sept; elle est un peu plus considérable au S. de la *pointe du Refuge*.

Ainsi que nous l'avons observé pour l'île Bernier et pour l'île de Dorre, toute la côte Ouest de Dirck-Hartighs forme une muraille escarpée, de moyenne hauteur, bordée de récifs et inabordable de tout temps.

La côte Nord, un peu moins écore, est pareillement entourée de récifs; il est toutefois possible d'y descendre, pourvu que le vent ne batte pas en côte. A l'E. et au S., les rivages sont d'une moindre élévation; tantôt composés d'une grève de sable ou bordés d'un plateau de roche à fleur d'eau, taillé à pic, ils offrent par-tout des points de débarquement, et même de salutaires abris pour les canots.

Au N., entre le cap de l'Inscription et le *cap Levillain*, est la baie ou rade Dirck-Hartighs. Quoique nous ne l'ayons pas sondée, rien ne nous porte à croire que le mouillage puisse y être très-commode. Des récifs s'avancent au large à ses deux extrémités : celui de l'E. est détaché de la côte; il y a même entre lui et la terre un bon passage par les 10 brasses d'eau. Ce dernier récif, ainsi que celui de

TERRE D'ENDRACHT.
Passage du Naturaliste.

Ile Dirck-Hartighs

TERRE D'ENDRACHT.

Dampier, ne brise pas toujours, et c'est-là sur-tout ce qui le rend dangereux; il paroît au reste qu'il y a au-dessus un assez fort brassiage. En s'avançant au S., à cinq ou six milles du cap Levillain, on trouve un barachois formé par des récifs, où les canots pourroient être à l'abri. Dans le voisinage et à peu de distance du bord de la mer, il y a de petits étangs salés. De ce point jusqu'au Coin-de-Mire, la côte n'offre que de foibles sinuosités. La *baie des Tétrodons*, qui vient ensuite, a sept milles d'ouverture, mais peu de profondeur; deux ou trois îlots de sable et un banc sous-marin fort élevé en occupent la surface. Cette baie est remarquable par la grande quantité d'excellent poisson qui y pullule; mais son foible brassiage n'en permet guère l'accès qu'aux plus petits canots. Auprès de la pointe du Refuge est une crique bien fermée et commode. Si l'on s'avance encore davantage au S., on rencontrera diverses anses plus ou moins profondes, mais où le brassiage est très-foible. Le cap Ransonnet, aigu et d'une élévation moyenne, a vers son extrémité du côté de l'E., plusieurs petites criques fort agréablement dessinées et convenables pour les canots; dans l'O., une plage de sable uniforme s'avance jusqu'à l'extrémité Sud-Ouest de l'île, au point où les brisans extérieurs viennent prendre naissance.

Considéré sous le rapport géologique, le sol de Dirck-Hartighs ressemble à celui des deux îles déjà décrites; également aride et privé d'eau douce, il ne fournit qu'une végétation languissante et qu'un petit nombre d'arbustes rabougris.

La partie de la baie des Chiens-Marins qui est entre Dirck-Hartighs et la presqu'île Péron, comprend le passage Épineux, le *havre Inutile* et le havre Henri-Freycinet. Un grand nombre de bancs de sable répandus dans cet espace ont pour limites, d'une part, le *cap Lesueur*, et, de l'autre, le Coin-de-Mire. La navigation est libre au N. de la ligne qui joindroit ces deux points; dans le S., elle exige de grandes précautions et ne convient qu'à de petits navires, souvent même qu'aux plus légères embarcations.

La bande de récifs qui borde la côte Occidentale de Dirck-Hartighs se continue jusqu'à la pointe S. O. de l'île; elle se contourne ensuite pour aller joindre la pointe Escarpée, et forme, entre les deux, une barre sur laquelle les plus gros navires pourroient passer par les 6 brasses d'eau. Au large et fort près du récif, la sonde rapporte 22 brasses: un saut de sonde aussi considérable est cause du mouvement irrégulier des lames dans cette partie.

TERRE D'ENDRACHT.
Passage Épineux.

La largeur du passage Épineux par le travers de la pointe Escarpée a un peu moins de deux milles; mais les récifs et les rochers attenant à la terre d'un bord et de l'autre, resserrent encore cet espace d'environ moitié.

Dans l'E. du cap Ransonnet, les bancs occupant tout l'espace qui existe entre Dirck-Hartighs et les terres opposées, ne permettent passage qu'à des canots. La côte au-delà du *Mondrain de Direction* s'avance du S. au N.; elle est basse et sablonneuse. Un peu avant d'arriver au *cap Bellefin*, elle tourne à l'E. pour revenir bientôt au S. et former l'enfoncement désigné sur nos cartes sous le nom de havre Inutile.

Le *cap Heirisson* est la pointe Orientale de l'entrée; par son travers, la largeur du havre peut être de deux lieues environ; elle diminue assez rapidement en avançant vers le fond, et bientôt elle n'est plus que de moitié de cet intervalle. Sa longueur est de près de sept lieues, et sa direction générale N. et S. L'extrémité Méridionale se termine par un bassin fort agréable, fermé par deux pointes saillantes qui ne laissent entre elles qu'un espace d'un demi-mille. Les terres environnantes, basses et sablonneuses, ne présentent qu'une végétation languissante qui porte par-tout l'empreinte de l'aridité la plus affreuse. Les dunes n'ont pas au-delà de 20 pieds d'élévation; derrière quelques-unes, sont des marécages.

Havre Inutile.

Ce havre est rempli de bancs de sable, et ces bancs se prolongent en dehors de l'embouchure, à une grande distance; comme ils sont fort élevés, les plus petits canots peuvent souvent à peine y navi-

<small>TERRE D'ENDRACHT.</small>

<small>Havre Henri-Freycinet.</small>

guer. Les mêmes bancs paroissent barrer entièrement aussi l'entrée du havre Henri-Freycinet.

La direction générale de ce dernier havre est S. E. et N. O.; sa longueur de vingt-deux lieues, et sa largeur variable de trois à six. Sans être entièrement libre de bancs; le centre du havre offre néanmoins beaucoup de parties où le brassiage est considérable; sur les bords, les hauts-fonds existent sans interruption.

En partant du cap Heirisson les terres tournent brusquement au S. E.; leur élévation est assez grande, comparée à celle des terres avoisinantes. Quelques îlots très-petits sont à peu de distance de ses bords, et couverts d'oiseaux de mer. La *rivière Supposée* est une ouverture étroite qui nous a paru s'avancer dans les terres du N. au S.: s'il existe réellement un courant d'eau douce dans cet endroit, il doit être peu considérable.

Au S. de cette prétendue rivière, et jusque par le travers de l'*îlot Lefebvre*, la côte est découpée en petites anses. Son aspect est moins aride qu'il ne l'est ailleurs dans le même havre; la verdure y est aussi plus fraîche et en plus grandes masses. Quelques arbrisseaux d'un port élégant et d'une odeur agréable, s'y font remarquer.

L'îlot Lefebvre, très-escarpé et d'un abord facile, est en face d'une baie spacieuse, dont le petit brassiage nous a interdit l'approche. Après avoir couru un instant à l'E., les terres se dirigent au S. de nouveau pour former l'*entrée Depuch*. Cette ouverture, dont la *pointe Giraud* est l'extrémité N. E., se dessine comme l'embouchure d'une rivière; mais le foible courant qu'on y remarque et la sécheresse complète du sol, nous portent à penser qu'elle n'est qu'un embranchement de la mer. Plusieurs petits îlots, en nombre assez multiplié, sont à son entrée; tous affectent une stérilité complète.

<small>Entrée Depuch.</small>

La pointe Giraud, basse, aride et fort aiguë, se termine par une langue de sable qui s'étend sous l'eau et va se confondre avec les bancs.

A

LIVRE II. Descriptions géogr. et nautiques. 193

Dans l'Est, la côte se dirige au S. et même un peu vers l'O.; mais bientôt sa direction change encore; elle revient à l'E. l'espace de cinq lieues, et ensuite s'incline au N. O. jusqu'au cap Lesueur, qui est une des limites du havre Henri-Freycinet.

Les terres, au fond de ce havre, sont basses, stériles et sablonneuses, d'une monotonie fatigante et d'un abord que le foible brassiage rend difficile. Quelques petites îles se voient dans cette partie: l'*île aux Trois-Baies* est la plus remarquable par sa forme, que son nom indique assez; elle est passablement boisée et d'une hauteur moyenne. L'abordage y est commode, mais le brassiage très-foible n'en permet l'approche qu'à des canots. A trois milles au N. est un second îlot d'un aspect assez riant et couvert d'une agréable verdure. L'île Leschenault, dans l'E. de cette dernière, mais de plus grande dimension, est absolument stérile: une multitude d'oiseaux de mer paroissent y avoir établi leur demeure.

A l'égard de la côte Orientale du havre qui nous occupe, elle est légèrement sinueuse; aucun enfoncement un peu considérable ne s'y fait remarquer, car on ne peut désigner ainsi l'anse qui se trouve dans l'E. de la *pointe Moreau*. En s'approchant de la partie Nord de la presqu'île Péron, les terres, jusque-là sablonneuses, prennent une teinte rougeâtre assez foncée; elles sont aussi plus écores.

Nous avons vu plus haut que la presqu'île Péron séparoit le havre Henri-Freycinet du havre Hamelin: la largeur de cette presqu'île est de trois à cinq lieues, et sa longueur, prise depuis la pointe des Hauts-Fonds jusqu'à l'*isthme Taillefer*, de seize. Dans le N. O., les côtes de la *baie de Dampier*, qui sont taillées à pic, contiennent çà et là des plages de sable où l'on peut débarquer avec facilité, sur-tout lorsque la houle n'est pas forte. Vers cette même partie, mais à un mille du rivage, on trouve plusieurs étangs salés, dont un a des dimensions considérables; nous les avons nommés *étangs Montbazin*. Il existoit sur leurs bords, en mars 1803, une grande quantité de sel marin cristallisé. L'eau monte dans ces étangs

Bb

et y descend comme sur la plage; on a même aperçu une ouverture d'où l'eau jaillissoit par bouillonnemens intermittens lors de la mer montante, ce qui prouve évidemment une communication avec l'Océan.

La pointe des Hauts-Fonds, ainsi nommée par SAINT-ALLOUARN, est la plus Septentrionale de la presqu'île; des battures qui s'avancent à près de trois lieues au large, en défendent l'approche vers le N. et le N. N. O.: il est probable qu'elles s'étendent aussi dans le N. E., et viennent se joindre dans l'E. avec celles qui encombrent le havre Hamelin; c'est ce que nous n'avons pu vérifier.

La base du sol sur la presqu'île, comme sur les autres points de la baie qu'il nous a été possible d'examiner, est composée d'un grès rougeâtre, incrusté de coquilles. La couche de terre qui le recouvre, quoique fort sablonneuse, n'est pas contraire à la végétation; elle nourrit une multitude d'arbustes et d'arbrisseaux, et quelques arbres assez grands, dont un petit nombre pourroient fournir des courbes pour la construction ou le radoub des chaloupes et des canots: le bois en est dur et liant.

Nous n'avons réellement exploré que les côtes Occidentales et Méridionales du havre Hamelin: celles de l'Est ont en partie été aperçues dans le lointain, mais la foiblesse du brassiage n'a pas permis à nos embarcations d'en approcher. Ces terres, basses et stériles, ne contiennent aucune coupure; l'uniformité y est par-tout complète.

Deux baies remarquables se présentent sur la côte de l'Ouest: la première, comprise entre la pointe des Hauts-Fonds et la *pointe Guichenault*, a trois lieues d'ouverture; mais elle a peu de profondeur, et se trouve obstruée par des bancs de sable: la deuxième gît dans le S. O. de l'île Faure, et forme un plus grand enfoncement de cinq milles de largeur à son entrée; plus en dedans, cette baie s'élargit un peu. La *pointe Petit*, qui est saillante, se trouve à son extrémité Orientale; elle est séparée de l'île Faure par un espace de deux milles environ, que les bancs de sable rétrécissent encore.

LIVRE II. Descriptions géogr. et nautiques. 195

Moins étendu en longueur que le havre Henri-Freycinet, le havre Hamelin est cependant plus large ; des bancs multipliés en occupent l'intérieur et entourent de toute part l'île Faure. Le diamètre de cette île est d'environ deux lieues ; son sol, de nature sablonneuse, forme une suite de dunes mobiles qui ne nourrissent que quelques broussailles languissantes : il repose sur une roche d'un grès calcaire, rempli de coquilles de diverses sortes.

Quoique de loin on aperçoive de belles plages de sable sur la côte Orientale de la baie des Chiens-Marins, nulle part cependant on n'y trouve de débarquement. Une de nos embarcations envoyée pour mettre à terre par la latitude de l'île Bernier, s'avança jusque par les 4 brasses d'eau : un récif qui est éloigné du rivage d'une demi-lieue et quelquefois d'une lieue, l'obligea de revenir à bord ; la mer déferloit fortement sur ce récif, malgré qu'il y eût ailleurs calme parfait. Sur la côte, on a remarqué quelques falaises rougeâtres, et çà et là sur le sol la triste verdure d'un petit nombre d'arbrisseaux rabougris.

Le cap Cuvier, qui forme la limite extrême de la baie du côté du N., s'élève au-dessus des terres qui l'environnent, et présente l'aspect d'un énorme bastion. Il affecte, ainsi qu'un grand nombre de points de la côte, une couleur d'un rouge très-vif qui le fait distinguer au loin : du reste, on n'y aperçoit aucune trace de végétation.

Entre le cap Cuvier et l'îlot de Koks est un détroit large et libre de toute espèce de dangers, qui porte sur nos cartes le nom de *passage du Géographe*. Sa largeur est de dix lieues dans la direction du N. N. E. au S. S. O.

On peut arriver dans la baie des Chiens-Marins par deux entrées principales : l'une le passage du Géographe, l'autre le passage du Naturaliste ; cette dernière issue est elle-même partagée en deux, à-peu-près également, par le récif de Dampier. Il n'existe point de passage entre l'île de Dorre et l'île Bernier.

Ainsi qu'on vient de le voir, le passage du Géographe est très-vaste ; et l'on peut y louvoyer à grands bords, sans autre précaution

TERRE D'ENDRACHT.
Ile Faure.

Côte N. E. de la baie des Chiens-Marins.

Passage du Géographe.

Navigation.

Bb 2

que de veiller la terre, qui paroît ici plus écore que vers les autres parties de la baie. Une fois qu'on est parvenu dans l'Est de l'île Bernier, le brassiage est moins considérable; mais le louvoyage, toujours fort étendu, n'y offre cependant aucun danger [a]. On fera bien toutefois de ne pas hanter de trop près les terres continentales à cette hauteur, parce qu'elles sont bordées de récifs assez avancés au large: la sonde en indiquera l'approche, qui sera d'ailleurs presque toujours annoncée par le bruit du ressac qui se fait entendre d'assez loin, même lorsqu'il fait calme.

Si l'on veut entrer dans la baie par le passage du Naturaliste, en passant au N. du récif de Dampier: « Il faudra, dit M. HAMELIN, ranger l'île de Dorre à deux ou trois milles au plus de distance, mais mieux beaucoup plus près, et gouverner à l'E. jusqu'à ce que la pointe S. de cette île reste au N. O. $\frac{1}{4}$ N. corrigé; alors on aura doublé le récif, et l'on pourra se diriger vers le point de la baie où l'on voudra. Si, au contraire, on veut passer au S. du récif, il faut rallier la côte N. de Dirck-Hartighs, à deux milles de distance, et pas plus près, et gouverner alors à l'E. et à l'E. $\frac{1}{4}$ N. E., sans craindre le récif, qui restera beaucoup à bâbord. La raison qui me fait prescrire de ne pas accoster trop près Dirck-Hartighs, c'est qu'il faut se défier de la batture située au N. E. de cette île, et qui s'avance passablement au large. Ce second récif est d'autant plus dangereux, qu'il ne brise pas constamment. Si l'on étoit surpris par des vents d'E. trop violens dans cette passe, soit au N., soit au S. du récif de Dampier, ou que l'on craignît d'y louvoyer la nuit, on pourroit jeter l'ancre avec assurance par les

[a] DAMPIER raconte qu'il ne put sortir de la baie des Chiens-Marins, en naviguant à l'E. des îles de Dorre et Bernier, à cause du petit brassiage, ni en passant entre ces îles où il y a un récif, et qu'il fut obligé de ressortir par le Sud, en suivant la route qu'il avoit faite en entrant (par le passage du Naturaliste). Les sondes du *Géographe* et du *Casuarina* ont été trop multipliées dans la partie de la baie dont il s'agit, pour qu'on ne doive pas regarder comme très-inexact l'article de la relation de Dampier que nous venons de citer. *Voy.* les Voyages de DAMPIER, tom. *IV*, pag. *105* de la trad. franç.

30 brasses, fond de sable; mais quelques coraux pouvant y endommager les câbles, il ne faudra pas y rester long-temps. »

Un navire qui, par un vent forcé, seroit affalé sur la côte par la latitude de la pointe Escarpée, pourroit donner dans le passage Épineux avec toute confiance [a]; il trouveroit un abri salutaire et un fort bon mouillage par les 5 ou 6 brasses, fond de beau sable. Il faudroit avoir la précaution de ne pas dépasser le travers du cap Ransonnet; plus loin, on rencontreroit des bancs fort élevés, et souvent même impraticables pour les plus petits canots.

La largeur du passage Épineux par le travers de la pointe Escarpée, n'a pas tout-à-fait deux milles; mais les récifs et les rochers attenant à la terre, tant d'un bord que de l'autre, resserrent encore cet espace d'environ moitié. Pour y entrer, il faut se placer à mi-chenal, ou, ce qui vaut mieux encore, se ranger un peu plus du côté de la pointe Escarpée; de là, gouverner sur le mondrain de direction, sans s'effrayer des brisans et de la barre qui se trouve au milieu du passage. La sonde passera subitement de 22 brasses à 6; mais elle se maintiendra à ce brassiage, et ne variera au plus que d'une brasse, jusqu'à ce que l'on soit dans le S. O. du cap Ransonnet : parvenu dans cette dernière position, on sera au mouillage le plus convenable; il faudra y laisser tomber l'ancre.

Nous ne dirons que peu de chose de la navigation dans le havre Henri-Freycinet et dans le havre Hamelin. Il est douteux que de forts navires puissent y entrer, quoique dans beaucoup d'endroits le brassiage soit assez considérable pour faire flotter les plus gros vaisseaux; mais les bancs y sont multipliés, les passes n'en sont pas très-bien connues, en sorte que le plus sage parti est de suspendre à cet égard une opinion trop positive. Ce que nous pouvons dire de

---

[a] DAMPIER, qui venoit du large le 2 août 1699, n'osa pas s'y aventurer; mais alors ce passage n'étoit point assez connu, et véritablement son aspect a quelque chose d'effrayant. *Voy.* DAMPIER, tom. *IV*, pag. *97*, trad. franç.

certain, c'est que les canots peuvent y naviguer en toute assurance, et presque toujours avec une grande facilité. L'approche de terre y est cependant quelquefois difficile, à cause du petit brassiage.

Considérée sous le rapport de ses abris, la baie des Chiens-Marins nous présente de précieux avantages. Plusieurs mouillages excellens se trouvent sur divers points, et offrent au navigateur une sécurité parfaite. La relâche dans la baie de Dampier au N. O. de la presqu'île Péron, est la plus avantageuse, 1.° à cause de l'excellente tenue du fond ; 2.° par la facilité d'y faire du bois de chauffage ; 3.° parce que la côte y est très-poissonneuse, et 4.° parce qu'étant moins éloignée de l'île Faure, on peut s'y procurer plus facilement les tortues dont on a besoin. *Le Naturaliste* a séjourné long-temps sur cette rade, et jamais il n'a été incommodé par les vents violens qui souffloient des divers points de l'horizon. La distance du navire à terre étoit de deux lieues, et le brassiage de 6 brasses, fond de joli sable : la mer y étoit d'ailleurs d'une telle transparence, que si le câble fût venu à casser sans qu'on eût mis de bouée sur l'ancre, il auroit été facile de la retrouver en regardant par le fond.

Il ne nous a pas paru nécessaire d'affourcher ici autrement qu'avec une ancre de bossoir et un grelin dans l'O., pour empêcher le câble de surjasler pendant les instans de calme : les vents habituels et les plus forts que nous ayons éprouvés dans ces parages, étant en effet ceux du S. à l'E., il suffit d'avoir une grosse ancre dans cette direction.

Le jour de notre appareillage de la baie de Dampier, aussitôt que nous fûmes dans le passage du Naturaliste, nous trouvâmes une mer extrêmement grosse, tandis que précédemment à notre mouillage elle n'étoit que légèrement houleuse ; aussi, quoiqu'il eût venté grand frais, et que nous eussions gardé nos mâts de perroquet guindés, nous n'y chassâmes pas d'un pouce.

Le mouillage dans l'E. de l'île Bernier, où *le Géographe* est resté plusieurs jours, ne vaut pas, à beaucoup près, celui de la baie de Dampier: la houle y est souvent très-forte, et quelquefois même tellement incommode, qu'il est impossible de rester à l'ancre.

La rade Dirck-Hartighs, au N. de l'île de ce nom, est un mouillage plus mauvais encore que ce dernier; lorsque le temps est beau, l'un et l'autre peuvent cependant être fréquentés sans aucune crainte: le fond y est par-tout net et de bonne tenue, et l'appareillage facile. La manière d'affourcher sur la rade Dirck-Hartighs est E. S. E. et O. N. O.; c'est à-peu-près la direction du passage du Naturaliste.

Les mouillages que nous venons de citer sont les meilleurs dans le cas d'une relâche; mais indépendamment de ceux-ci, on peut mouiller en sûreté dans toutes les autres parties de la baie, en se tenant à une distance convenable des bancs de sable que notre carte indique assez *(carte n.° 23)*. La tenue est ferme par-tout, le fond très-net, et le brassiage constamment entre 4 et 18 brasses; il faut choisir de préférence le mouillage par 8 brasses, parce que, lorsqu'il est plus grand, on rencontre souvent un fond d'herbier qui, n'offrant pas une bonne tenue, expose les vaisseaux à chasser sur leurs ancres. Au N. du parallèle de l'îlot de Koks, le brassiage est beaucoup plus fort, mais il ne convient de mouiller dans cette partie de la baie que par cas fortuit; du reste, on le pourra toujours sans danger. Il en est de même du mouillage entre Dirck-Hartighs et le récif de Dampier.

En donnant la description des terres qui circonscrivent la baie des Chiens-Marins, nous avons dit un mot de la fertilité de ses diverses parties. La végétation y est en général peu vigoureuse, et ses produits ne sont pas nombreux; si l'on en excepte la chicorée sauvage trouvée dans les environs de la Rivière supposée, la perce-pierre qui peut se récolter assez abondamment sur les bords des étangs Montbazin, enfin l'espèce de graminée qui végète sur les îles Bernier, de Dorre et de Dirck-Hartighs, aucune autre plante ne paroît être ici propre à la nourriture de l'homme.

TERRE D'ENDRACHT.

Le genre animal nous a fourni des tributs plus abondans. Sur les trois grandes îles à l'O. de la baie, on remarque sur-tout le kanguroo à bandes, et c'est le seul quadrupède utile que l'on y rencontre. Sa chair est délicate et ne ressemble pas mal à celle de nos lapins de garenne, quoique plus savoureuse et d'un goût plus aromatique.

« Privés de tout moyen d'attaque ou de défense, dit Péron[a], les » kanguroos dont il s'agit, affectent, comme tous les êtres foibles, et » particulièrement comme les lièvres de nos climats, un caractère » extrêmement doux et timide. Le plus léger bruit les alarme; le » souffle du vent suffit quelquefois pour les mettre en fuite. Aussi, » malgré leur grand nombre sur l'île Bernier, la chasse en fut d'abord » très-difficile et très-précaire. Dans les buissons impénétrables, ces » animaux pouvoient braver impunément l'adresse de nos chasseurs » et leur activité. Réduits à quitter un de ces asiles, ils en sortoient » par des routes inconnues, s'élançoient rapidement sous quelque » autre buisson voisin, sans qu'il fût possible de concevoir com- » ment ils pouvoient s'enfoncer et disparoître au milieu de ces » fourrées inextricables; mais bientôt on s'aperçut qu'ils avoient pour » chaque buisson plusieurs petits chemins couverts, qui, de divers » points de la circonférence, venoient aboutir jusqu'au centre, et » qui pouvoient au besoin leur fournir des issues différentes, sui- » vant qu'ils se trouvoient plus menacés vers tel ou tel point. Dès » cet instant leur ruine fut assurée; nos chasseurs se réunirent, et » tandis que quelques-uns d'entre eux battoient les broussailles avec » de longs bâtons, d'autres se tenoient à l'affût au sortir des petits » sentiers, et l'animal, trompé lui-même par son expérience, ne » manquoit pas de venir s'offrir à des coups presque inévitables. »

Le kanguroo à bandes ne se rencontre point sur le continent ni sur la presqu'île, mais on y voit un kanguroo de plus grande espèce, et le chien de couleur fauve, particulier à la Novelle-Hollande.

---

[a] Voyage aux Terres Austr. hist. tom. *I*, pag. 115.

Nous

LIVRE II. Descriptions géogr. et nautiques.

TERRE D'ENDRACHT.

Nous avons souvent remarqué que les animaux de cette dernière classe venoient sur le bord de la mer y laper de l'eau salée ; et cette observation est une preuve nouvelle de la disette absolue d'eau douce dans ces parages.

On a trouvé sur les bords de l'île Faure, un animal de 6 à 7 pieds de longueur, à moitié détruit par la putréfaction, et que l'on a cru être une espèce de *dugon*, mamifère marin herbivore encore peu connu des naturalistes. M. Péron pense que c'est un individu de ce genre que Dampier avoit pris faussement pour un hippopotame[*].

Pendant notre séjour dans la baie, en août 1801, la quantité des baleines qui s'offroient à nos regards étoit véritablement immense ; il falloit naviguer, en quelque sorte, au milieu de leurs évolutions, et bien souvent nos canots étoient obligés de se détourner de leur route pour éviter d'être abordés par ces énormes cétacés. On sait que la présence ou l'absence des baleines dans un même lieu, est subordonnée à la marche des saisons ; aussi ne retrouvâmes-nous dans ces parages, en mars 1803, presque aucun de ces animaux.

A l'exception des endroits obstrués par des bancs de sable, dont elles ne s'approchoient pas, les baleines se sont montrées vers toutes les parties de la baie, et même en dehors dans l'O. des îles : souvent elles sont venues à une telle proximité de ces bords escarpés, que nous appréhendions qu'elles n'allassent s'y échouer ; mais leurs manœuvres rapides, leurs évolutions hardies, étoient également remarquables par une admirable précision.

La classe des oiseaux nous a fourni des gobe-mouches, des pies-grièches, des perruches, des tourterelles, des hirondelles, et quantité d'autres petits oiseaux très-sauvages dont le chant n'étoit pas sans mélodie ; et de plus, des cygnes noirs, des canards, des pélicans, des cormorans, diverses espèces de fous, de pétrels, de goélands, de mauves, d'aigles de mer, d'huîtriers et de courlieux.

---

[*] *Voyez* les Voyages de Dampier, tom. *IV*, pag. *102* de la trad. franç. 1705 ; et Péron, Voyage aux Terres Austr. hist. tom. *II*, pag. 227, 228 et 229.

Cc

Les tortues, si abondantes dans la baie à l'époque de la ponte et à celle qui la précède, vont rarement à terre sur Dirck-Hartighs; jamais nous n'en avons trouvé sur les îles de Dorre et Bernier, dont les bords sont trop écores. Le lieu où elles se réunissent de préférence est l'île Faure dans le havre Hamelin : là, elles pullulent avec une abondance extraordinaire, et offrent au navigateur une nourriture à-la-fois salutaire et facile à se procurer. En juillet 1801, nous prîmes avec un seul canot, et en moins de trois heures, quinze tortues, dont plusieurs ne pesoient pas moins de deux cent cinquante à trois cents livres chacune [122 à 147 kilogrammes]. A cette époque, les mâles se tenoient par bandes séparées, et les femelles, qui n'avoient point encore pondu, avoient des œufs dans leur corps. Pendant notre seconde relâche dans la baie, en mars 1803, les tortues étoient au contraire par-tout fort rares.

Trois serpens ont été aperçus à terre sur l'île Bernier ; mais il ne nous a pas été possible de déterminer s'ils étoient d'espèces dangereuses. Quant aux serpens de mer, dont les belles couleurs avoient déjà été signalées par DAMPIER , ils se voient en très-grand nombre dans toutes les parties de la baie ; quelques - uns sont remarquables par l'élégance et la bigarrure de leurs couleurs, d'autres par leurs grandes dimensions. Nos naturalistes pensent que ces animaux sont venimeux.

C'est une particularité bien digne d'attention, qu'il n'existe que peu de poissons auprès de l'île Bernier, tandis qu'ils couvrent de leurs légions toutes les autres parties de la baie. Les requins ou chiens-marins s'y voient sur-tout en nombre considérable ; et, sous ce rapport, c'est à bien juste titre que DAMPIER nomma *Baie des Chiens-Marins* l'enfoncement qui les nourrit.

On trouve sur la côte Orientale de Dirck-Hartighs et dans l'E. du récif de Dampier, une immense quantité de tétrodons. Ces poissons, dont la peau est d'une belle couleur argentée, sont tellement voraces, qu'ils se jettent à l'instant sur les appâts qui leur sont présentés; aussi en avons-nous toujours fait une pêche extrêmement abondante. Le tétrodon se tient ordinairement à peu de distance du fond; il faut le pêcher avec de gros hameçons pour éviter qu'il ne les coupe avec ses dents, qui sont très-fortes.

Les *rouges-bossus* ont une chair bien plus délicate que les tétrodons; ils sont aussi plus gros que ces derniers, et se trouvent en nombre prodigieux dans les mêmes parages : la pêche en est facile.

On rencontre sur les bancs du passage Épineux, dans le fond du havre Hamelin, et probablement aussi dans le havre Henri-Freycinet, une grande quantité de raies dont le goût est fort délicat; ce poisson doit être pris avec beaucoup de précautions, parce qu'il porte à sa queue un dard très-dangereux, dont il se sert avec force.

Nous avons pris au mouillage une *vielle* du poids de 200 livres [98 kilogrammes], et près de terre beaucoup de petit poisson, soit avec la seine, soit avec la nasse de filet. Ce dernier moyen sur-tout nous a parfaitement réussi dans le voisinage de la presqu'île Péron.

Les rochers anfractueux de l'île Bernier nourrissent diverses espèces de *poulpes,* dont quelques-uns n'ont pas moins de trois à quatre pieds de longueur : les homars et les crabes se voient aussi en grand nombre dans les mêmes parages.

La classe des testacées nous a fourni, sur tous les points de la baie, une grosse espèce d'huître, remarquable par la parfaite délicatesse de sa chair : la coquille, qui est de forme à-peu-près conique, adhère à la roche par un de ses côtés, et s'ouvre par sa base; l'animal est ainsi contenu dans une espèce de cornet. L'huître perlière est assez commune sur la côte Nord de Dirck-Hartighs et sur plusieurs points du havre Henri-Freycinet; ses dimensions sont foibles, ainsi que les perles qu'elle contient. On voit en plusieurs endroits, des moules, des patèles et des bénitiers, dont quelques-uns sont assez grands et bons à manger.

Aucune des îles de la baie des Chiens-Marins ne nous a présenté de traces du séjour de l'homme sauvage; non-seulement

rien n'annonce que ces îles soient habitées, mais il ne paroît pas même que les naturels du continent y soient jamais descendus. Sur la presqu'île Péron, nous avons vu quelques hordes peu nombreuses et fort misérables qui ont pour abri des huttes construites de branches d'arbres recouvertes en terre, et quelquefois aussi des terriers. Cette dernière espèce d'habitation est devenue nécessaire aux naturels, à cause des grandes variations de température que l'on éprouve ici du jour à la nuit, et qui sont toujours si pénibles et si dangereuses à supporter [a] ; car, ainsi que l'observe judicieusement M. PÉRON, « ce n'est pas le froid par lui-même ou
» la chaleur qui nuit le plus à la santé et à la vigueur de l'homme,
» c'est le passage trop brusque et trop fréquent de l'un à l'autre;
» ce sont les modifications extraordinaires de l'état hygrométrique
» de l'atmosphère qui produisent les infirmités, les maladies et la
» mort. Sous ce rapport, nul pays peut-être n'est plus à redouter
» que celui qui nous occupe. »

A l'égard du caractère moral de ces peuples, il est hardi, et parfois même audacieux; jamais cependant nous n'avons été réduits à en venir aux mains avec ces sauvages ; la supériorité de nos armes, qu'ils ont toujours paru redouter, les a tenus constamment sur la réserve.

Quelques-uns de nos gens ont cru et ont assuré avoir vu des géans sur la presqu'île Péron : cette opinion paroîtroit acquérir plus de vraisemblance, si l'on y joignoit l'observation que j'ai faite dans le havre Henri-Freycinet, de la trace d'un pied énorme, et de celle d'une trace semblable trouvée précédemment sur les bords de la rivière des Cygnes [b]. Mais, après un mûr examen, je crois devoir rapporter un fait aussi étrange à une illusion d'optique, ainsi que je le dirai plus bas.

Les vents que nous avons éprouvés sur *le Naturaliste*, pendant

[a] Voyez ci-après, *pag. 205 et suiv.* nos observations physiques.
[b] Voyez plus haut, *pag. 178.*

notre séjour au mouillage sur la presqu'île Péron, en juillet et août 1801, ont presque constamment soufflé de l'E. S. E. au S. O., très-rarement de l'E. au N., et plus rarement encore du N. à l'O. : les vents d'E. S. E. nous ont toujours procuré du beau temps, un horizon pur et un ciel clair et fin; ceux du S. S. O., au contraire, nous ont donné de la brume. Les vents alisés ont varié de l'E. au S.S. E. : la brise s'élevoit ordinairement avec le soleil, elle mollissoit ensuite dans le milieu de la journée, c'est-à-dire, depuis dix heures du matin jusqu'à deux heures du soir ; après quoi elle reprenoit de l'intensité. Nous n'avons vu qu'une seule fois les vents souffler avec force du N. au N. O. : cette bourasque fut annoncée par du calme; et quoique le bâtiment fût dans un repos parfait, le mercure éprouvoit dans le baromètre de fortes oscillations qui alloient parfois à 4 lignes : l'horizon étoit embrumé du N. au S. par l'E., et l'on apercevoit dans cette direction de vifs et fréquens éclairs ; les rafales soufflèrent ensuite bon frais par grains, et nous procurèrent de la pluie.

Le vent le plus violent que nous ayons ressenti au même mouillage en juillet et août, avoit sa direction du S. O. à l'O.[a] : il ne dura que quelques heures, et fit descendre le baromètre jusqu'à 28^p 0^l.

Les termes extrêmes de la variation du thermomètre observée pendant quarante-huit jours au mouillage dans la baie de Dampier, à bord de la corvette *le Naturaliste*, en juillet et août 1801, ont été + 19^d,0 et 13^d,5, et les limites de la variation du baromètre à la même époque, 28^p. 6^l,0 et 28^p. 0^l,0. En mars 1803, elles furent dans la même baie, à bord du *Géographe*, pour le thermomètre, de + 21^d,0 à 16^d,8, et pour le baromètre, de 28^{p}3^l,0 à 28^{p}1^l,5.

La température, pendant le jour, se soutenoit ordinairement à bord (juillet et août 1801), de + 16 à + 17^d ; nous ne l'avons eue que rarement à + 19^d, et une seule fois à + 19^d,5. Pendant la nuit,

---

[a] DAMPIER, en août 1699, remarqua que dans ces parages le vent redoubloit avec la pluie, et diminuoit aussitôt qu'elle venoit à cesser. Il éprouva aussi, à la même époque de l'année, un fort coup de vent de l'O. au S. O. *Voy.* DAMPIER, *tom. IV, pag. 96, trad. fr.*

le thermomètre indiquoit depuis +10 jusqu'à +13^d : il monta une fois à +15^d,5, et ce fut à l'époque du coup de vent de N.O. dont nous avons parlé plus haut. A terre, les variations de température étoient bien plus considérables : le thermomètre varioit quelquefois de +20^d dans le jour, à +10^d dans la nuit (juillet et août 1801); et ces faits, observés sur *le Naturaliste*, se rapportent très-bien à ceux recueillis dans les mêmes parages par M. PÉRON, à bord du *Géographe*.

« Trois époques distinctes, dit-il [a], peuvent être assignées aux
» modifications journalières de l'atmosphère : la première s'étend
» de midi au soir; la seconde comprend la nuit toute entière; à
» la troisième se rapporte le temps qui s'écoule entre le lever du
» soleil et l'élévation de cet astre au méridien.

» *1.re Époque* : Dans un pays si voisin des Tropiques, sous un
» ciel toujours si pur, le soleil au plus haut point de sa carrière
» brille d'un éclat extrêmement vif; la chaleur dont il pénètre tous
» les corps, seroit naturellement excessive, et tout concourt en-
» core à en accroître l'intensité; les calmes qui plus particulière-
» ment ont lieu à cette heure du jour, l'aridité du sol, l'absence
» des bois et des forêts, et par-dessus tout, la blancheur des sables
» qui réfléchissent les rayons de cet astre, et les rendent, pour ainsi
» dire, insoutenables : alors le thermomètre observé dans l'ombre [b],
» à une époque correspondante aux mois de novembre et de dé-
» cembre de nos climats, s'élève au-delà de 24, et quelquefois
» même de 25^d. L'hygromètre n'indique pas encore une très-forte
» proportion d'humidité ; ses variations méridiennes, à l'ombre et
» derrière les dunes, étoient ordinairement comprises entre 80 et

[a] Voyage aux Terres Austr. histor. tom. II, pag. 210.

[b] Je dois rappeler ici que la plus grande partie des observations météorologiques, dont il s'agit, ont été faites sur l'île Bernier, par M. PÉRON, en juin et juillet 1801 ; quelques autres, en fort petit nombre, ont été faites, sur la presqu'île, par le même observateur, en mars 1803.

» 88^d; mais bientôt soumise à l'action puissante d'une haute tempé-
» rature, la surface des mers s'échauffe; elle paroît quelquefois comme
» toute fumante : une énorme quantité de vapeurs s'élève dans
» l'atmosphère; elle y forme une sorte de voile léger qui se dissipe
» insensiblement, à mesure que l'évaporation diminue avec la cha-
» leur, et que l'eau vaporisée parvient à se mêler d'une manière
» plus intime, et, pour ainsi dire, à se dissoudre dans l'air.

» *2.ᵉ Époque :* A peine le soleil s'est abaissé sous l'horizon, que
» la diminution de la chaleur et l'accroissement de l'humidité de-
» viennent de plus en plus rapides; alors, en effet, tant de vapeurs
» élevées durant le jour, ne pouvant plus rester suspendues dans
» une atmosphère trop refroidie, elles se condensent et se préci-
» pitent vers la terre avec une telle abondance, que, sur les quatre
» à cinq heures du matin, on diroit plutôt d'une pluie très-fine
» que d'une rosée. L'hygromètre depuis long-temps est arrivé au
» terme extrême de l'humidité; le thermomètre se soutient à peine
» de 10 à 12^d, et quelquefois même je l'ai vu au-dessous de 8^d.
» C'est à cette dernière partie de la nuit qu'appartient sur-tout
» cette froidure pénible, d'autant plus insupportable et plus perni-
» cieuse, qu'elle succède plus brusquement à la chaleur suffocante
» du jour.

» *3.ᵉ Époque :* Cependant à mesure que la rosée tombe ainsi, l'air
» s'épure, et l'humidité diminue : souvent une petite brise de l'Est
» survient; elle se fait distinguer par une douce température et
» par une grande sécheresse; sous son influence, la dissolution
» des vapeurs qui pouvoient rester encore suspendues dans les
» couches inférieures de l'atmosphère, ne tarde pas à s'opérer; la
» sérénité devient parfaite, et l'hygromètre, du 100.ᵉ degré de son
» échelle, redescend précipitamment jusqu'au 80.ᵉ, et même au
» 60.ᵉ

» Tel est le cercle ordinaire des révolutions diurnes de la tem-

» pérature de ces rivages; à une matinée fraîche et très-sèche, suc-
» cède un jour brûlant, terminé par une nuit excessivement hu-
» mide et froide. » Ces rapprochemens curieux se trouvent rattachés avec beaucoup de sagacité à l'histoire physique des peuples
de la Nouvelle-Hollande, dans l'ouvrage cité plus haut.

M. Péron fit aussi, pendant son séjour sur l'île Bernier, quelques
expériences sur la température de l'air comparée à celle de l'intérieur des sables : leur importance m'oblige de les présenter ici;
et si on les joint aux réflexions précédentes sur les variations de la
température de l'air, elles expliqueront fort bien la nécessité où
ont été les naturels de ces régions, de se creuser des habitations au
milieu des sables arides qui tapissent leur sol.

« Pénétrés profondément par la chaleur du jour, dit Péron,
» les sables conservent durant la nuit une température beaucoup
» plus élevée et beaucoup moins variable que celle de l'atmosphère.
» Le thermomètre de Réaumur, plongé sous ces sables, à la pro-
» fondeur de deux pieds à deux pieds et demi, ne descendit pas au-
» dessous de $+16^d$, et les variations de l'hygromètre allèrent assez
» régulièrement de 75 à 80^d; tandis que ce dernier instrument, à
» la même heure, mais au niveau du sol, éprouvoit des oscillations
» de 25 à 30^d, et que le thermomètre descendoit de 24 à 12 et
» 10 degrés. »

Les phénomènes du mirage qui dépendent essentiellement des
variations de température de l'atmosphère, et que déjà nous avions
observés aux terres de Leuwin et d'Édels, se reproduisirent ici avec
les mêmes caractères pour affecter nos observations astronomiques.
Je crois devoir chercher dans leurs bizarres effets l'explication d'une
illusion singulière qui a pu faire croire un instant, à plusieurs de nos
compagnons de voyage, qu'il existoit sur ces bords une peuplade
de géans monstrueux.

Écoutons l'historien de notre voyage [a] : « Un de nos canots,

[a] Voyage aux Terr. Austr. hist. tom. *II*, pag. 201 et suiv.

LIVRE II. Descriptions géogr. et nautiques.

TERRE D'ENDRACHT.

» qui déjà depuis quelques heures étoit parti (le 17 mars 1803),
» pour aller pêcher sur la côte voisine, revint précipitamment; la
» frayeur étoit encore peinte sur le visage de ceux de nos gens qui
» le montoient. *Des hommes d'une force et d'une grandeur extraordi-*
» *naires, étoient venus, disoient-ils, s'opposer à leur descente. Ces espèces*
» *de géans, au nombre de cent et plus, portoient de grands boucliers et*
» *d'énormes sagaies; une longue barbe noire leur descendoit jusqu'au mi-*
» *lieu de la poitrine: ils couroient comme des furieux sur la grève, en*
» *brandissant leurs armes; ils poussoient de longs hurlemens, et mena-*
» *çoient nos pêcheurs qui précipitoient leur fuite vers le vaisseau.*

» Tandis qu'on se moquoit à bord de la terreur panique de ceux-
» ci, un second détachement de pêcheurs, qu'on avoit expédié
» pour le même objet vers un autre point de la terre continentale,
» revenoit en toute hâte en donnant les mêmes signes d'épou-
» vante: se trouvant déjà établis sur la plage, ils avoient vu de plus
» près encore, disoient-ils, les prétendus géans, et ce n'étoit pas sans
» peine qu'ils étoient parvenus à leur échapper.

» Quelque extravagantes que de pareilles assertions pussent pa-
» roître, il étoit nécessaire de prendre des renseignemens précis à
» cet égard. » La chaloupe fut armée en conséquence, et expédiée
le lendemain vers la partie Nord de la presqu'île, où l'on ne trouva
« aucun des prétendus géans qui s'y étoient montrés la veille; en
» vain, pour en découvrir, nous parcourûmes tous les environs,
» fouillâmes toutes les broussailles, nous n'en pûmes voir aucune
» trace. »

La peur sans doute peut grossir les objets: mais en admettant
comme fantastique l'apparition de ces prétendus géans, peut-on
croire que la peur seulement ait été la cause de l'illusion dont il
s'agit? Comment expliquer, dans ce cas, la similitude des récits
faits par chacun des détachemens qui se trouvoient sur deux points
très-éloignés de la même côte, qui n'avoient pu communiquer
entre eux et se faire part de leurs idées? La peur aurait-elle agi si

absolument de la même manière sur des hommes dont la bravoure n'étoit point douteuse, qui souvent avoient affronté de sang-froid les plus grands dangers! sur ces mêmes hommes qui, dans le canal Dentrecasteaux, furent attaqués par les sauvages de l'île Bruny[a], sans que la peur les ait égarés au point de leur montrer des fantômes! Une pareille explication ne peut, ce me semble, paroître satisfaisante : il y a mieux, elle ne répond à rien. N'est-il pas plus sage d'attribuer cette illusion à une cause physique également agissante sur l'un et sur l'autre détachement de nos matelots; mais qui n'ayant pas lieu à toutes les époques de la journée et dans tous les états de l'atmosphère, a pu ne plus exister le jour où la chaloupe, avec de meilleurs observateurs, fut envoyée à terre! Je me rappelle fort bien d'avoir vu plusieurs fois, dans la rade de Toulon, un effet de mirage qui, à quelques égards, peut être comparé à celui-ci : pendant la matinée des jours les plus chauds de l'année, les câbles des vaisseaux, vus à une très-petite distance, à trois ou quatre longueurs de canot par exemple, paroissoient aux yeux de la grosseur d'une barrique, c'est-à-dire, d'un diamètre environ trois fois plus gros; mais ici l'illusion qui, en quelque sorte, étoit palpable, ne pouvoit tromper personne[b]. Comment ne seroit-il pas permis de supposer que le mirage, dont les effets sont si extraordinaires, ait été assez puissant pour donner l'apparence de géans à des hommes d'une taille ordinaire! Pour parvenir à quelque lumière sur l'explication du fait qui nous occupe, il eût fallu, au lieu d'attendre au lendemain, que nos savans descendissent sur-le-champ à terre; mais bien que l'on ne crût pas à bord à la réalité

---

[a] Voyage aux Terr. Austr. Histor. Tom. I, p. 236.

[b] M. LAMARCHE, officier distingué du corps de la Marine, m'a rapporté le fait suivant : il étoit à Cherbourg et descendoit de son bord à terre, l'après midi, pendant l'un des mois les plus chauds de l'année ; une brume épaisse couvroit la côte: bientôt il crut apercevoir sur le rivage un vaisseau en construction, à côté duquel étoit un cheval noir; chacun de ses matelots y fut trompé; mais l'étonnement fut extrême, lorsque, s'étant rapproché davantage de terre, on vit que le prétendu vaisseau n'étoit autre chose qu'un cheval chargé de varec, et le cheval noir un corbeau.

d'un peuple de géans dans ces parages, on ne soupçonnoit point cependant encore la véritable cause d'une illusion de ce genre. De nouvelles expériences pourront seules par la suite conduire à l'explication d'un fait aussi intéressant et aussi curieux.

L'observatoire de la corvette *le Géographe* fut établi, en 1801, sur la partie N. E. de l'île Bernier. Sa position en latitude, déterminée par plusieurs hauteurs du soleil, voisines du méridien, est de 24° 48′ 36″ S., et sa longitude, d'après un grand nombre de distances lunaires rapportées au même lieu à l'aide des montres marines, et corrigées, de 110° 55′ 36″ E. P.

Le Naturaliste, à la même époque, plaça son observatoire sur la presqu'île Péron; M. SAINT-CRICQ y observa 25° 35′ 5″ de latitude S. La longitude de ce point, qui est de 111° 14′ 3″ E. P., a été déduite par des relèvemens de celle de la pointe des Hauts-Fonds, fixée par 78 suites de distances lunaires corrigées, prises en 1801 et 1803.

Diverses personnes se sont occupées de l'observation des marées, tant sur l'île Bernier que sur Dirck-Hartighs et la presqu'île Péron. M. RANSONNET en avoit fait l'objet de travaux plus assidus, et nous devons regretter que cette partie intéressante et précieuse de ses journaux ait été perdue à bord du *Naturaliste*. Pour remédier à cet accident, autant qu'il dépendoit de lui, M. RANSONNET a réuni dans la note suivante tous les faits que sa mémoire lui retraçoit à ce sujet.

« Pendant tout le temps que j'ai été sur la presqu'île Péron, dit-il, j'ai remarqué que la mer ne s'élevoit ordinairement que de 4 à 5 pieds, et qu'elle n'alloit pas au-dessus de 6 pieds ½ dans les nouvelles et pleines lunes; elle mettoit cinq heures trois quarts à monter ou à descendre, et suivoit avec régularité cette période : l'établissement est à 11^h 30′ à-peu-près, et la différence ne va pas à plus de quinze minutes, s'il y a erreur.

» A l'île de Dirck-Hartighs, j'ai observé des anomalies frappantes, qui m'ont paru provenir d'un refoulement des eaux de la baie qui se déversent au jusant sur la côte intérieure de l'île ; et ce qui semble appuyer cette conjecture, c'est que ceux qui étoient descendus avant moi sur d'autres points de cette île rapprochés du large, ont trouvé deux marées comme sur la presqu'île Péron, inégales à la vérité, mais très-faciles à ramener aux principes de la théorie, en tenant compte des causes locales qui les altèrent.

» Je n'ai donc trouvé sur Dirck-Hartighs qu'une marée en vingt-quatre heures, un flot de onze heures et un jusant de douze à treize heures, plus ou moins. Cependant, parmi ces mouvemens de marée, j'ai été plus d'une fois surpris et embarrassé par des interruptions et des irrégularités que je n'ai pu expliquer : au bout de quatre à cinq heures, et quelquefois après six heures, je voyois la mer tout-à-coup stationnaire et paroissant, pendant une heure environ, vouloir prendre un mouvement rétrograde ; les vents qui souffloient alors inégalement et de points différens de l'horizon, m'ont paru occasionner ces dérangemens. »

M. HAMELIN confirme ces observations, mais il n'entre pas malheureusement lui-même dans de grands détails. « J'observois la marée sur la côte Orientale de la presqu'île, dit-il, pendant que M. RANSONNET l'observoit sur la partie N. O. de la même terre. Il y a indubitablement deux marées par vingt-quatre heures : le flot porte dans la partie du Nord et le jusant au Sud. Le même jour de la pleine lune, à la pointe des Hauts-Fonds, l'heure approchée de la pleine mer fut une demi-heure avant minuit, et sa hauteur de 8 pieds$\frac{1}{2}$; le flot passoit le long de mon canot, qui y étoit mouillé et dans lequel je me trouvois, avec une vîtesse de trois milles et demi à l'heure ; à une heure et demie, le courant renvoya au Sud avec une vîtesse sensiblement égale ; à mi-baie, on ne sentoit presque pas l'effet des marées.

« A l'entrée de la baie, à mi-baie et sur Dirck-Hartighs, j'ai observé plus de flots que de jusans, tellement que j'ai presque été porté à ne croire qu'à une marée en vingt-quatre heures. »

LIVRE II. Descriptions géogr. et nautiques.   213

M. Heirisson pense aussi qu'il n'y a qu'une marée en vingt-quatre heures sur la côte Orientale de Dirck-Hartighs.

TERRE D'ENDRACHT.

Nous ne fixerons pas avec autant de précision que nous venons de le faire pour la presqu'île, l'établissement des marées sur l'île Bernier et sur Dirck-Hartighs : MM. Bernier et Breton, qui ont fait des observations sur la première de ces îles, ne donnent à cet égard que des résultats incomplets. On peut conclure cependant de leurs remarques, que le flot porte dans cette partie du N. N. O. et N. O. au S. S. E. et S. E. avec une vîtesse qui dans son *maximum* est d'un mille à un mille et demi ; la mer y marne ordinairement de 7 pieds $\frac{1}{2}$ à 8 pieds ; mais il paroît par des marques prises à terre, que dans quelques cas l'eau s'élève bien au-dessus de cette limite ; M. Saint-Cricq suppose même qu'elle peut aller quelquefois jusqu'à 15 et 18 pieds, vers la pointe Sud de l'île de Dorre ; quantité un peu forte, si on la compare au reste de nos observations : M. Hamelin assure que sur la côte Nord de Dirck-Hartighs, assez peu éloignée de l'île de Dorre, il a trouvé le montant de l'eau de 4 pieds $\frac{1}{2}$, ce qui est bien différent.

Les variations de la boussole [a] observées, soit en 1801, soit en 1803, à bord du *Naturaliste* et du *Géographe*, ont fourni un grand nombre de résultats que nous allons réunir ici en un seul et même tableau.

---

[a] Dampier étant par 24° 41′ de latitude Sud, et à deux lieues et demie dans l'O. de l'île Bernier, observa, le 15 août 1699, 6° 6′ de variation N. O., quantité qui n'est pas sensiblement différente. (Voyage de Dampier, tom. *IV*, pag. *85* de la trad. franç.)

TERRE D'ENDRACHT.	DÉVIATIONS MAGNÉTIQUES.	DÉCLINAISON NORD-OUEST.	M. BRETON.	29 juin, par sept observations prises au mouillage dans l'E. de l'île Bernier.. 6° 1' 0". 30 juin, à un autre mouillage dans l'E. de la même île..... 5. 22. 0. 1.er juillet, par 3 observ. au mouillage dans l'E. de l'île de Dorre. 4. 14. 0. 2 juillet, par 3 observ. au N. O. de la pointe des Hauts Fonds.. 3. 59. 0. du 5 au 11 juillet, par une moyenne, au mouillage dans l'E. de l'île Bernier.. 4. 33. 0. moyenne.. 4° 49' 48".	
			MM. HAMELIN, M. SAINT- et L. FREYCINET. CRICQ.	Du 5 au 31 août, par un grand nombre d'observations faites à l'observatoire du *Naturaliste*............................... 5° 58' 10". du 18 août au 3 septembre, par soixante-trois séries d'azimuths et d'amplitudes prises aux divers mouillages du *Naturaliste*, entre Dirck-Hartighs et la presqu'île Péron................. 5. 31. 0. moyenne.. 5° 44' 35".	Année 1801.
				Déclinaison moyenne observée en 1801................. 5° 17' 11".	
		INCLINAISON.	M. BERNIER.	5 juillet, à l'observatoire sur l'île Bernier. { aiguille { N.° 2 = 49° 0' / N.° 4 = 54. 0. } moyenne..... = 51° 30' 0" 7 juillet, à l'observatoire sur l'île Bernier. { aiguille { N.° 2 = 50° 0' / N.° 4 = 53. 15. } moyenne..... = 51° 37' 30"	
			M. SAINT- CRICQ.	Inclinaison moyenne de plusieurs résultats obtenus à l'observatoire sur la presqu'île Péron................................ 52° 30' 0"	
				Inclinaison moyenne observée en 1801................. 51° 52' 30"	
		DÉCLINAISON NORD-OUEST.	MM. BERNIER et H. FREYCINET.	17 mars, par 2 séries d'azimuths observ. avec le grand compas. { 2° 17' / 1. 39. } 18 mars, par deux séries d'azimuths avec le grand compas.... { 8. 47. / 5. 29. } 20 mars, avec le grand compas { par quatre séries d'azimuths { 3. 29. / 3. 41. / 4. 47. / 4. 42. } par l'amplitude occase..... 4. 46. } 21 mars, avec le grand compas, par deux séries d'azimuths. { 5. 18. / 5. 21. }	Année 1803.
				Déclinaison moyenne[a] observée en 1803.............. 4° 34' 11"	
		INCLINAISON.	M. BERNIER.	19 mars { aiguille................ { N.° 2 = 52° 0' / N.° 3 = 59. 0. / N.° 4 = 55. 0. } Inclinaison moyenne................................ 55° 20'	

[a] Le journal du Commandant porte, sans autre indication : « Déclin. de l'aig. aimantée 5° 33' 59", terme moy. de 11 observations; » c'est par erreur sans doute, car je donne ici le

LIVRE II. DESCRIPTIONS GÉOGR. ET NAUTIQUES. 215

Les observations précédentes, celles sur-tout de la déclinaison de la boussole, présentent un accord peu satisfaisant et difficile à expliquer : celles des 17 et 18 mars 1803, faites à bord du *Géographe*, diffèrent, dans leur plus grand écartement, de 7° 8′, quantité plus forte que la déclinaison moyenne obtenue par les observations successives de deux années. Je pense qu'il faut attribuer ces incertitudes, et la plupart de celles qu'on rencontre dans les journaux des navigateurs, à l'imperfection des boussoles dont on se sert pour observer, ainsi qu'aux méthodes vicieuses employées sur les vaisseaux pour aimanter les aiguilles ; ces opérations délicates sont laissées presque toujours à la disposition des timonniers, gens qui opèrent ordinairement avec une routine aveugle, et qui, loin d'augmenter la force magnétique d'une aiguille, ne parviennent souvent qu'à l'affoiblir davantage. Le peu de soin que l'on met à entretenir en bon état la pointe du pivot, est aussi une source d'erreurs très-puissante : un pivot émoussé rend la rose paresseuse ; et la rouille, en augmentant les frottemens, produit aussi le même effet. Ce n'est pas que les observateurs que je viens de citer n'eussent au-delà de l'instruction nécessaire pour prévoir et pour rectifier toutes ces imperfections ; mais ils n'en étoient pas toujours les maîtres ; quelquefois même les barreaux aimantés ne pouvoient être à leur disposition.

TERRE D'ENDRACHT.

Il n'est aucune partie de la Nouvelle-Hollande qui offre un champ plus intéressant aux spéculations commerciales que la baie des Chiens-Marins. Nous avons déjà parlé de ces baleines monstrueuses qui, pendant les mois de juillet, août et septembre, pullulent dans son sein. La pêche pourroit en être aussi facile qu'abondante, et la presqu'île Péron fourniroit aux pêcheurs tout le bois nécessaire pour alimenter les chaudières destinées à la fonte de l'huile.

Avantages commerciaux.

---

seules onze observations faites en 1803 : elles ont été calculées séparément par MM. BERNIER et H. FREYCINET, à qui elles sont dues.

La pêche des poissons rouges-bossus, et celle des tétrodons, seroient encore très-productives; on pourroit aisément saler et sécher un grand nombre de ces animaux, ce qui, dans l'un et l'autre cas, donneroit un produit considérable et avantageux.

Les navires qui viendroient ainsi préparer le poisson, trouveroient un débit prompt et assuré de leur cargaison, soit dans les îles du grand archipel d'Asie, soit dans celles de la mer des Indes. Les tortues fourniroient, pour la nourriture, des œufs et une chair salubre et délicate; enfin leur écaille, qui est fort belle, pourroit aussi s'embarquer avec avantage.

Les huîtres perlières que l'on trouve sur Dirck-Hartighs et dans le havre Henri-Freycinet, quoique petites, méritent cependant de fixer l'attention des spéculateurs; elles peuvent fournir de la nacre et de petites perles qu'on recueilleroit sans beaucoup de peine, à cause du peu de profondeur de l'eau aux lieux où elles se trouvent.

Mais si la baie des Chiens-Marins offre ainsi au commerce des avantages de plus d'un genre, il faut avouer que le défaut absolu d'eau douce est un inconvénient fort grave pour les navigateurs. Il n'existe certainement sur cette partie des côtes de la Nouvelle-Hollande aucune source, et par conséquent aucune aiguade; mais si l'on réfléchit au parti que nous avons tiré des alambics pour distiller l'eau de mer pendant notre séjour dans la baie, on jugera que le même moyen doit être plus que suffisant pour le besoin des navires qui n'auroient qu'un très-foible équipage. Notre alambic étoit d'une construction extrêmement vicieuse; cependant M. BAILLY, qui fut chargé de son installation, parvint à lui faire produire environ quatre-vingts pintes d'eau en vingt-quatre heures, quantité égale à la consommation de quarante hommes. Si cette machine eût été plus parfaite, on auroit pu obtenir quatre cents pintes d'eau en vingt-quatre heures, et même beaucoup au-delà[a], ce qui suffit aux besoins journaliers de deux cents hommes.

[a] Avec un appareil plus petit que celui qu'on peut embarquer sur une frégate, et dont

Puisque notre sujet nous a conduits à parler des alambics, nous saisirons cette occasion pour insister sur l'emploi de ces machines à bord des vaisseaux, pendant les voyages de long cours. Leur usage ne permît-il que de laver, à l'eau douce, le linge et les hamacs des matelots, seroit encore infiniment précieux. On sait, en effet, que les vêtemens plongés dans l'eau de mer restent toujours imprégnés d'une substance saline, et qu'ils ne sèchent jamais parfaitement. Le corps est donc par-là immédiatement soumis à l'influence de l'une des causes les plus nuisibles à la santé ; et combien cette humidité n'agit-elle pas puissamment encore, lorsque d'autres circonstances concourent à produire le scorbut, la dyssenterie, ou ces fièvres épidémiques, si meurtrières, fléaux terribles à bord des bâtimens de mer ! Quelques personnes craignent de boire de l'eau distillée ; elles la trouvent lourde et fade, et elles ont raison : mais si l'on fait attention qu'en l'*aérant*, c'est-à-dire en la fouettant avec un battoir dans un charnier ou tout autre vase, elle perd ces deux qualités médiocrement désagréables d'ailleurs, on conviendra sans peine que cette même eau n'a plus rien alors qui répugne au goût, et qu'elle peut être bue sans aucun inconvénient. Au reste, cette opération de l'aérage n'est point nouvelle dans la marine ; elle est la même précisément que celle qui étoit employée autrefois pour corriger la putridité trop grande de l'eau, avant que la propriété dépurative du charbon fût reconnue, et que les filtres de Smith eussent été adoptés sur tous nos vaisseaux.

l'épreuve fut faite à Paris, en présence de MM. Turgot, Trudaine, de Montigny, Macquer, Leroy, Lavoisier, Desmarets, et plusieurs autres, on a obtenu communément 15 pintes d'eau par heure, ce qui revient à 360 pintes en vingt-quatre heures. Voyez le mémoire anonyme ayant pour titre : *Nouvelle construction d'a-* *lambic pour faire toute sorte de distillations en grand*, &c. en deux parties: Paris, 1781, à l'imprimerie royale ; et le savant article *Eau de mer*, de M. le docteur Kéraudren, Inspecteur du Service de santé de la Marine, inséré dans le *Dictionnaire des sciences médicales*; Paris, Panckoucke, 1813.

TERRE D'ENDRACHT.

§. 2.

DE LA BAIE DES CHIENS-MARINS AU CAP MURAT.

A l'exception du cap Cuvier, qui, sous l'apparence d'un énorme bastion, forme l'extrémité Nord de la baie des Chiens-Marins, et du cap Murat, qui est la limite Septentrionale de la Terre d'Endracht, nos corvettes n'ont aperçu aucune autre partie de la côte qui fait le sujet de ce paragraphe : elles n'ont point vu, par conséquent, l'entrée de la rivière Guillaume, qui doit se trouver dans cet espace, suivant les anciennes cartes hollandoises. Comment se fait-il donc que M. PÉRON, cet observateur toujours si exact et si judicieux, ait avancé dans le premier volume de l'histoire de notre voyage, que nous avions aperçu l'embouchure de cette rivière! L'explication est facile : M. PÉRON écrivoit son ouvrage avant que nos cartes de cette partie de la Nouvelle-Hollande eussent été construites ; le journal du commandant, qui parle d'une manière positive de cette rivière, a dû l'induire en erreur. Les journaux de nos autres compagnons de voyage, ou gardent tout-à-fait le silence sur l'objet dont il s'agit, ou n'émettent qu'une opinion vague. Nos journaux de relèvemens contiennent bien des faits plus précis; mais pour apprécier leur valeur, il falloit les mettre en œuvre, il falloit construire les observations et les assujettir à des corrections longues et pénibles, ce que M. PÉRON ne pouvoit ni ne devoit entreprendre. J'avoue qu'avant d'avoir moi-même complété la partie graphique de nos travaux, j'étois absolument, sur ce point, de l'avis de M. PÉRON : souvent nous en avons causé ensemble; mais lorsque les bases sont incertaines, les raisonnemens faits avec le plus de soin peuvent-ils ne pas être erronés! Quel parti, en effet, pouvions-nous tirer d'un article de journal conçu de la sorte :
« *Tel jour nous doublâmes le cap Murat : en cet endroit se décharge la*

rivière Guillaume; elle est salée. » Voilà bien certainement moins que des conjectures mises à la place des faits; mais écoutons M. Péron lui-même: « Du 18 au 22 juillet 1801, dit-il[a], nous
» eûmes la vue de la rivière du Roi-Guillaume, qui ne mérite, sous
» aucun rapport, l'importance qu'on seroit tenté de lui donner,
» d'après les anciennes cartes de cette partie de la Nouvelle-Hol-
» lande. L'ouverture en est étroite, barrée par des récifs, embar-
» rassée par des roches, et la direction qu'elle sembleroit affecter
» me porte à croire qu'elle n'est, comme toutes les autres préten-
» dues rivières de ce continent, qu'une espèce de canal par lequel
» les eaux de la mer pénètrent plus ou moins dans l'intérieur des
» terres. On n'observe d'ailleurs à son embouchure aucun change-
» ment de couleur dans les flots, on n'éprouve aucune espèce de
» courant par son travers, et le continent sur ce point offre le
» même tableau de stérilité, de monotonie, que je me trouve
» contraint de reproduire à chaque instant. »

Cette description de côte est exacte, à cela près qu'au lieu de convenir à l'entrée de la rivière Guillaume, elle se rapporte à l'intervalle qui existe entre le cap Murat et l'*île Muiron*. Une note que je trouve dans le journal de M. Breton, m'en fournit la preuve évidente. « Le Commandant, dit cet officier, mit en panne le 22 juillet 1801, sous le vent d'une île (l'île Muiron); de dessus le pont, on voyoit encore une autre terre (le cap Murat), et c'est l'espace entre les deux qu'il prenoit pour l'embouchure de la rivière Guillaume; mais du haut des barres de perroquet, je vis, ainsi que plusieurs autres personnes, ces deux terres jointes ensemble par une chaîne de récifs à fleur d'eau, sur lesquels la mer brisoit. Je vis encore des terres à perte de vue dans le S. (l'île Victor), une petite île dans le S. 35° E. (l'*île Serrurier*), et une autre (l'*île Bessières*) dans le S. 75° E.: le tout non corrigé de la variation. » J'ajouterai

---
[a] Voyage aux Terres Austr. historiq. tom. *I*, pag. *126*.

à ce qui précède que les mêmes terres ont été vues de nouveau par nous le 26 mars 1803 : les observations faites à cette époque, et portées dans les journaux de relèvemens, confirment l'exactitude des remarques de M. BRETON.

CHAPITRE VIII.

Terre de Witt.

La Terre de Witt, limitée à l'O. par le cap Murat, s'avance à l'E. et au N. jusqu'au cap de Léoben, qui la sépare de la Terre d'Arnheim *(carte n.° 24)*. La ligne qui joint ces points extrêmes a sa direction au N. 56° E.; sa longueur est de trois cent soixante-douze lieues marines, qui valent quatre cent soixante-cinq lieues moyennes de France, ou deux cent sept myriamètres : c'est la plus courte distance qui existe entre ces deux points. Si l'on suivoit les sinuosités de la côte, on auroit un intervalle bien plus considérable : nous n'essaierons point d'en fixer ici la valeur; cela exigeroit une connoissance des localités plus complète que celle que nous avons pu obtenir.

Dampier et Saint-Allouarn sont les seuls navigateurs qui aient donné, avant nous, quelques notions exactes sur la Terre de Witt. Le premier, qui vint y aborder en 1688 et 1699, et à des époques différentes de l'année, publia, dans la relation de ses voyages, des observations pleines d'intérêt, tant sur les peuples qui habitent ces contrées, que sur les productions et les diverses circonstances qui sont du ressort de la navigation. On regrette que l'auteur n'ait pu les étendre à un plus grand nombre de points.

Saint-Allouarn parut sur cette côte en avril 1772; il se contenta de la prolonger presque toujours à grande distance, ce qui ne lui permit que d'en faire un examen très-incomplet; aussi son voyage, qui d'ailleurs n'a jamais été imprimé, ne contient que fort peu de faits dignes de remarque.

TERRE
DE WITT.

Nos travaux à la Terre de Witt, quoique souvent ils aient été fort laborieux*, sont loin cependant d'avoir ce degré de perfection que les besoins de la navigation exigent, et qui eût pu être le résultat d'une exploration complète. Nos cartes contiennent de fréquentes lacunes, qu'il ne nous a pas été possible de remplir, et qui laisseront à nos successeurs d'intéressantes reconnoissances à poursuivre. Heureux d'avoir pu leur aplanir la route, et d'avoir diminué pour eux les difficultés toujours inséparables de pareilles opérations !

Ce que je viens de dire de nos travaux ne doit s'entendre que du détail des portions de côtes que nous avons vues de trop loin ou dans des circonstances défavorables ; en général, nous avons assez bien observé les masses, et les principaux points en ont été fixés avec exactitude. Il me suffit de faire ici cette remarque : dans le III.ᵉ livre, destiné à l'analyse des cartes de notre atlas, j'insisterai d'une manière plus particulière sur le degré de confiance qu'elles méritent. Nous devons maintenant continuer nos descriptions géographiques ; les notions diverses que nous nous sommes procurées sur la Terre de Witt, vont être rassemblées ici, et feront le sujet de ce chapitre, qui lui-même sera subdivisé en quatre paragraphes.

§. 1.ᵉʳ

DU CAP MURAT AU CAP THOUIN.

Iles de Rivoli.

A peu de distance à l'E. du cap Murat, on trouve les îles de Rivoli, qui sont au nombre de sept ; nous avons nommé les principales *île Muiron*, *île Victor*, *île Serrurier* et *île Bessières*. Cette dernière est couverte d'un peu de verdure ; mais les arbrisseaux qui la produisent n'arrivent qu'à une bien foible hauteur : en général,

---

* *Voyez* Voyage aux Terres Austr. historiq. tom. *I*, chap. 7; et tom. *II*, chap. 31.

LIVRE II. Descriptions géogr. et nautiques.

toutes ces îles sont basses, arides, sablonneuses, et n'ont qu'une petite dimension. Nulle part nous n'y avons distingué de traces de l'espèce humaine : il en est de même, à cet égard, du continent voisin, qui d'ailleurs a été vu à une trop grande distance pour qu'il nous ait été possible de juger de son degré de fertilité.

<small>TERRE DE WITT.</small>

Nos sondes, dans le voisinage des îles de Rivoli, quoique peu nombreuses, nous ont fait connoître cependant que le brassiage dans cette partie est très-considérable ; nous ne l'avons pas eu au-dessous de 50 brasses : les mouillages doivent donc être cherchés entre les îles et la grande terre ; mais nous ignorons s'il n'existe pas dans cet espace des hauts-fonds qui pourroient y gêner la navigation.

L'intervalle compris entre le cap Murat et l'île Muiron, est presque entièrement occupé par un brisant que nous croyons être joint à la grande terre ; mais nous pensons, sans toutefois oser l'affirmer, qu'il y a passage entre l'île Muiron et ce brisant.

Au N. E. des îles de Rivoli, se présentent deux îles sablonneuses et stériles, auxquelles nous avons donné les noms d'*île Thévenard* et d'*île Rosily*. Au S. de cette dernière est un récif assez étendu sur lequel la mer brise fortement, même d'un temps calme, et dans l'O. de l'extrémité Sud de l'île un petit rocher détaché. Le brassiage dans l'O. et à deux ou trois lieues de ces îles, se maintient entre 30 et 50 brasses. Nous n'avons pas aperçu le continent derrière ces îles.

<small>Ile Thévenard, île Rosily.</small>

La portion de côtes comprise entre le *cap Poivre* et le *cap Dupuy* appartient probablement aux Terres continentales ; vers son milieu, est une baie assez profonde, nommée *Baie Flacourt*, dont le *cap Malouet* forme l'extrémité Septentrionale ; les rivages en sont uniformes, de hauteur médiocre, et d'ailleurs stériles et sablonneux, comme les diverses îles déjà décrites. Plusieurs bancs et plusieurs récifs sont dans le voisinage, tant au S. du cap Poivre, qu'au N. du cap Dupuy ; en général, ils paroissent formés de sable et de

<small>Du cap Poivre au cap Dupuy.</small>

roches, dont quelques-unes sont saillantes au-dessus de l'eau: parmi ces récifs, il y en a qui ne brisent pas dans toute leur étendue, et qui semblent laisser par intervalles des passages praticables; d'autres doivent assécher de basse mer.

Les Terres que nous avons nommées îles de Montebello, gisent par 20° 25' de latitude et 113° 20' de longitude E. P.; la grande distance à laquelle nos bâtimens en ont passé, ne nous a permis de les voir que très-imparfaitement. Ces îles sont au nombre de trois, dont la plus grande présente à peine un diamètre de trois lieues: toutes sont basses et stériles. A la partie N. O. de l'île l'Hermite, est un récif fort étendu que nous avons jugé être lié à la terre: la mer y brise avec une extrême fureur.

L'île la Trimouille, étant plus élevée à deux de ses extrémités que vers son milieu, paroît, à une certaine distance, comme séparée en deux parties; cependant, du haut des mâts, nous sommes parvenus à nous convaincre que ces terres étoient réunies.

Nous ignorons s'il existe encore d'autres îles au S. du groupe de Montebello, et même à quelle distance de ces îles se trouve le continent de la Nouvelle-Hollande; notre travail éprouve sur ce point une lacune considérable qui s'étend jusqu'à l'archipel de Dampier.

La question de savoir sur quelle île de la Terre de Witt aborda le capitaine DAMPIER en 1699, n'est pas facile à résoudre dans l'état actuel de nos connoissances géographiques. Les indications que donne cet auteur [a], loin d'être précises, ne me semblent convenir rigoureusement à aucune des portions de la Terre de Witt que nous avons visitées. Il fixe la position de son attérissage [b] par 20° 21' de latitude australe, et à deux cent trente-deux milles [c] dans l'E. de la baie des Chiens-Marins; ce qui, en prenant, ainsi

[a] Voyez le *tom. IV* des Voyages de DAMPIER, *pag. 109 et suiv.* de la trad. franç.
[b] Op. cit. *pag. 110*.
[c] Le texte *(pag. 111)* porte deux cent trente-deux lieues; mais l'erreur est évidente.

que nous l'avons déterminé, 111° pour la longitude de cette baie, donne 114° 52′ pour la longitude de DAMPIER à l'E. du méridien de Paris, et ce point ne tombe sur aucune terre.

Si l'on admet que la latitude seulement soit bonne, on trouvera, en faisant varier la longitude, que la position dont il s'agit se rapporte, à une minute près, à la latitude de l'*île Legendre*; et alors l'archipel de Dampier pourroit être à l'O. de cette île; il seroit dans l'E., si l'on supposoit la latitude fautive et la longitude exacte; enfin, si l'on croyoit que la longitude et la latitude à-la-fois eussent été mal déterminées, rien n'empêcheroit de placer l'archipel dont il s'agit à la hauteur des îles de Montebello.

Les descriptions de l'auteur ne sont pas faites pour jeter un grand jour sur la recherche qui nous occupe, et cela vient peut-être de ce que nous ne nous sommes pas avancés nous-mêmes au milieu de ces îles, autant que DAMPIER l'a fait. Quoi qu'il en soit, nous avons nommé *Archipel de Dampier* le groupe d'îles qui gît directement à l'O. de l'île Legendre, et nous avons appelé la plus considérable *île du Romarin*, plutôt pour consacrer dans notre nomenclature la découverte du navigateur anglois, que pour avoir jugé bien certain que ce fût là le point où DAMPIER avoit débarqué. Après cette explication, nécessaire pour éviter d'inutiles critiques, nous allons reprendre le fil de nos propres descriptions.

L'archipel de Dampier *(voyez carte n.º 25 et le plan particulier sur la même planche)* est composé d'un grand nombre d'îles et d'îlots; parmi ces îles, celle du Romarin, qui n'a pas au-delà d'une lieue de diamètre, est située par 20° 28′ de latitude Sud, et 114° 9′ de longitude à l'E. de Paris; elle est entourée d'un récif de corail presque à fleur d'eau, auquel se lient, sur-tout dans le N. E., de petits îlots et des roches. Son sol, peu élevé et de nature sablonneuse, est stérile, et couvert seulement de quelques broussailles languissantes.

L'*île Malus*, plus petite que la précédente, est tout aussi peu fertile ; il en est de même des autres îles et des îlots qui composent cet archipel.

<small>TERRE DE WITT.</small>

<small>Navigation dans cet archipel.</small>

Nous pensons que des navires de toute grandeur pourroient passer sans danger entre l'île du Romarin et les deux petites îles qui gisent au S. O. de celle-ci à quelque distance ; il en est de même de divers canaux que forment les îles de l'archipel entre elles et avec le continent voisin. On doit toutefois éviter la partie N. E. de l'île du Romarin : les récifs qui s'y rattachent, s'étendent au loin ; et quoique nous en ayons fixé la limite vers le N., il sera prudent de s'en défier. Au reste, les bancs sous-marins qui sont dans le voisinage, se distinguent fort bien le jour au changement de couleur de l'eau ; ce qui, joint à l'indication que donne la sonde, fournira aux navigateurs une sûreté suffisante.

<small>Mouillages.</small>

Tout annonce qu'il y a d'excellens abris et de bons mouillages au milieu des îles qui nous occupent ; cependant nous ne donnons ceci que comme une conjecture.

Le brassiage, à demi-lieue au N. O. de l'île du Romarin, est de 20 brasses, fond de sable mêlé de gravier ; plus près, il éprouve une diminution considérable et varie de 5 à 3 et 2 $\frac{1}{2}$ brasses, fond de corail vif et tranchant : il convient donc de se tenir sur ses gardes, lorsqu'on veut naviguer à moins de deux milles de distance au N. de cette île.

<small>Baie Regnard.</small>

La *baie Regnard* nous a paru appartenir aux terres continentales. La grande distance à laquelle nous en sommes passés, et le peu d'élévation de la côte, nous ont empêchés d'acquérir sur sa constitution des notions bien étendues ; mais nous pouvons dire cependant que le sol en est à-la-fois triste et aride : ses productions doivent, par conséquent, être peu nombreuses et peu intéressantes pour la marine.

En avant du *cap Bruguières*, qui est bas, sablonneux, et qui forme l'extrémité Septentrionale de la baie Regnard, sont deux petits îlots de roche, entourés d'un banc. Plus loin, dans l'Est, on voit

LIVRE II. DESCRIPTIONS GÉOGR. ET NAUTIQUES.   227

l'île Legendre, basse et stérile comme le reste de la côte. Ici, les terres changent de direction et s'avancent au S.; nous n'avons pas bien pu préciser la forme qu'elles affectent, mais il y a des détails intéressans. En général, ces rivages sont fort découpés, et nous croyons qu'il existe dans cette partie un bien plus grand nombre d'îles et d'îlots que nous n'en avons marqué sur notre carte. Les principales de celles que nous avons vues ont été nommées *Haüy*, *Delambre*, *Bezout* et *Picard ;* la seconde n'est pas très-élevée, mais ses bords sont écores et doivent être d'un abord facile : un petit rocher, détaché de la côte, est à peu de distance de sa partie N. O. Nous avons jeté l'ancre dans le N. E. de cette île et à quatre milles de distance : notre mouillage, qui étoit par les 18 brasses d'eau, fond de sable mêlé de gros gravier, offroit une excellente tenue ; car malgré une brise assez forte, nous n'y avons pas chassé d'un pouce.

Au Sud de l'île Delambre et dans le S. O. de l'île Bezout, nous avons aperçu sur le continent une coupure remarquable et bien tranchée entre les terres : tout annonçoit l'entrée d'un port ; cependant comme nous n'avons pu vérifier nos présomptions à cet égard, nous nous sommes bornés à désigner cette ouverture sous le nom d'*Entrée Bouguer*.

De ce dernier point, en s'avançant dans l'E. jusqu'aux îles Forestier, la côte n'a été vue par nous que de fort loin et de manière à ne pouvoir bien juger des détails de sa forme et de sa constitution particulière ; cependant, nous croyons qu'elle est fort basse, et bordée par des bancs de sable. Cette dernière circonstance semble être annoncée d'abord par l'analogie apparente de cette côte avec la partie du continent qui avoisine les îles Forestier, ensuite par le petit brassiage que nous avons eu en naviguant à une grande distance au large.

Le groupe des îles Forestier est composé de deux îles principales, l'*île Depuch* et l'*île Ronsard*, et de quelques îlots sablonneux et stériles. La première, qui est la plus Occidentale, n'a pas au-delà

TERRE DE WITT.
Ile Legendre.

Ile Delambre.

Bon Mouillage.

Entrée Bouguer.

Iles Forestier.

Ff 2

d'une lieue de diamètre *(voyez le plan particulier, planche n.° 25)*; elle est remarquable par sa constitution volcanique, qui contraste fortement avec tout ce que nous avons observé ailleurs sur les côtes de la Terre de Witt. Cette île, dont nous avons fixé la position par 20° 35' 22" de latitude S., et 115° 13' 48" de longitude à l'E. de Paris, a été visitée par M. RONSARD, dans le grand canot du *Géographe;* c'est d'après cet observateur que nous allons en donner la description, en empruntant quelques passages du texte même de son journal.

L'île Depuch est haute et a des formes très-prononcées : « Son sol est composé d'un amas de prismes basaltiques, le plus souvent pentaèdres, et entassés les uns sur les autres ; quelquefois, et particulièrement vers le sommet des pitons, ils reposent sur une de leurs petites faces ; plusieurs de ces roches dominent les autres à une telle hauteur, que, de loin, on les prendroit pour des troncs d'arbres ; ailleurs, elles présentent l'aspect de murailles en talus; dans les vallons, elles sont amoncelées sans symétrie, et paroissent avoir roulé des coteaux voisins. Du reste, toutes ces laves ont des arêtes très-vives, si l'on en excepte celles qui ont été battues par les vagues de la mer, et celles que l'on rencontre dans des espèces de ravines, où l'eau des pluies semble avoir coulé en torrens. Leur surface extérieure est couverte d'un oxide de couleur rouge brunâtre, qui donne à l'île entière une teinte sombre très-remarquable : cette espèce de rouille, que la pluie détache des pitons et entraîne dans les excavations que l'île présente, fournit seule une base à la végétation ; quelquefois elle est mêlée à une petite quantité de sable que les vents doivent y avoir apportée. Chacun de ces dépôts forme une sorte de jardin naturel, qui offre une verdure agréable, et répand une odeur suave. Les plantes et arbustes y croissent entre les rochers ; les premières étoient en fleur (au mois de juillet); quelques-unes sont d'un port très-agréable.

» Le débarquement est facile au N. de l'île, dans une petite anse de sable très-commode, où l'on peut entrer avec un canot : la sonde donne 3 brasses d'eau à son ouverture, et en dedans la mer est aussi tranquille que dans un bassin : on pouvoit débarquer à pied sec, et même échouer en toute sûreté l'embarcation sur une belle plage de sable fin.

» Dans l'E. S. E. de cette anse, on rencontre deux fontaines d'eau vive qui pourroient, au besoin, fournir chacune trois barriques d'eau par jour, et peut-être même davantage ; ainsi l'on peut, à la rigueur, faire sur cette île (en juillet) de l'eau et même du bois, quoique l'un et l'autre n'y soient pas très-abondans.

» L'île Depuch n'est séparée du continent que par un bras de mer d'environ deux lieues de largeur : à l'instant de la marée basse, on voit distinctement, au milieu de ce canal, un banc qui a la même direction que lui, et qui est presque à découvert ; mais la couleur de l'eau des deux côtés de ce banc, semble indiquer un grand fond. Si ces diverses passes sont réellement praticables, ce dont nous n'avons pu nous assurer, il est probable qu'il y auroit de bons abris, et vraisemblablement aussi de bons mouillages. »

L'*île Ronsard* n'a point été visitée d'une manière particulière : ses bords sont assez élevés, comparés aux terres environnantes.

« L'*îlot de Sable*, situé au N. E. de l'île Depuch, dit M. Ronsard, n'est couvert que d'une végétation foible et misérable ; un banc qui assèche très-probablement dans les plus grandes marées, joint cet îlot avec le continent : à sa pointe Occidentale il y a un brisant dont il est bon de se défier. »

Au Nord de toutes ces îles, le brassiage est peu considérable ; il n'excède pas 10 brasses à moins de six milles de distance de l'île Depuch ; plus près, il diminue progressivement, mais sans éprouver de fortes variations : la profondeur de l'eau est moins grande auprès de l'île Ronsard.

A l'Est de l'île Depuch, sur le continent, quelques pitons s'élèvent au-dessus de la surface du sol, et paroissent, à trois lieues de

TERRE DE WITT.

Continent jusqu'au cap Thouin.

distance, comme un assemblage de petites îles. Toute la côte d'ailleurs n'a pas un aspect plus fertile que celles que nous avons précédemment décrites. Au-delà du *cap Cossigny*, en s'avançant à l'E. jusqu'au cap Thouin, la terre est basse et stérile.

En face de ces deux derniers caps, se développent les *Basses du Géographe*, chaîne de battures dangereuse qui, se prolongeant à plus de douze milles au large, peut bien aussi s'étendre jusqu'à terre. Sa partie Sud découvre à mer basse, et les flots viennent alors s'y briser avec force. *Le Géographe* et *le Casuarina* ont passé au milieu de ces battures, et même y ont mis à l'ancre par les 10 brasses d'eau, sur un bon fond. Nous n'avons pas fixé l'étendue de ces dangers dans le N.; mais nous pensons qu'en se guidant sur la sonde, on en découvrira suffisamment l'approche.

Comme nous n'avons mis à terre que sur l'île Depuch et une seule fois, dans cette division de la Terre de Witt, on ne doit pas s'attendre à trouver ici de grands détails sur les productions qui peuvent être utiles aux navigateurs : l'aspect général du sol et sa stérilité presque absolue font présumer, avec beaucoup de raison, que l'eau douce est fort rare dans ces parages, et que les plantes ou les fruits bons à manger le sont encore davantage. DAMPIER, sur l'île du Romarin, ne rencontra que deux ou trois espèces d'arbustes, dont les uns, qui étoient en plus grand nombre, n'avoient aucune odeur, et ressembloient au romarin. Il parle aussi de deux espèces de fèves, mais il ne dit pas qu'elles fussent propres à la nourriture.

M. RONSARD, sur l'île Depuch, n'a vu qu'une végétation beaucoup plus pauvre : « Nous n'avons aperçu, dit-il, qu'une seule espèce d'arbres ; ils sont parfois assez gros, mais le tronc en est court, la végétation lente et pénible ; la feuille ressemble à celle du saule, l'écorce en est blanche et lisse ; son bois dur et cassant auroit pu fournir au besoin la membrure d'une chaloupe, mais non des bordages. Cet arbre croît sur-tout dans les lieux humides. »

M. RONSARD croit avoir vu, sur la même île, un kanguroo de

la grande espèce, et un quadrupède de la taille d'un fort chien, de couleur fauve, ayant une longue queue velue et pendante; il n'a pu en déterminer l'espèce.

> TERRE DE WITT.

Nous avons aperçu, au Nord des îles de Montebello, pendant le mois de juillet, une grande quantité de baleines; et sur les récifs voisins de ces îles, une foule innombrable d'oiseaux de mer, tels que mauves, goélands, sternes, fous, cormorans, &c.; sur les îles Forestier, on a vu des aigles, des corbeaux, et deux espèces, seulement, de petits oiseaux. DAMPIER observa sur le point où il mit à terre une espèce de perroquets blancs qui alloient par grandes troupes : nous n'en avons point rencontré.

Sur toute cette côte, on peut être assuré de trouver des tortues en fort grand nombre, sur-tout lorsqu'on y arrive dans la saison de la ponte. Nous en avons vu des troupes considérables pendant les mois de juillet et de mars, mais principalement à la première de ces deux époques. DAMPIER, dans le mois d'août, en vit aussi quelques-unes près de l'île du Romarin.

Les serpens de mer se montrent par-tout avec une sorte de profusion : il y en a de diverses couleurs et de dimensions variables. A terre sur l'île Depuch, on a tué un reptile de cinq pieds de long, gros comme le bras, gris et couvert d'écailles : nos naturalistes le croient du genre des *boa*.

A en juger par la multitude de poissons que nous vîmes auprès des îles de Montebello, ces parages doivent être très-poissonneux : leurs légions diverses nageoient en foule autour de nos vaisseaux; mais la rapidité de notre marche ne nous permit pas d'en prendre un seul.

Les bords de la mer, sur l'île Depuch, sont riches en coquillages de diverses espèces; on doit remarquer sur-tout des huîtres excellentes qui s'y trouvent en grande quantité.

D'après les observations de M. RONSARD, il ne paroît pas que l'île Depuch soit habitée, à moins cependant qu'on ne veuille

> Espèce humaine.

regarder comme preuve du séjour passager de l'homme sur ces bords, la rencontre que l'on y a faite de deux troncs d'arbres brûlés, et de quelques laves fraîchement cassées.

Sur le continent, des fumées aperçues dans le voisinage du cap Thouin ne nous ont laissé aucun doute sur l'existence de l'espèce humaine dans ces contrées sauvages.

Observations physiques. — Les vents entre le cap Murat et le cap Thouin, et à une distance moyenne de terre, c'est-à-dire, à sept ou huit lieues, ont soufflé, à la fin de mars, avec assez de régularité du S.O. au S.S.O., joli frais avec un très-beau temps ; quelquefois ils se sont halés à l'O.S.O. et même à l'O., sans varier sensiblement d'intensité ; mais ils ne sont jamais restés long-temps dans cette dernière direction.

En juillet, nous ressentîmes une seule fois, dans l'O. de l'île Rosily, l'influence des brises de terre et de mer qui règnent ordinairement près des côtes dans les climats équatoriaux ; ailleurs, nous éprouvâmes sur-tout des vents du S.S.E., variables au S. et à l'E.S.E., et quelquefois de bonnes brises de l'O. à l'O.S.O. avec un temps généralement fort beau. Pendant deux jours nous eûmes des grains et de la pluie avec des vents variables de presque tous les points du compas : cet état de l'atmosphère nous avoit été annoncé par une journée entière de calme.

Le thermomètre, à bord et à midi, varia, dans l'intervalle du 17 au 28 juillet, de $+14^d,5$ à $+19^d,0$, et donna une température moyenne de $+17^d,2$; du 26 au 31 mars, ses hauteurs extrêmes furent de $+19^d,8$ à $+24^d,8$, et la moyenne $+22^d,5$: le tout rapporté à l'heure de midi.

Le baromètre, à l'une et l'autre époque de notre navigation, se soutint au plus haut à $28^p 4^l,0$, et au plus bas à $28^p 1^l,0$.

M. RONSARD estime que la pleine mer eut lieu sur l'île Depuch, à midi, le 27 juillet 1801, deux jours après la pleine lune : « elle marna d'environ 20 pieds, dit-il, et me parut devoir s'élever de 4 pieds davantage dans les plus hautes marées. Les courans ont leur direction

direction de l'E. à l'O., et sont peu sensibles aux approches de terre. »

Nous avons fait aussi, à nos divers mouillages, quelques observations des marées, dont le résultat est renvoyé à la fin de ce volume; mais nous n'avons pas remarqué que la variation du niveau des eaux fût de plus de 2 brasses ou de 10 pieds, quantité bien inférieure à celle qu'indique M. RONSARD pour l'île Depuch. Notre méthode d'observation, la seule que nous ayons pu employer, étoit, à la vérité, assez imparfaite; elle consistoit à mesurer avec la sonde la profondeur de l'eau, à l'instant de la haute et de la basse mer; la différence donnoit la hauteur de la marée: mais il falloit supposer que l'opération, aux deux époques désignées, avoit été faite exactement au même point; condition difficile à remplir, à cause de l'évitage du navire. Il est donc permis de croire que nos résultats ont pu être influencés quelquefois par les inégalités du fond.

Aucune de nos observations magnétiques n'a été faite à terre, et toutes sont relatives à la déclinaison de la boussole; en général, celles de 1803, quoique très-concordantes entre elles, ont donné des résultats constamment plus forts que celles de 1801; cependant les différences n'ont jamais été considérables, et n'ont pas excédé 2°. Il paroît que la variation annuelle n'est point la cause de cette anomalie, car SAINT-ALLOUARN, environ trente ans auparavant, avoit obtenu des résultats à-peu-près égaux aux nôtres. Près du cap Murat, par exemple, il avoit observé, en 1772, 4° 53′ de déclinaison N.O., et nous y avons trouvé 2° 16′ N. O. en 1801. Cette même année, nous obtînmes 2° 21′ N. O. près des îles de Montebello, et deux ans après, nous n'eûmes dans les mêmes parages que 4° 5′ N. O. D'après ces considérations, j'attribuerai au plus ou moins grand degré de force magnétique de nos boussoles les différences qui existent entre nos observations de déclinaison des deux années.

§. 2.

Du cap Thouin aux îles Champagny.

Îlots des Tortues.

LES *îlots des Tortues (carte n.° 25)* sont au nombre de deux, et gisent à l'O. N. O. du *cap Larrey*. Celui du S. O. n'est qu'un plateau de sable de peu d'étendue, auquel tient un brisant : l'autre, plus Septentrional, et non moins stérile, est entouré d'un banc de roches et de corail, à fleur d'eau, sur lequel la mer déferle presque par-tout. Je me suis approché de ce banc, sur *le Casuarina*, à un demi-mille de distance, et par les 9 brasses d'eau; il m'a paru écore, et je crois que de beau temps il seroit facile d'y débarquer, en se plaçant sous le vent.

Du cap Larrey au cap Kéraudren.

Les terres situées au S. O. du cap Larrey, sont, ainsi que ce cap, basses et d'une couleur rouge très-remarquable : nous n'avons pu juger de leur fertilité, à cause de la distance à laquelle nous en sommes passés; tout nous porte à croire cependant qu'elles sont aussi stériles que celles qui les avoisinent.

Entre le cap Larrey et le *cap Kéraudren*, existe une petite baie dont nous n'avons vu que l'ouverture; en face est l'îlot Poissonnier, défendu dans sa partie N. E. par un fort brisant.

Banc des Amphinomes.

Au Nord de cette portion de côte, se trouve le banc des Amphinomes, remarquable par son étendue et par les dangers qu'y courut la corvette *le Géographe*, dans la nuit du 2 avril 1803[1]. Nous n'avons pu fixer les limites de cette batture dans le Nord; mais au Sud, il paroît qu'elle va se joindre à la grande terre, et qu'une partie assèche de basse mer. Par-tout le brassiage est fort irrégulier, et les sauts de sonde souvent considérables, sur un fond

---

[1] *Voy.* Itinéraire, pag. 23, et Voyage aux Terres Austr. histor. tom. *II*, pag. 237 et 238.

LIVRE II. DESCRIPTIONS GÉOGR. ET NAUTIQUES.   235

tantôt de roches et corail, et tantôt de beau sable. *(Voyez le plan particulier, carte n.° 25.)*

Pendant que nous naviguions sur le banc des Amphinomes, nous crûmes remarquer qu'un fort courant nous portoit au Sud ; mais au mouillage, l'observation faite avec le loch ne nous donna que 0,4 de mille pour *maximum* de sa vitesse : le montant de l'eau ne fut pas sensible à la sonde.

Nous vîmes entre les îlots des Tortues et le banc des Amphinomes un espace de mer que sa couleur grisâtre nous fit prendre d'abord pour un banc de sable à fleur d'eau ; *le Casuarina*, s'en étant approché la sonde à la main, fit route pour le traverser ; mais il n'éprouva aucune diminution dans le brassiage, et reconnut que cette apparence de banc provenoit d'une eau fort sale, parsemée de touffes de goémon. M. PÉRON, qui examina avec plus d'attention la cause de cette couleur de l'eau, trouva qu'elle étoit due à une espèce de poussière grisâtre répandue à la surface de la mer. En soumettant cette substance au foyer d'un microscope, il jugea qu'on devoit la considérer comme de véritables œufs de quelque animal marin [a]. COOK, dans son premier voyage, avoit fait une rencontre analogue dans les parages de la Nouvelle-Guinée ; ses matelots désignèrent cette espèce de poussière d'un gris jaunâtre, sous le nom de *sea saw-dust*, sciure de mer [b], à cause de la ressemblance qui existe en effet entre elle et de la sciure de bois.

Au N. du cap Larrey, en tirant un peu vers l'O., se trouve une petite île isolée, qui est basse, stérile et sablonneuse ; nous l'avons nommée *île Bedout*.

Un banc qui, quoique petit, est cependant très-dangereux à cause du foible brassiage, gît à-peu-près au N. E. du cap Kéraudren, par 19° 41′ de latitude ; *le Géographe*, dont le tirant d'eau étoit de 14 pieds, s'y trouva engagé sur un fond de 14 pieds ½ : heureusement

---
[a] Voyage aux Terres Austr. histor. tom. *II*, chap. 31.
[b] Collect. d'HAWKESWORTH, tom. *VI*, pag. 146—149.

TERRE DE WITT.

Apparence de bancs.

Île Bedout.

la mer étoit parfaitement calme, et ce fut la cause du salut de ce bâtiment. La sonde passa rapidement de 10 à 7, 5, 4 et 3 brasses, dans l'espace de deux minutes, et augmenta ensuite avec la même célérité.

Bancs des Planaires.

Les *bancs des Planaires*, plus avancés du côté de l'Est, semblent avoir une étendue considérable en longitude *(carte n.° 26)* ; mais nous n'avons pu voir s'ils s'avançoient jusqu'aux terres continentales, dont toutefois ils ne paroissent pas être très-éloignés. Nos vigies ont cru apercevoir que la sommité de ces bancs assèche de basse mer.

Du cap Kéraudren au cap Missiessy.

A l'exception de deux lacunes de peu d'étendue, dont la première est à l'E. des bancs des Planaires, et la seconde à l'O. du *cap Missiessy*, nous vîmes, quoique d'assez loin, toute la portion de côte qui, de ce dernier cap, s'étend à l'O. jusqu'au cap Kéraudren. Toutes ces terres sont extrêmement basses et d'un aspect fort triste ; la grande distance où nous en avons navigué, ne nous a pas permis de fixer la forme de leurs rivages.

Du cap Missiessy au cap Duhamel.

Les terres de la *baie Desault* sont basses et sablonneuses ; il en est de même de celles de la *baie Géoffroy*, dont l'étendue est d'ailleurs bien moins considérable. En général, toute la côte jusqu'au *cap Duhamel* offre la même constitution sablonneuse et la même stérilité ; on doit en excepter cependant les caps et les pointes avancées qui sont formés de falaises de roches, mais sans aucune apparence de végétation.

Du cap Duhamel au cap Bossut.

Au N. du cap Duhamel commence un banc de sable et de roches qui borde la côte ; une partie en est à sec, le reste est à fleur d'eau *(voyez le plan particulier, carte n.° 26)*. La mer brise sur quelques points de ce banc, mais nulle part avec plus de force qu'aux environs du cap Bossut. Dans l'O. se trouve le *récif du Casuarina*, sur lequel la mer déferle avec fureur. La passe entre la terre et lui est étroite et dangereuse, à cause du foible brassiage et de la force des courans ; le *Casuarina*, qui la traversa en prolongeant la côte, se vit plusieurs fois couvert des lames formées par les brisans qui l'environnoient. Pendant cette navigation périlleuse, les sondes suivirent une progression régulière, et passèrent successivement de 4 à 3 et 2 ½ brasses, ensuite de 2 ½ à 4 et 6 brasses, tantôt fond de sable, et tantôt fond de roche. La partie du récif qui est hors de l'eau ou à fleur d'eau, a deux milles environ de l'E. à l'O., dans sa plus grande dimension ; mais un banc sous-marin, qui s'avance bien plus au large, embrasse tous les bancs particuliers et tous les récifs dont nous venons de parler.

TERRE DE WITT.

Le *Géographe* passa dans l'O. du récif du Casuarina, en se tenant à deux lieues de distance de terre ; il trouva un brassiage de 8 à 9 brasses. Il seroit sans doute peu prudent de naviguer plus près de la côte par cette latitude.

Le cap Bossut est bas et sablonneux, ainsi que les terres qui l'avoisinent, tant à l'E. qu'au S. ; et, à l'exception d'un petit bouquet d'arbres qui est à peu de distance au N. du cap Duhamel, la stérilité la plus triste règne sur tous les points.

Dans l'E. du cap Bossut est un enfoncement dont nous n'avons aperçu que l'ouverture ; nous lui donnâmes le nom de *baie Lagrange*.

Baie Lagrange.

Si l'on s'avance encore au N., on découvre des terres plus élevées que celles qui précèdent ; nous n'avons vu qu'à grande distance celles qui sont au S. du *cap Latouche-Tréville :* plus loin jusqu'au *cap Villaret,* la côte est unie et d'un aspect agréable.

Du cap Latouche-Tréville au cap Villaret.

DAMPIER, qui aborda sur cette terre le 3 août 1699, donne dans le recueil de ses voyages plusieurs détails qui, se rattachant à mon sujet, vont me servir à compléter le petit nombre d'observations que nous avons pu faire dans ce. parages [a]. « Le sol de » cette partie de la Nouvelle-Hollande, dit-il, est bas et paroît » enfermé du côté de la mer par une longue chaîne de dunes, qui » empêchent de voir plus avant dans le pays. Les marées sont si

[a] *Voy.* le Voyage de DAMPIER, *tom. IV, pag. 116 et suiv.* de la traduc. franç.

238 VOYAGE AUX TERRES AUSTRALES,

[marginal note: TERRE DE WITT.]

» hautes en cet endroit, que la côte paroît fort basse au vif de l'eau,
» mais elle est d'une hauteur médiocre quand la mer a refoulé,
» et il n'y a pas moyen d'y aborder alors avec une chaloupe, parce
» que le rivage est tout couvert de rochers : en haute marée, on
» passe dessus jusqu'à la berge sablonneuse qui règne tout le long
» de cette côte. Le terroir, à cinq à six cents verges [250 ou 300
» toises] de la mer, est aride et sablonneux, et ne porte que des
» arbrisseaux et des buissons.

» Plus avant dans le pays, autant que notre vue pouvoit s'éten-
» dre, le terrain nous parut plus bas qu'au voisinage de la mer,
» fort uni et entremêlé de savanes et de forêts. Ces prairies portent
» une espèce d'herbe fort rude et déliée. Le terroir est presque
» par-tout d'un plus gros sable que celui du rivage ; mais en quel-
» ques endroits, il est argileux. Dans la grande savane où nous
» étions, il y avoit quantité de rochers, de cinq ou six pieds de
» haut, dont le sommet étoit rond, et qui ressembloient à des mon-
» ceaux de foin : les uns étoient rouges, les autres blancs. On ne
» voyoit dans les forêts que de petits arbres, dont les plus gros
» n'avoient pas trois pieds de circonférence ; leurs tiges étoient de
» douze ou quatorze pieds de haut, et de petites branches en for-
» moient la tête. Il y a d'ailleurs quelques petits mangles noirs sur
» les bords des criques. »

Malgré de nombreuses recherches, DAMPIER ne put se procurer
de l'eau douce sur ces bords ; cependant, en creusant des puits de
neuf pieds de profondeur, à un mille du rivage, il parvint à trouver
de l'eau saumâtre, mais qui n'étoit pas bonne à boire.

[marginal note: Du cap Villaret au cap Huygens.]

Les terres, après le cap Villaret, prennent leur direction vers
l'E., et forment un enfoncement de huit lieues d'ouverture, où
nous ne pénétrâmes point : le *cap Huygens* en est l'extrémité Septentrionale.

[marginal note: Ile Gantheaume.]

Un peu au S. de ce dernier cap, on trouve l'île Gantheaume, de
six milles de longueur du N. au S. ; le terrain en est bas et aride.

LIVRE II. *Descriptions géogr. et nautiques.* 239

La portion de côte comprise entre le cap Huygens et le *cap Bertholet*, est plus élevée et d'un aspect plus agréable : lorsque nous en fîmes l'exploration (en avril), les arbres y étoient frais et passablement touffus ; de belles prairies tapissoient quelques points de la côte ; spectacle qui flattoit d'autant plus nos yeux, que depuis long-temps nous y étions moins accoutumés. Près de la mer, le sol est formé de dunes de sable blanc et de falaises de roches d'un rouge très-vif ; un récif continu et à fleur d'eau prolonge la plus grande partie de la côte, sans s'avancer cependant beaucoup au large. C'est au point où commence le récif dans le Sud, que commencent aussi les falaises rougeâtres dont nous venons de parler ; elles s'étendent, sans interruption, jusqu'à la *pointe Coulomb*, après laquelle les dunes reparoissent.

Un ravin aperçu sur la côte, entre le *cap Boileau* et la pointe Coulomb, nous a paru être le lit d'un ruisseau ; la fraîcheur plus grande de la végétation sur ce point semble légitimer cette conjecture.

A petite distance au N. E. du *cap Bertholet*, on trouve l'île Carnot, et au N. de celle-ci les îles Lacepède ; au-delà est le groupe des *îles Émériau*, peu éloigné du continent. L'aspect de toutes ces îles est fort triste, et annonce l'extrême stérilité du sol.

Au large de la plus Occidentale des îles Lacepède, sont des rochers que la mer couvre et découvre ; nous avons vu un ras de marée considérable s'étendre de cette île à deux ou trois milles de distance dans le N. O.

Au large, et à-peu-près dans la même direction, se développent les *bancs des Baleines*. Le plus extérieur de ceux que nous avons vus, assèche de mer basse ; les autres ont moins d'étendue, et sont entièrement au-dessous de l'eau.

Lorsque nous passâmes (en avril) près des îles Lacepède, nous aperçûmes, au lever du soleil, des bandes considérables d'oiseaux de mer qui partoient de terre et dirigeoient leur vol dans l'O. et

TERRE DE WITT.

Du cap Huygens au cap Bertholet.

Du cap Bertholet au cap Borda.

Bancs des Baleines.

Bancs présumés.

240 VOYAGE AUX TERRES AUSTRALES,

TERRE DE WITT.

l'O. N. O.; le nombre en étoit si grand, qu'on eût pu croire qu'il se faisoit une migration complète des oiseaux du pays. Depuis trois heures après midi jusqu'au coucher du soleil, ils vinrent rejoindre la terre; ce qui nous fit penser qu'il existoit d'autres battures au large des îles Lacepède, et que ces battures fournissoient une nourriture abondante aux oiseaux qui les fréquentoient.

Du cap Borda au cap Lévèque.

C'est dans ces parages et par les 16° 50' de latitude que vint attérir le capitaine DAMPIER, en 1688; mais ne pouvant jeter l'ancre sur cette côte entièrement exposée aux vents de N. O., il la prolongea pendant douze lieues et vint aborder près d'une pointe (le cap Lévêque) « d'où le pays, nous dit ce navigateur [a], s'étend » de l'Orient au Midi durant dix ou douze lieues; ce qu'il fait » au-delà, c'est ce que je ne puis pas dire. A environ trois lieues » de l'Orient de cette pointe, il y a une assez longue baie avec » quantité d'îles et un fort bon endroit à mouiller, ou à haler les » vaisseaux à terre. » La route que nos corvettes ont suivie ne nous a pas permis d'avoir connoissance de la baie ni des îles dont il s'agit.

La partie de la Nouvelle-Hollande comprise entre les îles Lacepède et le cap Lévêque « est basse et unie, nous apprend » encore le même navigateur [b]; il y a des bancs de sable près de » la mer; les pointes seulement sont pierreuses..... »

Récif Brué.

Le *récif Brué* est formé par un banc de roches dont la partie la plus Septentrionale est à découvert et fort écore, mais dont l'extrémité Sud se prolonge sous l'eau à grande distance. Je ne crois pas qu'il aille joindre l'*île Caffarelli*, quoiqu'il se dirige vers elle.

Île Adèle.

Nous crûmes, lors de notre première campagne, en 1801, que l'île Adèle étoit une portion du continent; la brume épaisse qui bornoit alors l'horizon, nous fit juger que les terres se prolongeoient

[a] Voyage de DAMPIER, tom. II, pag. 139 de la trad. franç.
[b] Op. cit. tom. II, pag. 149.

au Sud jusqu'à l'île Caffarelli, et même qu'elles formoient une baie spacieuse [a]. Cette erreur, dont on trouve un grand nombre d'exemples dans l'histoire de la navigation, ne fut reconnue par nous que pendant notre campagne de 1803. Nous vîmes alors clairement que la terre dont il s'agit étoit une île d'environ trois lieues de longueur, et qu'elle étoit basse et sablonneuse; mais la seconde fois encore nous ne pûmes fixer le détail de ses formes. Son extrémité Occidentale, que nous avons nommée *cap Mollien*, est défendue par quelques brisans. Dans le voisinage, mais plus au N., on trouve des bancs de sable à fleur d'eau; et à trois lieues au large, à-peu-près par la latitude de ce cap, un récif dangereux que *le Géographe* a rangé de fort près.

TERRE DE WITT.

L'*île du Géographe*, beaucoup plus petite que la précédente, dont elle est très-rapprochée, ne nous a rien offert de remarquable que sa stérilité parfaite; caractère d'ailleurs qui lui est commun avec l'île Adèle.

Ile du Géographe.

Nous n'avons point vu le continent entre le *cap Lévêque* et les îles Champagny, qui forment elles-mêmes l'extrémité Occidentale de l'archipel Bonaparte; mais il paroît, par la route du capitaine SAINT-ALLOUARN, que les côtes en sont défendues par un grand nombre d'îles et d'îlots. Cette partie reste entièrement à explorer.

Continent entre le cap Lévêque et les îles Champagny.

Les bancs et les récifs multipliés que nous avons observés entre le cap Thouin et les îles Champagny, démontrent suffisamment le danger de la navigation dans ces parages; nous ne croyons pas cependant les avoir tous signalés, et sans doute il en existe encore un grand nombre vers les portions de côtes que nous n'avons pu voir que de loin ou qu'imparfaitement : on fera donc bien d'y naviguer avec prudence, et de se guider sur la sonde autant qu'on le

Mouillages.

[a] PÉRON, dans le premier volume de la partie historique de notre Voyage, pag. 135, donne à cette prétendue baie le nom de *baie Berthoud*. La construction de nos cartes n'étant point terminée à l'époque où l'auteur publia sa relation, l'erreur dont il s'agit n'avoit pu encore nous être démontrée; elle a été rectifiée dans le second volume du même ouvrage, chap. 31.

pourra; par ce moyen, il sera toujours facile de reconnoître avec une exactitude suffisante les points qu'il faudra éviter.

Le mouillage, à une distance convenable des bancs, est praticable par-tout. Près de terre on a un brassiage peu considérable, mais de bonne tenue ; le fond est ordinairement de sable, ou de sable mêlé de coquilles, quelquefois aussi de sable vaseux et même de vase pure : nous avons commencé de trouver ce fond entre l'île Adèle et les îles Champagny; la sonde s'y enfonçoit beaucoup, et rapportoit une sorte de terre glaise, très-molle, que notre minéralogiste, M. DEPUCH, a jugée bien supérieure par la finesse de son grain à celle de nos poteries de France. A notre mouillage au S. O. du récif Brué, nous chassâmes pendant la nuit; et le lendemain, en levant l'ancre, le câble se rompit; on s'aperçut qu'il avoit été coupé; mais on ne put savoir si cet accident avoit été causé par une roche, ou par l'ancre elle-même.

Dans l'espace qui fait l'objet de ce paragraphe, nous n'avons pu connoître la fertilité du sol que par l'aspect que les terres nous présentoient au loin : tout annonce que les productions n'en sont pas nombreuses, ni bien intéressantes pour les navigateurs; opinion qui est confirmée par ce que DAMPIER a reconnu lui-même, tant auprès du *cap Latouche-Tréville*, que dans la baie où il aborda à l'E. 'u cap Lévêque.

Le terroir, sur ce dernier point, « produit, dit-il [a], diverses sortes
» d'arbres : mais les bois n'y sont pas en grand nombre, ni les
» arbres extrêmement gros. La plupart de ceux que nous vîmes,
» nous parurent des arbres à dragon, et ceux-là sont les plus gros
» qu'il y ait. Ils sont à peine de la grosseur de nos gros pommiers,
» et environ de la même hauteur. L'écorce est blanchâtre et tant
» soit peu dure. Les feuilles sont noires; il distille de la gomme
» des nœuds et des crevasses qui sont au corps des arbres. » Cette gomme a la couleur et le goût de celle appelée *sang-dragon*. « Il

---

[a] DAMPIER, tom. *II*, pag. *140*.

LIVRE II. Descriptions géogr. et nautiques. 243

» croissoit sous les arbres une herbe assez longue, mais assez déliée. » Nous ne vîmes point d'arbres fruitiers. »

TERRE DE WITT.

À l'égard des animaux terrestres, Dampier n'aperçut (auprès du cap Latouche-Tréville) « que deux ou trois bêtes qui ressem-» bloient à des loups affamés et qui n'avoient que la peau et les » os, tant elles étoient maigres [a]; » il vit en outre un ou deux petits animaux qu'il prit pour des lapins, mais qui plus probablement étoient des kanguroos-rats.

La classe des oiseaux lui donna « des corneilles qui ressemblent » tout-à-fait aux nôtres, des faucons, des milans et quantité de tour-» terelles dodues et grasses, qui sont un très-bon manger [b]; » deux ou trois sortes de petits oiseaux, dont les plus gros étoient comme des alouettes, et le tout en très-petit nombre.

Les productions de la mer nous ont offert un nombre prodigieux de baleines, beaucoup de tortues excellentes, quelques compagnies de marsouins, de requins et de bonites; d'ailleurs peu de poissons bons à manger [c], si toutefois on peut en juger sur ce que nous avons pu prendre au mouillage. Au contraire, la quantité d'oiseaux pélagiens étoit fort considérable; on les voyoit prendre leur vol tous les matins et se diriger au large où ils alloient chercher leur pâture; ils ne revenoient à terre que le soir pour y passer la nuit.

Mais une chose vraiment remarquable, c'est la quantité de serpens marins que l'on voyoit, sur-tout dans le voisinage des bancs : il y en avoit de blancs et de noirs, d'autres rayés de blanc et de jaune; chez les uns, la queue étoit plate et large de trois à quatre doigts, d'autres l'avoient toute ronde. Ceux de cette dernière espèce étoient les plus petits et pouvoient avoir deux pieds de long; tandis que les premiers, qui étoient de la grosseur du bras, avoient au moins $3\frac{1}{2}$ et quelquefois même 5 ou 6 pieds de longueur.

Diverses fumées aperçues près de la côte nous ont indiqué

Espèce humaine.

[a] Op. cit. tom. IV, pag. 124.
[b] Loc. cit.
[c] Dampier confirme cette observation par ses propres remarques, tom. II, pag. 140.

Hh 2

l'existence de l'espèce humaine sur plusieurs points, et notamment vers le *cap Larrey,* le *cap Missiessy* et la *baie Desault;* ce n'est qu'auprès de la *pointe Coulomb* que nous avons pu voir un habitant de ces rives sauvages : il marchoit seul sur le bord de la mer ; il étoit nu, de couleur noire et avoit les cheveux courts ; il ne témoigna aucun étonnement à l'aspect de nos vaisseaux.

Nous devons à DAMPIER des détails plus circonstanciés dont voici un extrait :

« Les Indiens de cette contrée, dit-il [a], sont les gens du monde les
» plus misérables.... ; à la figure humaine près, ils ne diffèrent guère
» des brutes. Ils sont grands, droits et menus, et ont les membres
» longs et déliés ; la tête grosse, le front rond et les sourcils gros.
» Leurs paupières sont toujours demi-fermées pour empêcher que
» les mouches ne leur donnent dans les yeux : aussi sont-elles si
» incommodes, que, quelque chose qu'on fasse, on ne peut les
» empêcher de donner au visage, et, sans le secours des mains, elles
» entreraient jusque dans les narines, et même dans la bouche si les
» lèvres n'étoient pas bien fermées.... Le visage de ces hommes
» est long, d'un aspect très-désagréable.... ; leurs cheveux noirs,
» courts et crépus comme ceux des nègres.... ; leur visage et le
» reste de leur corps sont noirs, comme les nègres de Guinée.

» Ils sont nus, n'ont point de maisons ; ils vivent en troupes
» de vingt ou trente hommes, femmes et enfans tout pêle-mêle.
» Leur unique nourriture est un petit poisson qu'ils prennent en
» faisant des réservoirs de pierre en travers de petits bras de mer.
» Chaque marée y jette de petits poissons qui y demeurent, et que
» ces Indiens ne manquent pas d'aller chercher quand la mer est
» retirée. Ils n'ont point d'instrument pour prendre de gros pois-
» sons, quand même ils se présenteroient ; mais il est rare qu'ils
» demeurent en arrière quand la mer se retire....

---

[a] *Tom. II* de ses Voyages, *pag. 140 et suiv.*

» Ils sont armés de lances en bois et d'une sorte d'épée de bois
» qui a la forme d'un coutelas. »

DAMPIER aborda sur les petites îles situées dans la baie où il étoit à l'ancre (dans l'E. du cap Lévêque)[a]; il rencontra sur l'une d'elles quarante personnes, hommes, femmes et enfans. Il n'y avoit qu'un seul feu couvert de quelques branches placées du côté d'où venoit le vent. Tous les habitans eurent grand' peur d'abord de voir venir à eux des Européens, mais ensuite ils se rendirent familiers. Comme ils n'ont point de canots, ces sauvages passent à la nage d'une île à l'autre.

Les vents qui ont soufflé sur cette côte pendant les mois d'avril et d'août, nous ont fourni plusieurs remarques intéressantes que nous allons réunir ici.

1.º A l'une et à l'autre époque de notre navigation, les vents ont été plus intenses le jour que la nuit : cette règle n'a souffert que très-peu d'exceptions.

2.º En général, ils fraîchissoient au lever du soleil, et mollissoient à son coucher; cependant nous avons eu, dans le mois d'août, une forte brise du S. à l'E. S. E., qui a duré plus de deux jours sans interruption.

3.º Les vents ont été plus forts au large des terres que près de la côte.

4.º Dans le mois d'avril et à petite distance de terre, les vents les plus forts ont soufflé constamment de l'E. à l'O. par le S., savoir : ceux qui étoient bon frais, de l'E. au S.S.E.; ceux joli frais, souvent de l'E. au S.S.E., quelquefois du S.S.O., et rarement de l'O.

Les vents de l'E. à l'O. par le N., au contraire, ont toujours été foibles, et fréquemment suivis de calmes.

5.º Pendant le mois d'août, mais à une plus grande distance du continent, les calmes et les vents légers ont été plus rares; les fortes brises ont varié du S. à l'E. S. E., et se sont tenues sur-tout entre le

TERRE DE WITT.

Observations physiques.

[a] Ibid. pag. 144 et suiv.

S. S. E. et le S. E.; elles ont régné joli frais de l'E. à l'O. par le S., mais plus souvent de l'E. au S. E.; enfin, celles qui étoient encore moins fraîches, bien qu'elles aient soufflé de tous les airs de vents compris entre le N. E. et l'O. par l'E. et le S., se sont arrêtées de préférence au S. E. et au S. S. O.

Nous avons toujours eu fort beau temps sur cette côte pendant les premiers jours du mois d'août; en avril, nous éprouvâmes divers orages accompagnés d'éclairs, de forts coups de tonnerre, et de pluie. Plusieurs fois ces orages se sont formés à la fin du jour; ils venoient alors du côté de l'E., prolongeoient la terre, et, sans s'avancer jusqu'à nous, ils se résolvoient, après une heure et demie ou deux heures de durée, en une pluie abondante.

Voici le résumé des observations thermométriques, barométriques et hygrométriques que nous avons faites à midi dans ces parages :

Du 29 Juillet au 8 Août 1801.	Thermomètre.	plus grande chaleur............	+ 23^d, 5.
		plus petite chaleur.............	+ 16, 8.
		chaleur moyenne..............	+ 19, 4.
	Baromètre....	plus grande hauteur...........	28^P. 3^l, 5.
		plus petite hauteur............	28. 1, 4.
		hauteur moyenne.............	28. 2, 5.
	Hygromètre..	plus grande humidité.........	95^d
		moindre humidité.............	69.
		degré moyen d'humidité........	85.
Du 31 Mars au 17 Avril 1803.	Thermomètre.	plus grande chaleur............	+ 26^d, 0.
		plus petite chaleur............	+ 23, 0.
		chaleur moyenne..............	+ 24, 7.
	Baromètre....	plus grande hauteur...........	28^P 3^l, 0.
		plus petite hauteur	28. 0, 5.
		hauteur moyenne.............	28. 1, 2.

Nos observations des marées ont toutes été faites à bord, et sont loin par conséquent d'être complètes; on s'est borné à observer, 1.° le *maximum* de la vîtesse du courant et sa direction; 2.° la différence du niveau des eaux, mesuré avec la sonde aux instans de la mer étale; 3.º enfin l'instant même de la mer étale, lorsqu'il a été possible de le reconnoître. Ainsi que nous l'avons déjà dit, tous ces détails seront placés à la fin du volume dans un seul et même tableau. Nous nous bornerons à faire remarquer ici que nulle part nous n'avons trouvé sur cette côte des marées aussi fortes que Dampier dit en avoir observé. La plus grande que nous ayons vue n'a pas excédé 3 brasses ½ de hauteur perpendiculaire; elle fut trouvée dans le voisinage du cap Lévêque et près du point même où le navigateur anglois avoit mis à terre en 1688. A la vérité, la lune étoit voisine de son dernier quartier; circonstance peu favorable, comme l'on sait, à la grande ascension des eaux. Dampier nous apprend que, dans ces contrées, il avoit trouvé une marée de 5 brasses angloises[a], ou un peu plus de 5 brasses ½ françoises; il dit qu'elle étoit de la même valeur près du cap Latouche-Tréville, mais il ajoute *(tom. IV, page 123 de ses Voyages)* : « Sur divers » parages de cette côte, nous n'avions trouvé jusqu'ici que de fort » petites marées; » ce qui s'accorde assez bien avec nos propres résultats.

Près du cap Latouche-Tréville, les marées ont été de 2 brasses ½ de hauteur, peu de temps après la pleine lune; le courant alloit à 1 mille $\frac{7}{10}$ de vîtesse; sur d'autres points, son *maximum* a été $2^m,2$ et le *minimum* $0^m,8$; terme moyen $1^m,5$. Les variations extrêmes de la hauteur de l'eau ont été ½ brasse et 3 brasses ½; le terme moyen, 1 brasse $\frac{9}{10}$.

A l'égard de la déclinaison de la boussole, nous avons trouvé qu'elle diminuoit assez régulièrement depuis le cap Thouin jusqu'aux îles Champagny; ses extrêmes en 1803 ont été le 31 mars 4° 55′ N. O. et le 18 avril 1° 28′ N. O.

En 1801, nous trouvâmes des résultats constamment plus foibles;

---

[a] La brasse angloise est de 5ᵖ 7ᵖᶜ 7ˡ mesure françoise. *Voy.* l'Encyclopédie de marine, au mot *Brasse*.

mais je crois que la différence doit être attribuée à nos boussoles, et non à un changement réel dans la variation magnétique. D'après ces dernières observations, la déclinaison dans l'O. des îles Champagny, auroit été nulle en août 1801; le 9 août, nous l'observâmes en effet de 0.°44′ N. O., et le lendemain de 0.° 20′ N. E.

§. 3.

ARCHIPEL BONAPARTE.

Nous avons compris sous la dénomination générale d'Archipel Bonaparte *(carte n.° 27)* la longue suite d'îles et d'îlots qui s'étendent depuis les îles Champagny à l'O. jusqu'aux îles de l'Institut, sur un espace d'environ 60 lieues marines. Différens groupes composent ce vaste ensemble, et ont été désignés sous les noms d'îles Champagny, *îles d'Arcole, îles Maret, îles Montalivet* et îles de l'Institut.

Iles Champagny. Les premières, au nombre de cinq, ont toutes un aspect stérile et blanchâtre : une seule a reçu un nom particulier ; c'est l'*île Degérando*, la plus méridionale du groupe. Le continent en arrière de ces îles est plus élevé que les terres vues précédemment dans le Sud.

Iles d'Arcole. Le groupe des *îles d'Arcole* contient un bien plus grand nombre d'îles que le précédent : nous y en avons distingué dix-sept, tant grandes que petites; encore ne sommes-nous point sûrs qu'aucune n'ait échappé à nos regards.

Ces îles présentent entre elles des détroits assez larges ; et toutefois la couleur de l'eau nous a fait supposer que dans plusieurs passes il existoit des hauts-fonds. Les circonstances ne nous ont pas permis de vérifier par-tout un fait aussi important : voici la seule tentative qu'on ait faite pour y parvenir ; le grand canot du *Géographe*, expédié pour reconnoître l'*île Colbert*, ne put mettre à terre, à cause

d'une

LIVRE II. DESCRIPTIONS GÉOGR. ET NAUTIQUES.   249

d'une chaîne de brisans qui en défendoit l'approche. Il voulut pénétrer dans le canal formé par cette île et *l'une des îles* voisines ; mais de nouveaux brisans l'en ayant empêché [a], il fut obligé de revenir à bord.

TERRE DE WITT.

La plupart des îles d'Arcole sont d'une hauteur moyenne et affectent une conformation bizarre et pittoresque ; on pourra s'en convaincre, en consultant la *planche VII* de l'atlas qui accompagne la partie historique de notre voyage [b]. L'*île Freycinet*, l'une d'entre elles [c], est remarquable par la forme singulière d'une montagne qui en occupe le centre et qui ressemble assez parfaitement à un bol renversé. L'élévation beaucoup plus grande de son sol comparé à celui des îles voisines, est encore un de ses caractères particuliers. Nous en avons fixé la position par 15° 1′ 15″ de latitude S. et 122° 4′ 36″ de longitude à l'E. de Paris.

Les *îles Maret*, de dimensions en général très-foibles, ont leurs côtes coupées à pic et formées de falaises rougeâtres ; elles sont hautes, escarpées et d'un abord difficile. L'une de ces îles cependant est sablonneuse ; mais elle est entourée d'un énorme brisant, qui s'avance beaucoup au N. ; l'*île Jussieu*, qui nous a paru bien boisée, étoit couverte, en avril, d'une verdure agréable. L'*île du Guillaume-Tell* et les îlots qui l'avoisinent dans l'O. se sont montrés à nous sous le même aspect.

Iles Maret.

Les îles Montalivet nous ont offert par-tout un coup-d'œil agréable ; quoique petites, elles sont élevées et passablement fertiles : un fort brisant gît à peu de distance de ces îles dans le N. E.

Iles Montalivet.

Nous avons vu un petit nombre de points du continent en arrière des îles d'Arcole, Maret et Montalivet ; le *cap Châteaurenaud*, qui

Continent en arrière des îles.

---

[a] Ces brisans ne sont pas marqués sur notre carte, parce que leur *position précise* n'a point été déterminée.

[b] Les détails de nomenclature des îles dont il s'agit, sont peu conformes sur cette planche à ceux qu'on voit sur la carte n.° 27 de l'atlas nautique. La cause principale de ce défaut d'accord vient de ce que les vues de côtes placées dans l'atlas historique, ont été publiées avant que nos constructions géographiques aient pu être terminées.

[c] Cette île est indiquée dans l'atlas historique, planche VII, comme faisant partie des îles Champagny : c'est une erreur.

est le plus saillant, est, comme tout le reste de la côte, très-bas et d'un aspect fort triste. Mais la grande distance où nous nous sommes toujours tenus de terre, nous a peut-être empêchés de porter à cet égard un jugement très-exact : il est même possible que nous ayons quelquefois confondu des îles avec les terres continentales.

Dans l'E. des îles Montalivet, à la distance d'environ cinq lieues, nous avons vu un cap élevé et saillant, qui nous a semblé tenir au continent : nous l'avons nommé cap Voltaire.

C'est au N. et au N. E. de ce dernier cap que gisent les îles de l'Institut, situées, ainsi que nous l'avons dit plus haut, à l'extrémité Orientale de l'archipel Bonaparte. *(Voyez le plan particulier, carte n.° 27.)* Leur nombre, leur étendue et leur position respective n'ont point été déterminés par-tout d'une manière exacte, ainsi que nous le ferons voir en donnant l'analyse de cette partie de nos cartes.

Quelques-unes de ces îles sont de hauteur moyenne; d'autres sont plus élevées et nous ont paru fertiles, vues à grande distance.

Nous mouillâmes, à deux époques différentes, au N. de l'île Cassini, l'une des plus grandes du groupe qui nous occupe : cette île n'est pas très-élevée, et, sans être d'une fertilité remarquable, on y voit cependant une agréable végétation. A sa partie Septentrionale est un récif saillant au large, sur lequel la mer brise quelquefois avec force; et au S., de jolies anses de sable où les embarcations peuvent mettre à terre avec facilité. Environ à trois lieues de distance et dans le S. O. de cette île, on trouve un fort brisant qui est isolé et très-écore.

Il n'est pas bien certain que l'île Bougainville soit une seule terre; à la plus petite distance où nous l'ayons observée, nous avons remarqué des collines en doubles plans qui sembloient indiquer, soit des canaux, soit des ports, soit des baies profondes. Je ne me permettrai pas de rien décider à cet égard; le tracé de ma carte fera cependant connoître l'opinion à laquelle j'ai cru devoir m'arrêter.

Au Nord de cette dernière île, en tirant un peu vers l'E., nous avons vu du haut des mâts une bande de terres éloignées; nous ne savons pas si elles font partie du continent ou si ce sont des îles.

TERRE DE WITT.

Entre l'île Cassini et l'île Bougainville commence cette chaîne étendue de bancs et de récifs que nous avons désignés sous le nom de *Bancs des Holothuries*. Leur longueur totale du N. au S. n'a pas moins de quinze lieues, sur une largeur dont nous n'avons pas fixé les limites.

Bancs des Holothuries.

Ces bancs se divisent en plusieurs groupes, qui laissent entre eux diverses passes dont quelques-unes sont praticables pour les plus forts vaisseaux; d'autres n'ont point encore été examinées: mais, à en juger par la profondeur considérable de l'eau auprès des bancs, la navigation ne doit pas y être moins libre que dans les passes qui nous sont connues.

Une partie de ces battures assèchent de basse mer; il y en a qui, plus enfoncées au-dessous de la surface des eaux, doivent toujours laisser au-dessus un brassiage assez fort pour que de petits navires puissent y naviguer de beau temps.

Les bancs des Holothuries sont formés de sable mêlé de vase et de petites roches de corail, dont quelques-unes se montrent toujours au-dessus de l'eau; ils sont d'ailleurs tous écores et peuvent être rangés de fort près.

La mer ne brise pas constamment sur ces bancs; et même, lorsque le vent est foible, on peut y débarquer avec facilité, ou s'y échouer en allant se placer, sur ceux qui couvrent et découvrent, avant l'instant de la basse mer. C'est ainsi que le pratiquent les navires Malais qui viennent annuellement dans ces parages pour faire la pêche des *Tripans,* que l'on rencontre en nombre prodigieux sur tous les bancs dont il s'agit.

Nous n'avons vu qu'à très-grande distance cette partie du continent de la Nouvelle-Hollande qui, située à l'Est du cap

Continent dans l'E. du cap Voltaire.

Ii 2

Voltaire, se trouve, par conséquent, au S. des îles de l'Institut; il nous a donc été impossible d'en fixer les formes, ni de juger de son degré de fertilité. Les pêcheurs Malais avec lesquels nous avons communiqué, nous ont dit qu'il y avoit de l'eau douce, mais qu'il étoit difficile d'y faire aiguade, à cause de la férocité des naturels.

La quantité de récifs qui règnent dans l'archipel Bonaparte, le nombre considérable d'îles et d'îlots qui s'y rencontrent, rendent la navigation dans ces parages difficile et même périlleuse.

Les récifs étant tous écores, la sonde ne peut en indiquer l'approche; inconvénient qui seroit fort grave pendant la nuit, si la facilité qu'on a de jeter l'ancre par-tout ne permettoit au navigateur de se mettre tous les soirs à l'abri du danger.

Sur quelques points les récifs s'avancent beaucoup au large, tandis qu'ailleurs ils sont situés près de la côte. Notre carte en indique un grand nombre, et cependant il ne faut pas croire qu'ils y aient tous été marqués; entre les îles sur-tout, nous avons lieu de penser qu'il se rencontre beaucoup de bancs que nous n'avons pas examinés. Ainsi, jusqu'à ce qu'on ait fait une exploration complète de ces parages, il convient de s'y tenir exactement sur ses gardes.

Il est à remarquer que, depuis l'instant où, sur cette côte, la sonde a donné fond de vase, la nature des récifs a changé tout-à-coup, et qu'ils sont devenus plus écores qu'ils n'étoient auparavant. Ce changement s'est opéré entre l'île Adèle et les îles Champagny. Jusque-là on avoit trouvé en général un fond de sable mélangé de coquilles ou de débris de corail, et quelquefois de gravier.

Devant l'archipel Bonaparte et les bancs qui l'avoisinent, nos sondes ont rapporté constamment une sorte d'argile compacte, d'un grain très-fin. Par-tout le fond étoit net et de bonne tenue: cependant à l'un de nos mouillages dans l'O. des bancs des Holothuries, il nous est arrivé d'avoir notre orin coupé par le fond, quoique la sonde eût indiqué fond de vase; mais il est douteux si l'ancre elle-même n'a pas été la cause de cette avarie.

TERRE DE WITT. Productions.

Nous avons vu beaucoup de tortues sur les acores des îles de l'Institut, et particulièrement auprès de l'île Cassini; il seroit possible de ramasser un grand nombre de ces animaux, dans la saison convenable. D'après le rapport des pêcheurs Malais, il existe aussi quantité de très-bons poissons dans ces parages.

Diverses fumées aperçues sur le continent, près des îles d'Arcole et des îles Montalivet, sont une preuve évidente de la présence de l'espèce humaine sur ces bords; nous ne sommes pas moins certains qu'elle existe également sur la grande terre au S. des îles de l'Institut. Les pêcheurs Malais nous ont dit avoir eu des engagemens sanglans avec les naturels de cette partie de la Nouvelle-Hollande, qui sont extrêmement farouches. Mais il ne paroît pas qu'aucune des îles de l'archipel soit habitée.

Espèce humaine.

Ainsi que nous l'avons déjà fait remarquer dans le précédent paragraphe, nos corvettes sont venues à deux époques de l'année vers cette partie de la Nouvelle-Hollande.

Les vents, à chacune de ces époques, ont été très-foibles près de l'archipel Bonaparte, et les calmes fréquens. Nous allons présenter l'exposé de leurs variations.

Avril 1803.

1.° Les brises les plus fortes, très-rares d'ailleurs, ont soufflé joli frais du S. à l'E.; en général, elles ont eu lieu depuis 3 heures du matin jusqu'à 9;

2.° Les vents de la bande du N. ont toujours été foibles; mais quelquefois aussi ils ont été foibles dans d'autres directions;

3.° La brise prenoit faveur au lever du soleil et diminuoit ensuite d'intensité : le même effet s'est observé au lever de la lune ;

4.° A midi, on avoit ordinairement du calme ;

5.° La brise fraîchissoit de nouveau au coucher du soleil, pour mollir bientôt après.

254 VOYAGE AUX TERRES AUSTRALES,

<small>TERRE DE WITT.

Observations physiques.

Août 1801.</small>

1.° Les vents joli frais ont été fort rares et ont soufflé du S.S.E. au S. O.;

2.° Les vents petit frais ont varié du S S. E. au N. N. O. par l'O.; mais plus fréquemment du S. au S. O.;

3.° Les brises foibles ont eu lieu de tous les points du compas, et surtout du N. N. O. au S. par l'O.;

4.° Les vents les plus frais ont eu lieu dans la matinée;

5.° Et les calmes à midi, ou pendant la nuit;

6.° L'influence du lever ou du coucher du soleil sur l'augmentation de la force des vents, n'a pas été sensible.

Le temps a toujours été fort beau, et n'a pas occasionné de grands changemens dans la marche de nos instrumens météorologiques : on peut en juger par le tableau suivant, dont les observations sont rapportées à l'heure de midi.

Du 9 au 17 Août 1801.

- Thermomètre.
  - plus grande chaleur............ + 24^d, 4.
  - plus petite chaleur............. + 17, 3.
  - chaleur moyenne............... + 22, 2.
- Baromètre....
  - plus grande hauteur........... 28^p 2^l, 3.
  - plus petite hauteur............ 28. 1, 5.
  - hauteur moyenne............. 28. 1, 8.
- Hygromètre..
  - plus grande humidité.............. 98^d, 0.
  - moindre humidité................. 84, 0.
  - degré moyen d'humidité........... 94, 0.

Du 18 au 29 Août 1803.

- Thermomètre.
  - plus grande chaleur............ + 25^d, 0.
  - plus petite chaleur............. + 24, 0.
  - chaleur moyenne............... + 24, 8.
- Baromètre....
  - plus grande hauteur........... 28^p 2^l, 5.
  - plus petite hauteur............ 28. 1, 0.
  - hauteur moyenne............. 28. 1, 9.

Passons à nos observations des marées : nous les verrons donner lieu aux mêmes remarques générales que nous avons faites plus haut dans notre deuxième paragraphe. Nous trouverons que la vitesse

LIVRE II. Descriptions géogr. et nautiques. 255

moyenne du courant, observée en 1803, a été de $1^{mille},5$, mais que les extrêmes se sont tenus entre $0^m,7$ et $1^m,8$: quant à la différence de niveau, aux époques de la haute et de la basse mer, les extrêmes ont été de 2 à 3 brasses, tandis que la valeur moyenne s'est trouvée de 2 brasses $\frac{1}{2}$. Nous n'avons cependant pas fait usage, dans ce que nous venons de dire, d'une observation curieuse, mais isolée, recueillie le 11 août 1801 auprès de l'île Colbert; cette observation nous a donné 4 brasses pour la plus grande ascension de l'eau le lendemain de la nouvelle lune; il est malheureux qu'on n'ait pas pu déterminer avec exactitude l'instant de la pleine mer. M. Ronsard, à qui ces résultats sont dus, se borne à dire que le renversement du courant eut lieu à $7^h\ 20'$ du matin, mais qu'à cette époque la mer étoit déjà montée d'un pied ou deux.

Nous avons eu sur cette côte les mêmes anomalies, dans nos observations magnétiques, d'une année à l'autre, que nous avions trouvées déjà sur d'autres points de la même terre; je persiste à croire qu'il faut les attribuer entièrement au plus ou au moins d'énergie de nos boussoles. Voici le précis de ces observations :

TERRE DE WITT.

Déclinaison en Août 1801. $\begin{cases} \text{plus grande} = 0°\ 36' \\ \text{plus petite} = 0.\ 5. \\ \text{moyenne} \ldots = 0°\ 18' \end{cases}$ N. E.

Déclinaison en Avril 1803. $\begin{cases} \text{plus grande} = 2°\ 15' \\ \text{plus petite} = 1.\ 41. \\ \text{moyenne} \ldots = 1°\ 56' \end{cases}$ N. O.

Ces valeurs moyennes diffèrent entre elles de $2°\ 14'$, quantité qui n'excède pas la limite des erreurs qu'on doit craindre dans les observations de ce genre.

Saint-Allouarn, en avril 1772, avoit trouvé, dans l'O. de l'île

Cassini, 2° de déclinaison N. O. : c'est à très-peu près ce que nous avons eu nous-mêmes dans ces parages, en 1803.

Les Européens pourroient tenter d'établir à la Terre de Witt un genre de spéculation très-lucratif, et qui, exploité jusqu'à ce jour par les Malais, forme une branche importante de leur commerce avec la Chine : je veux parler de la pêche des tripans.

Toutes les années, un nombre considérable de *pros*, barques Malaises, partent de Macassar, et viennent aborder, à l'aide de la mousson du N. O., sur la côte Septentrionale de la Nouvelle-Hollande ; elles emploient six mois à faire leur pêche, à en préparer le produit [a], et à compléter leur cargaison. Ce travail est ordinairement fini au mois d'avril. A cette époque, tous les navires se rassemblent ; ils sont sous les ordres d'un vieux *Raja*, qui est en même temps leur amiral et leur pilote : c'est lui seul qui dirige la route, parce que lui seul possède une boussole ; les autres ne le perdent pas de vue, et tous enfin profitent du reste de la mousson du S. E. pour retourner à Macassar. De ce point, les cargaisons s'expédient pour Canton et pour Macao, où elles se vendent à très-haut prix.

Nous avons dit *(page 24)* que les tripans étoient recherchés avec avidité par les Chinois, comme un puissant aphrodisiaque « Les organes de ce zoophyte singulier, dit PÉRON, sont enveloppés d'un sac épais et membraneux, susceptible, par une forte cuisson, de se résoudre en une gelée épaisse, très-nutritive et dès-lors très-corroborante : il en est de même des ailerons de requins, des nids gélatineux, des pieds de cerfs, &c. » dont on fait un si grand commerce dans tout l'Orient. L'usage de ces diverses

---

[a] D'après les rapports qui nous ont été faits, soit aux îles de l'Institut, soit à Timor, le mode de préparation des tripans est extrêmement simple ; il consiste à placer ces animaux sur des nattes étendues à la surface du sol, et à les exposer ainsi à l'ardeur du soleil. Quand la dessiccation en est complète, on les embarque dans les navires destinés à les recevoir. *(Voyez la partie histor. du* Voyage aux Terres Austr. *tom. II, chap. 31.)*

substances produit un effet puissant et fort actif sur l'économie animale : employées avec sagesse, par une main prudente et exercée, elles pourroient avoir du succès dans un grand nombre de maladies, principalement dans celles qui ont pour cause l'épuisement, ou qui amènent la prostration des forces; prises avec excès, au contraire, elles allument le sang, et deviennent nuisibles à l'homme par les désordres auxquels elles le portent. Sous ce double rapport, les holothuries ne me paroissent pas indignes de fixer l'attention de nos médecins.

§. 4.

GOLFE JOSEPH-BONAPARTE.

Nos corvettes n'ont exploré qu'une très-petite portion du golfe Joseph-Bonaparte, et même elles n'ont point aperçu l'extrémité Méridionale; nous ne pouvons donc pas en fixer l'étendue en latitude; mais sa largeur, prise depuis le cap Rulhières jusqu'au cap Fourcroy, dans la direction du N. E. $\frac{1}{4}$ E., est de soixante-cinq lieues marines, égales à trente-six myriamètres.

Les îles Lesueur, situées à l'extrémité Occidentale de ce golfe, sont au nombre de deux : la plus Orientale paroît la plus étendue, et n'est cependant qu'un plateau de sable d'une médiocre élévation, couvert d'un peu de verdure; un assez fort récif l'environne, et l'on distingue même, de distance en distance, des pointes de rochers hors de l'eau, sur lesquelles la mer vient se briser avec force.

A l'O. du cap Rulhières, on voit une ouverture tranchée au-delà de laquelle sont des terres qui nous ont paru appartenir au continent; néanmoins, comme nous ne les avons aperçues qu'à fort grande distance, nous n'osons affirmer qu'elles ne soient pas des îles. La terre, dans cette partie et près du cap Rulhières, se montre d'une hauteur moyenne, assez uniforme.

Kk

TERRE DE WITT.

Du cap Ruthières au cap Duséjour.

Dans l'E. de ce dernier cap, la terre se dirige au S. E. jusqu'au cap Dusséjour; ses bords, légèrement sinueux et de bonne hauteur, sont coupés à pic au bord de la mer; de distance en distance, on trouve cependant quelques anses de sable où le débarquement pourroit avoir lieu de beau temps. L'extrême uniformité du sol offre peu de points de reconnoissance, et l'intérieur n'a rien qui flatte la vue. près du rivage, la côte est médiocrement boisée; mais, dans le lointain, on distingue quelques arbres de haute futaie.

Montagne du Casuarina.

En face du *cap Saint-Lambert*, la terre est moins haute et laisse apercevoir une montagne isolée, remarquable par sa forme quadrangulaire; elle peut servir de très-bon point de reconnoissance. Nous l'avons nommée *Montagne du Casuarina;* elle gît par 14° 21′ de latitude S. et 125° 20′ de longitude à l'E. de Paris.

Iles Lacrosse.

Plus loin vers le S. E., on voit les îles Lacrosse: nous en avons compté trois; mais il est possible qu'elles soient en plus grand nombre, car nous ne les avons pas vues de très-près: leur latitude nous a paru être exactement la même que celle du cap Dusséjour.

Banc des Méduses.

Au N. de ces îles et de ce cap, dans une étendue assez considérable et parallèlement à la côte, se rencontre le *banc des Méduses*, qui nous a semblé être entièrement sous l'eau; nous ignorons s'il découvre quelquefois.

Iles Barthelemy.

Des îles Lacrosse, en s'avançant vers le N. E., on trouve un espace d'environ trente lieues d'étendue que nous n'avons point reconnu: il se termine aux îles Barthelemy, petit groupe d'îles au nombre de trois, d'un aspect uniforme et qui sont moins élevées que les terres de la partie Occidentale du golfe.

Terres continentales.

Le continent s'est montré plusieurs fois dans le voisinage de ces îles: il est fort bas, et n'offre aucun point de reconnoissance. La monotonie la plus affligeante existe par-tout, et dénote la stérilité extrême du sol.

Du *cap Dombey*, en remontant vers le N. E., on trouve une terre basse et fort unie, sur quelques points de laquelle nous croyons qu'il existe plusieurs petites baies. Un banc de sable sous-marin a été aperçu à quelque distance du rivage.

TERRE
DE WITT.
Ile Péron.

La portion de côte que nous avons nommée île Péron, est remarquable par un piton placé à sa partie Septentrionale: nous ne sommes pas parfaitement certains que cette terre soit une île; cependant elle nous en a toujours présenté l'aspect, à la distance où nous en sommes passés. Toutes ces côtes sont tellement basses, qu'il est impossible de les bien voir, même à trois ou quatre lieues au large.

Nous avons aperçu la terre de fort loin sur quelques points entre l'île Péron et le cap Fourcroy: aussi tout ce que nous pouvons en dire, c'est qu'elle paroît contenir divers enfoncemens considérables, qu'il eût été intéressant d'examiner; le temps et les circonstances ne nous l'ont pas permis.

Terres continentales.

Le cap Fourcroy est saillant et plus élevé que les terres qui en sont au Sud; son aspect est aussi moins uniforme. Au Nord nous avons vu la côte tourner brusquement vers le N. E., et se prolonger de là jusqu'au cap Helvétius, après lequel la brume nous a complétement caché la terre. Ce cap est le dernier point des côtes de la Nouvelle-Hollande que nous ayons aperçu; notre route s'est ensuite tellement éloignée du continent, que nous n'en avons plus eu la moindre connoissance.

La sonde, au milieu du golfe Joseph-Bonaparte, ne nous a pas donné un fond très-considérable; en général, elle se tenoit au-dessous de 30 brasses, mais elle étoit de 10 brasses plus forte dans le N. E. du cap Saint-Lambert. Le fond, presque par-tout, est de vase ou de vase mêlée à un peu de sable: près des îles Lesueur cependant nous avons trouvé une fois fond de roche.

Navigation et
Mouillages.

Les mouillages près de la côte, tant à l'O. qu'à l'E. du golfe, nous ont paru très-sûrs et de bonne tenue: à l'exception du banc des Méduses, nous n'avons rien vu qui puisse gêner la navigation. Toutefois, il est vrai de dire que trop souvent nos recherches nautiques de ce genre ont été ici assez incomplètes. Sur la côte Orientale, les terres découpées que nous avons vues au N. et au S. de l'île Péron, nous ont paru annoncer des enfoncemens, et peut-être même des abris intéressans pour la navigation.

Dans le S., il est permis de faire des suppositions semblables; mais, sans nous laisser aller à des conjectures trop brillantes et trop hypothétiques, il est plus sage d'abandonner à nos successeurs le soin de faire connoître, avec les détails convenables, cette partie intéressante de la Terre de Witt.

La présence de l'homme sur ces bords nous a été signalée par plusieurs feux et par plusieurs fumées que nous avons aperçus, tant auprès du cap Rulhières et du cap Dombey que de la portion du continent située au N. E. de l'île Péron. Là se bornent les remarques que nous avons faites sur l'espèce humaine qui habite ces rivages inhospitaliers.

Pendant notre navigation dans le golfe Joseph-Bonaparte (en juin), nous avons eu des vents assez forts qui ont beaucoup contrarié notre route et nos opérations; à quelques exceptions près, la brise étoit plus forte le jour que la nuit; elle augmentoit au lever du soleil, et diminuoit à son coucher : quelquefois cependant un même vent, sans varier d'intensité, a duré pendant deux jours entiers, mais jamais davantage.

Lorsque la brise souffloit bon frais, sa direction étoit le plus souvent au S. E., quelquefois à l'E. et même au S. O.; mais elle n'a jamais été que peu d'instans dans cette dernière direction.

Les vents joli frais ont varié du N. E. au N. O. par le Sud ; ils ont soufflé plus fréquemment du S. E. que d'aucune autre partie.

Ceux petit frais les plus ordinaires ont soufflé du côté de l'E.; nous en avons eu aussi depuis le N. N. O. jusqu'au N. N. E. par le S.

Les folles brises ou les vents légers ont eu lieu de tous les points de l'horizon; ceux de la bande de l'O., sur-tout ceux du S. O. et de l'O. S. O., ont cependant dominé.

Les calmes ont été très-rares, et ont eu lieu principalement entre les îles Barthelemy et le cap Fourcroy : il paroît que l'abri de la terre voisine influoit beaucoup sur cet état de l'atmosphère. Les plus fortes brises, au contraire, se sont fait sentir au milieu du golfe entre le banc des Méduses et les îles Barthelemy, c'est-à-dire, sur un point tout-à-fait hors de l'influence de la côte.

Pendant notre séjour dans ces parages, c'est-à-dire du 12 au 28 juin, la température a varié de $+19^d,0$ à $+22^d,8$, et nous a donné un terme moyen de $+21^d,4$. Le baromètre s'est soutenu de $28^p 1',3$ à $28^p 3',0$; sa hauteur moyenne a été de $28^p 2',3$.

Nos observations magnétiques ne nous donnèrent, pour la déclinaison, que de foibles résultats, dont le plus élevé, obtenu près des îles Lesueur, ne fut que de 2° N. O.; près des îles Lacrosse et de l'île Péron, la déclinaison fut trouvée nulle ou à-peu-près, puisqu'elle ne donna que 0° 3' N. O., quantité bien au-dessous de l'erreur probable des observations. Entre ces deux points cependant, nous eûmes 1° 4' de déclinaison N. O.

CHAPITRE IX.

Nouvelle-Galles du Sud.

On sait que la première exploration de la côte Orientale de la Nouvelle-Hollande est due au célèbre capitaine Cook; ce travail forme sans doute un des plus beaux titres à sa gloire, comme marin et comme géographe. Les Anglois ont nommé cette partie du continent austral *New South Wales* ou Nouvelle-Galles du Sud; elle s'étend du cap Yorck au Nord, jusqu'au promontoire de Wilson au Midi, occupant ainsi une étendue en latitude qui est égale à 571 lieues marines, ou 317 myriamètres.

Nous n'avons pas visité tout ce grand développement de côtes; c'est pourquoi, fidèles au plan que nous nous sommes tracé, nous nous bornerons à réunir dans ce chapitre les faits que nous avons recueillis sur la colonie que les Anglois y ont fondée, seul point où nous ayons mis à terre.

Comté de Cumberland, ou Colonie Angloise du Port Jackson.

Avant le retour en France de notre expédition, la colonie angloise de la Nouvelle-Hollande n'y étoit connue que sous le nom de Botany-Bay; on ignoroit et son étendue et son importance. Cet établissement, flétri dès son berceau, quoique si digne d'attirer l'attention du publiciste et du philosophe, n'étoit regardé qu'avec mépris et comme une sorte d'égout pour le crime : personne ne croyoit qu'avec le rebut de sa population, l'Angleterre eût pu créer en quelques années, aux extrémités du globe, une colonie aussi florissante et aussi utile, et l'on paroissoit avoir oublié que quelques-unes des plus riches provinces des États-Unis d'Amérique, et particulièrement la Floride et la Virginie, n'ont pas eu d'autre origine. PÉRON, dans le premier volume de la relation de notre voyage, a déjà donné à ce sujet d'intéressans détails ; on en trouvera de plus importans encore dans le second volume, qui doit contenir l'histoire des colonies angloises aux Terres Australes : il me suffit de l'indiquer ici.

La portion du territoire de la Nouvelle-Galles du Sud, qui comprenoit, en 1802, les divers établissemens de l'Angleterre, est désignée sous le nom général de *Comté de Cumberland* [a] *(planche n.° 29)* : il est borné à l'Est par le grand Océan austral ; au Nord, par Broken-Bay et la rivière d'Hawkesbury ; au Sud, par Botany-Bay et la rivière George [b] ; à l'Ouest enfin, par la chaîne des montagnes Bleues [c].

La dénomination de *Comté de Cumberland* n'a cependant point prévalu : le gouverneur PHILLIP s'étant fixé dès l'origine [d] au *port Jackson*, on désigna d'abord sous ce nom la colonie dont il étoit le fondateur : l'usage ensuite l'a consacré. Cette préférence se trouve d'ailleurs assez justifiée par l'extrême beauté du port, et par sa situation au centre de l'établissement.

Avant d'entrer dans de plus grands détails sur la géographie du Comté de Cumberland, nous dirons un mot de Broken-Bay et de Botany-Bay, qui, ainsi que nous venons de le voir, forment ses limites en latitude, et s'y rattachent par des rapports très-importans.

L'ouverture de Broken-Bay est située à quinze milles au N. de l'entrée du port Jackson, par 33° 35′ de latitude Australe. Le capitaine COOK, qui ne fit que l'entrevoir en 1770, lui donna le

N.lle-GALLES DU SUD.

Broken-Bay.

---

[a] *Voy.* COLLINS, Account of New South Wales, &c. 1.re édit. pag. 32.
[b] *Voy.* PÉRON, Voyage aux Terres Austr. historiq. tom. *I*, pag. 387.
[c] Ce nom vient de la couleur que paroissent avoir ces montagnes vues à une grande distance.
[d] En l'année 1788.

nom qu'elle porte, à cause des déchirures que présentoient de toute part à sa vue les terres qui constituent cet enfoncement. La largeur de la passe est d'environ un mille, et la profondeur de l'eau, de 8, 10 et 12 brasses; mais, en pénétrant plus avant, elle baisse à 6, 7 et 5 brasses [a]. Aussitôt qu'on a franchi les pointes de l'entrée, qui sont hautes et rocailleuses, on arrive en face d'une petite île escarpée, connue sous le nom de *Mont-Éliot;* à ce point on voit la baie se diviser en plusieurs branches : celle du Nord, nommée *Northern-arm*, est très-vaste dans l'intérieur; mais le peu de profondeur du brassiage est cause que cette partie du havre n'est praticable qu'aux bateaux ou aux petits navires; la passe pour y pénétrer, déjà assez étroite par le rapprochement des terres, est resserrée encore par un banc de sable sur lequel la mer brise fortement avec des vents du large.

Au Sud du Mont-Éliot se trouve le *Southern-arm* ou *Pitt-Water;* c'est un fort bon havre, praticable pour tous les navires qui ne calent pas plus de 3 brasses. Un haut-fond s'étend depuis sa pointe de l'Est à deux bons tiers de la passe : pour le doubler, serrez de près la côte de l'Ouest, qui est écore, et faites route vers l'intérieur; vous ne trouverez pas moins de 3 brasses, et cette profondeur aura lieu seulement dans la partie la plus étroite, qui n'a que peu d'étendue; à mesure que vous avancerez, le fond tombera à 4, 5, 6 et 8 brasses. Dès que vous aurez dépassé la seconde pointe sur la côte Occidentale, vous pourrez naviguer sans crainte au milieu du canal; l'une et l'autre rive sont écores, excepté près des pointes, à petite distance desquelles il y a un peu moins d'eau. Le Pitt-Water contient plusieurs anses commodes, dans lesquelles un navire pourroit se décharger, et abattre en carène : sur divers points, on trouve de l'eau douce, et par-tout du bois en abondance.

---

[a] *Voy.* an historical Journal of the transactions at port Jackson, &c. par JOHN HUNTER, pag. 159, d'où ces détails nautiques sur Broken-Bay ont été tirés.

Si nous prenons encore pour repère l'île du Mont-Éliot, nous apercevrons au S. O. une troisième branche de Broken-Bay : c'est le *South-western-arm* ; il n'est séparé du Pitt-water que par un cap escarpé, que terminent plusieurs pointes de roches entremêlées de petites anses de sable. Pour vous rendre dans ce troisième havre, faites route au S. O., en rangeant de préférence la côte du Sud ; vous arriverez bientôt en face d'une nouvelle ouverture sur la côte Nord. Parvenu à ce point, il faut vous défier d'un banc [a] placé à mi-chenal, et sur lequel le moindre brassiage est de 16 pieds.

En serrant de près le rivage, on peut passer de l'un et de l'autre côté de ce banc, dont l'approche est d'ailleurs indiquée par des sondes graduées. Au Sud, la largeur du chenal est plus grande et l'eau plus profonde ; cependant on n'a pas moins de 5 brasses dans la passe du Nord. Quand vous aurez dépassé ce danger, vous serez déjà dans un bon mouillage par les 5 et 6 brasses ; mais si vous voulez aller plus loin, vous le pouvez en toute confiance, en ayant soin toutefois de donner un peu de tour aux pointes. Ce havre se prolonge au S. O. pendant plusieurs milles, et il a lui-même divers embranchemens profonds qui sont indiqués sur la carte.

Au N. O. du banc dont nous venons de parler, est le dernier embranchement de Broken-Bay, désigné par quelques-uns sous le nom de *North-western-arm*, mais qui n'est réellement que l'embouchure de la *rivière d'Hawkesburry* : ce bras est praticable, à grande distance, pour de forts navires ; mais comme les bancs y sont nombreux, on fera bien de ne pas s'y engager sans pilote, à moins d'avoir fait éclairer sa route par de petites embarcations. Nous parlerons plus bas de cette rivière.

Si un navire arrivoit dans Broken-Bay pour s'y mettre à l'abri d'un coup de vent, je lui recommanderois, dit Hunter [b], de s'avancer jusqu'à la branche S. O. du havre, en rangeant toujours de

---

[a] Sur la planche n.º 29 de notre atlas, on a, par erreur, gravé une île à la place de ce banc ; il est important d'y faire attention.
[b] Loc. cit.

très-près les rivages du Sud, qui sont très-écores : c'est le point où, avec le moins de danger, on pourroit avoir une sûreté parfaite.

Botany-Bay, placée au Sud du port Jackson, dont elle n'est distante que de dix milles, présente d'abord une entrée d'un demi-mille d'ouverture entre des terres hautes et coupées à pic ; on a devant soi un bassin de quatre milles de diamètre, qui contient d'excellens mouillages, entre 4 et 7 brasses d'eau, mais trop vaste, trop exposé aux vents d'E. et à la houle du large, pour offrir en tout temps un refuge aux navires qui voudroient y séjourner.

La ligne ponctuée marquée sur le plan indique la limite du fond de 3 brasses ; plus loin, la profondeur est exprimée en pieds. On voit donc que l'espace où peuvent aller les grands navires est assez borné, et que nulle part on n'est assuré d'y rencontrer d'abri parfait. Le meilleur mouillage, dit HUNTER[a], est sur la côte Nord, devant une baie de sable, d'où l'on relève le cap Banks (Nord extérieur de l'entrée) à l'E. S. E. ; le fond y est bon et net.

On trouve au S. S. E., et à deux encâblures d'un îlot stérile sur la côte Nord de l'entrée, un groupe de petits rochers sur lesquels la mer brise fréquemment et très-haut : on sera sûr de les éviter en tenant le cap Banks ouvert, c'est-à-dire, toujours à vue. Dans le Sud, mais plus en dedans de la baie et à-peu-près à l'E. N. E. de la pointe Sutherland (c'est la pointe Sud intérieure), est un autre pâté de roches dont il faudra se défier[b].

La rivière George a son embouchure à l'extrémité S. O. de Botany-Bay ; le chenal pour y parvenir est praticable, mais il doit être fort difficile, à cause de la grande irrégularité des sondes : dans quelques parties, cette rivière a une bonne profondeur, surtout près de son entrée et à son entrée même ; si l'on remonte plus loin, on ne trouve plus qu'un fond très-élevé et rempli de bancs de sable. En un mot, la rivière George n'est navigable que pour des bateaux. Elle se divise en deux branches, dans lesquelles il

---

[a] Op. cit. pag. 42.   [b] Ibid. pag. 161.

y a plusieurs anses ou baies; mais elles sont toutes obstruées par des hauts-fonds [a].

Vers la partie N. O. de la baie, se décharge une autre petite rivière nommée *rivière de Cook*: on peut la remonter en canot à plusieurs milles de distance; cependant le grand nombre de bancs qui s'y trouvent nuisent beaucoup à la navigation [b].

Nous voici arrivés à parler du havre le plus intéressant de la colonie, havre qui, par la disposition de ses parties, par sa commodité et ses ressources, forme un des plus beaux et peut-être le plus beau port de l'univers. *(Voyez le plan particulier, planche n.º 29.)*

Lorsqu'on arrive du large, l'entrée se dessine entre deux caps très-élevés et fort écores, distans l'un de l'autre d'environ deux milles; ils ont été nommés, à cause de leur position, *Outer-North-Head* et *Outer-South-Head* (cap Nord intérieur et cap Sud extérieur); c'est sur le sommet du dernier qu'ont été placés les mâts de signaux destinés à annoncer l'arrivée des vaisseaux qui viennent dans la colonie.

Cette première distance se resserre promptement, et n'a bientôt plus qu'un mille entre *Inner-North-Head* et *Inner-South-Head*; au-delà le port se divise en trois branches principales: celle du Nord n'est qu'une baie d'un mille de profondeur, sur une largeur un peu moindre; elle se subdivise en plusieurs anses, toutes exposées à la violence des vents du Sud.

La branche de l'Ouest nommée *Middle-Harbour* [port du Milieu], a sa direction générale au N. O.; c'est une suite d'embranchemens assez étendus, divisés en plusieurs anses profondes, en plusieurs embouchures dans lesquelles se rendent des ruisseaux. Les plus forts navires pourroient y séjourner, si un banc où la sonde ne donne que 2 brasses, au-dessus de Hunter's-Bay, n'en barroit entièrement l'entrée.

[a] Loc. cit.   [b] Ibid.

La troisième branche du port, celle qui mérite véritablement l'admiration des navigateurs, porte plus particulièrement le nom de *port Jackson;* nous la diviserons en trois parties : 1.° le *goulet,* qui s'étend depuis Inner-South-head jusqu'à la pointe Bradley ; 2.° la *rade de Sydney,* comprise entre la ville de ce nom et cette dernière pointe ; 3.° enfin la *rivière de Parramatta,* qui se développe à quinze milles dans l'O. de Sydney.

Le goulet. Sa largeur entre Inner-South-head et Middle-head, est de trois quarts de mille ; elle augmente bientôt après pour diminuer ensuite, mais cependant jamais au-delà de la distance que nous venons de fixer. Sa longueur, dans la direction du S. S. O., est de deux milles.

Un récif étendu, sur lequel la mer brise, occupe le milieu de cette passe et la subdivise en deux parties, praticables pour toute espèce de navires : celle de l'O. est la plus large ; elle doit être préférée lorsque le vent est contraire et qu'il force à louvoyer : il faut, pour passer dans l'autre, avoir le vent sous vergues ou se haler à la touée. Nous réunirons à la fin de ce chapitre tous les détails relatifs à la navigation.

La côte Occidentale du goulet, comprise entre Middle-head et la pointe Bradley, n'offre que des sinuosités de peu d'importance ; sur la côte de l'Est, au contraire, il y a divers enfoncemens qui, quoique de peu d'étendue, méritent cependant d'être cités. Le premier, situé en face du récif du Milieu, est une jolie baie, nommée *Camp-cove,* dans laquelle on peut jeter l'ancre par les 5 ou 6 brasses d'eau ; Green-point forme son extrémité Méridionale.

Au Sud de celle-ci, se dessinent deux ou trois petites anses plus grandes et qui ont aussi un plus fort brassiage ; la plus voisine de Green-point a reçu le nom de *Lookout-Bay* : l'abri qu'elle présente est excellent.

Une autre baie plus profonde se rencontre à un mille dans le S. O. de cette dernière ; elle est nommée *Rose-Bay* : on voit à son entrée la petite île Rose, qui n'est éloignée que d'un demi-mille de la pointe Bradley; c'est ordinairement entre cette île et la pointe voisine que passent les navires qui arrivent au port Jackson ou qui en sortent: ils pourroient passer cependant entre cette même île et la côte opposée, par une profondeur de 6 à 10 brasses.

Rade de Sydney. Aussitôt qu'on a dépassé la ligne qui joint la pointe Bradley au cap Occidental de la baie Rose, on est dans la partie du havre que nous désignons sous le nom de *rade de Sydney*. Son étendue de l'E. à l'O. est de deux milles, et sa largeur variable entre un demi-mille et un mille et demi. Plusieurs anses profondes existent vers l'un et l'autre bord, et la plupart pourroient le disputer aux ports les plus commodes. Sur la côte Septentrionale, on remarque Carruning-cove, voisine de la pointe Bradley; Sirius-cove, où la corvette *le Naturaliste* est entrée pour faire ses réparations; enfin Neutral-Harbour, qui est lui-même divisé en deux parties. D'après les ordres du gouverneur Phillip[a], tous les navires étrangers qui séjournent dans la colonie, doivent mouiller dans cette baie: c'est à son ouverture que nos corvettes sont restées long-temps à l'ancre.

Dans ce havre, sur les bords mêmes de la mer, on a une très-belle aiguade, où l'eau tombe en cascade du haut d'un rocher près duquel une chaloupe peut accoster.

Sur la côte Méridionale, et directement au Sud de la pointe Bradley, est une jolie anse devant laquelle existe une petite île; plus loin, Blackburn-cove, dont la pointe Orientale est défendue par un haut-fond; Palmer's-cove, nommée aussi Farm-cove, se rencontre ensuite: deux petites îles se voient près de son entrée; la plus Orientale porte le nom d'île Garden; c'est-là que se cultivent les légumes destinés à être donnés en rafraîchissemens aux navires de l'État: l'autre petite île, sous le nom de Pinch-gut ou d'île au Pendu, n'est qu'un rocher stérile, sur lequel jadis on avoit placé un gibet.

[a] Collins, Account of New South Wales, 1.re édit. *pag.* 64.

Dans l'E. de Palmer's-cove est une anse beaucoup plus petite, que les François ont désignée sous le nom d'*anse de la Boulangerie*, parce qu'en effet, c'étoit dans cette partie du port que nos canots alloient embarquer du biscuit de campagne. La pointe Banelong[*], qui est basse et très-aiguë, forme la séparation de l'anse de la Boulangerie et de *Sydney-cove*, que l'on doit regarder comme le chef-lieu de l'établissement et du port. C'est sur ses bords qu'est bâtie la ville de Sydney, capitale des colonies angloises aux Terres Australes, dont nous donnerons bientôt la description.

Cette dernière anse n'a guère au-delà de 150 toises d'ouverture, sur une longueur d'environ 400 toises; mais elle est commode et sûre. Le brassiage est de 4 à 7 brasses, fond de vase; et si l'on en excepte la pointe Banelong et l'extrémité de l'anse, où l'on trouve un banc assez élevé, tous les rivages sont écores, et peuvent être accostés par les plus gros vaisseaux, auprès des quais formés par la nature.

Un joli ruisseau d'eau douce, situé à l'extrémité Sud de l'enfoncement, fournit de l'eau aux navires nationaux, ainsi qu'aux besoins des habitans; l'aiguade pour les étrangers est dans Neutral-Harbour.

Rivière de Parramatta. Cette partie extrême du port Jackson a sa direction générale à l'O. N. O.; plusieurs enfoncemens, plusieurs anses, plusieurs embouchures de ruisseaux existent sur ses bords, tant au Nord qu'au Sud; la plupart ont un brassiage assez fort pour recevoir toute espèce de vaisseaux; d'autres sont terminés par des hauts-fonds et ne sont navigables que pour des barques : c'est ce que montrera notre plan, avec plus d'exactitude et sur-tout plus de célérité que ne le feroit une description.

Arrivé à la distance directe de dix milles à l'O. N. O. de la ville de Sydney, ou à trois milles au-dessous de celle de Parramatta, le cours de la rivière se resserre; ce n'est plus qu'un étroit canal qui bientôt se termine par un foible courant d'eau douce,

---

[*] Cette pointe est aussi connue sous le nom de *Cattle-point*.

LIVRE II. Descriptions géogr. et nautiques. 271

Mais il convient de jeter un coup-d'œil général sur les rivières du Comté de Cumberland.

N.^{lle}-GALLES DU SUD.

Rivières du Comté de Cumberland.

« Du sommet le plus inaccessible des Montagnes-Bleues, dit Péron, et directement à l'O. de Broken-Bay, se précipite par une longue suite de cataractes[a], de 50 à 60 pieds de hauteur chacune, formant en tout 400 pieds de hauteur perpendiculaire, la *rivière Grose*, qui n'est pendant une partie de l'année qu'un foible ruisseau[b]. Parvenue près d'une montagne isolée que les Anglois connoissent sous le nom de *Richmond-Hill*, la Grose se confond avec une seconde rivière appelée *la Nepean*: l'une et l'autre perdent leur nom en cet endroit et prennent celui de rivière d'Hawkesbury, qu'elles conservent jusqu'à Broken-Bay. Cette Nepean, dont le cours n'étoit pas encore bien déterminé dans toute son étendue (en 1802), prolonge de très-près la base des montagnes de l'Ouest, décrit une grande courbe, s'avance vers le Sud, fait un coude un peu au N. du Mont-Hunter, traverse plus loin des prairies fertiles et souvent inondées par les eaux, puis s'engage entre les montagnes, et dès ce moment on ne sait plus rien ni sur sa direction ni sur son étendue. Tel est cependant à ce point le peu de largeur de la Nepean, qu'on seroit tenté de croire que la source de cette rivière est prochaine, si le caractère des inondations produites par ses débordemens, ne prouvoit pas qu'elle s'avance au loin dans l'intérieur des montagnes et qu'elle doit y avoir de grandes ramifications. Souvent en effet cette rivière, si méprisable en apparence, se gonfle tout-à-coup; ses eaux se soulèvent à de grandes hauteurs, elles s'élancent au-delà de leur barrière accoutumée, roulent en torrens dévastateurs sur les campagnes voisines, et répandent par-tout le ravage et la terreur.

[a] Le courant d'une de ces cascades, mesuré par M. Paterson, dans le mois de septembre 1793, avoit une vitesse de 10 à 12 milles à l'heure. *Voyez* COLLINS, Account &c. p. 312.

[b] On a pu, à de certaines époques, traverser cette rivière avec de l'eau seulement jusqu'à la cheville du pied. *Voyez* HUNTER, an historical Journal, &c. pag. 550.

» Ne connoissant rien encore de ces débordemens affreux, les Anglois qui s'établirent les premiers sur les rives de l'Hawkesburry, en éprouvèrent de grands dommages; et depuis lors encore ils n'ont trouvé d'autre moyen pour s'y soustraire, que d'éloigner leurs habitations de ces bords dangereux, ou de les établir dans des lieux élevés, inaccessibles aux eaux. Malgré cette double précaution, les cultivateurs riverains de l'Hawkesburry sont bien loin de se croire à l'abri de tout désastre; et comment se flatter, en effet, d'échapper toujours à des inondations de 25, 30, 40 ou même 50 pieds au-dessus du niveau ordinaire de la rivière. »

Ces phénomènes extraordinaires, entièrement dus à l'abondance des pluies soudaines qui tombent à certaines époques, ont lieu non-seulement pour la Nepean et l'Hawkesburry, mais aussi pour la rivière de Parramatta, pour la rivière George, et pour tous les courans d'eau douce qui débouchent dans chacun des trois grands havres dont j'ai donné plus haut la description. Toutefois il faut remarquer que la hauteur de ces crues est variable selon l'étendue du cours de la rivière ou du ruisseau auquel elle se rapporte. A Parramatta, par exemple, on n'a guère vu les eaux s'élever à plus de 7 à 8 pieds[a] au-dessus de leur niveau le plus bas; M. PÉRON cependant a rencontré de simples ruisseaux, où tout annonçoit que la crue avoit dû être de 15 à 20 pieds de hauteur[b].

« Mais si, par ses inondations, l'Hawkesburry souvent jette
» l'alarme parmi les cultivateurs établis dans son voisinage, que de
» bienfaits il répand en revanche sur toute la contrée qu'il parcourt
» Entraînant avec lui, du sommet des montagnes et de l'intérieur
» du continent, toute la terre végétale qu'il rencontre sur sa route,
» il la précipite dans les vallées, il la dépose dans les champs qu'il
» inonde, il l'y accumule en des couches précieuses[c], dont quelques-

---

[a] HUNTER, an historical Journal &c. pag. 403.
[b] PÉRON, Voy. aux Terres Austr. list. tom. I, pag. 421.
[c] Cette circonstance a fait aussi donner à l'Hawkesburry le nom de Nil de la Nouvelle-Galles du Sud. Voyez COLLINS Account &c. pag. 415 et 541.

» unes, au rapport de M. Samuel Marsden, pasteur de la ville
» de Parramatta, n'ont pas moins de 30, 40 et même 60 pieds
» de profondeur : inépuisable aliment pour la culture la plus active
» et la plus variée [a]. »

La rivière d'Hawkesburry est navigable à une grande distance de son embouchure : les petits navires peuvent s'avancer jusqu'à la ville d'Hawkesburry, à-peu-près à quarante milles de l'entrée de Broken-Bay. Plus loin, « à trois ou quatre milles au-dessus de la ville, dit M. Bailly, la profondeur de l'eau est encore de 5 à 6 pieds.

» Près de Richmond-Hill, la rivière cesse d'être navigable pour les bateaux un peu considérables, à cause des bancs qui en obstruent le cours.

» Au confluent de la Grose et de la Nepean, on rencontre une petite île : des deux bras qui la cernent, celui du Sud est seul navigable, mais uniquement pour les plus petits canaux, son cours étant obstrué par plusieurs bancs de galets. La pente de la Nepean est d'ailleurs si considérable sur ce point, qu'il seroit presque impossible de refouler le courant. »

La marée se fait sentir encore auprès de Richmond-Hill ; M. Bailly l'y a vue marner d'un pied : toutefois le courant de flot est à peine sensible ; celui du jusant, au contraire, est passablement fort [b].

Le nom de montagnes Bleues s'applique d'ordinaire à toutes les montagnes qui forment la limite Occidentale du Comté de Cumberland, ainsi qu'à celles qui forment une courbe pour se rapprocher de la côte au-dessous de Botany-Bay et au Nord de l'Hawkesburry. Quelques-unes de leurs parties cependant ont reçu des noms particuliers : on a appelé *montagnes de Carmarthen*, celles

---

[a] Péron, Voyage aux Terres Austr. historiq. tom. I, pag. 427.

[b] Hunter, an historical Journal &c. pag. 150.

qui gisent au N. de la rivière Grose, tandis que celles du S. ont été nommées *montagnes de Landsdown* [a].

« Observées de la ville d'Hawkesburry, elles se présentent, dit M. BAILLY, comme un vaste rideau qui borne la vue du côté du N. O.; une ligne horizontale, au-dessous de laquelle on distingue un plan régulier d'une teinte rembrunie, en forme le triste aspect. »

Les Anglois ont fait un grand nombre de tentatives pour franchir cette chaîne de montagnes; mais leurs efforts jusqu'en 1802 n'ont servi qu'à démontrer les difficultés de l'entreprise. Par-tout, en effet, ils n'ont rencontré que des espèces d'énormes sillons de 100 à 300 toises de hauteur, d'une pente extrêmement rapide, qui se succédoient à des distances incommensurables. Les vallées intermédiaires étoient fort étroites, et d'un aspect sévère; rarement y trouvoit-on de l'eau douce; sur quelques points cependant il y a des ruisseaux d'un pied de large, ou de petits étangs de 4 à 15 pieds de largeur, qui ont été formés par les pluies [b].

Si l'on coupoit par un plan l'assemblage de ces chaînes singulières, à peu-près dans la direction de l'O. N. O., on auroit une suite d'ondulations coniques alternativement saillantes et rentrantes, mais hérissées de roches et d'arbrisseaux.

La partie des montagnes qui avoisinent le mont Hunter, est plus fertile que celles au N. de ce point; les vallées y sont aussi d'une étendue moins limitée, et d'un aspect plus agréable.

Villes du Comté de Cumberland.

Nous avons parlé successivement des ports, des rivières et des montagnes du Comté de Cumberland; nous allons dire un mot de ses villes et de ses villages, avant de nous occuper de la fertilité du sol et des principaux établissemens agricoles.

Sydney. « La ville de Sydney *(planche n.° 30)*, assise sur le revers de deux coteaux voisins [c], offre un coup-d'œil agréable et

---

[a] *Voyez* HUNTER, an historical Journal &c. *pag. 151.*
[b] *Ibid.*
[c] Journal de M. PÉRON.

pittoresque. Sur la pointe Occidentale de Sydney-cove, on découvre la batterie du pavillon des signaux, établie sur un rocher d'un accès difficile; six pièces de canon, protégées par un retranchement de gazon, croisent leur feu avec celui d'une autre batterie située sur la pointe Banelong [a], et défendent ainsi de la manière la plus efficace l'entrée de l'anse de Sydney. Plus loin se présentent les grands bâtimens de l'hôpital (15) [b], susceptibles de recevoir deux ou trois cents malades : il faut distinguer parmi ces bâtimens celui (16), dont toutes les pièces, préparées en Europe, furent apportées dans les vaisseaux du commodore PHILLIP, et qui, peu de jours après l'arrivée de la flotte, se trouva en état de recevoir les malades qu'elle avoit à bord. Sur ce même côté de la ville, et sur le rivage de la mer, on voit un très-beau magasin (10), au pied duquel la sonde ne donne pas moins de 9 brasses d'eau ; les plus gros navires peuvent venir y décharger leurs cargaisons. Dans plusieurs chantiers (11) sont en construction des goëlettes et des bricks de diverses grandeurs, employés au commerce, soit intérieur, soit extérieur, de la colonie: ces bâtimens, du port de 30 à 300 tonneaux, se font exclusivement avec les bois indigènes, et leur mâture même est tirée des forêts australes. C'est sur celui de ces chantiers qui est le plus rapproché du fond de l'anse qu'a été construite la goëlette le *Casuarina* [c].

« La cale dite *de l'Hôpital* (12) est le point où doivent être déchargés les navires des particuliers : au-delà de l'hôpital, et sur la même ligne, est la prison (17), pourvue de plusieurs cachots, susceptible de contenir cent cinquante à deux cents prisonniers ; une haute et forte muraille l'environne; une garde nombreuse veille jour et nuit à sa sûreté. Non loin de là, se trouve le magasin (18) destiné à recevoir les vins, les liqueurs fortes, les salaisons et les

---

[a] Cette dernière batterie étoit désarmée à l'époque où nous nous trouvions au port Jackson; nous croyons qu'elle a été rétablie depuis notre départ.

[b] Ces numéros ont leurs correspondans sur le *plan n.° 30* de l'atlas.

[c] *Itinéraire*, pag. 15.

autres approvisionnemens de ce genre qui appartiennent au Gouvernement : en face est la place d'armes (19) où la garnison vient chaque matin défiler la parade. La partie Méridionale de cette place est occupée par la maison du Lieutenant-gouverneur (20), derrière laquelle il existe un vaste jardin (21) rempli d'un grand nombre de végétaux utiles qu'a su y réunir de tous les pays du monde le savant et respectable M. PATERSON, son possesseur actuel. Entre la maison (20) et le magasin (18) dont je viens de parler, on remarque la belle maison des orphelines (14). Là sont formées dans les principes de la religion, de la morale et de la vertu, ces jeunes filles, l'espoir de la colonie naissante, que des parens trop corrompus ou trop pauvres ne pourroient élever avec assez de soins ; là, sous des institutrices respectables, elles apprennent, dès leurs premiers ans, à connoître tous les devoirs d'une bonne mère de famille, à les respecter, à les chérir[a].

« Derrière la maison du Lieutenant-gouverneur, dans un très-grand magasin (22), sont déposés tous les légumes secs, toutes les farines qui appartiennent à l'État. C'est une espèce de grenier public, destiné sur-tout à l'entretien des troupes, et des personnes qui reçoivent leur subsistance du Gouvernement. Les casernes (25) sont établies sur toute la longueur de la grande place de Sydney : les édifices destinés au logement des officiers (24) forment les parties latérales de cette place, et le magasin à poudre (23) en occupe le milieu. Dans l'Ouest de la place d'armes (19) que j'ai précédemment décrite, on remarque l'église, dont la construction n'étoit point encore terminée en 1802 ; le clocher en avoit été primitivement destiné à former un observatoire sous la direction du lieutenant WILLIAM DAWES, officier des troupes de marine[b], à qui le bureau des longitudes avoit envoyé des instrumens : nous en donnerons ailleurs la position. Deux beaux moulins à vent (27) établis

---

[a] On trouvera dans le second volume de l'histoire de notre voyage, des détails pleins d'intérêt sur cet utile établissement.

[b] Voyez COLLINS, Account &c., 1.ʳᵉ édit. pag. 15 et 75.

sur la crête de la colline de l'Ouest, terminent de ce côté la série des monumens les plus remarquables. Sur le petit ruisseau qui traverse la ville, il y avoit en 1802 un pont de bois qui, par le moyen d'une forte chaussée, occupoit, pour ainsi dire, tout le fond de la vallée qui lui sert de lit ª. Nous allons le passer pour jeter un coup-d'œil rapide sur la partie Orientale de la ville.

« A-peu-près au milieu du rivage Oriental de Sydney-cove, se trouve une petite saline (8) où des Américains, établis à cet effet au port Jackson depuis 1795, préparent, en faisant évaporer de l'eau-de-mer, une partie du sel employé dans la colonie. Plus loin, en tirant vers le fond de l'anse, est la cale dite *du Gouvernement* (13), parce que l'usage en est réservé pour les agens et les navires de l'État. Entre cette cale et la saline, est le lieu d'abattage en carène pour les vaisseaux; c'est-là que la corvette *le Géographe* fut virée en quille, après avoir établi ses apparaux sur la roche même. Près de la cale du Gouvernement, on voit trois magasins publics : dans l'un (5) sont réunis tous les objets nécessaires aux divers usages de la vie domestique, tels que poteries, ameublement, ustensiles de toute sorte, batterie de cuisine, instrumens d'agriculture et de labourage, &c. &c. On ne peut être admis à acheter dans ce dépôt qu'avec un ordre écrit du gouverneur, qui spécifie les objets à délivrer au porteur. On tient en réserve dans la maison voisine (3) les divers habillemens destinés, soit aux troupes, soit aux colons *convicts*ᵇ; il s'y trouve aussi de grands amas de toile et de cordages, pour les navires du Gouvernement. Le dernier des trois édifices dont je parle, est un atelier public (4), où travaillent des filles et des femmes condamnées. Derrière ces magasins est située la maison du gouverneur (1), entourée d'une colonnade aussi simple qu'élégante, et devant laquelle se développe un

---

ª Ce pont de bois a été détruit depuis notre départ, pour faire place à un nouveau pont en pierre.

ᵇ C'est le nom qu'on donne, au port Jackson, aux coupables déportés de la mère patrie.

très-beau jardin, qui descend jusqu'au rivage de la mer; plus au Sud, est l'imprimerie de la colonie (2), principalement destinée à la publication de *la Gazette de Sydney.* Au-delà du jardin du Gouvernement, et sur le revers d'un coteau voisin, on voit le moulin à vent (28), la boulangerie (29) et les fours de l'État, destinés sur-tout à la préparation du biscuit de mer, et susceptibles d'en fournir par jour 15 à 1,800 livres pesant [73,4 à 78,1 myriagrammes].»

Indépendamment des édifices que nous venons de signaler d'une manière plus particulière, la ville de Sydney contient un grand nombre de maisons appartenant à divers individus, tant libres que condamnés; le nombre s'en élevoit, en 1802, à plus de trois cents, dont quelques-unes avoient des formes élégantes : la plus remarquable en ce genre (10) est celle de M. CAMPBELL, riche négociant et propriétaire des beaux magasins bâtis au bord de la mer, un peu au-dessous de l'habitation dont il s'agit. La plupart de ces maisons ont de petits jardins qui les entourent et qui fournissent aux besoins et à l'agrément des propriétaires.

Un peu en dehors et au Sud de la ville, sur les bords de la route qui conduit à Parramatta, seconde ville de la colonie, on rencontre le cimetière public; et presque en face, mais de l'autre côté du chemin, les potences ou fourches patibulaires.

Brick-Field. Si l'on continue de se diriger au Sud, on trouve bientôt, à un mille environ de distance de Sydney, le petit village de Brick-Field; il est traversé par un ruisseau qui, après avoir passé sur des terres marécageuses, va se jeter dans la grande anse voisine. C'est dans ce village que se fabrique la plus grande partie des briques que l'on consomme dans la colonie.

Parramatta. A treize milles à l'O. de Sydney, est la ville de Parramatta, bâtie au milieu d'une plaine agréable, sur le bord de la rivière du même nom *(planche n.° 29).* « Cette ville naissante* est moins considérable que Sydney; elle se composoit,

* Journal de M. PÉRON.

en 1802, d'environ cent quatre-vingts maisons formant une très-grande rue, parallèle à la rivière, et coupée à angle droit par une autre rue plus petite, qui, d'un côté, vient aboutir à un pont de pierres, et de l'autre se prolonge jusqu'à l'église.

» A l'une des extrémités de la grande rue, on remarque des casernes susceptibles de recevoir deux cent cinquante à trois cents hommes d'infanterie; elles sont construites en briques, forment une sorte de grand fer à cheval, et ont en face une place bien entretenue, où les troupes de la garnison peuvent faire l'exercice. On y trouve en outre un très-bel hôpital, une prison assez forte, une maison de travail pour les femmes déportées, et une maison d'éducation pour les jeunes filles.

» Vers l'extrémité Occidentale de la grande rue de Parramatta, on découvre Rose-Hill, coteau qui d'abord avoit donné son nom à la ville; mais celui de Parramatta, sous lequel les naturels désignent cette partie de la contrée, a généralement prévalu. Toute la face Orientale de Rose-Hill offre, vers la ville, une pente extrêmement adoucie, sur laquelle se trouve le beau jardin du Gouvernement.

» La partie de Rose-Hill opposée à Parramatta présente une coupe abrupte, et forme un grand croissant, qu'on seroit tenté de regarder d'abord comme un ouvrage d'homme; un ruisseau peu considérable coule à son pied.

» Au sommet du coteau, s'élève la maison du Gouvernement: elle est simple, bien distribuée, et tire son principal ornement de sa situation même qui domine la ville, ses prairies, ses forêts et sa rivière.

Castle-Hill. » La ville, ou plus exactement le village de Castle-Hill, situé à six milles au N. de Parramatta, comptoit à peine, en 1802, trois ans d'existence; elle n'étoit encore formée, à cette époque, que de la réunion d'une douzaine de maisons; mais déjà sur les coteaux voisins on apercevoit de vastes défrichemens, et plusieurs jolies fermes se montroient au fond des vallées. »

N.ᵉˡᵉ-GALLES DU SUD.

Tongabée. Environ quatre milles à l'O. de Parramatta, se trouve le village de Tongabée[a], composé de quelques maisons éparses. « Il est situé, dit M. BAILLY, sur le bord d'un ruisseau, dans une vallée féconde, entourée de collines peu élevées et toutes couvertes de cultures.

Hawkesburry. « Un grand nombre de maisons irrégulièrement disposées sur la droite de la rivière d'Hawkesburry[b], dans le N. N. O. de Parramatta, forment ce que l'on nomme la ville d'Hawkesburry[c]. Parmi ces maisons, on remarque sur-tout celle du Gouvernement, qui est d'une belle apparence et très-agréablement située ; elle n'est séparée de la rivière que par un très-grand jardin, terminé par une jolie terrasse. Plusieurs autres maisons, disséminées sur toute la campagne environnante, annoncent autant de riches fermes dont elles sont dépendantes. »

Description du sol.

Si l'on vouloit juger de la nature du sol du comté de Cumberland, par l'aspect qu'il présente près des bords de la mer, on en prendroit une idée bien défavorable : dans cette partie, en effet, le pays n'offre en général que des terres sablonneuses, entremêlées de beaucoup de roches, qui ne permettroient pas une culture de quelque étendue, lors même que, pendant la plus grande partie de l'année, il n'y auroit pas une disette absolue d'eau douce ; d'autres fois ce sont des marais spacieux ; enfin, sur certains points, les rochers sont entièrement à nu. Il n'en est pas ainsi à mesure que l'on pénètre plus avant dans la contrée ; et déjà *(page 273)* nous avons parlé de l'extrême fertilité des bords de l'Hawkesburry, où la couche de terre végétale est d'une épaisseur extraordinaire.

Pour suivre dans nos descriptions une marche méthodique, nous allons parcourir successivement les divers espaces que nos

---

[a] J'ai s i pour ce mot l'orthographe de PÉRON ; COLLINS, dans son *Account of New South Wales*, écrit *Toongabbe*.
[b] Journal de M. BAILLY.

[c] Le premier établissement formé sur les bords de l'Hawkesburry, date du mois de janvier 1794. *Voy.* HUNTER, an historical Journal &c. *pag.* 340.

compagnons

compagnons de voyage ont visités, ou sur lesquels nous nous sommes procuré des renseignemens.

Environs de Sydney. « Les environs de la ville de Sydney sont en général peu fertiles; aussi n'y remarque-t-on qu'une seule ferme de quelque intérêt : elle appartient à M. PALMER, et se trouve située dans le fond de l'anse du même nom *(planche n.° 30)*; un ruisseau d'eau douce la traverse et y entretient la fécondité. »

De Sydney à Botany-Bay. Un chemin large et commode conduit par terre de Sydney à Botany-Bay *(planche n.° 29)*: tout le pays intermédiaire, à l'exception d'un très-petit nombre de points, est aride, et par conséquent peu propre à la culture. Après avoir formé la colline au pied de laquelle est placé l'établissement de M. PALMER, le terrain se développe en une plaine sablonneuse et couverte de quelques arbres, qui s'étend jusqu'aux bords de la rivière de Cook.

» A mesure que l'on se rapproche de Botany-Bay, le sol s'abaisse de plus en plus; et bientôt on arrive à des marécages dangereux, tellement étendus et quelquefois si profonds, qu'il est impossible, en différens endroits, de les franchir pour parvenir jusqu'à la mer. Sur leurs bords, et tout le long des deux rivières de Cook et George, la végétation est très-active; une multitude d'arbres et d'arbustes sont pressés à la surface du sol[a]. »

De Sydney à Parramatta. Une grande route conduit de Sydney à Parramatta, et traverse la plaine appelée d'abord par les colons Anglois *Champ des Kanguroos*, et plus tard *Plaine de la Liberté* [Liberty-Plain [b]]. « Sans être pavée, cette route est belle et très-bien entretenue; presque par-tout elle est assez large pour que trois voitures puissent aisément y passer de front : des ponts ont été jetés aux endroits où les eaux le rendoient nécessaire. Ouverte au milieu

---

[a] Journal de M. PÉRON.
[b] Cette plaine s'étend de Sydney à Parramatta sur les bords de la rivière. *Voyez* COLLINS, *Account* &c. pag. 266.

de vastes forêts, cette grande route se dessine au loin comme une immense avenue de feuillage et de verdure.

» Le terrain par lequel on s'avance ainsi vers Parramatta, est généralement plat, et présente à peine quelques foibles collines. A mesure qu'il s'éloigne du bord de la mer, il devient moins stérile et la végétation y est plus variée. En quelques endroits, les arbres laissent entre eux de plus grands intervalles ; une herbe très-fine et très-odorante couvre alors la surface du sol comme un agréable tapis de verdure.

» Cependant les forêts s'entrouvrent çà et là ; des défrichemens plus ou moins étendus s'offrent au voyageur; il découvre de jolies habitations, ombragées par des arbres élégans, où l'on voit partout la fertilité et l'abondance [a]. »

Beaucoup de belles et riches fermes sont situées sur les bords de la rivière, tant sur la côte du Sud que sur celle du Nord ; mais les défrichemens sont plus étendus vers cette dernière partie.

Environs de Parramatta. La ville de Parramatta est située, ainsi que nous l'avons dit plus haut, dans une plaine agréable au pied du petit coteau de Rose-Hill; le sol qui l'environne est de nature argileuse et médiocrement fertile.

De Parramatta à Castle-Hill. Le terrain s'élève à mesure qu'on s'éloigne dans le Nord de Parramatta. « Aux environs de Castle-Hill, il se compose d'un système de collines entrecoupées par d'agréables vallons, au travers desquels serpentent çà et là quelques foibles ruisseaux. La terre végétale y paroît généralement plus profonde et d'une qualité meilleure qu'à Parramatta [b]. »

De Parramatta à Tongabée. « Une partie de la route, dit M. BAILLY, se fait au travers des bois, le reste dans des champs cultivés et fertiles; le chemin est large et bien entretenu, sur-tout aux endroits difficiles.

---

[a] Journal de M. PÉRON.   [b] Ibid.

De Tongabée à Hawkesbury. » A la distance de trois ou quatre milles au-delà de Tongabée, les terres sont presque toutes en culture; elles se montrent couvertes de maisons et de fermes plus ou moins spacieuses. Bientôt on arrive sur le bord d'un ruisseau qui coule au pied d'une colline peu élevée, mais d'une pente assez rapide. Un pont est jeté en cet endroit : c'est là que se terminoient, en 1802, les défrichemens opérés au Nord de Tongabée. L'eau du ruisseau dont je viens de parler, a un goût légèrement saumâtre, qualité qui provient sans doute de quelques amas de sel gemme *[soude muriatée native]* placés dans l'intérieur du sol, et qui peuvent se trouver en contact avec le courant.

» Après avoir traversé le pont, on ne rencontre plus, jusqu'à Hawkesbury, de maisons ni de terres cultivées. Tout le pays est couvert de bois, et n'offriroit guère qu'un terrain plat, si quelques légères ondulations du sol n'en rompoient l'uniformité. Plusieurs lagunes disséminées çà et là présentent de très-bonne eau douce, qui paroît y avoir été déposée par les pluies.

» En sortant du bois, un mille avant d'être à Hawkesbury, la vue s'étend de tout côté sur des campagnes bien cultivées, et rien ne l'arrête plus que les montagnes qui s'élèvent dans l'Ouest, à sept ou huit milles, comme un énorme rempart.

» Une source d'eau douce coule au milieu du terrain compris entre la forêt dont nous venons de parler, et la ville d'Hawkesbury; ce ruisseau, fortement encaissé, est d'une grande profondeur ; sa largeur est d'environ vingt pas ; on le passe sur un pont de bois très-solide.

D'Hawkesbury à Richmond-Hill. » Les bords de la rivière d'Hawkesbury, entre la ville de ce nom et Richmond-Hill, sont bien cultivés; on voit de distance en distance des fermes qui présentent un contraste agréable avec les bois qui couvrent encore une partie du terrain. A trois ou quatre milles au-dessus de la ville, les défrichemens cessent et s'arrêtent au pied d'un grand bois qui s'étend au loin des deux côtés de la rivière. Sur sa rive gauche, au lieu où commencent les forêts, on observe un escarpement dont le talus forme avec l'horizon un angle de plus de 80°; cet escarpement prolonge la côte l'espace de deux milles environ.

» Au-delà le pays commence de nouveau à se découvrir, et laisse apercevoir des fermes et des champs cultivés, qui bordent les deux côtés de la rivière. A l'extrémité de ces champs et sur la rive gauche se trouve Richmond-Hill; c'est là que se terminoient, de ce côté, les cultures de la colonie en 1802.

Bords de l'Hawkesburry, au-dessous de la ville. « Les défrichemens dans l'Est d'Hawkesburry, auprès de la rivière, sont très-considérables; ils s'étendent sur l'une et l'autre côte l'espace de sept à huit milles; les terres y sont bien cultivées et présentent l'aspect le plus fertile. »

Dans cette partie de la colonie, dit COLLINS [a], le froment rapporte de 30 à 36 pour 1. Plusieurs colons pensent que si l'on commençoit les semailles en avril ou en mai, on pourroit obtenir deux récoltes par an. D'après les renseignemens que M. PÉRON s'est procurés auprès des personnes les plus respectables du port Jackson, il paroîtroit que cette fertilité des rives de l'Hawkesburry est encore plus extraordinaire : « on a vu le blé lors du premier défrichement, » dit-il [b], y rapporter, sans fumier, jusqu'à 95 pour 1, l'orge 140, » et le maïs jusqu'à 200. C'est là que se trouve le grenier principal » de la colonie Angloise. »

De Parramatta à Prospect-Hill. Quoique l'intervalle qui sépare Parramatta de Prospect-Hill ne soit que de quatre milles, les naturels du pays partagent cependant cet espace en huit districts, à chacun desquels ils imposent un nom différent [c].

Le sol dans cette partie est argileux et très-fertile; mais il est

---

[a] COLLINS, Account &c. pag. 406.
[b] Voyage aux Terres Austr. histor. tom. I, pag. 427.
[c] HUNTER, an historical Journal &c. pag. 404.

moins productif que celui des bords de l'Hawkesburry. On a vu, dit Collins [a], certaines terres y rapporter 30 pour 1 : par conséquent, les cultures ont dû s'étendre en raison des avantages qu'elles offroient aux colons ; aussi y sont-elles nombreuses et bien entendues ; la plupart sont placées au pied Méridional de Prospect-Hill, au milieu du plus riant paysage.

N.^{lle}-Galles du Sud.

Nous partagerons les productions du comté de Cumberland en deux classes, les productions indigènes et les productions exotiques ; nous traiterons successivement des unes et des autres.

Productions indigènes. « De toutes les substances minérales que possède la colonie Angloise, la plus abondante et la plus utile c'est le charbon de terre. Au port Hacking, au port Stephens, il en existe des couches immenses, placées, pour ainsi dire, à la surface du sol et affectant toutes les directions possibles. Ce charbon est d'une excellente qualité; le seul reproche qu'on puisse lui faire, c'est d'être un peu trop gras : on en brûle à Sydney pour les usages économiques ; et des chargemens de cette substance, faits pour le Bengale, ainsi que pour le Cap de Bonne-Espérance, y ont été d'un débit avantageux. Je soupçonne, dit M. Bailly, qu'il en existe aussi sous le sol de Parramatta, et à peu de profondeur.

Productions.

» Sur la route d'Hawkesburry à Tongabée, à-peu-près à égale distance de l'un et de l'autre, MM. Depuch et Bailly ont observé du *fer oxidé hématite cloisonné*. Cette substance étoit répandue à la surface du sol, en grande quantité et en masses d'un assez gros volume. Elle leur parut susceptible de fournir un fer excellent ; et dans un pays tout couvert de bois, la découverte d'une mine de cette espèce pourroit devenir précieuse sous plus d'un rapport.

» Le sel gemme se trouve aussi en quantité assez considérable sur divers points de la colonie. Le gouverneur en avoit entre les mains un échantillon de plus d'un pied de diamètre.

[a] Op. cit. *pag. 339.*

» A Brick-field et sur quelques autres points, on rencontre des couches d'une argile blanchâtre, qui s'emploie avec succès dans la fabrication de diverses espèces de poteries, pour lesquelles plusieurs fours sont établis dans le village de Brick-field ; j'en ai vu quelques produits également remarquables et par la finesse de la pâte et par sa blancheur.

» Dans toute l'étendue de pays occupée par les Anglois et dans les lieux voisins, on n'a pu encore découvrir le plus léger vestige de *pierre calcaire ;* les colons sont réduits par-tout à faire usage, pour leurs constructions, de la chaux qu'ils retirent de la calcination des coquillages, et sur-tout des huîtres, dont on trouve à Botany-Bay et à Broken-Bay des amas considérables [a]. »

Parmi les végétaux naturels au pays, nous remarquerons d'abord ceux qui sont propres aux constructions navales. Le casuarina, l'eucalyptus et le banksia, sont également employés à cet usage par les Anglois ; le premier sur-tout l'emporte par la dureté de son bois, qui égale à-peu-près celle du chêne des climats Septentrionaux. Il est assez ordinaire de rencontrer de très-gros et de très-grands arbres, dont le cœur est entièrement vicié ; quelques-uns même sont absolument creux ; en sorte qu'on peut rarement se procurer d'aussi beaux et d'aussi forts échantillons qu'on avoit pu l'espérer d'abord.

« La plupart des arbres de la Nouvelle-Galles du Sud, dit JOHN
» WHITE, paroissent magnifiques au premier coup-d'œil, et sem-
» blent devoir fournir des bois de haute qualité ; mais lorsqu'ils sont
» coupés, on s'aperçoit qu'ils ne sont propres à aucun des usages
» ordinaires : l'intérieur est rempli de crevasses à travers lesquelles
» filtre en abondance une résine rouge et astringente. Lorsque ces
» arbres sont sciés, la résine se fond après qu'ils ont été exposés
» quelque temps au soleil ; le bois devient très-fragile, les planches

---

[a] Journal de M. BAILLY.

» s'éclatent et se subdivisent en petites esquilles, comme si toutes
» les parties qui les composent eussent été liées ensemble au moyen
» de cette résine [a]. »

Tous les bois qui croissent sur cette partie de la Nouvelle-Hollande, et probablement aussi sur tout le continent, sont d'une pesanteur spécifique beaucoup trop grande pour être propres à faire de bonnes mâtures : dans un cas extrême cependant, on trouveroit dans l'eucalyptus les dimensions convenables. Les Anglois tirent de l'île Norfolk, et sur-tout de la Nouvelle-Zélande, deux espèces de pins qui sont bien préférables pour cet objet, quoique infiniment inférieurs à ceux du Nord de l'Europe, ou même de l'Amérique.

Le *Phormium tenax*, plus connu sous le nom de *Lin de la Nouvelle-Zélande*, croît ici naturellement : il ne s'y trouve pas en quantité considérable [b]; mais comme les Anglois le trouvent aussi à Norfolk, et en plus grande abondance, ils ne le cultivent guère au port Jackson que par curiosité.

A l'exception d'un très-petit nombre de fruits de fort peu d'importance, parmi lesquels on en distingue un ressemblant à la cerise, d'une espèce de framboise, de groseille, &c., et de quelques herbages, le sol du comté de Cumberland ne produit rien qui soit propre à la nourriture des Européens. Je ne parle pas du chou palmiste, qui est devenu fort rare à cause de la grande consommation qui en a été faite dans les premiers temps de l'établissement.

Les sauvages mangent la racine d'une variété de fougère, en lui faisant subir préalablement une sorte de préparation ; c'est leur grande ressource dans les momens de disette pendant l'hiver. On peut citer encore une espèce de noix qui produit de pernicieux effets sur ceux qui en mangent sans préparation convenable. « Les

---

[a] *Voyez* sur le même sujet HUNTER, an historical Journal &c. *pag.* 72.
[b] Ibid. *pag.* 71.

« naturels, dit Phillip[a], font tremper cette noix dans l'eau pendant
» sept à huit jours, en changeant l'eau chaque jour, et après avoir
» eu soin de retirer l'amande de la coque dure dans laquelle elle
» est renfermée : passé ce temps, ils la font cuire sous la cendre;
» son goût alors ressemble beaucoup à celui de la châtaigne. »
Nous avons trouvé le même fruit à la terre d'Édels ; mais ne connoissant pas alors la manière de le préparer, quelques-uns de nos compagnons faillirent en être les victimes *(voyez page 178).*

La résine rouge, dont nous avons parlé plus haut d'après le médecin Anglois White, s'emploie avec avantage en médecine comme un excellent astringent. « On trouve encore dans les bois,
» dit le même auteur, une autre sorte de résine assez semblable pour
» le goût et les effets au baume de Tolu : sa couleur est d'un jaune
» clair; elle est moins abondante que la rouge, et sa vertu est aussi
» moins efficace. C'est un très-bon spécifique contre les flux de sang
» opiniâtres. »

Dans le règne animal, la classe des quadrupèdes offre le kanguroo de la grande espèce, qui, lorsqu'il est jeune, est assez bon à manger; le chien sauvage, qui est très-difficile à apprivoiser ; enfin un grand nombre de petits animaux d'un foible intérêt.

Parmi les oiseaux, nous citerons le casoar et le cygne noir, assez rares l'un et l'autre; le pigeon à ailes dorées, la caille, la grive, le canard, la sarcelle, la corneille, &c. &c.; une grande variété de perroquets magnifiques, des kakatoës noirs et blancs, le superbe faisan à queue de lyre, &c.

A l'égard des poissons, ils sont abondans ou rares, suivant la saison. Pendant l'hiver, ils abandonnent la côte pour se rapprocher des climats équatoriaux ; à peine alors en trouve-t-on quelques-uns; mais aussitôt que la chaleur revient, on voit reparoître leurs légions nombreuses. Les espèces en sont très-variées ; c'est sur-tout à

---
[a] *Voyez* Hunter, Op. cit. pag. 479.

Botany-Bay que l'on peut en faire une pêche considérable[a]. Par-tout ailleurs cependant on doit espérer d'en prendre au-delà de ses besoins.

Les coquillages sont toujours fort abondans, et c'est une des plus précieuses ressources que les sauvages aient pour leur nourriture pendant l'hiver. Les espèces les plus remarquables et en même temps les plus communes, sont des huîtres, des moules, des pétoncles, &c. Les premières se trouvent, soit sur les rochers du rivage, soit sur les bancs de Botany-Bay.

Productions exotiques. Les Anglois ont transporté dans leur colonie du port Jackson la majeure partie des végétaux utiles de l'Europe et de l'Asie ; toutes les plantes potagères, tous les arbres fruitiers de nos climats, y prospèrent à souhait; le pêcher sur-tout paroît s'y être naturalisé avec beaucoup d'avantage. « Des champs entiers en sont couverts, dit M. Péron, et la récolte de leurs fruits est assez abondante pour qu'on puisse en faire sécher de grandes quantités : plusieurs colons en préparent une espèce de vin assez agréable; d'autres retirent de ce vin un alcool de bon goût; dans quelques cas même, on a vu des cultivateurs engraisser leurs cochons avec des pêches. En un mot, tout semble annoncer que cette culture deviendra un jour, pour la Nouvelle-Galles, une branche de commerce analogue à celle des raisins pour le cap de Bonne-Espérance, ou des figues pour les îles Canaries. »

Beaucoup de tentatives aussi ont été faites pour naturaliser la vigne; le gouverneur Phillip en apporta les premiers plants, et tout a montré depuis que le sol et le climat lui étoient très-favorables. Les résultats cependant n'ont pas répondu aux espérances qu'on avoit dû concevoir, ce qu'il faut attribuer au mauvais choix des localités où la vigne avoit été établie. Les plantations fixées sur le revers Occidental de Rose-Hill, se sont trouvées par-là pleine-

---

[a] Cook prit à Botany-Bay des *pastenaques*, qui, après que leurs entrailles furent ôtées, pesoient encore 240 et même 336 livres [117,5 à 164,5 kilogrammes]. *Voy.* Collect. d'Hawksworth, tom. *III*, trad. franç. in-4.º

ment exposées aux vents brûlans du N. O., dont l'effet est si pernicieux, ainsi que nous le verrons ailleurs.

» Contraint de céder à la leçon de l'expérience, dit M. Péron, ainsi qu'aux plaintes des vignerons François appelés pour diriger cette culture, le gouverneur s'est enfin décidé à faire transporter les vignobles dans une autre partie de la contrée que ces hommes ont eux-mêmes choisie, et qui leur a paru susceptible de justifier les plus hautes espérances. » Tout annonce donc que la colonie pourra, par la suite, en retirer des avantages très-importans.

Un ancien colonel François, M. le Baron DE LA CLAMPE, fixé depuis quelques années à Castle-Hill, où il a une habitation intéressante, a le premier établi dans sa propriété une belle plantation de cafiers et de cotonniers, qu'il dirige lui-même, et qui promettent les plus heureux succès. « A la suite d'expériences très-longues et très-délicates, il est parvenu, dit M. Péron, à faire produire à ses cotonniers des cotons de diverses nuances, et principalement de celle qui est particulière aux beaux nankins de la Chine. »

Le blé, l'orge, le maïs, les pommes de terre, &c., fournissent des récoltes très-abondantes, qui déjà excèdent la consommation du pays, et bientôt seront un objet intéressant et considérable d'exportation[*]; le tabac, le lin, le chanvre et le houblon, sont parfaitement acclimatés : les cultures en sont foibles encore; mais elles peuvent, avec le temps, prendre tout l'accroissement que les besoins de la colonie ou son commerce pourront exiger.

En ne négligeant rien pour le perfectionnement de l'agriculture, les Anglois ont donné également leurs soins à l'introduction des bestiaux et des oiseaux de basse-cour de toute espèce. Les plus utiles parmi les premiers, ceux aussi qui ont prospéré

[*] En 1802, on recueillit 13793 boisseaux de froment, et 17106 boisseaux de maïs; en 1803, on a eu 22041 boisseaux de froment, et 56439 boisseaux de maïs.

avec le plus d'avantage, ce sont les cochons, les moutons et les bêtes à cornes. La Nouvelle-Galles possède en ce genre des troupeaux immenses qui se multiplient dans une progression tellement rapide, que, sous très-peu de temps, ils seront pour les colons une source des plus grandes richesses.

Deux taureaux et cinq vaches qui s'échappèrent dans les bois en 1788, et que l'on crut perdus, se retirèrent sur la rive gauche de la Nepean, vers de riches pâturages situés près du Mont-Hunter ; là, ils vécurent long-temps tranquilles et ignorés et y multiplièrent à un point véritablement prodigieux. On ne découvrit leur retraite qu'en 1795 ; l'année suivante, on compta jusqu'à quatre-vingt-quatorze de ces animaux ; leur nombre en 1804 s'élevoit déjà à plusieurs milliers. Tout ceci, quoique très-considérable, est encore indépendant des bêtes à cornes tenues à l'état de domesticité, dont nous donnerons plus bas le tableau.

« Le climat de la Nouvelle-Hollande, dit M. PÉRON, est très-favorable à la multiplication des bêtes à laine ; aussi les Anglois ont ils singulièrement augmenté ces sortes de troupeau. La laine que l'on y recueille est d'une rare beauté, et peut non-seulement rivaliser avec les meilleures laines d'Espagne, mais doit même leur être préférée. C'étoit une opinion généralement établie parmi les riches cultivateurs du comté de Cumberland, que dans vingt ans l'Angleterre pourroit tirer de la Nouvelle-Hollande toute la laine nécessaire à ses fabriques [a]. Les mérinos forment la souche principale de tous ces troupeaux ; on a aussi croisé leur race avec celles des moutons de l'Angleterre, du Cap et du Bengale. »

[a] Le prix d'achat des laines importées des pays voisins en Angleterre, s'élève annuellement, d'après M. ARTHUR, à dix-huit cent mille livres sterling [environ 43 millions de francs]. Voyez PÉRON, Voyage aux Terres Australes, historique, tom. I, pag. 401. Mais ce dernier auteur s'est trompé dans la réduction en monnoie de France, qu'il indique de 37 millions.

N.^{lle}-GALLES
DU SUD.

Aperçu du nombre de Bestiaux qui existoient en état de domesticité, au port Jackson, à diverses époques.

ANNÉES.	TAUREAUX ET VACHES.	BELIERS ET BREBIS.	COCHONS ET TRUIES.	CHEVAUX ET JUMENS.
1794.	40.	526.	"	20.
1796.	227.	1531.	1869.	57.
1802.	1856.	8661.	5233.	293.
1803.	2450.	11275.	9105.	358.
1804.	3500.	16500.	14000.	450.

Population.

Avant de parler de la population coloniale établie à la Nouvelle-Galles, nous dirons un mot des naturels du pays, mais succinctement, les détails de ce genre devant être rassemblés dans un autre ouvrage.

Indigènes. Ils appartiennent à une classe d'hommes particulière à ces contrées. Leur taille est à-peu-près égale à celle des Européens, mais leurs membres sont généralement beaucoup plus grêles; ils ont la peau moins noire que les habitans de la terre de Diémen; leurs cheveux sont lisses et ont peu de longueur; leur nez est épaté, et leur bouche très-large: il n'est pas rare cependant de trouver des physionomies qui, loin d'être désagréables, sont même assez jolies. Ils se tatouent; l'usage veut que les femmes se coupent les deux premières phalanges du petit doigt de la main gauche, et que les hommes se fassent arracher une des dents de devant de la mâchoire supérieure. Ils vivent dans les bois sous de simples abris d'écorces d'arbres, et dans les creux des rochers. Leur existence est très-misérable: au bord de la mer, ils vivent presque exclusivement de poissons et de coquillages; et dans l'intérieur, du produit de leur chasse, de diverses racines et de quelques insectes. Lorsque l'hiver arrive et que le poisson devient rare sur la côte, ils émigrent dans le Nord pour chercher une nourriture plus abondante : malgré cette précaution, ces malheureux sont souvent exposés à des famines cruelles ; une baleine qui vient s'échouer sur le rivage en de pareilles circonstances, est pour eux alors un bienfait du ciel ; on les a vus courir en troupe, et se disputer au prix de leur sang une aussi dégoûtante curée.

Ces peuples, dit COLLINS[a], sont vindicatifs, jaloux, courageux et rusés. Ils sont distribués en familles, dont le plus ancien, qui porte le nom de *Be-anna* [père] est le chef ; ils n'ont aucun autre mode de gouvernement. Chaque famille ou tribu a une résidence particulière, d'où elle tire son nom distinctif. Les guerres sont fréquentes parmi eux, mais elles ne sont ni bien meurtrières, ni de longue durée.

Les femmes sont les esclaves des hommes et souvent exposées au traitement le plus dur et le plus cruel ; elles sont particulièrement chargées de ramasser les coquillages et de faire la pêche avec la ligne ; les hommes se réservent celle qui se fait avec la foêne ; ce sont eux aussi qui vont à la chasse.

Ils ont pour armes différentes sortes de sagaies, des casse-têtes, des boucliers et un instrument en bois, très-dangereux, de la forme d'une lame de sabre courbe, qu'ils lancent avec beaucoup d'adresse.

Leurs pirogues sont faites de l'écorce d'un arbre, liée par les deux bouts : ils se servent de pagaies pour ramer, et peuvent aller jusqu'à trois dans chacune de ces barques. On entretient toujours du feu au milieu de la pirogue : ils le placent sur un lit de terre ou de cendres, et s'en servent à cuire le poisson qu'ils pêchent. Ils ne naviguent point au large des côtes, mais seulement dans les baies, les ports et les rivières.

[a] *Voyez* COLLINS, Account &c.

Les colons Anglois vivent avec ces sauvages en fort bonne intelligence ; ils ne cherchent point à les asservir, leur laissent toute liberté de suivre leurs goûts et leurs habitudes ; rarement ont-ils été obligés de se défendre de leurs coups, même dans les premiers temps qu'ils sont venus habiter sur ces bords. Chez ces sauvages, le signe de paix est de marcher seul en avant, la main ouverte et sans armes, ou de tenir une branche de verdure.

Quoique ces peuples soient naturellement ennemis du travail, on a lieu d'espérer qu'avec des soins et de la patience, on parviendra à les y porter; quelques colons en ont fait l'expérience et ont obtenu d'heureux résultats ; il est vrai qu'ils avoient pris ces sauvages fort jeunes chez eux, mais de leur plein gré et sans employer la force ni la violence.

« Leurs connoissances en astronomie, dit COLLINS [a], sont bornées » au nom du soleil et de la lune, de quelques étoiles et de la voie » lactée. Ils n'ont pas la plus foible idée de la rondeur de la terre, » mais ils pensent que le soleil revient pendant la nuit, au-dessus » de leur tête, vers le point où il doit recommencer son cours le » matin. »

Ils partagent l'horizon en huit airs de vent principaux, à chacun desquels ils donnent un nom particulier, et qui sont tout-à-fait indépendans les uns des autres.

Quant à leur arithmétique, elle est extrêmement bornée : ces peuples ne comptent pas au-delà de 3 ou 4 ; passé ce terme, ils se servent de l'expression *un grand nombre* [b], *plusieurs*.

Colons Anglois. La population coloniale se compose de quatre classes distinctes : 1.° les autorités civiles et les troupes ; 2.° les colons libres, n'ayant jamais été *convicts;* 3.° les convicts affranchis ; 4.° les colons convicts ou esclaves. Les familles des trois premières classes peuvent seules obtenir des concessions.

[a] An account of the English Colony &c. *pag. 601.*
[b] Ibid. *pag. 600.*

Dès l'origine de l'établissement[a], le Gouvernement accorda à chacune des personnes désignées pour être propriétaires, un certain nombre d'arpens de terre; il y joignit le don des instrumens aratoires nécessaires à l'exploitation, et les graines destinées aux premières semences; à chaque concession fut affecté aussi un certain nombre de convicts pour travailler à la culture.

Pendant la première année, le Gouvernement avoit nourri tous les colons; mais les récoltes en blé, en pommes de terre et en maïs, ayant réussi au-delà des espérances, la charge qu'il s'étoit imposée diminua dès la seconde année; il n'accorda plus alors à chaque personne qu'une demi-ration de vivres, et la promit encore pendant dix-huit mois.

Cependant les instrumens aratoires, les semences, les vêtemens même, &c., continuèrent d'être fournis des magasins de l'État; seulement ils durent être payés, mais à bas prix, par chaque concessionnaire. Pendant sept ans le Gouvernement répandit les mêmes faveurs, et n'exigea en retour que la bonne conduite et le travail. Les sept premières années écoulées, les produits se trouvèrent plus que suffisans pour satisfaire à tous les besoins des colons; alors le Gouvernement imposa les propriétaires en établissant une légère redevance annuelle sur chacun des arpens de terre qui avoient été cédés. Ce qu'il exige d'abord est très-peu de chose; la taxe augmente chaque année, jusqu'à ce qu'elle ait atteint une certaine somme par arpent; alors les contributions demeurent fixes.

A l'égard des criminels, les uns sont condamnés à l'esclavage pour la vie; d'autres doivent redevenir libres après un certain nombre d'années, mais ne peuvent jamais quitter la colonie; d'autres enfin, après le temps de leur esclavage, sont maîtres de partir ou de rester. Des moyens également puissans, la crainte et

---

[a] Les détails suivans sur l'administration de la colonie de la Nouvelle-Galles sont extraits des papiers de M. Péron.

l'espérance, la récompense et le châtiment, sont employés pour contenir cette population bizarre et pour l'améliorer. Les succès d'une telle administration sont véritablement inconcevables.

Mais la sagesse du Gouvernement a voulu pourvoir aussi aux moyens de multiplier les alliances ; les femmes déportées, soit pour leurs crimes, soit pour leurs mauvaises mœurs, ont été sa principale ressource : avec de tels élémens former des femmes honnêtes et laborieuses, me paroît être le triomphe de la législation. On a su opérer ce prodige, non pas en plaçant ces femmes corrompues entre le déshonneur et la considération, mais en les mettant, comme les hommes, entre le supplice et les récompenses. De petits avantages ont été attachés à l'état de mariage, en accordant, seulement dans ce cas, des concessions aux femmes et aux enfans.

Ceux qui naissent dans la colonie deviennent, avec raison, l'objet de soins particuliers ; et si nous avons lieu d'admirer les efforts bienfaisans qui ont été faits pour ramener à la vertu des parens pervers, nous devons être attendris en voyant les attentions touchantes par lesquelles on prépare une génération plus pure et plus heureuse.

Bien convaincu que, malgré tous ses soins, il se rencontreroit toujours des parens incorrigibles, le Gouvernement n'a pas cru devoir remettre à de telles gens l'espoir futur de la colonie. D'après ce motif, plusieurs maisons d'éducation ont été élevées, tant à Sydney qu'à Parramatta, où les enfans orphelins, ainsi que ceux qui appartiennent à des parens vicieux, sont élevés dans les principes de la religion, de la morale, et dans l'amour du travail. Les jeunes filles, parvenues à l'âge de puberté, sortent de là pour se marier : le Gouvernement donne à chacune pour dot une concession en terre, en troupeaux et en esclaves.

En 1788, époque de la fondation de la colonie, le nombre des Anglois de tout état, de tout sexe et de tout âge, s'élevoit à 1030 personnes;

personnes[a]; en 1796, il alloit à 3959[b]; enfin en 1802, et pendant le temps de notre séjour, il n'étoit pas au-dessous de 12215 personnes, classées ainsi qu'il suit[c] :

Hommes libres n'ayant jamais été convicts, y compris les officiers civils et militaires..............	300.
Femmes libres de la même classe, y compris celles des officiers...................................	70.
Hommes libres ayant été convicts................	2630.
Femmes libres *idem*...........................	540.
Hommes convicts...............................	4832.
Femmes *idem*.................................	940.
Enfans nés dans la colonie { garçons............	1100.
{ filles...............	963.
Régiment de la Nouvelle-Galles..................	840.
TOTAL des individus..........	12215.

C'est une chose digne de fixer l'attention des philosophes qui s'occupent de l'histoire de l'homme, qu'on n'ait jamais pu arracher tout-à-fait et volontairement un sauvage à sa vie indépendante, pour l'amener à goûter les avantages de la civilisation, tandis qu'on a vu tant d'Européens qui ont abandonné la société pour se rapprocher de la vie sauvage. Je pourrois citer des faits nombreux dont les îles Pelew, les îles Sandwich, la Nouvelle-Zélande, &c., ont été le théâtre, et rappeler sur-tout cette révolte inouie de l'équipage du navire *the Bounty*[d], qui, préférant l'île de Taïty à la mère patrie, s'abandonna, pour y retourner, aux désordres les plus condamnables; mais je ne veux rapporter que ce qui est particulier à la Nouvelle-Hollande.

[a] *Voyez* COLLINS, Account &c. *pag. 6.*
[b] Ibid. *pag. 497.*
[c] Journal de M. PÉRON.
[d] *Voyez* BLIGH's Narrative of the *Bounty's* voyage to Otaheite.

N.^{lle}-GALLES DU SUD.

COLLINS[a] cite deux faits de ce genre arrivés tous les deux en 1795. Le premier concerne un jeune homme nommé WILSON : il avoit été convict ; après avoir fini son temps d'esclavage , il préféra aller vivre dans les bois avec les naturels, plutôt que de rester à travailler avec ses compatriotes ; la tribu à laquelle il s'étoit associé, lui donna le nom de BUN-BO-É, et le traita amicalement. Le second exemple est absolument semblable et se rapporte aussi à un ex-convict. L'auteur que nous venons de citer parle encore[b] de plusieurs Anglois convicts qui ont vécu long-temps avec les naturels du port Stéphens (au N. du port Jackson) ; mais le motif qui les avoit entraînés loin de l'établissement, étoit bien différent, et consistoit moins dans l'amour de la vie sauvage que dans le désir mal combiné d'atteindre l'un des comptoirs Européens des îles d'Asie, et de recouvrer par-là leur liberté.

Avantages politiques et commerciaux.

Le port Jackson commande par sa position aux nombreux archipels du Grand-Océan, et assure la domination de l'Angleterre sur toutes ces îles, selon qu'elle s'en est arrogé le droit par son fameux acte de prise de possession de 1786[c]. Si l'assujettissement des colonies Espagnoles du Pérou et du Chili entroit un jour dans les projets de sa politique, le port Jackson seroit encore admirablement situé pour devenir l'arsenal et le centre de ses forces navales dans les mers Australes. Les établissemens de la Grande-Bretagne à la côte Nord-Ouest d'Amérique, celui plus important de la Terre des États qui doit tôt ou tard devenir la clef de l'Océan pacifique, seroient autant de moyens pour parvenir à cette conquête, si jamais l'Angleterre jugeoit devoir l'entreprendre[d].

Ce que nous avons dit précédemment sur l'état de l'agriculture

---

[a] COLLINS, Account &c. pag. 407 et 424.
[b] Ibid. pag. 425. Voyez aussi le Voyage de BROUGHTON, tome I, pag. 24 de la trad. franç.
[c] Cet acte de prise de possession n'a été publié qu'en 1788. Voy. COLLINS, Account &c. pag. 7.
[d] PÉRON a donné de grands développemens à ce sujet dans son Histoire des colonies Angloises aux Terres Australes, qui doit paroître dans le second volume de la partie historique de notre voyage. J'y renvoie le lecteur.

dans le comté de Cumberland, a fait pressentir déjà une partie des avantages commerciaux que l'Angleterre doit retirer de cette colonie naissante. Nous avons vu en effet la culture des grains y prendre un tel développement, que bientôt on pourra en faire des exportations considérables : les fruits secs; la vigne, qui ne tardera pas à donner d'intéressans produits ; les cotons, cultivés avec tant de succès par M. le baron DE LA CLAMPE; enfin tant d'objets divers qui occupent les fermiers intelligens de ces contrées, seront autant de branches lucratives de commerce. Mais ce qui est d'une bien plus grande importance encore, ce qui assure à l'Angleterre des revenus immenses, c'est, d'une part, la multiplication de ses bêtes à laine, et, de l'autre, ses pêches de la baleine et des phoques, dont les produits sont, pour ainsi dire, incalculables.

Nous avons parlé de l'extrême beauté de ces laines de la Nouvelle-Galles, qui l'emportent déjà sur les plus belles laines d'Espagne, et nous avons dit, d'après M. ARTHUR, que, même en suivant un calcul modéré, la Nouvelle-Hollande devoit très-prochainement fournir à l'Angleterre toute la laine nécessaire à la consommation de ses fabriques; produit immense, qui n'est pas évalué à moins de 1800 mille livres sterling ou 43 millions de francs.

Pour faire mieux sentir l'importance et les avantages de la pêche des phoques, dont quelques-uns fournissent de belles fourrures et d'autres une abondante quantité d'huile, nous croyons devoir jeter un coup-d'œil rapide sur notre commerce actuel avec la Chine[*].
« Ce commerce, qui a passé successivement des Portugais aux Hollandois, et de ceux-ci aux Anglois, a pris dans ces derniers temps un tel accroissement, qu'il devient presque impossible d'en calculer les résultats ultérieurs sur l'état politique de l'Europe : ce ne sont plus, en effet, quelques bâtimens qui s'y trouvent employés aujourd'hui, mais des flottes de 30, 40 et même 50 navires, presque tous d'un très-fort tonnage. On voit dans un précieux mémoire de

[*] Le paragraphe suivant est extrait des papiers de PÉRON.

M. Desfontaines sur le *thé*, que la quantité de cette substance importée de Chine en Europe depuis 1776 jusqu'en 1794, a été annuellement de 20, 25, 30 et jusqu'à 36 millions de livres pesant: or, quel que soit le prix auquel on veuille maintenant porter cette marchandise, il ne sera pas moins prodigieux : qu'on y ajoute ensuite la valeur de ces riches cargaisons des plus belles soies indispensables à nos manufactures de gazes, de blondes, &c.; de toutes celles que nous sommes forcés d'acheter à grands frais pour entretenir nos fabriques de Lyon; qu'on y ajoute encore toute la valeur de ces nankins presque inimitables ; et l'on conviendra sans doute que, sans parler des vernis, du camphre, de la porcelaine, de l'ambre gris, des drogues médicinales, de l'encre, des étoffes de soie et de quelques autres objets de moindre valeur, le commerce de la Chine est le plus considérable qui se soit jamais fait avec un seul pays.

» Malheureusement il porte avec lui un inconvénient tellement grave, que si l'Europe ne parvient pas à le détruire, elle sera forcée peut-être de l'abandonner faute de moyens pour le continuer : l'Empire de la Chine réunit sur son sol presque tous les objets indispensables à ses besoins; en sorte que la voie des échanges, cette base essentielle du commerce des nations, est presque nulle avec les Chinois. Quelques étoffes grossières de coton, du poivre, du sandal, du riz, des tripans, de l'opium, des dents d'éléphans et de la cire, tels sont les principaux articles que l'Inde et les Moluques fournissent à la Chine ; et ces objets, le sandal et l'opium exceptés, sont généralement de peu de prix. D'Europe on y transporte quelques draps, de l'azur, de l'alun, de l'étain, du corail, &c.; mais tout cela équivaut à peine à la douzième partie du prix d'achat des marchandises embarquées à la Chine pour l'Europe. Le surplus se paie exclusivement en numéraire, et les négocians les plus instruits estiment à 40 ou 50 lmilions le tribut d'argent que l'Europe et l'Amérique versent annuellement en Chine.

» Les Anglois n'ont rien négligé pour ramener leur commerce

avec cette contrée au principe général des échanges ; et s'ils n'ont pas encore atteint complétement leur but, du moins ont-ils su trouver dans le commerce des pelleteries, de puissans palliatifs contre un aussi grand mal.

» Les fourrures, en effet, ont une valeur très-élevée à la Chine : aussi les Anglois dirigent-ils depuis long-temps, vers Canton, la majeure partie de celles qu'ils ramassent dans le Canada, à la baie d'Hudson, et sur-tout à la côte Nord-Ouest d'Amérique.

» L'établissement du port Jakson leur fournit des avantages du même genre, par l'énorme quantité de peaux de phoques qu'ils peuvent y réunir avec une extrême facilité. Les fourrures de ces animaux, sans être comparables pour la qualité à celles de Nootka-Sound, n'en sont pas moins d'un débit très-avantageux à la Chine, où elles se vendent de 2 piastres $\frac{1}{2}$ à 3 piastres [13 à 16 francs] la pièce. »

Nous avons vu [a] avec quelle profusion les phoques se trouvent répandus sur toutes les côtes de la Nouvelle-Hollande, de la terre de Diémen et des îles qui les avoisinent ; les armateurs du port Jackson envoient par-tout de petits navires pour y chercher de riches cargaisons de fourrures ; la facilité de se les procurer est telle, qu'en quelques jours un très-petit nombre d'hommes peut réunir plusieurs milliers de peaux [b].

Il est une grande espèce de phoques qui, indépendamment de leur fourrure, fournissent aussi une abondante quantité d'huile ; on les trouve en grands troupeaux dans le détroit de Bass, aux îles Furneaux, aux îles Hunter et à l'île King. Ces animaux, que les Anglois appellent *Sea-Elephants* [Éléphans marins], « sont communément, dit PÉRON, de 15 à 20 pieds de longueur ; ils sont si gras qu'on peut retirer jusqu'à 1500 livres [734^{kil},26] d'huile,

---

[a] *Pag. 64, 82, 91, 92, 100, 101, 102, 124, 142, 145 et 172* de cet ouvrage.

[b] *Voyez* l'intéressant mémoire de PÉRON sur les pêches des Anglois aux Terres Australes &c. tom. *II*, pag. *32 et suiv.* de la partie historique de notre Voyage.

d'un seul individu, et que dix hommes établis sur l'île King en préparent journellement 3000 livres [1468ᵏⁱˡ,52]. Cette huile est blanche, légère, sans odeur, sans aucune saveur désagréable; elle n'est pas sujette à rancir comme l'huile de poisson et de baleine; enfin, elle fournit à la lampe une flamme brillante. Les Anglois ont commencé d'en porter en Chine; elle y a fort bien réussi. »

A l'égard de la pêche de la baleine, qui se fait dans les mers Australes, tant sur les côtes de la Nouvelle-Zélande, que sur celles de la Terre de Diémen et de la Nouvelle-Hollande, c'est encore au port Jackson que se réunissent et viennent se ravitailler tous les navires qui y sont employés; quelques-uns même de ces bâtimens sont expédiés par des armateurs de la colonie. On connoît assez l'importance et les énormes profits de ce genre de spéculation: je me dispenserai donc d'en parler ici plus au long.

Pendant notre séjour au port Jackson, l'activité la plus grande s'est constamment fait remarquer dans ce port; à chaque instant on y voyoit arriver des navires des diverses contrées du globe, ou l'on en voyoit partir pour différentes destinations. « Ceux-ci [a], expédiés des rives de la Tamise ou du Shannon, alloient faire la pêche de la baleine sur les rivages brumeux de la Nouvelle-Zélande; ceux-là, destinés pour la Chine, après avoir déposé le fret qu'ils avoient apporté pour la colonie, se préparoient à faire voile vers l'embouchure du fleuve Jaune; quelques-uns, chargés de charbon de terre, devoient porter ce précieux combustible au Cap de Bonne-Espérance et dans l'Inde. Plusieurs bâtimens plus petits alloient recevoir, dans le détroit de Bass, des fourrures rassemblées par des hommes établis sur les îles de ce détroit pour faire la chasse aux animaux marins qui les fréquentent. D'autres navires plus forts que ces derniers, montés par des navigateurs plus audacieux, plus nombreux, et pourvus de toute

[a] Journal de PÉRON.

LIVRE II. *Descriptions géogr. et nautiques.* 303

espèce d'armes, partoient pour les côtes de l'Amérique Occidentale : encombrés de marchandises diverses, ces bâtimens alloient établir, à main armée, un commerce interlope extrêmement avantageux avec les habitans des rivages Péruviens. Ici, l'on préparoit une expédition pour aller faire, à la côte Nord-Ouest d'Amérique, le riche commerce des pelleteries ; là, on pressoit l'armement de vaisseaux pourvoyeurs expédiés vers les îles des Navigateurs, des Amis, et de la Société, pour en rapporter à la colonie de précieuses salaisons. Déjà la route du port Jackson étoit familière aux navigateurs des États-Unis d'Amérique[a], et leur pavillon ne cessa de flotter dans la rade pendant le séjour que nous y fîmes : les négocians François eux-mêmes, profitant de l'état de paix où nous nous trouvions avec la Grande-Bretagne, dirigèrent également un de leurs armemens vers ce port ; ce fut la goëlette *l'Entreprise*[b], de Bordeaux, expédiée de l'Ile-de-France, et commandée par le capitaine LECORRE ; elle étoit destinée à faire la pêche des phoques dans le détroit de Bass, mais elle devoit y périr de la manière la plus déplorable[c]. »

N.lle-GALLES DU SUD.

Nous allons donner, dans un seul et même tableau, le résumé des observations qui ont été faites au port Jackson, sur les vents et l'état du ciel lors de la première relâche de la corvette *le Naturaliste*, et pendant le séjour du *Géographe* dans le même havre, en 1802.

Observations météorologiques.

[a] Le premier navire des États-Unis, destiné pour le port Jackson, y arriva le 1.er novembre 1792. *Voy.* COLLINS, Account &c. *pag.* 243.

[b] La goëlette *l'Entreprise* est le premier bâtiment marchand François qui soit venu au port Jackson ; elle y arriva le 9 septembre 1802.

[c] Les détails de ce malheureux naufrage sont relatés *tom. II* de la partie historique du Voyage aux Terres Austr. *pag.* 1-5.

N.^{lle}-GALLES DU SUD.

OBSERVATIONS faites en 1802 à bord du *Naturaliste*.

Avril.. { Du 25 au 30. Pendant les six derniers jours du mois d'avril, les vents ont soufflé bon frais du S.S.O. à l'O.N.O. par l'O. ; le temps par grains, avec pluie abondante presque continuelle.

Mai... { Du 1.er au 10. Au temps forcé du mois précédent a succédé du calme, et un petit frais du S.S.O. au N.O. par l'O., avec un temps assez beau; pendant deux jours cependant, nous avons eu un bon frais de l'O.N.O., qui a été accompagné de pluie ou d'un temps nuageux.

{ Du 10 au 18. Les vents de la partie de l'O., qui avoient soufflé depuis le 25 avril, ont été remplacés par une forte brise, variable du N.N.E. à l'E., bon frais et joli frais par rafales, avec grains et pluie. Le 18, les vents ont halé la bande de l'O., de l'O.N.O. au S., grand frais par rafales, toujours avec le même temps.

Juin... { Du 22 au 30. Les quatre premiers jours, les vents ont été foibles du S.O. au N. par l'O., beau temps ; ensuite vents de l'O.S.O. à l'E.S.E. par le S., bon frais par grains, avec pluie ; une fois dans la nuit, pendant une forte rafale du S.E., on a eu de la grêle.

OBSERVATIONS faites en 1802 à bord du *Géographe*.

Juillet. { Du 1.er au 10. Vents généralement foibles du S au N.N.O. par l'O. ; temps assez beau, par fois petite pluie.

{ Du 10 au 20. Quelquefois du calme ; vents du S.S.O. à l'O.S.O, foibles ou joli frais ; en général, beau temps ; petite pluie par intervalles.

{ Du 20 au 31. Les vents les plus fréquens ont soufflé de l'O.S.O. au S.O. foibles ; beau temps ; les plus forts de l'O.N.O. au S. par l'O.; bon frais par rafales, avec pluie, et quelquefois des éclairs et du tonnerre depuis l'E. jusqu'au S.E.

Août.. { Du 1.er au 10. Les vents du N. au S. par l'O. ont prévalu pendant cette décade ; ils ont été quelquefois très-forts de cette partie et de celles du N.E. et du S.S.E. ; le temps a été généralement beau, sur-tout avec les vents d'O. ; dans les derniers jours, on a eu du calme le matin et le soir, avec un peu de pluie dans la nuit.

{ Du 10 au 20. Vents très-foibles de tous les points du compas, et mêlés de calmes ; au milieu du jour, on a eu deux fois de violentes rafales du N.O. au S.O. ; dans la nuit quelquefois de la pluie, et dans le jour quelquefois du brouillard ; le reste du temps a été beau, quoique souvent nuageux ou couvert.

{ Du 20 au 31. Beaucoup de calmes ; temps généralement beau, rarement de la pluie, et seulement pendant la nuit ; les vents dépendant sur-tout du N. à l'O.S.O. par l'O. ; au milieu du jour, brises de mer assez régulières du N.E., soufflant quelquefois par tourbillons et par rafales.

Du

LIVRE II. DESCRIPTIONS GÉOGR. ET NAUTIQUES. 305

| | | N.^{lle}-GALLES DU SUD |

Sept.^{bre}
- **Du 1.er au 10.** Vents du S. à l'O. N. O., et du S.S.E. au N.E., joli frais et bon frais par rafales; pendant le jour, quelquefois brise de mer; temps plus souvent couvert et nuageux que parfaitement beau : une seule fois, petite pluie pendant la nuit.

- **Du 10 au 20.** Forte brise carabinée qui dure trois jours sans interruption, avec un temps assez beau. On a eu deux fois une pluie de peu de durée, avec des vents de l'O. N. O. au N.O., accompagnés de tonnerre. Les brises de mer ont soufflé régulièrement, et joli frais pendant le jour.

- **Du 20 au 30.** Brises de mer assez bien réglées pendant le jour; d'ailleurs, vents foibles et joli frais des différens points du compas; temps passablement beau; une seule fois de la pluie, par un bon frais de S.S.O.

Oct.^{bre}
- **Du 1.er au 10.** Dans cette décade, les vents ont soufflé généralement du N.E. à l'E.N.E., plus souvent foibles que joli frais; nous avons eu pendant un seul jour de fortes rafales du S.; le temps nuageux, quelquefois avec de la pluie.

  Le 7, nous eûmes un orage très-remarquable : sa matinée avoit été calme; après midi, le vent s'éleva du N. bon frais par rafales, et nous donna de la pluie par grains, avec un temps orageux; à 3^h, il passa au N.O., toujours avec beaucoup de force, et fit ensuite le tour du compas. La chaleur étoit étouffante, le thermomètre de R. s'étoit élevé presque subitement de 18 à 27 degrés^a; cette bourasque, extrêmement violente, se termina par la chute de beaucoup de pluie et d'une grêle abondante, remarquable plus encore par sa forme irrégulièrement prismatique, que par sa grosseur. Quelques-uns des morceaux avoient 29 lignes de longueur sur 17 de largeur, et pesoient jusqu'à une once ou 3 décagrammes. Des éclairs multipliés et de forts coups de tonnerre accompagnèrent cet orage, dont la durée totale ne fut d'ailleurs que de trois quarts d'heure.

- **Du 10 au 20.** Vents variables des divers points du compas, en général assez foibles; ceux de la bande de l'O. et de celle de l'E. bon frais: ces derniers ont donné de la pluie avec éclairs et tonnerre.

- **Du 20 au 31.** Un vent bon frais de l'O. N.O. par grains dure deux jours; d'ailleurs, vents variables des différens points du compas; quelquefois de la pluie et du tonnerre.

  Le 23, on éprouve dans la soirée un vent de N.O. très-fort, qui fait monter le thermomètre de 7 degrés de R. : il n'a pas eu une longue durée.

Nov.^{bre}
- **Du 1.er au 10.** Vents du N.N.E. au S. par l'E., presque toujours joli frais, rarement bon frais et petit frais; beau temps, quoique couvert; rarement de la pluie.

  Le 5, reçu un fort grain du N.O., avec forte pluie, éclairs et coups de tonnerre; pendant le grain, les vents ont fait le tour du compas, et sont ensuite revenus à l'E. très-foibles.

- **Du 10 au 17.** Les vents ont soufflé généralement du S. à l'E.S.E., et deux fois seulement au N.E. petit frais, et rarement joli frais; le temps couvert et pluvieux.

^a PÉRON, Voyage aux Terres Austr. histor. tom. I, pag. 418.

Qq

RÉSUMÉ des Observations du Thermomètre, du Baromètre et de l'Hygromètre, faites au Port Jackson, à bord du Géographe.

ÉPOQUES.	THERMOMÈTRE A MIDI.				BAROMÈTRE A MIDI.			HYGROMÈTRE A MIDI.		
	Maximum	Minimum	Hauteur moyenne.	REMARQUES.	Maximum	Minimum	Hauteur moyenne.	Maximum	Minimum	
1802.	+	+	+							
Juin, du 22 au 30.	12d,5.	8d,5.	10d,2.	Le matin du 31 Juillet, on a vu à terre de la glace d'une ligne d'épaisseur; à 8 h. du matin le thermomètre se soutenoit à +3d,8 à l'observatoire.	28° 6',0.	28° 2',0.	28° 3',6.	Il n'y a eu que 2 Obs.		
Juillet.........	19,0.	9,5.	13,4.		28. 4,3.	27.11,5.	28. 2,2.	100°,0.	75°,0.	
Août..........	20,0.	10,4.	15,1.		28. 7,0.	27. 9,4.	28. 1,3.	99,0.	55,0.	
Septembre.....	20,0.	12,5.	15,7.		28. 5,0.	27. 7,0.	28. 1,7.	96,0.	49,0.	
Octobre........	23,0.	13,2.	16,7.		28. 4,1.	27. 7,7.	28. 1,6.	97,0.	54,5.	
Nov.e du 1.er au 17.	17,5.	14,1.	15,7.		28. 4,8.	27.11,7.	28. 3,2.	98,0.	77,0.	

Voici le résumé général de toutes les observations précédentes :

1.° *Pluie.* Pendant notre séjour au port Jackson, nous avons eu de la pluie par des vents de toutes les directions, mais sur-tout par ceux du S. et du S. S. O., et par ceux de l'E., du N. E. et du N. N. E.
2.° *Grains.* Souvent il y a eu des grains par des vents de S. O., S. S. O., et de S., ensuite par ceux du S. et du S. E. ; rarement par des vents du N. à l'O., et plus rarement encore par ceux du N. à l'E.
3.° *Éclairs et tonnerre.* Les éclairs et le tonnerre qui n'accompagnoient pas les grains, se sont presque toujours montrés ou fait entendre dans la bande de l'E. ; ils ont eu lieu sur-tout avec des vents de l'O., du N. O. et de l'O. S. O.
4.° *Beau temps.* Les vents qui nous ont le plus souvent procuré du beau temps, sont : 1.° le calme ; 2.° les vents de N. E. ; 3.° ceux de l'O. ; 4.° ceux de l'O. S. O. et du S. O. ; 5.° ceux de l'E. ; 6.° ceux de l'O. N. O.

5.° *Brouillards.* On n'a eu du brouillard que rarement, et seulement pendant du calme ou de foibles brises.

6.° *Grêle.* Il n'est tombé que deux fois de la grêle, pendant des grains, avec des vents de S. E. et de N. O.

7.° *Vents bon frais.* Les vents bon frais ont soufflé sur-tout de la bande de l'O.: 1.° de l'O. même; 2.° du S. O.; 3.° de l'O. N. O; 4.° du N. O.; 5.° de l'O. S. O.; 6.° enfin du S. S. O. Parmi ceux de la bande de l'E., les plus fréquens ont été ceux de l'E. et du N. E.

8.° *Vents joli frais.* Les vents joli frais, quoique ayant soufflé souvent de tous les points du compas, ont eu lieu de préférence, 1.° avec des vents de N. E.; 2.° avec ceux de l'O. S. O.; 3.° de l'E. N. E.; 4.° de l'E.; 5.° de l'O. N. O.; 6.° du S.; 7.° enfin de l'O. et du S. S. O.

9.° *Brises de terre et de mer.* Les brises de terre et de mer ont été passablement réglées pendant la dernière décade d'août et pendant le mois de septembre; elles n'ont point eu lieu en octobre, qui cependant a été le mois le plus chaud.

10.° *Vents brûlans.* Les vents de N. O. nous ont procuré deux fois des chaleurs subites et extraordinaires; en général ils ont été de peu de durée, accompagnés d'orages, et jamais de cette sécheresse dont on a vu de terribles exemples dans la colonie[a].

11.° *Mois des plus fortes chaleurs.* Les plus fortes chaleurs que nous ayons éprouvées, ont eu lieu dans le mois d'octobre; la hauteur moyenne du thermomètre, à midi et à l'ombre, s'est élevée à $+16^d,7$.

12.° *Mois des moindres chaleurs.* Les moindres chaleurs ont eu lieu dans le mois de juin; le terme moyen de la hauteur du thermomètre, à midi et à l'ombre, fut de $10^d,2$; cependant le mois de juillet est le seul où nous ayons observé, le matin à terre, une petite pellicule de glace dans les eaux stagnantes et peu profondes.

13.° *Mois le plus sec.* Pendant le cours de nos observations à bord du *Géographe,* c'est-à-dire depuis le 22 juin jusqu'au 17 novembre 1802,

---

[a] Nous citerons plus bas ces exemples, d'après les auteurs Anglois.

le mois de septembre a été le plus sec ; la hauteur moyenne de l'hygromètre de SAUSSURE à midi, pendant ce mois, n'a pas dépassé 74^d,8.

14.° *Mois le plus humide.* Le mois de novembre, au contraire, est celui de tous où l'hygromètre a indiqué à midi une plus forte proportion d'humidité ; le terme moyen a donné 86^d,5.

15.° *Hauteur du baromètre.* La hauteur moyenne du baromètre, à midi, en 149 jours, a été 28^p 2^l,3; ses variations extrêmes, 28^p 7^l,0 et 27^p 7^l,0, également à midi.

Nous croyons devoir compléter, autant que cela dépend de nous, cet aperçu de la constitution météorologique du comté de Cumberland, par l'exposé succinct des observations du même genre faites par les Anglois, et rapportées par MM. HUNTER, COLLINS et WHITE.

Janvier (1788 [a]). Les derniers jours du mois de janvier furent très-beaux, quoique chauds ; les brises de terre et de mer passablement régulières.

Février. En février la chaleur fut étouffante ; on eut des éclairs, du tonnerre et de fortes pluies ; ce temps continua pendant quinze jours avec de rares et courts intervalles de beau temps ; vers la fin du mois, le temps fut plus fixe, avec peu de tonnerre, d'éclairs et de pluie.

Mars. Le temps fut variable pendant le mois de mars ; quelquefois on eut de forts coups de vent du S. au S.E. avec un temps humide et brumeux ; une forte mer rouloit sur la côte au large ; les matinées et les soirées étoient plutôt froides que chaudes.

Avril. Dans le mois d'avril, le temps fut, à beaucoup d'égards, le même qu'en mars, mais plutôt variable ; on eut un petit nombre de jours de temps couvert avec de la pluie qui tomboit généralement la nuit, et des vents du S. au S.E. : quand les vents se haloient à l'O. ou au N.O., le temps devenoit beau et agréable ; on avoit alors fréquemment des

---

[a] Les observations suivantes, jusques et compris le mois de janvier 1789, sont extraites du Voyage de HUNTER, *pag.* 72 et 73.

brises de terre et de mer; les matinées et les soirées étoient froides, et le milieu des journées très-chaud, lorsqu'il y avoit du calme.

Mai. Au commencement de ce mois, beaucoup de mauvais temps; forts coups de vent du S. au S.E., en général accompagnés de pluie pendant la nuit; au milieu du mois, beau temps fixe pendant plusieurs jours de suite, avec des brises régulières de terre et de mer; à la fin du mois, vent du S.O. au S.E., avec temps variable et ondées de pluie, ordinairement la nuit; dans le jour, vents légers et temps chaud.

Juin. Les premiers jours de juin furent beaux et agréables, et accompagnés de brises de terre et de mer; du milieu à la fin du mois, les vents soufflèrent de préférence du S.E., avec un temps à grains et beaucoup de pluie.

Juillet. Ce mois a commencé de la même manière que l'autre a fini, par un temps orageux et pluvieux; le milieu fut moins venteux, quoique nuageux et pesant, avec de fréquentes averses; à la fin du mois, le temps fut beau avec des vents d'O. [a]

Août. Au commencement de ce mois, le temps fut nuageux et très-pluvieux, avec des vents du S. au S.E.; au milieu, modéré et beau avec des vents variables; à la fin, il fut beau, avec des vents légers et variables.

Septembre. Du commencement au 20 de ce mois, le temps fut nuageux avec de fréquentes ondées de pluie: mais à la fin du mois, on eut de fortes bourasques de la partie du S.E.

Octobre. Au commencement et au milieu de ce mois, le temps fut modéré et nuageux; les vents très-variables; le tonnerre et les éclairs fréquens, avec de la pluie; à la fin du mois, le temps fut en général beau et serein; il n'y eut que du tonnerre et des éclairs éloignés; quelques grains violens eurent lieu la nuit.

Novembre. Au commencement de ce mois, le temps fut généralement

---

[a] Aux observations de ce mois, nous ajouterons cette note d'après WHITE (trad. franç. de son Voyage à la Nouvelle-Galles du Sud, pag. 179): « En juillet 1788, on voyoit souvent, » au point du jour, une gelée blanche et même » une légère pellicule de glace aux endroits où » l'eau n'étoit pas profonde. »

N.ᵈᵉ-GALLES
DU SUD.

couvert et brumeux; le vent de la partie de l'E. Au milieu du mois, temps couvert, avec de fréquentes et légères ondées de pluie; éclairs et tonnerre quelquefois éloigné et quelquefois très-fort. La fin du mois, temps nuageux et brumeux, avec de violens coups de tonnerre et de la pluie; les vents du N. au S.E.

Décembre. Le temps, au commencement de ce mois, fut couvert et brumeux, et l'on eut quelques coups de tonnerre accompagnés de petite pluie. Au milieu du mois, même temps avec de fréquentes et de légères ondées de pluie; à la fin, temps modéré et beaucoup de pluie; les vents sur-tout de la partie du N. à celle de l'E.[a]

Janvier (1789). Pendant tout le cours de ce mois le temps fut couvert et brumeux, avec de petites ondées de pluie et quelquefois du tonnerre éloigné; le vent principalement du N.E. et du S.E.; pendant la nuit, des vents de terre.

---

[a] COLLINS nous fournit, pour ce dernier mois de 1788, la note suivante : « Les pluies » furent considérables pendant ce mois, et » parurent tomber sur-tout pendant, ou à-peu- » près, la nouvelle et pleine lune. » *Voyez* COLLINS, Account &c, *pag.* 49.

TABLEAU de quelques Observations thermométriques faites par les Anglois au port Jackson.

	PAR LE CAPITAINE HUNTER [a].				RAPPORTÉES PAR COLLINS [b].	
ÉPOQUES.	THERMOMÈTRE DE FAHRENHEIT.		THERMOMÈTRE DE RÉAUMUR.		ÉPOQUES.	OBSERVATIONS.
	Maximum.	Minimum.	Maximum.	Minimum.		
1788. Janvier, du 21 au 31.	+80°,0.	+72°,0.	+21°,3.	+17°,8.	1790. Septembre.	Pendant ce mois, la chaleur fut très-grande et la sécheresse si excessive, que toutes les recoltes furent calcinées ; l'herbe dans les bois étoit sèche au point, qu'une seule étincelle eût suffi pour mettre toute la contrée en flammes : on eut un exemple d'un évènement semblable au commencement du mois, pendant un fort vent de N.O. ; l'incendie fut heureusement arrêté. (Voy. pag. 137.)
Février........	67,0.	65,0.	15,6.	14,7.	1791. Février....	La plus grande hauteur du thermomètre [c] fut pendant ce mois de + 25d,8 à huit heures du matin ; de 32d,4 à deux heures après midi, et de 25d,2 à dix heures du soir. La plus petite hauteur fut, aux mêmes époques, de + 12d,4, 14,4, et 12,9. Le vent etoit N.O. et calme tout devant lui (p. 154).
Mars...........	75,0.	60,0.	19,1.	12,4.		
Avril...........	72,0.	68,0.	17,8.	16,0.		
Mai............	67,0.	56,0.	15,6.	10,7.		
Juin...........	62,0.	52,0.	13,3.	8,9.		
Juillet.........	63,0.	52,0.	13,8.	8,9.	1792. Décembre.	Ce mois fut extrêmement chaud ; le 5 sur-tout, le temps fut étouffant ; le vent souffloit fortement entre le N. et l'O. ; le pays, pour ajouter à la chaleur naturelle de l'atmosphère, étoit par-tout en feu ; ce feu, allumé par les sauvages, causa de très-grandes pertes aux colons. Le thermomètre observé à l'ombre, à Sydney, donna + 30d,2 R. ; un peu de pluie tombée le soir abattit l'extrême chaleur. Les mêmes effets furent observés à Parramatta et à Tongabée (pag. 257).
Août...........	72,0.	56,0.	17,8.	10,7.		
Septembre......	»	»	»	»		
Octobre........	81,0.	49,0.	21,8.	7,6.		
Novembre......	93,0.	53,0.	27,1.	9,3.		
Décembre......	102,0.	53,0.	31,1.	9,3.		
1789. Janvier........	72,0.	63,0.	17,8.	13,8.		

[a] HUNTER (pag. 72 et 73 de son Voyage) n'indique pas quelles ont été les heures de ses observations ; il paroit que les hauteurs du thermomètre sont les extrêmes de celles qui ont eu lieu dans le cours de chaque journée, et que cet instrument étoit tantôt exposé au soleil, tantôt au vent ou à l'ombre, &c.

[b] COLLINS, Account of the New-South-Wales, &c.

[c] J'ai fait ici la réduction du thermomètre de FAHRENHEIT à celui de RÉAUMUR.

312   VOYAGE AUX TERRES AUSTRALES,

N.^{lle}-GALLES DU SUD.

Phénomènes remarquables. Un météore singulier fut observé dans le ciel par diverses personnes, le 12 avril 1793, entre cinq et six heures du soir; on l'aperçut dans le N. O., et il offrit l'aspect de la trace angulaire d'un éclair, qui seroit resté stationnaire vers cette partie du firmament. L'apparition de ce météore dura environ quinze minutes : on cessa de le voir aussitôt après le coucher du soleil[a].

Au commencement du mois de décembre 1795, on vit sur les bords de la rivière Hawkesburry, dit Collins[b], un phénomène météorologique bien extraordinaire. Quatre fermes, dans le voisinage de l'anse nommée *Ruse's-creek*, furent entièrement ravagées, non par la neige ou par la grêle, mais par la chute d'une énorme quantité de grandes plaques de glace. La nuée arriva du N. O., et dévasta tout sur son passage; jamais on n'avoit vu rien d'aussi affreux : le blé fut renversé sur la terre, les épis coupés et le grain entièrement dispersé ; le côté des arbres exposé à la furie de l'orage, paroissoit comme criblé de mitraille ; la terre étoit couverte des débris de leurs branches; les plus grands arbrisseaux furent taillés en pièces, et les plus foibles couchés sur le sol. Les deux jours suivans furent d'une douceur de température remarquable ; et cependant ces plaques de glace restoient encore sur le sol presque aussi grosses qu'au moment de leur chute. Quelques-uns de ces morceaux avoient encore, deux jours après, 6 à 8 pouces (anglois) [15,2 à 20,3 décimètres] de longueur sur deux doigts au moins d'épaisseur. On n'éprouva point les effets de cet orage à Sydney, non plus qu'à Parramatta.

Salubrité du climat. Quand on considère, dit Hunter[c], les passages subits qui ont lieu, à de certaines époques, des plus fortes chaleurs à un temps très-froid, on seroit tenté de croire que le port Jackson n'est pas un pays très-sain ; l'expérience nous a cependant convaincus du contraire. Ce n'est pas une chose rare que de voir à Rose-Hill, et plus souvent encore à Sydney, le thermomètre se tenir le matin à 10^d,7 et 12^d,4 de R.*, s'élever à 30^d,2 et même 35^d,6 vers les deux heures

---

[a] Voyez Collins, Account &c. *pag. 285.*
[b] Ibid. *pag. 445.*
[c] Hunter, an hist. Journal &c. *pag. 203.*

* Hunter donne ces valeurs rapportées à l'échelle de Fahrenheit; j'en ai fait la réduction.

après

LIVRE II. DESCRIPTIONS GÉOGR. ET NAUTIQUES. 313

après midi, pour redescendre de nouveau à 12^d,4 après le coucher du soleil. Ceci doit s'entendre d'un thermomètre exposé en plein air et à l'ombre.

N.^{lle}-GALLES DU SUD.

Nos observations des marées ont toutes été faites par M. BERNIER, sur la pointe Banelong, depuis le 1.er jusqu'au 19 août inclusivement. J'en ai déduit les résultats suivans : à l'égard des détails mêmes des observations, on les trouvera à la fin de ce volume.

Observations des marées.

1.° Plus grande ascension de l'eau, ou marée périgée.. 5^p 0^{po} 6^l = 1^m,64.

2.° Plus petite hauteur de la marée, observée le jour du premier quartier................. 2. 3. 0. = 0 ,70.

3.° Différence des marées extrêmes.......... 2^p 10^{po} 6 = 0^m,94.

4.° La marée a toujours eu lieu deux fois en 24 heures, et ses périodes ont été réglées, du moins sensiblement, comme dans nos mers d'Europe.

5.° De l'heure de la pleine mer, observée chaque jour, j'ai conclu l'établissement du port, correspondant ; le milieu entre tous ces résultats m'a donné pour l'établissement moyen de la rade de Sydney, à la pointe Banelong............ 8^h 32′

6.° Les résultats particuliers dont il s'agit, n'ont point offert une correspondance parfaite ; quelquefois les différences ont été considérables et se sont même élevées à 1^h 25′, quantité énorme, qui ne peut dépendre de l'exactitude plus ou moins grande des observations. Je ne crois pas que la force et la direction des vents soient la cause unique de ces anomalies.

HUNTER[a] indique pour l'établissement du port Jackson, 8^h 15′ ; et le montant de l'eau à l'époque des syzygies, entre 6 et 7 pieds (anglois) [18,3 et 21,3 décimètres].

[a] *Voyez* HUNTER, an historical Journal &c. *pag. 87.*

N.ᴵˡᵉ-GALLES DU SUD.

Le commodore Phillip[a] est d'accord avec Hunter pour l'heure de l'établissement du port; mais il donne pour l'élévation des marées dans les mortes eaux... 4ᵖ 6ᵖᵒ (anglois) = [13,7 décimètres]; dans les malines...... 6. 0. (*id*....) = [18,3 décimètres].

Cook trouva à Botany-Bay des résultats sensiblement différens: « La marée y est haute, dit-il[b], sur les huit heures, dans les pleines » et les nouvelles lunes; et le flot s'élève et retombe perpendicu- » lairement de 4 à 5 pieds (anglois) » = [12,2 à 15,3 décimètres.]

Observations astronomiques.

Nous avons dit que notre observatoire avoit été établi sur la pointe Banelong. La latitude, conclue de 54 distances du soleil au zénith, prises, près de midi, avec le cercle astronomique; de 48 hauteurs du soleil, observées dans les mêmes circonstances avec le cercle de réflexion et l'horizon artificiel ; enfin de deux hauteurs méridiennes du soleil, obtenues également avec le cercle de ré- flexion, a été trouvée de............ 33° 51′ 21″,8 Sud.

La longitude, déduite de 132 distances Occidentales, et de 54 distances Orien- tales de la lune au soleil, corrigées de l'erreur des tables, a été de......... 148.48.32 à l'E. de Paris.

Hunter[c] avoit (Latit. S.... 33° 51′ 50″
trouvé en 1788.. (Longit. E. P. 148. 59. 43. par 147 suites de dis- tances lunaires[d].

Bradley[e], en (Latit. S.... ″ ″ ″
1788........ (Longit. E. P. 149. 0. 38. par 165 suites de dis- tances lunaires.

Malespina[f], en (Latit. S.... 33. 51. 28.
1793........ (Longit. E. P. 148. 57. 53. par 42 suites de distances lunaires.

---

[a] Voyage of governor Phillip to Bo- tany-Bay &c. *pag. 142.*
[b] Cook, 1.ᵉʳ Voyage, collect. d'Hawk. tom. III, *pag. 340* de la trad. franç. *in-4.°*
[c] Hunter, an hist. Journal &c. *pag. 87.*
[d] J'ai réduit toutes ces longitudes au mé- ridien de Paris.
[e] Hunter, Op. cit. *pag. 88.*
[f] Collins, Account &c. *pag. 279.*

LIVRE II. DESCRIPTIONS GÉOGR. ET NAUTIQUES. 315

BROUGHTON et CROSLEY[a], en 1795 { Latit. S.... 33° 51′ 47″,5. Longit. E. P. 148. 49. 33. par 90 suites de distances lunaires, prises en égal nombre de chaque côté de la lune.

WILLIAM DAWES[b], en 1788, détermina la position de son observatoire, situé vers la pointe Occidentale de Sydney,

par............................ { 33° 52′ 30″ de latitude S. 148. 59. 15. de longit. E. P.

En rapportant[c] la position de la pointe Banelong à cette détermination,

on aura pour cette même pointe.... { Latit. S..... 33° 51′ 40″ Longit. E. P. 148. 59. 38.

Le mât des signaux placé au cap Sud de l'entrée du port Jackson, restant à l'E. 4° 38′ N., corrigé[d], de la pointe Banelong, à la distance[e] de 3 milles,7, j'en ai conclu pour la position de ce

point..................... { Latit. S..... 33° 51′ 4″ Longit. E. P. 148. 52. 58.

La position du milieu de l'entrée du port, entre Outer-North-Head et Iner-South-Head, déterminée par des moyens semblables,

se trouve être.............. { Latit. S..... 33° 49′ 43″ Longit. E. P. 148. 53. 19.

Les observations magnétiques que nous avons faites au port Jackson, ne sont pas en grand nombre : en voici le tableau extrait du journal de M. BERNIER.

N.lle-GALLES DU SUD.

Observations magnétiques.

---

[a] Voyage de BROUGHTON, tom. I, pag. 33 de la trad. franç.
[b] COLLINS, Op. cit. pag. 15.
[c] Je me suis servi, pour cette réduction, du plan n.° 30 de mon Atlas.
[d] Le capitaine BROUGHTON, Op. cit. p. 33, donne cette direction au N. 73° 45′ E. du compas ; mais il indique la déclinaison magnétique de 11° 9′ N.E. C'est de ce relèvement que j'ai fait usage.
[e] Pour avoir cette distance, j'ai consulté un plan du capitaine HUNTER, qui la fixe à 4 milles, et un autre plan, qu'on nous a communiqué au port Jackson, où elle se trouve de 3m,4 : la moyenne des deux est précisément celle que j'ai employée.

N.^{lle}-GALLES DU SUD.

10 Octobre 1802. $\begin{cases} \text{Déclinaison N.E.} \begin{cases} \text{avec le grand compas } 13°\ 19'\ 50'' \\ \text{avec le petit compas } \begin{cases} 11.\ 31.\ 50. \\ 11.\ 42.\ 25. \end{cases} \end{cases} \text{par azimuth.} \\ \text{Déclinaison moyenne} \ldots\ldots\ldots\ 12°\ 11'\ 22''\ \text{N.E.} \end{cases}$

21 Juillet 1802. $\begin{cases} \text{Inclinaison} \ldots \begin{cases} \text{aiguille n.° 2.} \begin{cases} 58°\ 30' \\ 58.\ 20. \end{cases} \text{moyenne } 58°\ 25' \\ \text{aiguille n.° 3.} \begin{cases} 62°\ 45' \\ 62.\ 40. \end{cases} \text{moyenne } 62.\ 42\tfrac{1}{2}. \\ \text{aiguille n.° 4.} \begin{cases} 62°\ 30' \\ 63.\ 0. \end{cases} \text{moyenne } 62.\ 45. \end{cases} \\ \text{Inclinaison, moyenne de toutes ces observations } 61°\ 17'\tfrac{1}{2}. \end{cases}$

Nous joindrons à ce résumé le résultat des observations du même genre, faites par HUNTER[a] et BROUGHTON[b].

Le premier, en avril 1788, trouva $\ \ \ 8°\ 30'$ } de déclin.^{on} N. E.
Le second, en octobre 1795 . . . . . $11.\ \ \ 9.$ }

ce qui, combiné avec nos propres observations, semble annoncer une augmentation progressive de la déclinaison depuis 1788.

Navigation. Après avoir jeté un coup-d'œil rapide sur les différentes parties de l'histoire physique du comté de Cumberland, il nous reste, pour terminer ce chapitre, à dire un mot de la navigation.

En parlant de Broken-Bay et de Botany-Bay, nous avons donné les instructions nécessaires pour entrer et pour se diriger dans chacun de ces havres; c'est maintenant du port Jackson que nous devons nous occuper.

Navigation dans l'intérieur du port. Lorsqu'on a reconnu l'entrée du port, il faut gouverner pour donner dans le milieu de la passe, en se rapprochant cependant davantage de la pointe Sud de l'entrée

---

[a] HUNTER, an historical Journal &c. pag. 87.

[b] BROUGHTON, Voy. de découvertes &c. tom. 1, pag. 33, trad. franç.

[Iner-South-Head]; rangez cette pointe à petite distance, en vous défiant toutefois des brisans de peu d'étendue qui y sont attenans. Si le vent est favorable, manœuvrez pour pénétrer plus avant, et mettez le cap sur Middle-Head; dans le cas contraire, vous pouvez mouiller à l'entrée, sur un bon fond de sable.

Lorsqu'on veut continuer de faire route si l'on a le vent sous vergue, on peut indifféremment passer à l'O. ou à l'E. du grand récif, qui partage en deux le goulet. Dans le premier cas, conservez le cap sur Middle-Head jusqu'à l'instant que vous aurez Grotto-Point et le cap Oriental de Hunter-Bay, l'un par l'autre; changez alors de route, et dirigez-vous sur George-Head : ce cap est écore et peut être rangé de près. Lorsque vous en serez à une encâblure, faites gouverner sur l'extrémité Occidentale de l'île Rose et même à quelques degrés de plus sur tribord, ou, ce qui revient au même, gouvernez sur le milieu de l'ouverture que les terres laissent entre elles vers le S.S.O.; parvenu par le travers du cap, qui est au milieu de la distance entre la pointe Bradley et George-Head, vous serez hors de tout danger et vous pourrez aller par-tout avec confiance, en vous dirigeant selon vos besoins. Le rivage sur tous les points peut être approché à demi-encâblure, et même souvent à longueur de gaffe; il faut en excepter seulement la côte Orientale de l'anse Blackburn, dans la rade de Sydney, où nous avons dit qu'il y a un haut-fond.

La route que nous venons de tracer est celle par la grande passe. Si l'on préfère la passe de l'E., il faut, après avoir doublé Iner-South-Head, faire route sur Green-point, en rangeant de près le rivage, par exemple à une encâblure, mais jamais au-delà de deux, ce qui est la limite de l'éloignement qu'on peut se permettre. Vous devez passer à une encâblure, tout au plus, de Green-point, et faire route ensuite pour prolonger à petite distance les terres qui vous restent au S.O.: parvenu dans le voisinage de ces mêmes terres, vous êtes maître de votre route, et hors de tout danger.

Dans ce qui précède, nous avons supposé que le vent permettoit de faire la route la plus directe, et nous avons indiqué celle qui convenoit aux plus forts vaisseaux; c'est aussi à cette route que l'on devra s'astreindre lorsqu'on ne sera pas pratique du port.

On peut louvoyer en toute sûreté entre les pointes extérieures du port, qui toutes, à l'exception d'Iner-South-Head, sont parfaitement écores; mais si le navire avoit un grand tirant d'eau, la passe de l'E. dans le goulet seroit entièrement impraticable dans ce cas, à moins qu'on ne se halât à la touée. La passe de l'O. elle-même, ou la grande passe, seroit aussi très-difficile alors, puisqu'il est des parties où sa largeur n'excède pas trois encâblures. Les directions que l'on auroit pour se conduire, sont la terre, d'une part, et la sonde, de l'autre, qui ne doit pas baisser au-delà de 4 brasses. Un capitaine intelligent se dirigera selon l'état de la marée, du vent, de la mer, et selon les qualités de son navire, qui doivent lui être parfaitement connues; car lorsqu'on est bien maître des mouvemens de son vaisseau, il est permis de tenter des manœuvres qui seroient imprudentes et même périlleuses avec un bâtiment mou et incertain, ou que l'on connoîtroit mal.

Les amers de la tête Nord du récif du milieu, sont, d'une part, Outer-North-Head par Iner-South-Head, et, de l'autre, Grotto-Point par le cap Oriental de Hunter-Bay[a]. A l'égard du récif lui-même, on dit qu'en beaucoup de cas il y auroit assez d'eau pour qu'on pût naviguer par-dessus avec de petits bâtimens; mais n'ayant pu m'assurer par l'expérience de la vérité de ce fait, je dois me borner à l'indiquer, sans l'affirmer en aucune sorte.

Si, pendant qu'on est engagé dans l'une ou l'autre des passes, on venoit à être surpris par le calme ou par une saute de vent qui empêchât de faire route, il seroit toujours possible de trouver un bon mouillage sur la côte voisine ; nous avons déjà signalé

---
[a] Cette indication est tirée d'un plan Anglois du port Jackson.

Camp cove et Lookout-Bay, comme étant très-commodes à cet effet; la sonde y rapporte de 4 à 5 et 6 brasses d'eau, fond de sable vaseux.

Dans la rade de Sydney, les sondes varient entre 4 et 12 brasses, fond de vase et très-bonne tenue.

Navigation au large. Notre présence sur les côtes de la Nouvelle-Galles du Sud nous a fait connoître qu'il existoit dans ces parages, pendant le mois de juin, un courant qui portoit au N. avec une vitesse moyenne de 9 milles en vingt-quatre heures, et dont les extrêmes étoient de 6 et de 12 milles [a]. Cook et LA PÉROUSE, à la vérité dans des saisons différentes, avoient trouvé des résultats opposés. Le premier, qui arriva sur ces bords en avril, remarqua constamment, et à-peu-près jusque par la latitude du cap Moreton, que les courans littoraux le mettoient journellement au S. de son estime, d'une quantité égale à 12, 14 et même 15 milles, dans le voisinage du port Jackson. Lorsqu'il fut parvenu sous le 27.e parallèle, la direction des courans se tourna vers le Nord avec une vitesse égale et quelquefois supérieure à celle qu'il avoit observée dans le Sud [b].

LA PÉROUSE étant à vue des côtes de la Nouvelle-Hollande, dans le mois de janvier, éprouva, comme le capitaine Cook, des courans qui le portèrent chaque jour de 15 milles au S. de son estime [c]. De toutes ces observations, il paroît que l'on doit conclure que les courans, sur cette côte, ne portent pas toute l'année dans la même direction.

Je terminerai ce chapitre par quelques détails sur la route qu'il convient de faire pour se rendre du port Jackson en Europe, et d'Europe au port Jackson; ils sont extraits en grande partie d'une

---

[a] *Voyez* la table des routes du *Géographe*, pour le mois de juin 1802, à la fin de ce volume.

[b] *Voy.* COOK, 1.er voyage, collect. d'HAWK. tom. III, *pag. 315 et suiv.* trad. franç. in-4.°

[c] Voyage de LA PÉROUSE, tom III, *pag.* 264.

lettre adressée aux Lords de l'Amirauté par le capitaine HUNTER [a]; j'y ai joint les réflexions qui résultent de nos observations particulières.

Pour se rendre du port Jackson en Europe, trois routes peuvent être suivies : celle de l'O., en doublant au S. la terre de Diémen, ou en donnant dans le détroit de Bass; celle de l'E., en doublant le cap Horn; enfin celle du N., en traversant l'archipel des îles Salomon et passant au N. de la Nouvelle-Guinée.

La première route ne doit être tentée que pendant l'été, parce que, dans cette saison seulement, on peut espérer de trouver des vents d'E. assez forts et assez permanens pour s'avancer avec promptitude. Dans ce cas, il convient de traverser le détroit de Bass, et de prolonger à bonne distance la Terre Napoléon et la Terre de Nuyts, jusqu'à ce qu'on ait doublé le cap Hamelin qui forme l'extrémité S. O. de la Nouvelle-Hollande ; alors on fera route vers le N. pour gagner les vents alisés du S. E, qui doivent conduire jusqu'au cap de Bonne-Espérance. En hiver, on ne devra point essayer cette route, à cause de la fréquence des vents d'O.[b], qui sur cette côte soufflent alors avec furie, et sont accompagnés d'une mer énorme. Dans le cas même où la traversée pourroit avoir lieu dans cette saison, ce qui est douteux, elle seroit extrêmement dure et pénible. La corvette *le Naturaliste*, dans ses tentatives pour rejoindre sa conserve *le Géographe* pendant le mois de juin 1802, éprouva toute l'âpreté de cette navigation, et fut obligée d'y renoncer [c].

Toutes ces considérations doivent faire donner la préférence à la route par le cap Horn ; plusieurs navires l'ont suivie, et jusqu'à présent elle n'a jamais manqué d'être sûre et rapide. HUNTER est le premier qui l'ait essayée en 1788 ; il partit dans le mois d'octobre sur *le Sirius*, doubla au S. la Nouvelle-Zélande; et malgré le contre-

---

[a] *Voyez* HUNTER, an historical Journal &c. pag. 281 et suiv.

[b] Voyez plus haut pag. 143.

[c] Itinéraire, pag. 14.

LIVRE II. Descriptions géogr. et nautiques. 321

temps qui lui fit rencontrer des vents de N. E. près de la Terre de Feu, ce qui l'obligea de louvoyer pendant dix-sept jours, il se rendit au Cap de Bonne-Espérance en quatre-vingt-onze jours. Les vents d'E. étant extrêmement rares dans ces parages, sur-tout pendant la saison froide, Hunter pense que, deux fois sur trois, la traversée dont il s'agit pourra être faite en moins de temps.

Lorsqu'on veut se rendre du port Jackson en Europe par le cap Horn, si le besoin de se ravitailler oblige de faire une relâche, on peut choisir l'île Sainte-Catherine et Rio-Janéiro sur la côte du Brésil, ou le Cap de Bonne-Espérance. Ce dernier point est préférable à beaucoup d'égards : 1.° parce qu'on peut au besoin s'y procurer un supplément d'équipage, ce qui ne pourroit avoir lieu sur la côte du Brésil ; et 2.° parce qu'on s'y trouve au vent de l'alisé du S. E.

Si l'on relâche à Rio-Janéiro, il est possible qu'on soit obligé, en partant, de s'élever au Sud jusque par le 30.ᵉ et même le 32.ᵉ degré de latitude, avant de pouvoir faire route au N. E. pour aller couper la ligne en un point assez avancé dans l'E., et profiter ensuite des vents de N. E. qui règnent au N. de l'équateur [a].

Une des traversées les plus courtes qui se soient faites du port Jackson en Angleterre, par la route du cap Horn, est celle qu'exécuta, en 1791 et 1792, le lieutenant Ball, commandant *le Supply* [b]. Cet officier partit de la Nouvelle-Hollande le 25 novembre; le 6 janvier il vit le cap Horn; le 31 il mouilla à l'île Sainte-Catherine, en repartit le 10 février, et fut le 10 avril en vue du cap Lézard. Sa traversée totale fut de quatre mois et sept jours.

Dans le cas où la saison seroit trop avancée pour se diriger au S. du cap Horn, il faudroit tenter la route au N. de la Nouvelle-Guinée. Cette route est très-dangereuse, à cause des récifs qui existent dans ces parages, encore peu connus ; elle oblige à beaucoup de surveillance. Je crois qu'il sera convenable d'aller

[a] Hunter, Op. cit. pag. 114. [b] Ibid. pag. 568.

SS

reconnoître d'abord la Nouvelle-Calédonie, ensuite l'extrémité S. E. des îles Salomon, que l'on prolongera par l'O. jusqu'à la Nouvelle-Irlande ; traversant alors le canal Saint-George, on doublera à l'E. les îles Amiralty, et l'on s'élèvera au N. de la ligne pour chercher les vents de la mousson d'E., nécessaires pour se rendre à Java. Mais quels que soient les détroits par où l'on se décide à passer, il faudra faire en sorte d'arriver à Batavia avant l'établissement des vents d'O., qui commencent ordinairement au milieu ou à la fin d'octobre.

Un navire qui voudroit se rendre d'Europe au port Jackson, devroit mettre sous voiles en février, ou même avant, s'il le jugeoit convenable : il iroit relâcher à Rio-Janéiro, plutôt qu'au Cap de Bonne-Espérance ; car, à l'époque où il pourroit arriver au Cap, les vents de N. O. y seroient établis, et l'obligeroient d'aller à False-Bay, ce qui augmenteroit beaucoup ses dépenses et lui occasionneroit probablement des retards. On partiroit directement de Rio-Janéiro pour la côte de la Nouvelle-Galles du Sud, où, après avoir doublé le Cap de Bonne-Espérance et l'extrémité Sud de la Terre de Diémen, on arriveroit de bonne heure en septembre, à moins d'événemens malheureux.

Si l'on venoit aborder en hiver sur la côte de la Nouvelle-Galles du Sud, il faudroit se rappeler que, pendant cette saison, il y a quelquefois dans ces parages du mauvais temps et de violens coups de vent ; ceux de la partie de l'E. sont toujours accompagnés d'une atmosphère épaisse ou brumeuse. Il sera bon de ne pas se rapprocher trop près de la côte, jusqu'à ce qu'on ait atteint à-peu-près le parallèle du lieu où l'on veut aller. En gouvernant pour le port Jackson, si l'on se trouvoit affalé sur la côte et sous le vent, soit au N. soit au S. de l'entrée du port, on pourroit aller chercher un refuge à Broken-Bay ou à Botany-Bay, en attendant un temps plus maniable pour se rendre à sa destination.

CHAPITRE X.

Iles du grand Archipel d'Asie.

Nous avons peu d'observations à présenter sur le grand archipel d'Asie; les seuls faits que nous ayons recueillis sont relatifs à Timor, et aux groupes d'îles peu considérables qui gisent au S. O. de celle-ci. Nous allons nous occuper en premier lieu de l'île de Timor, réservant pour un second paragraphe ce que nous avons à dire des autres îles.

§. 1.er

Ile de Timor.

Timor est une des îles les plus Méridionales de celles qui composent le grand archipel d'Asie *(planches n.ºs 1 et 31)*; sa longueur dans la direction du N. E. au S. O. est d'environ cinquante-cinq lieues; mais sa largeur, qui souvent n'excède pas sept lieues, ne s'étend jamais au-delà de quinze.

Quoique cette île ait été visitée par un grand nombre de navigateurs, cependant elle n'est point encore parfaitement connue. Dampier en parle dans ses voyages, mais il ne donne que peu de détails à ce sujet; Cook ne fit que l'entrevoir à son retour des côtes de la Nouvelle-Hollande; et Saint-Allouarn, qui vint y relâcher en 1772, n'a fait imprimer aucune des observations qu'il y a faites. Il est à regretter sur-tout qu'on n'ait pas rendu public un mémoire intéressant de M. de Rosily, officier distingué de cette expédition; ce mémoire contient, sur la côte du N. et du

324 VOYAGE AUX TERRES AUSTRALES,

ARCHIPEL D'ASIE.

N. O. de l'île, des renseignemens précieux. DENTRECASTEAUX, en 1792, explora une portion de cette même côte depuis le cap Nord de l'île jusqu'à quelque distance dans l'O. de Léfao; la carte qu'il en a donnée, due aux talens de M.ʳ BEAUTEMPS-BEAUPRÉ, doit avoir toute l'exactitude que ce savant hydrographe sait apporter dans ses travaux.

Deux fois nous avons vu une petite portion de la côte Méridionale de Timor, et deux fois aussi nous sommes venus jeter l'ancre dans la baie de Coupang : voilà où s'est borné le théâtre de nos observations; nous allons successivement les faire connoître.

Côte Méridionale.

La portion de la côte Méridionale qui fait le sujet de cet article, s'étend depuis le cap Pouti jusqu'au cap le plus Sud de l'île.

« Trois plans de montagnes élevées, parallèles à la longueur de l'île, forment, dit PÉRON, un triple amphithéâtre, dont les derniers gradins, repoussés dans l'intérieur des terres, paroissent aussi les plus élevés. Les formes de ces montagnes, quoique grandes, sont adoucies et d'un aspect très-agréable; leurs prolongemens réguliers, uniformes, et leurs larges sommets, se dégradent insensiblement par des ondulations légères, qui viennent expirer au rivage. A mesure qu'on se rapproche du détroit de Simâô, les chaînes de montagnes s'abaissent par degrés insensibles, sans cependant devenir trop basses et sans rien perdre aussi de leur beauté. Par-tout on voit de vastes massifs d'arbres, qui, des bords de la mer, s'avancent jusqu'au sommet des monts les plus élevés; leur verdure, généralement sombre, se trouve parfois diversifiée par la verdure légère d'arbres plus élancés.

» La végétation est si prompte et si facile sur ces rivages heureux, que, jusqu'au milieu des flots, on aperçoit des touffes d'arbres aquatiques qui croissent au sein de l'agitation de l'Océan. »

La côte n'est pas également saine par-tout; il y a quelques hauts-fonds, faciles à reconnoître par la couleur de l'eau, et par conséquent peu dangereux. Ils ne s'étendent pas d'ailleurs à une

LIVRE II. Descriptions géogr. et nautiques. 325

grande distance de terre, et plus au large la sonde ne trouve pas fond à trente brasses.

Quelques-unes des pointes les plus saillantes sont défendues par de petits brisans qui s'avancent environ à un mille au large ; celui qui tient au cap Sud de Timor nous a paru s'étendre à près du double de cette distance.

Baie de Coupang.

La baie de Coupang[a], connue aussi sous le nom de *baie de Babâô*, est située à l'extrémité S. O. de l'île de Timor ; elle est très-vaste et paroît ne pas avoir moins de quinze à dix-sept milles de profondeur, sur une largeur de dix à onze[b]. Une petite île basse, l'île Kéa[c], entourée de récifs, est placée au milieu de son ouverture : à-peu-près au S. de cet îlot sont bâtis la ville Malaise de Coupang et le fort Concordia, chef-lieu de l'établissement des Hollandois à Timor.

Dans l'E. du cap Pacoula, qui est le cap le plus N. de la baie, se trouvent encore deux petites îles, inhabitées comme la première, et que l'on nomme *Ticous* et *Bourou* ; toutes trois sont bien boisées. Un large pâté de corail existe dans la partie S. E. de la baie et à peu de distance de sa côte Méridionale ; les Malais l'appellent *Banc de Meniki*, nom qu'il tire de celui d'une rivière et d'un village situés dans le voisinage.

Une jolie rivière sépare la ville de Coupang[d] en deux parties, mais un pont de bois les réunit ; dans l'O. est le fort Hollandois et plusieurs maisons particulières, dont une, en 1801, étoit le logement du gouverneur. De l'autre côté, sur le bord de la mer, on trouve le quartier des Chinois ; le reste est occupé par des

ARCHIPEL D'ASIE.

Ville de Coupang.

---

[a] Voyez le plan particulier, *planche n.º 26*, et les *planches n.ºs 31 et 32*.

[b] Loin que ces dimensions aient été fixées avec exactitude, elles ne sont que le résultat d'une estime grossière.

[c] Les Malais l'appellent *Poulou Kéa* ou *Kéra*, c'est-à-dire *île aux Tortues*.

[d] Voyez le plan particulier, *planche n.º 26*.

Malais de plusieurs classes et les agens de la Compagnie des Indes. Plusieurs *renvois* placés sur le plan feront connoître les détails les plus importans.

« La ville, dit M. LESCHENAULT, a un aspect agréable ; les principales rues sont ombragées par des manguiers et par le figuier banian ou multipliant, nom qui lui est donné parce que toutes ses branches portent des racines qui descendroient jusqu'à terre et formeroient de nouveaux arbres, si l'on n'avoit pas la précaution de les couper. Cet arbre singulier est de la grosseur d'un noyer; il fournit un ombrage agréable pendant la chaleur du jour.

» Les maisons qui bordent les principales rues sont d'une architecture simple, mais régulière ; elles appartiennent aux particuliers les plus riches. »

Le fort Concordia, bâti sur les rochers madréporiques qui sont au bord de la mer, à l'entrée de la rivière de Coupang, est d'une construction fort irrégulière : garni de dix à douze canons, montés sur de mauvais affûts, il ne pourroit résister aux plus foibles attaques des Européens ; aussi n'est-ce point à cela qu'il est destiné ; il suffit qu'il mette les magasins des Hollandois à l'abri des tentatives des habitans ; et ce but est parfaitement rempli.

MM. PÉRON et LESUEUR, à qui nous devons une élégante esquisse de la baie de Coupang, sont les seuls d'entre nous qui aient pénétré dans le fond de cette baie, lorsqu'ils firent leur incursion à Babâô et à Olinama pour la chasse du crocodile. Des renseignemens qu'ils se sont procurés et de ceux qu'ils ont recueillis par eux-mêmes, il résulte que la presque totalité des rivages dans le N., dans l'E. et même dans le S. E. de la baie, sont garnis de marécages, quelquefois très-vastes, dans lesquels viennent aboutir un grand nombre de ruisseaux et de rivières. Nous allons jeter un coup-d'œil rapide sur l'itinéraire de ces voyageurs, en renvoyant, pour les détails, à la relation intéressante contenue dans le second volume de la partie historique de notre Voyage, *chap. XXXIII.*

A un mille environ dans l'E. de Coupang, sur le bord de la mer, se trouve *Oba*, lieu de résidence de Mme Van-Esten [a], qui y possède une habitation très-agréable. Il faut, pour y arriver, traverser une campagne charmante, arrosée par un joli ruisseau. Au-delà, en se rapprochant du rivage, on rencontre une plage de sable étendue, désignée par les Malais sous le nom de *Passer Panguian*: elle se prolonge jusqu'à l'embouchure de la *rivière d'Osapa*. Avant d'arriver à ce point, on voit sur la droite *Calapa lima* ou les Cinq-Cocotiers, ensuite *Osapa Kitkil*, village Malais, composé d'un assez grand nombre de maisons. A l'embouchure de la rivière sont deux petites îles basses, ombragées par de vieux palétuviers qui croissent au bord de la mer. D'Osapa Kitkil, on se rend, en remontant la rivière et traversant des bois délicieux, au village d'*Osapa Bessar*; c'est un grand assemblage de maisons, groupées au milieu des bois, et qui peut contenir trois à quatre cents habitants. Le sol est plus rocailleux dans cette partie du pays que dans celle que nous avons parcourue précédemment: le lit de la rivière y est très-profond; les chemins sont étroits et souvent escarpés.

Après qu'on est sorti de ces passages difficiles, la route devient insensiblement moins inégale, et l'on arrive à *Nonsouis*. Les maisons de ce village sont rassemblées en un seul groupe; on y compte environ deux cents habitants. Si l'on continue de marcher encore au milieu des bois, on arrive à *Meniki*, village de trois cents habitants, situé sur le bord de la mer, et traversé par un ruisseau.

Plus loin, en avançant vers l'E., on trouve *Tarousse*, petit ruisseau qui débouche dans la mer. Sur ses bords existent quelques maisons et des champs bien cultivés. En s'avançant encore, on voit des plaines marécageuses, qui sont inondées par la mer quand elle est haute; le ruisseau de *Pannefenaïe* vient déboucher dans cet endroit: les crocodiles qui s'y trouvent en grand nombre, en éloignent les habitants. De ce point jusqu'au petit village de *Nobaki*,

ARCHIPEL D'ASIE.
Route de Coupang à Babao et à Olinama.

[a] *Voyez* le tom. I, pag. 152 de l'Histoire de notre voyage.

le chemin est tortueux et traversé par plusieurs ravins. Une rivière assez considérable coule dans le voisinage sur un terrain fertile.

De Nobaki au village d'*Oëbello*, il n'y a plus de rivière à traverser ; *Panamoutti*, simple hameau, se trouve au milieu de cet intervalle. Arrivé à Oëbello, on a la vue d'une vaste plaine qui s'étend jusqu'aux montagnes d'*Anmfoa*, chaîne immense, fort élevée, qui borde la partie Nord de la baie de Coupang. Cette plaine présente tantôt des prairies et de petites collines, tantôt des groupes d'arbres qui paroissent diviser le sol en autant de compartimens ; plusieurs rivières la traversent et se mêlent à d'immenses marais, avant d'aller se perdre à la mer. C'est dans ces marécages et dans ceux de la côte Nord de la baie que vivent en très-grand nombre les crocodiles les plus monstrueux de ces contrées.

Babâô est le premier village que l'on rencontre après Oëbello ; il est bâti sur les bords fertiles d'une petite rivière, et peut compter environ cent habitations. Au-delà, au N. de Babâô, commencent les grands marécages dont nous avons parlé.

Olinama, petite ville de deux ou trois cents maisons, est placée hors de la limite de ces marais. Une assez forte rivière coule dans le voisinage de la ville et serpente au milieu des champs de riz qui se trouvent ici en grand nombre. C'est dans les marais de Babâô et d'Olinama que MM. Péron et Lesueur tuèrent le crocodile dont ils ont rapporté le squelette à Paris ; c'est aussi à Olinama que se termina leur incursion. Ce que ces messieurs nous apprennent des autres parties de la baie, est le résultat des renseignemens qu'ils ont obtenus des Malais.

Lélétacanounac est le nom qu'on donne à une rivière assez forte qui coule au N. d'Olinama ; on ne voit point d'habitations sur ses bords, mais il y a beaucoup de cochons sauvages.

Oëana est une rivière encore plus étendue, qui coule, comme la précédente, au milieu des marécages. *Ponin*, *Bénon*, *Toupi*, sont trois

trois points de la côte entièrement inhabitables, à cause des crocodiles énormes qui s'y trouvent.

Priti et *Faubona*, villes situées à l'extrémité de la côte Nord de la baie, presque en face des îles Ticous et Bourou, sont peuplées, dit-on, par un grand nombre d'habitans forts et robustes.

On peut arriver dans la baie de Coupang par trois passes différentes : la première, qui est la plus large et la plus commode, se trouve entre la côte Nord de Simâô et l'île Kéa. Il faut manœuvrer pour ne pas se rapprocher trop de cette dernière, à cause des récifs et des hauts-fonds qui l'entourent, mais se tenir à deux et trois milles de distance au plus des rivages de Simâô.

La passe au N. de Kéa est étroite, difficile, et praticable seulement, m'a-t-on dit, pour de petites embarcations.

La troisième route, pour entrer dans la baie, est le détroit de Simâô. Quoique souvent elle soit plus courte en apparence, sur-tout en arrivant du Sud, on est exposé à y rencontrer des calmes beaucoup plus fréquens que dans le N. de Simâô : le fond d'ailleurs n'est pas très-bon dans le détroit, ce qui exige la précaution de mouiller avec des chaînes, et quelquefois par un brassiage assez considérable. Je conseillerai donc de ne le traverser qu'avec un vent bien établi. Si l'on étoit obligé d'y louvoyer, il faudroit se défier des pointes un peu saillantes, tant du côté de Timor que du bord opposé, parce que toutes ont des récifs qui s'avancent au large.

Pendant la mousson du S. E., le mouillage des navires qui veulent séjourner dans la baie de Coupang, est ordinairement devant le fort Concordia : il faut mouiller à petite distance de terre, d'abord pour être mieux abrité, ensuite pour avoir un moindre brassiage ; on affourche E. S. E. et O. N. O. Le fond est composé d'une vase noire très-tenace, dans laquelle les ancres s'enfoncent beaucoup, et d'où on les retire avec la plus grande peine lorsqu'elles y ont séjourné long-temps. La précaution de visiter ses ancres de temps en temps est très-bonne sur cette rade, et doit être pratiquée; en 1801, *le Géographe*, qui n'avoit pas eu cette attention, rompit, pour appareiller, un tournevire et un appareil double, frappé en marguerite sur le câble.

Il se trouve quelquefois parmi la vase des morceaux de roche de corail, et peut-être aussi des ancres perdues, qui raguent les câbles: *le Naturaliste* fut obligé, par cette raison, de rafraîchir de 30 brasses l'un de ses câbles.

Si l'on vouloit rester sur la rade pendant la mousson du N. O., qui est la saison des pluies et des orages, il faudroit aller chercher un abri sous l'île de Simâo : c'est là, je crois, que se placent à cette époque les embarcations du pays. J'ignore si l'on pourroit trouver un bon ancrage dans l'E. des îles Bourou et Ticous; mais il est certain du moins qu'il ne seroit pas très-commode, à cause de l'éloignement de l'établissement Hollandois, où je suppose toutefois que l'on auroit à faire.

L'embouchure de la rivière de Coupang est barrée par un banc de corail qui assèche de basse mer, et même un peu auparavant : la hauteur des marées étant de 7 à 8 pieds, on doit en conclure que les navires qui calent plus de 6 pieds, ne peuvent pas y entrer; les autres y trouvent un fort bon abri dans un petit bassin naturel, voisin de l'embouchure; ils y restent échoués sur la vase à la basse marée. C'est là que se retirent les bateaux du pays qui ont besoin de réparations; on y a établi aussi les chantiers pour la construction des pros employés au commerce par les particuliers. Les embarcations qui veulent faire aiguade peuvent remonter jusqu'auprès du pont qui traverse la ville, et pas plus haut, même de pleine mer: mais je crois préférable, pour la santé des équipages, de faire apporter l'eau à bord par les pirogues du pays.

Lorsque la hauteur de la marée le permet, les canots accostent très-commodément à une cale, située à l'entrée de la rivière, au pied du fort Concordia; mais quand la mer est basse, il faut aller débarquer sur une plage de sable qui s'étend depuis l'embouchure de la rivière jusqu'auprès de la pointe où est bâti le temple des Chinois.

Assez d'auteurs ont célébré la richesse, la fertilité et l'abondance des îles équatoriales d'Asie, pour que je doive me borner, relativement à Timor, à une sorte de nomenclature des productions du sol. Je ne parlerai que de celles qui intéressent la navigation et le commerce.

Règne minéral. On dit que l'île recèle des mines d'or. Cette opinion est fondée peut-être sur ce que l'on trouve des paillettes de ce métal mêlées au sable de plusieurs petites rivières. Je ne déciderai point la question ; mais je pense que ces mines, si réellement elles existent, ne doivent pas être très-importantes, puisqu'on n'a point encore tenté leur exploitation. Des esclaves sont occupés à recueillir les paillettes d'or au bord des rivières qui les charient ; c'est un des revenus, assez foible d'ailleurs, des Rajas, qui les vendent à la Compagnie.

Règne végétal. Timor fournit plusieurs sortes de bois propres à l'architecture navale[a], à la charpente, à la menuiserie et à l'ébénisterie ; les principaux sont ceux de tek, de casuarina, d'eucalyptus, de tambour, de manguier, de tamarinier, de citron, de rose, d'acajou, différentes espèces de mimosa, de figuiers, &c. Le sandal, si précieux par le commerce qui s'en fait en Chine, dans l'Inde, et même en Europe, forme, dit-on, des forêts entières dans l'intérieur de l'île. C'est là que croît aussi, à ce qu'on assure, une espèce de pin ou de sapin qui pourroit être utile à la marine.

Nous croyons devoir ranger encore dans la même classe le bambou et le latanier. Le premier, véritable trésor des pays équatoriaux, s'emploie à presque tous les usages domestiques, soit pour la cons-

---

[a] Les bois qui servent à la construction des navires et des maisons que la Compagnie fait bâtir à Coupang, viennent du port d'Amarassi, situé sur la côte Méridionale de Timor. Je n'ai pu parvenir à connoître précisément la situation de ce port, pour l'indiquer sur ma carte.

truction des maisons, soit pour faire des vases, des boites, des cages, &c. Dans la marine, il sert à faire des vergues, des mâts de pirogues, des bouées, &c. La feuille du latanier, dont on fait des voiles de pros. et de pirogues, des nattes, &c. ne se prête pas moins aussi à une multitude d'ouvrages variés et ingénieux qu'il n'est pas de mon objet de décrire; il me suffit de dire que le bambou et la feuille du latanier servent à confectionner presque tous les meubles et tous les ustensiles que les Malais emploient.

Le cotonier et le ouatier viennent aussi fort bien à Timor.

Des arbres propres à l'usage des arts, nous passerons à ceux qui portent des fruits utiles à l'homme : dans cette classe, le cocotier, sans contredit, doit occuper le premier rang. Son fruit, en effet, est précieux sous bien des rapports : l'enveloppe fournit une filasse qui, dans ce pays où l'on manque absolument de chanvre, est employée à faire des cordes, et souvent à remplacer l'étoupe dans le calfatage des vaisseaux ; la coque sert à faire des vases de différentes sortes ; l'amande donne une nourriture aussi saine qu'agréable ; enfin le suc laiteux et doux, contenu dans l'intérieur, offre une boisson rafraîchissante.

Viennent ensuite les arbres qui portent la banane, la mangue, le fruit à pain, l'orange, la pamplemousse, le citron, la grenade, la papaye, la carambole, l'atte, le jacq, le jambous, le bilimbi, &c. &c. Le sagoutier, le dattier et l'aréquier sont aussi très-communs sur tous les points de l'île.

La canne à sucre et le tabac, le cafier et le cacaotier, croissent également en plusieurs endroits.

Les graminées donnent en grande abondance du riz, du maïs et du millet ; le froment des Indes réussit aussi, mais n'est pas beaucoup cultivé.

Les légumineuses fournissent des lentilles, différentes espèces de pois et de haricots, dont une est très-délicate.

L'ail, l'ognon, le giraumon, l'igname, la patate, l'ananas, les melons d'eau et musqués, le piment, l'opium, diverses sortes d'épices, &c. s'y trouvent abondamment; dans les jardins on cultive la plupart de nos plantes potagères d'Europe, cependant il n'est pas très-facile de s'en procurer.

Parmi plusieurs racines vénéneuses qui se trouvent à Timor, il faut distinguer celle de *Mahé*; son âcreté est si forte, que le contact seul du parenchyme de cette plante peut causer des accidens affreux. Cependant les Malais savent l'employer avec succès à la nourriture des cochons; il suffit en effet de la mettre tremper pendant quelque temps dans l'eau de mer pour lui enlever une partie de sa causticité : dans cet état, elle cesse d'être vénéneuse, du moins pour les pourceaux, et la grosseur de cette racine la rend sous ce point de vue précieuse aux habitans.

Règne animal. Les singes se trouvent en nombre véritablement prodigieux dans toutes les forêts de l'île; on les y voit par bandes de cent, deux cents et quelquefois trois cents individus. Les naturels sont très-friands de leur chair, et elle n'est pas en effet à dédaigner; elle est blanche, tendre et de bon goût. Le philandre Oriental, très-commun aussi, est un ennemi terrible des oiseaux : sa chair est moins estimée que celle du singe.

Les cochons y sont de deux espèces, l'une et l'autre excessivement multipliées. La première est le sanglier proprement dit, dont la chasse est très-difficile. La deuxième espèce n'est qu'une variété de la précédente.

Les forêts sont remplies de cerfs. La chèvre nous a offert deux variétés : la *chèvre membrine*, et une autre qui est fort rare et fort curieuse. La première est assez commune, et fournit du lait de meilleure qualité que celui de buffle, qui passe pour être malsain; sa chair est bonne et n'a pas le goût désagréable de la viande de nos chèvres d'Europe. Nous n'avons observé à Coupang qu'une seule espèce de moutons; un de ses caractères essentiels est d'avoir du poil au lieu de laine : cette espèce ne paroît pas indigène. Il y a de grands troupeaux de ces animaux aux environs de la ville, mais plus encore dans les vallées fécondes des autres parties de la baie qui produisent d'excellens pâturages.

Les bœufs ont été apportés dans l'île par les premiers navigateurs Portugais : on pourroit les multiplier beaucoup plus, quoi qu'ils ne soient pas rares ; mais on préfère les buffles. Ceux-ci sont extrêmement communs par-tout, soit à l'état sauvage, soit privé ; leur chair, parfaitement semblable d'ailleurs à celle du bœuf, en diffère cependant par l'odeur qui, dans le buffle, tient un peu de la *sauvagine*; on doit préférer celle des jeunes. A l'égard de leur peau, elle est aussi bonne en apparence que celle des buffles d'Amérique, et pourroit être employée aux mêmes usages.

Les chevaux y sont fort communs ; ils sont petits, agiles, et ont le pas très-sûr.

Parmi plusieurs espèces de grosses chauves-souris, *la Roussette* est très-recherchée des naturels à cause de la délicatesse de sa chair, qui est blanche et d'un goût agréable.

La classe des oiseaux fournit d'abord le coq et la poule domestiques, extrêmement multipliés dans l'île ; une variété de la poule sauvage, qui vit dans les bois voisins de la côte ; le canard domestique, en petit nombre et de médiocre qualité ; des pigeons ramiers ; des tourterelles et des cailles en abondance ; des perdrix grises ; des kakatoës blancs, des loris, des perruches, &c. &c. Parmi les oiseaux aquatiques on compte le canard sauvage et la sarcelle en troupes nombreuses ; le pluvier, le courlis, la poule d'eau, le héron, le crabier, &c.

On trouve dans la baie deux espèces de tortues de mer : la tortue franche et le caret. La première se tient principalement sur l'île Kéa ; sa chair est recherchée des Malais, qui en regardent l'usage comme très-salutaire. On voit ces animaux en plus grand nombre dans la saison de leur accouplement, c'est-à-dire, vers le mois de septembre.

Quoique le caret ne soit pas bon à manger, et qu'il soit assez commun à Coupang, il y est cependant très-cher, à cause de son écaille qui est belle, grande et d'un fort échantillon. Les naturels regardent la chair de cette espèce de tortue comme dangereuse, mais ils font beaucoup de cas de ses œufs, qu'on dit être extrêmement délicats.

Un animal bien redoutable, le crocodile, infeste les marais de la plaine de Babaô et d'Olinama; on en trouve aussi fort souvent sur les divers autres points de la rade, et même jusque dans la rivière de Coupang. « Malheur alors, dit PÉRON, aux hommes imprudens qu'il peut atteindre; il les saisit par un membre, les entraîne au fond des eaux et les engloutit avec lui. Il n'est pas d'année, disent les habitans, où plusieurs accidens de cette nature n'arrivent à Coupang; et nous avons vu nous-mêmes un pauvre soldat Hollandois, homme fort et robuste, qui, surpris par un de ces animaux, eut une partie des jambes et des cuisses dévorée par lui et les os brisés en plusieurs endroits; ce malheureux, arraché mourant des griffes du monstre, est encore couvert de cicatrices profondes et absolument estropié.

« On prétend ici que plusieurs crocodiles atteignent jusqu'à trente-six pieds de long, ce qui peut être exagéré; mais il paroît certain qu'il n'est pas rare d'en voir de vingt à vingt-cinq pieds; ceux que nous avons vus dans la rivière, n'avoient guère au-delà de huit à dix pieds. »

Une classe d'ennemis plus dangereux encore pour l'espèce humaine, parce que plus difficilement on peut se soustraire à leurs poursuites, ce sont les reptiles. Sans entrer à cet égard dans des détails minutieux, nous dirons qu'en général les serpens sont très-nombreux et très-multipliés dans l'île; qu'il s'en trouve dans l'intérieur du pays, et sur-tout au milieu des forêts, où ils parviennent à des proportions gigantesques; que, parmi ces reptiles, il en est d'excessivement venimeux, et dont la morsure est promptement mortelle. Les Malais en avoient tant d'horreur, que la vue seule de ceux de ces animaux qui étoient morts les faisoit fuir d'épouvante.

Toutes les parties de la baie sont extrêmement poissonneuses; et l'on peut toujours espérer d'y faire une pêche abondante, soit au large avec des lignes ou des chaluts, soit sur la grève avec la seine et l'épervier, soit enfin sur les bancs avec la foëne ou le harpon. Indépendamment des requins, dont quelques espèces ont de très-fortes proportions, on trouve dans la rade un grand nombre de poissons bons à manger, tels que raies, balistes, scombres, mulets, labres, perches, anguilles, tétrodons, &c. &c.

Plusieurs espèces de crabes, la plupart très-recherchées; de fort gros homards, beaucoup de poulpes et d'excellens coquillages, tels qu'oursins, huîtres, moules, patelles, &c., complètent le tableau des principales substances que la mer et ses rivages offrent ici de toute part aux besoins de l'homme.

Dans la rivière de Coupang, on trouve l'écrevisse ordinaire, et une espèce de crevette d'eau douce, qui parvient à une grandeur remarquable.

Parmi les insectes, il faut distinguer sur-tout les abeilles, qui remplissent de leurs essaims nombreux l'intérieur des forêts de l'île; c'est pour les habitans une des branches de commerce les plus considérables, par la quantité prodigieuse de cire et de miel qu'ils recueillent, et qu'on exporte annuellement à Batavia.

La population de l'île de Timor peut être partagée en plusieurs classes : les Indigènes, les Malais, les Chinois, les Portugais et les Hollandois. Les premiers occupent le centre de l'île et quelques parties des bords de la mer; leur langage diffère essentiellement de la langue Malaise, mais il s'en rapproche par sa douceur. On connoît peu leurs mœurs et leur manière de vivre; on sait seulement

seulement qu'ils sont extrêmement féroces, ceux des montagnes sur-tout.

Les Malais, peuple guerrier et navigateur, originaire de la presqu'île de Malaca, sont établis sur divers points des rivages de l'île depuis un temps immémorial; tous ceux que nous avons vus dans la baie et dans la ville de Coupang, qui en est en grande partie peuplée, sont loin d'avoir ce regard sournois et perfide qu'on reproche généralement à cette race. L'expression de leur figure, au contraire, est riante, et annonce la franchise; ils paroissent tous intelligens, spirituels, et ont je ne sais quoi de délibéré dans les actions, d'expressif dans les regards, qui plaît et qui intéresse. Malgré cette douceur de leur physionomie, ils annoncent beaucoup de courage, de fierté et d'amour de l'indépendance. L'inclination qu'ils ont au vol est, en quelque sorte, excessive.

Quelques Chinois sont venus se fixer à Coupang. Ces hommes, industrieux autant qu'avides, semblent vouloir s'occuper de toutes les parties du commerce et des divers besoins des habitans; toujours en mouvement, toujours en voyage, ils offrent l'opposition la plus constante avec le caractère indolent et les habitudes sédentaires des Malais de ces rivages. Il faut se défier de leur bonne foi, sur-tout en fait de commerce, car ils sont d'une adresse inconcevable à tromper.

Les Portugais, entièrement maîtres autrefois du commerce de l'île, ne possèdent plus maintenant que le comptoir de Diely et quelques dépendances de peu d'intérêt, sur la côte Nord-Ouest de Timor. Léfao, autrefois la résidence du gouverneur, s'est rendue indépendante, et n'est plus habitée par eux.

Les Hollandois n'ont jamais eu à Timor que le comptoir de Coupang, établi, ainsi que nous l'avons dit, au fort Concordia. Il est sous les ordres d'un gouverneur, qui, lui-même, a au-dessous de lui un secrétaire qui le remplace en cas de maladie ou de mort, et, en outre, deux écrivains, pris ordinairement parmi les jeunes Malais métis du pays. Il y a aussi dix à douze soldats Hollandois, dont les uns résident au fort et les autres sont répartis près des différens rois alliés de la Compagnie des Indes. Un détachement de soldats Malais, de Java, fait le service du fort, sous la direction d'un sergent Européen.

Les bâtimens de mer que l'on rencontre à Coupang, et qui sont montés et commandés par des Malais ou par des Chinois, sont de trois sortes : les champans, les pros et les pirogues.

Les *champans* ont la carène fine, et les formes de devant, ainsi que celles de derrière, à-peu-près semblables ; les œuvres mortes de l'arrière sont extrêmement élevées, ainsi qu'on le remarque dans les jonques de la Chine ; ils ont peu de stabilité, et souvent il leur arrive de sombrer sous voiles. Ce sont, au reste, les plus grands navires qu'emploient les naturels pour leur commerce avec les Hollandois : j'estime leur port d'environ cent tonneaux, au plus. Le grément de ces barques se rapproche un peu de celui de nos bâtimens d'Europe ; mais il offre souvent une combinaison assez bizarre de voiles et de mâts. Rarement se sert-on d'ancres en fer sur les champans ; quelquefois on y fait usage de gros grapins, et quelquefois aussi d'ancres en bois : ce dernier appareil est assez curieux pour mériter une description particulière.

Ancres en bois. L'idée de faire servir le bois à maintenir au fond de la mer les navires qui sont à sa surface, n'est pas nouvelle : on la trouve en Europe parmi les pêcheurs de quelques-unes de nos côtes ; et J.ⁿ STRÖM, dans sa Description physique et économique du bailliage de SÖNDMÖR, en Norwége, décrit une sorte de grapin composé de pierres et de bois, qui est simple et fort ingénieux. L'ancre en bois des Malais, quoique d'une construction différente, s'en rapproche cependant par le principe. J'en ai donné le dessin planche 24 de mon Atlas : on en voit deux variétés. La première (*fig. A*) est celle que j'avois achetée pour le service de la goëlette *le Casuarina*, et dont je me suis servi plusieurs fois avec succès sur les côtes de la Terre de Witt : elle se compose d'une verge ou tige principale d'environ trois mètres de long, qui entre, par une de ses extrémités, dans une mortaise pratiquée dans une pièce courbe, d'un mètre de longueur, destinée à former le bec de l'ancre ; une bridure en corde ou en rotin, placée au point où la figure l'indique, fixe ces deux pièces sous l'inclinaison convenable, qui est ici à-peu-près de 50°.

A l'autre extrémité de la verge sont placées deux traverses, dont la *(fig. B)* offre la position ; c'est autour de ces pièces transversales, ainsi qu'autour de la grande tige, que se fixe, avec des liens convenables, une pierre dont le poids est calculé sur les dimensions de l'ancre : dans celle dont il est ici question, ce poids étoit de 60 à 70 liv. On voit dans la *(fig. C)* de quelle manière le câble doit être étalingué ; et dans la *(fig. D)*, une seconde variété d'ancre en bois, qui ne diffère de la première que par de légers détails de construction sur lesquels il est inutile d'insister.

D'après ce que nous venons de dire, il est facile de prévoir que ces sortes d'ancres, très-précieuses, en un cas extrême, sur un petit bâtiment, ne peuvent réellement servir que pendant un temps calme ou un vent léger. C'est aussi ce que l'expérience confirme. Dès que la brise fraîchit et que le câble vient à se roidir avec une certaine force, la pierre, qui sert à précipiter l'ancre au fond de la mer, se soulève et le navire va en dérive.

Il importe d'employer à la construction précédente un bois extrêmement liant, et l'on peut, ainsi que je l'ai fait sur *le Casuarina*, remplacer la pierre, dont j'ai parlé, par une ou plusieurs gueuses de fer. Dans tous les cas, il faut avoir soin de proportionner le poids à la force des traverses et de l'ancre.

Bouées, cordages. Les bouées sont ordinairement faites avec des morceaux de bois léger, et sur-tout avec du bambou dont on lie un, deux ou trois gros morceaux ensemble. Les câbles sont en crin ou en rotin, et les cordages en crin ou en filamens de cocos.

Gouvernail. Les navires Malais ont pour la plupart deux gouvernails, placés de l'arrière sur les côtés du vaisseau : chacun d'eux a la forme d'un de nos avirons ordinaires ; mais relativement à sa longueur, il est beaucoup plus gros que ceux dont nous faisons usage. On le saisit avec des liens de rotin sur une traverse qui fait saillie de part et d'autre des côtés du bâtiment. Cette installation est ingénieuse, et a pour but de remplacer les ferrures qu'il serait nécessaire d'avoir pour placer un gouvernail unique à la manière des Européens. La manœuvre se fait au moyen d'un levier qui traverse la partie supérieure du gouvernail, et qui sert à le faire tourner. Quand on ne veut pas que le gouvernail produise d'effet, on le place sur le champ, et on le tourne plus ou moins, pour présenter une de ses faces au choc de l'eau lorsqu'on a besoin de s'en servir. Cette disposition ne me paroîtroit pas indigne d'être essayée sur ceux de nos bâtimens de guerre dont le gouvernail auroit été démonté pendant le combat.

Pros. Souvent les pros ne diffèrent des champans que par leur grandeur, qui ne s'élève guère au-dessus de trente à quarante tonneaux ; quelquefois cependant ils ont une installation particulière, sur-tout dans leur voilure et leur grément.

Il y a des pros qui ne sont pas pontés, d'autres ont des espèces de tugues faites en bambous et recouvertes avec des nattes ; ou bien l'on se borne à construire simplement de petites cabanes dans l'intérieur de la barque, où l'équipage et le chef peuvent se mettre à l'abri.

Mâture. La mâture se compose quelquefois d'un seul bambou, maintenu par des haubans et un étai, mais plus fréquemment de trois bigues de bambou réunies à leur extrémité ; de telle sorte que deux de ces bigues représentent les haubans et en remplissent réellement l'usage, tandis que la troisième fait l'office d'un étai. Au sommet du mât, ou à la réunion des bigues, est placé un morceau de bois dur, dans lequel il y a un trou horizontal où doit passer la drisse de la voile, ou plus simplement un crochet en bois destiné au même usage, car les Malais ne se servent pas de poulie.

Voilure. Ils ont différentes sortes de voilures; l'une d'elles consiste dans une seule voile trapézoïde, faite avec la feuille du latanier. On peut la comparer à la réunion d'une basse voile, d'un hunier et d'un perroquet; elle n'est pas d'un seul tissu, mais formée de l'assemblage de plusieurs lés, tressés à la manière des nattes, et placés horizontalement : d'autres fois, elle est absolument carrée ; mais, dans ce cas, sa largeur excède de beaucoup sa hauteur. On place horizontalement, de distance en distance, des bambous, dont l'effet est de tendre la voile dans le sens de sa largeur, et de lui conserver, autant que possible, la forme plane. Ces deux sortes de voiles se hissent à tête de mât.

Quand on veut les ferler, on les roule par le bas en amenant la drisse; et si l'on ne fait cette opération qu'en partie, elle équivaut à notre usage de prendre des ris.

Rames. Leurs rames sont de longs morceaux de bambous, à l'extrémité desquels on a fixé des disques en bois d'un pied environ de diamètre. Chaque pros a toujours plusieurs de ces rames; elles servent à faire route pendant le calme, et quelquefois à soutenir la dérive lorsqu'on court au plus près.

Approvisionnement. Les navigations des insulaires de Timor ne se prolongent jamais au loin; aussi les provisions qu'ils embarquent sont-elles peu nombreuses. Le riz et le maïs font la base de leur nourriture; un peu de poisson sec ou salé, des tranches de buffle boucanées ou desséchées, quelques volailles, des cocos, tels sont en général les comestibles dont ils font usage. A l'égard de l'eau, ils la tiennent dans de longs tuyaux de bambou.

Calfatage. Timor et les îles voisines ne produisant point de résine propre au calfatage, les naturels y suppléent par la préparation suivante, que M. Lesueur a bien voulu me faire connoître, et que je vais indiquer ici d'après la note qu'il m'a remise. « Les

ARCHIPEL D'ASIE.

Malais, dit-il, calfatent leurs embarcations avec une sorte d'écorce d'arbre [a] ou de la filasse de cocos; ils se servent, pour l'introduire dans les coutures, d'un coin en bois, qu'ils frappent avec une pierre. Pour rendre ensuite ces mêmes coutures entièrement imperméables, ils les enduisent d'un mastic composé ainsi qu'il suit :

» Après avoir ramassé dans les bois et sur les arbres la quantité de mousse dont on a besoin, et l'avoir nettoyée exactement des corps étrangers qu'elle peut contenir, ils la placent dans des mortiers creusés en assez grand nombre dans une forte pièce de bois, ils mêlent avec cette mousse de la chaux, et ils ont soin d'humecter le tout : alors plusieurs hommes, munis de forts pilons, triturent ensemble toutes ces substances jusqu'à ce qu'ils les aient réduites à la consistance de mortier. Ils se servent alors de ce mastic, et l'appliquent par-tout où ils le jugent nécessaire. »

Pirogues. Il y en a de deux sortes et de diverses grandeurs : les unes sont à balanciers ; les autres, plus petites, sans balanciers ; ces dernières sont formées d'un seul tronc d'arbre creusé et façonné convenablement. Les fentes du bois et les coutures sont enduites avec le mastic décrit plus haut. Les plus grandes sont de plusieurs pièces, réunies avec assez d'art.

Les pirogues à balanciers peuvent aller à la voile ou à la pagaie; elles ont une grande stabilité et marchent avec une vîtesse surprenante : souvent elles naviguent au large, malgré une mer grosse et un vent fort, ce que la grandeur de l'embarcation ne sembleroit pas au premier coup-d'œil devoir permettre. Les balanciers sont plus ou moins grands, selon la dimension de la pirogue et son élévation au-dessus de l'eau; ils se composent de deux ou trois traverses, ordinairement en bambou, et liées fortement sur le plat-bord de chaque côté : à chacune des extrémités de ces

---

[a] Cette écorce ressemble à celle du *melaleuca*, s[i] commun à la Nouvelle-Hollande : il ne s'en récolte pas aux environs de Coupang. (Journal de M. LESCHENAULT.)

traverses est fixée une pièce de bois courbe, qui descend, au moyen de cette courbure, jusqu'au niveau de l'eau. A cet assemblage est jointe, sur l'un et l'autre bord, une pièce de bois placée très-peu au-dessus de ce même niveau, parallèlement à la longueur de la pirogue; cette pièce latérale est liée à chacune des pièces courbes dont je viens de parler, et forme ainsi un point d'appui solide, qui maintient la stabilité de l'embarcation, et lui permet de porter impunément des voiles fort grandes, même sans avoir de lest. Peut-être doit-on être étonné qu'un mécanisme si simple n'ait point encore été adopté dans nos mers d'Europe, en y faisant les perfectionnemens que peut faire espérer la supériorité de nos constructeurs. Ces embarcations légères, de la marche desquelles nos plus fins voiliers ne sauroient approcher, seroient extrêmement utiles pour porter des paquets, des passagers ou des ordres, avec une célérité dont à peine on peut se faire une idée *.

---

* Les pirogues ou pros des îles Guam et Tinian (archipel des Mariannes), sont construites sur le même principe; c'est-à-dire qu'en offrant très-peu de résistance à l'eau, elles ont cependant une stabilité considérable qui leur est donnée par un balancier. Le capitaine DAMPIER et le rédacteur du Voyage d'ANSON, RICHARD WALTER, en ont parlé l'un et l'autre avec admiration.

Le premier, après une description détaillée de ces embarcations, ajoute : « J'ai cru de- » voir particulariser la description de cette » sorte de vaisseau, parce que je crois qu'il » n'y en a pas au monde de meilleurs. J'ai fait » ici (à Guam) l'épreuve de la légèreté d'un » de ces vaisseaux pour ma propre satisfac- » tion.

» Nous faisions route avec notre ligne (de » loch); elle avoit douze nœuds, qui furent » plutôt passés qu'un sable de demi-minute » ne fut écoulé. Suivant ce compte, il peut » faire pour le moins douze milles par heure; » mais je crois qu'il en pourroit faire vingt-

» quatre dans le même espace de temps, &c. » (Voy. le Voyage de DAMPIER, tom. I, pag. 315 et suiv. de la trad. franç.)

WALTER n'insiste pas moins sur le même objet : « Leurs pros, dit-il, qui » sont les seuls vaisseaux dont ils se servent » depuis des siècles, sont d'une invention » qui feroit honneur aux nations les plus » civilisées. » Et plus bas : « La structure en » est si simple, et ils sont d'une vitesse si ex- » traordinaire, qu'ils méritent bien qu'on en » fasse une description particulière. » C'est ce qu'il va faire, ajoute-t-il, « tant pour » contenter la curiosité des lecteurs, que » dans l'espérance que ceux qui sont em- » ployés à la construction de nos vaisseaux, » et nos marins, en pourront tirer quelque » utilité. » Ailleurs : « Ces bâtimens sont » nommés Pros, à quoi on ajoute souvent » l'épithète de volans, pour marquer l'ex- » trême vitesse de leur cours. Les Espagnols » en racontent des choses incroyables pour » quiconque n'a jamais vu voguer ces vais-

La mâture des pirogues est ordinairement d'une seule tige de bambou, placée verticalement et maintenue par quelques cordages qui appellent tous sur l'arrière; la voile est haute et carrée, fabriquée avec des nattes et maintenue transversalement par des bambous. Leur allure la plus favorable est vent arrière ou grand largue : elles vont cependant aussi fort bien au plus près. Souvent on ne leur met pas de voiles, et, dans ce cas, on les manœuvre avec des pagaies. Leur proue n'est pas autrement façonnée que la poupe ; elles n'ont point de gouvernail fixe, mais on les gouverne avec des pagaies.

A l'égard des pirogues sans balanciers, elles ne servent guère que pour se transporter des grandes embarcations à terre ; elles ont peu de stabilité et ne portent jamais de voiles, mais elles peuvent aller très-vite à la pagaie.

Les naturels qui habitent les bords de la baie de Coupang emploient à la pêche les moyens suivans : les parcs, les filets, la ligne et le trident,

Les parcs. Ainsi que cela se pratique sur nos côtes de France, on construit ici, sur le bord de la mer, des enceintes en pierres sèches, qui ont ordinairement cinq à six cents pas de longueur, et qui s'avancent plus ou moins au large. La haute marée couvre entièrement ces enceintes, et permet ainsi aux poissons d'y pénètrer. Au jusant, les eaux s'écoulent par les intervalles que les pierres laissent entre elles, et le poisson, qui ne peut s'échapper par d'aussi

» seaux..... Suivant l'estime de nos gens, » qui les ont observés à Tinian, tandis qu'ils » voguoient avec un vent alisé frais, ils » faisoient vingt milles en une heure : cela » n'approche pas de ce que les Espagnols en » racontent ; mais c'est cependant une très-» grande vitesse, &c. &c. » (*Voy.* le Voyage d'ANSON, *pag.* 269 *et suiv.* de la traduc. franç. in-4.°)

Les pirogues à balanciers ne se trouvent pas seulement dans les îles du grand archipel d'Asie; elles existent aussi dans la mer du Sud, et même sur la côte Nord-Est de la Nouvelle-Hollande : il me seroit facile de multiplier ici les citations des voyageurs, et de prouver par des exemples les avantages que ces sortes d'embarcations pourroient, en mille circonstances, offrir à notre marine ; mais cette digression, quelque intéressante qu'elle pût être, me meneroit beaucoup trop loin ; il est temps de revenir à mon texte.

petites

petites ouvertures, reste, non pas à sec, mais dans les bassins qui sont creusés dans l'intérieur des parcs. On fait ensuite usage, pour ramasser ce poisson[a], d'un *saveneau*, sorte de filet de 18 pouces de largeur sur 2 pieds de haut, fixé à deux petits bâtons.

Dans le fond de la baie du côté de Babâô, les parcs, au lieu d'être en pierres, sont faits en pieux plantés à petite distance les uns des autres.

Les filets. Indépendamment du saveneau dont il vient d'être question, les naturels ont encore la seine et l'épervier. La forme de ces filets diffère peu de celle qui est adoptée en Europe : les seines ont à-peu-près cent et quelques pas de long sur 7 à 8 pieds de haut; les mailles sont d'un pouce ou d'un pouce et demi; le tissu en est toujours en coton. On met au bas de ces filets, en guise de plomb, le gros et lourd coquillage connu sous le nom de *porcelaine tigrée* ou *pucelage*; et à la place de notre liége, du bambou ou des morceaux d'un certain bois léger. Nous n'avons vu à Coupang que deux ou trois filets de ce genre; aussi la pêche à la ligne y est-elle beaucoup plus fréquente que l'autre.

Les lignes sont fortes et bien faites, composées de 32 brins de coton, dont l'ensemble n'est pas plus gros que le fil à fouet; leur longueur est de 20 à 24 et même 30 brasses. Pour les préserver de l'humidité, les Malais les enduisent d'un vernis élastique fort curieux, et jusqu'ici inconnu en Europe.

A l'égard des hameçons, quelquefois ils les font eux-mêmes en fer, mais fort mal; d'autres fois les Hollandois leur en fournissent; enfin souvent ils emploient à cet usage les épines doubles de l'acacia, de même que nos pêcheurs de France se servent accidentellement de celles d'épine-vinette.

Le trident est en fer et construit ordinairement à Coupang; il

---

[a] Ces détails et ceux qui complètent cet article sur les pêches, m'ont été communiqués par M. LESUEUR.

s'emmanche à l'extrémité d'un long bambou; cet instrument sert à la pêche des poulpes et des raies.

Toutes les années un brick Hollandois part de Batavia, à la fin de la mousson du N. O., et vient à Coupang pour chercher les marchandises que les rajas alliés de la compagnie ont préparées, ou qui ont été réunies dans le fort par les soins du gouverneur.

A cette époque, les fêtes les plus brillantes ont lieu... Mais la nature de cet ouvrage m'empêche de les décrire, malgré l'intérêt qu'elles pourroient offrir au lecteur: je dois me borner à être l'historien des faits qui ont rapport à la géographie et à la marine; et si parfois je donne de courtes digressions qui y paroissent étrangères, ce n'est que pour faire connoître, au moins superficiellement, le caractère des différens peuples chez lesquels d'autres navigateurs pourroient aller relâcher après nous. Tout ce qui tient aux détails historiques m'est sévèrement interdit, et d'ailleurs doit se retrouver dans d'autres ouvrages qui seront le complément de celui-ci.

Les objets dont se compose ordinairement la cargaison du brick Hollandois, sont la cire, le bois de sandal, les esclaves et quelquefois les chevaux. Aussitôt que le chargement de ce navire est complet, il profite du commencement de la mousson du S. E. pour retourner à Batavia.

Pendant la belle saison, dix à douze bateaux du pays, du port de six à vingt tonneaux, conduits par des rajas Malais ou par des Chinois, sont employés par le gouverneur à faire le cabotage sur les parties de Timor, de Rottie, de Simâô, &c., soumises aux Hollandois; ils rapportent à Coupang du riz, de la cire, du bois de sandal, des cocos, des pois, du bois de construction, des bambous, de la feuille de latanier, &c. &c. Beaucoup de pirogues à balancier de différentes grandeurs font la même navigation, mais à de moindres distances.

Les Hollandois ne font pas exclusivement le commerce à

Coupang; il en part et il y arrive aussi quelques *sommes* Chinoises, et nous y avons vu un bâtiment Américain. « Les navires qui n'appartiennent pas aux Hollandois, dit M. LESCHENAULT, sont assujettis à un droit de 4 pour o/o sur les marchandises qu'ils veulent exporter, et de 6 pour o/o sur celles qui sont importées ; les embarcations du pays sont aussi obligées de payer un droit d'expédition avant de quitter la rade.

« Les Malais sont exempts de toute imposition personnelle, mais chaque Chinois âgé de plus de douze ans paie une capitation. La Compagnie s'est aussi réservé le privilége d'accorder aux particuliers la permission de vendre en détail certaines marchandises, telles que l'arak, la viande, la bougie, &c. Ce sont presque toujours les Chinois qui s'en rendent adjudicataires.

» Tous ces différens droits forment pour la Compagnie un revenu annuel de 7 à 8 mille piastres, qui sert à soudoyer les employés et la garnison.

» Le bois de sandal varie de prix suivant sa grosseur ; il vaut à Timor depuis 7 piastres jusqu'à 25 et 30 piastres le picol [125 liv. poids de marc, ou 61,2 kilogrammes] : on nous a assuré que celui qui se payoit ici 20 piastres, se vendoit 50 piastres à Canton. »

La cire vaut 25 piastres le picol ;

Le riz en paille, un peu moins d'une piastre le picol ; le riz pilé de bonne qualité, depuis une piastre jusqu'à trois piastres ; le maïs, une piastre.

Un petit buffle ne se vend qu'une piastre ; mais lorsqu'il est gros, deux piastres ; les Hollandois en font quelquefois hausser le prix jusqu'à cinq piastres.

Un gros cochon vaut deux ou trois piastres ; un petit cochon d'une trentaine de livres, un peu moins d'une demi-piastre.

Le poisson salé se vend sept piastres au plus le picol ; c'est une très-bonne provision pour la mer, sur-tout si l'on y joint le piment et le riz.

Mais ce seroit un mauvais calcul que de chercher à faire des emplettes à Timor avec de l'argent ; on aura toujours un avantage immense à payer avec des objets d'échange. Les meilleurs articles à porter sont : du fer, des cordages et des grapins pour des embarcations de douze à vingt tonneaux ; de grands couteaux à lame fixe, des lames de sabre, des fusils à un coup, de la poudre (on ne peut trafiquer de ce dernier article qu'à l'insu des Hollandois) ; des ciseaux de menuisier, des scies à main et de long ; des haches et des herminettes de plusieurs grandeurs ; des limes, des clous, des hameçons assortis, &c. ; du drap écarlate ; des grains de verre et sur-tout des petits, quelques miroirs, quelques longues-vues, mais de ces trois derniers articles en très-petite quantité.

Pour donner une idée des bénéfices qu'on peut obtenir par le moyen des échanges, il suffira de dire que, dans les premiers jours de notre séjour à Coupang, nous pouvions avoir une poule pour un petit couteau de deux sous ; un gros cochon pour une hache de moyenne grandeur, &c. Sur la fin de notre relâche, nos objets d'échange avoient perdu un peu de valeur aux yeux des Malais, qui étoient en partie pourvus de ce qui leur étoit nécessaire ; mais les avantages qui résultoient de nos échanges avec eux, étoient cependant toujours énormes.

Salubrité. Les marais qui se trouvent près des bords de la mer dans la baie de Coupang, rendent cette partie de l'île Timor assez malsaine, sur-tout pendant la saison des pluies, qui est l'époque des plus fortes chaleurs. Les Européens doivent user des plus grandes précautions pour éviter de devenir victimes de la dyssenterie et de ces fièvres épidémiques qui ont désolé un si grand nombre de vaisseaux.

Nous avons vu sur cette rade le navire Américain *le Hunter*, dont l'équipage a été *entièrement détruit* par ce double fléau ; et nous-mêmes, malgré tous nos soins, nous y avons perdu par les mêmes causes un grand nombre de nos compagnons de voyage.

Voici quelques précautions que l'expérience nous a indiquées comme salutaires, et qui sont confirmées par les usages des habitans du pays, sorte de régulateur qu'on doit toujours consulter : 1.° n'user qu'avec une extrême sobriété de toute espèce de fruits, et particulièrement de ceux qui sont les plus aqueux, tels que melons, bananes, oranges, &c., et généralement de toutes les substances débilitantes ou laxatives ; 2.° éviter l'usage du lait, et notamment de celui de buffle, qui est extrêmement pernicieux ; 3.° ne boire ni *calou*, ni *touac* (deux sortes de liqueurs fermentées, retirées par incision du palmier), et modérément de l'eau de cocos ; 4.° ne faire *aucune espèce* d'excès, soit en boissons, soit en travaux forcés, &c. ; 5.° ne point s'exposer à la pluie ; 6.° quand on a reçu une averse, ne pas laisser sécher ses habits sur soi ; 7.° ne jamais se baigner pendant que le soleil est sur l'horizon, mais seulement le matin et le soir ; 8.° ne point s'exposer au serein et encore moins y dormir ; 9.° ne jamais coucher sur la terre, &c. &c.

Il ne faut pas craindre d'épicer, même assez fortement, tous les mets ; le piment, le gingembre et le curcuma ou safran de l'Inde, sont en général préférables. A l'égard des boissons, on doit choisir l'eau de fontaine plutôt que celle de rivière : le café, le thé, le vin, le punch même, conviennent mieux que la bière, et sur-tout que les limonades, les orangeades, &c. qui, prises en trop grande quantité, sont ici de véritables poisons.

Vents. Timor, ainsi que toutes les îles du grand archipel d'Asie situées entre les tropiques, est placé sous l'influence des moussons. Celle du S. E. a lieu pendant que le soleil est dans l'hémisphère Nord ; c'est la saison du beau temps et de la sécheresse : celle du N. E., au contraire, est toujours accompagnée des pluies et des orages. La première commence en avril et se prolonge jusqu'en octobre ; la seconde s'étend depuis octobre jusqu'en avril.

Les époques du changement des moussons ne sont pas si rigoureusement fixées, qu'elles ne puissent arriver un peu plutôt ou un peu plus tard ; en général ces changemens sont annoncés par des calmes et des vents variables qui durent environ un mois.

Indépendamment des vents réglés qui se succèdent de six mois en six mois, on éprouve encore, près des côtes, cette espèce de mousson diurne, connue sous le nom de *brises de terre et de mer*. Ces brises sont fort utiles lorsqu'on veut naviguer à contre-mousson parmi les îles de l'archipel. Dans la baie de Coupang, nous les avons éprouvées assez régulièrement : le matin, la brise s'élevoit du large ; à 8 ou 9 heures, elle souffloit par rafales depuis l'E. jusqu'au N. E. et rarement au N. O. ; elle tomboit au coucher du soleil, et pendant la nuit il faisoit calme ou petite brise de terre de l'E. au S. E.

Il nous est arrivé d'avoir quelquefois, pendant le jour, des brises très-fortes de l'E. à l'E. S. E. ; mais c'étoit lorsque les vents de la mousson l'emportoient sur les brises de mer : ce sont là des exceptions à la règle.

Pendant nos deux séjours à Timor, nous avons eu, presque sans cesse, un temps parfaitement beau ; à la fin de notre seconde relâche cependant, c'est-à-dire à la fin d'octobre et au commencement de novembre, époque du revirement de la mousson, nous eûmes, avec des vents variables, un temps quelquefois orageux.

Les orages sont parfois très-violens pendant la mousson du N. O., particulièrement en janvier, février et mars ; alors, nous a-t-on dit, la pluie tombe souvent avec une telle abondance, elle est composée de gouttes si grosses, qu'on a peine à distinguer un homme à dix pas.

Thermomètre. Nos observations thermométriques depuis le 23 août jusqu'au 12 novembre 1801, et depuis le 7 mai jusqu'au 2 juin 1803, ont donné les résultats suivans, à midi.

LIVRE II. Descriptions géogr. et nautiques. 351

ARCHIPEL D'ASIE.

Année 1801.
- Du 23 au 31 Août
  - plus grande chaleur = + 22^d,5.
  - plus petite chaleur = + 19,8.
  - chaleur moyenne.. = + 21,2.
- Du 1.er au 30 Septembre
  - plus grande chaleur = + 22,5.
  - plus petite chaleur = + 19,8.
  - chaleur moyenne.. = + 21,4.
- Du 1.er au 31 Octobre
  - plus grande chaleur = + 22,9.
  - plus petite chaleur = + 21,3.
  - chaleur moyenne.. = + 21,9.
- Du 1.er au 12 Novembre
  - plus grande chaleur = + 23,6.
  - plus petite chaleur = + 21,6.
  - chaleur moyenne.. = + 22,5.

Année 1803.
- Du 7 Mai au 2 Juin
  - plus grande chaleur = + 24,0.
  - plus petite chaleur = + 22,0.
  - chaleur moyenne.. = + 23,3.

Baromètre. Dans le même intervalle, et toujours à l'heure de midi, nous avons eu pour la hauteur du baromètre :

Année 1801,
- Du 22 au 31 Août
  - plus grande hauteur = 28^{po} 2^l,1.
  - plus petite hauteur = 28. 1,0.
  - hauteur moyenne.. = 28. 1,8.
- Du 1.er au 30 Septembre
  - plus grande hauteur = 28. 2,0.
  - plus petite hauteur = 28. 0,2.
  - hauteur moyenne.. = 28. 1,3.
- Du 1.er au 31 Octobre
  - plus grande hauteur = 28. 2,2.
  - plus petite hauteur = 27. 11,6.
  - hauteur moyenne... = 28. 1,1.
- Du 1.er au 12 Novembre
  - plus grande hauteur = 28. 1,5.
  - plus petite hauteur = 28. 0,5.
  - hauteur moyenne... = 28. 0,9.

ARCHIPEL D'ASIE.

Année 1803. { Du 7 Mai au 2 Juin. { plus grande hauteur = 28ᵖ 2ˡ,5.
plus petite hauteur = 28. 1,0.
hauteur moyenne... = 28. 2,0.

Hygromètre. Les observations de l'hygromètre, en 1801 seulement, ont donné :

Année 1801.
{
Du 23 au 31 Août.. { maximum... = 96ᵈ,0.
minimum.... = 77,0.
degré moyen = 85,7.

Du 1.ᵉʳ au 30 Septembre. { maximum... = 100,0.
minimum.... = 72,0.
degré moyen = 85,6.

Du 1.ᵉʳ au 31 Octobre. { maximum... = 100,0.
minimum.... = 65,0.
degré moyen = 85,2.

Du 1.ᵉʳ au 12 Novembre. { maximum... = 85,0.
minimum.... = 76,0.
degré moyen = 80,5.
}

Comparaisons. Si nous comparons entre eux les résultats moyens des observations précédentes faites en 1801, nous trouverons :

1.° Que du 23 août au 12 novembre la température a augmenté graduellement ;

2.° Que la hauteur du baromètre et le degré d'humidité indiqué par l'hygromètre, ont été, au contraire, toujours en diminuant ;

3.° Que les variations du thermomètre et celles du baromètre ont été constamment fort petites. C'est ainsi que le terme moyen des observations faites pendant quatre-vingt-deux jours, a été

{ pour le thermomètre = + 21ᵈ,7,
pour le baromètre.. = 28ᵖ 1ˡ,3.

tandis

LIVRE II. Descriptions géogr. et nautiques.   353

tandis que les oscillations extrêmes n'ont pas dépassé

$$\left\{\begin{array}{l}\text{pour le thermomètre}\left\{\begin{array}{l}>23^d,6.\\ <19,8.\end{array}\right.\\ \text{pour le baromètre..}\left\{\begin{array}{l}<28^{po}\ 2^l,2.\\ >27.\ 11,6.\end{array}\right.\end{array}\right.$$

ARCHIPEL D'ASIE.

Marées. Une suite d'observations des marées, faites par M. BERNIER à l'entrée de la rivière de Coupang, pendant six jours, a fourni les résultats que voici :

Observations faites du 8 au 13 Septembre 1801.
$$\left\{\begin{array}{l}\text{Établissement}\ldots\ldots\ldots\ldots\ldots\ldots\ 11^h\ 24'.\\ \text{Hauteur}\left\{\begin{array}{l}\text{plus grande hauteur observée}=8^p\ 7^{po}=2^m,8.\\ \text{plus petite hauteur }idem\ldots=7.\ 11.=2\ ,6.\end{array}\right.\\ \text{Différence des ascensions extrêmes de l'eau, }0^p\ 8^{po}=0^m,2.\end{array}\right.$$

M. HAMELIN a remarqué que les marées de nuit étoient constamment plus fortes que celles de jour, et que la plus grande ascension des eaux étoit de 9 à 10 pieds.

Magnétisme. Nous allons réunir dans un seul tableau toutes les observations magnétiques qui ont été faites à notre observatoire, dans le fort Concordia : elles appartiennent toutes à l'année 1801.

ARCHIPEL D'ASIE.

Déclinaison N. E. $\begin{Bmatrix} 0° & 12' & 52'' \\ 0. & 43. & 15. \end{Bmatrix}$ Septembre.

Déclin. moyenne = 0° 21′ 38″, ou simplement 0° 22′ N. E.

OBSERVATIONS FAITES PAR M. BERNIER.

Inclinaison.

Aiguille. $\begin{Bmatrix} N.° 2 = 26° 30' \\ N.° 4 = 34. 44. \end{Bmatrix}$ 30 Août.

Aiguille. $\begin{Bmatrix} N.° 2 = 25. 53. \\ N.° 4 = 36. 43. \end{Bmatrix}$ 31 idem.

Aiguille. $\begin{Bmatrix} N.° 2 = 26. 30. \\ N.° 4 = 34. 53. \end{Bmatrix}$ 1.er Septembre.

Aiguille. $\begin{Bmatrix} N.° 2 = 26. 15. \\ N.° 4 = 34. 40. \end{Bmatrix}$ 3 idem.

Aiguille. $\begin{Bmatrix} N.° 2 = 26. 23. \\ N.° 4 = 34. 3. \end{Bmatrix}$ 4 idem.

Aiguille. $\begin{Bmatrix} N.° 2 = 27. 0. \\ N.° 4 = 33. 45. \end{Bmatrix}$ 5 idem.

Aiguille. $\begin{Bmatrix} N.° 2 = 27. 15. \\ N.° 4 = 34. 30. \end{Bmatrix}$ 11 idem.

Aiguille. $\begin{Bmatrix} N.° 2 = 26. 50. \\ N.° 4 = 35. 15. \end{Bmatrix}$ 14 idem.

Aiguille. $\begin{Bmatrix} N.° 2 = 26. 15. \\ N.° 4 = 34. 50. \end{Bmatrix}$ 7 Octobre.

Inclinaison moyenne de toutes ces observations, aiguille $\begin{Bmatrix} N.° 2 = 26° 37' \\ N.° 4 = 34. 35. \end{Bmatrix}$

M. SAINT-CRICQ a trouvé avec une des aiguilles qu'il avoit à sa disposition... 34. 28.

Observations astronomiques. **Toutes ces observations ont été faites au fort Concordia: celles qui ont rapport à la latitude sont exclusi-**

vement de M. BERNIER; mais les observations de longitude sont dues à MM. BERNIER et HENRI FREYCINET.

Latitude S. moyenne de trente observations faites avec le cercle astronomique, par diverses méthodes.......................... = 10° 9′ 55″,0.

Longitude à l'E. de Paris, déterminée par 145 distances lunaires Orientales, et 72 distances Occidentales, en tout 217 distances, corrigées de l'erreur des tables............ = 121. 15. 21,5.

§. 2.

SIMÂÔ, ROTTIE ET ÎLOTS VOISINS.

L'île de Simâô, située dans l'O. S. O. de Coupang (*planche n.° 32*), est d'une forme irrégulière ; son plus grand diamètre est d'environ sept lieues. Nous n'avons pas débarqué sur cette île, et ne pouvons, par conséquent, en dire que fort peu de chose.

Les terres, quoique hautes, le paroissent cependant moins que celles de Timor ; elles sont bien boisées et présentent par-tout l'aspect de la fécondité. Le sol de la partie Méridionale affecte une teinte rougeâtre assez forte.

Près de la côte Sud-Est de la même île se trouvent plusieurs petits îlots, qui tous paroissent entourés d'un banc de corail sous-marin.

Cambi, petit îlot dont nous avons fixé la position par 10° 20′ de latitude S., et 120° 45′ 39″ de longitude à l'E. de Paris, est voisin de l'extrémité Sud-Ouest de Simâô ; il est bas, bien boisé, et nous a semblé être entouré d'une belle plage de sable.

La plus grande dimension de Rottie gît à-peu-près de l'E. à l'O. Cette île ne paroît pas moins fertile que Simâô ; elle est fort renommée pour la beauté de ses femmes; les Hollandois en envoient toutes les années plusieurs en esclavage à Batavia.

On dit aussi que l'île contient des mines de cuivre.

Quoique nous ayons approché à petite distance de l'extrémité Nord-Ouest de Rottie, nous nous sommes bornés à fixer la position de la petite *île Douro*, qui gît dans le voisinage, par

10° 50′ 26″ de latitude S.......... } Position rapportée au
et 120. 20. 27. de longitude à l'E. de Paris. } milieu de l'îlot.

En passant sur le banc de corail qui entoure la petite *île Noessac*, nous avons sondé et trouvé fond par 15 brasses.

Nous ne pouvons rien dire de *Lando*, et de quelques petites îles de moindre importance, que nous n'avons fait en quelque sorte qu'apercevoir au loin.

§. 3.

SAVU, BENJOAR, NOUVEAU-SAVU.

Ces trois îles *(planche n.º 31)* forment un petit groupe dans l'O. N. O. de Rottie, et à vingt lieues environ de distance de cette dernière île.

La partie Méridionale de Savu est très-haute; ses montagnes, qui s'abaissent insensiblement jusqu'au bord de la mer, sont couvertes d'habitations et de belles forêts, du milieu desquelles on voit s'élever une quantité prodigieuse de palmiers, et sur-tout de cocotiers. Un grand nombre de ces arbres s'avancent jusque sur le rivage, où leur pied se trouve baigné par les flots.

La côte Nord-Ouest de Savu est moins haute et d'un aspect moins riant que celle du Sud.

L'île Benjoar, située à l'O. S. O. de la précédente, n'a pas au-delà de cinq lieues dans son plus grand diamètre; elle est haute, bien boisée et habitée.

LIVRE II. *Descriptions géogr. et nautiques.* 357

Le Naturaliste, qui a traversé, en 1801, le détroit de Savu formé par l'île de ce nom et l'île Benjoar *(voy. le plan particulier, planche n.° 24)*, n'y a remarqué d'autres dangers que ceux qui résultent d'une trop grande proximité de la terre.

ARCHIPEL D'ASIE.

Le Nouveau-Savu s'élève peu au-dessus des flots qui brisent sur ses bords: la surface de l'île est riante; elle paroît couverte de verdure, et l'on y distingue çà et là de jolis bouquets d'arbrisseaux. Cette petite île, que nous croyons inhabitée, est remarquable sur-tout par un énorme rocher ou piton, qui, placé vers son extrémité Occidentale, paroît de loin comme percé d'une large ouverture. Nous avons fixé la position de ce piton, par 10° 50′ 15″ de latitude S., et 118° 50′ 20″ de longitude à l'E. de Paris.

Nouveau-Savu.

LIVRE III.

ANALYSE DES CARTES.

Nous allons consacrer ce troisième livre à rendre compte des moyens dont nous avons fait usage, tant pour lever que pour construire les cartes qui composent notre atlas : ce livre comprendra quatre divisions principales, savoir, 1.° les observations astronomiques ; 2.° les détails sur la levée et la construction des cartes ; 3.° l'examen particulier de chacune de nos cartes ; 4.° la division des échelles et le tracé des cartes sur le cuivre.

CHAPITRE I.er

OBSERVATIONS ASTRONOMIQUES.

Nos observations astronomiques viennent naturellement se ranger en trois classes : les observations de latitude, celles de longitude et celles de la déclinaison de la boussole. Chacune va faire l'objet d'un paragraphe particulier.

§. 1.er

DES LATITUDES.

POUR la détermination de nos latitudes, nous ne nous sommes servis que de méthodes et d'instrumens connus : il suffit de les

LIVRE III. *ANALYSE DES CARTES.* 359

rappeler, et de citer le nom des personnes qui se sont plus particulièrement livrées à ce genre d'observations.

Instrumens. A la mer, nous avons fait usage du cercle de réflexion, du sextant et de l'octant; à terre, du cercle répétiteur, du cercle de réflexion et de l'horizon artificiel; quelquefois aussi, mais très-rarement, on a rapporté la hauteur des astres à l'horizon de la mer.

Méthodes. Les hauteurs méridiennes du soleil, et celles des étoiles (à terre seulement), sont les moyens qui ont été le plus souvent employés pour avoir la latitude; on a fait aussi un fréquent usage des hauteurs du soleil prises à une très-petite distance de midi. La méthode par deux hauteurs prises hors du méridien, n'a été employée qu'à la mer, et lorsque des observations plus convenables n'ont pas été possibles.

Observateurs. Les observations faites à terre, pour avoir la latitude, sont presque entièrement dues à notre astronome M. BERNIER; en mer, les résultats qui ont servi à la construction des Cartes, ont été obtenus par MM. BERNIER, BOULLANGER et FAURE; HAMELIN, HENRI FREYCINET, RONSARD, BRETON, MAUROUARD et moi [a].

§. 2.

DES LONGITUDES.

C'EST principalement avec le cercle de réflexion, et rarement avec le sextant, qu'ont été faites nos observations de longitude. Les montres marines nous ont donné la différence des méridiens pour les lieux intermédiaires aux points où les montres ont été ré-

---

[a] M. SAINT-CRICQ a fait, pendant le cours du voyage, beaucoup d'observations du même genre; les registres qui les contenoient n'ayant pas été remis au Dépôt de la marine, j'ai appris par cet officier que cette partie de ses journaux a malheureusement été perdue, avant son arrivée en France, sans que lui-même sache comment cet événement a eu lieu.

glées; les distances lunaires ont servi à fixer les longitudes absolues, soit de nos principales relâches, soit, en mer, de certains points de la côte.

MM. Bernier, Boullanger, Faure, Hamelin, Henri Freycinet et moi [a], nous sommes sur-tout occupés de l'observation des angles horaires. Quant aux distances lunaires, ce moyen d'obtenir la longitude étoit familier à tous les officiers de l'expédition, et plusieurs s'en sont occupés. Cependant les résultats trouvés par cette méthode devant être soumis à des corrections importantes, pour les dégager des erreurs des tables de la lune, nous avons dû faire choix des journaux qui se prêtoient le mieux à ce genre de travail. Ceux de MM. Bernier et Henri Freycinet ne laissaient rien à desirer à cet égard, tant pour la quantité des observations, que pour le soin et l'ordre avec lesquels elles étoient rangées. Aussi est-ce aux journaux de ces deux observateurs que nous avons donné la préférence pour les calculs dont il s'agit.

Il falloit, pour établir ces corrections, s'engager dans un travail long et fastidieux; M. Boullanger a bien voulu l'exécuter, et assujettir ensuite les résultats obtenus à l'aide des montres, à ces longitudes ainsi corrigées : ce savant et laborieux hydrographe s'est acquis par-là de nouveaux titres à la reconnoissance des navigateurs.

Nous allons donner textuellement le mémoire de M. Boullanger; les notes que nous croirons devoir y joindre seront signées des initiales L. F.

[a] *Voyez* la note précédente relativement à M. Saint-Cricq.

(A)

(A.) *Mémoire sur la correction des longitudes, déterminées pendant le Voyage aux Terres Australes ;*

Par M. BOULLANGER,

L'UN DES INGÉNIEURS HYDROGRAPHES DE L'EXPÉDITION.

(I.) Les opérations géographiques qui ont été faites dans le Voyage de découvertes aux Terres Australes, ont été basées, quant aux longitudes, 1.° sur des observations journalières d'angles horaires, faites à la mer, pour obtenir les différences en longitude, d'un jour à l'autre, à l'aide des montres marines, qui donnoient l'heure du départ; 2.° sur de nombreuses observations de distances de la lune au soleil, prises à terre et à la mer, pour obtenir des longitudes absolues, et corriger, au bout d'un certain temps, les résultats obtenus par les montres.

Ces observations [a], ainsi que celles de hauteurs correspondantes et absolues du soleil, nécessaires, dans les relâches, pour connoître la marche des montres, ont été faites par M. BERNIER, astronome de l'expédition, embarqué sur la corvette *le Géographe*, depuis le départ de l'Ile-de-France (le 25 avril 1801), jusqu'à notre seconde relâche à Timor (en mai 1803); espace de temps pendant lequel ont eu lieu presque toutes nos reconnoissances géographiques [b].

Toutes les observations faites à la mer à bord de ce bâtiment, et une partie de celles qui furent faites à terre, l'ont été simultané-

---

[a] M. BOULLANGER ne considère ici que les observations faites à bord de la corvette *le Géographe*. L. F.

[b] Après la mort de M. BERNIER, la direction des montres marines à bord du *Géographe*, fut confiée à M. FAURE, l'un des ingénieurs hydrographes de l'expédition. Il fit très-régulièrement, de concert avec M. HENRI FREYCINET, jusqu'à notre retour à l'Ile-de-France (en août 1803), toutes les observations d'angles horaires nécessaires à la détermination des longitudes journalières de ce bâtiment. L. F.

ment par M. BERNIER et M. HENRI FREYCINET, lieutenant en pied de la même corvette; en sorte que les opérations de ces deux observateurs devant se confirmer l'une par l'autre, acquéroient un nouveau degré d'exactitude, et que les résultats obtenus par M. BERNIER, sur-tout à la mer, doivent être regardés comme appartenant également à M. HENRI FREYCINET.

Les longitudes obtenues à la mer ont été corrigées dans les relâches par M. BERNIER, d'après les opérations qui lui faisoient connoître l'erreur de la marche de ses montres.

Voici, sur ces différentes marches, les résultats de ses opérations :

Port Nord-Ouest de l'Ile-de-France.
Le 18 avril 1801, à midi moyen à Paris, la montre marine n.° 35 avançoit sur le temps moyen de Paris, de.................................... 0ʰ 2′ 15″,0.
Elle avoit une accélération diurne de....... 12 ,3.
La montre marine n.° 27 retardoit de même sur le temps moyen, de................ 0. 22. 30 ,0.
Elle avoit un retard journalier de.......... 5 ,1.

Coupang, île Timor (1.ʳᵉ relâche).
Le 16 octobre 1801, la montre marine n.° 35 avançoit sur le temps moyen de Paris, de.. 1ʰ 23′ 46″,5.
Elle avoit une accélération diurne de...... 20 ,4.
La montre n.° 27 s'arrêtoit en la montant depuis le 5 de septembre et étoit par-là hors de service.

Port N. O., canal Dentrecasteaux.
Le 2 février 1802, à midi moyen à Paris, la montre marine n.° 35 avançoit sur le temps moyen de Paris, de..................... 2ʰ 6′ 5″,0.
Son accélération diurne étoit de.......... 25 ,0.

LIVRE III. ANALYSE DES CARTES. 363

Port Jackson, Nouvelle-Galles du Sud.
> Dans la durée de cette relâche, la montre marine n.º 35 s'est arrêtée pendant deux ou trois secondes en la montant, les 19 juillet et 7 août 1802.
> A l'arrivée de la corvette *le Géographe* dans le port, l'accélération diurne de cette montre étoit de .... 0ʰ 0′ 29″,8.
> Au départ le 8 novembre 1802, à midi moyen de Paris, la montre n.º 31 avançoit sur le temps moyen de Paris, de .... 3. 30. 38 ,2.
> Elle avoit une accélération diurne de .... 34 ,66.
> La montre n.º 35 avançoit sur le temps moyen de Paris, de .... 3. 3. 55 ,3.
> Son accélération diurne étoit de .... 25 ,6.

Rocher des Éléphans sur l'île King.
> Le 23 décembre 1802, à midi moyen à Paris, la montre marine n.º 31 avançoit sur le temps moyen de Paris, de .... 3ʰ 57′ 42 ,5.
> Elle avoit une accélération diurne de .... 34 ,66.
> La montre n.º 35 avançoit sur le temps moyen de Paris, de .... 3. 20. 27 ,1.
> Son accélération diurne étoit de .... 21 ,45.

L'observatoire des corvettes sur l'île Decrès.
> Le 18 janvier 1803, à midi moyen à Paris, la montre marine n.º 31 avançoit sur le temps moyen de Paris, de .... 4ʰ 11′ 43″,5.
> Son accélération diurne étoit de .... 34 ,47.
> La montre n.º 35 avançoit sur le temps moyen de Paris, de .... 3. 31. 20 ,9.
> Son accélération diurne étoit de .... 26 ,32.

OBSERVAT.
ASTRONOM.

Port du Roi-George.
- Le 18 février 1803, la montre marine n.° 31 avançoit sur le temps moyen de Paris, de.. 4^h 33′ 48″,4.
- Son accélération diurne étoit de............ 15,72.
- La montre n.° 35 avançoit sur le temps moyen de Paris, de...................... 3. 50. 5 ,3.
- Son accélération diurne étoit de............ 22,02.

Presqu'île Péron, baie des Chiens-Marins.
- Le 21 mars 1803, à midi moyen à Paris, la montre marine n.° 31 avançoit sur le temps moyen de Paris, de.................. 4^h 36′ 22″,3.
- Son accélération diurne étoit de............ 9,8.
- La montre n.° 35 avançoit sur le temps moyen de Paris, de...................... 3. 57. 9 ,5.
- Son accélération diurne étoit de............ 24,7.
- Le n.° 31 s'arrêta le 27 avril 1803.

Coupang, île Timor (2.ᵉ relâche).
- Le 30 mai 1803, la montre marine n.° 35 avançoit sur le temps moyen de Paris, de.. 4^h 22′ 41″,3.
- Son accélération diurne étoit de............ 24,77.
- La montre n.° 31 avançoit sur le temps moyen de Paris, de...................... 4. 29. 37 ,0.
- Son accélération diurne étoit de............ 12,32.

Après avoir ainsi déterminé la marche des montres pour nos différens points de relâche, M. BERNIER a appliqué aux longitudes obtenues chaque jour par les angles horaires, les corrections convenables pour qu'elles ne fussent plus affectées des variations qu'avoit pu éprouver la marche de ces mêmes montres.

(II.) Sous ce rapport, quand nous eûmes le malheur de perdre notre astronome, son travail avoit déjà été complété autant que la chose lui étoit possible durant le voyage ; mais ce ne pouvoit être qu'en Europe que la correction de nos longitudes devoit atteindre le dernier degré d'exactitude. Pour les amener à ce point, il falloit extraire des nombreuses observations de la lune, faites dans les divers observatoires de l'Europe, de 1801 à 1803, celles qui, se trouvant correspondre à nos observations de distances lunaires, devoient indiquer les erreurs des tables qui nous avoient servi à les calculer. Il n'étoit pas réservé à M. BERNIER de revoir la France ; il falloit donc qu'un autre mît la dernière main à son travail. J'avois été chargé des montres marines pendant notre dernière traversée [a]. Je m'étois servi des longitudes de BERNIER dans la construction provisoire des cartes que j'avois dressées pendant l'expédition. Il falloit que ces cartes fussent faites en France avec plus de soin, avant d'être gravées et livrées au public. Les déterminations astronomiques devant entrer comme élément dans la reconstruction de ces cartes, il étoit important de commencer par dégager les longitudes de toute espèce d'erreurs.

Ces considérations m'ont fait un devoir de suppléer notre astronome dans le dernier travail astronomique qui restoit à faire. Les moyens que j'ai mis en usage pour y parvenir vont être développés dans la suite de ce Mémoire.

(III.) La Connoissance des temps, ouvrage que publie chaque année, à Paris, le Bureau des longitudes, donne la distance de la lune au soleil et aux principales étoiles, calculée de trois heures en trois heures. Les navigateurs observent la distance apparente des mêmes astres, dans le lieu où ils se trouvent. Des formules connues leur donnent la distance vraie ; ensuite, au moyen d'une règle de proportion dans laquelle entrent les données précédentes de la Connoissance des temps, ils trouvent quelle est l'heure que l'on comptoit à Paris à l'instant de l'observation. La hauteur du soleil fait connoître l'heure du lieu,

OBSERVAT.[s] ASTRONOM.

---

[a] M. FAURE étant resté à l'Ile-de-France à la fin de l'expédition, laissa les montres, dont il avoit été chargé à la mort de BER- NIER, entre les mains de M. BOULLANGER, qui en a eu la direction jusqu'à notre retour en France. L. F.

pour le même instant ; la différence de ces heures donne la différence de longitude en temps ; on la réduit ensuite en degrés.

Mais ces données de la Connoissance des temps ne sont point parfaitement exactes : elles ont été trouvées à l'aide des tables astronomiques, et ces tables n'ont point encore la perfection que pourroient donner des observations directes. Les longitudes obtenues par les distances ont donc besoin d'être corrigées des erreurs des tables, en les comparant aux observations lunaires faites directement à Paris ou dans tout autre observatoire dont la longitude seroit bien connue.

Pour être en état, après un voyage, de corriger des erreurs des tables de la lune, les longitudes déduites de l'observation des distances, il faut se procurer des observations du passage de la lune au méridien, faites dans un observatoire exactement connu, aux mêmes jours où les distances ont été prises, ou très-près des mêmes jours, si l'on ne peut avoir les premières.

Aussi, en commençant mon travail, mon premier soin fut-il de me procurer des observations correspondantes aux nôtres ; MM. LALANDE oncle et neveu, et M. BOUVARD, voulurent bien me faciliter cette recherche.

MM. LALANDE me communiquèrent les résultats des observations faites à Greenwich par le docteur MASKELYNE. M. BOUVARD me remit des observations faites à Seeberg et à Paris ; les premières étoient de M. BURG, les dernières de MM. BOUVARD et MÉCHAIN.

Des passages de la lune au méridien, observés à Greenwich, on avoit conclu, au Collége de France, les ascensions droites et les déclinaisons, les longitudes et les latitudes de la lune, ainsi que le temps moyen, correspondant, à Paris.

Les observations de Seeberg et une partie de celles de Paris avoient également été calculées. Quant aux autres, consignées seulement sur les registres de l'Observatoire, il me fallut les calculer d'abord. Comme ce cas peut se présenter souvent, je vais

LIVRE III. *Analyse des cartes.* 367

joindre ici le type du calcul nécessaire pour déduire de la simple observation du passage, l'ascension droite, la déclinaison de la lune et le temps moyen correspondant, en faisant usage des tables de la lune qui ont été publiées par le Bureau des longitudes.

Ayant alors l'ascension droite et la déclinaison, on en déduira la longitude et la latitude de la lune, soit par les formules données dans la grande Astronomie de LALANDE (tom. I, *pag. 302*, troisième édition), soit par celles de la Trigonométrie de CAGNOLI (pag. 358, première édition), soit enfin par celles qu'on peut trouver dans d'autres ouvrages.

(IV.) *Type du Calcul nécessaire pour déduire l'ascension droite et la déclinaison de la lune, d'une observation de passage.*

Supposons que l'horloge de l'Observatoire, étant réglée sur le temps sidéral, le 2 janvier 1803 (correspondant au 12 nivôse an XI), on ait observé le premier bord de la lune dans la lunette méridienne à 2^h 15' 8",36 de l'horloge; et que 89" après, on ait observé au mural sa distance au zénith de 30° 52' 1",7, le baromètre marquant 27^p 9',1, et le thermomètre de RÉAUMUR $+ 4^d,3$.

On demande l'ascension droite et la déclinaison pour 2^h 15' 8",36, temps sidéral, et l'expression de ce temps sidéral en temps moyen, compté de midi.

CALCUL DE L'ASCENSION DROITE.

Heure de la pendule lors du passage............. 2^h 15' 8",36.
Correction de l'heure de la pendule, donnée par des passages d'étoiles, qui ont servi à la régler, ou différence de l'heure de la pendule à l'heure sidérale.. $+$ 1. 47 ,68.

Temps sidéral, lors du passage du premier bord de la lune................................... 2^h 16' 56",04.

OBSERVAT.ˢ
ASTRONOM.

OBSERVAT.ˢ
ASTRONOM.

Le même réduit en degrés, ou ascension droite du premier bord.. 34° 14′ 0″,6.

Demi-diamètre de la lune en ascension droite (qui sera calculée plus bas)............................... + 16. 47 ,0.

Ascension droite du centre de la lune............. 34° 30′ 47″,6.

Nota. Il faudroit retrancher ce demi-diamètre, si le second bord étoit le bord observé.

CALCUL DE LA DÉCLINAISON.

La distance du bord inférieur de la lune au zénith, observée au mural 8,9″ après son passage au fil de la lunette, a été trouvée de....................... 30° 52′ 8″,7.

Angle de colimation (c'est une correction constante pour chaque instrument) ici.................... — 7 ,0.

30° 52′ 1″,7.

Réfraction (qui sera calculée plus bas)............ + 35 ,0.

30° 52′ 36″,7.

Parallaxe de hauteur (qui sera calculée plus bas)..... — 29. 42 ,0.

Distance corrigée du bord inférieur de la lune au zénith.. 30° 22′ 54″,7.

Latitude de l'observatoire, ou distance du zénith de ce lieu à l'équateur.................................. 48. 50. 13 ,0.

Différence = distance du bord de la lune à l'équateur, ou déclinaison du bord de la lune............... 18° 27′ 18″,3.

Mouvement de la lune en déclinaison dans 8,9″ (calculé plus bas)..................................... — 18 ,1.

Déclinaison

LIVRE III. ANALYSE DES CARTES. 369

Déclinaison du bord de la lune, à l'instant de l'observation du passage.................. 18° 27′ 0″,2
Demi-diamètre de la lune (qui sera calculé plus bas).. + 15. 53 ,8

Déclinaison du centre de la lune................ 18° 42′ 54″,0

OBSERVAT.^s ASTRONOM.

Recherches des quantités qui entrent comme élémens dans les calculs précédens.

Réfraction. Les Tables de réfraction publiées par le Bureau des longitudes [a], donnent :

Table I, pour la réduction des baromètres..................... 27^p 9′,1 = 0^m,7514.

Table II, pour la réduction des thermomètres..................... + 4^d,3. R. = 5^d,4. centig.

Tables IV, VI et VII (facteurs dépendant de la distance au zénith, du baromètre et du thermomètre) donnent

les trois logarithmes............................. $\begin{cases} 1,5418. \\ 9,9949. \\ 0,0077. \end{cases}$

La somme................................. 1,5444.

répond, dans les tables de logarithmes ordinaires, à 35″,03 ; c'est la réfraction cherchée, qu'on eût pu trouver aussi par la Table VIII.

Parallaxe. Heure du passage au méridien, d'après la Connoissance des temps.................. 7^h 29′ temps vrai.

Parallaxe horizontale pour 7^h 29′ (Connoissance des temps) = 58′ 10″ = 3490″ dont le logarithme = 3,5428254.

[a] *Voyez* Tables astronomiques, publiées par le Bureau des longitudes de France ; Paris, 1806.

Aaa

370 VOYAGE AUX TERRES AUSTRALES,

La Table XLVI (des tables de la lune) donne[a] l'angle à la verticale, qui est constant pour un même lieu. Le rapport des axes étant 329 : 330, on a pour la latitude de Paris. + 10′ 20″

La distance au zénith, portée plus haut, est de.......... 3° 52′ 36″,7.
Retranchant l'angle à la verticale. 10. 20 ,0.

on a................. 30° 42′ 16″,7.
dont le logarithme sinus .... 9,7080890.

ajouté avec le logarithme de la parallaxe horizontale écrit ci-dessus.................... 3,5428251.

donne......................... 3,2509144.

C'est le logarithme de la parallaxe de hauteur qui répond ici à 1782″ = 29′ 42″.

Mouvement en déclinaison. On trouve dans la Connoissance des temps la déclinaison de la lune boréale. $\begin{cases} \text{à } 6^h = 18° 26′ \\ \text{à } 12. = 19. 39. \end{cases}$

La différence..................... 1° 13′ = 73′ = 4380
est le mouvement de déclinaison en 6 heures.
Proportionnellement en 89″, on a 18″,1 ; c'est la quantité cherchée.

Demi-diamètre horizontal. Le demi-diamètre de la lune pris dans la Connoissance des temps......... $\begin{cases} \text{le 12 nivôse} = 15′ 56 \\ \text{le 13} = 15. 49. \end{cases}$

Différence en vingt-quatre heures............... = 0′ 7″
La partie proportionnelle pour 7^h 29′............ = 0. 2,2.

Ainsi le demi-diamètre horizontal cherché....... = 15′ 53″,8.
Il est aisé de voir que si l'astre avoit une déclinaison Boréale, et qu'on eût observé son bord inférieur, la déclinaison du centre auroit été plus forte du demi-diamètre; qu'au contraire, elle seroit plus foible

---

[a] Recueil cité; Tables de la lune, par Bürg.

LIVRE III. ANALYSE DES CARTES. 371

de la même quantité, si l'on eût observé son bord supérieur. L'inverse auroit lieu pour une déclinaison Australe.

Dans l'exemple que nous avons choisi, il falloit donc ajouter le demi-diamètre pour avoir la déclinaison du centre.

Demi-diamètre en ascension droite. Le demi-diamètre en ascension droite est, comme l'on sait, l'arc de l'équateur qui passe au méridien en même temps que ce demi-diamètre. Pour le trouver, il faut diviser le demi-diamètre dont il s'agit par le cosinus de la déclinaison.

Ainsi demi-diamètre, trouvé plus haut $= 15' 53'',8$,

$= 958'',8$, dont le logarithme . . . . $= 2,9794573$.

Déclinaison du centre de la lune $= 18° 42' 54''$,

dont le complément arith. logar. cosinus . . . . . $= 0,0235921$.

La somme . . . . $3,0030494$.

est le logarithme du demi-diamètre en ascension droite qui correspond à $1007'',0 = 16' 47'',0$.

CALCUL DU TEMPS MOYEN.

Il faut d'abord remarquer que, dans les tables citées du Bureau des longitudes, on a employé le temps civil, c'est-à-dire qu'on fait commencer le jour douze heures plutôt dans ces tables que dans la Connoissance des temps. Ainsi quand l'observation de la lune au méridien a été faite après minuit, il faut prendre dans ces tables les données pour un jour plus tard que si l'on se servoit de la Connoissance des temps.

		Supplément du Nœud.
Table III[a]. Longitude moyenne, ou ascension droite moyenne du soleil pour 1803	$9^s\ 9°\ 40'\ 33'',7$	. . . 69.
Table VI des jours et mois. *Idem* pour le 2 janvier (colonne des années non bissextiles)	$0.\ 0.\ 59.\ 8\ ,3$	. . . 00.
Table XIII. Nutation en ascension droite pour 69 de supplément du nœud	$+\ 6\ ,9$	69.
Ascension droite du soleil pour le 2 à minuit ou 0^h	$9^s\ 10°\ 39'\ 48'',9$	

[a] Recueil cité ; Tables du soleil, par DELAMBRE.

OBSERVAT.ˢ
ASTRONOM.

La même réduite en temps = ascension droite du point de l'équateur, qui est à minuit dans le méridien.................... 18ʰ 42′ 39″,2.

Temps sidéral de l'observation = ascension droite du point de l'équateur, qui est alors au méridien....................... 2ʰ 16′ 56″,04.

Pour avoir cette ascension droite rapportée au minuit précédent, il faut ajouter........ 12.

Et l'on a l'ascension droite du point de l'équateur, qui passe alors dans la partie inférieure du méridien..................... 14ʰ 16′ 56″,04.

Ajoutant ici 24ʰ..................... 24.

38ʰ 16′ 56″,04.

pour pouvoir retrancher l'ascension droite, déjà trouvée, du point de minuit, qui est. 18. 42. 39 ,2.

la différence sera le temps sidéral, écoulé depuis minuit, ou le temps moyen approché compté de minuit................ 19ʰ 34′ 16″,84.

La Table XIV du mouvement moyen du soleil en ascension droite pendant les heures sidérales, donne les corrections suivantes, toujours soustractives
{ pour 19ʰ = 3′ 6″,76
  pour 34′ = 0. 5 ,57
  pour 17″ = 0. 0 ,05 } total. — 3. 12 ,38.

Temps moyen compté de minuit, trop fort de 24 heures...................... 19ʰ 31′ 4″,46.

+ 12.

Le même compté de midi précédent........ 31ʰ 31′ 4″,46.

Otant les 24ʰ de trop................ — 24.

on a le temps moyen compté du midi du 12 nivôse [ou 2 janvier]................ 7ʰ 31′ 4″,46.

LIVRE III. *ANALYSE DES CARTES.* 373

Maintenant, connoissant, par ce qui précède, l'ascension droite et la déclinaison de la lune, conclue d'une observation de passage, ainsi que le temps moyen correspondant, on en déduira la longitude et la latitude de la lune, par les formules citées plus haut. Voici comment on peut ensuite employer ces résultats pour corriger les longitudes obtenues par les distances.

(V.) *Moyen employé pour corriger les longitudes obtenues par les distances lunaires, des erreurs des Tables de la lune.*

Prenons pour exemple les distances de la lune au soleil, observées par M. BERNIER, au fort Concordia, sur l'île Timor, le 29 fructidor an IX, correspondant au 16 septembre 1801.

Une observation de passage, qui eut lieu le même jour à l'observatoire de Paris, a donné pour $6^h\ 57'\ 54'',6$, temps moyen,
longitude de la lune . . . . $= 9^s\ 8°\ 50'\ 17'',0.$
et latitude de la lune Australe . . . . $=\ 5.\ 13.\ 11\ ,8.$

Les tables dont nous voulons corriger l'erreur, étant celles de la Connoissance des temps, et tout étant calculé en temps vrai dans ces tables, il faut d'abord réduire le temps moyen de l'observation au temps vrai.

Ainsi, temps moyen au midi vrai, le 29 fructidor . . . $11^h\ 54'\ 52'',2.$

Différence à 12^h, ou équation du temps pour midi . . $0^h\ 5'\ 7'',8.$

Changement en 24^h, du 29 au 30 fructidor, $= 21'';$
proportionnellement pour 7^h, on a . . . . $+\ 6,1.$

Donc équation du temps pour l'heure de l'observation. $0^h\ 5'\ 13'',9.$
Temps moyen de l'observation, porté plus haut . . . . $6.\ 57.\ 54\ ,6.$

Temps vrai . . . . $7^h\ 3'\ 8'',5.$

OBSERVAT.
ASTRONOM.

374 VOYAGE AUX TERRES AUSTRALES,

Il faut chercher, d'après les tables dont on veut connoître l'erreur (ici ce sont les tables de la Connoissance des temps), quelles sont la longitude et la latitude de la lune à 7^h 3′ 8″,5 heure vraie de l'observation faite à Paris, afin de pouvoir comparer ces deux résultats à ceux qui sont donnés directement par l'observation.

Pour cela, il faut prendre dans la Connoissance des temps les longitudes et latitudes de la lune, qui y sont calculées de 12 en 12 heures, et chercher par interpolation celles qui conviennent à l'heure donnée.

Cette interpolation peut se faire d'une manière commode, en cherchant l'augmentation ou diminution de longitude et de latitude, proportionnelle au nombre d'heures, minutes et secondes, et appliquant au quatrième terme de la proportion, une correction dépendant des différences secondes.

Une table de ces corrections se trouve dans la Connoissance des temps de l'an XV *(pag. 369 et 370)*. Cette table est à double entrée : la première et la deuxième colonnes verticales contiennent le nombre d'heures écoulées entre midi ou minuit et l'instant de l'observation ; la première colonne horizontale exprime le nombre de minutes de la différence seconde moyenne. La correction est le nombre qui correspond en même temps au nombre de chacune des colonnes verticale et horizontale, pour lequel on a calculé.

	Longitudes de la lune.	Premières différences.	Secondes différences.
Ainsi, dans la Connoissance des temps, on a, le 28 fructidor à minuit.	8ˢ 27° 33′ 0″		
Le 29 .. id ... à midi ..	9. 4. 38. 49.	7°° 5′ 49″	3′ 7″
Le 29 .. id ... à minuit.	9. 11. 47. 45.	7. 8. 56.	2. 49.
Le 30 .. id ... à midi ..	9. 18. 59. 30.	7. 11. 45.	
Différence seconde moyenne			2′ 58″

LIVRE III. *ANALYSE DES CARTES.* 375

	Latitudes de la lune Australe.	Premières différences.	Secondes différences.
Le 28 fructidor, à minuit....	5° 16' 45"		
Le 29... Id.... à midi......	5. 15. 59.	0' 46"	4' 52"
Le 29... Id.... à minuit....	5. 10. 21.	5. 38.	4. 53.
Le 30... id.... à midi......	4. 59. 50.	10. 31.	

Différence seconde moyenne........ 4' 52",5.

Proportion pour la longitude. $12^h : 7^h 3' 8",5 :: 7° 8' 56" : x$

$12^h \ldots = 43200",0.$ complém.^{t} arith.^{e} logarith..	5,3645163.
$7^h 3' 8",5 = 25388 ,5.$ logarithme.............	4,4046371.
$7° 8' 56",0 = 25736 ,0.$ logarithme.............	4,4105410.
Somme, logarithme de x....	4,1796944.
$x =$ partie proportionnelle........	4° 12' 5",0
Correction, indiquée soustractive dans la table, pour 7^h et pour 2' 58" de différence seconde moyenne...	— 21 ,7.
Intervalle en longitude, cherché.............	0^s 4° 11' 43",3.
Longitude de la lune, à midi................	9. 4. 38. 49 ,0.
Somme = longitude pour l'heure de l'observation, donnée par les tables.....................	9^s 8° 50' 32",3.
Longitude déduite de l'observation du passage....	9. 8. 50. 17 ,0.
Différence, à retrancher de la longitude des tables.	15",3.

Proportion pour la latitude. $12^h : 7^h 3' 8", 5 :: 5' . 38" : x$

$12^h \ldots \ldots = 43200",0.$ complém. arith. logarith.	5,3645163.
$7^h. 3'. 8",5. = 25388',5.$ logarithme..........	4,4046371.
$5'. 38 ,0. = \quad 338 ,0.$ logarithme............	2,5289167.
Somme, logarithme de x.........	2,2980701.

$x =$ partie proportionnelle..................	3′ 18′
Correction soustractive pour 7ʰ et pour 4′ 52″,5 de différence, seconde moyenne..............	35,4.
	0″ 2′ 42″,6.
Latitude de la lune à midi..................	5. 15. 59,0.
Latitude pour l'heure de l'observation donnée par les tables.............................	5° 13′ 16″,4.
Latitude déduite de l'observation du passage......	5. 13. 11,8.
Différence, à retrancher de la latitude des tables...	4″,6.

Or comme cette erreur sur la longitude et sur la latitude de la lune ne peut pas varier sensiblement en 12ʰ, nous corrigerons d'abord la longitude et la latitude des tables pour midi; puis nous nous servirons de cette longitude et de cette latitude corrigées, pour corriger aussi la distance de la lune au soleil, donnée pour midi dans la Connoissance des temps.

Pour cela nous prendrons la différence $= D$, entre la longitude de la lune corrigée pour midi, et la longitude du soleil aussi pour midi. Cette différence sera l'un des côtés d'un triangle sphérique rectangle, dont la latitude de la lune $= L$, corrigée pour midi, sera l'autre côté, et dont l'hypothénuse sera la distance $= x$ de la lune au soleil, demandée.

Appelant R le rayon, on aura la proportion suivante :

$$R : \cos. L :: \cos. D : \cos. x = \frac{\cos. L \times \cos. D}{R}$$

Ainsi, le 29 fructidor,
Longitude du soleil... $= 5^s$ 23° 5′ 38″
Longitude corrigée de la
lune........... $= 9.$ 4. 38. 34.

Différence $= D$.... $= 3^s$ 11° 32′ 56″

Ou

LIVRE III. ANALYSE DES CARTES. 377

Ou en réduisant tout en degrés........ =	101° 32′ 56″	log. cos... 9.3014728.
Latitude corrigée de la lune = L........ =	5. 15. 54.	log. cos... 9.9981638.
Log. cos. x..................................		9.2996366.
Ce qui donne, distance corrigée pour midi....	101° 29′ 58″	
La Connoissance des temps porte pour le même instant.............	101. 30. 12.	
Différence qu'il faut retrancher des distances données par les tables....	14″	

Maintenant que l'on connoît l'erreur des tables, sur la distance, le calcul peut se terminer comme il suit :

La première suite de distances a été prise par M. BERNIER le 29 fructidor an IX, à 3ʰ 3′ 11″,2 temps vrai ; la distance réduite a été trouvée de 98° 44′.

La longitude Orientale, conclue alors de 121° 5′ 25″ en degrés, ou en temps d'environ 8ʰ, c'est-à-dire pour Paris, le 28 fructidor à 19 heures. Aussi la distance étant cherchée dans les tables tombe entre celles de 18 et de 21 heures.

La différence entre ces deux distances de 18 et 21 heures (corrigées ou non l'une et l'autre des 14″ trouvées plus haut), est égale à 1° 38′ 48″. On fera cette proportion, 1° 38′ 48″ : 3ʰ :: 14″ : x ;

Complément arithmétique, logarithme du premier terme réduit en secondes......................	6, 227092.
Logarithme de 3ʰ ou de 10800″..................	4, 033424.
Logarithme de 14″...........................	1, 146128.
Somme = logarithme de x..................	1, 406644.

Bbb

OBSERVAT.ˢ
ASTRONOM.

Ce logarithme répond à 25",5 en temps, ou à 6' 22" de degré; c'est la correction qui doit servir à corriger toutes les suites de distances comprises entre les deux mêmes distances de la Connoissance des temps, et même, sans erreur sensible, toutes les suites de distances prises le même jour.

Pour savoir maintenant si cette correction de 6' 22" doit être ajoutée aux longitudes déjà calculées, ou s'il faut la retrancher, je remarque qu'aux heures dont il s'agit, les distances de la lune au soleil vont en croissant; de plus, j'ai vu que les 14" d'erreur doivent être retranchées des distances. La correction de cette erreur de 14" augmente, dans ce cas-ci, la différence qui existoit entre la première distance des tables et la distance réduite observée à Timor : elle augmente donc aussi le quatrième terme de la proportion qui donne la quantité à ajouter à la première heure des tables, pour avoir l'heure de Paris; elle augmente par conséquent l'heure de Paris. L'heure vraie à Timor, qui est ici plus grande que l'heure de Paris, n'ayant pas varié, la différence entre ces deux heures, ou, ce qui est la même chose, la longitude, sera donc plus petite. La correction de 6' 22" doit donc être soustractive. Si la différence de 14" eût dû être ajoutée, la correction seroit additive. Le contraire auroit lieu si les distances alloient en décroissant; et enfin il faudroit prendre l'inverse de tout ceci, dans le cas où l'heure de Paris seroit la plus forte.

Ces moyens exposés, voici l'application que j'en ai faite à la correction des longitudes observées pendant notre voyage.

(VI.) Par des calculs semblables à ceux qui précèdent, j'ai d'abord déterminé l'erreur des tables, pour toutes les journées où, ayant eu des observations de distances pendant le voyage, j'ai pu me procurer, au retour, des observations de passage faites aux mêmes jours en Europe.

A défaut de celles-ci, j'ai fait usage des observations faites le lendemain ou la veille; lorsque ces dernières m'ont manqué, j'ai cherché par interpolation, au moyen de deux passages pris à peu de jours de distance, mais l'un avant et l'autre après notre observation, quelle devoit être l'erreur des tables, pour le jour où nous avons observé. Enfin à défaut total de correspondantes (et ce cas a été rare), j'ai corrigé les distances portées dans la Connoissance des temps, par le seul moyen qui restoit alors, celui de calculer les lieux de soleil et de lune par les dernières tables publiées par le Bureau des longitudes, et d'en déduire les distances, telles qu'elles eussent été données par ces tables, les plus parfaites que nous ayons.

Ces premiers calculs opérés, les longitudes que nous avions obtenues par les distances lunaires se sont trouvées dégagées, autant que possible, des erreurs des tables; et, dans ce qui va suivre, je supposerai généralement les résultats ainsi corrigés.

(VII.) Quatre points principaux, dans nos relâches, ont été fixés par un grand nombre de distances de la lune au soleil; savoir:

1.° Le fort Concordia, dans l'île de Timor, en septembre 1801;

2.° La pointe Banelong, à Sydney-cove, au port Jackson, en juillet et août 1802;

3.° Notre observatoire, près le cap Delambre, sur l'île Decrès, en janvier 1803;

4.° La pointe des Hauts-Fonds, sur la presqu'île Péron (baie des Chiens-Marins), en juillet 1801 et mars 1803.

Sur les trois premiers points, nous avons eu des distances Orientales et Occidentales; sur le quatrième, des distances Orientales seulement.

Indépendamment de ces points principaux, nous avons fixé par les mêmes moyens quelques points secondaires dont nous parlerons après avoir examiné les premiers.

OBSERVAT.s
ASTRONOM.

Fort Concordia. Latitude 10° 9' 55" Sud.

La moyenne corrigée entre 145 distances Orientales et 72 Occidentales, en tout 217 distances corrigées de la lune au soleil, placent le fort Concordia par .... 121° 15' 21",5.

M. BERNIER avoit trouvé par les distances non corrigées .... 121. 30. 0.

Différence .... — 14' 38",5.

Pointe Banelong (Sydney-cove). Latitude 33° 51' 21",8 Sud.

La moyenne entre 132 distances Occidentales et 54 Orientales, en tout : 86 distances corrigées de la lune au soleil, placent la pointe Banelong par .... 148° 48' 32"

M. BERNIER, par les mêmes distances, non corrigées, avoit trouvé .... 149. 2. 0.

Différence .... — 13' 28"

Observatoire (île Decrès). Latitude 35° 43' 28" Sud.

La moyenne entre 144 distances Orientales et 108 Occidentales, en tout 252 distances corrigées de la lune au soleil, placent ce point par .... 135° 33' 13"

M. BERNIER avoit trouvé par les mêmes distances, non corrigées .... 135. 46. 44.

Différence .... — 13' 31"

Pointe des Hauts-Fonds. Latitude 25° 29' 45" Sud.

Longitude de la corvette *le Géographe*, le 3 juillet 1801, donnée par 24 distances prises les 2, 3 et 4 juillet, rapportées au midi du 3 par les montres marines .... 111° 1' 44",3.

La corvette étoit alors (d'après les relèvemens) à 10' dans l'O. de la pointe des Hauts-Fonds .... + 10. 0,0.

LIVRE III. *ANALYSE DES CARTES.* 381

Somme, ou longitude de la presqu'île, donnée par les
 distances de l'année 1801.................... 111° 11′ 44″,3
Longitude du mouillage du même bâtiment, le 17 mars
 1803, donnée par 54 distances, prises les 16 et 17
 mars, et rapportées au mouillage
 du 17, à l'aide des montres marines = 111° 9′ 49″,5.
La corvette étoit alors de 7′ 30″ à
 l'O. de la pointe des Hauts-Fonds.   + 7. 30 ,0.
Somme, ou longitude de la pointe des Hauts-Fonds par
 les distances de 1803...................... 111. 17. 19 ,5

Moyenne des unes et des autres, ou position de la
 pointe des Hauts-Fonds, donnée par les 78 distances
 des deux années.......................... 111° 14′ 32″
M. BERNIER avoit trouvé avant la correction....... 111. 7. 35.
   Différence.................. + 6′ 57″

Port Nord-Ouest (canal Dentrecasteaux). Latit. 43° 0′ 55″ Sud.
24 distances Orientales de la lune au soleil, prises le 26 janvier 1802,
 donnent pour la longitude corrigée de notre observa-
 toire, dans le port Nord-Ouest du canal Dentrecasteaux 145° 2′ 45″
M. BERNIER avoit trouvé par les mêmes distances non
 corrigées............................... 145. 19. 49.
   Différence............... − 17′ 4″

Pointe Maugé[a] *(île Maria).* Latit. 42° 42′ 0″ Sud[b].
24 distances Orientales corrigées, prises le 26 février
 1802, donnent pour la longitude du point de l'observation............................... 145. 55′ 56″
Par les mêmes distances non corrigées, M. BERNIER avoit
 obtenu................................. 145. 52. 43.
   Différence................ + 3′ 13″

---

[a] Ce n'est pas précisément sur la pointe Maugé, mais un peu en dedans de cette pointe, qu'a observé M. BERNIER; il en fait lui-même la remarque dans son journal. L. F.
[b] La latitude de la pointe Maugé = 42° 41′ 52″ Sud. L. F.

OBSERVAT.ˢ
ASTRONOM.

Position de la corvette le Géographe, le 10 avril 1802 à midi.

D'après notre carte de l'île Decrès, *le Géographe* se trouvoit, le 10 avril 1802, sur la côte Nord-Est de cette île, à 15' 41" dans l'Est du cap Delambre, dont la longitude a été fixée plus tard de 135° 33' 32"; la longitude vraie du *Géographe* étoit donc ce jour de 135° 49' 13".

Position de la même corvette, le 25 mai 1802, après midi.

Le 25 mai 1802, *le Géographe* étoit en vue de l'île Maria, dont la longitude est connue ; la position du bâtiment, fixée par des relèvemens convenables, s'est trouvée par 146° 10' 0".

(VIII.) Les déterminations précédentes ayant eu lieu à des époques éloignées l'une de l'autre, et nos traversées étant souvent trop longues pour que l'on pût déduire de la seule différence entre la marche des montres au départ et leur marche à l'arrivée, celles qu'elles avoient dû avoir vers le milieu de la traversée, nous fixâmes à la mer quelques-unes des positions de la corvette par un grand nombre de distances lunaires. Nous nous servîmes ensuite de ces déterminations pour apprécier l'erreur des montres, et conclure la position de quelques nouveaux points.

Ainsi, par exemple, dans la traversée de Timor au canal D'entrecasteaux, 90 distances prises les 25, 26, 27, 28, 29 et 30 novembre 1801, et rapportées par les montres à la journée du 27, ont donné 117° 28' 21" pour la longitude corrigée du bâtiment à midi.

En faisant usage des déterminations dont j'ai rendu compte, et de celles dont il me reste à parler, j'ai corrigé les longitudes journalières du bâtiment, comprises entre deux de ces points principaux. L'opération a eu lieu ainsi qu'il suit :

J'ai pris la différence entre une longitude de départ corrigée et celle d'arrivée également corrigée ; j'ai pris semblablement la différence entre les deux longitudes non corrigées des mêmes points; j'ai retranché une différence de l'autre et j'ai réparti la différence des différences sur les longitudes des jours intermédiaires, non proportionnellement, mais suivant la loi de la progression arithmétique, d'après la formule donnée par BORDA [a].

La correction de chaque jour ainsi déterminée, je l'appliquois à la différence de longitude qui existoit entre la longitude du départ et celle du jour pour lequel j'opérois; ajoutant cette différence, ainsi corrigée, à la longitude corrigée du départ (ou l'en retranchant suivant les cas), j'avois la longitude corrigée du jour pour lequel je faisois le calcul.

Les circonstances du voyage ont été telles, que souvent nous avons revu plusieurs fois les mêmes lieux, et que nous avons pu prendre une détermination moyenne entre les longitudes de deux années différentes; vérification qui a dû nécessairement resserrer la limite d'incertitude qui pouvoit rester sur les positions que nous avions fixées. C'est ainsi que deux fois nous avons relâché dans la baie de Coupang, deux fois à la baie des Chiens-Marins; que deux fois nous avons revu le cap Hamelin, peu éloigné de la tache de sable remarquable qui en est au N.; deux fois nous avons vu l'îlot du Coin-de-Mire, dans le détroit de Bass; deux fois aussi l'île Decrès, les îles Saint-Pierre et l'île Depuch.

Nous allons parler de la détermination des différens points dont la position n'a pas été donnée plus haut.

Milieu des îles Saint-Pierre [b]. Latitude 32° 25' 30" Sud.

Le milieu de l'espace qui sépare les deux plus grandes îles Saint-Pierre, est placé, d'après nos relèvemens, à 3' dans l'E. de la position de la corvette *le Géographe*, le 2 mai 1802 à midi, et à

---

[a] Voyage de *la Flore*, tom. II, *pag.* 427.
On trouve dans le second volume du Voyage de Dentrecasteaux, *pag.* 224, une table très-commode pour faire promptement ces interpolations.

[b] C'est le milieu de l'espace qui sépare l'île Turenne et l'île Richelieu.

7′ 30″ à l'E. du mouillage du même bâtiment dans la baie Murat, le 7 février 1803.

La journée du 2 mai 1802 est comprise entre le 10 avril (dont la longitude est connue par ce qui précède, N.° VII), et le 10 mai de la même année, jour où l'on a eu des observations de distance corrigées des erreurs des tables.

M. BERNIER trouve l'intervalle en longitude non corrigée entre ces deux époques extrêmes, de............	6° 9′ 27″
Le même intervalle, en longitude corrigée, est de......	6. 4. 24.
La différence................................. qui est soustractive, doit être répartie sur 30 jours..	5′ 3″
Pour le 2 mai, c'est-à-dire au bout de 22 jours, elle donne en interpolant...........................	—0° 2′ 4″
Intervalle en longitude non corrigée, entre le 10 avril et le 2 mai 1802............................	4. 32. 44.
Donc intervalle en longitude corrigée, entre les mêmes époques...................................	4° 29′ 59″
Longitude corrigée du 10 avril, trouvée plus haut....	135. 49. 13.
Différence des deux dernières quantités, ou longitude du 2 mai, corrigée par les observations de 1802....	131° 19′ 14″
Différence, donnée par les relèvemens, portée plus haut.	+ 3. 0.
Longitude corrigée du milieu des îles Saint-Pierre, par les données de 1802 seulement................	131° 22′ 14″

La journée du 7 février est comprise entre l'époque de la relâche à l'île Decrès, et celle de la seconde relâche à la baie des Chiens-Marins.

L'intervalle en longitude non corrigée, entre ces deux points, est de...............................	24° 39′ 10″
Intervalle en longitude corrigée, entre les mêmes points.	24. 18. 37.
Différence à répartir sur 43 jours................	20′ 33″

En

LIVRE III. ANALYSE DES CARTES.

OBSERVAT.ˢ ASTRONOM.

En interpolant, on a pour 6 jours 30″ de correction.	
Intervalle en longitude non corrigée entre notre observatoire sur l'île Decrès et le point de midi, 7 février 1803....................................	4° 25′ 24″
Appliquant la correction ci-dessus de............	30.
on a pour l'intervalle en longitude corrigée, entre les mêmes points....................................	4° 24′ 54″
Longitude corrigée de notre observatoire sur l'île Decrès (donnée plus haut)........................	135. 33. 13.
Longitude corrigée du 7 février 1803............	131° 8′ 19″
Différence, donnée par les relèvemens, portée plus haut.	+ 7. 30.
Longitude corrigée du milieu des îles Saint-Pierre, par les données de 1803 seulement................	131° 15′ 49″
Longitude corrigée du même point pour les données de 1802, trouvée plus haut.....................	131. 22. 14.
Donc, longitude corrigée du milieu des îles Saint-Pierre, moyenne entre les déterminations de 1802 et de 1803.	131° 19′ 31″

Cap Hamelin [a] *(Terre de Leuwin).* Latitude 33° 14′ Sud.

Le cap Hamelin est situé, d'après nos relèvemens, 12′ à l'E. de la position de la corvette *le Géographe*, le 29 mai 1801 à midi, et 5′ 30″ à l'E. de la position du même bâtiment, le 9 mars 1803, également à midi.

Le 29 mai 1801 est compris entre le 5 mai 1801, jour où nous avons eu des observations de distances corrigées, et le 3 juillet de la même année, jour où l'on étoit à 10′ dans l'O. de la pointe des Hauts-Fonds dans la baie des Chiens-Marins, dont la position a été fixée plus haut.

[a] On trouve sur la côte et directement au N. du cap Hamelin une tache de sable blanc, très-remarquable, qui forme un excellent point de reconnoissance. L. F.

386   VOYAGE AUX TERRES AUSTRALES,

Intervalle en longitude non corrigée, entre les deux époques extrêmes (du 5 mai au 3 juillet 1801), fixées ci-dessus.......... 46° 24' 0"
Intervalle en longitude corrigée, pour les mêmes époques. 46. 18. 56.

Différence, qui doit être répartie sur 59 jours....... 0° 5' 4"

Pour 25 jours, en interpolant, on a............... 0° 0' 55
Intervalle en longitude non corrigée, entre les midi du 5 et du 29 mai............................ 47. 47. 22.

Otant les 55" de correction, il reste pour ce même intervalle corrigé........................... 47° 46' 27
Longitude corrigée du 5 mai 1801............... 64. 45. 40.

Longitude du bâtiment le 29 mai, à midi......... 112° 32' 7"
Différence donnée par les relèvemens, portée plus haut. + 12. 0.

Longitude corrigée du cap Hamelin, par les données de 1801 seulement......................... 112° 44' 7"

Le 9 mars 1803 se trouve compris entre le 7 février, jour où l'on étoit à 7' 30" à l'O. du milieu des îles Saint-Pierre, et le 17 mars, jour où l'on étoit aussi à 7' 30" à l'O. de la pointe des Hauts-Fonds.

Intervalle en longitude non corrigée, entre les deux époques extrêmes du 7 février et du 17 mars 1803. 20° 20' 48"
Intervalle en longitude corrigée, pour les mêmes époques. 20. 4. 59.

Différence qui doit être répartie sur 28 jours....... 0° 15' 49"

Pour 20 jours, en interpolant, on a............. 0° 8' 11"
Intervalle en longitude non corrigée, entre les midi des 7 février et 9 mars 1803.................... 18. 49. 12.

LIVRE III. ANALYSE DES CARTES. 387

		OBSERVAT.ˢ ASTRONOM.
Otant les 8′ 11″ de correction, il reste pour ce même intervalle corrigé..................................	18° 41′ 1″	
Longitude corrigée du 7 février 1803.............	131. 12. 1.	
Différence des deux dernières quantités, ou longitude corrigée du bâtiment le 9 mars 1803...........	112° 31′ 0″	
Différence donnée par les relèvemens, portée plus haut.	+ 5. 30.	
Longitude corrigée du cap Hamelin, par les données de 1803 seulement.......................	112° 36′ 30″	
Longitude corrigée du même point, par les données de 1801, trouvée plus haut..................	112. 44. 7.	
Donc, longitude corrigée du cap Hamelin, moyenne entre les déterminations de 1801 et de 1803.....	112° 40′ 18″	

Port du Roi-George. Latitude 35° 3′ 30″ Sud.

Notre observatoire fut établi au port du Roi-George le 19 février 1803, et levé le 1.ᵉʳ mars suivant; le 20 février, jour où l'on prit des angles horaires pour régler la marche des montres marines, est compris entre le 7 février, jour où l'on étoit à 7′ 30″ dans l'O. du milieu des îles Saint-Pierre (point déterminé plus haut), et le 9 mars 1803, jour où l'on étoit à 5′ 30″ dans l'O. du cap Hamelin (également déterminé).

Intervalle en longitude non corrigée, entre les deux époques extrêmes du 7 février et du 9 mars......	18° 49′ 12″
Intervalle en longitude corrigée pour les mêmes époques.	18. 37. 12.
Différence à répartir sur 20 jours (le temps de la relâche déduit)...............................	0° 12′ 0″

OBSERVAT.ˢ
ASTRONOM.

Pour 13 jours, en interpolant.................... 0° 5′ 12″

Intervalle en longitude non corrigée, entre les midi des
7 et 20 février 1803...................... 15. 39. 7.

Otant les 5′ 12″ de correction, il reste pour ce même
intervalle corrigé......................... 15° 33′ 55″

Longitude corrigée du 7 février 1803............ 131. 12. 1.

Différence des deux dernières quantités, ou longitude
de notre observatoire au port du Roi-George..... 115° 38′ 6″

Ilot du Coin-de-Mire (détroit de Bass). Latitude 39° 33′ 0″ Sud.

Cet îlot est, d'après nos relèvemens, à 22′ dans l'E. de la position du *Géographe* le 28 mars 1802 à midi, et 3′ 30″ dans l'E. de la position de la même corvette le 3 décembre 1802, à midi.

Le 28 mars 1802 est compris entre le 26 février 1802, jour où la position du bâtiment, au mouillage près de l'île Maria, a été fixée par des relèvemens, et le 10 avril 1802, jour où nous étions à 16′ dans l'E. de notre observatoire sur l'île Decrès (point déterminé plus haut).

Intervalle en longitude non corrigée, entre les deux
époques extrêmes du 26 février et du 10 avril 1802. 9° 50′ 22″

Intervalle en longitude corrigée, pour les mêmes époques. 10. 5. 47.

Différence à répartir sur 43 jours................ 0° 15′ 25″

Pour 30 jours, en interpolant, on a.............. 0° 7′ 34″

Intervalle en longitude non corrigée, entre le 26 février
et le 28 mars 1802...................... 1. 41. 1.

Ajoutant les 7′ 34″ de correction, on a pour ce même
intervalle corrigé......................... 1° 48′ 35″

Longitude corrigée du 26 février, donnée plus haut.. 145. 55. 0.

LIVRE III. ANALYSE DES CARTES. 389

Différence des deux dernières quantités, ou longitude du bâtiment le 28 mars 1802................	144° 6' 25"
Différence donnée par les relèvemens, portée plus haut.	+ 22. 0.
Longitude corrigée de l'îlot du Coin-de-Mire, par les données de mars 1802 seulement.............	144° 28' 25"

Le 3 décembre 1802 est compris entre le 17 novembre 1802, jour où nous appareillâmes du port Jackson (dont la longitude a été fixée plus haut), et le 6 avril 1803, jour où nous mouillâmes à l'île Decrès (dont la longitude est aussi connue).

Intervalle en longitude non corrigée, entre les deux époques extrêmes du 17 novembre 1802 et du 6 avril 1803.................................	13° 15' 16"
Intervalle en longitude corrigée, pour les mêmes époques.	13. 15. 16.
Différence nulle............................	0° 0' 0"
Intervalle en longitude non corrigée et corrigée, entre le 17 novembre et le 3 décembre 1802........	4° 12' 12"
Longitude corrigée du 17 novembre, ou longitude du port Jackson............................	148. 48. 30.
Différence des deux dernières quantités, ou longitude du 3 décembre............................	144° 36' 18"
Différence donnée par les relèvemens, portée plus haut.	+ 3. 30.
Longitude corrigée de l'îlot du Coin-de-Mire, par les données de décembre 1802 seulement.........	144° 39' 48"
Longitude corrigée du même îlot, par les données de mars 1802, trouvée plus haut..................	144. 28. 25.
Donc, longitude corrigée de l'îlot du Coin-de-Mire, moyenne entre ces deux déterminations.........	144° 34' 5"

OBSERVAT.^s ASTRONOM.

Ile Depuch (Terre de Witt). Latitude 20° 35′ 22″.

L'île Depuch est située, d'après nos relèvemens, à 2′ 30″ dans l'O. de la position du *Géographe*, le 27 juillet 1801, à midi, et à 14′ 30″ dans l'E. de la position de la même corvette, le 30 mars 1803, à midi.

Longitude donnée par les montres le 27 juillet 1801, et confirmée par les distances corrigées des 16, 17 et 18 juillet de la même année...............	115° 10′ 0″
Différence donnée par les relèvemens, portée plus haut.	— 2. 30.
Longitude corrigée de l'île Depuch, par les données de 1801 seulement.......................	115° 7′ 30″
La longitude trouvée directement par M. BERNIER pour le 30 mars 1803, augmentée de 7′, parce que les distances corrigées ont augmenté de cette quantité la longitude de la pointe des Hauts-Fonds, d'où l'on étoit parti, est de.........................	115° 5′ 45″
Différence donnée par les relèvemens, portée plus haut.	+ 14. 30.
Longitude corrigée de l'île Depuch, par les données de 1803 seulement........................	115° 20′ 15″
Longitude corrigée du même point, par les données de 1801, trouvée plus haut...................	115. 7. 30.
Donc, longitude corrigée de l'île Depuch, moyenne entre les déterminations de 1801 et 1803........	115° 13′ 52″

(X.) C'est à l'aide des déterminations précédentes que j'ai corrigé toutes les longitudes données chaque jour, par les montres marines, à bord de la corvette *le Géographe*, depuis notre départ de l'île de France (le 25 avril 1801), jusqu'à l'époque de notre deuxième relâche à Timor (le 6 mai 1803)[a] : je me suis conformé au procédé exposé dans le N.° VIII de ce mémoire.

[a] Je donnerai plus bas les détails relatifs à la correction des longitudes observées à bord du *Géographe*, postérieurement au 6 mai 1803. L. F.

Voici de quelle manière ce travail a été distribué.

Du 25 avril 1801 au 29 juin de la même année, les longitudes journalières observées à bord du *Géographe*, ont été corrigées d'après la longitude connue du port Nord-Ouest de l'Ile-de-France, et celle du cap Hamelin déterminée plus haut.

Du 29 juin au 3 juillet 1801, les longitudes journalières ont été corrigées d'après la position du cap Hamelin, et celle de la pointe des Hauts-Fonds dans la baie des Chiens-Marins.

Du 3 au 27 juillet 1801, elles l'ont été d'après la position de la pointe des Hauts-Fonds et de l'île Depuch.

Du 27 juillet au 22 août 1801, d'après les positions de l'île Depuch et du fort Concordia dans la baie de Coupang, où nous avons séjourné jusqu'au 13 novembre de la même année.

Du 13 novembre au 27 novembre 1801, jour où nous eûmes de nombreuses suites de distances lunaires à la mer, elles l'ont été d'après la position du fort Concordia, et celle de la corvette le 27 novembre.

Du 27 novembre 1801 au 26 janvier 1802, par la position du 27 novembre, et la position du port Nord-Ouest dans le canal Dentrecasteaux.

Du 26 janvier au 26 février 1802, nous séjournâmes dans le port Nord-Ouest du canal Dentrecasteaux et à l'île Maria.

Du 26 février au 28 mars 1802, les longitudes ont été corrigées d'après les déterminations de l'île Maria, et de l'îlot du Coin-de-Mire dans le détroit de Bass.

Du 28 mars au 10 avril 1802, par les positions de l'îlot du Coin-de-Mire et de notre observatoire sur l'île Decrès.

Du 10 avril au 2 mai 1802, par la position de l'île Decrès et celle du milieu des îles Saint-Pierre.

OBSERVAT.ˢ
ASTRONOM.

Du 2 au 25 mai 1802, par la position du milieu des îles Saint-Pierre, et celle de l'île Maria.

Du 25 mai au 20 juin 1802, par la position de l'île Maria et celle du port Jackson, d'où nous sommes partis le 18 novembre suivant.

Du 18 novembre au 3 décembre 1802, par la position du port Jackson et celle de l'îlot du Coin-de-Mire, dans le détroit de Bass.

Du 3 décembre 1802 au 6 janvier 1803, par la position de l'îlot du Coin-de-Mire et celle de l'île Decrès, où nous sommes restés mouillés jusqu'au 1.ᵉʳ février.

Du 1.ᵉʳ au 7 février 1803, par la position de notre observatoire sur l'île Decrès, et celle du milieu des îles Saint-Pierre.

Du 7 au 20 février 1803, par la position du milieu des îles Saint-Pierre, et celle du port du Roi-George, où l'on a séjourné jusqu'au 1.ᵉʳ mars.

Du 1.ᵉʳ au 9 mars 1803, par les positions du port du Roi-George et du cap Hamelin.

Du 9 au 17 mars 1803, par les positions du cap Hamelin et de la pointe des Hauts-Fonds, à la baie des Chiens-Marins, où l'on reste à l'ancre jusqu'au 22 mars.

Du 22 au 30 mars 1803, par les positions de la pointe des Hauts-Fonds et de l'île Depuch.

Enfin du 30 mars au 6 mai 1803, par les positions de l'île Depuch et du fort Concordia, sur l'île Timor.

Ici se termine le mémoire qu'a rédigé M. BOULLANGER, sur la correction des longitudes observées à bord de la corvette le *Géographe* [a] ; nous allons y joindre quelques mots pour com-

---

[a] Rigoureusement parlant, le mémoire de M. BOULLANGER contient encore deux articles ; le premier est conçu en ces termes : « Nous quittâmes la rade de Coupang, le 3 » juin, pour retourner sur quelques points » de la Terre de Witt ; puis nous revînmes

pléter

pléter ª ce qui reste à dire sur la même matière postérieurement à l'époque où M. BOULLANGER a terminé ses calculs, c'est-à-dire après le 6 mai 1803.

Correction des longitudes observées à bord du Géographe *pendant sa dernière campagne à la Terre de Witt.*

Le 20 mai 1803, la marche de nos montres marines fut réglée la dernière fois à Timor par M. BERNIER, en supposant pour la longitude du lieu des observations 121° 30′ à l'E. de Paris. Nous partîmes de la rade de Coupang 14 jours après, pour nous rendre sur les côtes du golfe Joseph-Bonaparte, à l'extrémité Orientale de la Terre de Witt.

Le 13 juillet de la même année, faisant route vers l'Ile-de-France, *le Géographe* traversa le détroit de Rottie. A midi notre latitude étoit de 10° 25′ 35″ S.; la longitude donnée par le n.° 31 fut trouvée de 121° 7′ 32″, et l'on relevoit au même instant la pointe Occidentale de l'île Cambi au N. 13° E. corrigé.

»passer sous le méridien du cap Sud de » Timor. Quelques relèvemens firent con- » noître que la marche de la montre n.° 31 » étoit alors la même qu'au dernier départ » de cette île. »

M. BOULLANGER s'est trompé en croyant que la montre n.° 31 étoit alors sans erreur; et la cause de cette inadvertance, c'est qu'il s'est servi, pour rapporter les relèvemens dont il parle, d'une carte où le cap Sud de Timor n'étoit pas exactement placé. La construction de ma carte *des détroits de Rottie et de Simaô*, m'a mis à portée de découvrir cette méprise, et de la rectifier.

Le second article qui termine le mémoire de M. BOULLANGER, est relatif à la correction des longitudes observées sur *le Casuarina*, pendant sa mission dans les golfes de la Terre Napoléon. Nous donnerons plus bas cet article textuellement, lorsque nous parlerons des longitudes observées à bord de cette goëlette.

ª On a pu remarquer que, devant parler seulement ici de ce qui est relatif à l'analyse des cartes, je n'ai rien dit de la correction des longitudes observées depuis la France jusqu'à l'Ile-de-France; je ne dirai rien non plus de la correction de nos longitudes depuis le dernier passage par le détroit de Rottie jusqu'à notre retour à l'Ile-de-France. Cependant toutes ces longitudes, sans exception, ont été corrigées par des moyens semblables à ceux que nous avons exposés, en s'appuyant sur les longitudes bien connues des points de départ et d'arrivée.

Ddd

OBSERVAT.ˢ
ASTRONOM.

Or nous avons trouvé, par des opérations antérieures, que la pointe O. de Cambi est située par 10° 20′ de latitude S., et qu'elle se trouve à 30′ 10″ dans l'O. de Coupang; ainsi, en supposant que ce dernier point soit par 121° 30′ de longitude Orientale, l'île Cambi sera par 120° 59′ 50″.

J'ai conclu des données ci-dessus que le 13 juillet 1803 à midi, la corvette *le Géographe* étoit à 1′ 18″ dans l'O. du méridien de Cambi.

Donc, longitude du *Géographe* le même jour, à midi,
 en supposant Coupang par 121° 30′............ 120° 58′ 32″
La montre n.° 31 donnoit pour le même instant.... 121. 7. 32.

Donc, erreur du n.° 31, depuis le 20 mai jusqu'au 13
 juillet, ou erreur en 54 jours, soustractive....... 9′ 0″

Cette erreur de 9′ = 540″ a été répartie, selon la progression ordinaire, sur toutes les longitudes données directement par la montre, et, par-là, j'ai obtenu les longitudes corrigées.

J'ai supposé plus haut que la longitude de Coupang
 étoit de..................................... 121° 30′ 0″
Mais les nombreuses suites de distances lunaires que
 nous avons observées à Timor, nous ont fait connoître, après qu'elles ont été corrigées, que Coupang
 devoit être placé par........................ 121. 15. 21.

La différence est de........................... — 14′ 39″

C'est la quantité dont il faut diminuer encore toutes les longitudes données par le n.° 31, et corrigées des variations de sa marche, pour les réduire en longitudes vraies.

(B.) *Correction des longitudes observées à bord de la corvette* OBSERVAT.ˢ
le Naturaliste. ASTRONOM.

Je n'examinerai ici que les longitudes qui ont été employées à la construction de nos cartes ; ce sont les seules qu'il m'importe de bien faire connoître.

(1). *Longitudes lors de l'exploration de la Terre d'Édels* (du 28 juin au 17 juillet 1801).

Les longitudes conclues dans cet intervalle ont presque toutes été déterminées par des relèvemens. Je rendrai compte plus bas des opérations qui me les ont données, en présentant l'examen de ma carte n.° 22. Il suffit de dire ici que les points extrêmes de mes constructions ont été rattachés aux longitudes observées à bord du *Géographe*, et corrigés par ce qui précède.

(2). *Longitudes à la baie des Chiens-Marins* (du 18 juillet au 3 septembre 1801).

C'est encore par des relèvemens de points connus que nous avons déterminé, à la baie des Chiens-Marins, celles de nos longitudes qui n'étoient pas le résultat de l'estime. Toutes ces positions ont été rapportées ensuite à la longitude absolue de la pointe des Hauts-Fonds, fixée à bord du *Géographe*.

(3). *Longitudes depuis la baie des Chiens-Marins jusqu'à Timor* (du 4 au 21 septembre 1801).

Nos montres marines nous ont donné les longitudes journalières pendant la traversée de la baie des Chiens-Marins à Timor ; j'ai corrigé ensuite ces premiers résultats, en les assujettissant aux positions corrigées de la pointe des Hauts-Fonds et du fort Concordia, déterminées par M. BERNIER.

(4). *Longitudes dans le détroit de Banks et dans celui de Bass* (du 8 au 19 mars, et du 30 mars au 20 avril 1802).

La plus grande partie de ces longitudes ont été conclues, des relèvemens à des points déterminés, par les opérations faites à bord du *Géographe*. Lorsque je n'ai pu avoir de relèvemens assez certains, les montres marines m'ont donné les intervalles en longitude d'un jour à l'autre : ces intervalles ayant toujours correspondu à des époques très-rapprochées, n'ont jamais eu besoin de correction.

(C.) CORRECTION DES LONGITUDES *observées à bord de la goëlette* le Casuarina.

(1). *Longitudes dans le détroit de Bass et aux îles Hunter* (du 2 au 29 décembre 1802).

Presque toutes les longitudes du *Casuarina*, dans l'intervalle dont il s'agit, ont été conclues des opérations trigonométriques; quelquefois aussi les différences en longitude ont été données par la montre marine ; mais, dans l'un et l'autre cas, le résultat final a été rattaché par des relèvemens aux déterminations de longitudes corrigées faites à bord du *Géographe*.

(2). *Longitudes pendant l'exploration de l'île Decrès* (du 2 au 7 janvier 1803).

Les longitudes journalières m'ont été données par la montre n.° 38 ; voici comment j'ai lié ces observations à celles qui ont été faites sur *le Géographe* :

Le 7 janvier 1803, la montre n.° 31 indiquant à bord du *Géographe*...............................	7^h 16′ 0″,0.
Le n.° 38 indiquoit au même instant............	1. 25. 29 ,0.
La différence étoit donc......................	— 5^h 50′ 31″,0.

LIVRE III. ANALYSE DES CARTES. 397

Le même jour, le n.° 31 indiquant.............	5^h 30' 23",0.
M. BERNIER a observé un angle horaire qui lui a donné..................................	135° 54' 12",0.
l'heure vraie du bord étant.................	10^h 20' 31",0.
Appliquant à l'heure ci-dessus du n.° 31..........	5^h 30' 23",0.
la correction, différence des n.°s 38 et 31.......	—5. 50. 31 ,0.
j'ai l'heure du n.° 38 à l'instant de l'observation..	—0^h 20' 8",0.
Appliquant à cette heure la correction convenable à la variation diurne de la montre n.° 38.........	+1. 43. 34 ,9.
j'ai l'heure moyenne de Paris, à l'instant de l'observation...................................	1^h 23' 26",9.
Retranchant l'équation du temps...............	— 6. 14 ,0.
j'ai l'heure vraie de Paris, à l'instant de l'observation.	1^h 17' 12",9.
Or, l'heure vraie à bord étant................	10. 20. 57 ,7.
la longitude en temps, donnée par le n.° 38, sera.	9^h 3' 44",8.
ou en degrés...........................	135° 56' 12",0.
Nous avons trouvé que cette même longitude, donnée par le n.° 31, étoit....................	135. 54. 12 ,0.
La différence.........................	— 2' 0",0

est la quantité qu'il faut retrancher des longitudes données par le n.° 38, pour les réduire à celles du n.° 31.

Indépendamment de cette première correction, j'ai dû en appliquer une seconde dépendant de la position absolue corrigée, de notre observatoire sur l'île Decrès.

Ainsi longit. de l'observatoire, d'après le n.° 38.....	136° 9' 51"
Longitude définitivement corrigée.............	135. 33. 13.
Différence, soustractive......................	36' 38"

OBSERVAT.s
ASTRONOM.

Lorsque, dans le cours de ma construction de la carte de l'île Decrès, j'ai trouvé de petites différences entre les longitudes du *Casuarina* et celles du *Géographe*, j'ai adopté de préférence les déterminations prises à bord de ce dernier bâtiment.

(3). *Longitudes dans les golfes de la Terre Napoléon et pendant la traversée jusqu'au port du Roi-George* (du 10 janvier au 13 février 1803).

M. BOULLANGER va rendre compte lui-même de la correction de cette partie de nos longitudes :

« Les observations d'angles horaires, faites à bord de la goëlette *le Casuarina*, qui nous ont donné la longitude des différens points des deux golfes de la Terre Napoléon, et celles des divers points de notre route jusqu'au port du Roi-George, ont été faites conjointement par moi et M. LOUIS FREYCINET, officier commandant la goëlette.

» Nous avions à bord la montre marine n.° 38. Cette montre avoit été comparée, sur l'île Decrès, aux montres du *Géographe*; elle le fut aussi au port du Roi-George. Nous avons corrigé sa marche, déterminée par M. BERNIER, au moyen de la longitude de l'île Pelée, située en dehors du port du Roi-George, et dont la distance à notre observatoire dans ce port, et par conséquent la longitude, nous étoient connues [*].

» La correction qui en est résultée pour le 1.er février 1803, jour où *le Géographe*, qui partoit de son mouillage à l'île Decrès, et *le Casuarina*, qui revenoit de l'exploration des golfes, se rencontrèrent dans une ligne N. et S.; cette correction, dis-je, appliquée à la longitude de ce jour, donne, à deux minutes près, la même position en longitude pour les deux bâtimens lors de leur rencontre; ce qui nous a confirmé la légitimité de notre correction,

---

[*] La différence de longitudes entre l'île Pelée et le port du Roi-George, nous a été donnée par les cartes de DENTRECASTEAUX. L. F.

qui se trouve encore vérifiée par la position de l'île Laubadère (l'une des îles Vauban), située dans le N. O. de l'île Decrès, dont la longitude se trouve la même, soit par les relèvemens du *Géographe*, soit par ceux du *Casuarina*. »

(4). *Longitudes à la Terre de Leuwin* (du 7 au 11 mars 1803).

Pendant son séjour à la Terre de Leuwin, les longitudes journalières du *Casuarina*, qui n'ont pas été déduites de l'estime, ont été données par les relèvemens des points dont ensuite la corvette le *Géographe* a fixé la position.

(5). *Longitudes à la baie des Chiens-Marins* (du 18 au 22 mars 1803).

La montre marine n.° 38 m'a donné les longitudes journalières; de bons relèvemens m'ont fait connoître la différence entre mes longitudes et celle de la pointe des Hauts-Fonds, dont la position corrigée est connue: de ces données j'ai conclu la longitude vraie, à bord du *Casuarina*, pour chacun des jours dont il s'agit.

(6). *Longitudes à la Terre de Witt* (du 26 mars au 30 avril, et du 12 au 27 juin 1803).

Pendant nos deux dernières campagnes à la Terre de Witt, le *Casuarina* a toujours navigué de conserve avec le *Géographe*.

Lorsque la distance entre les deux bâtimens a été assez petite pour que la différence de leurs longitudes ne fût pas appréciable sur nos cartes, j'ai adopté la longitude corrigée du *Géographe* pour celle du *Casuarina*; quand au contraire cette différence a pu être sensible, je l'ai déterminée par des relèvemens, soit de la côte, soit du *Géographe* lui-même. Il est à remarquer qu'à l'aide d'un seul relèvement et d'une distance estimée, lorsque cette distance n'excédoit pas trois ou quatre milles, j'obtenois toujours la différence en longitude avec une précision que les observations astronomiques n'auroient pu surpasser et souvent même atteindre. Avec un peu d'habitude de l'estime des distances, il n'est guère possible de se tromper d'un demi-mille sur un intervalle de quatre et même de cinq milles ; or, lors même que le relèvement eût été fait dans le sens E. et O., ce qui est le cas le plus défavorable, l'erreur seroit encore moindre qu'on ne peut le craindre d'une observation d'angle horaire. Si le relèvement avoit eu lieu dans la direction N. et S., il est clair que l'erreur dans l'estime de la distance n'eût influé en rien sur la différence en longitude ; on voit aussi que plus le relèvement se rapprochera de cette même ligne N. et S., et moins on devra craindre que l'erreur sur l'estime de la distance en produise une grande sur la différence de longitude. Je me suis rapproché de cette condition autant que les circonstances me l'ont permis.

§. 3.

DÉCLINAISONS DE LA BOUSSOLE.

ON sait que les observations de la déclinaison de l'aiguille aimantée sont très-importantes en mer, pour connoître la vraie direction de la route du vaisseau, et pour corriger les relèvemens qui ont été faits avec la boussole. Nous n'avons point négligé de nous en occuper toutes les fois qu'elles ont été possibles, soit par la méthode des azimuths, soit par celle des amplitudes. M. BRETON est celui qui s'y est livré avec le plus de persévérance ; après lui MM. BERNIER, HENRI FREYCINET, HAMELIN, SAINT-CRICQ, BOULLANGER, FAURE et moi. Nous avons fait constamment usage du *compas de variation*, sorte d'instrument bien connu des marins, mais dont l'imperfection est réellement déplorable. Je ne veux point grossir ce volume de tout ce que je pourrois dire à ce sujet ; j'espère un jour en faire l'objet d'un mémoire particulier.

CHAPITRE II.

Levée et construction des cartes.

S'IL falloit donner tous les détails de la construction des Cartes qui composent mon atlas, j'augmenterois le texte de plusieurs volumes de calculs et d'explications ; ce travail prolixe seroit aussi inutile que dispendieux. Il faut donc me borner à des explications abrégées, et montrer plutôt la marche que j'ai tenue, que traîner péniblement le lecteur sur toutes les discussions, sur toutes les combinaisons que j'ai faites. Je n'ai point commis d'erreurs volontaires ; et si je me suis servi de méthodes convenables dans mes calculs et dans mes constructions, mon ouvrage ne doit contenir que les erreurs d'inattention qui sont inséparables d'un travail de longue haleine et de la nature de celui-ci.

Quoique la plus grande partie des constructions dont il s'agit aient été faites par moi, cependant M. BOULLANGER, M. FAURE et quelques autres de mes compagnons de voyage en ont qui leur appartiennent exclusivement, et desquelles ils sont seuls comptables. Je dirai avec le plus grand soin quelle a été la part de chacun, ne pouvant pas répondre du travail d'autrui et ne voulant pas qu'un autre que moi soit la caution du mien.

Il existe de fort bons préceptes pour la levée des plans et des cartes marines [a] ; le navigateur qui les connoît peut les pratiquer, lorsqu'il est maître des mouvemens de son vaisseau, et qu'il est libre d'ordonner la route la plus convenable à suivre : mais s'il n'a point la suprême autorité, il faut qu'il se borne à tirer le meilleur

---

[a] *Voyez* Méthodes pour la levée et la construction des cartes et plans hydrographiques, par M. BEAUTEMPS-BEAUPRÉ ; Paris, 1811. A Treatise of maritim surveying, by MURDOCH MACKENZIE ; London, 1774 : et le mémoire de DALRYMPLE, intitulé Essay on nautical surveying ; London, 1771 et 1786.

parti de la position où il se trouve, et qu'il cherche, par la multitude des observations, à compenser, autant que cela dépend de lui, ce qu'il y a d'irrégulier dans la direction qu'on lui imprime.

Quelquefois, pendant le cours de notre voyage, nous avons opéré avec des conditions favorables, quelquefois nous avons été moins heureux. Il est inutile d'insister sur ce point, mais il falloit en faire la remarque.

La plus grande partie des relèvemens ont été faits à la boussole; souvent aussi nous avons déterminé par des observations astronomiques l'azimuth des principaux objets qui étoient en vue. Les angles ont été pris, soit avec le cercle, soit avec l'octant. Telle est la marche générale de nos relèvemens à la mer.

Les routes des bâtimens ont été estimées par les moyens ordinaires, mais avec un soin que je crois difficile de surpasser. A bord du *Géographe* et du *Casuarina*, on avoit remplacé par des montres les sabliers ou ampoulettes dont on se sert ordinairement pour la mesure du temps, attention que l'on devroit toujours avoir lorsqu'on veut opérer avec justesse.

Les observations de latitude avoient lieu régulièrement à midi, toutes les fois que la chose étoit possible : lorsqu'on n'avoit pu avoir la hauteur méridienne, on cherchoit à y suppléer par des hauteurs hors du méridien. Les angles horaires qui donnoient les longitudes journalières étoient observés avec la même régularité, et presque toujours le matin et le soir, en nombre double, triple et même quadruple, selon l'importance du cas ou la facilité des observations.

Dans les travaux faits à la mer, les routes estimées ont presque toujours servi de base à nos relèvemens. Mais comme l'estime est sujette à d'énormes erreurs, nous avons cherché à les resserrer dans d'étroites limites par tout ce que l'astronomie, la trigonométrie, et même d'autres moyens, mettoient en notre pouvoir.

LIVRE III. ANALYSE DES CARTES. 403

La marche que j'ai suivie dans ces sortes d'opérations étant uniforme, il importe de l'examiner avec quelque attention.

Correction des routes. Lorsque, dans l'espace de vingt-quatre heures, je n'ai eu pour chaque jour d'autre point de rectification qu'une latitude et une longitude observées (cas qui a été rare), j'ai d'abord décomposé chacune de mes routes partielles en chemin en latitude et chemin en longitude [a].

J'ai affecté du signe + toutes les différences en latitude qui tendoient à augmenter celle du départ; les autres ont eu le signe —. J'ai mis les mêmes signes à chacune des différences en longitudes. Cela fait, je n'ai plus eu égard ni au rumb de vent, ni à la longueur de la route ; je n'ai considéré, dans mes calculs et dans mes opérations graphiques, que des différences en latitude et des différences en longitude.

J'ai ajouté (en ayant égard aux signes) toutes les différences en latitude d'un midi à l'autre ; j'ai pris également la différence des deux latitudes observées ; la différence du résultat de l'observation à celui que donnoit l'estime, a été l'erreur de cette dernière en latitude.

Or cette erreur avoit eu lieu en vingt-quatre heures : j'ai supposé qu'elle avoit été proportionnelle au temps, et je l'ai répartie en conséquence sur toutes mes différences en latitudes partielles.

J'ai opéré d'une manière analogue pour les différences en longitudes. Seulement ici l'erreur finale n'avoit pas eu lieu dans vingt-quatre heures, mais dans l'intervalle de deux observations de longitude. Quelquefois cependant les journaux de M. BERNIER donnant la longitude réduite à midi, je l'ai employée de cette manière.

Si je n'avois eu des points de vérification qu'après d'aussi grands

---

[a] Cette décomposition est connue des marins sous le nom de *réduction des routes*. J'eusse pu la faire avec le *Quartier de réduction* ; mais j'ai préféré les *Tables de routes*, qui sont à-la-fois plus expéditives, plus exactes et plus commodes. Ces tables se trouvent dans plusieurs ouvrages Anglois, entre autres dans les grandes Tables de MENDOZA, dans la Navigation de ROBERTSON, &c.

Eee 2

intervalles, je n'aurois pu compter sur beaucoup d'exactitude dans le tracé de mes routes. Il a donc fallu chercher à multiplier les points dont la position fût certaine ; c'est ce que les relèvemens m'ont permis de faire dans le plus grand nombre de cas, et, à cet égard, j'ai bien souvent eu surabondance de moyens.

Si tous les relèvemens que l'on fait en mer avoient une parfaite exactitude, le travail de la construction des cartes auroit une grande simplicité ; mais il n'en est pas toujours ainsi. Le mauvais temps rend la boussole très-mobile; d'autres fois la rose est paresseuse; souvent l'aiguille est influencée par des causes étrangères, telles que l'électricité de l'atmosphère, le magnétisme des côtes, &c. D'une autre part, il n'est pas toujours possible de prendre des relèvemens astronomiques, sur-tout lorsqu'on est fort près de terre; et même ce moyen, s'il étoit constamment employé, ne laisseroit pas d'être très-laborieux dans la construction, à cause des calculs qu'il exige.

Il faut donc poser en principe qu'une partie des relèvemens n'aura pas le dernier degré d'exactitude, que quelques-uns même seront fautifs : et que de sources d'erreurs existent encore ! Ne se sera-t-on pas trompé dans la lecture du rumb de vent, dans celle des angles, de l'heure de l'observation ! le compas de route n'auroit-il pas donné des résultats différens de ceux du compas des relèvemens ! la montre du timonnier étoit-elle parfaitement réglée sur celle de l'observateur, &c. ! enfin ne se sera-t-on pas trompé sur l'objet même que l'on observe, et n'aura-t-on pas pris un point nouveau pour un point déjà observé ! Toutes ces sources d'erreurs, il faut le dire, sont fréquentes à la mer; et le navigateur ne doit espérer d'en diminuer le nombre que par les soins les plus scrupuleux, sur-tout en s'adjoignant un collaborateur qui fournisse à l'attention elle-même les moyens de se rectifier.

Dans les constructions, on n'arrive pas toujours du premier coup à déterminer les points dont on a besoin; il faut alors que

LIVRE III. *Analyse des cartes.* 405

l'hydrographe fasse preuve de patience, et qu'il cherche, par de nouvelles combinaisons, à corriger les résultats qui lui paroissent fautifs. A cet égard, il est difficile de donner un précepte; tout dépend souvent de la sagacité de celui qui opère.

Lorsqu'on arrive sur une côte inconnue, comment, dira-t-on, pouvoir corriger la position du vaisseau par des relèvemens de points eux-mêmes inconnus? La réponse est que souvent la chose est impossible, mais que plus souvent encore cette difficulté n'est que spécieuse. Supposons qu'en effet nous arrivions sur une côte dont la géographie n'ait pas été faite, et que nous commencions notre travail dans la matinée. Si les points qui sont en vue sont de nature à être fixés avec exactitude, on y parvient à l'aide des observations astronomiques. Par exemple, s'il y a un piton remarquable dans l'intérieur des terres, ou un cap très-apparent sur la côte, mettez-vous en position de relever ce point du N. au S., à l'instant des angles horaires du matin, vous en aurez la longitude. Si les localités ne vous permettent pas de vous placer dans la position prescrite, rapprochez-vous-en le plus possible, et alors estimez la distance au point observé. Avec l'habitude de ces sortes d'estimes, on obtiendra, sans une grande erreur, la longitude de l'objet observé. A midi, placez-vous sous le parallèle du même point ou à-peu-près, vous aurez sa latitude par des considérations analogues. Or, voilà une position connue sur la côte; si vous vous en procurez de la sorte deux ou un plus grand nombre, les moyens de rectification, par des relèvemens pris à ces points, deviendront aussi fréquens que commodes, du moins tant que les objets fixés seront en vue.

Il importe peu, au reste, que l'on relève d'abord des points déterminés de position, ou des points indéterminés, pourvu que la position de ces derniers soit fixée par des opérations subséquentes. Ainsi, dans l'exemple que j'ai choisi, avant que la position du piton et du cap fût connue, rien n'empêchoit que je ne prisse

LEVÉE DES CARTES.

des relèvemens à ces points pour m'en servir plus tard à raccorder la route.

Lorsqu'on a deux points connus de position sur la côte, on les emploie à en déterminer un grand nombre d'autres. A l'aide de relèvemens à ces points, on fixe la position du vaisseau dans deux situations convenables, que l'on regarde ensuite comme les extrémités d'une base sur laquelle on établit les angles qui doivent servir à placer de nouveaux points.

S'il arrive qu'on ne puisse pas avoir d'observations astronomiques, donnez au cap ou au piton qui va être l'origine de votre travail une position estimée, et opérez comme si cette position étoit exacte. Il arrivera un instant où les observations astronomiques rectifieront ce que votre supposition avoit de défectueux; si ce cas-là même n'a pas lieu, vous n'en aurez pas moins un plan régulier de la côte; seulement, sa position absolue sera fautive.

Il est utile, dans beaucoup de circonstances, de déterminer la position du vaisseau par un seul relèvement à un point connu et la distance estimée de ce point : je n'ai jamais négligé de faire usage de ce procédé, et même de l'employer concurremment avec d'autres.

Plus d'une fois, il m'est arrivé d'avoir trois points A, B, C rangés dans cet ordre sur la côte. Je n'avois pu déterminer que A et C. Cependant les circonstances m'ayant rapproché des mêmes parages, il ne m'avoit été possible que de relever le point B, et ce relèvement étoit d'une grande importance pour corriger mes routes. Pour avoir ce point, je construisois d'abord la position de A et de C; mon croquis me servoit ensuite à dessiner la côte intermédiaire; par-là j'avois une position approchée de B, et j'en faisois usage pour mes corrections. Ce moyen, sans doute, n'est pas rigoureux; mais quand on n'en a point d'autre, il ne faut pas le négliger. J'admets que la position de B n'ait été obtenue qu'à un demi-mille

LIVRE III. *ANALYSE DES CARTES.* 407

et même à un mille près; si par-là je parviens à corriger, dans ma route, des erreurs de 8, 10 et 12 milles, la méthode de correction proposée devra paroître fort exacte.

Supposons que, par un premier travail, j'aie fixé la position des divers points d'une côte, et celle des sondes prises dans le voisinage. Je reviens sur cette même côte la nuit, et je ne puis y faire d'autre observation que quelques sondes. Il faut que je fasse usage de la comparaison de ces sondes pour corriger mon point, et mes routes, par conséquent. Ce moyen m'a été fort utile dans le golfe Joséphine, pour faire correspondre les routes du *Casuarina* avec une partie du travail fait à bord du *Géographe*, pendant la campagne précédente.

Les méthodes les plus sûres de déterminer en mer la position du vaisseau, consistent à prendre simultanément des angles à trois objets connus de position, ou à observer l'air de vent auquel on relève deux points également connus; mais comme les circonstances ne permettent pas toujours d'opérer de la sorte, il importe d'avoir un moyen de corriger ses routes, lorsque les relèvemens n'ont pas été simultanés. Voici celui que j'ai employé.

Soient A et B deux objets connus de position. Je pars à 2 heures d'un point M dont la situation est déterminée, et je fais diverses routes. A quatre heures, je relève A dans une direction voisine du méridien; par exemple, au S. 35° E. Une heure après, je relève B dans une direction voisine de la ligne E. et O., telle que l'O. 20° N. Il faut, à l'aide de ces deux relèvemens, corriger les routes courues depuis 2 heures jusqu'à 5. Pour y parvenir,

1.° Je calcule le point estimé de 4 heures et celui de 5 heures. Soit $\begin{Bmatrix} U \text{ la latitude} \\ Z \text{ la longitude} \end{Bmatrix}$ de 4^h ; $\begin{Bmatrix} Y \text{ la latitude} \\ X \text{ la longitude} \end{Bmatrix}$ de 5^h, le tout compté du point de 2^h ;

2.° Je trace sur ma carte les relèvemens corrigés des points A et B ;

408   VOYAGE AUX TERRES AUSTRALES,

3.° Je construis le point M de 2^h ;

Maintenant, je coupe le relèvement de B par la longitude de X de 5^h *(voyez la fig. ci-contre)*. Le point d'intersection me donne une première latitude construite y' de ce point. Cette latitude comparée à la latitude estimée Y, me donnera une différence d; c'est l'erreur approchée de cette même latitude.

Je puis maintenant déterminer par une proportion la quantité m de cette erreur, qui appartient au point de 4^h, et en déduire la latitude approchée u' pour cet instant.

Je coupe le relèvement de A par cette latitude u'; le point d'intersection me donne une première longitude construite z' de ce point. Cette longitude, comparée à la longitude estimée Z, me donnera une différence δ ; c'est l'erreur approchée de cette même longitude.

Je détermine par une proportion la quantité n de cette erreur qui convient au point de 5^h, et j'en déduis la longitude approchée x pour cet instant.

Je coupe le relèvement de B par cette longitude x', et j'obtiens une seconde latitude construite y'' de ce point. La comparaison de y'' et Y me donne une seconde erreur approchée d', de cette latitude.

Je continue d'opérer comme je l'ai déjà fait, corrigeant toujours alternativement la latitude et la longitude, jusqu'à ce que j'arrive à ne plus avoir de différence sensible entre deux erreurs consécutives d et d', δ et δ'. J'admets alors que les erreurs finales trouvées sont exactes, et je m'en sers pour corriger toutes les routes courues depuis 2^h jusqu'à 5 *.

* Il est facile de voir que les deux relèvemens A et B pourroient avoir été pris sur un même point sans que cela changeât rien au calcul, et que, dans le cas particulier où ces relèvemens seraient N. et S. ou E. et O., l'erreur en latitude et celle en longitude seroient données tout de suite chacune par une seule opération.

Appliquons

LIVRE III. ANALYSE DES CARTES.

Appliquons des nombres à cet exemple :
point estimé de 5^h. Latit. $= Y = -3',58$; longit. $= X = +4',20$;
point estimé de 4^h. Latit. $= U = -1,18$; longit. $= Z = +2,80$.

CALCULS et constructions pour 5^h.

Longit. estimée $= X = +4,20$.

Latit. construite $= y' = -2,96$,
Latit. estimée $= Y = -3,58$,

Erreur en latit. $= d = +0,62$. Cette erreur a eu lieu depuis 2^h jusqu'à 5, c'est-à-dire en 3^h ; pour avoir l'erreur du point de 4^h, je fais cette proportion,

$$3:2::0,62:m = \frac{2\times(0,62)}{3} = 0,41.$$

Longit. estimée $= X = +4,20$,
Erreur ci-contre $= n = +0,80$,

Longit. corrigée $= x' = +5,00$.

Latit. construite $= y'' = -2,78$,
Latit. estimée $= Y = -3,58$,

Erreur en latit. $= d' = +0,80$.

Donc $m' = \frac{2\times(0,80)}{3} = 0,53$.

Longit. estimée $= X = +4,20$,
Erreur $= n' = +0,99$,

Longit. corrigée $= x'' = +5,19$.

Latit. construite $= y''' = -2,73$,
Latit. estimée $= Y = -3,58$.

Erreur en latit. $= d'' = +0,85$.

Donc $m'' = \frac{2\times(0,85)}{3} = 0,57$.

CALCULS et constructions pour 4^h.

Latit. estimée $= U = -1,18$,
Erreur $= m = +0,41$,

Latit. corrigée $= u' = -0,77$.

Longit. construite $= \zeta' = +3,33$,
Longit. estimée $= Z = +2,80$,

Erreur en longit. $= \delta = +0,53$. Cette erreur a eu lieu depuis 2^h jusqu'à 4, c'est-à-dire en 2^h ; pour avoir l'erreur du point de 5^h, je fais la proportion suivante,

$$2:3::0,53:n = \frac{3\times(0,53)}{2} = 0,80.$$

Latit. estimée $= U = -1,18$,
Erreur $= m' = +0,53$,

Latit. corrigée $= u'' = -0,65$.

Long. construite $= \zeta'' = +3,46$,
Longit. estimée $= Z = +2,80$,

Erreur en long. $= \delta' = +0,66$.

Donc $n' = \frac{3\times(0,66)}{2} = 0,99$.

<table>
<tr><td rowspan="6">LEVÉE
DES CARTES.</td><td>Longit. estimée $= X =\ + 4,20$,
Erreur $= n'' =\ + 1,04$,</td><td>Latit. estimée $= U =\ - 1,18$,
Erreur $= m'' =\ + 0,57$,</td></tr>
<tr><td>Longit. corrigée $= x''' =\ + 5,24$.</td><td>Latit. corrigée $= u''' =\ - 0,61$.</td></tr>
<tr><td>Latit. construite $= y''' =\ - 2,71$,
Latit. estimée $= Y =\ - 3,58$.</td><td>Long. construite $= z''' =\ + 3,49$,
Longit. estimée $= Z =\ + 2,80$,</td></tr>
<tr><td>Erreur en ...</td><td>Erreur ...</td></tr>
<tr><td>Donc $m''' = \dfrac{3 \times (0,87)}{3} = 0,58$.</td><td>Donc $n'' = \dfrac{3 \times (0,66)}{2} = 1,04$.</td></tr>
</table>

Je m'arrête à ce point, parce que les erreurs que je trouve ne différent plus sensiblement les unes des autres; j'aurois pu m'arrêter plutôt, si moins d'exactitude eût suffi à mes constructions.

D'après le calcul ci-dessus, l'erreur finale pour 5 heures est donc en latitude $+ 0',87$, et en longitude $+ 1',04$. Il est facile d'en déduire les erreurs, et par conséquent les latitudes et longitudes corrigées pour chacune des routes comprises entre 2 et 5^h.

Voyons un exemple de cette correction des routes, pour montrer moins le mécanisme du calcul, qui est fort simple, que l'ordre qu'il convient de mettre dans ces sortes d'opérations.

Le 20 frimaire an XI, *le Casuarina* étoit à l'ancre dans l'E. du cap Kéraudren (aux îles Hunter), par 40° 25′ 40″ de latitude S. observée et 142° 39′ 24″ de longitude à l'E. de Paris, aussi observée.

A 1^h 40′ après midi, il mit sous voiles et fit plusieurs routes jusqu'à 4^h 25′, que la position du navire fut de nouveau fixée à l'aide des relèvemens par — 0′,27 de latitude, et — 1′,67 de longitude, depuis le mouillage. Voici le tableau du calcul.

LIVRE III. ANALYSE DES CARTES.

HEURES.	ROUTES corrigées.	CHEMIN EN MILLES.	CALCULS POUR LES LATITUDES.				CALCULS POUR LES LONGITUDES.				
			Nord et Sud.	Latitudes.	Erreurs.	Latit. corrigées.	Est et Ouest.	Milles majeurs.	Longitudes.	Erreurs.	Longit. corrigées.
1ʰ14′	Départ.										
1.58.	N. 19° E.	1,3.	—1,23.	—1,23.	—0,02.	—1,25.	+0,42.	+0,55.	+0,55.	—0,16.	+0,39.
2.10.	O. 21. N.	0,9.	—0,32.	—1,55.	—0,03.	—1,58.	—0,84.	—1,10.	—0,55.	—0,27.	—0,82.
2.25.	S. 40. E.	0,3.	+0,23.	—1,32.	—0,04.	—1,36.	+0,19.	+0,25.	—0,30.	—0,40.	—0,70.
2.30.	E. 4. S.	0,1.	+0,00.	—1,32.	—0,05.	—1,37.	+0,10.	+0,13.	—0,17.	—0,45.	—0,62.
2.40.	E. 18. N.	0,9.	—0,28.	—1,60.	—0,06.	—1,66.	+0,86.	+1,13.	+0,96.	—0,54.	+0,42.
2.45.	S. 34. E.	0,3.	+0,25.	—1,35.	—0,07.	—1,42.	+0,17.	+0,22.	+1,18.	—0,58.	+0,60.
3. 5.	O. 22. N.	1,2.	—0,45.	—1,80.	—0,08.	—1,88.	—1,11.	—1,75.	—0,57.	—0,76.	—0,33.
3.18.	S. 28. E.	0,7.	+0,62.	—1,18.	—0,10.	—1,28.	+0,33.	+0,43.	—0,14.	—0,88.	—1,02.
3.30.	O. 3. N.	0,6.	—0,03.	—1,21.	—0,11.	—1,32.	—0,60.	—0,79.	—0,93.	—0,99.	—1,92.
3.45.	S. 30. E.	0,7.	+0,61.	—0,60.	—0,12.	—0,72.	+0,35.	+0,46.	—0,47.	—1,12.	—1,59.
3.55.	O. 5. N.	0,4.	—0,03.	—0,63.	—0,13.	—0,76.	—0,40.	—0,52.	—0,99.	—1,21.	—2,20.
4.10.	S. 35. E.	0,8.	+0,65.	+0,02.	—0,15.	—0,13.	+0,46.	+0,60.	—0,39.	—1,35.	—1,74.
4.25.	E. 36. N.	0,2.	—0,12.	—0,10.	—0,17.	—0,27.	+0,16.	+0,21.	—0,18.	—1,49.	—1,67.

LEVÉE DES CARTES.

La première colonne est celle des heures ; la seconde, celle des routes corrigées de la déclinaison de la boussole et de la dérive; la troisième, le chemin donné par le loch, pour l'intervalle indiqué: par exemple, à $2^h 10'$ on trouve 0,9, ce qui veut dire que depuis $1^h 58'$, heure qui précède, jusqu'à $2^h 10'$, le navire a parcouru 0,9 de mille. La quatrième colonne, marquée Nord et Sud, contient un des résultats de la décomposition des routes ; chaque nombre est affecté du signe + ou —, selon que la route a dû faire augmenter ou diminuer la latitude du départ : la huitième colonne contient la deuxième partie

Fff 2

LEVÉE DES CARTES.

de cette même décomposition des routes, dans le sens Est et Ouest ; chaque nombre est également affecté du signe qui indique si la route a fait augmenter ou diminuer la longitude. La cinquième colonne, intitulée *Latitudes*, contient les sommes successives des quantités portées dans la quatrième colonne (toujours en ayant égard au signe); par conséquent, elle donne la latitude pour chacune des heures marquées dans la première colonne : ainsi le premier nombre de cette cinquième colonne est égal au premier nombre de la colonne précédente; le second —1,55, est égal à la somme —1,23 et —0,32 de la quatrième colonne ; le troisième —1,32 est égal à la somme —1,23,—0,32+0,23 de la quatrième colonne, ou au nombre —1,55, déjà trouvé, +0,23 ; or ces nombres étant de signes contraires, la latitude de $2^h 25'$ est la différence des deux, &c. La sixième colonne est celle des erreurs : elle contient vis-à-vis de chaque heure la portion de l'erreur totale qui lui correspond. La septième colonne contient la somme de chaque latitude partielle avec l'erreur correspondante. La huitième colonne ne donnant que le chemin Est et Ouest, il a fallu réduire ces quantités en différences en longitudes; c'est ce que contient la neuvième colonne intitulée *Milles majeurs* : du reste le calcul des longitudes est tout-à-fait semblable à celui des latitudes.

Les routes ainsi calculées, voici comment je les construis : par le point de départ, je tire un méridien et un parallèle ; je prends avec un compas la longitude corrigée du premier point de ma table, et, avec un autre compas, la longitude corrigée du même premier point; je fais attention au signe de chacune de ces quantités, et j'en porte les valeurs sur ma carte, en les appuyant sur le méridien et sur le parallèle du point de départ. J'ai ainsi le point qui termine la première route corrigée; je joins ce point par une ligne avec celui du départ, et cela me donne la route. Le deuxième point de la table se construit de même; et comme je m'astreins sans cesse à m'appuyer sur le parallèle et le méridien du départ, tous les points que je place sont indépendans l'un de l'autre, en sorte que,

LIVRE III. ANALYSE DES CARTES. 413

si je me trompois sur la position de l'un d'eux, le suivant ne participeroit pas à cette erreur. Cette manière de construire a bien encore un avantage, c'est que les constructions n'étant point entées, en quelque sorte, les unes sur les autres, les petites inexactitudes inséparables des opérations graphiques, ne peuvent pas s'accumuler. Si au lieu de construire les routes par leurs différences de latitudes et de longitudes, je traçois la route même d'après l'air du vent et la distance, il faudroit nécessairement partir de l'extrémité de la première route pour tracer la seconde, de l'extrémité de la seconde pour tracer la troisième, et ainsi de suite. Or, avec quelque soin et quelque adresse que l'on opère, il est impossible de ne pas arriver ainsi à des résultats extrêmement défectueux, pour peu que les constructions aient d'étendue.

Après avoir calculé et construit des routes, il peut arriver qu'on soit obligé de les recalculer et de les reconstruire une deuxième, une troisième et même une quatrième fois; cela a lieu lorsqu'en plaçant les relèvemens secondaires, on s'aperçoit qu'on a appliqué aux routes des corrections inexactes.

Par exemple, à 1, 2 et 3 heures, j'ai relevé trois mêmes points de la côte; les relèvemens de 1 et de 2 heures, seuls, placent ces points sur la carte dans une certaine position A, B, C: si, en traçant les observations de 3 heures, les relèvemens, au lieu de concourir vers ces points A, B, C, s'en écartent au contraire d'une grande quantité, j'en conclus que très-probablement il y a erreur dans la correction des routes, et souvent le tâtonnement est le seul moyen que j'aie de rectifier cette erreur. Cependant comme il est possible que l'erreur, au lieu de provenir de la route, vienne des relèvemens eux-mêmes, il sera bon d'y faire attention, et de consulter son croquis, lequel, dans bien des cas, peut suffire pour jeter le plus grand jour sur la difficulté.

A l'exception de quelques plans de détail, de peu d'importance, nos travaux géographiques ont été construits de nouveau à Paris

414 VOYAGE AUX TERRES AUSTRALES,

LEVÉE DES CARTES.

par M. BOULLANGER et par moi, et tous l'ont été sur une fort grande échelle. En général nous avons adopté le centimètre [environ 4 lignes ½] pour la valeur de la minute de l'équateur (quantité constante dans les cartes réduites); quelquefois nous avons employé une échelle double, et bien rarement une plus petite. Les originaux de nos constructions ont ensuite été dessinés suivant la dimension et dans le cadre adoptés pour la gravure, selon des procédés que nous ferons connoître dans le quatrième chapitre de ce livre.

Lorsqu'une portion de côte a été vue, sans que nous ayons pu déterminer sa forme à l'aide des relèvemens, ce qui, presque toujours, a été causé par la grande distance où nous étions de terre, j'ai dessiné cette côte sur la carte avec un trait entrecoupé.

Les terres que nous n'avions pas aperçues, mais dont nous avons présumé la direction, ont été tracées avec une ligne ponctuée.

Enfin les objets qui, après avoir été relevés, n'ont pu être construits d'une manière satisfaisante, se trouvent accompagnés des initiales P. D. qui signifient *position douteuse*.

Telles sont les réflexions générales que m'ont offertes mes diverses constructions; elles me paroissent suffisantes pour faire connoître de quelle manière j'ai opéré selon les cas qui ont pu se présenter dans le cours de mon travail. Je dois ajouter que plusieurs de nos cartes n'ont point été construites sur les lieux[*], ce qui est une bien mauvaise méthode; il a fallu les rédiger à Paris, et parfois d'après des journaux qui laissoient quelque chose à desirer. Les croquis sur-tout manquoient souvent, et ce n'est pas une des moindres difficultés que nous ayons eues à vaincre. Au reste, si l'on considère les contrariétés, malheureusement trop fréquentes, qu'il nous a fallu supporter, peut-être accordera-t-on aux auteurs des travaux géographiques de notre expédition l'indulgence à laquelle ils croient avoir droit.

[*] Je citerai, entre autres, les travaux que j'ai faits sur *le Casuarina* ; il m'étoit physiquement impossible de les construire à bord, à cause du peu de grandeur du bâtiment.

CHAPITRE III.

Examen des cartes qui composent l'atlas.

Le but de l'examen dont nous allons nous occuper, est d'abord de préciser, ainsi que nous l'avons annoncé, la portion du travail à laquelle chacun de nous doit prétendre; ensuite, de faire connoître quelques faits qui ne pouvoient trouver place dans le chapitre précédent. Nous ne nous astreindrons point à suivre l'ordre des numéros des planches, voulant parler de nos travaux particuliers avant d'analyser les cartes générales.

§. 1.er

Cartes et plans levés à la Terre de Diémen.

(1). *Canal Dentrecasteaux* (voy. *carte n.° 3*). Les cartes du canal Dentrecasteaux, levées en 1792 et 1793 par M. Beautemps-Beaupré, sont d'une exactitude si parfaite, qu'à peine peut-on trouver de légers détails à y ajouter. Ceux que nous avons recueillis sont en très-petit nombre ; les autres eussent demandé un examen minutieux auquel le temps et les circonstances ne nous ont pas permis de nous livrer. Voici au reste les observations qui nous appartiennent; elles sont dues à M. Bailly. Dans le port des Cygnes, la petite rivière Fleurieu; une anse et l'îlot qui l'avoisine, près de la pointe Le Grand; au S.S.O. de la pointe Gicquel, trois ou quatre petites anses ; enfin, au fond du port du Nord-Ouest, l'îlot sur lequel étoit établi notre observatoire; et la rivière où nous avons fait aiguade dans l'O. de cet îlot. Ces diverses corrections ont été rendues sensibles sur la carte n.° 3, où elles seules sont ombrées, tandis que les côtes environnantes, tirées des cartes de Dentrecasteaux, ne le sont pas.

(2). *Rivière du Nord* (voy. *carte n.° 3*, et *le plan particulier* sur la même planche). Les embarcations de l'amiral DENTRECASTEAUX n'ayant pas remonté la rivière du Nord, au-delà du Gros-Morne, M. H. FREYCINET fut chargé d'en poursuivre l'exploration. Il fit ce travail à la boussole, partie en canot et partie à pied. A terre, les distances furent estimées ou mesurées au pas; les sondes ont presque toutes été prises à l'instant de la basse mer.

M. H. FREYCINET a construit lui-même son plan sur une très grande échelle; celui que nous avons fait graver n'en est que la réduction.

(3). *Côte Orientale de la presqu'île du Nord, baie du Nord, bassin Ransonnet, rivière Brue, port Buache* (voy. *carte n.° 4*). M. FAURE fut chargé de reconnoître ce développement de côtes dans un des canots de la corvette *le Naturaliste*. Le mauvais temps ayant beaucoup contrarié cette expédition, on ne put prendre tous les relèvemens, ni faire toutes les observations jugées nécessaires à la perfection du travail, Pour remédier à ce défaut, M. FAURE a assujetti ses constructions à quelques-uns des principaux points déterminés dans cette partie par les géographes de DENTRECASTEAUX.

Le plan du port Buache ne peut être considéré que comme une esquisse imparfaite, les routes n'ayant eu d'autres raccordemens que la pointe Renard, la pointe Joannet et le milieu de l'isthme de la baie Monge, dont la position dépend de nos opérations subséquentes.

(4). *Côte entre le cap Pillar et le cap Frédérik-Hendrik* (voy. *carte n.° 4*). Cet espace a été tracé d'après les relèvemens faits à bord des corvettes *le Géographe* et *le Naturaliste*, par MM. BOULLANGER, FAURE et par moi. La latitude du cap Pillar a été prise sur les cartes de DENTRECASTEAUX.

(5).

LIVRE III. *Analyse des cartes.*

(5). *Port Frédérik-Hendrik et baie Marion* (voy. carte n.° 4). Le travail de cette partie est dû à M. H. FREYCINET, qui ensuite en a fait la construction sur une très-grande échelle. Le plan du port Frédérik-Hendrik a été levé à terre; une partie des relèvemens ont été pris par M. BERNIER, et toutes les distances mesurées au pas.

(6). *Ile Maria.* M. BOULLANGER a construit le plan de cette île, après en avoir fait l'exploration en canot avec M. MAUROUARD; il va donner lui-même l'analyse de ce travail.

« Deux bases, dit M. BOULLANGER, avoient été chaînées dans la baie Riedlé, et une troisième conclue. Elles ont été tracées d'abord sur le plan; puis, au moyen des relèvemens pris à leurs extrémités, j'ai placé la pointe des Tombeaux, et un point *A*, au milieu de l'isthme.

» Depuis la pointe des Tombeaux jusqu'au cap Mistaken, et de celui-ci au cap Boullanger, la côte a été donnée par la route du canot, corrigée, autant que possible, par les relèvemens des pointes les unes par les autres. Près du cap Boullanger, j'ai observé la latitude. Par le point où a été faite cette observation, j'ai tracé une ligne E. et O. sur le plan. La différence entre cette dernière latitude et celle qui fut observée à bord du *Géographe*, au mouillage devant la baie des Huîtres, m'a donné la ligne E. et O. sur laquelle devoit être placé ce mouillage; j'ai ensuite construit la route du canot depuis la pyramide (au S. de l'île) jusqu'au cap Maurouard, et de celui-ci au point *A* (dans la baie Riedlé), ainsi que la configuration qu'elle donne à la côte. Cette route a été faite terre à terre, et sans louvoyer. Pour la porter sur le plan, on l'a construite dans l'ordre inverse, c'est-à-dire, en allant du point *A* vers la pyramide. Un relèvement de la pyramide, fait à bord du *Géographe*, m'a donné le moyen de placer ce bâtiment, en faisant concourir ce relèvement avec la ligne E. et O. de son mouillage,

Ggg

déjà connue. Cette opération m'a donné la position de ce mouillage, par rapport à l'île Maria.

» Un relèvement fait auprès de la pyramide, et un autre à bord du *Géographe* au mouillage, m'ont donné la position du cap Bernier (situé au N. de la baie Marion, sur la Terre de Diémen) : cette position me sera utile tout-à-l'heure.

» La distance comprise entre la pointe Lesueur et celle qui en est éloignée d'un mille dans l'E. S. E., et qui forme l'extrémité Nord de la baie des Huîtres, étant prise pour base, deux relèvemens faits des extrémités de cette base, m'ont donné la distance du *Géographe* à la pointe Lesueur, et par conséquent la position de cette pointe sur le plan. Avec cette donnée et la différence en latitude, dont il a été parlé plus haut, on a corrigé la route du canot, qui a fait connoître la configuration de l'île, depuis le cap Boullanger jusqu'à la pointe Lesueur.

» L'îlot du Milieu (dans l'O. N. O. de la pointe Lesueur) a été placé par deux relèvemens pris, l'un à bord du *Géographe*, au mouillage, et l'autre sur la pointe Lesueur.

» Le cap le plus Occidental de l'île Maria, entre le cap Péron et la pointe Maugé, a été placé par deux relèvemens pris à ce même cap Oriental, de la corvette le *Géographe* et du cap Bernier.

» La côte est sensiblement droite du cap Péron à ce cap Occidental. La route du canot, de ce dernier à la pointe Maugé, route qui donne la distance entre ces deux points, a été corrigée par un relèvement pris du *Géographe* à la pointe Maugé. Le contour de la baie aux Huîtres a été assujetti aux routes de canot qui sont dans l'intérieur; et ces routes ont été corrigées d'après la position connue de la pointe Maugé à la pointe Lesueur. »

(7). Les sondes ont été portées sur ce plan, ainsi qu'on les a prises en faisant route, c'est-à-dire, sans les réduire à la basse mer; et telle a été la direction de nos travaux pendant le voyage,

LIVRE III. *ANALYSE DES CARTES.* 419

que jamais cette réduction n'a été possible. Il me suffit d'en prévenir une fois pour toutes.

(8). *Côte depuis le cap Bernier jusqu'au cap Bailly* (voy. carte n.° 3). La portion de côte comprise entre les deux points que nous venons de désigner, a été relevée à bord de la chaloupe du *Naturaliste*, avec un simple compas de route. Le mauvais temps que j'éprouvai pendant que je fus employé à ce travail, nuisit un peu à l'exactitude de mes opérations ; cependant, à l'aide de divers points de raccordement, je parvins à corriger les routes et à construire le plan, avec un degré suffisant de précision. Les points dont j'ai fait usage pour ces corrections, sont le cap Bernier, les mouillages des corvettes devant la baie des Huîtres, l'îlot du Milieu, le cap Boullanger ; enfin, l'îlot des Phoques, fixé par les opérations de M. FAURE.

(9). *Baie Fleurieu, île Schouten, presqu'île Freycinet* (voy. carte n.° 5). Quoique M. FAURE ait été lui-même souvent contrarié par le mauvais temps, son exploration n'en est pas moins d'un grand intérêt. Il construisit son plan à bord ; mais M. BAILLY, qui l'accompagnoit dans cette expédition, a cru devoir recommencer ce travail pour l'assujettir à quelques observations dont M. FAURE n'avoit pu faire usage ; tels sont, par exemple, des relèvemens de l'extrémité Sud de l'île Schouten, pris à bord du *Géographe* les 6 et 7 mars 1802 ; la latitude du cap Dégérando, observée sur le même bâtiment ; enfin, la position du cap Tourville, résultant du travail de M. BOULLANGER sur cette côte, ainsi que nous allons le voir.

(10). *Depuis le cap Tourville jusqu'au cap Portland* (voy. carte n.° 3). Les détails de cette côte ont été relevés par MM. BOULLANGER et MAUROUARD, pendant le cours de deux expéditions en canot qu'ils firent à cet effet ; la construction appartient exclusivement au premier de ces messieurs. La position du cap Tourville a été déterminée par une latitude observée en canot, à peu de

Ggg 2

distance de ce point, par M. BOULLANGER; sa longitude a été rapportée par des relèvemens à celle du *Géographe*, le 6 mars 1802.

Les routes du canot et la configuration de la côte depuis le cap Tourville jusqu'à l'île Maurouard, ont été corrigées à l'aide des latitudes observées par M. BOULLANGER, et par des relèvemens des pointes les unes par les autres. L'île Maurouard a été placée en latitude, à l'aide d'une observation faite à bord du *Naturaliste*, qui relevoit cette île à l'O. du monde, le 29 mars 1802, à trois heures du soir. Depuis l'île Maurouard, en remontant au N. jusqu'à l'île Swan et le cap Portland, le canot étoit trop loin de terre pour qu'on pût avoir l'avantage des relèvemens l'un par l'autre.

(11). *Ile Swan, cap Portland, île Waterhouse* (voy. *carte n.° 3*). La position de ces trois points est assez importante pour exiger une discussion particulière.

(12). Le 17 mars 1802, à 5^h 45' du soir, la position corrigée de la corvette *le Géographe* étoit par 40° 37' 35" de latitude S., et 145° 59' 19" de longitude à l'E. de Paris.

(13). Au même instant on relevoit au S. du monde le milieu de l'île Swan. La longitude de cette île doit donc être 154° 59' 19". Cette longitude, combinée avec les opérations faites à bord du *Naturaliste*, va nous servir à déterminer la position des trois points que nous cherchons à connoître.

(14). Le 31 mars 1802, à midi, *le Naturaliste* étant par 40° 41' 28" de latitude S., le milieu de l'île Swan fut relevé à l'O. 5° S. corrigé, à la distance estimée de 10 milles, ce qui place cette île [a] par 40° 42' 20" de latitude S.

---

[a] Il convient de remarquer que l'air de vent dont j'ai fait usage, étant dans une direction très-favorable, une grande erreur dans la distance estimée n'auroit pu en produire qu'une très-petite sur la latitude. Or, j'ai des raisons de croire qu'ici la distance estimée n'étoit pas en erreur de plus d'un mille.

LIVRE III. *Analyse des cartes.* 421

(15). Les 10, 11 et 12 mars 1802, *le Naturaliste* étant au mouillage par 40° 39′ 0″ de latitude, on releva le milieu de l'île Swan, au S. 40° E. corrigé, ce qui (12 et 14) place le mouillage de la corvette par .... 145° 55′ 36″ Orient.

On avoit par les montres à bord du même bâtiment.................. 146 13.   0.

L'erreur étoit donc.............. + 17′ 24″

(16). Le 11 mars 1802, j'observai sur le cap Portland.................. 40° 42′ 27″ latit. S.
M. BOULLANGER y observa......... 40. 40.   0.
Et M. SAINT-CRICQ.............. 40. 44.   0.

(17). De ces trois latitudes, j'adopte la première : 1.° parce qu'elle est à-peu-près moyenne entre les deux autres ; et 2.° parce qu'elle ne diffère guère de celle qui a été trouvée (14) pour l'île Swan, laquelle gît à très-peu-près dans l'E. du cap Portland.

(18). En combinant la latitude que je viens d'adopter (17), avec le relèvement fait au mouillage du *Naturaliste*, le 11 mars 1802 (15), on trouvera la longitude du cap Portland de.................. 145° 49′ 26″ Orientale.

(19). Les 2, 3, 4 et 5 avril 1802, *le Naturaliste* étant à l'ancre, plusieurs observations donnèrent pour la latitude de ce mouillage................... 40° 45′ 14″ Sud.

La montre marine indiquoit pour la longitude du même point.......... 145° 47′ 36″ Orientale.

Retranchant de cette longitude l'erreur de la montre reconnue (15)......... — 17. 24.

nous aurons pour longitude corrigée du mouillage*.................. 145° 30′ 12″

EXAMEN DES CARTES.

---
* Nous supposons tacitement ici que la marche de la montre du *Naturaliste* n'a pas

(20). Au même mouillage, on relevoit le milieu de Waterhouse au S. 45° E. corrigé, à 2 milles ½ de distance estimée, ce qui donne pour la latitude de cette île 40° 47′ 0″ Sud, et pour sa longitude 145° 32′ 32″ Orientale.

(21). Réunissant les résultats indiqués (aux articles 12, 14, 17, 18 et 20), nous aurons pour les trois positions cherchées :

Ile Swan *(milieu de l'île)* .... { Latit. 40° 42′ 20″ Sud.
{ Longit. 145. 59. 19. E. de Paris.

Cap Portland .... { Latit. 40. 42. 27. Sud.
{ Longit. 145. 49. 26. E. de Paris.

Ile Waterhouse *(milieu de la partie* { Latit. 40. 47. 0. Sud.
Nord de l'île) .... { Longit. 145. 32. 32. E. de Paris.

(22). *Côte Nord-Ouest de la Terre de Diémen, depuis Circular-Head jusqu'au cap Berthoud* (voy. *carte n.° 8*). Ce travail étant lié à celui que M. BOULLANGER et moi nous avons fait aux îles Hunter, nous en parlerons dans le paragraphe relatif au détroit de Bass (voy. *pag. 425 et 426*).

(23). *Côte Occidentale de la Terre de Diémen, depuis le cap Berthoud jusque par 41° 28′ de latitude S.* (voy. *carte n.° 2*). Les relèvemens faits dans ces parages par M. BOULLANGER et moi sur *le Casuarina*, n'ont servi qu'à rattacher notre route et un petit nombre de sondes aux détails déjà connus de cette portion de côte.

(24). *Carte générale de la côte Orientale de la Terre de Diémen.* M. BOULLANGER a réuni sur cette feuille la totalité des travaux géographiques exécutés pendant notre expédition vers les côtes du Sud, du Sud-Est et de l'Est de la Terre de Diémen (articles 1, 2, 3, 4, 5, 6, 8, 9, 10 et 21). Les parties ombrées indiquent celles qui ont été explorées par nous en 1802. Dans le Sud, les

varié depuis le 11 mars jusqu'au 5 avril. Cette variation, si elle existe, n'a pu être que très-petite : au reste, je n'ai trouvé aucun moyen de la reconnoître.

côtes au simple trait sont tirées des cartes du voyage de DENTRE-
CASTEAUX, mais elles ont été assujetties à nos observations de
longitude.

Dans le Nord, la côte à l'O. du cap Portland jusqu'au port
Dalrymple, l'île Waterhouse et le port Dalrymple lui-même, ont
été tirés des cartes levées par FLINDERS en 1798, en les assujettissant
toutefois aux positions que nous avons fixées (21) : l'entrée du
port Dalrymple a été placée d'après la détermination de FLINDERS;
il en sera rendu compte plus bas (29).

(25). J'ai réuni sur cette même carte trois petits plans. L'un
est la partie de la rivière du Nord, reconnue par M. H. FREY-
CINET (article 2); les autres sont la réduction des travaux de
TASMAN et de FURNEAUX sur la côte Orientale de la Terre de
Diémen, les seuls qui aient été faits avant nous sur cette côte.
La carte de TASMAN, incorrecte à beaucoup d'égards, rend assez
bien cependant la situation respective des principales masses. Son
île *Vander Lyns* est évidemment notre presqu'île Freycinet,
quoique la latitude en soit un peu différente. Mais je crois qu'il
faut ici considérer plutôt la configuration des terres que leur
position absolue.

FURNEAUX est plus exact dans les latitudes qu'il assigne aux
différens points de la côte, mais il n'a pas été heureux dans sa
manière de juger la forme des terres; presque toujours il a pris
pour des îles ce qui n'étoit en réalité qu'une suite de presqu'îles.
Son plan d'ailleurs ne paroît être assujetti à aucune mesure exacte.

(26). *Carte particulière de la Côte Sud-Est de la Terre de Diémen.* Planche n.º 4.
J'ai construit cette carte en faisant usage de ceux de nos travaux
particuliers qui entrent dans le cadre que j'ai choisi (articles 3,
4, 5, 6 et 8). Pour le reste, j'ai suivi les cartes de DENTRE-
CASTEAUX, en les assujettissant aux longitudes que nous avons
déterminées.

(27). On voit au bas de la carte un tableau comparatif des travaux géographiques exécutés à la partie Sud-Est de la Terre de Diémen, par les navigateurs qui nous y ont précédés. Il m'a paru curieux de présenter sur une même échelle les progrès et souvent les pas rétrogrades qu'a faits la géographie à cette partie extrême du globe. La planche n.° 5 contient un supplément à ce tableau.

Planche n.° 5.

(28). *Carte d'une partie de la côte Orientale de la Terre de Diémen.* Cette carte se compose de la réunion des travaux qui ont été exécutés dans ces parages par M. BOULLANGER, M. FAURE et moi, et dont j'ai rendu compte aux articles 6, 8 et 9 de ce chapitre.

Planche n.° 2.

(29). *Carte générale de la Terre de Diémen.* Les matériaux employés à la rédaction de cette carte proviennent de trois sources différentes : 1.° des travaux et des observations exécutés pendant notre voyage ; 2.° des cartes de DENTRECASTEAUX ; 3.° de celles levées par le capitaine FLINDERS en 1798.

Le cap Portland a été placé d'après la position que je lui ai assignée (21) ; il en est de même des îles Swan et Waterhouse. La côte depuis le cap Portland jusqu'au cap Bernier et l'île Maria, est une réduction de nos travaux particuliers (6, 8, 9 et 10) ; du cap Bernier au cap Pillar, et de ce dernier à l'île Willaumez, j'ai fait usage de ma carte n.° 26 ; de l'île Willaumez au cap du Sud, de celui-ci au cap Sud-Ouest, enfin du cap Sud-Ouest à la pointe nommée *îles de Witt* (de TASMAN), je me suis servi des cartes de DENTRECASTEAUX, en les assujettissant à la longitude de notre observatoire, au port du Nord-Ouest. Les travaux de détail (1 et 2) ont aussi été employés.

La côte Occidentale, depuis la pointe Saint-Vincent jusqu'au cap Berthoud, a été prise sur la carte de 1798 du capitaine FLINDERS. Le cap Berthoud est placé dans la position que je lui ai assignée pendant mon exploration des îles Hunter (22). Pour avoir la pointe Saint-Vincent, j'ai assujetti la totalité de la côte

Ouest

Ouest, de FLINDERS, aux positions adoptées pour le cap Sud-Ouest et le cap Berthoud.

Circular-Head a été placé par mes opérations aux îles Hunter (22) : la côte, depuis le cap Berthoud jusqu'à Circular-Head, ainsi que les îles Hunter, ont été tracées d'après les travaux faits à bord du *Casuarina*; il en sera rendu compte dans le paragraphe suivant.

Les sondes sur la côte Orientale, au Sud de 41° de latitude, nous appartiennent aussi (23).

Au Nord des îles Hunter, plusieurs sondes et trois rochers, dont la position est douteuse, ont été tirés de ma carte générale du détroit de Bass.

Le port Dalrymple est réduit du plan levé par FLINDERS en 1798 ; sa position est telle que ce navigateur l'a fixée par plusieurs observations de latitude et de distances lunaires, c'est-à-dire, par 41° 3′ 30″ Sud et 144° 50′ 45″ E. de Paris (à Low-Head).

Les côtes, depuis Circular-Head jusqu'au port Dalrymple, et de ce port jusqu'au cap Portland, ont été réduites de la carte citée du capitaine FLINDERS.

(30). Les détails des îles Furneaux ont été pris, 1.° d'un plan de la partie Sud de ces îles levé par FLINDERS en 1798; 2.° d'une carte du détroit de Bass, du même auteur et de la même année. Quant à la position absolue de ces îles, je l'ai conservée en latitude, telle que la donne le capitaine Anglois; mais j'ai assujetti leur longitude à celle que j'ai fixée pour l'île Swan.

Les relèvemens placent le cap Barren à 21′ 10″ dans l'E. du milieu de l'île Swan; ainsi, en prenant pour la longitude de cette île 145° 59′ 19″ trouvée plus haut (21), j'ai pour la longitude du cap Barren 146° 20′ 29″, ou, en nombres ronds, 146° 20′ 30″; c'est celle que j'ai adoptée.

FLINDERS, en 1798, avoit trouvé par plusieurs distances lunaires prises en mer à la vue du cap Barren, que ce point devoit être placé par la longitude............. 145° 59' 36" E. de Paris.

Le commencement et la fin d'une éclipse de lune observée sur l'île Preservation, le plaçoient par..................... 146. 36. 35.

Trois suites de distances lunaires prises dans la baie de Kent par M. SIMPSON, donnoient pour le même cap......... 146. 15. 36.

Enfin les observations lunaires faites au port Dalrymple, et rapportées par des relèvemens successifs............. 146. 12. 45.

M. FLINDERS avoit adopté cette dernière longitude, à laquelle il accordoit plus de confiance [*]; s'il eût pris une moyenne proportionnelle entre les trois derniers résultats qui s'accordent le mieux entre eux, et que je viens d'indiquer d'après lui, il auroit eu pour la longitude du cap Barren 146° 21' 39", et nous n'aurions différé alors que de 1' 9".

(31). La Pyramide et la Brioche, au N. O. de la plus grande des îles Furneaux, ont été prises sur ma carte générale du détroit de Bass.

§. 2.

CARTES ET PLANS LEVÉS DANS LE DÉTROIT DE BASS.

(32). *Iles Hunter.* La mission dont M. BOULLANGER et moi nous fûmes chargés pour la levée de la carte des îles Hunter, est sans contredit une des plus pénibles et des plus difficiles qui aient été remplies pendant le voyage : nous eûmes presque toujours un temps sombre et pluvieux, accompagné d'un vent si

---
[*] *Voy.* FLINDERS, Observations on the coasts of van Diemen's Land, &c.

LIVRE III. *Analyse des cartes.* 427

violent, d'une mer si agitée, que rarement le compas avoit une stabilité assez grande pour que l'on pût compter sur les observations. A ces inconvéniens déjà fort graves, se joignoit celui des courans, dont l'irrégularité et la vîtesse extrême nous désespéroient. Nous avons tâché de vaincre ces difficultés par la grande multiplicité des relèvemens, par des croquis soignés, par beaucoup d'angles pris avec le cercle, enfin par des alignemens, procédé qui nous a été souvent fort utile. Il est probable que nous avons fait dix fois plus d'opérations qu'il n'en eût fallu dans des circonstances favorables pour lever un plan exact; et dans le nombre de nos relèvemens, il y en a au moins un cinquième de défectueux. De là, on peut juger combien la construction de cette carte a été difficile, combien elle a dû exiger de tâtonnemens, de combinaisons et de calculs. Heureusement que la disposition du sol nous a favorisés : l'île Fleurieu est basse et les pitons de l'île Three-Hummock sont assez élevés pour qu'on puisse les voir de fort loin, même au-dessus de la première de ces îles. Dans la construction, je me suis attaché à placer d'abord ces pitons ; ensuite, par leur moyen, j'ai pu fixer et rectifier un grand nombre d'autres points.

La position du cap Kéraudren a été déterminée par de bonnes observations de latitude et de longitude, faites au mouillage le 11 décembre 1802 : c'est à ce cap que j'ai rattaché tout le reste de mes constructions. Indépendamment des observations dont je viens de parler, j'ai eu des angles horaires dans le S. E. de l'île Three-Hummock et une latitude dans la baie Ransonnet. Ces résultats, comparés aux positions déduites des routes corrigées par les relèvemens, ainsi que je l'ai exposé dans le précédent chapitre, ont présenté des différences si foibles, qu'elles m'ont confirmé l'exactitude des méthodes de correction que j'avois employées. Il est vrai que je me suis procuré très-souvent des points de vérification : j'en ai eu plus d'une fois après une heure et même après une demi-heure de route.

Hhh 2

EXAMEN DES CARTES.

N'ayant pu observer directement la latitude de Circular-Head, je me suis servi de celle que lui assigne le capitaine FLINDERS dans sa carte de 1798[a]. Quant à la longitude, elle a été fixée par un relèvement pris à bord de la corvette *le Géographe*, le 26 décembre 1802; on relevoit, en même temps, sur ce bâtiment, le piton du milieu de l'île Three-Hummock: ce dernier relèvement m'a servi à lier mes observations, sur les îles Hunter, à celles qu'on avoit faites à bord du *Géographe*.

Les bancs de sable et le tirant d'eau trop fort du *Casuarina*, m'ont empêché de pénétrer jusqu'à l'extrémité Sud de la baie Boullanger et vers celle de l'ouverture nommée *Entrée du Casuarina*; je n'ai pu déterminer, par conséquent, la forme des terres dans l'une et dans l'autre de ces parties.

Si l'on jette un coup d'œil sur la planche n.° 9, on verra combien les relèvemens qui m'ont servi à placer les îlots et les récifs situés dans l'O. et le S. O. de l'île Fleurieu, ont été faits dans des situations défavorables. Lorsque nous nous engageâmes entre ces écueils, il ventoit très-forte brise, et le courant nous poussoit avec la rapidité d'une flèche; aussi ne pouvons-nous pas assurer de n'avoir oublié de relever aucun de ces îlots, moins encore qu'il ne s'en trouve quelques-uns sur notre carte qui soient placés avec peu d'exactitude.

A l'exception des brisans et des bancs hors de l'eau, qui sont pointillés en plein sur la planche n.° 9, tous les bancs placés sur notre carte des îles Hunter ont été fixés au moyen des sondes.

Les objets dont la position a été déterminée par des relèvemens, sont marqués par un petit cercle dont le centre est le point même dont il s'agit.

Planche n.° 7.

(33). *Ile King.* L'observatoire de la corvette *le Géographe* étoit établi sur le rocher des Éléphans, près de la côte Orientale de l'île. On en a conclu la position du bâtiment au mouillage. Tout le reste,

---

[a] Je donne un extrait de cette carte sur ma planche n.° 8.

c'est-à-dire, le contour entier de l'île, est dû à une course en canot faite par M. FAURE, qui, lui-même, a construit ses observations sur une grande échelle. Les détails de ses travaux ne me sont pas parvenus.

(34). *Carte générale du détroit de Bass.* Cette carte contient toutes les routes qui ont été suivies dans le détroit de Bass et dans celui de Banks, non-seulement par les corvettes *le Géographe*, *le Naturaliste* et par la goëlette *le Casuarina*, mais aussi par ceux de nos canots qui ont été envoyés vers différens points, soit pour y observer, soit pour y faire des recherches.

Planche n.º 6.

Indépendamment des côtes de la Terre de Diémen, dont nous avons discuté la construction (29), des îles Hunter et de l'île King, qui font le sujet des articles 32 et 33, des îles Furneaux citées à l'article 30, et des côtes de la Terre Napoléon, dont il sera parlé dans le 3.ᵉ paragraphe, nous avons placé sur notre carte du détroit de Bass plusieurs îlots et plusieurs rochers : les principaux, c'est-à-dire ceux dont la position est la plus certaine, sont, le Coin-de-Mire, le Cône, la Pyramide, le rocher le plus Ouest du petit groupe, enfin quelques rochers de moindre étendue qui se trouvent dans l'E. du Cône. Nous ne parlons pas des îlots du promontoire qui se rattachent à la côte dont ils sont voisins.

Nous avons déterminé en masse la position du groupe de Kent ; mais les détails sur la forme et le nombre de ces îles, sont restés incertains. J'ai pris leur configuration sur la carte de 1798 du capitaine FLINDERS.

(35). Le canot du *Naturaliste*, expédié dans la baie de Kent, et dont la route a été tracée sur la carte n.º 6, ainsi que sur le plan particulier de l'extrémité Sud des îles Furneaux, réduit du plan levé par FLINDERS en 1798, n'avoit pour but que de faire la recherche de la corvette *le Géographe* dont on étoit séparé. Cette expédition n'a rien produit pour la géographie.

430 VOYAGE AUX TERRES AUSTRALES,

EXAMEN DES CARTES.

Dans le port Dalrymple, où j'ai été expédié, j'avois une mission du même genre; je me suis borné à rectifier, à la vue seulement, quelques légers détails d'anses ou de ruisseaux, qui ont été indiqués sur le plan particulier de ce port, donné également d'après le travail de 1798 du capitaine FLINDERS. Ce plan et celui de la partie Sud des îles Furneaux, sont placés, dans des cadres à part, sur la planche n.° 6.

(36). Les routes de canot, depuis le promontoire de Wilson jusqu'au port Western, et celles qui sont tracées dans le port Western même, appartiennent aux embarcations de la corvette *le Naturaliste*, qui ont exploré ces différentes parties : il en sera parlé dans le paragraphe suivant.

(37). Le port Phillip a été tiré d'une carte manuscrite du détroit de Bass, dressée à bord du navire Anglois *the Arniston*, en 1804[a].

§. 3.

CARTES ET PLANS LEVÉS À LA TERRE NAPOLÉON.

(38). CÔTE entre le promontoire de Wilson et le port Western (voy. carte n.° 11). Les détails de cette partie sont le résultat d'une course en canot faite par MM. BOULLANGER et SAINT-CRICQ ; ce dernier étoit spécialement chargé des observations astronomiques destinées à fixer la position du promontoire. Le temps et les localités ayant empêché d'obtenir des résultats certains, il reste encore quelque doute sur la longitude de ce point important. La construction du plan, qui appartient à M. BOULLANGER, a été rattachée par lui aux travaux exécutés, à bord du *Géographe*, par MM. BERNIER et H. FREYCINET, pendant leur exploration de la Terre Napoléon.

---

[a] Cette carte fut trouvée à bord du vaisseau de la Compagnie Angloise *the Fame*, capturé, en 1806, par la frégate Françoise *la Piémontoise*. Elle m'a été communiquée par M. BAUDIN (des Ardennes), l'un de nos compagnons de voyage, officier très-distingué de la marine.

LIVRE III. *Analyse des cartes.* 431

(39). *Port Western.* La levée du plan de ce havre est due à MM. Faure et Milius; M. Bailly s'est chargé de la construction. Ce travail n'est donné que comme une esquisse : les circonstances n'ayant pas permis de prendre tous les relèvemens nécessaires, plusieurs positions importantes sont restées indécises. On a joint, dans un cadre à part, deux esquisses du même port, d'après des cartes Angloises.

J'ai essayé, sur la planche n.° 6, de tracer les routes du canot du *Naturaliste* dans ce port.

(40). *Côte depuis le port Western jusqu'au cap Lafayette, dans le golfe Joséphine* (voy. cartes n.°s *11, 13, 14 et 16*). Tout ce grand développement de côte a été construit par M. Boullanger, d'après les observations qui ont été faites, à bord du *Géographe*, par MM. Bernier et H. Freycinet.

(41). *Côte depuis le cap Lafayette jusqu'au cap Éliza* (voy. carte n.° *16*). Cette côte a été relevée, à bord de la goëlette *le Casuarina*, par M. Boullanger et par moi ; les constructions ont été faites par chacun de nous en particulier : la rédaction définitive du travail m'appartient exclusivement.

(42). *Ile Decrès* (voy. carte n.° *15*). A bord du *Géographe*, les observations et les relèvemens (ceux de la baie Bougainville exceptés) ont été faits par MM. Boullanger, Faure, Bernier, H. Freycinet et Ronsard ; ils l'ont été par moi à bord du *Casuarina*. La portion de côte comprise entre le cap Sané et le cap Delambre, n'a pas été aussi bien vue que le reste de l'île. M. Boullanger et moi nous avons fait, chacun de notre côté, la construction des relèvemens pris à bord de nos bâtimens respectifs. J'ai réuni et rédigé le tout.

Dans la baie Bougainville, l'anse des Hauts-Fonds et l'anse des Phoques jusqu'au cap des Kanguroos, sont dues à M. Ransonnet ; le port Daché, et l'anse comprise entre le cap des Kanguroos et le cap Delambre, appartiennent aux travaux de MM. FAURE et MONTBAZIN.

(43). *Côte depuis le cap Éliza jusqu'au cap Berthier* (voy. carte n.° *16*). Les relèvemens sont de MM. BERNIER et H. FREYCINET, sur *le Géographe;* la construction est de M. BOULLANGER. Les détails de cette partie sont douteux.

(44). *Îles Vauban* (voy. carte n.° *14*). Ces îles ont été vues et relevées, à bord du *Géographe,* par MM. BERNIER et H. FREYCINET; et sur *le Casuarina,* par M. BOULLANGER et moi.

(45). *Côte depuis le cap Berthier jusqu'au cap Sully*[a], *dans le golfe Bonaparte* (voy. cartes n.°s *10* et *16*). Le travail fait sur cette côte, contrarié par le mauvais temps, est vague et imparfait. Les relèvemens ont été pris par MM. BERNIER et H. FREYCINET, sur *le Géographe.* La construction est due à M. BOULLANGER.

(46). *Côte depuis le cap Sully jusqu'au Nord du cap Bernadotte* (voy. carte n.° *16*). M. BOULLANGER et moi en avons fait l'exploration sur *le Casuarina.* La construction a été faite séparément par chacun de nous; ensuite j'ai comparé et résumé le tout. La baie Turenne n'a pas été très-bien vue; le tracé en est incertain. Il en est de même de la portion de côte qui est au Nord et à l'Ouest du cap Bernadotte; le défaut d'un canot nous a empêché de nous avancer vers cette partie.

(47). *Côte depuis le cap Racine jusqu'au cap Méchain* (voy. carte n.° *16*). Pour la levée et la construction de cette côte, mêmes remarques qu'à l'article précédent (46). Les points douteux sont ceux qui appartiennent à l'île Volney; nous n'avons vu cette île que la nuit, et nous n'oserions assurer qu'elle ne soit pas jointe au continent. Dans ce cas, il existeroit un lac au N. O. de cette terre.

---

[a] Par inadvertance, les mots *cap Sully* n'ont pas été gravés sur la carte n.° 16; mais ils se trouvent sur la carte n.° 10.

(48).

LIVRE III. *Analyse des cartes.* 433

(48). *Côte depuis le cap Méchain jusqu'au port Champagny* (voy. *carte n.° 17*). M. BOULLANGER et moi nous nous sommes occupés du travail de cette partie, ainsi que je l'ai exposé plus haut (46). N'ayant pu avoir d'angles horaires sur la côte les 27, 28, 29, 30 et 31 janvier, on doit nécessairement peu compter sur sa position en longitude.

(49). *Iles de Léopen* (voy. *carte n.° 17*). Pour la levée et la construction, voyez ci-dessus l'article (46). La position absolue de ce groupe, le nombre et la situation relative des diverses îles qui le composent, sont extrêmement douteux. La célérité avec laquelle nous étions obligés d'opérer, d'après les ordres impératifs du Commandant, ne nous a pas permis de donner à l'exploration de ces îles tout le temps qui eût été nécessaire.

(50). *Port Champagny* (voy. *carte n.° 17 et le plan particulier* sur la même planche). Mêmes remarques encore (46), pour la levée et la construction. Le plan de ce port ne doit être considéré que comme une esquisse grossière, dont la position absolue est douteuse. La proximité des terres et le mauvais temps ne nous ont point permis de faire des observations astronomiques.

(51). *Iles Berthier* (voy. *carte n.° 16*). Les relèvemens appartiennent à MM. BERNIER et H. FREYCINET; la construction est de M. BOULLANGER.

(52). *Ile Duroc, île Clarke et un banc de roches* (voy. *carte n.° 16*). Ces points ont été observés sur *le Géographe* par MM. BERNIER et H. FREYCINET, et construits par moi.

(53). *Iles Catinat, îles Laplace, îles Jérôme; côte depuis le cap Turenne jusqu'au cap Hallé* (voy. *carte n.° 17*). Si l'on excepte l'île Fermat (à l'extrémité Ouest des îles Laplace), et les îlots du Vétéran (au Sud du groupe des îles Jérôme), qui ont été vus sur *le Casuarina*, tout le reste est tracé d'après les observations de

iii

MM. BERNIER et H. FREYCINET à bord du *Géographe*. La construction a été faite séparément par M. BOULLANGER et par moi; j'ai rédigé le tout ensuite. Le travail de cette partie offre plusieurs lacunes considérables, qui résultent de la grande distance où parfois *le Géographe* s'est tenu de terre. Dans d'autres circonstances, et notamment le 26 avril 1802, la proximité de la côte a empêché de faire les observations de latitude et de longitude dont on avoit besoin pour corriger l'erreur de la route. Ces défauts doivent nécessairement avoir influé sur l'exactitude des résultats.

(54). *Côte depuis le cap Hallé jusqu'au cap d'Estrées, îles Saint-Pierre, îles Joséphine* (voy. carte n.° *18*). Nous devons à MM. BERNIER et H. FREYCINET les relèvemens qui ont servi à tracer ces diverses portions de côte. M. BOULLANGER s'est occupé seul de la construction.

(55). *Côte depuis le cap d'Estrées jusqu'au cap Beaufort* (voy. carte n.° *18* et *le plan particulier* sur la même planche). MM. BERNIER et MONTBAZIN ont fait l'exploration de cette côte dans un des canots du *Géographe*; le plan a été construit par le premier de ces messieurs, et rattaché, pour la position absolue, au mouillage de la corvette, du 7 au 10 février 1803.

(56). *Anse Tourville* (voy. carte n.° *18* et *le plan particulier* sur la même planche). Ce travail est dû en totalité à MM. FAURE et RANSONNET.

(57). *Côte depuis le cap Jérôme jusqu'au cap Vaucanson; îles du Géographe, îles Rubens, îles Labourdonnais* (voy. carte n.° *18*). Les relèvemens appartiennent à MM. BERNIER et H. FREYCINET. La construction a été faite séparément par M. BOULLANGER et moi, mais j'ai adopté la mienne de préférence.

(58). *Cap des Adieux, îles de Montenotte* (voy. carte n.° *18*). La position de ces points est déduite d'une estime fort grossière, rapportée à la route du *Géographe* le 8 mai 1802. Or cette route, plusieurs jours de suite, n'ayant pu être rectifiée par des observations d'angles horaires, doit être affectée d'erreurs considérables dans le sens de la longitude. M. BOULLANGER et moi nous avons été embarrassés pour placer ce cap et ces îles, parce que nous n'avions pas fait attention à des relèvemens[a] de MM. BERNIER et H. FREYCINET, qui auroient pu lever toute incertitude. D'après ces relèvemens, il paroîtroit constant que les îles de Montenotte sont les mêmes que les îles Labourdonnais, ou qu'au moins elles forment un petit groupe dans l'O. et très-près de ces dernières. Je laisse la question à décider aux navigateurs qui viendront après nous sur cette côte.

A l'égard du cap des Adieux, il seroit beaucoup moins saillant, moins occidental, et se trouveroit sur une côte légèrement onduleuse.

(59). *Îles Saint-François* (voy. *carte n.º 18*). M. BOULLANGER, qui a construit la position de ce groupe d'îles d'après les relèvemens faits en 1802 par MM. BERNIER et H. FREYCINET à bord du *Géographe*, m'a parlé souvent des difficultés qu'il avoit éprouvées pour en venir à bout; il paroît sur-tout qu'il n'étoit pas fort satisfait de la manière dont il avoit rattaché ce groupe d'îles à celui des îles Saint-Pierre. Le mauvais temps avoit beaucoup contrarié les observations de MM. BERNIER et H. FREYCINET, ce qui explique assez les difficultés des constructions dans cette partie.

(60). *Île Desbrosse, île d'Après* (voy. *carte n.º 18*). Ces deux îles ont été vues par *le Casuarina*, mais on n'a pu les placer que par une estime grossière; d'abord à cause de l'incertitude des relèvemens, ensuite parce que la route n'a pas été rectifiée comme il l'eût fallu par des observations astronomiques. Quoi qu'il en soit de ces positions et même de l'existence de ces îles, qui pourroient bien n'être autre chose que quelques-unes de celles qui furent

[a] Ces relèvemens, qui appartiennent à deux points du continent, étoient écrits sur une feuille volante détachée du registre des observations.

relevées par *le Géographe*, j'ai pensé que, dans l'incertitude où je me trouvois, ce n'étoit point agir contre les intérêts des navigateurs que de placer sur ma carte des îles même douteuses, tandis qu'il y auroit un grave inconvénient pour leur sûreté à en omettre une seule en pareil cas.

(61). *Récif vu par le Géographe, récif vu par le Casuarina (carte n.° 18)*. La latitude de ces deux récifs étant sensiblement la même, et l'un et l'autre n'ayant été placés que par l'estime en des circonstances défavorables, il pourroit bien se faire que ce ne fût qu'un seul et même récif. Dans le doute où j'étois cependant, je n'ai pas dû hésiter à en marquer deux sur la carte.

S'il est vrai que les îles de Montenotte soient les mêmes que les îles de Labourdonnais, la position du 8 mai se trouvant par-là rejetée dans l'E., le récif du Géographe y seroit reporté aussi, à-peu-près de la même quantité; mais rien n'assure que ce récif doive se confondre avec celui du Casuarina.

(62). *Carte d'une partie de la Terre Napoléon (première feuille)*. M. BOULLANGER a dressé cette carte par la réunion de la totalité et d'une partie des travaux examinés aux articles 33, 34, 38, 39 et 40. La côte non ombrée dans l'E. du promontoire de Wilson est tirée de la carte du détroit de Bass, levée en 1798 et 1799 par le capitaine FLINDERS; mais elle est assujettie à la position que nous ⸺ ns fixée pour ce promontoire.

(63). *Deuxième feuille de la même côte*. Dressée par M. BOULLANGER, d'après une partie des travaux mentionnés à l'article 40.

(64). *Troisième feuille de la même côte*. Les travaux examinés aux articles 40, 42, 43, 44 et 51, m'ont servi à dresser cette carte.

(65). *Carte de l'île Decrès*. Elle comprend la réunion des travaux des articles 42, 44 et partie des 40.ᵉ et 43.ᵉ Même auteur que la précédente.

LIVRE III. *Analyse des cartes.* 437

(66). *Carte d'une partie de la Terre Napoléon (quatrième feuille).* J'ai rédigé ce travail d'après les articles 40, 41, 43, 45, 46, 47, 49, 51 et 52. J'y ai ajouté toutes les sondes et celles des routes du *Géographe* dans le golfe Bonaparte qui n'ont pas servi à placer des relèvemens.

EXAMEN
DES CARTES.
Planche n.º 16.

(67). *Cinquième feuille de la même côte.* Les travaux dont il a été rendu compte aux articles 48, 49, 50, 51, 52, 53 et partie du 54, m'ont servi à la rédaction de cette carte et du plan particulier qui l'accompagne.

Planche n.º 17.

(68). *Sixième feuille de la même côte.* Cette carte est la réunion des constructions particulières dont il a été rendu compte aux art. 54, 55, 56, 57, 58, 59, 60 et 61. Elle est du même auteur que la précédente.

Planche n.º 18.

Le plan particulier sur la même planche est une réduction à plus grand point des travaux des articles 55, 56 et partie du 54.

(69). *Carte générale de la Terre Napoléon.* J'ai réuni sur cette feuille tous les travaux exécutés sur les côtes de la Terre Napoléon à bord des corvettes Françoises *le Géographe* et *le Casuarina.* (*Voyez* les articles depuis 38 jusqu'à 61).

Planche n.º 10.

Le port Phillip est tracé d'après ce qui est dit article 37.

Une île dont l'existence est douteuse, et que j'ai placée par le 137.ᵉ méridien, a été tirée de la carte dressée à bord du navire *the Arniston,* citée article 37. Je l'ai repoussée un peu dans l'O. de la position que lui donne la carte Angloise : plus à l'E., nous eussions dû en avoir connoissance.

EXAMEN
DES CARTES.

§. 4.

PLANS LEVÉS À LA TERRE DE NUYTS.

Planche n.º 19.   (70). *PLAN du port du Roi-George (et de ses environs)*. M. RANSONNET a levé, en canot, toute la côte qui est à l'E. du Mont-Gardner et qui comprend le port des Deux-Peuples ; M. FAURE, toute la partie qui s'étend du Mont-Gardner au havre des Huîtres, le havre des Huîtres, la rivière des François, l'île Michaelmas, l'île Break-Sea, et toute la côte qui du havre des Huîtres s'étend jusqu'à Bald-Head. Le havre de la Princesse royale a été levé à terre et construit par moi. Il reste quelque indécision dans ce travail, parce qu'une partie de mes relèvemens n'ont pu être croisés faute de temps pour l'exécuter. La construction du reste de ce plan appartient à M. BAILLY. On a pris sur les cartes de DENTRECASTEAUX toute la côte qui est au Sud et à l'Ouest de Bald-Head, ainsi que les îles de l'Éclipse. La position absolue du port du Roi-George en latitude et en longitude, est celle de notre observatoire.

J'ai ajouté sur cette feuille une réduction du plan de VANCOUVER, à qui on doit la découverte de ce havre important.

Planche n.º 20.   (71). *Plan d'une partie de la Terre de Nuyts.* J'ai levé à bord du *Casuarina* les détails de cette portion de côte, que j'ai construite ensuite en assujettissant la position du navire à la longitude et à la latitude estimées. Le mauvais temps ne m'a pas permis de faire des observations astronomiques.

§ 5.

CARTES ET PLANS LEVÉS À LA TERRE DE LEUWIN.

(72). *Côte depuis le cap Gossellin jusqu'à la pointe du Casuarina* (voy. *carte n.° 21*). J'ai construit cette portion de côte avec les relèvemens obtenus par M. H. FREYCINET à bord du *Géographe*, et les miens propres à bord du *Casuarina*. Je n'ai pas été très-satisfait des observations qui m'ont servi à tracer le fond de la baie du Géographe, et je pense qu'il doit y avoir quelque inexactitude dans cette partie.

(73). *Récif du Naturaliste* (voy. *carte n.° 21*). La position de ce récif est conclue des relèvemens pris, à bord du *Géographe*, par M. H. FREYCINET.

(74). *Rivière Vasse* (voy. *carte n.° 21*). C'est le résultat d'un croquis que j'ai fait à terre.

(75). *Port Leschenault* (voy. *carte n.° 21*, et *le plan particulier* sur la même planche). M. DE MONTBAZIN a levé et construit cette partie. Je crois que l'intérieur du port n'est qu'un dessin fait à vue.

(76). *Côte depuis la pointe du Casuarina jusqu'au cap Péron* (voy. *carte n.° 21*). Les relèvemens de M. H. FREYCINET sur *le Géographe*, et les miens sur *le Casuarina*, m'ont servi à construire cette côte.

(77). *Côte depuis le cap Péron jusqu'à l'embouchure de la rivière des Cygnes* (voy. *carte n.° 21*). Les détails de cette portion de côte n'ont pas été observés.

(78). *Carte d'une partie des Terres de Leuwin et d'Édels.* J'ai dressé cette carte d'après les travaux des articles 72, 73, 74, 75, 76 et 77. J'ai consulté en outre un dessin de la même côte, construit par M. BOULLANGER, avec un petit nombre de relèvemens pris par lui à bord du *Géographe*.

Planche n.° 21.

EXAMEN DES CARTES.

Il sera rendu compte plus bas (articles 79 et 80), des travaux d'après lesquels ont été dressés les plans particuliers de la rivière des Cygnes et des îles Louis-Napoléon, dont j'ai fait pareillement usage dans le tracé de ma carte n.º 21.

La côte dans l'E. du cap Gossellin est tirée des cartes de DENTRECASTEAUX; celle qui est au Nord de la rivière des Cygnes, d'une carte Hollandoise dont il sera parlé dans le paragraphe suivant (art. 82).

§. 6.

CARTES ET PLANS LEVÉS À LA TERRE D'ÉDELS.

(79). *RIVIÈRE des Cygnes* (voyez *carte n.º 21*). On doit à M. HEIRISSON la levée et le plan de cette rivière. Ce travail intéressant a été fait à la boussole. Les routes du canot et les relèvemens n'ayant pu être corrigés par des observations astronomiques, il est probable qu'il y a dans ce plan quelque légère inexactitude dépendant de ces causes.

(80). *Iles Louis-Napoléon* (voy. *carte n.º 21*). La situation respective de ces îles m'a été donnée par les relèvemens de M. H. FREYCINET à bord du *Géographe*, et par mes observations sur *le Naturaliste* et *le Casuarina*. Les dimensions et les détails de la configuration de ces îles ne sont pas très-certains. La position absolue de l'île Rottnest a été rapportée aux longitudes observées à bord du *Géographe* par M. BERNIER, et aux latitudes que j'ai observées au mouillage, pendant plusieurs jours, à bord du *Casuarina*.

(81). *Côte depuis la rivière des Cygnes jusqu'à la Pointe Escarpée* (voy. *carte n.º 22*). La corvette *le Naturaliste* a navigué long-temps sur cette côte, et y a fait quelques relèvemens qui ont été écrits sur la table de loch. Lorsque j'ai voulu tracer ces routes et placer les relèvemens, j'ai éprouvé de grandes difficultés. L'absence de

toute

LIVRE III. *ANALYSE DES CARTES.* 441

toute longitude observée[a] à bord du bâtiment, m'empêchoit d'appliquer aux routes les corrections nécessaires pour les rectifier; voici donc le parti qu'il m'a fallu adopter.

(82). J'ai déterminé d'abord la position de la Pointe-Escarpée par les observations de latitude faites à bord du *Naturaliste*, et les observations de longitude faites à bord du *Géographe;* j'avois déjà (article 78) la position de l'embouchure de la rivière des Cygnes. Ces deux points connus, j'ai pris sur une des cartes publiées par Van Keulen[b], la côte intermédiaire, et je l'ai assujettie aux points extrêmes dont il s'agit; et ce qui est très-remarquable, le gisement et la longueur totale de cet espace se sont trouvés parfaitement égaux à ce que nous avons déterminé par nos propres observations.

J'ai corrigé ensuite mes routes de l'erreur en latitude reconnue journellement par les observations; puis, avec les différences de latitudes corrigées, un relèvement de la côte, et la distance estimée, j'ai construit plusieurs points de la route du bâtiment, et par conséquent la longitude pour ces mêmes instans. Les longitudes obtenues ainsi ne doivent pas être fort exactes; cependant, en leur accordant 3 ou 4 minutes d'erreur, je ne crois pas m'écarter beaucoup de la vérité : or, ces mêmes longitudes m'ont servi à corriger, dans l'estime des routes du *Naturaliste*, des erreurs de 12, 20, 24, 30 et même 33 minutes, tantôt en plus et tantôt en moins.

(83). Lorsque les routes ont été corrigées de la sorte, je les ai construites en entier, et j'ai fait usage du petit nombre de relèvemens

---

[a] J'ai dit plus haut *(pag. 359)*, par quel événement le registre des longitudes observées à bord du *Naturaliste*, n'étoit point parvenu en France. J'ai bien retrouvé quelques-unes de ces observations dans nos autres journaux; mais n'ayant pu les assujettir à aucune correction raisonnable, il m'a été impossible d'en faire usage.

[b] Il paroît que cette carte est un des résultats du voyage de Vlaming, qui fut chargé, en 1697, par la compagnie Hollandoise, de faire la géographie de ces rivages.

Kkk

que j'avois rassemblés. Les parties ombrées de la côte indiquent ce que nous avons vu; le trait qui n'est pas ombré est pris sur la carte citée de VAN KEULEN; mais pour ce qui est ombré même, je ne puis pas garantir l'exactitude des détails de la côte, en général fort indécis. La baie Breton, l'île Lancelin, l'île Boullanger, la baie Jurien, la baie Gantheaume et quelques pitons de montagnes, sont les points que nous avons le mieux observés.

(84). A l'égard des Abrolhos, la position, l'étendue et la configuration de ce groupe d'îles et de récifs, sont également incertaines: nous n'en répondons en aucune sorte; les détails que nous en avons donnés sont tirés de VAN KEULEN; nous avons seulement diminué l'échelle, pour satisfaire à quelques-unes de nos routes.

J'ai réuni dans un cadre particulier, sur la même carte n.º 22, quatre plans des Abrolhos, d'après divers auteurs; on y remarquera des différences très-importantes entre lesquelles je suis bien loin de pouvoir choisir.

Planche n.º 22. (85). *Carte de la Terre d'Édels et d'une partie de celle d'Endracht.* J'ai dressé cette carte avec les matériaux dont il a été rendu compte aux articles 79, 80, 81, 82, 83 et 84; et pour la Terre d'Endracht, de ceux dont nous parlerons dans le paragraphe suivant.

§. 7.

CARTE LEVÉE À LA TERRE D'ENDRACHT.

(86). POINTE-ESCARPÉE, *île Dirck-Hartighs* (voy. *carte n.º 23*). Nous avons dit (82) comment avoit été fixée la position de la Pointe-Escarpée. La côte Occidentale de Dirck-Hartighs est tracée d'une manière assez grossière, mais cette côte n'offre aucun détail intéressant. Le cap de l'Inscription est placé en latitude d'après les observations faites à bord du *Naturaliste*; sa longitude est

LIVRE III. ANALYSE DES CARTES. 443

rapportée, par l'estime des routes, à celle de la pointe des Hauts-Fonds, exactement fixée par les observations de M. BERNIER.

La côte Nord de Dirck-Hartighs est tracée d'après un plan fait à vue et à terre, par M. BAILLY;

Depuis le cap Levillain jusqu'au cap nommé le Coin-de-Mire, d'après un croquis de M. HEIRISSON;

Du Coin-de-Mire au cap Ransonnet, d'après les relèvemens que j'ai faits dans le grand canot du *Naturaliste*.

(87). *Passage Épineux, havre Inutile, havre Henri-Freycinet, baie de Dampier, jusqu'à la pointe des Hauts-Fonds* (voy. carte n.° 23). Tout ce grand développement de côte est le résultat d'une course que je fis dans le grand canot du *Naturaliste* en 1801. Je n'avois d'autre instrument pour diriger ma route et prendre mes relèvemens, qu'un assez bon compas de variation de LENOIR; il ne m'a donc pas été possible d'observer de latitudes, ni d'angles horaires pour corriger mes routes; et, sous ce double rapport, mon travail ne doit pas être sans imperfection. J'ai tâché, en construisant mon plan, de corriger les erreurs des routes par les relèvemens; mais je ne crois pas y être toujours parvenu.

(88). *Havre Hamelin* (voy. carte n.° 23). M. FAURE, qui a relevé et construit toutes les côtes de ce havre, depuis la pointe des Hauts-Fonds, n'a pas eu plus de moyens que moi pour corriger l'estime de ses routes. Son travail doit donner lieu aux mêmes réflexions que le précédent (87).

(89). *Île de Dorre, île Bernier, îlot de Koks* (voy. carte n.° 23). L'intervalle en longitude entre la pointe des Hauts-Fonds et l'observatoire du *Géographe* sur l'île Bernier, a été donné par les montres marines. La latitude de cette île est le résultat des observations de M. BERNIER. J'ai pris sa configuration sur un croquis de M. BOULLANGER. L'îlot de Koks est placé par l'estime à vue.

M. H. FREYCINET a observé à l'extrémité Sud de l'île de Dorre,

EXAMEN DES CARTES.

25° 17'. Pour satisfaire aux relèvemens, j'ai augmenté cette latitude d'une minute. La longitude est donnée par des relèvemens pris sous voiles, tant à bord du *Géographe* que du *Naturaliste*. La forme de l'île est tracée d'une manière assez grossière, en assujettissant sa partie Nord, à l'extrémité Sud de l'île Bernier. Les îlots au Sud de cette dernière sont placés d'après la carte de VAN KEULEN dont j'ai parlé (82).

(90). *Récif de Dampier* (voy. *carte 23*). Ce récif est placé, d'après divers relèvemens pris à terre, sur l'île de Dorre, par M. H. FREYCINET, et sous voiles par quelques autres personnes.

(91). *Cap Cuvier* (voy. *carte n.° 23*). M. BOULLANGER a fait sur le *Géographe* les relèvemens à l'aide desquels la position de ce cap important a été fixée.

(92). *Carte de la baie des Chiens-Marins*. J'ai dressé cette carte en réduisant à une même échelle les travaux des articles 86, 87, 88, 89, 90 et 91. La côte au Sud du cap Cuvier a été tirée de la carte de VAN KEULEN, citée (82). J'ai éprouvé quelque difficulté à faire cadrer les travaux de M. FAURE, dans le havre Hamelin, avec ceux que j'avois exécutés dans le havre Henri-Freycinet : lorsque j'ai voulu réunir ces plans, ils se croisoient l'un l'autre, d'une petite quantité, il est vrai, si on la compare aux erreurs que nous avions à craindre, mais assez pour m'embarrasser d'abord. N'ayant entre les mains que le plan dressé par M. FAURE et non ses observations ; ne connoissant d'ailleurs par aucune donnée certaine la largeur de l'isthme Taillefer, j'ai été réduit à la supposer, et j'ai conservé à mes constructions l'étendue que je leur avois donnée. Ce point une fois fixé, j'y ai assujetti le plan de M. FAURE, c'est-à-dire que je l'ai fait pivoter autour de la pointe des Hauts-Fonds, jusqu'à ce que l'isthme Taillefer eût acquis la largeur convenue.

Les sondes du milieu de la baie, dans l'Est des îles de Dorre et Bernier, sont le résultat d'un travail que j'ai exécuté sur le *Casua-*

LIVRE III. *Analyse des cartes.* 445

rina; quelques-unes aussi, mais en petit nombre, proviennent du *Géographe* et du *Naturaliste.*

(93). J'ai placé dans un cadre particulier, au bas de la carte n.° 23, trois plans comparatifs des travaux exécutés à la baie des Chiens-Marins, par les navigateurs qui nous y ont précédés. J'attribue le premier à VLAMING, le second est du capitaine DAMPIER, et le troisième de SAINT-ALLOUARN.

§. 8.

Cartes et plans levés à la Terre de Witt.

(94). POUR ne pas nous répéter trop souvent, nous dirons ici, une fois pour toutes, que la totalité des côtes de la Terre de Witt a été construite séparément par M. BOULLANGER et par moi, d'après nos relèvemens particuliers sur *le Géographe* et sur *le Casuarina*, et d'après les observations qui ont été faites sur le premier de ces bâtimens par M. RONSARD. La comparaison des résultats et la rédaction définitive des travaux m'appartiennent exclusivement. Passons maintenant aux détails.

(95). *Côte depuis le cap Murat jusqu'aux îles de Montebello* (voy. *carte n.° 25*). On remarquera de grandes lacunes dans cet espace; cependant, à l'exception des points qui sont le plus éloignés de nos routes, on doit compter sur une exactitude satisfaisante de la position des objets que nous avons relevés. Quant aux détails topographiques, c'est-à-dire ceux qui se rapportent à la forme précise des terres, nous avons trop souvent navigué à une grande distance des côtes pour qu'il fût toujours possible de les bien observer.

(96). *Archipel de Dampier* (voy. *carte n.° 25*, et *le plan particulier sur la même planche*). La côte Nord de l'île du Romarin a été vue d'assez près par *le Casuarina;* c'est pourquoi j'ai pu en mieux exprimer la configuration. Ici, de même que je l'ai remarqué à l'article précédent, on doit peu compter sur l'exactitude des parties les plus éloignées de la route.

(97). *Côte depuis le cap Bruguières jusqu'au cap Thouin* (voy. carte n.° 25). Beaucoup d'incertitude dans la position des terres continentales et dans la forme qu'elles affectent. Les îlots et les points les plus saillans du continent sont placés avec assez d'exactitude.

(98). *Iles Forestier* (voy. carte n.° 25, et *le plan particulier* sur la même planche). L'île Depuch, l'îlot de Sable et la partie du continent qui en est au Sud, ont été relevés par M. RONSARD ; il en a donné lui-même une esquisse qui ne doit être considérée que comme un plan à vue. Les relèvemens pris à bord du *Géographe* m'ont fait connoître que l'îlot de Sable avoit une dimension beaucoup trop grande sur ce plan ; il m'a fallu la diminuer sur la carte. L'île Ronsard et les îlots qui l'avoisinent ont une position douteuse, qu'indiquent d'ailleurs les lettres *P. D.* qui les accompagnent.

(99). *Côte depuis le cap Thouin jusqu'au cap Kéraudren ; îlots des Tortues, île Bedout* (voy. carte n.° 25). Les seuls points que l'on doive regarder comme exacts sur cette côte, sont les îlots des Tortues, les caps Larrey et Kéraudren ; la latitude de l'île Bedout est douteuse. Tout le reste de la côte est extrêmement vague. J'ai placé dans un cadre particulier, sur la même planche n.° 25, une esquisse du banc des amphinomes et du plus grand des îlots des Tortues, pour mieux faire apercevoir quelques détails de sondes et de topographie.

(100). *Côte depuis le cap Kéraudren jusqu'au cap Lévêque* (voy. carte n. 26). La carte indique assez quelles sont les parties qui ont été vues d'une manière vague, et celles qui n'ont pas été aperçues du tout. Quant aux côtes que nous avons explorées avec plus d'exac-

LIVRE III. ANALYSE DES CARTES. 447

titude, parce que nous les avons rangées de plus près, ce sont celles qui s'étendent, 1.° depuis le cap Jaubert jusqu'au cap Bossut; j'en ai donné un plan particulier sur la même planche n.° 26; 2.° depuis le cap Latouche-Tréville jusqu'au cap Villaret; 3.° depuis le cap Latreille jusqu'au cap Bertholet.

(101). *Iles, récifs et terres continentales entre le cap Lévêque et les îles Champagny* (voy. carte n.° 27). La plus grande incertitude règne dans tout cet espace, relativement à la forme et à la direction générale des terres; la position absolue des points que nous avons relevés, est elle-même fort douteuse.

(102). *Iles et terres continentales depuis les îles Champagny jusqu'aux îles de l'Institut* (voy. carte n.° 27). On trouvera à la fin de ce volume (liv. IV, chap. II), la table des positions géographiques de ceux des points de cette côte et des îles qui ont été relevés avec le plus d'exactitude; les autres sont ou peu certains, ou même tout-à-fait douteux. A l'égard de la forme des terres et des îles, elle est extrêmement vague. Il est probable que nous n'avons pas vu toutes les îles qui existent dans cet intervalle, et que même toutes celles qui étoient visibles pour nous, n'ont pas été relevées.

(103). *Iles de l'Institut, bancs des Holothuries* (voy. carte n.° 27, et *le plan particulier* sur la même planche). A l'exception de l'île Cassini et des îles Condillac, Monge, Laplace et Lavoisier, toutes les autres sont fixées sur le plan d'une manière peu exacte. La position de la plupart de ces îles a été déterminée à bord du *Casuarina*, à l'aide de relèvemens faits en un seul mouillage, et de la distance estimée à chacune de ces îles.

La position des bancs des Holothuries, pris en masse, est assez certaine; mais il ne faut pas compter beaucoup sur les détails de leur configuration.

(104). *Depuis les îles de l'Institut jusqu'aux îles Lesueur* (voy. carte

448 VOYAGE AUX TERRES AUSTRALES,

EXAMEN DES CARTES.

n.° 27). Grande lacune où nous ignorons s'il existe des îles et des récifs en avant des terres continentales. La position de la plus Est des îles Lesueur pourroit être considérée comme exacte, si la longitude du *Géographe*, à bord duquel les relèvemens ont été faits, n'étoit elle-même le résultat de l'estime.

(105). *Côte depuis les îles Lesueur jusqu'au cap Fourcroy* (voy. *carte n.° 28*). Entre le cap Rulhières et le cap Saint-Lambert, le tracé de la côte est satisfaisant; de ce dernier cap au cap Fourcroy, la forme et la direction des terres sont extrêmement vagues et incertaines : on trouve de fréquentes lacunes dans cet espace.

(106). *Côte depuis le cap Fourcroy jusqu'au cap Helvétius* (voy. *carte n.° 28*). Nous avons eu de bons relèvemens sur cette portion de côte. La position géographique des principaux points doit être exacte, sur-tout en latitude.

Planches n.os 25, 26 et 28.

(107). *Carte d'une partie de la Terre de Witt, 1.re, 2.e et 4.e feuilles.* J'ai dressé ces trois cartes par la réunion des travaux particuliers dont j'ai rendu compte aux articles 94, 95, 96, 97, 98, 99, 100, 105 et 106. La côte au S. et à l'O. du cap Murat (*carte n.° 25*), est tirée de la carte Hollandoise publiée par VAN KEULEN, et citée plus haut (82). Celle qui s'étend au N. et à l'E. du cap Helvétius (*carte n.° 28*), est tirée d'une carte insérée dans VALENTYN[a].

Planche n.° 27.

(108). *Carte d'une partie de la Terre de Witt, 3.e feuille.* La portion de la Terre de Witt qui est sur cette carte a été tracée par la réduction des travaux des articles 101, 102, 103 et 104.

(109). Sur la même carte ont été placés trois récifs que nous n'avons pas vus, et dont on doit la découverte aux navigateurs Anglois DAMPIER et NASH. Analysons la position de ces récifs.

(110). *Récif vu par DAMPIER.* Le capitaine DAMPIER doubla ce danger le 31 décembre 1687, en allant de Timor à la Nouvelle-

---

[a] *Voy.* VALENTYN, *Oud en nieuw Oost-Indien, &c.*

Hollande.

Hollande. « Il est situé suivant tous nos comptes, dit ce navigateur[a], » par 13° 50′ Sud. C'est une petite barre de sable qui se fait voir sur » la surface de l'eau, environnée de rochers qui paroissent environ » 8 ou 10 pieds au-dessus de l'eau. Elle est de forme triangulaire, » et chaque côté a environ une lieue et demie. » Quelques lignes plus haut, DAMPIER avoit dit: « Ce banc est au S.¼ S. O. de la partie » Orientale de Timor. » Il me paroît qu'il y a ici erreur, et qu'on auroit dû écrire *de la partie Occidentale de Timor;* en effet, l'auteur ajoute, *page 139:* « Le 4 janvier 1688, nous arrivâmes aux terres de » la Nouvelle-Hollande, à 16° 50′ Sud, ayant, comme j'ai déjà dit, » fait route au Sud depuis le banc que nous doublâmes le dernier » jour de décembre 1687. »

Pour éclaircir cette difficulté, j'ai construit sur ma carte le point de la Terre de Witt situé par 16° 50′; il s'est trouvé à-peu-près par 120° 10′ de longitude à l'E. de Paris. Or, la route de DAMPIER ayant été du N. au S. depuis le récif, si nous plaçons ce même récif par la longitude que nous venons de fixer pour le point d'arrivée, et par la latitude 13° 50′ que DAMPIER lui assigne, nous resterons convaincus que ce banc n'existe point dans le Sud et l'Est de Timor, mais bien dans le Sud et l'Ouest.

En admettant donc que le gisement donné par DAMPIER doive réellement être *au S.¼ S. O. de la partie Occidentale de Timor,* on trouvera pour la longitude du récif, en partant de la position que nous avons assignée à cette île, 120° 30′ à-peu-près. Prenant un milieu entre cette dernière longitude et celle de 120° 10′ déterminée plus haut, nous aurons pour longitude définitive du récif vu par DAMPIER, 120° 20′ à l'E. de Paris, la latitude restant ainsi que ce navigateur l'a déterminée de 13° 50′ S.

(111). *Banc vu par le capitaine* NASH; *roche sur laquelle toucha le vaisseau* le Cartier. Ces dangers ont été découverts en mars 1800,

[a] Tom. II, pag. *138* de la traduct. Françoise de ses Voyages; Amsterdam, 1701.

par le capitaine NASH, commandant le navire Anglois *le Cartier*, venant de Timor, et qui toucha, dans la nuit du 6 mars, sur le dernier de ces deux récifs. Je les ai placés d'après la position qu'il en a déterminée lui-même par de bonnes observations [a].

(112). J'ai d'abord été tenté de croire que la roche sur laquelle toucha *le Cartier*, n'étoit autre chose que le récif vu par DAMPIER (110); mais la description du premier de ces dangers ne permet pas de le supposer, quoiqu'il existe une très-petite différence entre les latitudes et les longitudes de ces points. En effet, la roche du *Cartier* est sous-marine, et le récif de DAMPIER est de 8 ou 10 pieds *au-dessus* de l'eau. De plus, le capitaine NASH avoit navigué dans une mer fort unie avant que son bâtiment touchât, circonstance qu'il attribue à la présence de hauts-fonds ou de rochers situés au vent et dans le voisinage. Ces hauts-fonds sont évidemment ceux qu'a vus DAMPIER, et je pense même que ces derniers sont joints par une batture à la roche découverte par *le Cartier*. J'ai exprimé cette présomption sur ma carte par un trait pointillé qui réunit les deux bancs dont il s'agit.

(113). *Carte générale de la Terre de Witt.* Cette carte contient la réduction des planches n.ᵒˢ 25, 26, 27 et 28, dont la construction particulière a été examinée plus haut (articles 107, 108, 110, 111 et 112). Quant à la portion du grand archipel d'Asie qui s'y trouve comprise, nous en rendrons compte ci-après dans le 10.ᵉ paragraphe de ce chapitre.

Pour le banc de Sabul, *voyez* l'analyse de ma carte générale de la Nouvelle-Hollande, paragraphe 11.

[a] *Voy.* the Oriental navigator &c. Appendix, *pag.* 1 ; 2.ᵉ édition, 1801.

§. 9.

PLANS LEVÉS AU PORT JACKSON.

(114). PLAN *de la ville de Sydney*. Ce n'est qu'une esquisse faite à vue par M. LESUEUR. M. BOULLANGER a fourni quelques relèvemens pour en rectifier la construction ; mais ces relèvemens n'étoient pas en assez grand nombre pour tout régulariser. En général, on doit compter plutôt sur l'exactitude des détails que sur celle de l'ensemble et sur le rapport des diverses parties entre elles.

Planche n.º 30.

La position indiquée sur le plan est celle de notre observatoire.

(115). *Plan du port Jackson ; plan du comté de Cumberland*. Le premier de ces plans appartient au capitaine Anglois HUNTER : j'y ai corrigé, d'après le travail de M. LESUEUR (114), l'anse de Sydney et ses environs.

Planche n.º 29.

(116). Le second est la réduction d'un dessin plus en grand qui m'a été communiqué au port Jackson ; il faut en excepter toutefois le port Jackson, que j'ai réduit du plan précédent (115). J'y ai ajouté la position approchée des villes et villages qui existoient dans la colonie à la fin de 1802. Je crois que l'original de ce plan est, comme l'autre, du capitaine HUNTER.

La position géographique de Sydney a été donnée par nos observations.

§. 10.

CARTES ET PLANS LEVÉS DANS LE GRAND ARCHIPEL D'ASIE.

(117). *Esquisse de la ville de Coupang* (voy. *le plan particulier* sur *la planche* n.º 26). M. LESUEUR a donné, comme une simple esquisse, un dessin fait à vue, de la ville et des environs de Cou-

452 VOYAGE AUX TERRES AUSTRALES,

pang. J'y ai ajouté la position géographique de notre observatoire dans le fort Concordia.

Les détails de ce plan sont fort soignés, mais ils ne sont assujettis à aucune mesure précise.

(118). *Esquisse de la baie de Coupang* (voy. *le plan particulier sur la planche n.° 26*). Lorsque MM. PÉRON et LESUEUR firent leur voyage de Babâô et d'Olinama, ils prirent un grand nombre de notes sur la topographie de la baie. Voici de quelle manière ces matériaux ont été mis en œuvre. Le contour de la baie et la position de l'île Kéa ont été pris sur une fort grande carte manuscrite de Timor, que le gouverneur Hollandois de cette île nous a communiquée. A cette esquisse, M. LESUEUR astreignit tous les détails qu'il avoit observés, et ceux que M. PÉRON avoit décrits dans son journal. D'après cette explication, on ne doit regarder comme étant très-exactes, ni les distances des divers points entre eux, ni l'étendue du cours des rivières, ni leurs sinuosités, ni même, peut-être, le nombre de leurs embranchemens. La côte Nord de la baie, n'ayant pas été visitée par nos voyageurs, est la partie la plus incertaine.

(119). A l'égard de la largeur, de la profondeur et même de la direction générale de la baie, je les crois aussi un peu douteuses, ayant été tirées d'une carte déjà ancienne, et qui ne me paroît pas fort régulière *(voy.* ci-après, art. 123*)*.

(120). *Carte particulière des détroits de Rottie et de Simâô.* Indépendamment du fort Concordia, dont la position nous a été donnée par des observations astronomiques faites à terre, voici les autres points de cette carte qui ont été fixés par nos relèvemens[a] : 1.° le cap Sud de Timor; 2.° le cap Nord de Simâô; 3.° le milieu de l'île de Douro, dans l'Ouest de Rottie; 4.° l'île Cambi. La longitude de cette dernière île nous a été donnée par un bon relèvement

---

[a] Les relèvemens dont il s'agit ont été pris sur *le Casuarina* par M. RANSONNET et par moi; le cazernet de la corvette *le Géographe* contient le petit nombre de ceux qui ont été pris à bord de ce dernier bâtiment.

LIVRE III. *ANALYSE DES CARTES.* 453

fait à bord du *Géographe* quelques heures après notre départ de la baie de Coupang. L'erreur de la montre marine ne pouvant pas être sensible après un si court intervalle, j'ai dû supposer cette erreur nulle dans les constructions [a], et regarder comme exacte la longitude, ainsi déterminée, de l'île Cambi.

EXAMEN DES CARTES.

(121). Un capitaine de navire Chinois m'avoit communiqué, à Coupang, une carte manuscrite de la partie Sud du grand archipel d'Asie; j'en avois pris copie; et depuis j'ai eu lieu d'observer que, sans être tout-à-fait exacte, elle contenoit cependant de précieux détails, que nos cartes ne donnent point ou qu'elles donnent mal. J'ai fait cette remarque sur-tout à l'occasion de Rottie et des îles plus petites qui l'environnent. C'est à cette source que j'ai puisé les renseignemens qui me manquoient pour tracer ma carte n.º 32.

(122). J'ai en conséquence placé d'abord les points dont la détermination nous appartenoit (120); ensuite j'ai assujetti à ces positions les détails tirés de la carte citée (121).

(123). La baie de Coupang a été réduite de l'esquisse qu'en ont donnée MM. Péron et Lesueur (118); seulement j'ai été obligé de diminuer la profondeur de la baie, qui sans cela se fût beaucoup trop approchée de la côte Méridionale de l'île. Je n'ai été guidé, dans cette dernière opération, que par le tâtonnement.

Le plan ainsi disposé, j'y ai tracé les routes de nos bâtimens par les procédés accoutumés.

(124). *Carte d'une partie du grand archipel d'Asie.* Cette carte, d'un format très-différent de celui des autres planches de l'atlas, avoit été rédigée pour un ouvrage que M. Péron projetoit. La mort ayant empêché qu'il s'en occupât, j'ai cru devoir rendre cette carte utile en la plaçant ici. Pour son analyse, voyez le paragraphe suivant, à l'article *Archipel d'Asie* (131).

Planche n.º 31.

[a] J'ai trouvé directement, par les calculs qu'a exigés la correction de nos longitudes, que l'erreur de la montre, à cet instant, n'étoit en effet que de quelques secondes.

454 VOYAGE AUX TERRES AUSTRALES,

EXAMEN DES CARTES.

(125). *Plan du détroit de Savu* (voy. le plan particulier sur la carte n.° 24). M. FAURE est l'auteur de cette esquisse du détroit de Savu; le tracé m'en paroît douteux sur-tout pour les détails.

§. 11.

ANALYSE DE LA CARTE GÉNÉRALE DE LA NOUVELLE-HOLLANDE.

Planche n.° 1.

(126). TERRE de *Diémen; Nouvelle-Hollande*. La Terre de Diémen, le détroit de Bass et la Terre Napoléon, ont été réduits des cartes n.°s 2, 6 et 10 ; la Terre de Nuyts, de la carte de DENTRECASTEAUX, en l'assujettissant à nos longitudes et à nos observations dans le port du Roi-George (70), ainsi qu'à nos travaux dans l'E. du cap de Nuyts (71).

La Terre de Leuwin, depuis le cap de Nuyts jusqu'au cap de Leuwin, est tirée des cartes de DENTRECASTEAUX, mais rapportée à notre longitude du port du Roi-George; et depuis le cap Leuwin jusqu'à la rivière des Cygnes, de notre carte n.° 21.

La Terre d'Édels et la Terre d'Endracht, jusqu'au cap Cuvier, ont été réduites de ma carte n.° 22 ; du cap Cuvier au cap Murat, je me suis servi de la carte de VAN KEULEN, citée (82).

Pour la Terre de Witt, depuis le cap Murat jusqu'au cap Helvétius, j'ai fait usage de notre carte n.° 24; et de ce point jusqu'au cap de Léoben, de la carte donnée par VALENTYN, et citée (107).

La Terre d'Arnheim et le golfe de Carpentarie ont été tirés, la première de cette même carte de VALENTYN, et le golfe, de la carte de la Nouvelle-Hollande, qui accompagne le voyage de TASMAN, dans la collection de THÉVENOT [a].

Les élémens dont j'ai fait usage pour tracer la Nouvelle-Galles du Sud, sont dus presque en totalité aux capitaines COOK et

---

[a] *Voy.* MELCHISEDECH THÉVENOT, Relation de divers voyages curieux, &c.

LIVRE III. *Analyse des cartes.* 455

Flinders: les cartes du premier m'ont fourni la côte depuis le cap York jusqu'au cap Townshend; les cartes du second (publiées en février 1801), la côte depuis le cap Townshend jusqu'au promontoire de Wilson. J'ai assujetti les différentes parties de ce tracé, 1.º aux positions du promontoire de Wilson et du port Jackson, que nous avons déterminées; 2.º aux longitudes des caps Sandy, Townshend, Flattery et York, observées par Cook dans son premier voyage, et corrigées ensuite par Wales [a].

(127). *Détroit de Torres.* J'ai tracé le détroit de Torres d'après une fort grande carte Angloise, dressée sur les observations de Cook, en 1769, et de Bampton, en 1793. Les îles du Prince de Galles et la petite portion de côte entre le cap York et le golfe de Carpentarie, qui proviennent des travaux de Cook, ont été soumises, quant aux longitudes, à une correction dont nous allons rendre compte.

(128). Cook, en quittant le cap York, se rendit auprès de l'île San-Bartholomeo (au S.O. de la Nouvelle-Guinée); il passa ensuite successivement à vue du cap Walsche, des îles Arrou, de Timor-Laot, enfin du cap Sud de Timor. Il détermina les longitudes de ces divers points, et ces longitudes ont été corrigées par Wales dans l'ouvrage cité plus haut [b].

Lorsque j'ai comparé la longitude du cap Sud de Timor, donnée par Wales [c], à celle que nous avons déterminée pour le même point, j'ai trouvé que cette dernière étoit plus foible que l'autre de 37′ 21″. Il m'a paru convenable de répartir cette différence, proportionnellement à la distance, sur tous les points dont la longitude avoit été donnée par Wales, entre le cap York et le cap Sud de Timor.

[a] *Voy.* Astronomical observations &c. recorded and corrected by William Wales; London, 1788.
[b] *Voy.* la note précédente.

[c] J'appelle, pour abréger, *longitudes données par Wales*, celles qui ont été déterminées par Cook, et corrigées ensuite par Wales.

EXAMEN DES CARTES.

Wales fixe la longitude du cap York par.. 139° 52′ 5″ E. P.
Celle de l'île San-Bartholomeo par... 136. 39. 45.
Du cap Walsche par................. 135. 4. 45.
De l'extrémité S. des îles Arrou par.... 132. 48. 45.
De l'extrémité Sud de Timor-Laot par...................... 129. 56. 45.
Du cap Sud de Timor par........... 121. 44. 21.

Calculant d'après ces données, je trouve que la longitude ci-dessus de l'île San-Bartholomeo doit être diminuée de...................... 6′ 36″
Celle du cap Walsche de................. 9. 53.
Celle des îles Arrou de................. 14. 32.
Enfin celle de Timor-Laot de............ 20. 30.

(129). J'en conclus, pour la longitude corrigée de ces quatre derniers points,

savoir : { île San-Bartholomeo........... 136° 33′ 9″ E. P.
cap Walsche.................. 134. 54. 52.
île Arrou (cap Sud)........... 132. 34. 13.
Timor-Laot (cap Sud)........ 129. 36. 15.

(130). On voit donc, par ce qui précède, que les terres relevées par Cook entre le cap York et l'île San-Bartholomeo, ont dû être développées, dans le sens des longitudes, de 6′ 36″ : c'est la correction dont j'ai parlé (127).

(131). *Partie du grand archipel d'Asie (dans l'O. de la Nouvelle-Guinée).* A quelques exceptions près que je ferai bientôt connoître, j'ai tiré de la carte de la mer des Indes d'Arrowsmith (publiée en 1800), l'ensemble des îles et des récifs qui composent cet archipel ; divers points ont été assujettis à des longitudes plus exactes, qui

nécessairement

LIVRE III. *Analyse des cartes.* 457

nécessairement ont dû faire varier les terres et les groupes d'îles auxquels ces points appartiennent.

Je passe au détail des parties qui ne sont point copiées de la carte d'ARROWSMITH.

Java. Pour le tracé de cette île, j'ai fait usage, 1.° de la carte de la mer des Indes d'ARROWSMITH ; 2.° de la carte de D'APRÈS ; 3.° d'une carte manuscrite Hollandoise, dressée récemment, et qui m'a été communiquée par M. LESCHENAULT. J'ai assujetti la longitude de cette île à celle de Sourabaya, déterminée par M. DE ROSSEL, dans le Voyage de DENTRECASTEAUX [a].

Détroit de Salayar, détroit de Bouton. Pour le tracé et la position géographique, ces détails ont été tirés des cartes de DENTRECASTEAUX.

Ilots et Bancs entre Célèbes et Cambyna. Sont tirés de la carte manuscrite citée (121).

Timor-Laot. Est placée par la longitude que j'ai déterminée plus haut, article 129.

Iles Arrou. Il en est de même pour la longitude des îles Arrou ; mais le détail de ces îles a été pris sur la carte d'Asie de D'ANVILLE.

Timor. La côte Septentrionale de Timor, depuis le cap Nord jusqu'à Goula-batou, est tirée des cartes de DENTRECASTEAUX ; depuis Goula-batou jusqu'à la baie de Coupang, de la carte citée (121) ; la baie de Coupang et la côte jusqu'au cap Sud de Timor, de ma carte n.° 32 ; enfin la côte depuis le cap Sud jusqu'au cap Nord de la même île est réduite de la carte citée (121).

Simaô, Rottie et îlots voisins. Sont tirés de ma carte n.° 32.

Banc de Sabul. La position et l'étendue de ce banc sont incertaines ; mais les Malais allant faire toutes les années la pêche des

---

[a] Cette longitude est de 110° 21' 13",0 à l'E. de Paris. *Voy.* le Voyage de DENTRECASTEAUX, tom. II, *pag.* 647, et la Connoissance des temps de l'an IX.

Mmm

holothuries sur ce banc, son existence ne sauroit être révoquée en doute.

Savu, Benjoar. La côte Nord de ces îles est tirée des cartes de DENTRECASTEAUX ; le détroit qui les sépare, du plan de M. FAURE (125); les côtes du Sud, de la carte citée (121).

Nouveau-Savu. Tracée d'après nos observations et nos relèvemens.

Sumba, connue aussi sous le nom d'*île Sandelbosch.* Est copiée de la carte de la mer des Indes d'ARROWSMITH, mais assujettie à la longitude que lui donnent les cartes de DENTRECASTEAUX.

Moni (dans le S. O. de Java). Cette île a été prise sur la carte de la Nouvelle-Hollande, dressée en 1791 par le Dépôt général de la marine, pour servir au voyage de DENTRECASTEAUX.

Îles Trials. Ont été dessinées d'après la carte de la mer du Sud d'ARROWSMITH, publiée en 1798 ; mais je les ai placées par une longitude plus Occidentale. Si la longitude de ces îles eût été exacte, nous eussions dû en avoir connoissance dans les journées du 10 et du 11 décembre 1801. En effet, ARROWSMITH place leur partie Orientale, par 105° de longitude à l'E. de Greenwich à-peu-près, ou 102° 39′ 45″ à l'E. de Paris, la latitude de leur extrémité Méridionale étant 21° 6. Or, le 10 décembre 1801, nos corvettes étoient par 19° 47′ 8″ de latitude S., et 102° 7′ 58″ E. P. ; et le lendemain, par 21° 7′ 49″ Sud, et 101° 6′ 13″ E. P. : notre route auroit donc passé à trois lieues environ de ces îles, et cependant nous n'avons pas eu le moindre indice de leur voisinage. Je n'ai pu supposer que ce groupe existât dans l'E. du point où les place ARROWSMITH ; car, dans ce cas, DENTRECASTEAUX l'auroit aperçu en 1792, ce qui n'a pas eu lieu. J'ai donc été obligé de repousser ces îles dans l'O. d'une quantité assez considérable, mais tout-à-fait arbitraire, en sorte que leur longitude doit être regardée comme très-douteuse.

Roche à fleur d'eau (au Sud des Trials). Sa position a été prise sur la carte de la Nouvelle-Hollande, publiée à Paris par le Dépôt général de la marine en 1791.

(132). *Nouvelle-Guinée.* Le cap Walsche est placé par la latitude que lui assigne Cook, c'est à-dire, par 8° 23′ S.; et par la longitude corrigée, fixée plus haut (129). La côte au N. et à l'O. de ce point est réduite d'une carte du lieutenant John Mc Cluer, publiée en 1792 par Dalrymple.

La côte Sud est prise sur la carte du détroit de Torres, citée (127); il en est de même de la côte depuis le cap Hood jusqu'au cap Rodney; nous parlerons plus bas (143) de la portion de côte marquée R-C.

La côte Occidentale est tirée des cartes de Dentrecasteaux.

(133). *Nouvelle-Bretagne, archipel de la Louisiade, îles de Bougainville, archipel des îles Salomon.* Sont extraits des cartes de Dentrecasteaux.

Wells-Reef, îles Bellona, Long-Reef et une île au Nord de ce récif (dans le Sud des îles Salomon). Ont été prises sur la carte publiée en 1800 par le capitaine Butler, mais assujetties à la position que leur donne la carte, n.° 21, de l'atlas de Dentrecasteaux.

(134). *Archipel de Santa-Cruz.* Ces îles sont en grande partie copiées des cartes de Dentrecasteaux.

Trois îles basses. Ont été prises sur la carte du grand Océan d'Arrowsmith (de 1798), mais assujetties en latitude et en longitude à la position de l'île du Volcan, donnée par les cartes de Dentrecasteaux.

Iles Swalow. Les îles Santa-Cruz, découvertes par Mendaña, en 1595, ont été vues par le capitaine Carteret, environ 172 ans après. Ce dernier navigateur les nomma *Queen Charlotte's Islands*, et en dressa une carte qui est essentiellement défectueuse. L'imperfection des méthodes dont on se servoit alors pour faire la géographie nautique, explique assez les défauts qu'on remarque dans la configuration des côtes; mais ce qu'on ne sauroit admettre, c'est que l'erreur des échelles ait pu venir de la même source. En comparant la carte des îles Santa-Crux, levée par M. BEAUTEMPS-BEAUPRÉ (dans le voyage de DENTRECASTEAUX), avec celle de CARTERET, on trouve que la valeur d'un degré de la première est à-peu-près le double du même espace dans la seconde. Une différence aussi grande ne peut provenir que d'une faute d'attention dans le numérotage des échelles de la carte du capitaine CARTERET, où l'on aura pris pour un degré ce qui n'étoit réellement que 30', supposition qui donne plus d'accord entre les deux cartes dont il s'agit.

L'île Ourry et l'île du lord Edgcombe sont placées, sur la carte de CARTERET, à 28' au Sud du cap Byron[a] (en admettant la diminution que je propose pour la longueur des échelles); sur la carte de M. BEAUTEMPS-BEAUPRÉ, ces îles se trouvent à 38' au Sud du même cap. Pour concevoir une aussi grande différence entre ces deux latitudes, il faut croire que les îles Ourry et du lord Edgcombe auront été placées sur la carte Angloise à l'aide d'un relèvement et de la distance estimée.

A l'égard des îles Swalow, CARTERET jugea qu'elles appartenoient à une seule terre qu'il nomma *île Swalow*. DENTRECASTEAUX n'a pas vu cette île, et cependant il est venu à-peu-près au point où CARTERET avoit cru devoir la placer. D'après cela j'ai lieu de présumer que cette dernière, ainsi que les îles Ourry et du lord Edgcombe, aura été placée au moyen d'un relèvement et d'une distance estimée.

(135). CARTERET place la route du *Swalow* à-peu-près à égale distance de l'île Swalow et des îles Ourry et du lord Edgcombe; et cette route est par la latitude du cap Byron, reconnue exacte. Or, si nous prenons 11° 17' pour la position en latitude des îles Ourry et du lord Edgcombe (ainsi que l'a fixée M. BEAUTEMPS-

---

[a] La position du cap Byron, comparée à celle qui a été trouvée par M. BEAUTEMPS-BEAUPRÉ, est exacte en latitude sur la carte de CARTERET.

BEAUPRÉ), nous aurons pour la latitude de l'île Swalow 10° 3′ : quant à sa longitude, CARTERET la fait égale à celle des îles Ourry et du lord Edgcombe; elle sera donc à-peu-près de 164° 12′, ce qui est la longitude que donne M. BEAUTEMPS-BEAUPRÉ pour ces dernières îles.

(136). La carte de la mer du Sud, publiée en 1798 par ARROWSMITH, place dans le voisinage des îles Santa-Crux, par 9° 54′ de latitude, un groupe de cinq petites îles, sous e nom de *Duff's groupe*. Ces îles sont situées à 58′ environ dans l'E. de l'île du Volcan. Si l'on adopte pour cette dernière la longitude 163° 25′ 20″ que lui assigne M. BEAUTEMPS-BEAUPRÉ, on aura pour longitude du groupe de Duff, rapportée aux cartes de DENTRECASTEAUX, 164° 23′ 20″, sa latitude restant de 9° 54′, position qui diffère très-peu de celle qui a été déterminée par nos conjectures (135) pour l'île Swalow. D'après cela, j'ai présumé que le groupe de Duff d'ARROWSMITH n'étoit autre chose que l'île Swalow; je me suis borné, en conséquence, à tracer ce groupe sur ma carte, par la position que je viens de fixer, en conservant à ces terres le nom de *Swalow* imposé par CARTERET plusieurs années auparavant.

(137). *Groupe du lord Howe, îles Stewart.* Ces îles, tirées de la carte de la mer du Sud d'ARROWSMITH, ont été assujetties à la longitude de l'île du Volcan, fixée par DENTRECASTEAUX.

(138). *Terre del Espiritu Santo (cap Cumberland).* J'ai tracé cette partie d'après la carte de l'Archipel des Nouvelles-Hébrides [a] donnée par COOK; mais j'ai corrigé la longitude du cap Cumberland d'après celle que M. DE ROSSEL a fixée [b] pour Erronan, une des îles les plus Méridionales du groupe.

(139). *Nouvelle-Calédonie.* A été tirée des cartes de DENTRE-

---

[a] *La Terre del Espiritu Santo*, découverte par QUIROS en 1606, fut nommée, en 1768, *Archipel des grandes Cyclades* par BOUGAINVILLE, et, en 1774, *Nouvelles-Hébrides* par COOK.

[b] Voyage de DENTRECASTEAUX, tom. II, pag. 514.

CASTEAUX. Les îles Britania ont été prises sur la carte de 1800, du capitaine BUTLER.

(140). *Plusieurs petites îles et bancs* (entre 155 et 160 degrés de longitude). Ont été pris sur la carte de la mer du Sud d'ARROWSMITH.

(141). *Banc du Naufrage ; banc vu par* FLINDERS *en 1803*. Ces deux bancs, dont le capitaine FLINDERS a fait la découverte pendant le cours de son dernier voyage, ont été décrits par lui dans un mémoire présenté à la société d'Émulation de l'île de France, en janvier 1807, et publié dans le 28.ᵉ numéro des Annales des voyages. J'ai trouvé dans ce mémoire les élémens nécessaires au tracé de ces bancs.

(142). *Batture de l'Ouest, batture de Diane, terre vue du haut des mâts* (au Sud de 15° de latitude). Tracées d'après les cartes du voyage de BOUGAINVILLE, mais assujetties à la longitude du cap de la Délivrance (Louisiade), fixée par DENTHECASTEAUX.

(143). *Iles, côtes, bancs et récifs marqués R-C* (entre le 141.ᵉ et le 160.ᵉ degré de longitude, et le 8.ᵉ et le 13.ᵉ degré de latitude). Ce sont des découvertes faites en 1804 par le capitaine RUAULT-COUTANCE, commandant le navire François *l'Adèle*, armé à l'île de France. J'ai tiré du journal manuscrit de cet officier plusieurs renseignemens précieux. Les points dont il est ici question ont été corrigés en longitude sur la position du cap de la Délivrance, dont le capitaine COUTANCE a eu connoissance, et qui est bien déterminé sur les cartes de DENTRECASTEAUX.

CHAPITRE IV.

Tracé et division des cartes sur le cuivre.

§. 1.er

Du Tracé des cartes.

Nous avons dit plus haut *(pag. 414)* que nos cartes avoient toutes été construites sur une fort grande échelle, et qu'avant de les livrer à la gravure, il avoit fallu les réduire à des dimensions plus petites. Ces réductions ont été faites à l'aide de *treillis*, procédé bien connu et généralement employé par les ingénieurs hydrographes.

Ordinairement, on commence par dessiner la carte sur le papier, dans la grandeur précise où l'on veut qu'elle soit publiée; ensuite on la transporte sur la planche où elle doit être gravée.

Les diverses méthodes employées jusqu'à ce jour pour tracer les cartes sur le cuivre, sont en général longues, minutieuses et susceptibles d'erreurs. Mon but n'est pas d'entrer ici dans tous les détails qu'un tel sujet comporte; il me suffira de remarquer que celles de ces pratiques qui sont les plus parfaites, laissent encore beaucoup à desirer, si ce n'est pour l'exactitude, du moins pour la promptitude de l'exécution.

En effet, les opérations du tracé des cartes par les moyens dont je parle, peuvent être résumées ainsi :

1.° Faire le trait de la carte au crayon, sur le papier;
2.° Mettre ce trait à l'encre;
3.° Le calquer;

4.° Le décalquer sur le cuivre;

5.° Le tracer : c'est sur ce tracé que doit ensuite travailler le graveur.

On voit, par cet exposé, qu'avant de pouvoir faire graver, dans de petites dimensions, une carte construite sur une grande échelle, il faut réellement qu'elle soit dessinée quatre ou cinq fois; et que, de plus, les principales positions géographiques soient placées au compas, séparément sur le papier et sur le cuivre, opérations qui ne laissent pas d'être délicates et quelquefois fort longues à exécuter.

La réduction directe sur le cuivre des grandes feuilles de construction, diminueroit le travail au moins de moitié, en même temps qu'elle permettroit de lui donner le dernier degré d'exactitude [*].

M. DE FLEURIEU a proposé le premier cette réduction directe des cartes sur le cuivre; seulement il vouloit que l'on dessinât sur le cuivre nu : ce moyen n'est pas impraticable, puisque l'auteur l'a employé dans le tracé des cartes de son voyage sur *l'Isis ;* mais il est extrêmement incommode, insuffisant même, lorsqu'on a de nombreux et minutieux détails à placer : enfin, ce qui le condamne sans réplique, c'est que M. DE FLEURIEU lui-même avoit fini par l'abandonner, pour revenir à la méthode des calques et des décalques.

J'ai tâché de profiter de l'idée de M. DE FLEURIEU, en conservant toutefois les avantages que présente le dessin sur le papier;

---

[*] On sait que l'humidité et la sécheresse peuvent faire varier les dimensions du papier d'une quantité considérable. Si donc ou a tracé sur le cuivre un cadre exact de la carte qu'on dessine, il arrivera souvent que lorsqu'on voudra la décalquer, la grandeur de la carte ne sera plus égale à celle du cuivre. L'usage veut qu'en pareil cas, on répartisse cette erreur; et pour cela on subdivise la carte et le cuivre en un pareil nombre de carreaux, puis on prend à part le calque de chacun, et on le décalque sur le cuivre à la place qui lui convient. Par cette méthode, l'exactitude à laquelle on parvient est toujours suffisante, sur-tout si l'on multiplie en assez grand nombre les carreaux de subdivision; mais elle exige beaucoup de temps et de soins minutieux.

c'est à quoi je suis parvenu en plaçant sur le cuivre une couche très-mince de mastic, sur laquelle on peut dessiner avec une grande facilité.

Le mastic que j'ai imaginé (et l'on peut en faire de bien des sortes), est d'une extrême blancheur; le grain en est plus uni que celui du vélin : on y dessine au crayon de mine de plomb les traits les plus fins et les plus purs. Il est possible d'effacer ces traits plusieurs fois, comme sur le papier, sans altérer le mastic : on pourroit y dessiner à l'encre; mais le trait au crayon suffit ordinairement, car en usant des précautions qu'on prendroit si le dessin étoit fait sur le papier, il est facile de le conserver plusieurs mois, plusieurs années même, sans qu'il s'efface. Ce mastic adhère très-fortement au cuivre, mais on l'enlève en passant sur la planche une éponge imbibée d'un mélange d'eau et d'acide nitrique : étant mis en couche très-mince, on peut l'entamer facilement avec une pointe d'acier, sans l'écailler, et, par ce moyen, tracer sur le cuivre les traits qui ont été dessinés sur le mastic.

Cela posé, voici la marche que j'ai suivie pour réduire à-la-fois mes grandes constructions, et pour les tracer sur le cuivre.

Premièrement, j'ai divisé et gravé les échelles sur la planche : j'y ai placé le mastic; ensuite j'ai formé le treillis sur lequel je devois dessiner au crayon le trait de ma carte. Au lieu de mettre ce trait à l'encre, je l'ai tracé avec une pointe; de cette manière, mon dessin s'est trouvé réduit et porté sur le cuivre aussi promptement qu'il eût été dessiné sur le papier, par les procédés ordinaires.

Après avoir enlevé le mastic et *ébarbé* le trait, on peut en faire imprimer tout de suite une ou plusieurs épreuves ; ces épreuves servent pour écrire la lettre, dessiner les montagnes, &c.

Il seroit possible de couper le trait au burin sur l'esquisse au crayon même, avant de l'avoir tracée avec la pointe. Cette marche seroit extrêmement rapide; j'en ai fait plusieurs essais qui ont

TRACÉ DES CARTES.

parfaitement réussi; mais ces détails et beaucoup d'autres, qui sont le fruit de mes recherches sur le tracé des cartes, doivent être supprimés ici.

Je n'ai pas tracé toutes les cartes qui composent mon atlas par la méthode que je viens de décrire; voici les numéros de celles qui ont été calquées par le procédé exposé dans la note de la pag. 464; savoir: une partie de la carte n.º 1; les cartes n.ºˢ 2, 3, 4, 5, 7, 8, 9, 11, 12, 13, 19, 20 et 30; j'ai dessiné toutes les autres directement sur le cuivre.

§. 2.

DIVISION DES ÉCHELLES.

C'EST encore à M. DE FLEURIEU qu'est due la première idée de construire les échelles directement sur le cuivre. Avant lui, on calquoit celles qui avoient été faites sur le papier; cette méthode vicieuse est abandonnée maintenant par tous les géographes qui se piquent de mettre de l'exactitude dans leurs travaux.

La division des échelles s'exécute sur le cuivre nu, et ne doit pas se faire autrement. M. DE FLEURIEU se servoit, pour cette opération, d'une *matrice* divisée en $\frac{1}{2}$ et en $\frac{1}{3}$ de ligne, à l'aide de laquelle il traçoit d'abord ses échelles de longitude; et de celles-ci il concluoit ensuite les échelles de latitude, en prenant la valeur de leurs parties dans une table des latitudes croissantes.

La marche que j'ai suivie est différente, et me paroît à-la-fois plus générale et plus expéditive. J'ai fait construire un instrument que j'ai nommé *Dianomètre*[a], d'un mécanisme simple et fort commode. Il consiste dans une *règle* de laiton divisée en millimètres, sur laquelle glisse un *curseur*. Ce curseur porte un *nonius* et un *micromètre* qui subdivisent le millimètre en 200 parties; et de plus,

---

[a] *Dianomètre*, qui mesure les divisions; mot composé de διανομή, division, et μέτρον, mesure.

LIVRE III. ANALYSE DES CARTES. 467

DIVISION DES ÉCHELLES.

un *traçoir* et un *poinçon*, qui doivent servir à graver les divisions, soit avec des lignes, soit avec des points[a].

Pour diviser une ligne en parties égales (telles que sont, par exemple, les parties d'une échelle de longitude), je mesure d'abord cette ligne avec le dianomètre, et j'ai un certain nombre de millimètres et de parties de millimètre $= N$. Je divise N, par le calcul, en autant de parties égales que je veux avoir de points sur mon échelle; soit a, une de ces parties; j'écris la progression $a, 2a, 3a, 4a, 5a$, &c. Ce sont les intervalles qui doivent correspondre aux points de division. Pour les construire, je place le curseur sur le zéro de l'instrument, et je fais glisser la règle parallèlement à la ligne à diviser, jusqu'à ce que le traçoir ou le poinçon (suivant le besoin) se trouve exactement[b] sur le point de départ des divisions de l'échelle de longitude. En cet état, je fixe invariablement le dianomètre à la planche de cuivre, avec des pinces destinées à cet usage. Si cette opération dérange la position de la règle, je rectifie cette position à l'aide de *rappels*. Je conduis ensuite le curseur successivement sur tous les points $a, 2a, 3a, 4a$, &c. de la division de l'instrument, et à chaque station je pousse le traçoir ou frappe le poinçon[c], ce qui me donne autant de points de division sur mon échelle de longitude.

S'il falloit diviser une échelle de latitude, ou toute autre ligne, en parties qui eussent entre elles des rapports donnés, l'opération du dianomètre seroit précisément la même; mais les calculs préparatoires qui devroient donner les valeurs a, b, c, d, &c. des parties de N dans les rapports demandés, différeroient un peu des premiers. La différence consiste en ce que le nombre total N, au lieu d'être partagé en parties égales, doit être partagé en parties ayant entre elles les rapports exigés. Ayant les nombres a, b, c, d, &c. en fractions

[a] Je donnerai ailleurs, en y joignant les figures nécessaires, la description de cet instrument. De pareils détails ne pourroient trouver place dans cet ouvrage sans m'entraîner dans trop de longueurs.

[b] Pour mieux apercevoir cette coïncidence, on se sert d'une loupe.

[c] Ces mouvemens sont régularisés par un mécanisme particulier.

DIVISION DES ÉCHELLES.

du mètre, je les additionne successivement et j'ai la suite a, $a+b$, $a+b+c$, $a+b+c+d$, &c. dont chaque terme exprime la distance du zéro de l'échelle au point correspondant de la division.

Dans le cas de l'échelle de latitude, on trouvera le rapport des parties de cette échelle comparées au degré de l'échelle de longitude, en faisant usage d'une table des latitudes croissantes.

Si l'on veut avoir des échelles décimales de latitude et de longitude, il sera facile de connoître leur rapport avec les échelles sexagésimales, en se rappelant que $9° = 10$ *grades*.

Les échelles de toutes mes cartes ont été construites sur le cuivre; mais n'ayant pas eu de dianomètre dès le principe, je n'ai divisé avec cet instrument que les cartes n.°^{s} 2, 5, 6, 10, 14, 15, 16, 17, 18, 21, 22, 23, 24, 25, 26, 27, 28, 31 et 32. Pour diviser les autres, je me suis servi d'un compas à verge, d'une matrice divisée en millimètres, et d'un compas de proportion. Cette manière de diviser, pour le dire en passant, exige beaucoup de temps et d'adresse de la part de celui qui opère : elle est, par conséquent, fort coûteuse.

Avec le dianomètre, au contraire, toute espèce d'adresse est inutile : il ne faut qu'une attention ordinaire pour lire des nombres sans se tromper; la machine fait le reste, et elle le fait avec promptitude et précision. Il convient de remarquer que toutes les divisions ayant ici une même origine (le zéro de l'instrument), l'erreur que l'on feroit sur l'une d'elles ne pourroit influer en rien sur l'exactitude des autres points.

LIVRE

LIVRE IV.

RÉSULTATS GÉNÉRAUX.

CHAPITRE I.er

TABLES DE ROUTES.

§. 1.er

ROUTES des corvettes Françoises, et des principales Observations physiques et météorologiques faites pendant le voyage.

JE ferai précéder ces tables de quelques explications.

Dans les deux premières colonnes, je donne les dates en style décadaire et en style grégorien. Quoique le dernier soit le seul employé maintenant, le premier étoit en usage à l'époque de notre voyage; j'ai dû le conserver, parce que les éphémérides Françoises, dans cet intervalle, sont calculées suivant ce calendrier, et qu'il eût été fort incommode, au besoin, d'avoir à en faire la réduction.

La troisième et la quatrième colonne contiennent les latitudes et les longitudes corrigées, obtenues par trois moyens différens : l'estime, les observations astronomiques et les relèvemens. Le signe particulier dont chaque nombre est précédé montre par laquelle de ces méthodes il a été déterminé.

Je n'ai point établi de comparaison entre les résultats estimés et ceux déduits directement de l'observation des astres. Ce travail eût été prolixe et d'un si foible degré d'intérêt et d'utilité, que je n'ai pas cru devoir l'entreprendre. Lorsque quelques effets généraux, relatifs aux courans, ont été observés avec une suffisante exactitude, j'en ai fait mention dans la colonne des *Remarques*.

Les positions estimées sont toutes corrigées de l'erreur reconnue dans l'intervalle des observations, ainsi que je l'ai exposé dans le chapitre II du IIIe livre de cet ouvrage.

A l'égard des observations astronomiques comparées entre elles, on trouvera des détails suffisamment étendus dans le chapitre qui traite de la correction de nos longitudes. Il ne s'agit plus aujourd'hui de prouver aux navigateurs la bonté des méthodes et des instrumens, mais de leur donner des résultats déterminés par des moyens exacts et suffisamment connus.

Sous le titre général d'*Observations météorologiques*, j'ai placé six colonnes : la première contient la hauteur du thermomètre ; la seconde, celle du baromètre, et la troisième, celle de l'hygromètre, observées à bord, à midi.

Les thermomètres dont nous avons fait usage étoient à mercure et construits avec soin par d'habiles artistes. Leur graduation étoit celle de RÉAUMUR, ou à quatre-vingts parties. Nos baromètres, dont les échelles étoient divisées en pied-de-roi, consistoient dans un simple tube et une cuvette renfermés dans un étui cylindrique en bois, suspendu lui-même au navire par un mouvement de CARDAN. Néanmoins, les oscillations du mercure dans le tube, occasionnées par le roulis et par le tangage, étoient souvent très-considérables : pour observer la hauteur du baromètre dans ce cas, on prenoit un milieu entre l'ascension et la descension extrême du fluide, lors de deux mouvemens consécutifs du vaisseau ; mais on

LIVRE IV. *Résultats généraux.*

ne se bornoit pas à deux observations ; on en faisoit plusieurs, et les résultats moyens offroient, en général, une concordance suffisamment exacte.

Notre thermomètre et notre baromètre étoient placés au pied du mât d'artimon, dans la batterie de la corvette, et par conséquent hors des atteintes des rayons directs du soleil. J'ai soigneusement indiqué les observations qui ont été faites dans des circonstances différentes.

Quant à nos hygromètres, ils étoient à cheveu double, et construits par RICHER, sur les principes de SAUSSURE.

Après les observations hygrométriques, vient l'indication succincte de la direction des vents, de leur force et de l'état du ciel en 24 heures, le jour commençant à minuit. Nous lui avons donné autant de développement que l'espace dont nous pouvions disposer a pu nous le permettre.

Les variations de l'atmosphère nous paroissent dépendre de l'action du soleil et de celle de la lune ; et quoiqu'on n'ait point encore reconnu le degré précis de cette influence pour telle ou telle position de ces astres, nous avons cru cependant qu'il seroit utile à ceux qui voudroient s'occuper de ces recherches, de placer dans deux colonnes distinctes, d'une part, les diverses circonstances du mouvement lunaire, et de l'autre, celles du cours du soleil. Pour ce dernier, nous nous sommes bornés à l'indication des divers signes du zodiaque ; à l'égard de la lune, nous avons noté les points synodiques ou des phases, les apsides, les nœuds, enfin les changemens de déclinaison et les lunistices. Nous avons dû nous abstenir de faire mention de l'heure du lever et du coucher du soleil ; de l'heure du lever, du coucher de la lune, et de son passage au méridien, &c. : ces détails, quelque intéressans qu'ils pussent être, nous auroient entraînés trop loin ; ayant dû nous borner aux observations faites à midi, nous ne pouvions pas donner aux faits météorologiques eux-mêmes tout le développement dont ils étoient susceptibles.

J'aurois pu chercher à établir le rapport qui existe entre les phénomènes observés et la position des divers points lunaires et solaires. Ce rapprochement eût été curieux, et je crois même qu'il eût été utile ; mais considérant qu'il me falloit offrir essentiellement ici une collection de faits dégagée de toute idée hypothétique, j'ai abandonné ce projet comme étranger au but que je devois atteindre.

La colonne des déclinaisons de l'aiguille aimantée ou de la boussole est l'avant-dernière ; presque tous les résultats sont déduits d'un grand nombre d'observations, tant d'azimuth que d'amplitude, dont les principales ont été données dans notre livre II.

La dernière division de ce tableau réunit les remarques diverses étrangères aux colonnes précédentes : j'y ai noté les circonstances les plus importantes de notre navigation, telles que les mouillages, les appareillages et les rencontres inopinées ; les phénomènes atmosphériques les plus intéressans, tels que les trombes, les terres de brume, &c. ; les observations d'inclinaison de l'aiguille aimantée, dont je ne donne que la moyenne, lorsque précédemment (livre II) j'ai pu entrer dans de plus grands détails. L'indication des courans observés en pleine mer s'y trouve aussi quelquefois, ainsi que la note des oiseaux pélagiens, et des poissons remarquables qui se sont offerts à nos regards : enfin, j'y fais également mention des terres que nous avons eues en vue à telle ou telle époque.

Les observations relatives aux marées et aux courans voisins de terre auroient encore pu être réunies dans le même cadre ; mais comme elles sont en assez grand nombre pour former des tableaux à part, j'ai préféré ce dernier moyen.

Les latitudes et les longitudes observées sont tirées, en grande partie, des journaux de M. BERNIER et de M. HENRI FREYCINET, quelques-unes aussi de ceux de MM. HAMELIN, BOULLANGER, FAURE et des miens. Les observations du thermomètre, du baromètre et de l'hygromètre, appartiennent, sur-tout, à M. PÉRON ;

LIVRE IV. Résultats généraux.   473

un petit nombre cependant sont dues à M. BERNIER. Les déclinaisons de la boussole ont été déterminées par trois observateurs principaux[a], MM. BRETON, H. FREYCINET et BERNIER; enfin l'inclinaison magnétique l'a été par M. BERNIER seulement.

TABLES DE ROUTES.

Pour la commodité du lecteur, nous placerons ici des Tables de réduction du thermomètre et du baromètre, dont nous avons fait usage, avec le thermomètre centigrade et le baromètre métrique.

TABLE pour réduire les degrés du thermomètre de Réaumur à ceux du thermomètre centigrade.		TABLE pour réduire la hauteur du baromètre ancien à celle du baromètre métrique.	
DEGRÉS de Réaumur.	DEGRÉS centigrades.	HAUTEUR du Barom. ancien.	VALEUR correspondante en mètre.
1 degré.	1^d,25.	27 pouces.	0^m,7309.
2.	2 ,5.	28.	0 ,7580.
3.	3 ,75.	1 ligne.	0 ,0023.
4.	5 ,0.	2.	0 ,0045.
5.	6 ,25.	3.	0 ,0068.
6.	7 ,5.	4.	0 ,0090.
7.	8 ,75.	5.	0 ,0113.
8.	10 ,0.	6.	0 ,0135.
9.	11 ,25.	7.	0 ,0158.
10.	12 ,5.	8.	0 ,0180.
		9.	0 ,0203.
		10.	0 ,0226.
		11.	0 ,0248.
		12.	0 ,0271.

[a] Voyez, pour plus de détails, le chap. Ier de notre IIIe livre.

EXPLICATION

DES SIGNES EMPLOYÉS DANS LES TABLES SUIVANTES.

⌵. Mouillage.

△. Position déd... des relèvemens.

✻. Position conclue de l'estime.

> *Nota.* On n'a mis aucune indication, lorsque les positions sont le résultat des observations astronomiques.

☾. Premier quartier.

☽. Dernier quartier.

○. Pleine lune.

●. Nouvelle lune.

A. Lune apogée.

P. Lune périgée.

λ. Lunistice boréal.

L. Lunistice austral.

♌︎. Changement de la déclinaison de la lune d'australe en boréale.

D. Changement de la déclinaison de la lune de boréale en australe.

☊. Nœud ascendant; changement de la latitude de la lune d'austr. en bor.

☋. Nœud descendant; changement de la latitude de la lune de bor. en austr.

♈. Le Belier; changement de la déclinaison du soleil d'austr. en bor.

♉. Le Taureau.

♊. Les Gémeaux.

♋. L'Écrevisse; solstice boréal.

♌. Le Lion.

♍. La Vierge.

♎. La Balance; changement de la déclinaison du soleil de bor. en australe.

♏. Le Scorpion.

♐. Le Sagittaire.

♑. Le Capricorne; solstice boréal.

♒. Le Verseau.

♓. Les Poissons.

N. B. Toutes les longitudes sont comptées du Méridien de Paris.

LIVRE IV. Résultats généraux.

TABLE 1.re Traversée du Havre à Ténériffe.

DATES.		LATITUDES Nord.	LONGITUDES Ouest.	OBSERVATIONS MÉTÉOROLOGIQUES.						DÉCLINAISON de la Boussole.	REMARQUES.
Style Décadaire.	Style Grégorien.			Thermomètre.	Baromètre.	Hygromètre.	VENTS, État du ciel.	Points lunaires.	Points solaires.		
An IX. 27 Vendémiaire.	1800. 19 Octobre.	△49°30′38″	△2°24′28″	10d,0	28p8l,3	93d,0	NE. E. SE. Joli frais ; beau temps, ciel nuageux.			NO. 0	Les corvettes le Géographe et le Naturaliste sont parties du port du Havre le 19 octobre 1800, à 10 heures du matin.
28	20	50. 11. 0.	3. 37. 49.	11 ,5	28. 8,0	95 ,0	S. Variable du SSE. au SSO. et calme ; ciel nuageux.		P	0	Vu l'île Aurigny et les Casquets.
29	21	△49. 57.37.	△4. 45. 10.	9 ,0	28. 7,0	0	De l'O. au N. ; grand frais ; temps couvert et brumeux.			0	En vue des côtes d'Angleterre.
30	22	49. 36. 0.	✳ 6. 4. 49.	10 ,0	28. 7,0	0	NNO. NNE. NE. Joli frais ; ciel nuag., pet. pluie le soir.	L		0	
1.er Brumaire.	23	48. 19. 0.	8. 4. 9.	13 ,0	28. 7,0	81 ,0	NNO NNE. NE. E. SSE. S. NE. Petit fr. et très-var., t couv.			26° 40′	
2	24	✳47. 32. 0.	✳ 8. 57. 45.	12 ,0	28. 6,0	87 ,0	SSO. Variable au SSE. Joli frais, temps couvert.			26. 0.	
3	25	46. 57. 54.	✳11. 25. 49.	14 ,0	28. 4,0	85 ,0	S. SO. Joli frais ; SO. NO. Gr. frais ; pluie continuelle.	C		0	
4	26	43. 23. 17.	12. 31. 49.	11 ,0	28. 4,0	86 ,0	NO. NNO. Joli frais ; temps couvert.			26. 18.	
5	27	42. 40. 0.	14. 5. 49.	12 ,4	28. 6,0	82 ,0	NO. N. NE. ENE. Joli frais ; beau temps.			25. 20.	Le passage des vents de NO. à ceux d'ENE., a été assez prompt, en accostant les parages des vents alisés.
6	28	39. 47.19.	13. 43. 49.	13 ,2	28. 6,0	92 ,0	NE. ENE. Joli frais ; beau t. ; pluie le soir.			0	
7	29	36. 15. 8.	14. 10. 49.	16 ,0	28. 8,0	94 ,0	ENE. E. Joli fr. ; beau temps.	♌		26. 42.	
8	30	33. 20.15.	14. 14. 49.	15 ,5	28. 2,0	88 ,0	E. ENE. Joli frais ; beau temps.	♍		22. 28.	
9	31	31. 2. 0.	15. 15. 49.	18 ,0	28. 4,0	82 ,0	ENE. Joli frais ; beau temps.			21. 16.	Plusieurs alouettes sont venues se reposer sur nos vergues.
10	1.er Novembre.	28. 50. 0.	△17. 52. 0.	18 ,5	28. 5,0	86 ,0	ENE. NE. Joli frais ; beau temps.	♎		19. 5.	En vue des îles Canaries.
11	2	△28. 28.37.	△18. 35. 39.	0	0	76 ,0	NE. Joli frais ; beau temps.			0	Mouillé sur la rade de Sainte-Croix de Ténériffe, à 10 h. du matin.

SÉJOUR À TÉNÉRIFFE.

Pendant notre séjour sur la rade de Sainte-Croix, les vents ont soufflé du NNE. au SE., foibles et joli frais. Le temps a été constamment beau, excepté le 12 novembre dans la nuit, que nous avons eu de la pluie. Le baromètre s'est soutenu de 28p 3l à 28p 4l. Le thermomètre à l'ombre, sur le bâtiment, a varié de 17 à 20 degrés ; terme moyen + 18d,5.

Déviations magnétiques. { Déclinaison 20° 0′ NO. Cette déclin. de la boussole a été observée à bord : elle est moy. d'un gr. nomb. d'obs.

Inclinaison (Pointe Nord.) {
le 5 novembre 1800...... 61° 50′
le 7 ———— aiguille { a... 62. 00. b... 59. 00.
le 8 ———— .... 62. 30.
le 9 ———— .... 62. 30.
moyenne................. 62° 26′
}

Résultats obtenus à terre à l'observatoire de Don JOSEPH RODRIGUES CARTA.

TABLE 2.ᵉ TRAVERSÉE DE TÉNÉRIFFE À L'ILE-DE-FRANCE.

DATES		LATITUDES Nord.	LONGITUDES Ouest.	Thermomètre.	Baromètre.	Hygromètre.	VENTS, État du ciel.	Points lunaires.	Points solaires.	DÉCLINAISON de la Boussole.	REMARQUES
Style Décadaire.	Style Grégorien.										
An IX.	1800.									NO.	
22 Brumaire	13 Novembre	....	....	....	....	81,0	NE. ENE. Joli frais ; beau temps.	D		....	Appareille de la rade de Santa Croix, à 3 heures du s...
23	14	26° 1' 0"	20° 7' 8"	17ᵈ,8	28ᵖ5ˡ,0	83,0	ENE. Joli frais ; beau temps.	♋		17° 32'	
24	15	23.16. 0.	21. 32. 12.	18,0	28. 3,5	91,0	ENE. Joli frais ; beau temps.			17. 0	Coupé le tropique du C... à 10 h. 45' du matin.
25	16	20. 1. 0.	* 22. 30. 35.	19,2	28. 3,0	94,0	ENE. Joli frais ; beau temps.	●		14. 54.	
26	17	16.45. 0.	* 22. 10. 49.	20,0	28. 2,0	93,0	ENE. NE. E. Joli fr. ; temps couvert.	P	Constitution australe.	»	
27	18	14.20. 0.	* 21. 56. 2.	21,0	28. 2,0	97,0	NE. ENE. Joli frais ; temps couvert.			»	Passé dans plusieurs ra.. marée, portant de l'ESE. ONO. Doublé le Cap Vert à 40 lieues de dist. cour...
28	19	13.13. 0.	21. 58. 46.	22,0	28. 1,0	88,0	NE. ENE. Joli frais ; beau temps.	L		16. 49.	Nous avons toujours navi... dans des ras de marée.
29	20	10.15. 0.	20. 44. 30.	22,3	28. 1,0	89,0	ENE. NE. Joli frais ; beau temps.			16. 59.	Un épervier est venu se pos... cher sur nos vergues.
30	21	* 8.57. 0.	* 19. 51. 43.	23,2	28. 1,0	86,0	ENE. NE. Petit frais ; beau temps.		Automne boréal.	16. 2.	
1.ᵉʳ Frimaire	22	8. 7. 0.	19. 35. 57.	23,0	28. 1,0	92,0	ENE. NE. Petit frais ; beau temps pendant la nuit ; ton. et éclairs dans le S.			16. 33.	Vu quelques oiseaux des Tropiques, et un requin. Les courans nous ont portés au l'OSO.
2	23	7.40. 0.	19. 3. 10.	24,8	28. 2,0	89,0	NE. ENE. Foible fraicheurs du S. et du SE. ; beau temps.	☾		16. 9.	
3	24	7.42. 0.	19. 3. 24.	24,0	28. 1,5	92,0	Calme ; fraicheurs variab. du SSO. au S. SSE. SO. OSO. et NO ; b. temps ; horizon brunicux.			15. 7.	Les courans nous ont port... dans le N.
4	25	7.39. 0.	18. 55. 38.	24,0	28. 2,5	87,0	NNE. NE. ENE. Petite brise ; beau temps.	♌		16. 37.	Vu beaucoup de dorades, bonites et marsouins.
5	26	* 7. 7. 0.	* 18. 36. 51.	22,0	28. 2,0	100,0	Calme interrompu de petit fr. et bon fr. ENE. et E ; temps couv. ; pluie le mat. ; tonn. éclairs.			17. 17.	
6	27	6.58. 0.	18. 38. 5.	23,8	28. 2,0	96,0	Calme et fraicheurs très-var. ; a. couv. et à grains ; pluie.	♍	Constitution boréale.	»	Les courans nous portent cons... tamment vers le Nord.
7	28	6.49. 0.	* 18. 25. 18.	22,5	28. 3,0	91,0	Calme plat ; temps couvert.			15. 30.	
8	29	6.41. 0.	18. 26. 52.	24,8	28. 2,0	93,0	Calme et fraicheurs très-var. ; temps couvert.			16. 11.	Vu beaucoup de bonites, dorades et poissons volans. Les courans nous portent toujours au N.
9	30	* 6,38. 0.	* 18. 24. 46.	22,7	28. 2,5	94,0	Calme ; grain pesant d'ESE. ; pluie à verse.			14. 54.	
10	1.ᵉʳ Décembre	* 5.27. 0.	* 18. 32. 39.	22,0	28. 2,5	98,0	Joli frais d'E. et de SE. Grains violens avec écl. et pluie.	♎		»	Vu des marsouins.
11	2	4.29. 0.	18. 43. 13.	23,2	28. 2,0	96,0	S. ESE. Joli frais ; temps né- buleux.	A. A.		13. 36.	
12	3	3.44. 0.	19. 30. 28.	22,0	28. 2,0	93,0	SSE. ENE. Joli fr. ; t. couv. ; des grains et de la pluie.			14. 39.	Vu plusieurs bandes de petits...

LIVRE IV. Résultats généraux.

Suite de la TABLE 2.ᵉ Traversée de France à l'Ile-de-France.

DATES			LATITUDES Nord.	LONGITUDES Occidentales.	OBSERVATIONS MÉTÉOROLOGIQUES				Points lunaires.	Points solaires.	DÉCLINAISON de la Boussole.	REMARQUES.
Style Décadaire	Style Grégorien				Thermomètre.	Baromètre.	Hygromètre.	VENTS, état du ciel.				
An IX.	1800.	Frimaire. / Décembre.			+						NO.	
13	4		3° 16' 0"	19° 42' 50"	22ᵈ,0	28ᵖ2ˡ,5	97ʳ,0	SSE. OSO. SO. SSO. NE. NNE. N. Petit fr. et calme ; t. cou. orag., grains, pl., ec.			0	A la nuit, mer phosphorique d'une manière étonnante. Nos bâtimens paroissent naviguer dans une mer de feu.
14	5		2. 50. 0.	19. 32. 4.	21 ,8	28. 2, 0	99 ,0	De l'ENE. au SO., par le Sud, calme et petit frais ; beau temps ; pluie dans la nuit.		Constitution boréale	0	
15	6		2. 29. 0.	20. 9. 17.	22 ,5	28. 2, 5	97 ,0	SSO. SSE. Joli frais ; pluie et grains dans l'après-midi.			0	
16	7		2. 8. 0. *20. 10. 21.	30 ,6	28. 2, 5	96 ,0	S. E. NO. E. Petit frais, ensuite calme ; t. couv. et à pluv.				14. 20.	L'inclinaison de l'aiguille aimantée, mesurée sur le pont dans un instant de calme absolu, a été trouvée de 27° 0' vers le Nord ; l'erreur, s'il y en a, ne doit pas aller à plus d'un ou deux degrés.
17	8		2. 13. 0.	22. 10. 35.	22 ,7	28. 2, 0	94 ,''	Du SSE. au SSO. Petit frais ; t. pluv., couv. et par grains.		Automne boréal	0	Les courans portent au N. et à l'O.
18	9		2. 24. 0.	21. 27. 48.	21 ,5	28. 1, 5	97 ,0	Du SO. au S. et N. par l'E. Joli fr. ; t. couv. et à grains.	☽		0	Vu un diable de mer. Les courans portent au N. et à l'O.
19	10		*1. 22. 0. *20. 2. 2.	21 ,5	28. 2, 0	93 ,0	Calme et pet. fr. de NE. ENE. OSO. et NO. Fort grain d'ENE.; temps couv.; pluie.		D	11. 33.	A 4 h. du mat., une trombe a passé très-près du Naturaliste ; elle a occasionné une saute de vent violente et subite, et nous a procuré une forte pl.
20	11		1. 20. 0.	23. 27. 15.	22 ,0	28. 2, 0	97 ,0	SE. SSE. Joli frais ; b. temps.	☿		11. 32.	Les courans portent au N. et à l'O. constamment et avec force. Nous voyons depuis plusieurs jours des ras de marée qui ont cette direction.
		—Sud.—								Constitution australe		
21	12		0. 19. 0.	23. 40. 29.	22 ,2	28. 2, 5	99 ,0	SSE. SE. Joli frais ; b. temps.			11. 6.	Vu des mauves et des poissons volans. Nous avons coupé la ligne à 6 h. du soir par 23° 37' de longit. à l'O. de Paris.
22	13		1. 9. 0.	25. 24. 50.	22 ,2	28. 2, 5	96 ,0	SE. ESE. Joli fr., b. temps ; dans la nuit, grains et pluie à verse.			10. 58.	
23	14		2. 9. 0.	26. 21. 56.	22 ,2	28. 2, 0	97 ,0	SE. Joli frais ; beau temps.			0	Vu des pailles-en-cus et des poissons volans.
24	15		2. 58. 0.	27. 11. 10.	22 ,2	28. 2, 5	97 ,0	SE. SSE. Joli frais ; b. temps.		●.L.P	9. 3.	
25	16		3. 52. 0.	28. 22. 23.	22 ,0	28. 2, 5	93 ,0	SE. ESE. Joli frais ; b. temps.		Printemps austral	8. 29.	Inclinaison de l'aiguille aimantée (à 6 h. 30' soir) = 25° 0' vers le Nord, à 1° ou 2° près.
26	17		4. 55. 0.	28. 59. 37.	25 ,0	28. 3, 0	94 ,0	ESE. E. Joli frais ; b. temps.			7. 19.	Inclinaison de l'aiguille aimantée (à 3 h. soir) = 19° 0' vers le Nord, à 2° ou 3° près, à cause du mouv. du navire.
27	18		6. 33. 0.	29. 26. 51.	21 ,2	28. 2, 0	89 ,0	E. SE. Joli frais ; beau temps.			7. 16.	
28	19		8. 1. 0.	29. 46. 4.	21 ,8	28. 3, 0	94 ,0	ESE. E. Joli frais ; b. temps.			6. 24.	Vu des poissons volans.
29	20		9. 36. 15.	29. 45. 51.	21 ,8	28. 2, 0	91 ,0	E. ESE. Joli frais ; b. temps.			6. 14.	Les courans portent au SO., depuis quelques jours.

Suite de la **TABLE 2.ᵉ** Traversée de France à l'Ile-de-France.

DATES		LATITUDES Sud.	LONGITUDES Occidentales.	OBSERVATIONS MÉTÉOROLOGIQUES.				Points lunaires.	Points solaires.	DÉCLINAISON de la Boussole.	REMARQUES
Style Décadaire	Style Grégorien			Thermomètre.	Baromètre.	Hygromètre.	VENTS, état du ciel.				
An IX. 30 Frim. Nivôse	1800. 21 Décembre.	11° 11′ 0″	30° 3′ 32″	21ᵈ,0	28ᵖ 2ˡ,0	94,0	ENE. ESE. Joli frais ; beau temps ; un peu de pluie.	Pr. quar.		NO. 5° 31′	Lors de l'observation de l'amplitude occase, l'aiguille... l'aiguille aimantée é... beaucoup de variations, el passoit subitement de 20° sans que le ... éprouve de mouvement... tation, et quoique le sol... toujours dans la direction des pinnules; mais après... qui se faisoient presque ... bonds, elle revenoit constamment au même point.
1.ᵉʳ Nivôse	22	12. 45. 0.	29. 51. 45.	22 ,5	28. 5 ,0	91 ,0	ENE. E. Joli frais ; b. temps.			5. 29.	
2	23	14. 13. 4	29. 32. 59.	22 ,5	28. 3 ,0	89 ,0	E. ENE. Joli frais ; b. temps.			5. 41.	
3	24	15. 43. 0.	29. 33. 12.	25 ,0	28. 3 ,0	92 ,0	ENE. NE. NNE. Joli frais ; b. temps; pluie pend. la nuit.			5. 46.	
4	25	17. 23. 0.	28. 16. 16.	25 ,1	28. 3 ,0	93 ,0	NE. NNE. Joli fr. ; b. temps; pluie abond. pend. la nuit.			5. 50.	
5	26	19. 2. 14.	26. 47. 40.	25 ,0	28. 4 ,0	99 ,0	NE. E. Joli frais ; b. temps; pluie pendant la nuit.			5. 56.	
6	27	20. 3. 0.	26. 0. 53.	25 ,4	28. 3 ,0	92 ,0	ENE. NE. ESE. Joli fr. ; beau temps; le soir, temps à gr. ; pluie continuelle.			5. 34.	
7	28	*21. 13. 0.	*25. 30. 7.	25 ,1	28. 2 ,0	85 ,0	NE. ENE. Petit frais; temps couvert et à grains.			5. 51.	
8	29	22. 5. 0.	25. 23. 21.	25 ,0	28. 4 ,0	85 ,0	NE. SE. Joli fr. ; temps couv. et petits pluie par intervalles.	Constitution boréale		5. 45.	Inclinaison de l'aiguille ai... de = 15° 0′ vers le S.E. Assez bonne observation.
9	30	23. 19. 0.	25. 19. 34.	21 ,5	28. 3 ,0	88 ,0	E. ESE. Petit frais ; b. temps.			6. 59.	A 9 h. 15′ coupé le tropique du Capricorne.
10	31	24. 0. 0.	25. 35. 48.	25 ,1	28. 3 ,0	92 ,0	ESE. E. Petit frais ; temps couvert.		Été austral	6. 13.	Vu un pétrel et des poisons volans.
11	1801. 1.ᵉʳ Janvier	24. 58. 0.	25. 29. 1.	25 ,0	28. 3 ,0	94 ,0	E. ESE. Foible brise ; beau temps.			6. 23.	Vu plusieurs requins.
12	2	24. 56. 0.	24. 57. 15.	22 ,5	28. 2 ,0	89 ,0	SO. S. SSE. SE. Foible brise ; beau temps.			6. 17.	
13	3	25. 19. 0.	24. 26. 29.	20 ,7	28. 4 ,0	100 ,0	Du SE. au NE. Petit frais ; beau temps.			6. 20.	
14	4	26. 6. 0.	24. 19. 42.	23 ,5	28. 3 ,0	97 ,0	NE. N. ONO. Petit frais ; b. temps.			6. 16.	
15	5	26. 37. 0.	23. 39. 56.	20 ,5	28. 2 ,0	94 ,0	ONO. OSO. SO. SSO. S. SSE. Joli fr. ; b. temps ; l'après-midi, temps couv. et pluie.			6. 17.	
16	6	26. 6. 0.	22. 0. 9.	22 ,5	28. 3 ,0	90 ,0	SSE. Joli frais ; beau temps.		D	6. 42.	
17	7	25. 47. 0.	21. 12. 23.	20 ,0	28. 4 ,0	83 ,0	SSE. E. Joli frais ; b. temps.			8. 40.	
18	8	27. 1. 0.	21. 18. 55.	24 ,1	28. 5 ,0	87 ,0	ESE. E. Joli frais ; b. temps.			8. 48.	
19	9	28. 30. 50.	20. 35. 50.	25 ,0	28. 5 ,0	89 ,0	E. ENE. Joli frais ; b. temps.			9. 2.	
20	10	29. 47. 0.	19. 50. 4.	26 ,5	28. 5 ,0	88 ,0	ENE. NE. Joli frais ; beau temps.	Constitution australe		8. 50.	
21	11	31. 0. 0.	18. 49. 18.	22 ,5	28. 5 ,0	92 ,0	NNE. N. Joli frais ; b. temps.			8. 23.	
22	12	31. 43. 0.	16. 41. 31.	22 ,0	28. 6 ,0	96 ,0	N. NNE. Joli frais ; b. temps.		L	8. 35.	

LIVRE IV. Résultats généraux.

Suite de la TABLE 2.ᵉ TRAVERSÉE DE FRANCE À L'ILE-DE-FRANCE.

DATES		LATITUDES Sud.	LONGITUDES Occidentales.	OBSERVATIONS MÉTÉOROLOGIQUES.						DÉCLINAISON de la Boussole.	REMARQUES.
Style Décadaire.	Style Grégorien.			Thermomètre.	Baromètre.	Hygromètre.	VENTS, état du ciel.	Points lunaires.	Points solaires.		
Nivôse. 1801.	Janvier.			+						NO.	
13	13	32°29′32″	15° 4′ 45″	20ᵈ,2	28ᵖ4ˡ,0	95,0	NNE. NNO. Joli frais; beau temps.	P	... Constellation australe	9°52′	Vu un albatrosse.
14	14	33. 1.17.	13. 12. 58.	21,5	28.5,0	98,0	NNO. NNE. Joli frais; beau temps.	●		9. 2.	Vu des albatrosses.
15	15	33. 4.35.	10. 15. 18.	21,5	28.4,0	97,0	NNO. NO. Joli frais; beau temps.			9. 45.	
16	16	*33.12. 0.	* 7. 53. 25.	17,5	28.3,0	89,0	NNO. O. SSO. S. Bon frais; temps couvert et pluvieux.			14. 52.	
17	17	33. 0. 0.	4. 52. 39.	16,1	28.2,0	89,0	SSO. S. Joli fr.; temps couv.; grains et pluie pend. la nuit.			16. 22.	
18	18	*32.43. 0.	* 2. 24. 53.	15,8	28.5,0	79,0	SSO. SSE. Joli frais; temps couvert.			16. 14.	Vu des pétrels et des albatrosses. Passé dans un lit de marée.
19	19	*31.38. 0.	* 1. 6. 0.	16,8	28.8,0	81,0	SSE. ESE. Joli frais; t. couv.; dans la nuit, pl. et vent par rafales.	♌		18. 13.	
30	20	33. 9. 0.	1. 42. 20.	18,1	28.6,0	79,0	SE. ESE. Joli frais; temps couvert.	♎	B	17. 52.	
1.ᵉʳ	21	34.31. 0.	0. 0. 34.	20,1	28.6,0	94,0	SE. E. Joli fr.; beau temps.	♍	Été austral	15. 50.	
2 Pluviôse	22	35.40. 6.	2. 0. 17.	22,1	28.5,0	92,0	SE. N. Petit frais; temps couvert.			18. 19.	
3	23	36.13. 0.	1. 46. 1. Orientales.	15,1	28.3,0	88,0	NNO. NO. OSO. SO. SSO. S. Bon frais par grains et de la pluie; temps couvert.			●	
4	24	35.42. 0.	* 2. 18. 46.	13,8	28.5,0	85,0	S. SSE. Joli frais; b. temps.		Constellation boréale	○	
5	25	35. 8.27.	3. 49. 36.	14,8	28.5,0	85,0	S. SSE. Joli frais; beau temps.			20. 13.	
6	26	34.43.28.	5. 17. 18.	15,5	28.3,0	84,0	SSO. SSE. Joli fr.; b. temps.	λA		22. 3.	
7	27	34.28.51.	6. 3. 5.	15,5	28.5,0	84,0	SSE. S. SO. NO. Petit frais; beau temps.			21. 47.	
8	28	34.21. 0.	6. 25. 51.	18,1	28.6,0	92,0	O. SO. Foible brise; b. temps.			21. 25.	
9	29	34. 6.11.	7. 9. 28.	17,4	28.6,0	97,0	SSO. SO. Petit frais; b. temps.	○		21. 57.	
10	30	34.29.15.	8. 8. 24.	15,9	28.4,0	100,0	SSO. OSO. Bon frais; beau temps.			23. 40.	
11	31	34.54.21.	11. 4. 49.	16,1	28.2,0	96,0	Du SO. au SSE. Joli frais; beau temps.			23. 15.	
12	1.ᵉʳ Février	33.57.14.	12. 59. 57.	18,0	28.3,0	100,0	Du SSE. au SSO. Bon frais; temps couvert.			25. 51.	
13	2	34. 2. 0.	14. 21. 43.	22,0	28.1,0	100,0	Du SSO. au NNO. Joli frais; temps couvert.	D	Constell. australe	25. 20.	Vu un loup marin et des goélands.
14	3	35. 2. 0.	* 17. 3. 29.	14,5	28.1,0	85,0	OSO. O. Bon frais; temps couvert; pluie.			27. 56.	En vue du cap False et du cap de Bonne-Espérance.
15	4	35.12. 0.	18. 47. 16.	14,8	28.5,0	78,0	SO. NO. Joli frais; b. temps; pend. la nuit, t. couv. et pl.; éclairs dans le SSE.; tonn.			27. 1.	

Ppp 2

VOYAGE AUX TERRES AUSTRALES,

Suite de la TABLE 2.ᵉ TRAVERSÉE DE FRANCE À L'ILE-DE-FRANCE.

DATES.		LATITUDES Sud.	LONGITUDES Orientales.	OBSERVATIONS MÉTÉOROLOGIQUES.				Points lunaires.	Points solaires.	DÉCLINAISON de la Boussole.	REMARQUES.
Style Décadaire.	Style Grégorien.			Thermomètre.	Baromètre.	Hygromètre.	VENTS, état du ciel.				
An IX.	1801.			+						NO.	
16 Pluviôse.	5 Février.	36° 49′ 0″	21° 33′ 2″	16ᵈ,1	28P2ˡ,0	83d,0	Du SO. au NO. Bon frais; temps couvert.			27° 2′	
17	6	*36.59. 0.	*26.28.49.	16 ,5	28.6 ,0	86 ,0	NO. SO. SSO. S. SSE. Bon fr.; temps couvert et brumeux.	☽		27.30.	
18	7	*34.58. 0.	*26.49.35.	16 ,8	28.4 ,0	79 ,0	SSE. SE. Variable en force; temps couvert.			0	
19	8	35.24. 0.	28. 7.21.	23 ,1	28.3 ,0	95 ,0	E. ENE. Bon frais; t. couv.; petite pluie pendant la nuit.			0	
20	9	36.11. 0.	29. 3. 8.	21 ,9	28.2 ,0	98 ,0	NE. NNE. Bon frais; temps couvert.			0	
21	10	*36.45. 0.	*31.57.54.	19 ,3	28.2 ,0	100,0	NE. NNE. Bon frais; temps couvert.	L P		0	
22	11	36.45. 0.	33.52.30.	22 ,5	28.2 ,0	100,0	NNE. N. Joli frais; b. temps.		Constitution australe.	28.12.	
23	12	36.12. 0.	35.31.27.	23 ,0	28.3 ,0	100,0	NNE. N. Joli frais; b. temps.			28.40.	
24	13	35.41. 0.	37.21.13.	24 ,0	28.4 ,0	91 ,0	Du N. à l'E. Petit frais; beau temps.	●		28.28.	
25	14	36.20. 0.	38. 1. 0.	22 ,0	28.5 ,0	86 ,0	Du NE. au SE. Foible brise; beau temps.			28.32.	Vu des albatrosses.
26	15	*35.52. 0.	38.35.46.	22 ,0	28.5 ,0	92 ,0	ESE. Petit frais; b. temps; ciel couv., et pluie pend. la nuit.	♃	Été austral.	0	
27	16	34.49.26.	38.11.23.	19 ,3	28.5 ,0	100,0	ESE. SE. Joli fr.; beau temps; dans la nuit, ciel couvert, grains et brume.	♅		0	Vu des albatrosses.
28	17	33.28.28.	38.19. 9.	21 ,5	28.3 ,0	100,0	ESE. SSE. Joli frais; b. temps; dans la nuit, brume et pluie			28. 3.	Vu des baleines.
29	18	32.48.29.	38.36.55.	27 ,1	28.4 ,0	100,0	ESE. E. Foible br.; beau temps.			28.14.	
30	19	33.17.16.	38.41.42.	21 ,2	28.3 ,0	100,0	E. SE. Foible brise; b. temps.		X	28. 5.	Passé dans plusieurs ras de marée.
1.ᵉʳ	20	33. 0.51.	39.15.28.	27 ,7	28.3 ,0	97 ,0	E. NE. Joli frais; b. temps.	☾		28. 2.	
2 Ventôse.	21	33.36.12.	40.51.45.	20 ,5	28.5 ,0	100,0	Du NNE. au NNO. Joli fr.; beau temps.		Constitution boréale.	27.48.	
3	22	*33.25. 0.	*42.20.11.	19 ,1	28.3 ,0	90 ,0	SSO. S. SE. Bon frais; temps couv.; pluie et grains.	A. A		0	
4	23	31.50.54.	43. 9.36.	19 ,1	28.3 ,0	86 ,0	SSE. SE. Bon frais; b. temps.			0	
5	24	30.23.44.	44.23.12.	21 ,0	28.4 ,0	100,0	SSE. SE. Bon frais; t. couv.; pluie et grains.			0	
6	25	28.52.59.	45.13.40.	20 ,5	28.3 ,0	100,0	SE. SSE. Joli frais; b. temps; pend. la nuit, pluie et grains.			23.36.	
7	26	28.34. 0.	45.47. 6.	25 ,1	28.3 ,0	97 ,0	E. ESE. Joli frais; t. couvert; grains et pluie.			22. 5.	
8	27	29.29. 6.	45.41.56.	23 ,9	28.3 ,0	99 ,0	NE. ENE. Petit frais; temps couv.; grains et pluie.			0	Vu des raisins des Tropiques.
9	28	30.12. 0.	46.46.49.	24 ,0	28.2 ,0	100,0	NE. Petit frais; beau temps.	○		0	

LIVRE IV. Résultats Généraux.

Suite de la TABLE 2.ᵉ TRAVERSÉE DE FRANCE À L'ILE-DE-FRANCE.

DATES		LATITUDES Sud.	LONGITUDES Orientales.	OBSERVATIONS MÉTÉOROLOGIQUES.					Points lunaires.	Points solaires.	DÉCLINAISON de la Boussole.	REMARQUES.
Style Décaduire.	Style Grégorien.			Thermomètre.	Baromètre.	Hygromètre.	VENTS, état du ciel.					
An IX. Ventôse.	1801. Mars.			+							NO.	
10	1.ᵉʳ	30° 46′ 0″	48° 31′ 35″	25,9	28 p 3′,0	100,0	NE. NNE. Joli frais ; beau temps.	C. bor.			24° 9′	
11	2	31. 25. 0.	50. 33. 22.	24,5	28. 3,0	100,0	NE. ENE. Joli frais ; beau.		D		0	
12	3	31. 53. 0.	51. 32. 8.	23,0	28. 2,0	99,0	NE. ENE. Peu fr. ; t. couv. calme plat, ensuite grand fr. du SSO. S. SSE., grande pl.		●		0	Pendant l'ouragan qui eut lieu les 3 et 4 mars, le plus grand abaissement du baromètre fut de 10″,8 ; la marche de cet instrument s'est trouvée en rapport, d'une manière assez exacte, avec les modifications diverses de l'atmosphère.
13	4	*31. 33. 0.	*52. 48. 55.	15,5	27. 6,0	98,0	SE. NE. N. Grand frais par rafales pesantes ; t. couv. et brum. ; à la nuit, vent b. fr.				0	
14	5	*31. 28. 0.	*54. 19. 41.	17,7	28. 2,0	91,0	NNO. OSO. Joli frais ; beau temps.			Été austral	0	
15	6	30. 28. 0.	55. 24. 27.	19,0	28. 3,0	94,0	SO. SE. Petit frais ; b. temps.				19. 47.	
16	7	29. 39. 50.	55. 34. 6.	19,0	28. 3,0	100,0	SE. SSE. Petit frais ; b. temps.		☽	Constitution australe	19. 37.	
17	8	28. 42. 17.	55. 49. 42.	21,5	28. 3,0	92,0	SE. SO. Foible brise ; beau t. ; petite pluie pendant la nuit.		L		17. 58.	
18	9	28. 12. 56.	56. 24. 32.	21,0	28. 2,0	93,0	Du NO. au S. Joli frais ; beau temps.				18. 8.	
19	10	25. 20. 0.	58. 5. 33.	21,5	28. 3,0	89,0	S. SE. Joli frais ; b. temps.		P		14. 17.	
20	11	22. 46. 27.	58. 9. 59.	21,1	28. 2,5	84,0	S. SE. Joli frais ; b. temps.				11. 55.	Coupé le tropiq. du Capricorne pour la 2.ᵉ fois, à 2 h. du m.
21	12	21. 27. 0.	58. 31. 6.	21,4	28. 2,0	0	SSO. SSE. Petit frais ; beau temps.				11. 49.	Vu des pailles-en-cus.
22	13	20. 19. 38.	58. 19. 6.	21,5	28. 3,0	0	SSO. ESE. Joli fr. ; b. temps ; le soir, petite pluie ; éclairs dans l'ESE.				11. 35.	Vu beaucoup de goëmons.
23	14	19. 53. 2.	56. 41. 29.	21,6	28. 2,5	0	Du N. au 6 E. Joli frais ; beau temps ; pend. la nuit, temps couv. ; grains, pl., écl. dans l'ESE.		●	Consist. bor.	0	En vue des terres de l'Ile-de-France.
24	15	△19. 51. 57.	△55. 18. 8.	21,8	28. 3,0	0	Du SE. à l'ESE. Joli frais ; b. temps ; le soir, presq. calme.		☊		0	Mouillé à l'entrée du port Nord Ouest de l'Ile-de-France.
25	16	△20. 9. 7.	△55. 7. 37.	22,7	28. 2,0	0	SE. Petit frais ; beau temps.				0	Mouillé dans le port Nord-Ouest.

SÉJOUR À L'ILE-DE-FRANCE.

Les observations astronomiques faites à l'Ile-de France n'ont eu pour but que la vérification de la marche de nos montres marines.

Notre observatoire, établi sur la Tour-d'ordre, étoit situé par 20° 9′ 30″ de latitude S. et par 55° 7′ 50″ de longitude à l'E. de Paris, en supposant que le portail de l'église neuve du port Nord.-Ouest soit par 55° 8′ 15″ de longitude, ainsi que l'a déterminé l'abbé DE LA CAILLE en 17°.

Déviations magnétiques moyennes de beaucoup d'observations. $\begin{cases} \text{Déclinaison NO.} = 13° 15′ 0″. \\ \text{Inclinaison moyenne de quatre aiguilles (Pointe Sud)} \end{cases} = 54° 28′ 53″.$

VOYAGE AUX TERRES AUSTRALES,

TABLE 3.ᵉ TRAVERSÉE DE L'ILE-DE-FRANCE À LA NOUVELLE-HOLLANDE.

DATES		LATITUDES Sud.	LONGITUDES Orientales.	\multicolumn{5}{c}{OBSERVATIONS MÉTÉOROLOGIQUES.}		Points lunaires.	Points solaires.	DÉCLINAISON de la Boussole.	REMARQUES.
Style Décadaire.	Style Grégorien.			Thermomètre.	Baromètre.	Hygromètre.	VENTS, état du ciel.				
An IX. 1801.				+				C. bor.		NO.	
5 Floréal	25 Avril	△ 20° 10'.40"	△ 55° 0'. 30"	19,4	28,0.2,8	95,0	De l'ESE. au SE. Petit frais; beau temps.			13° 27'	Parti de l'Ile-de-France à 7 h du matin.
6	26	21.19. 0.	57. 24. 46.	19,0	28. 4.0	94,0	E. ESE. Joli frais; b. temps.	D. ♂		»	
7	27	22.40.36.	55. 26. 28.	18,6	28. 3.0	98,0	E. Joli frais; beau temps.			14. 25.	
8	28	23.56.50.	55. 36. 34.	18,8	28. 4.5	98,0	E. ENE. Joli frais; b. temps.	☉		»	Coupé le tropique du Capricorne pour la troisième fois.
9	29	25. 4.11.	56. 9. 3.	17,8	28. 4.8	91,0	ENE. SE. Petit frais; beau temps.			15. 0.	
10	30	* 25.50. 0.	55. 43. 37.	18,2	28. 4.0	98,0	SE. E. Foible, ensuite bon fr.; temps couv., brume épaisse, de la pluie.			»	
11	1.ᵉʳ Mai	27.28.12.	55. 59. 32.	17,8	28. 3.8	100,0	ESE. NE. Joli frais; b. temps.	P		18. 1.	Vu un albatrosse. Le temps, brumeux d'abord, s'est éclairci dans la nuit, à l'instant du lever de la lune.
12	2	28.35.46.	57. 58. 22.	17,7	28. 3.2	100,0	NE. NO. Joli frais, b. temps.	L		17. 16.	
13	3	28.53.54.	60. 38. 55.	17,8	28. 3.8	99,0	NNO. ONO. Joli frais; beau temps.			16. 30.	
14	4	29.13.31.	62. 29. 49.	16,4	28. 4.3	92,0	ONO. S. Joli frais; b. temps.			15. 19.	
15	5	28.58.34.	64. 34. 3.	16,8	28. 4.3	96,0	SSO. SE. Petit frais; b. temps.	☽		14. 48.	
16	6	28.37.22.	65. 28. 10.	16,6	28. 5.6	89,0	SSE. ESE. Bon frais; temps couvert.			»	
17	7	30.28.37.	65. 21. 36.	16,4	28. 5.5	94,0	ESE. ENE. Joli frais; beau temps.			»	
18	8	31.37.37.	66. 12. 31.	16,0	28. 4.0	95,0	ENE. NE. Joli frais; beau temps; ciel cou. d'un brouillard élevé et éclatant.			15. 45.	Dans la matinée, le soleil étoit entouré d'un cercle blanchâtre de 15° de rayon. L'intérieur de cette circonférence étoit d'une couleur un peu foncée tirant sur le jaune.
19	9	* 32.10. 0.	68. 14. 10.	16,4	28. 2.6	100,0	NE. N. Bon frais, ensuite gr. frais et par grains, temps couv., brume et pluie.	♌ ♋		»	
20	10	* 32.46.30.	* 70. 57. 10.	16,4	27. 9.6	97,0	NNE. Grand frais; temps couvert et pluvieux.			»	
21	11	* 33.32.20.	* 74. 32. 10.	14,7	28. 2.0	99,0	NNE. NO. SO. Grand fr. par rafales; temps couv. et pl.			»	Vu beaucoup de damiers.
22	12	33.40. 6.	77. 23. 21.	11,0	28. 4.3	89,0	SO. OSO. Joli frais; beau temps.		●	13. 36.	
23	13	33.34. 7.	80. 10. 38.	12,0	28. 5.5	89,0	SO. ONO. Joli frais et foible; beau temps.			»	
24	14	33.34.58.	81. 52. 51.	12,2	28. 3.5	98,0	NNE. NNO. Bon frais; beau temps.			»	
25	15	33.24.29.	85. 34. 11.	10,4	28. 5.2	72,0	ONO. SSO. Bon frais; beau temps.			13. 36.	À 5 h. du matin, les vents qui étoient ONO., passèrent subitement au SSO., sans rien perdre de leur force.
26	16	32.51.26.	87. 9. 22.	10,6	28. 5.0	73,0	SE. NE. Foible brise; temps couvert.	♎		»	
27	17	* 33.20.10.	* 88. 8. 20.	11,1	28. 5.8	97,0	ENE. NNE. Joli frais; temps couvert.	A		»	

LIVRE IV. RÉSULTATS GÉNÉRAUX.

Suite de la TABLE 3.ᵉ TRAVERSÉE DE L'ILE-DE-FRANCE À LA NOUVELLE-HOLLANDE.

DATES.		LATITUDES Sud.	LONGITUDES Orientales.	OBSERVATIONS MÉTÉOROLOGIQUES.					Points lunaires.	Points solaires.	DÉCLINAISON de la Boussole.	REMARQUES.
Style Décadaire.	Style Grégorien.			Thermomètre.	Baromètre.	Hygromètre.	VENTS, état du ciel.					
An IX. 28 Floréal.	1801. 18 Mai.	*33°55'50"	91⁶ 5' 5"	12ᵈ,4	28ᵖ5,6	95°,0	NNE. NNO. Joli frais et bon frais; temps couvert.		Constitution boréale...		NO. 10° 14'	
29	19	34.29.12.	94.54. 2.	12,2	28.3,0	99,0	N. NNO. Bon frais; temps couvert.				10. 17.	
30	20	35. 4.30.	98.39.22.	11,5	28.2,6	99,0	NNO. SSO.SO. SSO Bon fr.; temps couvert; pluie.				10. 31.	
1.ᵉʳ Prairial.	21	34.48. 2.	101.55.18.	11,4	28.4,0	92,0	SSO. SO. SE. E. NE. Petit fr.; beau temps.	☾		Automne austral.	0	
2	22	34.38.43.	103.40.41.	14,6	28.4,8	86,0	NNE. NO. Joli fr., b. temps.				9. 20.	
3	23	34.13.39.	106.14.53.	12,3	28.5,3	93,0	O. NO. Petit frais; b. temps.	D			8. 31.	
4	24	*33.42.40.	108.20. 4.	13,7	28.5,0	92,0	S. SE. Joli frais; beau temps.	♂			6. 53.	
5	25	33.51.10.	109. 3.58.	14,8	28.4,0	95,0	SE. NE. Joli frais; b. temps; le soir, éclairs dans le NE.		Constitution australe...		6. 8.	Après le coucher du soleil, des éclairs continuels paroissent dans le Sud, au travers d'un brouillard gazeux, semblables aux jets de lumière d'une aurore australe. L'électromètre indiquoit la présence de l'électricité.
6	26	33.49.58.	110.31. 2.	15,2	28.3,4	92,0	NE. NNE. Joli frais; beau temps.				7. 25.	
7	27	34.35.53.	112.21. 4.	14,6	28.4,6	87,0	NE. NNE. Joli frais; SSE. E. Foibles; beau temps.				5. 32.	Première vue des terres de la Nouvelle-Hollande.

TABLE 4.ᵉ ROUTES À LA TERRE DE LEUWIN. 1.ʳᵉ Campagne.

8 Prairial.	28 Mai.	34.45. 5.	112.26.45.	14,8	28ᵖ5,8	83,0	SE. ENE. Joli frais; beau temps.	O			6. 57.	Les courans nous ont portés de 35' au Sud dans 24 heures.
9	29	34.11.54.	112.28.18.	14,2	28.6,0	81,0	NE. SE. Joli frais; b temps.	P			5. 26.	
10	30	33.22.32.	112.48.29.	13,8	28.5,7	81,0	SE. ESE. Joli frais, b. temps.	L			5. 36.	
11	31	→ 33.28.30.	112.46. 0.	11,8	28.5,8	84,0	E. Joli frais; beau temps.		Constitution australe...	Automne austral.	0	Au mouillage dans l'anse Depuch (baie du Géographe).
12	1.ᵉʳ Juin.	*33.19. 0.	112.51.24.	11,8	28.5,7	70,0	E. Petit frais très-variable; beau temps.				5. 21.	Remis sous voiles à 8 h. du matin, et jeté l'ancre à 6 h. du soir.
13	2	33.32. 0.	112.50. 0.	12,2	28.5,8	72,0	ENE. S. Foible; beau temps.				0	A l'ancre à 8 h. du soir, sous voiles à 8 h. du matin.
14	3	33.16. 1.	112.49.23.	11,8	28.6,0	70,0	E. NE. Petit frais; b. temps.	☽			0	Sous voiles à 8 h. 15' du mat., à l'ancre à 5 h. et dem. du soir.
15	4	→ 33.28. 0.	113. 4.28.	12,8	28.6,8	75,0	ENE. ESE. NE. Calme et petit frais; beau temps.				5. "	Au mouillage dans la baie du Géographe. M. Bernier a observé à terre 33° 30' et 113° 10' 32".

Suite de la **TABLE 4.ᵉ** ROUTES À LA TERRE DE LEUWIN. 1.ʳᵉ Campagne.

DATES Style Décadaire	Style Grégorien	LATITUDES Sud.	LONGITUDES Orientales.	Thermomètre.	Baromètre.	Hygromètre.	VENTS, état du ciel.	Points lunaires.	Points solaires.	DÉCLINAISON de la Boussole.	REMARQUES
An IX. 16 Prairial	1801. 5 juin.	↔ Au mouillage dans la baie du Géographe.		13ᵈ,8	28ᵖ6ˡ,3	73ᵈ,0	N.E. E. Joli frais; NE. NNE. Bon frais; beau temps.	♌ ♋	Automne austral...	NO. 0	Cette déclinaison de la boussole est la moyenne d'un grand nombre de bonnes observations faites à l'ancre par M. Bastow.
17	6			12,0	28. 6,0	90,0	NNE. ENE. Bon frais, beau temps.	Constitution boréale...		5° 25'	
18	7	↔ *33°32'0"	113° 4' 0"	11,7	28.3,6	92,0	NNE. N. ENE. NE. Joli fr.; ciel nuageux; les vents fraichissant beauc. sur le soir.			0	Appareillé à 8 h. du matin, remis à l'ancre à 11 h. et demi.
19	8	Au mouillage dans la baie du Géographe.		12,0	28. 0,0	96,0	NE. ESE. NNE. Grand frais; fortes rafales; ciel couvert et brumeux; pluie.			0	Appareillé à 9 h. du soir avec grand frais de NE.

N. B. Les corvettes *le Géographe* et *le Naturaliste* ayant été séparées pendant le mauvais temps, les routes suivantes, jusqu'au 18 juin, se rapporteront exclusivement au premier de ces navires.

DATES Style Décadaire	Style Grégorien	LATITUDES Sud.	LONGITUDES Orientales.	Thermomètre.	Baromètre.	Hygromètre.	VENTS, état du ciel.	Points lunaires.	Points solaires.	DÉCLINAISON de la Boussole.	REMARQUES
20 Prairial	9 juin	*33.25.20.	*112. 47. 43.	12,8	27.10,5	99,0	NNE. N. Très-grand frais; fortes rafales; ciel couvert; temps par grains avec pluie; brume épaisse.	Constitution boréale...	Automne austral...	0	A 4 h. du soir, on voit deux arcs-en-ciel superbes sous l'aire renfermée entre deux d'un blanc éclatant, tandis que le reste de cette partie du ciel est d'un gris noirâtre que quelques éclairs sillonnent de temps en temps. Le tonnerre gronde, mais foiblement.
21	10	33.46.30.	*112.21. 53.	13,6	27. 7,5	100,0	N. NO. ONO. Grand frais; fortes rafales; ciel couvert et sombre; pluie et brume.			0	
22	11	*34. 5.20.	*113. 26. 3	14,4	27. 9,8	100,0	ONO. Grand frais; même temps.	●		0	
23	12	*34.37.50.	*112. 34. 53.	14,5	27.10,8	100,0	ONO. OSO. Bon frais; sur le soir, bonne brise; temps à grains; pluie.	A		0	
24	13	*34. 26. 0.	*112. 36. 53.	13,5	28. 2,5	93,0	OSO. SO. O. Bon frais; rafales; ciel nuageux.	A		0	
25	14	33.31. 0.	*112.30. 0.	13,8	28. 1,8	100,0	OSO. NO. Joli fr. ONO. Gr. frais; raf.; temps à grains; pluie.			5. 50.	
26	15	32.36.50.	*113. 0. 0.	13,6	28. 1,5	98,0	ONO. OSO. SO. OSO. Bon fr.; rafales; nuages et pluie.			0	
27	16	32.43.35.	113. 2. 57.	13,4	28. 2,6	91,0	O. N. Presque calme. NO. NE. Jolie brise; beau temps.			6. 22.	
28	17	*32.42.44.	112.53. 44.	13,6	28. 0,5	95,0	N. O. Grand frais; rafales; grains et pluie.			0	
29	18	32.16.36.	113. 7. 41.	13,6	28. 1,0	0	De l'O. au S. Grand fr.; temps couv., orageux et pluvieux.			0	A 3 h., l'île Rottnest paroît dans le NNE. à trois lieues de distance.

LIVRE IV. RÉSULTATS GÉNÉRAUX. 48

TABLE 5.ᵉ ROUTES DU *GÉOGRAPHE* À LA TERRE D'ÉDELS. 1.ʳᵉ Campagne.

DATES.				OBSERVATIONS MÉTÉOROLOGIQUES.						DÉCLINAISON de la Boussole.	
Style Décadaire.	Style Grégorien.	LATITUDES Sud.	LONGITUDES Orientales.	Thermomètre.	Baromètre.	Hygromètre.	VENTS, État du ciel.	Points lunaires.	Points solaires.		REMARQUES.
An IX. 1801. 30 p.ˢⁱ	Juin. 19	*31°38′0″	*112°17′35″	12ᵈ,9	28P 3¹,0	»	SE. SO. Joli frais ; beau temps.	C	C. bor. Automne aust.	NO. »	
1.ᵉʳ	20	30.32.44.	111.16.57.	13 ,9	28. 5 ,0	»	SO. SSO. Joli frais ; beau temps.	D. ☾	Constit.ᵒⁿ austr.	»	
2 Messidor.	21	*29.48.42.	*111. 9.25.	13 ,4	28. 5 ,0	»	OSO. SSO. S. SE. ESE. E. Petit frais ; temps brumeux.		Hiver aust.	5° 1′	
3	22	27.23.25.	111.16.46.	14 ,0	28. 6 ,0	»	De l'E. au S. Joli frais ; beau temps.			»	
4	23	26. 1.41.	110.32.45.	15 ,0	28. 4 ,0	»	De l'ESE. au S. Joli frais ; beau temps.			4. 20.	

TABLE 6.ᵉ ROUTES DU *GÉOGRAPHE* À LA TERRE D'ENDRACHT. 1.ʳᵉ Camp.ⁿᵒ

5 Messidor.	Juin. 24	24.18. 6.	110.38. 0.	16 ,8	28. 3′,5	»	Du S. au NE. Petit frais ; beau temps.			2. 23.	
6	25	*23.58.52.	*110.47.54.	16 ,0	28. 3 ,0	»	SE. NE. Grand frais ; temps couvert, petite pluie.			»	Mouillé à 7 h. 45ᵐ du soir dans la baie des Chiens-Marins ; appareillé à 10 heures.
7	26	23.48.38.	*111. 0.41.	18 ,0	28. 4 ,0	88,0	NE. SE. Petit frais ; b. temps ; ciel nuag. ; le soleil n'a paru qu'à midi.	O.L		»	Au coucher du soleil, les nuages se sont un peu dissipés ; les inférieurs étoient en longues bandes grises, et les supérieurs en flocons gris, rouges et blancs. Vers 7 h., la lune étant à une bonne hauteur, les nuages inférieurs se sont dissipés, et les supérieurs ont formé un ciel pommelé magnifique ; mais ils ont disparu peu après.
8	27	24.38. 1.	110.59.37.	18 ,5	28. 3 ,7	78,0	E. SSE. Joli frais ; b. temps.			»	Mis à l'ancre à 2 h. 1/2 du soir.
9	28	*24.47.46.	110.59.32.	19 ,5	28. 4 ,0	99,0	NNE. SSE. Petit frais ; beau temps.	P	Constitution australe.	»	Cette déclinaison de la boussole est moyenne de sept observations faites par M. Bastón.
10	29	A l'ancre dans l'Est de l'île Bernier (Baie des Chiens-Marins).		18 ,5	28. 4 ,0	94,0	S. SSE. Joli frais ; b. temps ; un léger brouillard couvre la mer.			6. 1.	Appareillé à 7 h. et demie du matin, et remis à l'ancre à 2 h. du soir.
11	30	24.43.53.	*111. 7.40.	17 ,4	28. 3 ,0	92,0	ESE. SO. Petit frais ; b. temps.		Hiver austral.	5. 22.	A 7 h. 1/2 du soir, nous avons vu la lumière zodiacale ; son éclat étoit presque égal à celui de la voie lactée ; son sommet avoit la forme très-prononcée d'un fuseau. Près de l'horizon, sa base s'élargissoit et se confondoit avec une masse de lumière rougeâtre qui bordoit l'horizon dans un arc de près de 100°. Entre l'horizon de la mer et cette lumière, étoit une ligne noire à travers laquelle on voyoit les étoiles, quoique affoiblies.
12	1.ᵉʳ Juillet.	24.59.47.	111.12. 9.	18 ,0	28. 3 ,5	94,0	NE. SE. Petit frais ; beau temps.		C. bor.	4. 14.	Appareillé à 6 h. du matin ; mouillé à 4 heures du soir.
13	2	25.19.18.	111. 9.25.	16 ,8	28. 2 ,0	98,0	ENE. E. Joli frais ; b. temps.	♄ ☾		3. 59.	Mis sous voiles à 6 h. 30′ du matin ; mouillé à 1 h. 30′ du soir.

VOYAGE AUX TERRES AUSTRALES,

Suite de la TABLE 6.ᵉ ROUTES DU *GÉOGRAPHE* À LA TERRE D'ENDRACHT.
1.ʳᵉ Campagne.

DATES.		LATITUDES Sud.	LATITUDES Orientales.	OBSERVATIONS MÉTÉOROLOGIQUES.					Points lunaires.	Points solaires.	DÉCLINAISON de la Boussole.	REMARQUES.
Style Décadaire	Style Grégorien			Thermomètre.	Baromètre.	Hygromètre.	VENTS. État du ciel.					
An IX.	1801.										NO.	
14 Messidor.	3 Juillet.	25° 30′ 12″	111° 4′ 36″	13ᵈ,1	28P 1,6	97,0	Du NNO. au N. Joli fr.; b. temps.; NNO. O. Bon fr.; temps à grains; pluie.	☽		a		Appareillé à 2 h. du soir.
15	4	24.44.28.	*111. 2. 50.	16,0	28.3,5	a	O. OSO. Grand frais; temps couv. SO. SSE. Joli frais; beau temps.			a		Manifesté à 8 heures du matin. Cette déclinaison est moyenne de cinq observations faites à bord au mouillage.
16	5	24.49.50.	111. 1. 53.	14,3	28.3,0	a	SSE. E. Petit frais; b. temps.			4° 33′		Inclinaison moyenne de l'aiguille aimantée à l'Observatoire = 51° 30′.
17	6	A l'ancre dans l'Est de l'île Bernier (Baie des Chiens-Marins).		15,0	28.3,6	a	SE. SSO. Petit frais; b. temps.			a		
18	7			15,5	28.4,0	a	SSE. Petit frais et calme; beau temps.			a		
19	8			16,5	28.3,5	a	SSO. Foible brise; b. temps. SSE. Bon fr.; temps couv.			a		Inclinaison moyenne de l'aiguille aimant. = 51° 37′ 30″ observée à terre
20	9			13,8	28.3,8	a	SSE. Bon frais; temps couv.			a		
21	10			15,4	28.4,0	a	SSE. Petit frais; beau temps.	A		a		
22	11			14,8	28.4,0	a	NNO. Petit frais; beau temps.	●		a		Appareillé à 11 h. 30′ du matin.
23	12	*24.49.50.	*111. 3. 56.	17,0	28.2,0	a	NNE. N. NNE. Bon frais; ciel couvert, pluie.			a		
24	13	*24.33.11.	*110. 55.50.	15,3	28.0,0	a	NNE. SSO. NNE. Jolie brise; ciel couvert, grains, pluie.			a		
25	14	24.18.58.	110. 50. 17.	16,0	28.1,5	a	ONO. OSO. Joli frais; beau temps.			3. 35.		Passé pour la quatrième fois le tropique du Capricorne, 10 h. du soir.
26	15	22.17. 6.	110.44.38.	18,0	28.2,5	91,0	O. SE. Joli frais; b. temps.			2. 42.		

TABLE 7.ᵉ ROUTES DU *GÉOGRAPHE* À LA TERRE DE WITT. 1.ʳᵉ Camp.ⁿᵉ

27 Messidor.	16 Juillet.	21. 6.27.	111. 52. 5.	17,6	28.3,5	93,0	SE. Joli frais; beau temps, calme.	C. bor.		2. 33.		
28	17	21. 4.50.	112. 24. 17.	17,0	28.3,0	91,0	E. SO. Petit frais; b. temps.	D. ♋		2. 40.		En vue de l'île Rosny.
29	18	21.19.29.	112. 32.48.	17,3	28.2,0	89,0	ONO. OSO. SE. NE. OSO. SO. Petit frais; b. temps.			2. 53.		En vue de l'île Thévenard
30	19	21.32.30.	*112. 18. 35.	18,1	28.2,0	96,0	OSO. SO. ESE. ENE. N. NE. OSO. Bon frais; temps couvert, pluie.	C		2. 9.		En vue des îles de Rivoli.
1.ᵉʳ Therm.ᵒʳ	20	*21.28.44.	*111. 47. 5.	17,3	28.2,4	a	OSO. SE. Bon frais; temps couvert.			2. 53.		
2	21	21.28.28.	111. 52. 31.	15,0	28.4,0	72,0	SE. S. Joli frais; b. temps.			1. 47.		
3	22	21.33. 3.	111. 57.30.	14,5	28.3,7	67,0	SSE. Joli frais; beau temps.			2. 16.		En vue du cap Murat.

Suite de la TABLE 7.ᵉ ROUTES DU *GÉOGRAPHE* À LA TERRE DE WITT.
1.ʳᵉ Campagne.

DATES.		LATITUDES Sud.	LONGITUDES Orientales.	OBSERVATIONS MÉTÉOROLOGIQUES.				Points lunaires.	Points solaires.	DÉCLINAISON de la Boussole.	REMARQUES.
Style Décadaire.	Style Grégorien.			Thermomètre.	Baromètre.	Hygromètre.	VENTS, État du ciel.				
An IX.	1801.									NO.	
4 Thermidor.	23 Juillet.	20° 6′ 40″	112° 50′ 39″	16ᵈ,8	28ᵖ 3′ 4″	73ᵈ,0	SSE. ESE. Joli frais; beau temps.		♌	2° 21′	En vue des îles de Montebel
5	24	19. 8.48.	113. 39. 56.	17,6	28. 3,0	86,0	SSE. ESE. Joli frais; beau temps.	L		1. 59.	
6	25	19.14. 7.	114. 7.36.	17,8	28. 2,8	92,0	E. S. Petit frais; b. temps.	○ P		1. 31.	
7	26	19.30.17.	115. 1.22.	17,7	28. 2,4	88,0	S. O. Foible brise et joli frais; beau temps.			1. 54.	
8	27	20.20. 0.	115. 16.22.	19,0	28. 3,0	88,0	ONO. OSO. Joli frais; beau temps.		Constitution australe	1. 21.	En vue des îles Forestier; ra à l'ancre à 8 h. 45′ matin.
9	28	*20.15.28.	115. 19.54.	18,8	28. 2,6	89,0	SSO. ONO. Foible brise; beau temps, ciel nuageux.			2. 50.	Appareillé à 10 h. 30′ matin remis à l'ancre à 7h. 30′ soir.
10	29	20. 0.33.	115. 57.54.	17,7	28. 2,0	80,0	ENE. SSE. Petit frais; beau temps.	♍.♌		″	
11	30	19.42.58.	*116. 19. 6.	17,3	28. 1,8	88,0	SSE. N. Petit frais. ONO. Jolie brise; beau temps.			1. 39.	En vue de l'île Bedout.
12	31	*19.14.27.	*117. 12.43.	17,4	28. 2,5	86,0	O. S. Joli frais; beau temps, ciel nuageux.			1. 56.	
13	1.ᵉʳ Août.	*19.10.37.	*117. 23.35.	16,8	28. 2,6	80,0	SSO. SSE. Joli frais; beau temps, ciel nuageux.	☽	Hiver austral	2. 15.	
14	2	18.44.18.	118. 10.19.	17,8	28. 3,0	79,0	SSE. S. Joli frais; b. temps.			1. 42.	
15	3	18. 6.33.	119. 5.40.	18,2	28. 3,5	69,0	S. SE. Joli frais; b. temps.			2. 2.	
16	4	17.28.26.	119. 25.48.	18,2	28. 3,0	81,0	ESE. SSE. Joli frais; beau temps.		Constitution boréale	1. 14.	En vue du cap Bertholet; mis à l'ancre à 6 h. soir.
17	5	16.53.30.	119. 33.47.	19,6	28. 2,6	90,0	ESE. NE. Joli frais; b. temps, calme.			0. 42.	En vue des îles Lacepède; appareillé à 6 h. du matin.
18	6	16. 1.27.	119. 50.40.	22,2	28. 2,3	95,0	SSO. E. Petit frais; b. temps, calme.	A		0. 29.	
19	7	15.40.57.	120. 40.24.	23,5	28. 2,6	93,0	SSE. SSO. Petit frais; beau temps.	A		1. 36.	En vue de l'île Adèle.
20	8	15.17.27.	120. 50.43.	22,6	28. 1,4	92,0	S. SSO. Petit frais; b. temps.			0. 34.	
21	9	15. 8.30.	121. 40.35.	21,7	28. 1,5	92,0	O. SSO. Foible brise et calme; beau temps.			0. 44. NE.	En vue de l'archipel Bonaparte jusqu'au 17 août que nous avons fait route pour l'île Timor.
22	10	15. 0. 3.	121. 58.13.	24,4	28. 1,8	94,0	Calme et foible brise très-variable; beau temps.	●		0. 20.	
23	11	14.47.50.	122. 13. 1.	23,0	28. 1,8	95,0	OSO. ONO. Petit frais; beau temps; calme.			0. 7.	
24	12	14.16.58.	122. 36. 5.	23,1	28. 1,5	96,0	SSO. NO. Foible brise; beau temps.			″	Passé les nuits à l'ancre et les jours sous voiles.
25	13	14. 2. 0.	122. 55.21.	22,3	28. 1,7	94,0	SE. NO. Foible brise; calme; beau temps.	D.♌		0. 14.	
26	14	13.52.16.	123. 21.25.	23,0	28. 1,7	96,0	S. SO. Petite brise; calme; beau temps.			0. 5.	
27	15	13.34.59.	123. 13. 7.	22,6	28. 2,0	97,0	S. SSE. Foible brise; b. temps.		Constit. aust.	0. 26.	Appareillé à 6 h. du matin.
28	16	13.25. 0.	123. 18. 7.	23,4	28. 2,3	98,0	SSE. NE. Foible brise; beau temps; calme.			0. 36.	
29	17	13. 1.31.	*123. 26.40.	17,3	28. 1,6	84,0	SE. E. Bon vents; b. temps.	⊕		″	

VOYAGE AUX TERRES AUSTRALES,

TABLE 8.ᵉ ROUTES DU *GÉOGRAPHE*, DE LA NOUVELLE-HOLLANDE À TIMOR.
1.ʳᵉ Campagne.

DATES.		LATITUDES Sud.	LONGITUDES Orientales.	OBSERVATIONS MÉTÉOROLOGIQUES.				Points lunaires.	Points solaires.	DÉCLINAISON de la Boussole.	REMARQUES.
Style Décadaire.	Style Grégorien.			Thermomètre.	Baromètre.	Hygromètre.	VENTS, État du ciel.				
An IX.	1801.			+						NE.	
30 Ther.ᵒʳ	18 Août.	12°20′34″	*123°41′47″	19ᵈ,2	28ᵖ²¹,2	85ᵈ,0	SSE. E. Bon frais ; b. temps.	Constitution australe......	Hiver austral......	»	
1.ᵉʳ Fructidor.	19	10.59.53.	124.18.58.	20,4	28.2,7	92,0	SE. ESE. Bon frais ; b. temps.			»	
2	20	10.31.53.	122. 7.14.	20,0	28.1,5	98,0	ESE. ENE. Joli frais ; ciel nuageux.	L		»	
3	21	⇒*10.18. 0.	*121. 7.18.	20,0	28.1,0	98,0	ENE. ESE. Joli frais ; beau temps.			»	Mouillé dans le détroit de Simão, à midi 45′.
4	22	⇒ À l'ancre dans le détroit de Simão.		19,8	28.2,3	95,0	S. SO. Petit frais ; b. temps.	P		»	Mouillé en rade de Coupang, à 10 h. du soir.

TABLE 9.ᵉ PREMIER SÉJOUR À TIMOR.

5 Fructidor.	23 Août.	⇒ △10. 8.48.	△121.15.16.	20,4	28.1,7	94,0	Calme ; beau temps.	Constit. austr. ...... ♍	Hiver austral......	0ᵈ 22′	Cette déclinaison de la boussole a été observée à terre.
6	24			21,4	28.1,7	96,0	ESE. E. Foible brise ; beau temps.	☉		»	
7	25			23,5	28.1,9	88,0	ESE. E. Petit frais ; b. temps.	♌		»	
8	26			19,8	28.2,1	78,0	E. Presque calme. ESE. Joli frais ; beau temps.	♐		»	ҽ
9	27			20,4	28.2,1	90,0	E. Petit frais ; ciel pur et serein ; calme.			»	
10	28			21,8	28.1,0	76,0	Calme. E. ESE. Bon frais ; petit frais ; ciel nuageux.			»	À midi, il s'élève un vent violent ; d'épais nuages parcourent à l'horizon, et couvrent bientôt tout le ciel.
11	29	Premier séjour à Timor......		21,5	28.1,8	87,0	E. Bon frais. NNE. Petit frais ; beau temps, ciel nuageux et pommelé ; à 4 h. gr. pluie.			»	
12	30			21,5	28.1,8	85,0	E. Bon frais ; ESE. SE. Petit frais ; NE. Bon frais ; beau temps, l'horizon gras.			»	
13	31			21,4	28.1,8	77,0	E. Bon frais ; beau temps, ciel nuageux.	☽	Constitution boréale.	»	
14	1.ᵉʳ Septembre.			21,4	28.1,8	87,0	SE. S. Petit frais ; beau temps.			»	
15	2			21,0	28.1,0	86,0	SE. NO. Bon frais ; b. temps, ciel nuageux.	♒		»	
16	3			21,3	28.1,3	85,0	E. Bon frais ; ESE. NE. Petit frais ; beau temps.	A		»	
17	4			21,4	28.2,0	76,0	E. Petit frais ; calme ; beau temps, ciel nuageux.			»	
18	5			21,3	28.1,6	82,0	E. SE. E. Petit frais ; bon ft. ; beau temps.			»	
19	6			21,2	28.1,0	85,0	ESE. NE. Petit frais ; ciel couvert.			»	

LIVRE IV. RÉSULTATS GÉNÉRAUX.

Suite de la TABLE 9.ᵉ PREMIER SÉJOUR À TIMOR.

DATES.		LATITUDES Sud.	LONGITUDES Orientales.	OBSERVATIONS MÉTÉOROLOGIQUES.					Points solaires.	DÉCLINAISON de la Boussole.	REMARQUES.
Style Décadaire.	Style Grégorien.			Thermomètre.	Baromètre.	Hygromètre.	VENTS, État du ciel.	Points lunaires.			
An IX.	1801.			+						NE.	
10 Fructidor.	7 Septembre.			21ᵈ,3	28ᵖ1,6	86°,0	E. ESE. Petit frais ; b. temps.	Cons. bor.⁰		″	
11	8			21,9	28.1,5	87,0	Calme ; beau temps, ciel vaporeux.	●		″	
12	9			22,0	28.1,3	75,0	SE. ESE. Bon frais ; b. temps, ciel nuageux.	D. ☋		″	
13	10			21,7	28.1,5	85,0	ESE. ENE. Bon frais ; beau temps.			″	
14	11			21,5	28.1,2	84,0	ENE. Bon frais ; ciel couvert.			″	
15	12			21,2	28.1,2	89,0	E. Joli frais, ciel couvert.			″	
16	13			21,6	28.1,5	85,0	ESE. Petit frais ; E. NO. Bon frais ; ciel nuageux.		Hiver austral	″	
17	14			22,2	28.1,2	78,0	Calme ; E. Bon frais ; beau temps.	Constitution australe.		″	
18	15			22,1	28.0,9	72,0	ESE. SE. Petit frais ; E. Bon frais ; beau temps.	☾		″	
19	16	PREMIER SÉJOUR À TIMOR		21,4	28.2,0	90,0	Calme ; beau temps.	L		″	
30	17			21,0	28.1,2	83,0	NE. Petit frais, calme ; ONO. Petit frais ; beau temps.			″	
1.ᵉʳ Complémentaires	18			21,0	28.1,0	83,0	E. NO. Petit frais ; b. temps, ciel nuageux.			″	
2	19			20,5	28.0,5	84,0	E. Petit frais, bon frais ; beau temps.	P		″	
3	20			22,5	28.0,9	98,0	Calme ; SE. Petit frais ; beau temps.			″	
4	21			20,0	28.1,5	″	ESE. SE. SSO. E. Petit frais ; beau temps.			″	La corvette le Naturaliste est venue mouiller dans la baie de Coupang et est ainsi trouvée réunie avec le Géographe, après une séparation de trois mois et demi.
5	22			21,0	28.1,0	86,0	E. Petit frais ; SE. ESE. Par fortes risées ; beau temps.	♁.O.☋		″	
An X. 1.ᵉʳ Vendémiaire	23			21,2	28.1,4	88,0	O. Bon frais ; ESE. Petit frais ; beau temps.			″	
2	24			22,1	28.0,5	80,0	E. Joli frais ; calme ; SE. Petit frais ; beau temps.			″	
3	25			21,9	28.0,2	82,0	O. SE. Petit frais ; calme ; beau temps, ciel nuageux.	Constitution boréale.	Printemps austral	″	
4	26			21,4	28.1,4	100,0	ENE. Petit frais ; beau temps ; ciel couvert.			″	
5	27			20,4	28.1,7	99,0	E. Petit frais ; temps couvert.			″	
6	28			21,8	28.1,8	85,0	O. E. Petit frais ; calme ; beau temps.			″	
7	29			21,8	28.1,0	84,0	N. Jolie brise ; calme plat ; ciel couvert.	A		″	
8	30			19,8	28.1,7	85,0	Calme ; beau temps.	☽		″	

Suite de la TABLE 9.ᵉ PREMIER SÉJOUR À TIMOR.

DATES. Style Décadaire.	DATES. Style Grégorien.	LATITUDES Sud.	LONGITUDES Orientales.	Thermomètre.	Baromètre.	Hygromètre.	VENTS, État du ciel.	Points lunaires.	Points solaires.	DÉCLINAISON de la Boussole.	REMARQUES.
An X. 9 Vendémiaire.	1801. 1.ᵉʳ Octobre.			21ᵈ,6	28P,1,2	82ᵈ,0	E. Petit frais; calme plat; beau temps.	A	Constitution boréale.	NE.	
10	2			22 ,3	28.1,4	83,0	N.E. Petit frais; beau temps, horizon gras.			"	
11	3			21 ,4	28.1,5	88,0	NO. Joli frais; calme; beau temps.			"	
12	4			21 ,4	28.1,5	87,0	N. ESE. Bon frais; SE. Petit frais; b. temps, ciel nuag.			"	
13	5			22 ,0	28.1,0	87,0	NO. Petit frais; calme; ENE. Petit frais; beau temps.			"	
14	6			22 ,0	28.1,8	85,0	E. Petit fr.; calme plat; beau temps.			"	
15	7	PREMIER SÉJOUR À TIMOR		22 ,0	28.1,8	84,0	NO. Petit frais; calme plat; b. temps.	D. ☾		"	
16	8			23 ,0	28.1,7	82,0	NO. Petit frais; calme plat; b. temps.	●		"	
17	9			21 ,8	28.0,8	65,0	ONO. SSE. Petit frais; beau temps; ciel couvert.			"	
18	10			21 ,8	28.2,2	90,0	ONO. SE. E. Petit frais; beau temps.			"	
19	11			21 ,4	28.2,2	88,0	E. SE. Petit frais; b. temps.		Printemps austral	"	
20	12			21 ,7	28...,.	84,0	ESE. S. SE. Petit frais; beau temps.		Constitution australe.	"	
21	13			21 ,5	28.0,5	87,0	NO. SSE. SE. Petit frais; beau temps.	L		"	
22	14			21 ,4	28.1,3	100,0	SSE. Petit frais; beau temps.			"	
23	15			21 ,4	28.1,2	98,0	ESE. Petit frais; beau temps.	Ç		"	
24	16			21 ,4	28.0,6	74,0	SSO. S. ESE. Petit frais; beau temps.	P		"	
25	17			21 ,5	28.0,8	80,0	ONO. Petit frais; calme plat; beau temps.			"	
26	18			21 ,5	28.1,0	85,0	NNO. Petit frais; calme plat; S. Petit frais; beau temps.			"	
27	19			22 ,0	28.0,8	86,0	Calme; ESE. Petit fr.; calme; beau temps.			"	
28	20			22 ,4	28.1,4	94,0	Calme plat; beau temps.	D. ☊		"	
29	21			22 ,4	28.1,7	87,0	O. E. SE. Petit fr.; b. temps.		Constitution boréale.	"	
30	22			22 ,5	28.1,3	90,0	NO. SE. E. Petit frais; beau temps.	O		"	
1.ᵉʳ Brum.ʳᵉ	23			22 ,2	28.1,0	75,0	O. Joli frais; SSE. ESE. Petit frais; beau temps.			"	
2	24			22 ,3	28.0,3	82,0	NO. Joli frais; E. Petit frais; beau temps.			"	

LIVRE IV. Résultats généraux.

Suite de la TABLE 9.ᵉ PREMIER SÉJOUR À TIMOR.

DATES.		LATITUDES Sud	LONGITUDES Orientales.	OBSERVATIONS MÉTÉOROLOGIQUES.						DÉCLINAISON de la Boussole.	REMARQUES.
Style Décadaire.	Style Grégorien.			Thermomètre.	Baromètre.	Hygromètre.	VENTS, État du ciel.	Points lunaires.	Points solaires.		
An X.	1801.			+						N E.	
3 Brumaire.	25 Octobre.			21,5	28P 1,0	84d,0	Calme; ENE. Petit frais; beau temps.			0	
4	26			22,3	28.0,8	81,0	NO. Joli fr.; calme; E. Petite brise; beau temps.			0	
5	27			22,2	28.1,0	83,0	ONO. Petit frais; b. temps.			0	
6	28			22,1	28.1,3	82,0	NO. E. Petit frais; calme; b. temps.	Constitution boréale		0	
7	29			22,1	28.0,8	88,0	ONO. Petit frais; b. temps.	A		0	
8	30			22,7	27.11,6	94,0	E. Presque calme; b. temps.	☽		0	
9	31			22,19	28.0,2	85,0	ONO. O. Bon fr.; calme; SE. Petit frais; temps couvert; beau temps.			0	
10	1.ᵉʳ Novembre.	PREMIER SÉJOUR À TIMOR.		22,5	28.0,5	85,0	NO. O. Petit frais; calme; b. temps.		Printemps austral	0	
11	2			23,6	28.1,5	76,0	ESE. NE. N. SE. ESE. Joli frais; calme; beau temps.			0	
12	3			23,4	28.0,5	0	NE. N. ONO. Bonne brise; ESE. Joli fr.; temps orag.	D. ☋		0	
13	4			0	0	0	ENE. E. ESE. Fortes rafales; SE. Petite brise; temps orageux.			0	
14	5			0	0	0	ESE. ENE. N. Petit fr.; ONO. N. Grand fr.; ENE. E. SE. Joli frais.			0	
15	6			22,4	28.0,5	0	Calme; NO. NNE. ESE. Petite brise; b. temps; ciel nuag.	●	Constitution australe	0	
16	7			22,0	28.1,5	0	NE. NO. ONO. S. Petite brise; SE. E. Bon frais; E. Presque calme; beau temps.			0	
17	8			0	0	0	Calme; NE. N. NO. ESE. SE. Petit frais; beau temps.			0	
18	9			21,6	28.1,2	⸺	NE. NNO. Joli frais; ESE. E. Petit frais; beau temps.			0	
19	10			22,0	28.1,5	0	NE. NNO. NO Joli frais; N. Petit fr.; calme; b. temps.	L.P.		0	
20	11			22,5	28.1,5	0	E. Jolie brise; O. NO. Joli fr.; calme; beau temps.			0	
21	12			22,3	28.0,7	0	NE. N. NNE. Joli frais; beau temps.			0	

OBSERVATIONS GÉNÉRALES.

Pendant notre séjour sur la rade de Coupang, la brise s'élevoit assez régulièrement du large à 8 h. du matin, et souffloit quelquefois par rafales; au coucher du soleil elle molissoit, et pendant la nuit il faisoit calme.

À l'observatoire établi au fort Concordia.
- Hauteur au-dessus du niveau de la mer......... = 39P. 3P⁰ = 19ᵐ,3.
- Latitude S.. = 10° 9′ 55″
- Longitude Orientale...................................... = 122. 15. 21.
- Déclinaison de la boussole............................ = 0. 22. NE.
- Inclinaison magnétique moy. de beaucoup d'obs. = 30. 36. (Pointe S.) d'après M. Bernier.

TABLE 10.ᵉ ROUTES DES CORVETTES FRANÇOISES, DE TIMOR À LA TERRE DE DIÉMEN.

DATES. Style Décadaire.	Style Grégorien.	LATITUDES Sud.	LONGITUDES Orientales.	Thermomètre.	Baromètre.	Hygromètre.	VENTS, État du ciel.	Points lunaires.	Points solaires.	DÉCLINAISON de la Boussole.	REMARQUES.
An X.	1801.										
22 Brumaire.	13 Novembre.	9°59′36″	120° 5′ 3″	22ᵈ,6	28ᵖ3ˡ,0	0	De l'ESE. au N. par l'E. Très-variable; foible brise; OSO. SO. Petit frais; beau temps.	Constitution australe.		NE. 0° 41′	Appareillé de la rade de Coupang à 6 h. du matin.
23	14	9.58. 0.	120. 45. 29.	22,0	28. 1,0	0	OSO. ESE. Presque calme; SO. SSO. Petit frais; b. temps, ciel nuageux.			0. 19. NO.	
24	15	9.39. 9.	119. 57.55.	22,0	20. 1,0	0	OSO. SSE. ESE. Foible et peut fr.; b. temps, ciel nuageux.			1. 6.	
25	16	10. 0.44.	119. 25. 2.	24,0	28. 1,0	99,0	ESE. SE. Foible brise; calme; beau temps, ciel nuageux.			1. 6.	En vue de l'île Savu et de Benjoar, dont nous passons au N.
26	17	11. 2.23.	118. 53. 8.	22,8	28. 1,0	100,0	ESE. SSE. Joli frais; b. temps; ciel nuageux.			0	Nous doublons au S. N. Est l'eau-Savu, à petite distance.
27	18	11.34.28.	117. 49.53.	24,2	28. 1,5	95,0	SSO. SSE. S. Petit frais; beau temps.			0. 50.	Les courans nous portent au NO.
28	19	11.30.51.	116. 44. 7.	24,0	28. 1,5	97,0	SSO. S. Petit frais; b. temps.			1. 9.	
29	20	11.34.22.	115. 58.48.	22,0	28. 1,5	0	S. OSO. SO. Petit frais; beau temps.	O		0	
30	21	12.19. 0.	116. 22.11.	23,7	28. 1,5	100,0	SO. OSO. Petit frais; beau temps.			1. 9.	
1.ᵉʳ Frimaire.	22	13. 0.41.	116. 36.48.	23,7	28. 1,0	98,0	SO. O. OSO. Joli frais; beau temps.			1. 46.	Les courans nous portent au NO.
2	23	13.57.56.	117. 0. 4.	23,0	28. 1,0	100,0	Variable du OSO. à l'O. Joli frais; beau temps.	Constitution boréale.	Printemps austral.	2. 3.	
3	24	14.52.54.	117. 22.51.	22,7	28. 0,5	98,0	ONO. SO. O. Joli brise; beau temps.			1. 48.	
4	25	15.37.19.	117. 37. 21.	20,9	28. 1,0	0	O. ONO. OSO. SSO. Jolie brise; beau temps; calme.			0. 57. NE.	Depuis quelques jours les vents sont presque calmes dans la nuit, et fraichissent peu dans la journée.
5	26	16. 9.15.	117. 47. 3.	21,7	28. 1,4	0	ONO. SSO. Jolie brise, mollissant sur le soir; b. temps.	A		0. 25. NO.	
6	27	15.58.59.	117. 28.21.	21,4	28. 1,0	0	SO. Petit frais; beau temps.			1. 55.	
7	28	15.24. 3.	116. 31. 5.	21,0	28. 1,5	0	SO. S. OSO. Jolie brise; beau temps.	?		1. 30.	
8	29	14.45.43.	115. 38.12.	21,7	28. 0,5	0	SO. SSO. S. Joli frais; beau temps.			1. 42.	
9	30	14.56.32.	115. 5.10.	21,4	28. 0,5	0	SO. S. Joli frais; beau temps.	D. ♏		2. 41.	
10	1.ᵉʳ Décembre.	14.55.40.	114. 14.57.	21,6	28. 1,5	0	S. SSE. SSO. Bonne brise; ciel nuageux; grains.	Constitution australe.		2. 9.	
11	2	15. 4.56.	113. 12.32.	21,9	20. 1,0	0	SSO. S. SSE. Petite brise; beau temps.			1. 9.	
12	3	15. 0.55.	111. 57.47.	21,0	28. 1,0	85,0	S. SSE. Joli frais; beau temps.			1. 12.	
13	4	15.13. 9.	110. 52. 0.	21,1	28. 0,5	85,0	SSE. Inégale et foible; ciel nuageux.			0	

LIVRE IV. *Résultats généraux.* 493

Suite de la **TABLE** 10.ᵉ ROUTES DES CORVETTES FRANÇOISES, DE TIMOR À LA TERRE DE DIÉMEN.

DATES.			LATITUDES Sud.	LONGITUDES Orientales.	OBSERVATIONS MÉTÉOROLOGIQUES.					Points lunaires.	Points solaires.	DÉCLINAISON de la Boussole.	REMARQUES.
Style Décadaire.	Style Grégorien.				Thermomètre.	Baromètre.	Hygromètre.	VENTS, État du ciel.					
An X.	1801.					+						NO.	
14 Frimaire	5 Décembre		15° 44′ 6″	109° 4′ 48″	21ᵈ,5	28¹⁰,1,5	85⁰,0	S. SSE. Bon frais ; ciel nuag.				0	
15	6		16. 4. 14.	107. 32. 40.	20 ,0	28. 1 ,3	83 ,0	S. SSE. Joli frais ; b. temps.	●	Constitution australe.		3. 19.	
16	7		16. 24. 31.	106. 6. 2.	19 ,6	28. 1 ,0	86 ,0	S. SE. Joli frais ; bon frais ; beau temps.				0	
17	8		17. 25. 54.	*104. 53. 20.	19 ,0	28. 2 ,0	84 ,0	SE. Bon frais ; ciel nuageux, grains, pluie.	L P			0	
18	9		18. 35. 41.	*103. 50. 20.	19 ,0	28. 1 ,7	83 ,0	SE. Bon frais ; ciel nuageux.				0	
19	10		19. 47. 8.	102. 7. 58.	18 ,0	28. 1 ,0	80 ,0	SE. Bon frais ; ciel nuageux.				3. 56.	Nous étions à-peu-près par la latitude que nos cartes assignent aux îles Trials, et cependant nous n'en avons eu aucune connaissance.
20	11		21. 7. 49.	101. 6. 13.	17 ,8	28. 2 ,0	73 ,0	SE. ESE. Joli frais ; ciel nuageux.				0	
21	12		22. 31. 10.	100. 27. 18.	17 ,4	28. 2 ,5	0	ESE. SE. Joli frais ; b. temps.	C. ⚹			4. 0.	
22	13		24. 3. 37.	99. 50. 7.	17 ,5	28. 3 ,0	91 ,0	SE. SSE. Petit frais ; b. temps.	⚹	Printemps austral.		4. 33.	Passé pour la cinquième fois le tropique du Capricorne.
23	14		25. 30. 30.	98. 39. 58.	17 ,0	28. 3 ,0	96 ,0	SE. Jolie brise ; b. temps.				6. 45.	
24	15		26. 36. 43.	*97. 54. 10.	15 ,5	28. 2 ,0	0	SE. ESE. SE. Petit fr. ; temps couvert.				7. 0.	
25	16		27. 41. 50.	96. 46. 36.	15 ,5	28. 2 ,5	0	SE. ESE. SE. Brise irrégale ; ciel couvert.				8. 0.	
26	17		28. 25. 24.	96. 30. 39.	15 ,4	28. 4 ,0	0	SSE. SSO. Foible brise ; beau temps.				6. 55.	
27	18		29. 1. 35.	98. 44. 34.	14 ,8	28. 2 ,0	0	SSO. S. Bon frais ; ciel couvert.		Constitution boréale.		0	
28	19		*29. 30. 41.	*100. 9. 40.	14 ,2	28. 3 ,5	0	S. SSE. SO. Petit frais ; ciel nuageux.				0	Nous avons passé par la latitude d'une roche à fleur d'eau, marquée sur nos cartes ; mais nous ne l'avons point aperçue.
29	20		29. 54. 22.	101. 8. 59.	15 ,0	28. 3 ,5	0	OSO. SO. OSO. Foible brise ; beau temps.	O. ⚹			8. 0.	
30	21		30. 16. 4.	103. 11. 31.	14 ,5	28. 3 ,5	0	SO. SSO. Jolie brise ; ciel nuageux ; S. Bon frais ; grains, fortes rafales ; petite pluie.				6. 55.	
1.ᵉʳ	22		30. 18. 37.	*104. 16. 0.	13 ,7	28. 3 ,0	0	S. SSE. Bon frais ; ciel couvert.		Été austral.		0	
2 Nivôse	23		30. 3. 58.	107. 13. 52.	14 ,0	28. 3 ,5	0	SSE. Bon frais ; ciel couvert, temps humide.	A			0	
3	24		30. 8. 26.	108. 15. 45.	15 ,2	28. 4 ,0	0	SSE. SE. Bonne brise ; beau temps.				6. 57.	
4	25		31. 27. 19.	*107. 19. 21.	13 ,7	28. 3 ,5	0	SE. SSE. S. Petit frais ; temps humide, ciel couvert.				0	
5	26		*31. 55. 0.	106. 53. 25.	13 ,5	28. 2 ,5	0	S. SSO. S. Joli frais ; temps couvert.				0	
6	27		31. 42. 36.	*108. 24. 19.	13 ,2	28. 3 ,5	0	S. SSE. Joli frais ; bon frais ; grains, rafales ; temps couv.	⚹			0	

Suite de la TABLE 10.ᵉ ROUTES DES CORVETTES FRANÇOISES, DE TIMOR À LA TERRE DE DIÉMEN.

DATES.			LATITUDES Sud.	LONGITUDES Orientales.	OBSERVATIONS MÉTÉOROLOGIQUES.					Points lumineux.	Points solaires.	DÉCLINAISON de la Boussole.	REMARQUES.
Style Décadaire.	Style Grégorien.				Thermomètre.	Baromètre.	Hygromètre.	VENTS. État du ciel.					
An x.	1801.												
7 Nivôse.	28 Décembre.		31°50′32″	108°36′35″	14ᵈ,0	28ᵖ3ˡ,0	0	SSE. S. Brise foible et inégale; ciel couvert.	D. ☽			NO. 0	
8	29		32. 2.12.	*108. 2.53.	14.0	28.2,5	0	Calme, SSO. Petit frais; ciel couvert, grains et pluie.				0	
9	30		32. 2. 2.	*108.59.41.	14.0	28.2,5	0	S. SSE. SE. Petit frais et joli frais; beau temps, ciel nuag.				6° 47′	
10	31		33.13.32.	108. 3.18.	13.0	28.2,5	0	SE. ESE. Joli frais; b. temps, ciel nuageux.				0	
	1802.												
11	1.ᵉʳ Janvier.		34. 8. 7.	107.10.43.	14.5	28.2,0	80ᵈ,0	SSE. SSO. S. Petit ft.; temps couvert.				0	
12	2		34. 4.58.	108. 1.27.	13.8	28.1,0	90.0	S. SSE. Petit frais; b. temps.		Constit. australe.	Été austral.	0	
13	3		34. 6.55.	108.46. 1.	15.0	28.0,0	92.0	Calme. O. ONO. Foible, fraichissant par degrés; le ciel s'est couvert; le soir, reçu un fort grain.	L			0	Inclinaison magnétique observée sur le pont, aiguille N.ᵉ 1 = 63°; aiguille N.ᵉ 2 = 62. Inclin. moyenne = 62° 30′.
14	4		35.14.54.	111.54.44.	14.5	27.10,0	86,0	O. ONO. Bon frais; grains et rafales, temps couv., pluie.	●				Le 4 janvier, nous avons trouvé, à midi, que les courans nous avoient violemment portés dans le Nord.
15	5		36.31.17.	115.19. 2.	11.5	27.11,0	83,0	OSO. Grand frais par rafales; grains, pluie.	P			0	Le 6, même observation pour les courans.
16	6		37.38.40.	117.54.56.	11.3	28.1,5	0	SSO. OSO. O. NO. Bon frais et joli frais; ciel nuageux.				0	
17	7		39.33.50.	120.50. 8.	12.0	27.10,5	87,0	NO. SO. O. Bon frais; grains et pluie, ciel nuageux.				5. 20.	
18	8		41. 9.32.	124.11. 8.	9.7	27.8,0	91,0	ONO. O. OSO. O. Bon frais; grains, pluie et grêle, rafales, ciel nuageux.	♌				
19	9		41.57.40.	*127.59.56.	10.4	27.9,0	90,0	OSO. O. ONO. Bon fr.; grains et pluie, temps couvert.	♌			0	
20	10		43. 2.32.	132.46.39.	13.0	27.10,0	90,0	ONO. OSO. O. NO. Grand frais; ciel nuageux.		Constit. bor.ᵉ		NE. 2. 28.	
21	11		43.49.44.	*137.14.39.	13.2	27.9,0	97,0	NO. NNO. Bon frais; grains et pluie, temps couvert.	☾			0	
22	12		43.33.15.	141.25.40.	10.0	27.9,0	86,0	NO. O. ONO. Bon frais et joli frais; grains, pluie et grêle, temps couvert.				6.°22.	

LIVRE IV. Résultats généraux.   495

TABLE 11.° Routes et Séjour dans le Canal Dentrecasteaux
(Terre de Diémen.)

| DATES. | | LATITUDES Sud. | LONGITUDES Orientales. | OBSERVATIONS MÉTÉOROLOGIQUES. | | | | Points lunaires. | Points solaires. | DÉCLINAISON de la Boussole. | REMARQUES. |
Style Décadaire.	Style Grégorien.			Thermomètre.	Baromètre.	Hygromètre.	VENTS, État du ciel.				
An X. 1802.	1802.			+						NE.	
13 Nivôse.	13 Janvier.	△43° 40′ 0″	△144° 29′ 40″	10ᵈ,5	28ᵖ2ˡ,0	5	OSO. SO. ONO. SSO. Joli fr.; grains et pluie; ciel nuag.			7° 30′	Première vue de la Terre de Diémen. Mouillé dans la grande anse du canal Dentrecasteaux, le 13 janvier, à 9 h. du soir.
14.	14. ↔	△43. 23. 40.	△144. 54. 0.	10 ,5	28. 3 ,0	0	S. Joli frais; grains et pluie; rafales; ciel nuageux.			0	
15.	15.	Au mouillage dans la grande anse du canal Dentrecasteaux.		10 ,3	28. 0 ,0	0	S. SO. S. Bonne brise par rafales; foible brise le soir; beau temps.			0	
16.	16.			10 ,3	27. 10,0	0	S. Presque calme; N. NNE Joli frais; temps couv., pl., tonnerre et éclairs; O. ONO. Par fortes rafales.	A Constitution boréale.		0	
17.	17.	△43. 12. 10.	△145. 4. 15.	12 ,0	27. 6 ,5	0	ONO. O. NO. Foible et très-variable; temps à grains.			0	Le 17 janvier, mis sous voiles à 7 h. du matin. Mouillé dans le N. de l'île Verte, à 2 h. après midi.
18.	18. ↔			13 ,0	27. 6 ,0	0	O. OSO. ONO. SO. O. Variable et par risées; tems. ,3 à grains et plusieurs.			0	
19.	19.	△43. 10. 12.	△145. 3. 40.	12 ,6	27. 8 ,5	0	Foible brise; très-variable du NNE. au NO. et à l'O.; beau temps.	○	Été austral.	0	Le 19 janvier, mis sous voiles à 6 h. du matin. Mouillé dans le port Nord-Ouest du canal Dentrecasteaux, à 6 h. du soir.
20.	20. ↔	△43. 4. 25.	△145. 5. 20.	11 ,3	27. 7 ,0	0	SE. NO. O. OSO. ONO. Foible brise; grains; beau temps.	A		0	
1.ᵉʳ Pluviôse.	21.			0	0	0	N. NO. ONO. Petit frais; grains légers; temps couv.			0	
2.	22.			0	0	0	O. NO. N.ᵗ. ENE. OSO. Petit frais; beau temps.			0	
3.	23.	SÉJOUR AU PORT DU NO. DU CANAL DENTRECASTEAUX.		0	0	0	Calme; ESE. Presque calme; beau temps.	☋		0	
4.	24.			17 ,9	0	75ᵈ,0	NO. Presque calme; SO. NO ESE. S OSO. Variables et par fortes rafales; b temps, ciel nuageux.	D		0	
5.	25.			17 ,5	0	69 ,0	O. OSO. NE. ENE. Presque calme; beau temps, ciel brumeux.			0	
6.	26.			15 ,0	27. 10,5	81 ,0	ENE. Bon frais par rafales; foible dans la nuit; temps brumeux.		Constitution australe.	0	
7.	27.			15 ,0	27. 4. 7	0	NO. O. Bon frais par fortes rafales; temps brumeux le matin, et beau le soir.	◐		0	
8.	28.			15 ,0	28. 0 ,0	0	O. ONO. Bon frais par fortes rafales; petite pluie par intervalles.			0	
9.	29.			15 ,0	27. 8 ,0	0	ONO. NO. OSO. O. Bon frais par rafales; pluie par intervalles.			0	
10.	30.			13 ,0	28. 3 ,6	0	OSO. SO. E. Presque calme; beau temps.			0	

Suite de la **TABLE** 11.ᵉ **ROUTES ET SÉJOUR DANS LE CANAL DENTRECASTEAUX**
(TERRE DE DIÉMEN.)

DATES		LATITUDES Sud.	LONGITUDES Orientales.	OBSERVATIONS MÉTÉOROLOGIQUES.						Points lunaires.	Points solaires.	DÉCLINAISON de la Boussole.	REMARQUES.
Style Décadaire.	Style Grégorien.			Thermomètre.	Baromètre.	Hygromètre.	VENTS, État du ciel.						
An X. 11 Pluviôse.	1802. 31 Janv.			+14°,5	28ᵖ1,0	0	NNO. ENE. E. ONO. Presque calme ; beau temps.			L		NE. 0	
12	1.ᵉʳ Févr.			14,5	28,2,5	0	ONO. Par fortes risées. O. OSO. Joli frais ; b. temps.					0	
13	2			13,8	28,3,0	0	OSO. ENE. NE. E. Très-foible ; beau temps.			P		0	A l'observatoire, le thermomètre, à midi, est à 19°,5 : la différence avec celui du bord est donc 5°,7.
14	3			15,0	28,2,0	0	Calme ; fraicheurs de l'ENE. et l'E. ; temps brumeux.			●		0	
15	4			15,0	28,2,0	0	Calme ; NNE. SE. ONO. Petit frais, mollissant le soir ; temps humide et brumeux.					0	
16	5	SÉJOUR AU PORT NO. DU CANAL DENTRECASTEAUX		14,5	28,1,0	0	ONO. SO. SE. NE. NO. Presque calme ; beau temps, un peu brumeux.			☊	Constitution australe.	0	Au coucher du soleil, le disque de cet astre était d'une couleur rouge très-éclatante.
17	6			14,9	27,10,0	0	N.O. SO. S. Bon frais par fortes rafales ; le soir, SSO. Petite brise ; beau temps.			♌		0	Depuis 3 h. du matin jusqu'à onze, vent du N. accompagné d'une chaleur étouffante ; le thermomètre, en moins d'un quart d'heure, est monté de 11 d. à 23 R.
18	7			13,0	28,0,5	0	NO. NE. E. S. Petit frais et calme ; temps brumeux.				Été austral.	0	
19	8			13,5	28,0,5	0	S. E. NNE. Presque calme ; temps nebuleux.					0	
20	9			14,8	27,8,7	0	NO. O. S. NE. Presque calme et calme plat ; temps brumeux, pluie.			☾		0	Position de l'observatoire établi sur l'îlot de l'aiguade dans le port Nord-Ouest. Latit. S..... 43° 0' 55". Longit. E.P. 143. 2. 45.
21	10			15,2	27,9,5	0	NE. S. Presque calme et calme plat ; temps couv. et brum.				Constitution boréale.	0	
22	11			13,5	27,10,5	0	Calme ; S. Petit fr. calmissant le soir ; temps brum., pluie.					0	
23	12			14,0	28,0,0	0	Calme ; S. Petite brise ; temps couvert et humide.					0	
24	13			14,0	28,1,5	0	SSE. S. Presque calme et calme plat ; le soir NE. Joli frais ; beau temps.			♌		0	
25	14			14,3	28,1,5	0	NNE. NE. SSO. SE. NE. Petit frais ; beau temps.					0	Cette déclinaison magnétique est moyenne de toutes les observations faites à terre, à l'observatoire, avec les boussoles du *Géographe* et celles du *Naturaliste*. Inclinaison moyenne au même point 70° 8' 37".
26	15			16,9	28,3,9	0	ONO. SSO. NNE NE. E. N. Joli frais ; dans la nuit, NNE. Bonne brise par rafales ; beau temps.			A		9° 18'	
27	16			14,9	28,1,0	0	NNE. NO. NE. Joli frais ; N. NO. NNE. S. SO. Foible brise variable ; beau temps.					0	Appareillé du canal Dentrecasteaux à 7 h. 45' du matin.

TABLE 12.ᵉ ROUTES SUR LA CÔTE ORIENTALE DE LA TERRE DE DIÉMEN.
1.ʳᵉ Campagne.

DATES.		LATITUDES Sud.	LONGITUDES Orientales.	OBSERVATIONS MÉTÉOROLOGIQUES.				Points lunaires.	Points solaires.	DÉCLINAISON de la Boussole.	REMARQUES.
Style Décadaire.	Style Grégorien.			Thermomètre.	Baromètre.	Hygromètre.	VENTS, État du ciel.				
An X. 1802.				+						NE.	
18 Pluviôse.	17 Février.	△43° 5′ 0″	△145° 16′ 30″	16¹,5	28ᵖ 2′,0	0	ESE. SSE. Foible brise très-variable ; beau temps.			0	
19	18	△43. 2.10.	△145. 51. 20.	13,0	28. 4,0	0	OSO. S. SO. SSE. SE. Petite brise presque calme ; temps couvert et brumeux.	..Constit. bor.ᵉ..		0	Mouillé dans l'O. de l'île Maria, à 4 h. du soir.
30	19	→△42.42.12.	△145. 51. 56.	15,0	28. 1,0	0	NE. NNE. N. NO. NNO. Joli frais ; beau temps.		X	0	Au mouillage devant l'île Maria.
1.ᵉʳ Ventôse.	20			15,4	27.11,0	0	Folles ventes presque calme ; SSE. E. Petit fr. ; ESE. ENE. Petite brise ; NE. NNE. N. Joli frais ; temps brumeux.	D		0	
2	21		..SÉJOUR À L'ÎLE MARIA..	15,0	27.10,5	0	Vents très-variables du N. au SE. par l'E. ; foible brise ; beau temps.			0	
3	22			12,6	28. 2,7	0	SSE. SSO. ESE. E. NE. ENE. Petit frais ; temps nébuleux.			0	
4	23			13,8	28. 0,0	0	Du NNE. au NNO. Foible brise , temps couvert et pluie.	..Constitution australe..	Été austral	0	
5	24			12,0	27. 9,5	0	N. ONO. Foibles ; S. SSO. Bon frais ; temps par grains , pl.			0	
6	25			12,0	28. 4,5	0	SO. O. SE. NE. N. Foible brise ; N. NO. Joli fr. ; beau temps.	ᴅ		0	
7	26			14,0	28. 3,0	0	NO. Foible brise ; b. temps.			0	
8	27	△42.46.25.	△145. 51. 30.	14,0	28. 4,3	0	Calme ; SSE. Foible brise ; NE. N. Joli frais ; beau temps.	L		9° 8′	Appareillé de l'île Maria à 9 h. du matin.
9	28	43. 4.31.	✳146. 14. 37.	15,0	28. 4,3	0	N. NNO. N. Petit fr. Je matin : le soir, joli frais ; b. temps.			11. 49.	
10	1.ᵉʳ Mars.	✳42.54. 0.	✳147. 12. 0.	13,5	28. 3,0	0	NNO. N. NNE. Bon frais et joli fr ; temps couv. ; pluie.			11. 36.	
11	2	42.14.51.	✳146. 39. 0.	14,0	28. 3,0	0	N. NNE. NNO. Joli frais , temps brumeux et pluvieux.			12. 57.	
12	3	✳41.43. 0.	✳146. 34. 0.	14,7	28. 2,5	0	N. SE. ESE. Petit frais ; presque calme et joli frais ; ciel nuageux , temps humide.	P		11. 47.	
13	4	41.31.54.	147. 11. 47.	14,5	28. 1,0	0	Très-variable ; S. SE. Petit fr. ; ciel nuag., brume et pluie.			0	
14	5	41.33.49.	✳146. 57. 16.	13,0	28. 1,0	0	SE. ESE. Petit frais ; temps couvert.	..☉.♃.♀.☊. C. bor.ᶜ		0	
15	6	42.10.44.	146. 22. 56.	14,2	28. 2,5	0	Presque calme ; NE. ENE. N. Joli frais ; beau temps.			8. 35.	Le grand canot du *Géographe*, expédié pour faire l'exploration de la côte, a été abandonné en mer dans la soirée du 6 mars : recueilli d'abord par un navire pêcheur Anglois, ensuite par le *Naturaliste*, il n'a pu rejoindre son bâtiment que lors de sa relâche au port Jackson, le 28 juin suivant.

N. B. Les corvettes *le Géographe* et *le Naturaliste* se sont séparées dans la nuit du 6 au 7 mars ; les routes qui vont suivre, jusqu'au 22 juin 1802, se rapporteront exclusivement au premier de ces navires.

| 16 Ventôse. | 7 Mars. | 42. 4.45. | 146. 17. 0. | 14,6 | 27.11,5 | 0 | NO. N. Joli frais ; temps humide ; OSO. SO. Grand frais par grains. | ..Constit. bor.ᶜ | Été austral | 10. 21. | |
| 17 | 8 | 41.49.11. | 146. 16. 56. | 11,5 | 28. 2,0 | 0 | SO. Bon frais ; SE. NE. N. Joli frais ; SO. Grand frais ; beau temps. | | | 0 | |

TABLE 13.ᵉ ROUTES DU *GÉOGRAPHE* DANS LE DÉTROIT DE BANKS ET CELUI DE BASS.

DATES		LATITUDES Sud.	LONGITUDES Orientales.	Thermomètre.	Baromètre.	Hygromètre.	VENTS, État du ciel.	Points lumin.	Points solaire.	DÉCLINAISON de la Boussole.	REMARQUES.
Style Décadaire.	Style Grégorien.										
An x.	1802.										
18 Ventôse.	9 Mars.	*41° 41′ 0″	146° 15′ 53″	12ᵈ,0	28ᵖ0′,0	*b*	SO. O. S. SSE. SSO. Joli fr.; beau temps.			NE. 0	Le 9, à 6 h. du soir, le ciel avoit un aspect orageux, ce gros nuages noirs étoient sta-
19	10	41.36.39.	147. 9. 2.	10,5	28. 5,0	*b*	SSO. Grand frais par rafales; S. SE. Joli fr.; NE. N. Foible brise; beau temps.			0	tionnaires, la couleur du so- leil très-rouge et ses rayons divergens bien marqués à
20	11	42.16.26.	146. 15.57.	13,8	28. 1,0	*b*	NNO. N. Joli frais et grand frais par rafales; b. temps.	☾ Constitution boréale	A	0	l'horizon. Je vis dans un ri- deau de nuages qui le sur- montoit, une queue très-sen-
21	12	42.11.11.	147. 30. 2.	13,6	27.10,5	*b*	NNO. N. NO. Bon frais; ciel couvert, temps humide.			0	sible, qui bientôt forma une colonne noire qui descendit
22	13	41.34. 8.	147.33.51.	16,0	27.11,0	*b*	NO. ONO. Joli frais; beau temps.			9° 52′	verticalement jusqu'à la mer: sa grosseur étoit par tout
23	14	*41.22.19.	*147. 5. 0.	13,4	28. 2,5	*b*	SSO. S. ESE. SE. Bon frais; temps sombre et brumeux.			0	égale; mais la partie qui tou- choit au nuage s'évasoit en
24	15	*41. 1.19.	*147. 2. 0.	12,8	28. 3,0	*b*	E. ESE. ENE. ESE. Bon fr.; temps à grains, pluie.			0	forme d'entonnoir. Après avoir duré environ trois mi-
25	16	41.24. 0.	*147. 27. 0.	12,6	28. 4,8	*b*	ESE. SE. ESE. Bon frais et joli frais; temps couvert, par grains avec pluie.			0	nutes, elle s'inclina, se rom- pit, et disparut entièrement. Quelque temps avant l'appa-
26	17	40.48. 6.	146. 34.19.	12,8	28. 6,0	*b*	E. ENE. Petit frais; ciel nua- geux, beau temps.			10. 46.	rition de cette trombe, il y eut une saute subite de vent
27	18	40.37.40.	145. 19.54.	14,2	28. 3,0	*b*	E. ESE. Joli frais; ciel cou- vert, temps par grains.		Été austral	0	pendant laquelle la brise qui souffloit joli frais ne diminua
28	19	40.44.13.	△145. 28. 6.	15,4	28. 1,0	*b*	E. SE. Presque calme; ⊙.OSO. Bon frais; beau temps.	⊙D.☿		4. 42.	point de force. (Cette obser- vation est de M. LESCHENAULT.)
29	20	40.21.46.	145. 11.53.	13,5	28. 1,5	*b*	OSO. O. NO. N. Foible brise; beau temps.			0	
30	21	40.29.46.	*144. 38.26.	12,0	27. 6,5	*b*	N. ONO. O. OSO. Bon frais; temps à grains, pluie, fortes rafales.		♀	0	
1.ᵉʳ Germinal.	22	△39.24.32.	△145. 10. 0.	12,0	28. 0,0	*b*	OSO. SO. OSO. Grand frais; beau temps, ciel nuageux.	Constitution australe		0	S'il est vrai que l'équinoxe in- flue sur le mauvais temps, que l'on éprouve ordinaire-
2	23	39. 6.34.	147. 4.59.	11,4	28. 1,5	*b*	SO. OSO. Bon frais; beau temps.			0	ment à cette époque dans les mers d'Europe, l'on peut croire que la même chose a
3	24	38.26.41.	146. 23.25.	13,0	28. 3,0	*c*	OSO. O. NO. OSO. Petit fr.; beau temps.		Automne australe	8. 31.	lieu dans la partie australe du globe.
4	25	38.56. 6.	146. 58. 6.	11,0	28. 4,5	*b*	OSO. SO. Bon fr. par rafales; grains et pluie.			8. 56.	Les vents soufflent déjà avec impétuosité; mais, au lever de la lune, les grains furent
5	26	*38.42.47.	*146. 24.52.	12,0	28. 8,0	*b*	SO. SSO. Petit fr.; SE. E. NE. presque calme; E. Joli frais; ciel nuageux, pluie par in- tervalles.	L		10. 25.	tellement fréquens, et les ra- fales si fortes, que l'on fut obligé de mettre à la cape. L'amplitude occase a donné
6	27	39. 2. 2.	145. 44.53.	12,8	28. 7,5	*b*	E. ENE. NE. Joli frais; beau temps.	☽		10. 43.	13° 27′ de déclinaison N. E.; et l'azimuth seulement 10° 25′; je crois cette dernière obser-
7	28	39.30. 5.	144. 12. 6.	13,8	28. 7,0	*b*	ENE. E. NE. Joli frais; beau temps.			8. 2.	vation préférable.

LIVRE IV. Résultats généraux. 499

TABLE 14.ᵉ Routes du *Géographe* à la Terre Napoléon. 1.ʳᵉ Camp.ⁿᵉ

DATES.		LATITUDES Sud.	LONGITUDES Orientales.	OBSERVATIONS MÉTÉOROLOGIQUES.						Points lunaires.	Points solaires.	DÉCLINAISON de la Boussole.	REMARQUES.
Style Décadaire.	Style Grégorien.			Thermomètre.	Baromètre.	Hygromètre.	VENTS, État du ciel.						
An X.	1802.			+								NE.	
8 Germinal	29 Mars.	38°47′30″	143°15′16″	14ᵈ,5	28ᵖ7′,5	0	NE. SE. ESE. Petit frais; beau temps.					8°. 25′.	
9	30	38. 33. 0.	*142. 16. 22.	13,2	28. 8,0	0	E. ENE. SE. ESE. Joli frais; beau temps.					5. 25.	
10	31	38. 52. 24.	140. 59. 15.	13,0	28. 7,5	0	E. ENE. ESE. Joli frais; beau temps, l'atmosphère d'une sérénité parfaite.			Constit. aust.ᵉ		6. 17.	
11	1.ᵉʳ Avril.	38. 27. 25.	139. 54. 3.	14,3	26. 6,5	0	ENE. NE. ESE. E. Petite brise; beau temps.		P. ☽			7. 6.	
12	2	38. 17. 55.	*138. 57. 30.	16,0	28. 6,0	0	ENE. NNE. N. SE. E. ENE. Foible brise; beau temps.		♪		Automne australe.	6. 45.	Il est à remarquer que, depuis quelques jours, les vents ont été assez ordinairement du NNE. au NE. ils soufflaient bonne brise jusque sur les 9 ou 10 heures, diminuaient ensuite sensiblement, au sorte qu'à midi nous nous trouvions en calme. Depuis midi jusqu'à 4 heures, les vents se halaient de l'E. au SE., et reprenaient de la force.
13	3	37. 52. 28.	137. 51. 10.	14,9	28. 6,0	0	ENE. NE. N. ONO. OSO. SO. E. Presque calme; b. temps.		●			3. 39.	Les courants nous portent fortement dans l'Ouest.
14	4	37. 56. 18.	138. 18. 25.	14,5	28. 4,0	0	E. NNE. N. SO. OSO. SE. E. ENE. Presque calme; beau temps.					4. 36.	
15	5	*37. 48. 31.	*137. 50. 45.	14,0	28. 9,0	0	NNE. N. SO. NNE. NNO. N. O. Presque calme; ciel couvert, pluie.				Constitution boréale.	4. 26.	
16	6	*37. 30. 0.	137. 40. 0.	14,0	28. 2,5	0	SSO. S. SE. SSE. Petit frais; ESE. Joli frais; b. temps.					4. 12.	
17	7	37. 1. 55.	137. 13. 30.	13,0	28. 2,5	0	SE. E. SSE. S. SE. Joli frais; beau temps.					3. 34.	
18	8	36. 1. 22.	*137. 3. 33.	13,0	28. 3,0	0	SE. S. SO. SSF. SE. Bon frais; beau temps.		λ			3. 58.	A 6 heures du soir, rencontre la corvette l'*Investigator*, commandée par le capitaine Flinders, naviguant, comme nous, en découvertes.
19	9	35. 35. 0.	*136. 3. 56.	13,5	28. 2,5	0	SE. SSO. S. Brise inégale et variable; beau temps.					5. 22.	
20	10	35. 38. 50.	135. 49. 13.	14,0	28. 1,5	0	S. SSE. E. Presque calme; ciel nuageux, beau temps.		C			3. 59.	Jeté l'ancre dans la baie Du-Guay-Trouin sur l'île Decrès.
21	11	35. 39. 48.	135. 23. 29.	14,0	27. 11,0	0	N. NNE. Petit frais, joli frais; ciel couvert, éclairs dans le NO.; temps à grains, pluie.					0	
22	12	35. 27. 0.	135. 37. 10.	14,0	27. 10,5	″	O. NO. N. SSO. S. SSE. Brise inégale et foible; b. temps.		A			4. 23.	Entré dans le golfe Joséphine.
23	13	32. 12. 0.	135. 58. 20.	13,0	28. 3,3	0	SSE. S. Bon frais par grains; joli frais; ciel nuageux.					4. 46.	
24	14	*35. 3. 20.	*135. 34. 36.	12,5	28. 6,5	0	SE. ESE. Joli frais, petit frais; temps à grains, pluie.					1. 29.	
25	15	35. 30. 41.	134. 57. 20.	12,0	28. 6,0	0	ESE. Joli frais; beau temps.		♉			3. 43.	En vue des îles Vauban.

Suite de la TABLE 14.ᵉ ROUTES DU *GÉOGRAPHE* À LA TERRE NAPOLÉON.
1.ʳᵉ Campagne.

DATES. Style Décadaire.	DATES. Style Grégorien.	LATITUDES Sud.	LONGITUDES Orientales.	Thermomètre.	Baromètre.	Hygromètre.	VENTS, État du ciel.	Points lunaires.	Points solaires.	DÉCLINAISON de la Boussole.	REMARQUES.
An x. 26 Germinal.	1802. 16 Avril.	35° 15′ 9″	134° 21′ 20″	14ᵈ,8	28ᵖ 4′,0	0	ESE. ENE. N. Joli frais, mollissant par degrés. N. SSO. S. Presque calme ; b. temps.	D		NE. 2° 33′	Entré dans le golfe Bonaparte, en passant à l'E. de l'Île Berthier.
27	17	34.42.46.	134. 47. 30.	13,5	28.4,5	0	S. SE. Foible brise ; b. temps.			p. 34.	En vue de l'Île Dalberg.
28	18	34. 11.38.	134. 56. 24.	14,0	28.3,5	0	SE. E. ONO. SO. S. SSE. Foibles et variables ; b. temps.	O		1. 49.	
29	19	*34.44.33.	*134. 26. 36.	12,3	28.1,5	0	NO. ONO. OSO. SO. Bon fr.; temps à grains, ciel couv., pluie très-froide la nuit.			0	
30	20	34.38.56.	134. 49. 0.	10,8	28.2,5	0	SSO. SO. Grand frais par rafales ; grains avec pluie ; temps couvert.		Constitution australe.	0	
1.ᵉʳ Floréal.	21	34.43.22.	△134. 41.30.	12,0	28.3,0	0	SSO. SO. Bon frais par rafales ; grains et pluie.			0	
2	22	34.38.27.	134. 19.37.	11,5	28.1,0	0	SSO. SO. S. Bon frais par rafales ; temps à grains, pluie par intervalles.			0	
3	23	34.50.28.	134. 12. 0.	11,6	28.4,0	0	SSO. S. SE. Joli frais ; ciel nuageux ; beau temps.	L		3. 41.	
4	24	35.25.25.	134. 8.30.	12,5	28.6,0	0	SSE. ESE. SE. Jolie brise ; ciel nuageux ; beau temps.		Automne austral.	4. 38.	En vue des îles Berthier. Sort du golfe Bonaparte.
5	25	35.19. 3.	133. 35. 7.	12,0	28.7,0	0	E. ESE. ENE. E. Joli frais ; ciel nuageux ; beau temps.	☽		0	En vue des îles Catinat.
6	26	*34.49.17.	*132. 55.47.	14,0	28.6,5	0	ENE. ESE. SSE. E. Petit fr.; beau temps.			1. 30.	En vue des îles Laplace.
7	27	33.55.20.	132. 31.39.	13,1	28.6,5	0	ESE. E. ENE. SO. SSE. NNE. Presque calme ; b. temps.	P		1. 9.	Mouillé pendant la nuit dans l'E. et à 10 milles du cap du Véteran.
8	28	33.47.35.	132. 28. 12.	13,6	28.5,0	0	NE. NNO. OSO. NE. Presque calme ; beau temps.	♌		0. 29.	En vue des îles Jérôme.
9	29	33.36.54.	131. 28.50.	14,8	28.3,0	0	NNE. NO. Joli frais ; calme plat; S. SE. Foible brise ; b. temps, ciel nuageux.	A		2. 35.	
10	30	*32.46.29.	*131. 36. 12.	12,9	28.0,5	0	SE. ENF. NE. Foible brise ; NNE. Petit frais ; ciel couv.		Constitution boréale.	0	En vue de l'île Cuvier.
11	1.ᵉʳ Mai.	*32.48.39.	*130. 51. 15.	14,8	27.11,0	0	N. NO. ONO. Joli frais ; O. SSO. SE. SO. Foîtes ventes et calmes par intervalles; ciel nuageux.			3. 14.	En vue des îles Saint-François.
12	2	*32.31. 0.	131. 16.31.	14,3	28.1,5	0	ONO. SO. ONO. O. Jolie brise, un peu inégale ; quelques grains avec pluie ; ciel nuageux.			1. 30.	En vue des îles Saint-Pierre.
13	3	*33. 1.38.	131. 2.52.	13,7	28.3,8	0	O. OSO. SO. Petit frais; OSO. O. Foibles et variables ; ciel nuageux.			NO. e. 30.	
14	4	32.46.12.	130. 39. 8.	14,0	28.2,0	0	ONO. Variable au NNO. NNE. ENE. N. Très-foibles ; ciel nuageux, beau temps.			o. 27.	

LIVRE IV. Résultats généraux.

Suite de la TABLE 14.ᵉ ROUTES DU *GÉOGRAPHE* À LA TERRE NAPOLÉON.
1.ʳᵉ Campagne.

DATES		LATITUDES Sud.	LONGITUDES Orientales.	OBSERVATIONS MÉTÉOROLOGIQUES.				Points lunaires.	Points solaires.	DÉCLINAISON de la Boussole.	REMARQUES.
Style Décadaire	Style Grégorien			Thermomètre.	Baromètre.	Hygromètre.	VENTS, État du ciel.				
An X. 15 Floréal	1802. 5 Mai	32°22′11″	*130°21′20″	14ᵈ,3	28ᵖ1′,0	0	ONO. OSO. O. Grand frais par rafales ; grains et pluie, ciel couvert.	....	....	0	0
16	6	33.26. 5.	*131. 3. 4.	11,8	28. 3,0	0	OSO. SO. SSO. Bon fr., mollissant par degrés ; temps couvert.	☾	Automne austral.	0	0
17	7	33.13.10.	*130.43.23.	12,0	28.3,8	0	SO. SSO. SE. ESE. E. Brise très-foible et variable ; ciel couvert.	Constitution boréale.		0	0
18	8	32.34.20.	*129.37. 0.	12,0	28.3,0	0	ENE. NE. NNE. Joli frais et bon fr. par grains avec pluie ; temps orageux, éclairs ; ciel couvert.			0	En vue des îles Montemote.

TABLE 15.ᵉ ROUTES DU *GÉOGRAPHE*,
DE LA TERRE NAPOLÉON AU PORT JACKSON, en passant au S. de la Terre de Diémen.

19 Floréal	9 Mai	*34.15. 3.	*139.19.20.	13,7	27.11,0	0	N. Bon frais et joli fr. ; temps à grains et pluvieux.	....	....	NO.	0
20	10	35.56. 2.	139.41.10.	13,4	27.11,5	0	NO. NE. NNO. O. OSO. SO. Foible et très-variable ; SO. Joli frais ; beau temps ; ciel couvert, temps humide ; tonnerres dans le lointain.	☾, A		0	0
21	11	37. 7.54.	130.37. 0.	11,8	28. 2,0	0	OSO. Joli frais par grains ; O. NO. Foible brise ; temps humide.			1° 10′	0
22	12	38.46. 3.	131.33.51.	12,0	28.3,0	0	NO. NNO. Bon frais ; temps humide ; ciel nuageux.	♂	Automne austral.	0	0
23	13	40.39.16.	133.33.25.	10,5	28. 1,0	0	NNO. Variable au SO. par l'O. Joli frais ; brise inégale et foible sur le soir ; b. temps.	D		0	0
24	14	*41.49. 0.	*134.54.20.	10,7	28. 1,0	0	NE. NNE. Joli frais, petit fr. et calme ; temps sombre et pluvieux.		Constitution australe.	0	0
25	15	*42.45.17.	*134.32.16.	8,4	28.4,5	0	SE. Bon frais ; ESE. Joli frais et petit frais ; temps couv. ; pluie dans la matinée.			0	0
26	16	43.21.38.	134.59.36.	7,4	28.5,5	0	ESE. SE. Foible ; SSE. Joli fr. et petit frais ; ciel nuageux ; beau temps.			0	0
27	17	*43.11.40.	*137. 2. 0.	8,0	28.3,0	0	S. SSO. SO. Jolie brise inégale ; ciel nuageux ; un peu de pluie.			0	0
28	18	*43.43. 0.	*138.41.18.	9,4	28. 2,5	0	OSO. SO. O. Joli frais ; grains et pluie.	○		0	0

Suite de la TABLE 15.ᵉ ROUTES DU *GÉOGRAPHE*, DE LA TERRE NAPOLÉON AU PORT JACKSON, en passant au S. de la Terre de Diémen.

DATES.		LATITUDES Sud.	LONGITUDES Orientales.	OBSERVATIONS MÉTÉOROLOGIQUES.					Points lunaires.	Points solaires.	DÉCLINAISON de la Boussole.	REMARQUES.
Style Décadaire.	Style Grégorien.			Thermomètre.	Baromètre.	Hygromètre.	VENTS, État du ciel.					
An X. 29 Floréal.	1802. 19 Mai.	△43°43′ 0″	△143°55′30″	10,5	28p 1,0	0	O. ONO. Grand frais par rafales; grains et pluie; sur le soir, folles ventes et calmes; ciel nuageux.				0	A 8 h. du matin, vue de la Terre de Diémen.
30	20	△43.20.25.	△145. 8.40.	9,0	28.0,0	0	NO. SO. Joli frais inégal; grains et pluie. SSO. SO. Foible; beau temps, ciel nuageux.	L Constitution australe.			0	Mouillé dans la baie de l'Aventure, à 9 h. du matin.
1.ᵉʳ Prairial.	21	Mouillé dans la baie de l'Aventure.		9,0	28.2,5	0	SO. O. NO. SO. Petit frais, foiblissant; beau temps, ciel nuageux.				0	
2	22	△43.19.20.	△145.37.20.	11,0	28.1,0	85,0	O. ONO. NNO. NO. Brise foible et inégale; b. temps.	P	♊	Automne austral.	0	Remis en mer à 7 h. du matin.
3	23	42.43. 0.	146.42. 9.	12,0	28.0,0	94,0	NO. NNO. Jolie brise; beau temps, ciel nuageux.				0	Au jour, en vue de l'île Schouten.
4	24	*41.58.48.	*146.59. 0.	11,5	28.0,0	95,0	ONO. O. SO. S. Jolie brise; S. SE. Petit frais; calme; ciel nuageux, beau temps.	☽			0	
5	25	42. 9. 4.	146.19. 0.	11,3	27.11,0	98,0	ONO. NO. Brise foible; N. NNO. Bonne brise; beau temps.	♌			NE. 8° 37′	En vue de la presqu'île Freycinet.
6	26	*42. 2.31.	*146.24. 0.	12,1	27.10,5	0	NNO. N. NO. Bonne brise; tems couvert et humide; éclairs dans le Sud.	♏			0	Le soir, en vue de l'île Maria.
7	27	*41.25.16.	*146.50. 0.	11,5	27.10,0	0	NO. ONO. O. Bon frais par rafales; ciel nuageux.				0	
8	28	41. 6.14.	*146.44. 0.	11,5	28.1,0	0	SO. Bon frais par rafales; ciel nuageux.				0	
9	29	41.15.20.	148. 3. 3.	12,3	28.3,5	92,0	SO. Petit fr. par grains; pluie; calme le soir.	Constitution boréale.			0	
10	30	41.38.11.	*147.56. 0.	12,0	28.1,0	90,0	Calme; NO. ONO. O. SO. Foible brise; ciel couvert.				0	
11	31	41.21.33.	147.32.47.	11,0	28.2,5	98,0	SO. S. SE. E. ENE. Foibles et variables; ciel nuageux; petite pluie par intervalles.	●			7. 55.	
12	1.ᵉʳ Juin.	41.22.53.	146.39. 5.	10,5	28.5,0	0	NE. ENE. NO. NE. ENE. Foibles et très-variables; grains avec pluie.				0	En vue de la côte Orientale de la Terre de Diémen (a)
13	2	*41.42. 0.	*147. 8.13.	10,0	28.2,5	0	Calme; ENE. NE. Bon frais par rafales; grains et grosse pluie, tonnerre et grêle.	♋			0	

(a) Observations faites en mer, sur le pont de la corvette.

Inclinaison magnétique, aiguille N.° 2 : 67° 45′ / 67° 45′ / 68°. 0. / 67°. 15′   aiguille N.° 4 : 69° 30′ / 70°. 0. / 70°. 15′ / 70°. 0.

Inclinaison moyenne .... 67° 41′ 15″   69° 56′ 15″

Inclinaison moyenne des deux aiguilles .... 68° 48′ 45″

LIVRE IV. Résultats généraux.

Suite de la TABLE 15.ᵉ ROUTES DU *GÉOGRAPHE*, DE LA TERRE NAPOLÉON AU PORT JACKSON, en passant au S. de la Terre de Diémen.

DATES		LATITUDES Sud.	LONGITUDES Orientales.	Thermomètre	Baromètre	Hygromètre	VENTS, État du ciel.	Points lunaires	Points solaires	DÉCLINAISON de la Boussole	REMARQUES
Style Décadaire	Style Grégorien										
An X. Prairial. 14	1802. Juin. 3	*42°21′41″	*147°45′15″	10ᵈ,0	27ᵖ11ˡ,0	0	E. ESE. SE. SSE. Grand frais par rafales; grains et pluie; temps sombre.			NE.	
15	4	41. 9.28.	*148. 26.11.	11 ,0	27. 9,0	0	SSE. Grand frais par violentes rafales; temps humide et par grains.	Constitution boréale		0	Mis en route pour le port Jackson.
16	5	38.41. 0.	*150. 50. 0.	10 ,0	27.11,5	0	S. Grand frais par rafales, mollissant par degrés; grains avec pluie.			0	
17	6	36.37.43.	151. 26.28.	11 ,5	28. 3,0	0	S. SSO. Joli frais par grains avec pluie; ciel nuageux.	A		0	
18	7	34.23.52.	*150. 27. 0.	12 ,4	28. 4,5	0	S. SE. Bon frais par grains avec pluie; ciel nuageux.			0	
19	8	*33.44. 0.	*149. 52. 0.	13 ,0	28. 4,0	0	ESE. E. Bon frais par rafales; grains et pluie; ciel nuag.	C. ?		0	
20	9	33.49.47.	150. 31.46.	14 ,5	28. 1,0	0	SE. SSE. S. Bon frais; rafales et pluie; ciel nuag.	D		0	
21	10	*38.50. 0.	*149. 34. 0.	13 ,6	28. 1,5	0	S. Bon frais et joli fr.; grains, rafales et pluie; temps sombre.			0	En vue des terres de l'entrée de Botany-Bay.
22	11	33.26.49.	149. 32.34.	12 ,4	28. 1,0	0	S. SSO. Bon frais par rafales; grains et pluie par intervalles; ciel nuageux.		Automne austral	0	
23	12	33.24.56.	149. 36.41.	12 ,0	28. 1,5	0	SSO. SO. Joli frais; b. temps; ciel nuageux.			9° 56′	Les courans nous portent de 8 milles au N.
24	13	34. 3.31.	149. 40. 0.	11 ,2	28. 0,0	0	SO. SSO. Bonne brise par grains. Le temps s'est embelli sur le soir; le vent petit frais et variable.			10. 48.	Les courans nous portent de 6 milles au N.
25	14	33.47.46.	*149. 10. 0.	11 ,0	28. 1 ,5	0	SO. SSO. Petit frais; SE. E. Foible brise; calme plat; Beau temps.		Constitution australe	0	
26	15	33.46.18.	*149. 18. 0.	11 ,7	28. 1,5	0	ENE. SSO. O. Variable; orage avec forte pluie, grêle et tonnerre; calme; fraîcheurs de l'E. au SE.; ciel nuag.; éclairs au SSO.			0	Les courans nous portent de 8 milles au N.
27	16	33.31.18.	*149. 30. 0.	10 ,5	28. 3,0	0	SSE. SO. OSO. Brise foigale et variable; grains et pluie; ciel nuageux.	O. L		0	Les courans nous portent de 7 milles au N.
28	17	34. 6.31.	*149. 40. 0.	9 ,5	28. 0,5	0	OSO. Bon frais inégal; beau temps; ciel nuageux.			0	Les courans nous portent de 10 milles au N.
29	18	33.35.18.	*149. 12. 0.	10 ,0	27.11 ,0	0	OSO. O. Bonne brise inégale; beau temps, c. el nuageux.			0	Les courans nous portent de 11 milles au N.
30	19	△33.46. 0.	△149. 6. 0.	11 ,0	28. 1,5	0	SO. SSO. Bon frais inégal; quelques rafales; temps sombre et couvert.	P		0	En vue de l'entrée du port Jackson. Les courans nous portent de 12 milles au N.
1.ᵉʳ	20	△33.47.45.	△149. 0. 0.	10 ,5	28. 3 ,0	0	S. OSO. S. Petit frais, calmissant; beau temps.			0	Mouillé à l'entrée du port Jackson, à 5 h. 45′ du soir.
2 Messidor.	21	△33.50. 0.	△148. 51.38.	10 ,0	28. 2 ,5	0	SO. OSO. Foibles et très-variables; beau temps.	Ω		0	Mis sous voiles à 10 h. du matin pour gagner le fond du port, où l'on a mouillé à 4 h. du soir.

TABLE 16.ᵉ SÉJOUR AU PORT JACKSON. *(Nouvelle-Galles du Sud.)*

DATES.		LATITUDES Sud.	LONGITUDES Orientales.	OBSERVATIONS MÉTÉOROLOGIQUES.			VENTS, État du ciel.	Points lunaires.	Points solaires.	REMARQUES.
Style Décadaire.	Style Grégorien.			Thermomètre.	Baromètre.	Hygromètre.				
An X. 1802.				+						
3 Messidor	22 juin	△33°50′55″	△148°49′21″	9ᵈ,0	28ᵖ3ˡ,8	″	OSO. SO. Petit frais ; beau temps.	♌	☉	Au mouillage au S. de Shoal-Cove, à l'entrée de Neutral-Harbour.
4	23			10,0	28.4,0	″	O. SO. Foible ; beau temps.	♌		
5	24			8,5	28.3 A	″	O. SO. Foible et variable ; b. temps.			
6	25			″	″	″	N. NNE. NNO. NO. Petit frais ; pluie le soir.			
7	26			9,9	28.3,5	″	O. SSO. SO. Par risées ; grains, et pluie presque continuelle.			Notre observatoire a été établi sur la pointe Banelong.
8	27			9,8	28.6,0	″	SSO. OSO. SO. S. SE. Petit frais dans la nuit, grains, beaucoup de pluie, et de la grêle.			
9	28			9,8	″	″	ESE. Bon frais par rafales ; grains ; pluie dans la nuit.			Le 28 juin, la corvette le *Naturaliste* est entrée dans le port, et a opéré sa réunion avec le *Géographe*, après une séparation de cent quatorze jours.
10	29			12,0	″	99°,0	SSO. Bon frais ; temps à grains avec pluie.	A		
11	30	SÉJOUR AU PORT JACKSON		12,5	28.2,0	88,5	SO. OSO. Forte brise inégale ; temps à grains.	●	Constitution boréale	
12	1.ᵉʳ Juillet			11,0	28.3,5	″	SO. OSO. Forte brise ; ciel couvert ; temps humide.		Hiver austral	
13	2			12,3	28.4,0	98,5	OSO. SO. Variable ; ciel couvert ; pluie.			
14	3			19,0	″	89,5	S. SO. Presque calme ; beau temps.			
15	4			16,0	″	81,5	S. SO. Petit frais par risées légères ; ciel couvert.	A		
16	5			13,0	″	87,0	S. OSO. Par rafales ; temps variable ; ciel nuageux.			
17	6			12,5	″	99,5	O. NO. N. Petit frais ; ciel couvert ; petite pluie de temps en temps.	♉		
18	7			17,6	″	96,0	NO. ONO. Brise inégale ; brouillard le mat., ensuite b. temps depuis 9 h.	D		
19	8			11,0	″	95,0	SO. OSO. Presque calme ; ciel couv. ; grosse pluie à l'entrée de la nuit.	C		
20	9			11,2	27.11,5	82,0	OSO. Petit frais ; beau temps ; ciel serein.			
21	10			12,8	28.1,2	92,0	OSO. SO. Petite brise, par rafales ; beau temps.			
22	11			10,5	28.0,7	80,5	SO. OSO. Jolie brise, par rafales ; beau temps.		Constitution australe	Le matin, on a vu de la glace d'une ligne d'épaisseur ; à 8 h. du matin, le thermomètre de R. se soutenoit à + 5ᵈ,8 à l'observat.
23	12			13,3	28.2,0	86,5	S. SO. Jolie brise ; le soir, calme ; beau temps.			
24	13			13,8	28.2,3	87,0	OSO. O. Jolie brise ; il s'est calmé le soir ; beau temps.	L		La corvette le *Géographe* a été halée dans Sydney-Cove, pour y être abattue en carène.
25	14			16,2	28.4,2	84,0	Calme ; beau temps ; à 9 h. du soir, brouillard épais qui dure toute la nuit.			

LIVRE IV. RÉSULTATS GÉNÉRAUX.

Suite de la TABLE 16.ᵉ SÉJOUR AU PORT JACKSON. (Nouvelle-Galles du Sud.)

DATES		LATITUDES Sud.	LONGITUDES Orientales.	OBSERVATIONS MÉTÉOROLOGIQUES				Points lunaires.	Points solaires.	REMARQUES.
Style Décadaire.	Style Grégorien.			Thermomètre.	Baromètre.	Hygromètre.	VENTS, État du ciel.			
An X. 1802.				+						
16 Messidor	15 Juillet			14°,0	28Pᵃ¹,3	86°,5	Calme; le brouillard s'est dissipé ce matin; beau temps.	O		
17	16			11,8	28.4,4	85,0	O. S. Foible; temps vaporeux.	P		
18	17			11,0	28.3,3	100,0	SO. S. Presque calme; pluie abondante.			
19	18			0	28.2,3	0	Calme; petite pluie dans la matinée; le ciel s'éclaircit le soir.	♌		
20	19			13,5	28.2,9	91,0	Calme; beau temps; ciel pur.			
1.ᵉʳ	20			9,5	28.1,8	97,0	O. Presque calme; le ciel se couvre et s'éclaircit alternativement.	♍		
2 Thermidor	21	SÉJOUR AU PORT JACKSON		14,2	28.1,0	82,0	S. OSO. Presque calme; ciel nuageux, éclairs et tonnerre par intervalles.			Inclinaison moyenne de trois aiguilles = 61° 17′ 1/2.
3	22			11,2	28.2,3	80,0	O. SO. ESE. Petit frais; ciel nuag.	☽		Le capitaine FLINDERS, commandant la corvette *l'Investigator* et le brick *la Lady Nelson*, est parti aujourd'hui du port Jackson pour continuer son exploration des côtes de la Nouvelle-Hollande.
4	23			12,3	28.2,8	82,0	OSO. O. SO. Foible; ciel nuageux, petite pluie le soir.			
5	24			10,5	28.3,6	99,0	O. S. Foible; calme; ciel couvert le matin; tonnerre dans le SE.; beau temps dans l'après-midi.	♎	Hiver austral. Constitution boréale.	
6	25			15,8	28.3,4	81,0	OSO. O. Presque calme; b. temps; le ciel se couvre à l'entrée de la nuit.			
7	26			12,2	28.2,7	86,0	OSO. NO. Foible; beau temps, ciel couvert.	A		
8	27			14,5	28.1,3	87,0	NNE. Presque calme; beau temps; nuages à l'horizon; le soir, éclairs dans l'E.			
9	28			13,4	27.11,7	77,0	NO. O. Joli frais; ciel un peu nuageux; éclairs dans l'E.			
10	29			14,0	28.0,2	75,0	O. ONO. O. Joli fr., par rafales; ciel pur; à l'entrée de la nuit, éclairs dans le SE.			
11	30			11,5	28.0,5	80,0	O. ONO. O. Bon fr., par rafales; ciel couvert; il s'éclaircit un peu le soir; dans la nuit, tonnerre et éclairs.	●		
12	31			13,0	28.3,7	81,0	O. SO. S. Bon frais, par rafales impétueuses; pluie abondante, double arc-en-ciel.			
13	1.ᵉʳ Août			11,5	28.7,0	91,0	SSO. S. SSE. Par fortes rafales; ciel nuageux; pluie dans la matinée.	A		
14	2			14,6	28.4,3	83,0	SO. NO. NNE. Petit frais; ciel couvert; le soir, beau temps.	♉		
15	3			10,5	27.9,7	77,0	NE. NNE. O. SO. O. Par fortes rafales; pluie dans la matinée; le soir, éclairs dans le NE.	D	Const. aust.	
16	4			13,1	27.9,7	73,0	ONO. N. O. Par fortes rafales; beau temps, ciel nuageux.			
17	5			14,7	27.11,2	73,0	NO. O. Par fortes rafales; ciel serein; le soir, éclairs dans l'E.			

Suite de la TABLE 16.ᵉ SÉJOUR AU PORT JACKSON. (Nouvelle-Galles du Sud.)

DATES		LATITUDES	LONGITUDES	OBSERVATIONS MÉTÉOROLOGIQUES.						REMARQUES
Style Décadaire.	Style Grégorien.	Sud.	Orientales.	Thermomètre.	Baromètre.	Hygromètre.	VENTS. État du ciel.	Points lunaires.	Points solaires.	
An x. 18 Thermidor.	1802. 6 Août.			+14,8	28°1′,3	75,0	OSO. Q. Par risées ; ciel couvert.			Avant le lever du soleil, nous avons vu un arc-en-ciel, la couleur rouge était large et très vive ; les autres couleurs se distinguaient à peine.
19	7			15,0	28.3,6	71,0	O. Presque calme ; S. Bon frais ; beau temps, ciel nuageux.	C		À l'entrée de la nuit, un grand cercle blanchâtre entoure la lune.
20	8			13,0	28.4,8	85,0	O. SO. S. SSE. Par fortes risées ; beau temps, ciel nuageux ; le soir, petite pluie fine.			
21	9			11,8	28.5,8	96,0	SSO. S. Joli frais ; temps variable, pluie par intervalles.			
22	10			11,2	28.6,0	99,0	NO. SO. S. SE. Bon frais, par rafales ; pluie.	L		
23	11			14,6	28.5,7	93,0	NE. Très-foible ; SO. Par risées ; ciel nuageux ; il s'éclaircit le soir.			Les nuages, avant de se dissiper, se sont formés en longues bandes qui, se rendissant aux pôles de l'horizon, formaient l'apparence de méridiens tracés sur un globe.
24	12	SÉJOUR AU PORT JACKSON		14,7	28.5,1	90,0	ONO. SO. O. Foible ; brouillard le matin, ensuite beau temps.	Constitution australe	Hiver austral	
25	13			15,3	28.3,5	91,0	O. Calme ; E. O. Foible ; beau temps, quelques nuages ; le ciel est pommelé.			À la tombée de la nuit, un cercle jaunâtre de 5 à 6° de rayon entoure la lune.
26	14			13,3	28.2,1	90,0	N. E. Presque calme et par risées ; beau temps ; dans la nuit, vent NNO. par grains ; pluie.	P.O		
27	15			16,5	28.1,1	90,0	Calme ; O. Foible ; beau temps.	A		
28	16			16,0	27.11,6	74,0	O. NO. O. Forte brise, par rafales violentes ; beau temps ; le soir, éclairs dans l'E.			
29	17			13,8	27.11,5	73,0	O. SO. OSO. Calme d'abord, ensuite vent par rafales ; beau temps.			Le Géographe est venu reprendre son ancien mouillage en rade devant Neutral-Harbour.
30	18			15,3	28.0,0	76,0	OSO. O. Calme ; beau temps.			
1.ᵉʳ Fructidor.	19			13,5	27.11,2	85,0	ONO. E. O. Petit frais ; beau temps ; dans l'après-midi, pluie.			
2	20			15,0	27.11,0	82,0	SO. ONO. Foible, ensuite par rafales et par tourbillons ; b. temps, pluie dans l'après-midi.	D		
3	21			15,5	27.11,6	83,0	Calme ; Beau temps ; dans l'après-midi, grain violent de l'ONO. ; tourbillons avec pluie et tonn. ; calme ensuite.	Constitution boréale		
4	22			13,5	28.1,4	93,0	NO. Presque calme ; E. O. Foibles ; beau temps.			
5	23			13,8	28.0,0	86,0	NO. E. O. Presque calme ; b. temps.	A		
6	24			12,0	27.11,8	82,0	NNO. N. P. Foibles ; beau temps ; ciel couvert.		m	
7	25			15,7	27.10,2	57,0	Calme ; NO. Foible ; à midi, grains de peu de durée par rafales et tourbill. ; le soir, éclairs dans l'E. ; b. temps.			

LIVRE IV. Résultats généraux.

Suite de la TABLE 16.° SÉJOUR AU PORT JACKSON. (Nouvelle-Galles du Sud.)

DATES		LATITUDES	LONGITUDES	OBSERVATIONS MÉTÉOROLOGIQUES				Points lunaires	Points solaires	REMARQUES
Style Décadaire	Style Grégorien	Sud.	Orientales.	Thermomètre	Baromètre	Hygromètre	VENTS, État du ciel.			
An X. 8 Fructidor.	1802. 26 Août.			17,0	28,0,5	58,0	Calme ; beau temps.	Const. bor.e		
9	27			15,8	28,2,3	65,0	Presque calme ; à midi, petit fr. d'ESE. au SE ; beau temps.	A		
10	28			17,5	28,1,3	63,0	N. ONO. Brise fraîche et inégale ; beau temps.	● ☉		
11	29			20,0	27.11,7	55,0	Calme plat, beau temps.			
12	30			16,0	27.11,7	80,0	Calme ; à midi, souffle de l'E. au N. ; beau temps. A la nuit, le ciel se couvre et devient très-sombre ; il éclaire beaucoup dans le N. et l'O. ; la nuit, vent par rafales de l'ONO ; pluie.	D		
13	31	....	....	19,0	27.9,4	75,0	NNO. NO. Joli frais ; beau temps. Le soir, grain violent de l'OSO. ; pluie la nuit.		Hiver austral	
14	1.er			13,5	27-7,0	76,0	OSO. Par fortes rafales ; ciel serein. Le soir, éclairs à l'horizon.			
15	2 Septembre.	SÉJOUR AU PORT JACKSON.		14,8	28.0,5	70,0	O. Variable au N. petite brise, mollissant par degrés ; beau temps. Il éclaire un peu le soir.		Constitution australe	
16	3			17,0	28.1,6	67,0	Calme ; légère brise de l'O. au N. Dans la nuit, jolie brise d'O. ; beau temps. Sur le soir, quelques nuages.			
17	4			15,7	28.1,7	73,0	ONO. Jolie brise ; temps un peu couvert.			
18	5			18,0	27.9,8	65,0	OSO. Joli frais. Dans la nuit, bon frais du S. ; ciel nuageux ; à 8 h. du soir, petite pluie de peu de durée.	C		
19	6			18,3	28.4,1	80,0	SO. SSE. Bon frais par rafales ; temps grumeux.	L		
20	7			14,0	28.5,0	86,0	ENE. NE. Joli frais avec rafales ; beau temps, ciel couvert.			
21	8			14,2	28.2,5	96,0	ENE. Petite brise ; ciel nuag. ; éclairs à 9 h. du soir.			
22	9			»	»	»	OSO. Jolie brise inégale ; ciel serein.			
23	10			14,0	28.4,3	75,0	Calme ; légère brise d'OSO. ; beau temps.			
24	11			16,0	28.3,7	83,0	NE. ENE. Petite brise ; très-beau temps.	P. ♄		
25	12			13,0	28.0,2	85,0	Calme ; ciel couvert ; beau temps.	O. ♂	Constit. bor.e	
26	13			16,0	27-9,4	94,0	NE. Petit frais ; à la nuit, NNO. par grains avec tonnerre et pluie, ensuite calme ; beau temps.			
27	14			17,8	28.0,5	69,0	NO. OSO. E. Petit frais ; beau temps.			

VOYAGE AUX TERRES AUSTRALES.

Suite de la TABLE 16.e SÉJOUR AU PORT JACKSON. (Nouvelle-Galles du Sud.)

DATES.		LATITUDES	LONGITUDES	OBSERVATIONS MÉTÉOROLOGIQUES.						REMARQUES.
Style Décadaire.	Style Grégorien.	Sud.	Orientales.	Thermomètre.	Baromètre.	Hygromètre.	VENTS, État du ciel.	Points lunaires.	Points solaires.	
An X. 28 Fructidor.	1802. 15 Septembre.			15^d,5	27^{p}8^{l},6	35,0	O. OSO. NO. Forte brise par rafales; nuages épais, tonnerre et pluie; à 9 h. du soir, tout s'est dissipé.		Hiver austral.	
29	16			17 ,3	28. 2 ,4	60,0	NNO. Jolie brise; E. Bon frais; beau temps.			
30	17			19 ,6	28. 1 ,6	58,0	NE. Variables au N. par foibles risées; dans l'après-midi, NNE. Variable au NE. Jolie brise inégale; beau temps.	Constitution boréale.		
1.er Complémentaires.	18	.... SÉJOUR AU PORT JACKSON.		15 ,6	27.10,5	54,0	O. SO. Brise carabinée; il calmit le soir; beau temps.			
2	19			17 ,0	27.11,3	49,0	O. Bonne brise; beau temps.	☾. A. C.		
3	20			15 ,3	28. 0 ,9	51,0	ONO. E. Joli frais variable; beau temps.			
4	21			12 ,6	28. 3 ,8	75,0	OSO. Variable au NE. Jolie brise; beau temps; quelques nuages.			
5	22			14 ,3	28. 2 ,3	82,0	Calme; NE. Joli frais; calme le soir; beau temps.			
An XI. 1.er Vendémiaire.	23			20 ,0	28. 0 ,7	54,0	NE. N. Petite brise inégale; S. par fortes risées; beau temps.	△		
2	24			15 ,3	28. 1 ,7	75,0	OSO. SSO. Variable; bon frais; ciel couvert; pluie dans l'après-midi.			
3	25			13 ,8	28. 2 ,3	90,0	O, SE. Variable; foible brise; beau temps.	☿		
4	26			14 ,6	28. 0 ,5	93,0	Presque calme; ciel couvert.	D		
5	27			16 ,0	28. 1 ,3	76,0	E. Petite brise; beau temps.	●		
6	28			16 ,5	"	"	NE. Brise inégale, foible et variable; beau temps.			
7	29			16 ,5	28. 3 ,3	89,0	SO. S. SE. Foible et inégale; beau temps.		Printemps austral.	
8	30			13 ,8	28. 3 ,8	85,0	O. E. Variable; beau temps.			
9	1.er Octobre.			17 ,3	28. 0 ,1	86,0	SO. NE. Presque calme; beau temps; à 6 h. 1/2 du soir, grain violent du S. accompagné de pluie.			La goëlette le Casuarina, nouvellement acquise pour être l'un des bâtimens de l'expédition, est venue aujourd'hui mouiller en rade auprès du Géographe.
10	2			"	"	"	S. Bon frais par fortes rafales, mollissant le soir; ciel nuageux.			
11	3			"	"	"	Calme; S. Foible brise, variable à l'E.; beau temps.			
12	4			"	"	"	Calme; beau temps.	L		
13	5			15 ,0	28. 3 ,4	96,0	NE. Petit frais; ciel nuageux.	☽		
14	6			15 ,5	28. 2 ,4	94,0	NE. ENE. Jolie brise inégale; temps sombre et pluvieux.			

LIVRE IV. Résultats généraux.

Suite de la TABLE 16.ᵉ Séjour au Port Jackson. (Nouvelle-Galles du Sud.)

DATES.		LATITUDES Sud.	LONGITUDES Orientales.	OBSERVATIONS MÉTÉOROLOGIQUES.						REMARQUES.
Style Décadaire.	Style Grégorien.			Thermomètre.	Baromètre.	Hygromètre.	VENTS, État du ciel.	Points funestes.	Points solaires.	
An XI. 15 Vendémiaire.	1802. 7 Octobre.			+16°,0	28°0′,1	92°,0	Calme, NE. Foible brise; dans l'aprèsmidi, N. Bon frais, par rafales; ciel nuageux, pluie par grains. À 3 h. du soir, NO. très-fort, chaleur étouffante, ouragan. Les vents font le tour du compas. Gros nuages noirs, éclairs et tonnerre, grêle abondante. À la nuit, SO. foible brise; beau temps.	Constitution australe.		À l'instant où les vents de NO. commencèrent à souffler, le thermomètre de R. passa de 28 à 17 degrés. La grêle, qui tomba pendant cette nuitée, étoit remarquable par sa forme irrégulièrement prismatique. Quelques-uns des morceaux les plus volumineux pesoient une once (3 décagrammes).
16	8			16,5	28.1,5	68,0	NE. N. Variable et foible; ciel couvert.			
17	9			17,0	28.4,1	66,0	NE. Variable; beau temps, ciel un peu nuageux.			
18	10			17,0	28.1,8	88,0	Brise très-foible du NE.; souvent calme; beau temps.	♎ P		
19	11			21,0	28.0,1	54,5	N. Variable à E.; calme par intervalles, le soir, brise du S. Joli frais; beau temps, ciel un peu nuageux.	○		
20	12			16,5	28.1,2	83,5	S. SE. Foible et variable; temps sombre et couvert.		Printemps austral.	
21	13			13,2	28.2,1	91,0	E. ESE.; à la nuit, O. OSO. Bon frais; beau temps.			
22	14			15,0	27.11,0	60,0	O. OSO. ONO. Forte brise inégale, par rafales; beau temps.	Constitution boréale.		
23	15	Séjour au Port Jackson.		14,5	28.0,7	63,0	Vent variable du SO. au SE.; pendant la nuit, calme; beau temps.			
24	16			″	″	″	ESE. SSE. Foible et variable; beau temps.	A		
25	17			15,0	28.2,3	94,0	Brise variable de l'E. au NE. Petit fr.; beau temps.			
26	18			16,5	28.3,3	97,0	Brise variable et inégale du NE. à l'E.; beau temps.	♉		
27	19			16,8	28.3,6	96,0	Le vent de l'E. au NE. Joli frais; beau temps.			
28	20			17,5	28.2,8	89,0	E. NE. Bon frais, par rafales; b. temps. À 8 h. du soir, pluie, éclairs et tonn.			
29	21			18,0	28.1,6	95,0	E. Presque calme; ciel couvert.			La goëlette le Casuarina a mis sous voiles pour aller essayer sa marche jusqu'à Botany-Bay; elle est revenue à son premier mouillage le 24 octobre.
30	22			17,0	″	″	NE. E. Foible et variable; dans la nuit, calme; temps couv. et pluv.	A ♊		
1.ᵉʳ	23			23,0	28.0,1	88,0	NE. SE. Foible brise; calme dans la nuit; beau temps.			
2 Brumaire.	24			16,2	28.2,2	93,0	Calme; NNE. Foibles rives; beau temps.	♍ D		
3	25			17,3	28.1,2	85,0	NE. Petit frais; ONO. Bon frais, dans la nuit; beau temps.			
4	26			18,3	27.7,7	″	ONO. Bonne brise, par fortes rafales; temps graineux.		Constit. austr.	
5	27			16,5	28.0,6	65,0	Variable du NO. au SO. par risées; beau temps.	⊙		
6	28			16,0	28.3,0	82,0	NE. Presque calme; E. Joli frais; beau temps.			
7	29			15,5	28.3,3	85,0	NE. Petit frais variable; beau temps.			

Ttt

Suite de la TABLE 16.ᵉ SÉJOUR AU PORT JACKSON. (Nouvelle-Galles du Sud.)

DATES Style Décadaire	Style Grégorien	LATITUDES Sud.	LONGITUDES Orientales.	Thermomètre.	Baromètre.	Hygromètre.	VENTS, État du ciel.	Points lunaires	Points solaires	REMARQUES.
An XI. 8 Brumaire.	1802. 30 Octob.			+ ″	″	″	Petite brise du S.; dans la nuit, calme; beau temps.			
9	31			15,8	28,3¹,6	86,0	SO. SE. Presque calme; beau temps.	L		
10	1.ᵉʳ Novembre			15,0	28,4,1	88,0	NE. Joli frais; beau temps.			
11	2			″	″	″	NE. Joli frais, mollissant le soir; b. temps, ciel couvert.			
12	3			″	″	″	Calme dans la matinée; sur le soir, petite brise du NNE.; beau temps.	☾		
13	4			″	″	″	ONO. Foible et variable; beau temps. A 9 h. du soir, grain avec pluie; les vents ont sauté au S.			
14	5			15,0	27,11,7	93,0	NE. Variable à l'ESE. Petite brise; beau temps. A 1 heure après midi, grain du NO. avec pluie, suivi de coups de tonnerre. Pendant le grain, les vents ont fait le tour du compas, et sont ensuite revenus à l'E., foible brise.	☍		A l'Observatoire des côtes Françoises sur la pointe Banelong. Latitude S. 33° 51′ 21″,8 Longit. E. P. 148. 48. 32. Déviations magnétiques. Déclinaison 12° 11′ 21″ NE Inclinaison 61. 6. 0.
15	6			″	″	″	SE. E. Joli frais; variable; ciel couvert.		Printemps austral	
16	7			15,5	28,4,5	90,0	Calme; petite brise du NE.; bon frais dans la nuit; beau temps.	P		
17	8			17,5	28,3,8	89,0	Calme. NE. Bon frais; joli frais; b. temps.			
18	9			17,0	28,3,8	90,0	SSE. Petite brise inégale; à la nuit, elle a fraichi du S.; temps sombre et pluvieux avec quelques embellies.			
19	10			16,0	28,4,0	98,0	E. ESE. Petit frais; ciel couvert.	○		
20	11			″	″	″	SE. Petite brise inégale; temps couvert.		Constitution boréale	
21	12			14,7	28,4,0	86,0	S. SSE. Variable, joli frais; temps sombre et pluvieux.			
22	13			14,1	28,3,6	78,0	SE. ESE. Petite brise; ciel couvert; dans la nuit, presque calme.	☽		
23	14			17,0	28,2,0	77,0	NE. ESE. Petit frais variable; ciel couvert.			
24	15			15,0	28,4,8	86,0	SE. Petite brise inégale; temps sombre et pluvieux.			A 4 h. du matin, le Géographe, le Naturaliste et le Casuarina ont mis sous voiles pour sortir du port Jackson. A 8 heures, après avoir doublé la pointe Bradley et l'île Rose, la marée contraire et la foiblesse du vent les ont obligés de jeter l'ancre.
25	16			″	″	″	SO. Variable à l'ESE.; petite brise; temps somb.; pend. la nuit, calme.			
26	17			″	″	″	Fraicheur d'OSO.; l'après-midi, NE. forte brise; mollissant sur le soir; beau temps.			

TABLE 17.ᵉ ROUTES DES CORVETTES FRANÇOISES DU PORT JACKSON À L'ÎLE KING ET DANS LE DÉTROIT DE BASS.

DATES.		LATITUDES Sud.	LONGITUDES Orientales.	OBSERVATIONS MÉTÉOROLOGIQUES.					Points lunaires.	Points solaires.	DÉCLINAISO.: de l'Aimant.	REMARQUES.
Style Décadaire.	Style Grégorien.			Thermomètre.	Baromètre.	Hygromètre.	VENTS, État du ciel.					
An XI. 1802.				+							NE.	
17 Brumaire.	18 Novembre.	*33°52′ 0″	148°48′32″	15ᵈ,5	28ᵖ.1,0	″	O. SO. Foibles; S. variable au SSE. Bon frais; temps orageux; pluie; éclairs et tonnerre de tous les points de l'horizon.	A	Constit. boréale.		0	Sorti du port Jackson à 4 heures du matin.
18	19	*33.47.24.	*149.17.30.	13,8	28.3,0	″	S. SE. Joli frais; SSE. ESE. NE. Foible brise, temps sombre et couvert.	☿			0	
19	20	36. 5. 5.	148.18.19.	15,5	28.1,5	″	NE. NNE. N. Bon frais; temps couvert.	D			8° 44′	En vue du mont Dromadaire: c'est une montagne isolée et très-élevée qui forme un excellent point de reconnaissance.
20	21	*37.29.29.	*148.25.31.	13,5	27.11,5	″	OSO. I SO. Bon frais; temps couvert et graineux.				7. 10.	
1.ᵉʳ Frimaire.	22	38.31.45.	*148.46.37.	13,3	28.1,5	98ᵈ,0	SO. OSO. S. Petit frais; temps sombre; pluie par intervalles.				9. 0.	
2	23	38.37. 7.	147.56.39.	14,8	28.1,5	96,0	S. SSE. E. NE. Foible brise, beau temps; ciel nuageux.				9. 3.	
3	24	39.34.21.	*146.30.55.	15,5	27.11,0	99,0	NE. Variable au N. Foible brise; calme; ciel nuageux; pluie.				9. 1.	
4	25	*38.57. 2.	*145.48.44.	15,2	27. 7,0	97,0	SSO. ENE. NE. NE. Presque calme; O. Grand frais; temps couvert; pluie abondante.	●	Constitution australe.	Printemps austral.	8. 39.	
5	26	*38.57. 9.	*145.33.34.	12,2	27. 6,0	″	O. ONO. Grand frais; temps couvert; un peu de pluie.				0	
6	27	39. 8.15.	146. 7.20.	13,0	27.10,0	91,0	OSO. ONO. NO. O. SO. Joli frais; temps sombre et humide.	L			0	
7	28	38.57.48.	146.22.50.	11,5	28.0,5	″	OSO. O. Grand frais et bon frais; grains et pluie.				0	
8	29	38.50. 2.	146.36.36.	12,0	28.2,0	″	O. Joli frais et petit frais; beau temps.				6. 58.	
9	30	39.37.49.	146.20.51.	12,0	28.3,0	″	O. ONO. OSO. O. Joli frais; petit frais; ciel couvert; un peu de pluie.				8. 53.	
10	1.ᵉʳ Décembre.	39.33.43.	146.20.26.	13,0	28.2,0	″	OSO. O. OSO. Petite brise; très-beau temps.				7. 40.	Le 1.ᵉʳ décembre, inclinaison de l'aimant: Aiguille {N.° 2 = 68° ; N.° 3 = 70. ; N.° 4 = 70.} Inclinaison moy. = 69° 20′
11	2	39.28.39.	146. 1.10.	15,0	28.2,5	″	Calme; ENE. NNE. Brise très-foible; beau temps.	☾ ♌			8. 15.	Inclinaison de l'aimant, observée le 3 déc.: aiguille {N.° 2 = 66°; N.° 3 = 68.; N.° 4 = 68.}
12	3	39.24.20.	144.30.25.	14,0	28.0,5	96,0	NNE. E. SE. SO. Foible brise; OSO. O. Joli frais; b. temps	♂ P	C. bor.		7. 32.	
13	4	39.47.51.	144.19. 4.	11,7	28.2,0	″	OSO. SO. O. Joli frais; ciel nuageux; beau temps.				6. 35.	Inclin. moyenne = 67° 20′

Suite de la TABLE 17.ᵉ ROUTES DES CORVETTES FRANÇOISES DU PORT JACKSON À L'ÎLE KING ET DANS LE DÉTROIT DE BASS.

DATES		LATITUDES Sud.	LONGITUDES Orientales.	OBSERVATIONS MÉTÉOROLOGIQUES					Points lunaires.	Points solaires.	DÉCLINAISON de l'Aimant.	REMARQUES.
Style Décadaire.	Style Grégorien.			Thermomètre.	Baromètre.	Hygromètre.	VENTS, État du ciel.					
An XI. 14 Frimaire.	1802. 5 Décembre.	40°10′42″	141°40′53″	14,0	28p 3¹,7	0	SSE. Presque calme; NE. ENE. E. Joli frais; beau temps.		Printemps austral.	NE. 7° 10′	Lat...	
15	6	40. 9.54.	142.14. 4.	12,0	27.10,0		ENE Bon frais; SO grand frais, par rafales; joli frais; temps couvert.	Constit. boréale.		0		
16	7	39.53. 0.	142. 8.47.	13,0	28. 3,0		SO S. Joli brise; beau temps.			4. 16.	Le 7 décembre...	

N. B. Les routes du 13 au 27 décembre appartiennent exclusivement à la corvette le *Géographe*.

17	8			13,5	28. 2,0		S. SE. Petit frais; beau temps.			0	A l'Observatoire du Géographe sur le rocher des Éléphans.	
18	9			15,6	28. 3,5	78,0	SSE. Petit frais; beau temps.	Constitution boréale.	Printemps austral.	0	Latitude S. 39° 49′ 30″ Long. E. P. 142. 7.	
19	10	Au mouillage devant l'île King		15,0	28. 3,3	89,0	SO. SSO. Foible brise; temps couvert; beau temps.			0	Déclinaison magnét... Inclinaison 68° 10′...	
20	11			19,0	28. 3,0	78,0	SSE. SE. Bonne brise; b. temps.			4. 2.	Déclinaison...	
21	12			14,0	28. 1,5		E. ENE. ESE. Joli brise; ciel couvert.			0		

N. B. Le 8 décembre, à 9 heures du soir, la corvette le *Naturaliste* a mis sous voiles pour retourner en France; elle y est arrivée le 7 juin suivant.

22	13	39. ,0. 0.	✶142.19. 4.	15,0	27.11,0		SE. E. N. OSO. Jolie brise, mollissant par intervalles; grains et pluie le soir.	Constit. boréale.		0	A 8 h. du matin la brume... dissipée tout à coup... les nuages qui couvroient l'horizon. Nous avons eu plusieurs fois dans les mêmes parages des exemples de changement de temps aussi subit.	
23	14	39.53.33.	142. 5.42.	15,0	27.11,0		O. SO. NE. NNE. Petit frais et bon frais; temps brumeux; pluie.			0		
24	15	39.35.41.	✶142.33.57.	13,5	27. 9,0		NNE. NNO. O. OSO. Bon frais par fortes rafales; ciel couvert; pluie le soir.		Printemps austral.	0	Après le lever du soleil, il se souffla avec une telle force que les extrémités des lames étoient enlevées en l'air, et formoient une quantité de vapeurs si considérable que l'on eût pu croire qu'il pleuvoit continuellement autour de la corvette. Cette bourasque dura jusqu'à midi que les vents ont tenu l'Ouest.	
25	16	39.25.33.	✶142.57.37.	13,3	27.10,0		O. OSO. Joli frais inégal; ciel nuageux; beau temps.			0		
26	17	✶39.42.20.	✶142.54.16.	10,5	27. 6,0		OSO. NO. O. Grand frais, grains violens; pluie; nuages épais; éclairs de tous les points de l'horizon.	Constitution australe.		0		
27	18	39.14.50.	✶143.23.45.	13,0	27.10,0		OSO. O. Bon frais par rafales; grains; pluie et grêle.			0		
28	19	△39.34.53.	△143.55.57.	13,0	27. 9,0		O. OSO. Bon frais; grains; brume; pluie.			0		
29	20	✶40. 2.42.	✶143.56.36.	10,5	27. 8,5		OSO. Grand frais par rafales; grains fréquens, avec grêle et pluie.			0		

Suite de la TABLE 17.ᵉ ROUTES DES CORVETTES FRANÇOISES DU PORT JACKSON À L'ÎLE KING ET DANS LE DÉTROIT DE BASS.

DATES.		LATITUDES Sud.	LONGITUDES Orientales.	OBSERVATIONS MÉTÉOROLOGIQUES.					Points lunaires.	Points solaires.	DÉCLINAISON de l'Aimant.	REMARQUES.
Style Décadaire.	Style Grégorien.			Thermomètre.	Baromètre.	Hygromètre.	VENTS, État du ciel.					
An XI. 30	1802. 21 Décembre.	△ 39° 5′ 42″	✱ 143° 18′ 0″	14,0	28,1,8		SO. OSO. Joli frais ; presque calme sur le soir, ciel nuageux ; beau temps.		Print. aust.		NE.	
1.ᵉʳ Nivôse.	22	✱ 39.22.30.	✱ 142.56.43.	11,8	27.11,5		Calme ; NE. Foible ; ESE. Joli frais, ciel nuag., petite pluie.	Constitution australe.			″	
2	23	✧ 39.53.10.	142. 6.10.	14,0	28. 2,0		SE. ESE. SSE. S. Joli frais ; beau temps.				″	
3	24	Au mouillage devant l'île King.		14,0	28. 2,5		S. SSO. Foible ; SSE. Petit frais ; S. SSE. Jolie brise ; b. temps.	L			4° 9′	
4	25	✱ 40. 9.57.	✱ 142.41.38.	14,0	28. 1,0		SE. F. Petit fr. ; presque calme ; O. OSO. Petit frais ; temps brumeux.	●	Été austral.		″	
5	26	40.18.54.	142.54.13.	14,0	28. 1,5		SO. O. SSO. Jolie brise inégale ; SSE. Presque calme ; beau temps.				4. 0.	
6	27	39.53.56.	142. 8.19.	15,0	28. 2,0		SSE. E. ENE. N.ᵈ foible et variable ; beau temps.				8. 1.	

TABLE 18.ᵉ ROUTE DES CORVETTES FRANÇOISES À LA TERRE NAPOLÉON.
2.ᵉ Campagne.

7 Nivôse.	28 Décembre.	40.14.31.	141.31.25.	16,6	27. 8,5		ENE. NE. O. SO. Bonne brise ; brume épaisse ; ciel couvert.	Const. australe.			″	Le 31 décembre, dans l'après-midi, une immense écharpe de vapeurs, fixée à l'horizon, présentoit si parfaitement l'apparence d'une terre, que tout le monde à bord y fut trompé ; de toute part on croyoit distinguer les caps, les pitons et les enfoncemens divers qui constituent un grand développement de côtes ; nous ne reconnûmes notre erreur qu'après avoir couru, pendant plusieurs heures, vers ces mirages fantastiques.
8	29	39.59.52.	140.59. 8.	12,5	28. 3,0		OSO. SSO. S. SSE. Petit frais ; beau temps.	P. ☉			″	
9	30	38.51. 0.	138.45. 4.	14,5	28. 5,0		SE. Jolie brise ; beau temps.				″	
10	31	37.45.11.	✱ 137.40.25.	16,0	28. 2,5		ESE. SE. S. Jolie brise mollissant graduellement. SO. SSO. Petit frais ; b. temps ; ciel couvert.	☽	Été austral.		″	
11	1803. 1.ᵉʳ Janvier.	36.48.55.	136.32.12.	15,5	28. 0,0		ESE. S. SSE. Foible brise ; beau temps.	☾	Constitution boréale.		″	
12	2	35.52.29.	135.35.29.	14,8	28. 0,5		S. SE. SO. S. Joli frais ; beau temps ; ciel nuageux.				2. 14.	
13	3	36. 6.14.	135. 8.44.	14,5	28. 4,0		SSE. SE. Joli frais ; b. temps ; ciel nuageux.				″	Inclin. de l'aiguille, moyenne de deux observat = 63° 30′
14	4	35.39.55.	134.21.29.	15,0	28. 3,5		SSE. SE. Bonne brise ; b. temps.				″	
15	5	35.26.51.	135.19.30.	16,0	28. 1,7		SSE. SE. S. Joli frais ; beau temps.				″	

Suite de la TABLE 18.ᵉ ROUTES DES CORVETTES FRANÇOISES À LA TERRE NAPOLÉON. 2.ᵉ Campagne.

DATES.		LATITUDES Sud.	LONGITUDES Orientales.	OBSERVATIONS MÉTÉOROLOGIQUES.					Points lumaires.	Points solaires.	DÉCLINAISON de la Boussole.	REMARQUES.
Style Décadaire.	Style Grégorien.			Thermomètre.	Baromètre.	Hygromètre.	VENTS, État du ciel.					
An XI.	1802.											
16 Nivôse.	6 Janvier.	35°43′16″ △	135°32′14″	19°,0	27ᵖ11′,0	87,0	SSE. ESE. Foible brise; NNE. SSO. Joli frais par rafales; beau temps.	A			NO.	Mouille dans la baie Bougainville, sur l'île Decrès, à 8 h et demie du matin.
17	7			16,8	27.11,0	83,0	OSO. O. NO. Bonne brise par rafales; temps à grains.				"	
18	8			15,3	27.10,5	90,0	NO. ONO. O. SO. ONO. Joli frais, par grains; pluie.	O	Constitution boréale.		"	
19	9			16,0	27.11,0	94,0	NO. SO. OSO. SSO. Jou frais; pluie et grains.				"	
20	10			13,0	28.0,5	89,0	SO. SSO. SSE. S. Joli frais inégal; b. temps; ciel nuageux.				"	
21	11			15,8	28.2,7	82,0	SE. ESE. SSE. Foible brise et joli frais; beau temps, ciel nuageux.				"	Le *Casuarina* met sous vo les à 10 h. du soir pour aller compléter la géographie des îles de la Terre Napoléon.
22	12	Au mouillage dans la baie Bougainville, sur l'île Decrès		15,5	28.3,0	"	ESE. ENE. SSE. Bon frais par rafales; petit frais le soir; beau temps.	∞			"	
23	13			15,5	28.2,0	"	Calme; NO. NE. Foible brise; beau temps.	A		Été austral.	"	
24	14			16,0	28.1,0	"	S. SSE. SSO. S. Petit frais; beau temps.	D			"	
25	15			14,5	28.2,0	"	SSE. SSO. O. N. NE. Foible brise; jolie brise; b. temps; sur le soir temps couvert et nuageux; éclairs fréquens; jolie brise d'ENE.				"	
26	16			18,0	27.11,0	82,0	SO. O. Bon frais, calmissant le soir; ciel nuageux.	⊃			"	
27	17			15,5	28.3,0	82,0	SSE. S. SO. SSO. Petit frais; le soir calme plat; b. temps.				"	
28	18			16,0	28.3,5	"	SE. E. ESE. Jolie brise, calmissant le soir; beau temps.		Constitution australe.		"	
29	19			18,0	28.1,0	92,0	ENE. Jolie brise; b. temps.				"	
30	20			20,3	28.0,0	89,0	ENE. N. NO. SSO. Bon frais par rafales; NE. NNE. Presque calme; SO. Par rafales; joli frais; beau temps.				"	
1.ᵉʳ Pluviôse.	21			16,0	28.5,0	90,0	SO. SSO. S. Joli frais, calmissant par intervalles; b. temps.	L		⁚	"	
2	22			16,0	28.6,0	"	SSO. S. SSE. SE. Petit frais; beau temps.				"	
3	23			18,0	28.5,5	82,0	SE. SSE. Foible brise, forçant par degrés; beau temps.	●			"	
4	24			18,5	28.3,0	86,0	E. Presque calme; SE. E. Joli frais; beau temps.				"	

Suite de la TABLE 18.ᶜ ROUTES DES CORVETTES FRANÇOISES À LA TERRE NAPOLÉON. 2.ᵉ Campagne.

DATES.		LATITUDES Sud.	LONGITUDES Orientales.	OBSERVATIONS MÉTÉOROLOGIQUES.						DÉCLINAISON de la Boussole.	REMARQUES.
Style Décadaire.	Style Grégorien.			Thermomètre.	Baromètre.	Hygromètre.	VENTS, État du ciel.	Points lunaires.	Points solaires.		
An XI. Pluviôse. 5	1803. Janvier. 25	Au mouillage dans la baie Bougainville, sur l'île Decrès.		21°,6	28ᵖ1,5	»	ENE. Bonne brise; ESE. NE. Foible et variable; horizon brumeux; beau temps.	P. ♌	Const. austr.	NO. »	A l'observatoire du Géographe, sur le cap Delambre de l'île Decrès. Latitude S.... 35°43'28" Longitude E.P. 133. 33. 13. Déviations magnétiques. Déclinaison.. 4°11'0" NE. Inclinaison.. 65. 21. 20.
6	26			22,0	28. 1,5	80°,0	NE. ENE. S. Foible brise; calme par intervalles; beau temps.			»	
7	27			20,0	27.11,5	88,0	NE. NNE. S. Jolie brise, inégale, interrompue par des calmes; beau temps. Le soir, temps orageux et à grains; pluie; éclairs de tous les points de l'horizon.	♌		»	
8	28			18,0	28. 3,0	»	S. SSO. Jolie brise; beau temps.			»	
9	29			15,5	28. 2,5	»	Calme; brise très-foible et variable du SSO. au SE. et NE.; beau temps.			»	
10	30			20,5	28. 2,5	70,0	S. SSO. SO. Foible brise et variable; presque calme; S. SSE. Jolie brise; beau temps.	☾		»	Le thermomètre placé à l'ombre, à terre, marquoit 25° à 2 h. après midi.
11	31			19,5	28. 3,0	87,0	SSE. SE. SSO. Foible brise, très-variable; presque calme; beau temps; ciel nuageux.			1°44'	Cette déclinaison est moyenne de plusieurs observations peu satisfaisantes. L'inclinaison moyenne observée à terre a donné 65°21'.
12	1.ᵉʳ Février.	*35°30'27"	*135°21'16"	20,0	28. 1,5	97,0	SSE. Foible brise; presque calme; S. SSE. Bon frais; beau temps; ciel nuageux.		Construction boréale.	»	Le Géographe et le Casuarina sont partis de l'île Decrès, le 1.ᵉʳ février, à 8 h. du matin.
13	2	*35.54.18.	*134. 0.16.	16,4	28. 1,3	»	NE. O. SO. ESE. SSE. E. NNO. Très-variable et inégal; temps brumeux; ciel couvert; pluie orageuse; éclairs dans le SE.			»	
14	3	*36. 9.32.	*133. 4. 1.	17,3	27.11,0	»	Fraîcheur très-variable. S. SE. Petit frais; SSE. SSO. S. Jolie brise; pluie, avec grêle.		Été austral.	»	Nous avons éprouvé une forte houle du SO. qui nous a fait craindre des vents de cette partie.
15	4	34.55.29.	*131.25.42.	16,0	28. 1,5	»	OSO. SO. S. Grand frais, inégal par rafales; ciel nuageux.			»	
16	5	*33.36.30.	*131.25. 0.	16,0	28. 4,0	»	SSO. SSE. S. SE. Petit frais; temps couvert et graineux.			»	
17	6	*32.43.37.	*131.32.18.	15,4	28. 5,0	»	SE. SSE. Petit frais et bon frais; ciel couvert; beau temps.	☉		»	
18	7	32. 9. 0.	131.12. 1.	17,0	28. 4,0	»	SE. SSE. Jolis frais, par risées; brise carabinée, par rafales; beau temps.	♌		»	Mouille dans la baie Murat.
19	8	Au mouillage dans la baie Murat.		15,2	28. 4,0	»	SSE. SE. Bonne brise; beau temps.			0. 47.	
20	9			16,3	28. 3,5	»	SSE. S. Bonne brise; b. temps.			»	
21	10			17,0	28. 3,0	»	SSE. Bon frais par rafales; beau temps.	D.A	C. aus.	»	

TABLE 19.ᵉ ROUTES DU *GÉOGRAPHE* À LA TERRE DE NUYTS ET À LA TERRE DE LEUWIN. SÉJOUR AU PORT DU ROI-GEORGE.

DATES		LATITUDES Sud.	LONGITUDES Orientales.	OBSERVATIONS MÉTÉOROLOGIQUES.				Points lunaires.	Points solaires.	DÉCLINAISON de la Boussole.	REMARQUES
Style Décadaire.	Style Grégorien.			Thermomètre.	Baromètre.	Hygromètre.	VENTS, État du ciel.				
An XI.	1803.									NO.	
22 Pluviôse.	11 Février.	34° 4' 43"	130° 30' 37"	17ᵈ,0	28p3ˡ,5	0	SSE. SE. E. Joli frais ; le temps humide et beau.			0	Appareillé à 6 h. 30' du m. et fait route pour le port du Roi-George.
23	12	33.53.23.	128.27. 9.	16,8	28. 4,0	0	E. SE. Jolie brise ; beau temps.			0	
24	13	35.10.50.	124.50.48.	16,0	28. 3,0	0	ESE. SE. E. Bonne brise ; beau temps ; ciel nuageux.			3° 17'	
25	14	*35.44.18.	*123.14.23.	16,0	28. 5,0	0	E. ENE. ESE. E. SE. Joli brise inégale ; ciel nuageux ; pluie.			0	
26	15	35.52.20.	*120.31.23.	17,0	28. 1,0	82,0	SE. ESE. SSE. S. Jolie brise inégale ; temps sombre ; pluie.	♊		0	
27	16	35.26.52.	*117.57. 8.	16,8	28. 2,5	82,0	SSE. S. ESE. SO. Petite brise ; calme ; ciel couv. ; b. temps.			0	
28	17	35. 2. 0.	*117.18. 8.	15,5	28. 3,0	0	S. Foible brise ; ciel couvert ; beau temps.	L		0	Mouillé dans le port du Roi-George, le 17 février, à 7 h. du soir.
29	18	→△35. 4. 7.	△115.39.59.	17,0	27.11,5	92,0	ONO. OSO. Grand frais, par rafales ; pluie ; temps brum.			5. 30.	
30	19			0	0	89,0	NO. O. OSO. Bonne brise, fortes rafales ; ciel nuageux ; grains.		X	0	
1.ᵉʳ Ventôse.	20			15,0	28. 3,0	80,0	OSO. SO. Foible brise ; temps couvert et sombre.			0	
2	21	AU MOUILLAGE DANS LE PORT DU ROI-GEORGE........		16,0	28. 3,0	87,0	SE. ESE. Foible brise ; temps brum. ; pluie ; joli fr. ; b. temps.	♌		0	
3	22			15,0	28. 3,0	82,0	E. ENE. Forte brise ; b. temps.	●.P		0	
4	23			18,0	28. 1,5	86,0	ENE. ESE. Petite brise ; bonne brise ; beau temps.	☽	Été austral.	0	À l'observatoire des tentes.
5	24			16,0	27.11,0	0	ENE. NNE. N. OSO. SO. Foibles ; bon frais ; temps sombre ; pluie le soir.			0	Latitude S.... 35° 3' 10". Longitude E.P. 115.38. 6. *Déviations magnétiques*. Déclinaison.. 6°47' 0" NO. Inclinaison.. 63.30. 0.
6	25			15,0	28. 1,0	80,0	SO. SSO. O. SO. Bon frais ; temps à grains, avec pluie.			0	
7	26			15,0	28. 2,5	87,0	OSO. SSO. Bon frais et petit frais ; grains et pluie.			0	
8	27			19,0	28. 4,0	88,0	SE. ESE. Foible brise ; E. joli frais ; beau temps.			0	
9	28			17,2	28. 1,5	0	NE. E. Bonne brise ; temps embrumé.	☾	Constitution boréale.	6, 49.	Cette déclinaison est la moyenne de plusieurs observations dont les extrêmes donnent 10° 48' et 4° 0' NO.
10	1.ᵉʳ Mars.	35.19.46.	*115.58.45.	17,0	28. 0,0	0	NO. O. SO. OSO. O. Bon frais ; temps à grains ; brume ; pluie.			7. 11.	Appareillé du port du Roi-George, le 1.ᵉʳ mars, à 6 h. du matin.
11	2	35.25. 4.	115.33. 9.	18,0	28. 2,0	87,0	O. SO. S. SO. O. Bon frais ; petit frais ; temps à grains ; il s'est embelli le soir.	♌		5. 21.	
12	3	35.28.13.	115.15.20.	16,0	28. 2,5	97,0	O. ONO. OSO. SO. Joli frais ; par rafales ; ciel nuageux.			6. 41.	Les courants, dans la journée, nous ont portés 12 milles au NO.

LIVRE IV. Résultats généraux.

Suite de la **TABLE 19.e Routes du *Géographe* à la Terre de Nuyts et à la Terre de Leuwin. Séjour au port du Roi-George.**

DATES		LATITUDES Sud.	LONGITUDES Orientales.	OBSERVATIONS MÉTÉOROLOGIQUES.				Points lunaires.	Points solaires.	DÉCLINAISON de la Boussole.	REMARQUES.
Style Décadaire.	Style Grégorien.			Thermomètre.	Baromètre.	Hygromètre.	VENTS, État du ciel.				
An XI. Venôse.	1803. Mars.									NO.	
13	4	35°14′43″	*114°20′32″	13d,5	28p3l,0	100°,0	SO. S. Foible brise; grains et pluie; ciel nuageux.			0	
14	5	*35.13.37.	*113.56.43.	17,0	28.4,5	100,0	Presque calme; folles ventes de tous les points du compas; beau temps.	Constitution boréale	Été austral	0	
15	6	35. 9.47.	114.32.41.	15,3	28.4,0	"	NE. ESE. Joli frais; b. temps; l'après-midi, bon frais; brume épaisse.			0	
16	7	35.18.55.	114.27. 9.	17,5	28.1,0	91,0	E. ENE. Jolie brise; calme; S. SSE. Joli frais; b. temps; ciel nuageux.			5° 54′	
17	8	35. 4.30.	113.48. 6.	17,0	28.2,7	94,0	SSE. SE. Bon frais; temps couvert.			0	
18	9	33.49.37.	112.34.49.	18,5	28.3,0	"	SE. SSE. Bon frais, mollissant le soir; beau temps.	A.D		8. 28.	
19	10	33.20.49.	112.46.25.	18,5	28.3,0	"	ESE. ENE. N. NO. Joli frais, mollissant sur le soir; ciel nuag.; grains et pl.; orages.	Constitution australe		8. 10.	A l'ancre dans la baie du Géographe, pendant la nuit du 10 au 11 mars.
20	11 →	33.15.53.	113.15. 7.	18,0	28.3,0	"	OSO. Jolie brise, fraîchissant graduellement; b. temps.			6. 32.	A l'ancre, devant le port Leschenault jusqu'au 12 au matin.
21	12	32.48.50.	113.14.33.	17,0	28.3,5	"	SSE. SO. Jolie brise, fraîchissant le soir; b. temps.			7. 23.	

TABLE 20.e Routes des corvettes françoises à la Terre d'Édels et à la Terre d'Endracht. 2.e Campagne.

Venôse.	Mars.										
22	13	31.32.47.	113. 5. 6.	16,8	28.3,0	"	S. SSE. SSO. Bon frais; beau temps.			4. 37.	
23	14	29.51.34.	111.35.32.	17,5	28.1,5	"	S. SSO. Bon frais; beau temps.			4. 42.	
24	15	28. 0.19.	110.58.37.	19,0	28.4,0	"	SE. SSE. Joli frais; beau temps.			5. 11.	
25	16	25.34.20.	110.33.21.	20,0	28.2,5	"	SSE. S. SO. Joli frais; beau temps.	L Constitution australe	Été austral	5. 0.	Mouillé dans la baie des Chiens-Marins, à 6 h. du soir.
26	17 →	25.30.50.	111. 7. 6.	19,0	28.2,5	"	S. SSO. Petit frais; beau temps.			0	
27	18	Au mouillage dans la baie des Chiens-Marins.		20,5	28.3,0	"	SSO. S. Jolie brise; b. temps.			0	
28	19			19,0	28.3,0	"	S. SE. SO. Joli frais; b. temps.			0	
29	20			21,0	28.1,5	"	S. SSO. Petite brise; b. temps.			0	
30	21			20,0	28.2,0	"	S. SSO. Joli frais; temps brumeux et humide.		Aur. austr.	0	
1er G.	22			19,0	28.2,0	"	ESO. Joli frais; beau temps.	P		4. 42.	

Suite de la **TABLE 20.**ᵉ **ROUTES DES CORVETTES FRANÇOISES À LA TERRE D'ÉDELS ET À LA TERRE D'ENDRACHT. 2.**ᵉ **Campagne.**

DATES.		LATITUDES Sud.	LONGITUDES Orientales.	OBSERVATIONS MÉTÉOROLOGIQUES.					Points lunaires.	Points polaires.	DÉCLINAISON de la Boussole.	REMARQUES.
Style Décadaire.	Style Grégorien.			Thermomètre.	Baromètre.	VENTS, État du ciel.						
An XI.	1803.										NO.	
2 Germinal.	23 Mars.	25°27′50″	110°42′15″	19,5	28ᵖ 3′,0	SE. S. Joli frais ; bon frais ; beau temps.			♌ ●	Automne austral.	4° 42′	Appareillé à 7 h. du mat., sorti de la baie des Chiens-Marins, par le Passage du Naturaliste.
3	24	23.22.17.	110. 5. 6.	21 ,0	28. 2 ,2	S. SSO. Joli frais ; beau temps.					4. 14.	
4	25	21.16.50.	111.27.14.	21 ,0	28. 1 ,5	SSO. S. SO. Joli frais ; beau temps.					″	

TABLE 21.ᵉ **ROUTES DES CORVETTES FRANÇOISES À LA TERRE DE WITT. 2.**ᵉ **Campagne.**

5 Germinal.	26 Mars.	21.31.31.	111.57.50.	21 ,0	28. 1 ,5	SSO. Joli frais ; beau temps.					″	En vue du cap Murat et des îles de Rivoli.
6	27	20.31.52.	112.59.42.	19 ,8	28. 1 ,5	SSO. SO. Bonne brise ; petite brise ; beau temps.					″	En vue des îles de Montebello.
7	28	20.16.55.	113.38.25.	23 ,0	28. 1 ,0	SSO. OSO. Joli frais, mollissant par intervalles ; b. temps.					4. 5.	
8	29	20.25. 0.	114.10.12.	23 ,3	28. 2 ,0	SO. OSO. O. Petit frais ; joli frais ; beau temps. Dans la nuit, la brise a fraîchi.			λ Constitution boréale.		″	En vue de l'archipel de Dampier. Mouillé à 6 h. 40′ du soir, dans le NE. de l'île Delambre.
9	30	20.28.40.	114.59.22.	24 ,8	28. 1 ,5	SO. O. ONO. OSO. Petit frais, variable en force ; b. temps.			☾		″	En vue des îles Forestier. Appareillé à 6 h. du matin, mis à l'ancre à 7 h. 30′ du matin.
10	31	20. 4.22.	115.40.55.	23 ,0	28. 1 ,0	OSO. Petit frais ; SE. Bon frais ; E. NE. N. ONO. Petit frais ; beau temps.				Automne austral.	4. 55.	Appareillé à 6 h. 15′ du matin, mis à l'ancre à 7 h. du soir.
11	1.ᵉʳ	19.57.24.	115.38.53.	24 ,7	28. 2 ,0	Brise foible et très-variable du S. au N., par l'E. ; beau temps.					″	Appareillé à 6 h. du matin ; mouillé à 9 h. du soir.
12	2 Avril.	19.50.13.	116.23.48.	25 ,0	28. 3 ,0	O. SO. ONO. Fraîcheur très-variable ; b. temps. Le soir, la brise a fraîchi.					″	En vue des îles des Tortues. Appareillé à 6 h. du matin, mouillé à 10 h. du soir.
13	3	19.41.31.	117. 3.24.	25 ,0	28. 1 ,5	S. Joli frais ; calme plat ; NNO. SO. Foible Brise ; b. temps.			♊		″	Appareillé à 6 h. du matin ; mouillé à 8 h. du soir.
14	4	19.31. 9.	117.30.30.	25 ,5	28. 1 ,0	SO. SSE. ESE. Jolie brise ; calme ; NNO. O. Petit frais ; beau temps.					″	
15	5	19.27. 0.	118. 5.34.	25 ,0	28. 1 ,0	SO. SSO. Joli fr. ; ESE. Presque calme ; N. NNO. Petit frais ; beau temps.			D.O.A Constit. australe.		″	
16	6	19. 4.41.	118.39.16.	26 ,0	28. 1 ,0	Q. SE. ESE. Foible brise ; calme. NNO. N. Petit fr. ; b. temps.					4. 27.	Le *Casuarina* traverse le récif attenant au cap Bossut.
17	7	18.51.31.	119. 4.36.	25 ,5	28. 1 ,0	NO. SSO. SE. Presque calme. O. Petit fr. ; SO. NE. Presque calme ; beau temps.					3. 8.	Les 4, 5, 6 et 7 avril, on a mouillé à la nuit, et appareillé à la pointe du jour.

LIVRE IV. Résultats généraux.

Suite de la TABLE 21.ᵉ ROUTES DES CORVETTES FRANÇOISES À LA TERRE DE WITT. 2.ᵉ Campagne.

DATES. Style Décadaire.	Style Grégorien.	LATITUDES Sud.	LONGITUDES Orientales.	Thermomètre.	Baromètre.	VENTS, État du ciel.	Points lunaires.	Points solaires.	DÉCLINAISON de la Boussole.	REMARQUES.
An XI. Germinal. 18	1803. Avril. 8	18°19′33″	119° 21′ 33″	25ᵈ,0	28ᵖ1¹,0	Calme plat; SSE. Petit frais; SO. O. ONO. variable; E. SE. Jolie brise par risée; temps orageux, tonnerre et éclairs.			NO. 3° 33′	En vue de l'île Gantheaume. Au mouillage pendant la nuit.
19	9	17.39.27.	119. 40. 20.	25 ,0	28. 0 ,5	Calme; SE. E. Bonne brise, mollissant par degrés. Amidi, calme plat; O. Foible brise; beau temps.			2. 37.	Au mouillage pendant la nuit.
20	10	17.16.45.	119. 36. 9.	25 ,0	28. 1 ,5	SO. S. SE. SO. Petit frais; temps orageux.			3. 13.	En vue de l'île Carnot et des îles Lacépède. Au mouillage pendant la nuit.
21	11	16.43. 8.	119. 39. 28.	25 ,5	28. 0 ,7	SE. S. Jolie brise; SSO. SO. Foible brise; beau temps.			2. 58.	Au mouillage pendant la nuit.
22	12	16.27.20.	119. 46. 48.	24 ,5	28. 1 ,0	SSO. S. ESE. Foible brise, fraîchissant par intervalles; beau temps.	Constitution australe.		3. 18.	En vue des îles Émeriau. Au mouillage pendant la nuit.
23	13	*16.23.18.	*120. 5. 30.	24 ,0	28. 1 ,0	ENE. S. E. OSO. Foible brise; calme par intervalles; temps couvert et orageux.	L		0	
24	14	16.17.17.	120.21.47.	24 ,0	28. 0 ,5	SSO. SE. ESE. S. Petit frais; calme; O. Foible brise; beau temps; ciel nuageux.		Automne austral.	2. 54.	Au mouillage pendant la nuit.
25	15	*15.50.28.	*121. 37. 46.	24 ,0	28. 1 ,0	SE. E. Petit frais; temps orageux; grain, tonnerre, éclairs et pluie.	☽		2. 46.	En vue de l'île Caffarelli et de l'île Adèle.
26	16	15. 9.10.	120. 21. 6.	24 ,0	28. 1 ,5	NNE. E. N. Brise foible et inégale; beau temps.			1. 53.	
27	17	14.56.16.	120. 16. 6.	24 ,7	28. 1 ,0	Calme plat jusqu'à midi; SSO. OSO. Petit frais; joli frais; beau temps.	♌		2. 49.	
28	18	15.10.36.	121. 29. 18.	25 ,0	28. 2 ,0	SO. Jolie brise inégale; OSO. Petit frais; beau temps. Le soir, temps orageux, tonnerre, éclairs et pluie. Vent par fortes rafales; du O. au NO.			1. 28.	Du 18 au 28 avril, en vue des îles de l'archipel Bonaparte.
29	19	14.57.56.	121. 42. 58.	25 ,0	28. 1 ,0	NO. S. OSO. Foible brise et calme. Le temps, d'abord orageux, s'est embelli.	♊		1. 50.	
30	20	14.37.24.	122. 24. 12.	25 ,0	28. 2 ,0	OSO. Brise faible et inégale; calme; ciel nuageux.	P	♈	0	Mouillé à 8 h. du soir dans le NNO. des îles Maret; remis sous voiles à 5 h. 30′ du matin.
1.ᵉʳ Floréal.	21	14.20. 2.	122. 37. 6.	25 ,0	28. 1 ,0	SO. ONO. O. Presque calme; beau temps.	●	♉	0	A l'ancre pendant la nuit.
2	22	14. 6.33.	123. 0. 45.	24 ,0	29. 2 ,3	SSO. OSO. NNO. Brise légère, calme plat; beau temps.			2. R.	A l'ancre pendant la nuit.
3	23	13.59. 2.	123. 8. 0.	24 ,0	28. 2 ,0	S. OSO. O. Presque calme; b. temps.			1. 41.	Mis à l'ancre au NO. de l'île Cassini, à 8 h. du soir.

VOYAGE AUX TERRES AUSTRALES,

Suite de la TABLE 21.ᵉ ROUTES DES CORVETTES FRANÇOISES À LA TERRE DE WITT. 2.ᵉ Campagne.

DATES.		LATITUDES Sud.	LONGITUDES Orientales.	OBSERVATIONS MÉTÉOROLOGIQUES.					DÉCLINAISON de la Boussole.	REMARQUES.
Style Décadaire.	Style Grégorien.			Thermomètre.	Baromètre.	VENTS, État du ciel.	Points lunaires.	Points solaires.		
An XI.	1803.								NO.	
4 Floréal.	24 Avril.	13°50′55″	123°14′25″	24ᵈ,5	28Pᵃ¹,5	Calme plat; fraîcheur légère du NO.; beau temps.			1° 52′	À l'ancre.
5	25	Au mouillage devant l'île Cassini.		24,0	28.2,0	Calme; fraîcheur du S. à l'O.; beau temps.	⅄		″	Le Casuarina met sous vo[...] pour aller reconnoître u[...] flotille de pros Malais, il r[...] vient au mouillage le 27 avril au matin.
6	26			25,0	28.2,0	SSO. O. Presque calme; beau temps.			1.55.	
7	27	13.50. 3.	123.18.13.	24,8	28.2,5	S. SSO. ESE. NNE. NE. Petite brise inégale; beau temps.			1.55.	Mis sous voiles à 11 h. du matin, et prolongé les bancs des Holothuries; mouillé à 6 h. 30′ du soir.
8	28	13.33.22.	123.24.34.	25,0	28.2,0	Calme; SO. Très-foible brise; beau temps.			″	Appareillé à 6 h. du matin; mouillé à 8 h. 10′ du soir.
9	29	13.21. 0.	123.21.32.	25,0	28.2,0	OSO. Petit frais; calme plat; foibles ventes du SO. au NO.; beau temps.	☾		2.15.	À l'ancre.

TABLE 22.ᵉ ROUTES DES CORVETTES FRANÇOISES DE LA NOUVELLE-HOLLANDE À TIMOR. 2.ᵉ Campagne.

10 Floréal.	30 Avril.	13. 0. 6.	123.21.12.	24,5	28.1,0	ONO. SO. Petit frais inégal; calme; beau temps.	♋		″	Appareillé à 5 h. 45′ du matin, et mis le cap en route pour Timor.
11	1.ᵉʳ Mai.	12. 7.19.	123.20.20.	25,2	28.1,7	SO. S. 'SE. ESE. Petit frais; beau temps; ciel nuageux.			″	
12	2	11. 8.15.	123. 7.22.	25,5	28.2,0	E. ESE. ENE. SE. Petite brise inégale; calme; ciel nuageux; horizon embrumé.			″	Au coucher du soleil, aperçu la côte de Timor.
13	3	10.21.37.	122.23. 8.	23,5	28.1,50	ESE. SE. NNE. SE. Petit frais; beau temps; ciel nuageux.	A. D		″	
14	4	10.21.37.	*121.43.53.	23,0	28.1,5	N. E. ESE. SE. Petit frais; calme; beau temps.			″	
15	5	10.24.32.	*121.13.29.	24,5	28.1,5	ESE. NNE. ESSE. SE. Petit frais et joli frais; beau temps.			″	Traversé le détroit de Rottie et marné par l'O. l'île de Sumao.
16	6	*9.59.37.	*120.55.49.	24,0	28.2,0	SE. ESE. Petit frais; SO. NO. SE. E. Foible et variable; beau temps.			″	Mouillé sur la rade de Coupang (île Timor), à 10 h. 1/2 du soir.

TABLE 23.ᵉ DEUXIÈME SÉJOUR À TIMOR.

DATES.		LATITUDE	LONGITUDE	OBSERVATIONS MÉTÉOROLOGIQUES.					REMARQUES.
Style Décadaire.	Style Grégorien.	Sud.	Orientale.	Thermomètre.	Baromètre.	VENTS, État du ciel.	Points lunaires.	Points solaires.	
An XI.	1803.			+					
17 Floréal.	7 Mai.	△ 19° 9′ 0″	△ 121° 15′ 31″	24ᵈ,0	28ᵖ 3ˡ,0	Calme; N. NNE. Foible; E. SE. Joli frais, calme, beau temps.	○		Au mouillage sur la rade de Coupang (île Timor).
18	8			23,3	28.2,5	E. NE. Presque calme; NE. SE. Petit frais; beau temps.		Constitution australe	
19	9			22,5	28.2,0	Calme; E. SE. Foible; calme la nuit; beau temps.			
20	10			23,0	28.2,0	NO. Petit frais et joli frais; SE. Joli frais; calme la nuit; beau temps, ciel couvert.	L		
21	11			23,0	28.2,5	ESE. E. Joli frais; à midi, ENE. variable au SE. Bon frais; ciel couvert, un peu de pluie; calme la nuit.			
22	12	DEUXIÈME SÉJOUR À TIMOR		23,0	28.1,5	ESE. Bon frais par rafales; ciel nuageux; beau temps.			
.,	13			23,5	28.2,5	SE. Petit frais d'abord; bon frais à midi; calme le soir; beau temps.			
24	14			23,8	28.2,0	Calme; ESE. NE. E. SE. ESE. Joli frais, mollissant; le soir; beau temps.	☽	Automne austral	
25	15			24,0	28.1,5	E. SE. Joli frais; calme, b. temps.	☊		
26	16			22,5	28.2,0	Calme; SE. Petit frais; E. NNE. Joli frais; SE. Petit frais; beau temps.	♈		
27	17			24,0	28.1,7	SE. E. ESE. Bon frais; SE. Petit frais; beau temps.			
28	18			23,1	28.2,5	SE. Joli frais; calme à la fin du jour; beau temps.	P		
29	19			24,0	28.2,0	ESE. Bon frais; SE. mollissant le soir; beau temps.			
30	20			23,5	28.2,0	Calme; ESE. Bon frais; calme la nuit; beau temps.		Constitution boréale	
1.ᵉʳ Prairial.	21			24,0	28.1,0	E. NE. NNO. NO. Joli frais; ciel nuageux; beau temps.	●		
2	22			24,0	28.2,0	N. NNE. Bon frais; E. Petit frais; beau temps.		H	
3	23			24,0	28.2,0	ENE. N. NNO. Joli frais; ENE. Petit frais; ciel nuageux; beau temps.	♈		
4	24			22,0	28.2,0	ENE. E. N. NE. E. Joli frais; ESE. Petit frais; ciel nuageux; pluie abondante le soir.			
5	25			23,5	28.2,0	ESE. Bon frais; beau temps.			

Suite de la TABLE 23.ᵉ DEUXIÈME SÉJOUR À TIMOR.

DATES (Style Décadaire)	DATES (Style Grégorien)	LATITUDE Sud.	LONGITUDE Orientale.	Thermomètre.	Baromètre.	VENTS, État du ciel.	Points lumineux.	Puits solaires.	DÉCLINAISON de la Boussole.	REMARQUES
An XI. 6 Prairial.	1803. 26 Mai.	...Deuxième séjour à Timor...		+ 0	0	SE. ENE. Bon frais par rafales, ralentissant le soir; b. temps.	...Constitution boréale...	...Automne austral...	0	
7	27			22ᵈ,5	28ᵖ1ˡ,5	E. SE. Joli frais et bon frais par risées; dans la nuit, calme plat; ciel couvert.			0	
8	28			22,3	28.2,5	E. ESE. Petit frais inégal; ciel souvent.	C. &		0	
9	29			22,3	29.2,5	Calme; E. Variable au SE. Jolie brise par risées; ciel nuageux; beau temps.			0	
10	30			23,3	28.2,0	SB. Petite brise; ciel nuageux. Dans l'après-midi, fraîcheur de l'E. à l'ENE.; pluie par intervalles; calme la nuit.	A.D		0	Nota. Pour la position de notre observatoire à Coupang, voyez la table N.° 9.
11	31			24,0	28.2,0	Calme; E. SE. Variable, jolie brise; ciel nuageux; calme pendant la nuit.	...Constitution australe...		0	
12	1.ᵉʳ Juin.			23,0	28.2,0	ENE. SE. SSE. Variable, petit frais; beau temps.			0	
13	2			23,0	28.1,7	ENE. Variable au NNE. Petit frais; beau temps; calme pendant la nuit.			0	

TABLE 24.ᵉ ROUTES DES CORVETTES FRANÇOISES DE TIMOR À LA TERRE DE WITT.

14 Prairial.	3 Juin.	*10. 4. 6.	*121. 4. 25.	22,7	28.1,5	E. Petit frais; l'après-midi, calme; une brise très-variée, prend faveur au SSE.; ciel nuageux; beau temps.			NO.	Parti de Timor à 9 h. du matin.
15	4	10.44.18.	120.33. 3.	23,0	28.2,0	ESE. Joli frais; SE. S. ESE. ENE. N. SO. SE. Foible et très-variable; au coucher du soleil, ESE. E. Bon frais; beau temps.	...Constitution australe...	...Automne austral...	0	
16	5	11.32.21.	120.19.12.	23,0	28.2,0	E. Joli frais; beau temps.	O L		0° 30′	
17	6	12.23.27.	120.25.30.	22,0	28.2,5	ENE. Jolie brise inégale; petite brise; beau temps.			1. 44.	
18	7	13. 2.45.	120.27.59.	22,5	28.2,5	E. ESE. SE. Petit frais; beau temps.			0. 25.	
19	8	13.16.57.	120.40. 2.	22,0	28.2,5	S. SSE. S. SSO. Jolie brise et foible brise; beau temps.			2. 9.	
20	9	13. 1. 5.	121.35.51.	22,0	28.2,5	SSO. SO. Petit frais; calme; S. Jolie brise; beau temps.			0. 35.	
21	10	13. 2.17.	123.12.52.	23,0	28.2,2	SSO. Joli frais et petit frais, variable; beau temps.			0	
22	11	12.54.42.	124. 9. 7.	22,5	28.2,5	OSO. SO. SSO. Jolie brise et petite brise; calme; b. temps.			1. 13.	

TABLE 25.ᶜ ROUTES DES CORVETTES FRANÇOISES À LA TERRE DE WITT.
3.ᶜ Campagne.

DATES.		LATITUDES Sud.	LONGITUDES Orientales.	OBSERVATIONS MÉTÉOROLOGIQUES.				Points lunaires.	Points solaires.	DÉCLINAISON de la Boussole.	REMARQUES.
Style Décadaire.	Style Grégorien.			Thermomètre.	Baromètre.	VENTS, État du ciel.					
An XI. Prairial. 23	1803. Juin. 13	13° 26′ 6″	*124° 54′ 39″	22d,8	28ᵖ 1ˡ,0	OSO. SO. SSE. ESE. E. Jolie brise; petit frais, ensuite calme le soir; beau temps.		C. aust.	Automne austral.	NO. 0	Mouille une ancre à 7 h. du soir, dans le NE. des îles Lesueur.
24	13	12. 51. 38.	*125. 3. 39.	22 ,5	28. 2 ,0	Calme; SO. NO. Fraîcheur variable; NNO. NNE. Petit frais; à la nuit, calme; beau temps.		♋		2° 0′	Appareillé 6 h. du matin; mouillé à 8 h. du soir, à 3 lieues de la côte.
25	14	14. 4. 42.	125. 28. 48.	22 ,8	28. 1 ,3	O. ONO. SO. SSE. ESE. NO. Brise foible et variable; beau temps.		P		0	Appareillé à 6 h. du matin.
26	15	13. 59. 50.	125. 55. 40.	20 ,5	28. 1 ,5	NO. O. SSE. SE. Joli frais; bon fr.; mollissant un peu à la nuit; beau temps.				0	
27	16	14. 19. 55.	125. 38. 27.	21 ,0	28. 2 ,0	SE. Joli frais inégal; après midi SE. E. Petit frais; calme à la nuit; beau temps.				1. 2.	A 8 h. du soir, mis à l'ancre dans l'ESE. de la montagne du Casuarina.
28	17	14. 6. 16.	125. 56. 32.	21 ,0	28. 2 ,5	Calme; SO. SE. Petit fr.; ESE. SO. SE. Presque calme; beau temps.				0	Mis sous voiles à 5 h. du matin; mouillé à 7 h. du soir dans le N. du banc des Méduses.
29	18	14. 24. 19.	125. 57. 45.	20 ,6	28. 2 ,5	SSE. ESE. Bon frais, par rafales; le soir la brise mollissant beaucoup; b. temps.				0. 3.	Mis sous voiles à 1 h. du matin.
30	19	13. 52. 18.	126. 25. 3.	20 ,0	28. 3 ,0	SE. ESE. Bon frais; SE. SSE. Joli frais inégal; beau temps.		●A	Constitution boréale.	1. 21.	
1.ᵉʳ Messidor.	20	13. 8. 27.	126. 53. 6.	19 ,0	28. 3 ,0	SE. Bon frais par rafales; à midi, ESE. NE. E. Foible et variable; beau temps.				0. 26.	
2	21	13. 35. 15.	126. 58. 18.	21 ,0	28. 2 ,5	ESE. E. NE. Joli frais; après midi, N. O. OSO. Très foible; à la nuit, calme plat; beau temps.				1. 4.	Navigué à vue des îles Barthélemy; mouillé le soir à 3 lieues de la côte.
3	22	13. 26. 55.	127. 8. 30.	23 ,0	28. 2 ,5	ESE. ENE. Petit frais; calme à midi; le soir foible brise du N. au NNO.; b. temps.		☉		1. 3.	Appareillé à 6 h. matin; mouillé à 7 h. du soir.
4	23	*13. 15. 7.	*127. 15. 44.	21 ,5	28. 2 ,5	NNO. SO. Joli frais; au jour, calme; NO. NNO. NNE. à midi, joli frais; NNO. S. SSO. SSE. petit fr. mêlé de calme; temps couvert; petite pluie par intervalles.			Hiver austral.	0	Appareillé à 5 h. matin; mouillé à 8 h. du soir dans l'O. de l'île Péron, à 3 lieues de distance.
5	24	12. 45. 4.	127. 36. 50.	21 ,0	28. 2 ,0	Calme; SSE. SE. E. Joli frais et petit frais; après midi, calme et légère brise très variable; beau temps.		४		0. 3.	Appareillé à 4 h. 30′ matin; jeté l'ancre à 10 h. du soir à grande distance de terre; c'est notre dernier mouillage sur les côtes de la Nouvelle-Hollande.
6	25	12. 25. 0.	127. 45. 37.	22 ,0	28. 2 ,0	Calme; S. SSE. SE. Joli frais, petit frais; à midi, calme; N. NO. OSO. Petit frais; E. ENE. NNE. Foible et varia.; b. temps, horizon brumeux.				0. 3.	Appareillé à 6 h. du matin.

Suite de la TABLE 25.ᵉ ROUTES DES CORVETTES FRANÇOISES À LA TERRE DE WITT.
3.ᵉ Campagne.

DATES.		LATITUDES Sud.	LONGITUDES Orientales.	OBSERVATIONS MÉTÉOROLOGIQUES.					DÉCLINAISON de la Boussole.	REMARQUES.
Style Décadaire.	Style Grégorien.			Thermomètre.	Baromètre.	VENTS, État du ciel.	Points lunaires.	Points solaires.		
An XI. 7 Messidor.	1803. 26 Juin.	12° 3' 11"	*127° 40' 25"	26ᵈ,5	28ᵖ2',5	NE. NNE. ENE. ESE. NNO. Joli frais et petit fr.; l'après-midi, SO. Bon fr. et joli fr.; ciel couv. et pluie; le soir, S. ESE. ENE. Joli fr. inégal, par grains avec pluie.	D	Constitution australe	Hiver austral	»	A la nuit, perdu de vue les t... de la Nouvelle-Hollan.'... pris notre dernier relève... au cap Helvétius.
8	27	11.20.27.	127.30.58.	21,5	28.2,3	ESE. E. ENE. E. NE. Petit fr. et joli fr., mollissant le soir; beau temps, ciel nuageux; grains à l'horizon; pluie le soir.	C.A			»	
9	28	10.25. 7.	127.32.14.	21,0	28.2,5	E. SE. SSE. Bon frais, ensuite calme; SE. Bon frais; ciel couvert; pluie le matin.				»	

TABLE 26.ᵉ ROUTES DES CORVETTES FRANÇOISES AU NORD DE LA TERRE D'ARNHEIM.

10 Messidor.	29 Juin.	* 9.48.39.	*127.50.30.	21,0	28.2,0	SE. SSE. ESE. Bon frais et joli frais; ciel couvert.		Constitution australe	Hiver austral	»	
11	30	9.43.33.	*127.40.32.	20,5	28.2,0	SE. ESE. SE. S. Bon frais par rafales inégales; temps sombre et couvert.				»	
12	1.ᵉʳ Juillet.	9.36. 0.	*127.20.24.	20,5	28.2,5	S. SSE. SE. Bon frais et grand frais par rafales; temps couv.; forte pluie presque continuelle.				»	
13	2	9.40.13.	127. 5.46.	19,0	28.1,5	SSE. SE. ESE. SE. Bon frais et joli frais, inégal et variable; temps couv.; pluie le matin.				»	
14	3	9.58.51.	128. 6. 9.	19,5	28.3,0	S. SSE. SE. Joli fr. et bon fr. inégal; le soir, SE. Petit fr.; ciel nuageux.	L			NE. 2° 0'	
15	4	9.44.10.	128.43. 2.	19,0	28.3,5	SE. Brise inégale et calme; le matin, joli frais par rafales; SSE. SE. Joli frais; ciel nuageux.				»	
16	5	8.55.48.	129.45.14.	20,8	28.2,3	SE. SSE. SE. Joli frais, par risées; ciel nuageux.	☉			»	
17	6	8.58.49.	130. 0.31.	20,7	28.2,0	SE. S. SE. SSE. SE. Joli frais; ciel nuageux.				1. 37.	
18	7	8.26.33.	131. 9.59.	20,0	28.2,0	SE. SSE. SE. Joli frais; temps couvert.				»	A 10 h. du soir, mis en route pour l'île de France.

TABLE 27.ᶜ Retour des corvettes françoises à l'Ile-de-France.

DATES.		LATITUDES Sud.	LONGITUDES Orientales.	OBSERVATIONS MÉTÉOROLOGIQUES.					Points lumineux.	Points solaires.	DÉCLINAISON de la Boussole.	REMARQUES.
Style Décadaire.	Style Grégorien.			Thermomètre.	Baromètre.	VENTS, État du ciel.						
An XI.	1803.			+							NE.	
19 Messidor.	8 Juillet.	9°10′44″	130°37′2″	22ᵈ,0	28¹2¹,5	SE. ESE. Bon frais et joli frais; ciel nuageux.			Consut. aust.		″	
20	9	9.41.2.	127.28.1.	21,5	28.2,0	ESE. Forte brise inégale; temps couvert; grains et pluie.					″	
21	10	10.11.56.	125.11.22.	22,0	28.2,5	E. ESE. Joli frais; beau temps.			P. ♌		1° 0′	
22	11	10.25.0.	123. 6. 4.	21,7	28.2,5	ESE. E. SE. ESE. Joli frais; beau temps.					0. 0. NO.	A 6 h. en vue de la côte SE. de l'île Timor.
23	12	10.16.15.	122. 6.46.	22,0	28.2,0	ESE. E. Petit frais et joli frais; beau temps.			☽		0. 30.	En vue de la côte de Timor, et ensuite de celle de Rottie.
24	13	10.25.35.	120.43.53.	22,4	28.2,3	ESE. ENE. E. ESE. SE. Petit frais et joli frais.					″	Traversé le détroit de Rottie dans la matinée; à midi, la pointe Occid. de l'île Cambi nous restoit au N. 13° E.
25	14	11. 6.51.	118.51.34.	22,5	28.3,0	SE. ESE. SE. Joli frais et petit frais; beau temps.						Doublé l'île Savu au S., à 9 lieues de distance.
26	15	12. 1.14.	116.38. 6.	21,5	28.3,0	SE. ESE. E. Joli frais; beau temps.					″	
27	16	13.33.54.	114.38.47.	21,5	28.2,7	E. ESE. SE. E. Joli frais et petit frais; beau temps.			λ		2. 0.	
28	17	12.20.53.	112.27.50.	21,7	28.2,5	E. Bon frais et joli frais; beau temps.				Constitution boréale.	2. 0.	
29	18	12.27.49.	110.13.30.	22,5	28.2,5	ESE. E. Bonne brise; ciel couvert; temps à grains; pluie l'après-midi.					″	
30	19	12.30.45.	107.39. 7.	21,5	28.2,0	E. Bonne brise et joli frais par risée; beau temps.		●			1. 0.	
1.ᵉʳ Thermidor.	20	12.38.45.	105.15.10.	22,5	28.2,0	E. Joli frais inégal; b. temps.				Hiver austral.	0. 0. NE.	
2	21	12.43.23.	102.47.59.	22,3	28.2,3	E. SE. ESE. Joli frais et bon frais; temps nuageux.			♋		1. 0.	
3	22	13.15. 0.	100.10.43.	22,0	28.1,5	E. Joli frais inégal; ciel nuageux.					1. 0.	
4	23	13.45. 0.	98. 9.59.	21,7	28.2,0	E. Joli frais et petit frais; pluie l'après-midi; à la nuit, ESE. SSE. NO. NNE. foible; temps à grains; pluie et orage; temps couvert.					″	
5	24	*14. 8.36.*	*96.47.35.*	22,0	28.0,5	N. NNE. E. SE. SSE. S. Variable en force; bon frais et joli frais, ensuite grand frais; temps à grains, pluie, rafales.			D	♌	″	A 9 h. du soir, le Géographe et le Casuarina se sont perdus de vue, et ne se sont plus rejoints qu'à l'île-de-France. Les routes suivantes, depuis le 25 juillet jusqu'au 7 août sont donc exclusivement celles du Géographe.
6	25	*14.14.36.*	94.13.21.	21,0	28.2,0	SSE. Grand frais par fortes rafales; grains; pluie; temps sombre.			A		″	

Suite de la **TABLE 27.**e **RETOUR DES CORVETTES FRANÇOISES À L'ILE-DE-FRANCE.**

DATES.		LATITUDES Sud.	LONGITUDES Orientales.	OBSERVATIONS MÉTÉOROLOGIQUES.					DÉCLINAISON de la Boussole.	REMARQUES.
Style Décadaire.	Style Grégorien.			Thermomètre.	Baromètre.	VENTS, État du ciel.	Points lunaires.	Points solaires.		
An XI.	1803.									
7 Thermidor.	26 Juillet.	14°30' 3"	91°52'58"	20°,5	28P 2l,5	SSE. Bon frais par rafales, temps à grains ; pluie.				
8	27	15. 3.19.	88. 15.46.	20,5	28. 2,5	SE. Grand frais par rafales ; temps sombre et couvert ; pluie.	☾			
9	28	15.39.28.	84. 43.50.	20,0	28. 3,0	SE. ESE. SSE. Bon frais par risées ; ciel nuageux ; pluie avant le jour.				
10	29	16.18.43.	81. 12.14.	20,0	28. 4,0	SE. Bon f..s et joli frais inégal ; ciel nuageux ; le soir légères grenasses avec quelques gouttes de pluie.	Constitution australe.	Hiver austral.	NO. 2° 30'	
11	30	16.58.34.	78. 4.27.	20,0	28. 3,7	ESE. SSE. SE. Joli frais ; ciel nuageux ; pluie par intervalles.			2. 30.	
12	31	*17.47.34.	74. 34. 2.	19,0	28. 3,0	SE. ESE. Vent bon frais ; temps couvert ; grains et pluie.				
13	1.er Août.	18.30.42.	71. 18.11.	19,0	28. 4,0	E. ESE. Bon frais ; temps à grains ; pluie le matin.				
14	2	19.26.48.	68. 0.11.	19,2	28. 4,5	E. SE. E. Bon frais et joli frais ; temps à grains et pluie le matin.			6. 58.	
15	3	20. 8.10.	65. 13.28.	19,3	28. 4,0	E. ESE. SE. Joli frais ; beau temps ; ciel nuageux.	☉		6. 58.	
16	4	20. 3. 0.	62. 28.24.	19,0	28. 5,0	ESE. SE. S. SSE. SE. Ciel nuageux ; pluie le soir.	☋			A 6 h. du soir, vu l'Île Rodrigue dans le N. 60° O.
17	5	19.48.44.	58. 47.43.	19,0	28. 5,0	Jusqu'à midi, SE. ESE. SE. Bon frais inégal ; grains et pluie.				A midi, fait la remise de tous nos journaux entre les mains du Commandant.
18	6	*19.56.15.	*56. 52. 0.	»	»	....	P.A		»	
19	7	△20. 8.30.	△55. 6.30.	»	»	....	Constit. bor.		»	Arrivé à l'Île-de-France, et mouillé à l'entrée du port Nord Ouest.

N. B. La connaissance des routes d'un vaisseau n'est intéressante qu'autant qu'on peut y rattacher des observations utiles, soit aux progrès de la géographie, soit à ceux de la physique ou de la navigation. La traversée de la corvette *le Géographe*, de l'Île-de-France en France, n'offrant aucun fait de ce genre, il m'a paru convenable de terminer ici le tableau des routes de ce bâtiment.

§. 2.

ROUTES PARTICULIÈRES DE LA CORVETTE *LE NATURALISTE*, *et principales Observations physiques et météorologiques faites à bord de ce bâtiment.*

Quoique *le Naturaliste* ait été souvent séparé de sa conserve pendant le voyage, je n'ai pas cru devoir, cependant, donner la totalité de ses routes; je me suis borné à celles qui ont été employées dans la construction de nos cartes; les autres n'offroient qu'un foible intérêt, et je les ai omises pour éviter des longueurs inutiles. La rédaction des tables qui les contiennent est, au reste, tout-à-fait semblable à celle des tables qui précèdent; à l'exception, toutefois, de la colonne de l'hygromètre, qui a été supprimée, parce qu'il n'existoit point d'instrument de ce genre sur *le Naturaliste*.

TABLE 28.ᵉ ROUTES DU *NATURALISTE* À LA TERRE D'ÉDELS.

DATES		LATITUDES Sud.	LONGITUDES Orientales.	OBSERVATIONS MÉTÉOROLOGIQUES					DÉCLINAISON de la Boussole.	REMARQUES.
Style Décadaire.	Style Grégorien.			Thermomètre.	Baromètre.	VENTS, État du ciel.	Points lunaires.	Points solaires.		
An IX.	1801.			+					NO.	
Messidor. 9	Juin. 28	*31°49′59″	*113°10′45″	14ᵈ,8	28ᵖ3′,0	NE. ENE. NNE. ESE. SE. Joli frais ; temps nébuleux et par grains.	P		a	Appareillé à 9 h. 30 d. ... de la rade de l'Île p... où nous étions mouillés... 31° 58′ 27″ de lat. ... 113° 15′ 40″ de l...
10	29	31.10.16.	△113. 5.32.	15 ,0	28.3 ,0	SSE. S. SSE. SE. ENE. Joli frais le matin, ensuite petit frais ; beau temps.			a	En vue de l'île Lancelin ... continent de la Nouv.-Hollande.
11	30	*30.48.11.	△113. 42.48.	16 ,0	28.3 ,0	ENE. N. NNE. NNO. Joli frais et bon frais par rafales ; temps à grains le soir.			4° 42′	
12	1.ᵉʳ Juillet.	30.39.39.	△112. 54.12.	16 ,0	28.2 ,5	NO. OSO. O. ONO. Petit frais ; calme le soir ; temps couvert.			a	En vue de l'île Bouli... du continent voisin.
13	2	31.10. 0.	*113. 17.16.	16 ,0	28.1 ,0	NO. NNO. NNE. NNO. N. Par rafales bon frais et joli frais ; temps couvert.	♌ ♌		5. 22.	
14	3	*31.56.42.	*111. 22.15.	12 ,0	27.7 ,0	N. NNO. N. ONO. O. Grand frais par rafales ; grains et pluie.	☽		a	
15	4	32. 1. 0.	*111. 28.35.	14 ,0	27.10,0	O. OSO. SO. Grand frais et bon frais par rafales ; temps à grains.			a	
16	5	31. 1. 0.	*112. 0.38.	16 ,0	28.2 ,0	O. NNO. NO. ONO. Joli frais ; le soir, vent petit frais du NO. ; temps nuageux.			a	
17	6	30.31. 0.	△113. 35.36.	16 ,0	28.2 ,0	NO. N. O. ONO. NO. Joli frais par rafales ; temps à grains ; pluie.			7. 15.	
18	7	*30.12.47.	*113. 11.50.	15 ,0	28.0 ,0	NO. ONO. O. OSO. Bon frais et joli frais ; rafales ; grains ; pluie.			7. 19.	
19	8	29.24.40.	△111. 42.38.	17 ,0	28.5 ,0	OSO. SO. SSO. SE. Joli frais ; à la nuit, petit frais ; ciel couvert.			a	En vue des Abrolhes.
20	9	28.51.16.	△111. 44.54.	15 ,0	28.5 ,0	SSO. OSO. ESE. E. ENE. ESE. Petit frais ; beau temps.	♌		7. 0.	L'amplitude ortive a donné 5° 50′, et l'amplitude occase 8° 13′ de déclinaison N-... celle que l'on a notée ici est la moyenne des deux.
21	10	28.11.43.	△111. 20.17.	16 ,0	28.5 ,0	ESE. E. SE. ESE. Petit frais ; beau temps.	♌		5. 54.	Cette déclinaison est moyenne de plusieurs observations.
22	11	27.42. 0.	△111. 29.33.	17 ,0	28.3 ,5	E. ENE. N. NNE. Joli frais et petit frais ; beau temps.	☉		5. 48.	En vue de la pointe Rouge et de la baie Gantheaume.
23	12	*27.38.20.	△112. 59.16.	17 ,5	28.0 ,0	NE. NNE. N. NNO. O. SO. Bon frais ; grains et pluie.			a	

Suite de la TABLE 28.ᵉ ROUTES DU *NATURALISTE* À LA TERRE D'ÉDELS.

DATES		LATITUDES Sud.	LONGITUDES Orientales.	Thermomètre.	Baromètre.	VENTS, État du ciel.	Points lunaires.	Points solaires.	DÉCLINAISON de la Boussole.	REMARQUES.
Style Décadaire.	Style Grégorien.									
An IX.	1801.								NO.	
24 Messidor.	13 Juillet.	⁎ 27°35′2″	⁎ 110°40′2″	17ᵈ,0	27ᵖ11ˡ,0	Calme; folles *** . NNF. NE. Bon frais par grains; le soir, calme; pluie continuelle.	Constitution boréale.	Hiver austral.	"	
25	14	⁎ 27.50.40	△ 111.11.42	16,0	27.11,0	Calme plat; le soir, SO. OSO. Petit frais; pluie continuelle.			"	
26	15	27. 2. 0.	△ 111. 5.20	17,7	28. 3,0	OSO. SO. SSO. Petit frais, joli frais; ciel couvert.			5° 45′	Depuis quatre jours, les courans nous ont poussés d'environ 30 milles dans le Sud.
27	16	25.40.40	△ 110.31. 0.	16,0	28. 3,0	SE. ESE. E. SSO. SSE. Joli frais; beau temps.			6. 40.	En vue de l'île Dick-Hartighs.
28	17	25.27. 0.	△ 110. 46. 20.	"	"	SE. ESE. S. Joli frais; petit frais le soir, beau temps.	D. & C. austr.		"	Mouillé à la baie des Chiens-Marins, le 17 juillet à 8 h. du soir.

TABLE 29.ᵉ SÉJOUR DU *NATURALISTE* À LA BAIE DES CHIENS-MARINS.

									NO.	
29	18 Juillet.	25.28. 9.	△ 110. 47. 29.	"	"	Calme; N. NNO. Petit frais; beau temps; le soir, grains du SO. au NO., joli frais par rafales; horizon noir et chargé de nuages.		Hiver austral.	"	Latitude moyenne conclue de cinq hauteurs méridiennes du soleil observées à bord. Dans la journée du 18 juillet, on a changé de mouillage.
30	19		À L'ANCRE DANS LA BAIE DES CHIENS-MARINS.	"	28. 0,0	O. OSO. Joli frais; temps à grains avec pluie.	C		"	
1.ᵉʳ Thermidor.	20			15,0	28. 1,7	O.SSO. ONO. S. SSO. ESE. Bon frais par rafales; horizon gras; temps à grains.	Constitution australe.		"	
2	21			14,2	28. 3,0	ESE. SE. SSE. Joli frais; beau temps.			"	
3	22			"	"	ESE. SSE. SE. Joli frais; beau temps.			"	
4	23			16,8	28. 3,	ESE. Joli frais; à midi ESE. et SE., presque calme; beau temps.			"	
5	24			17,8	28. 3,0	SE. ESE. Joli frais; à midi, SO. presque calme, beau temps.	J.		"	
6	25			"	"	Calme plat; NE. SO. O. Petit frais; ciel nébuleux.	O.P		"	
7	26			19,0	28. 2,3	O. Petit frais; NE. Joli frais; calme plat le soir; ciel nébuleux, pluie le soir.			"	
8	27			"	28. 1,5	E. SSE. SO. Joli frais; temps couvert; grains avec pluie.			"	

Suite de la TABLE 29.ᵉ SÉJOUR DU *NATURALISTE* À LA BAIE DES CHIENS-MARINS.

DATES.		LATITUDES Sud.	LONGITUDES Orientales.	OBSERVATIONS MÉTÉOROLOGIQUES.			Points lunaires.	Points solaires.	DÉCLINAISON de la Boussole.	REMARQUES.
Style Décadaire.	Style Grégorien.			Thermomètre.	Baromètre.	VENTS, État du ciel.				
An IX. 9	1801. 28 Juillet			16ᵈ,0	28ᵖ3′,5	SO. SE. SSE. Joli frais; ciel nuageux.	C. aust.		NO.	
10 Thermidor	29		À L'ANCRE	16,0	28.3,6	ESE. ENE. Petit frais; presque calme le soir; beau temps; ciel nuageux.	♌. ☊		″	
11	30			16,5	28.1,0	Calme; N. NO. Petit frais; OSO. SO. Bon frais par fortes rafales; ciel couvert; horizon brumeux.			″	
12	31 ⇨	*25°29′6″	*110°51′75″	″	″	SO. S. Bon frais par rafales; SSO. Joli frais; SO. S. SSE. temps à grains avec pluie.			″	Changé de mouillage.
13	1.ᵉʳ Août		À L'ANCRE	″	″	ESE. S. Petit frais; calme; beau temps.	☽		″	
14	2			16,8	28.6,0	SE. Petit frais; calme; SSE. Joli frais; beau temps.			″	
15	3	*25.34.42	*111.1.50	16,0	28.5,0	SSE. SE. ESE. E. Joli frais; E. ESE. S. SSE. Petit frais; beau temps.		Hiver austral.	″	Changé de mouillage.
16	4 ⇨	25.32.35	△111.8.20	″	″	SSE. Petit frais; calme; SO. O. ONO. Petit frais; beau temps.	Constitution boréale.		″	Changé de mouillage pour nous rapprocher de la presqu'île Péron.
17	5			″	″	ONO. N. Petit frais, presque calme; beau temps.			″	L'eau de la mer est d'une telle transparence, qu'on voit très-distinctement l'ancre qui est sur le fond, malgré que la profondeur soit de 6 brasses.
18	6		À L'ANCRE DANS LA BAIE DE DAMPIER, SUR LA PRESQU'ÎLE PÉRON	″	″	NO. Foible; SO. SSE. Bon frais; S. SSE. Petit frais; b. temps.	♐		″	
19	7			17,0	28.3,0	SSE. Petit frais; calme; beau temps. Le soir, OSO. SO. par légères rafales; temps à grains.	A		″	
20	8			″	28.3,0	SO. SSO. ESE. SSO. Petit frais; temps nuageux; le soir, calme plat; beau temps.			″	
21	9			″	″	SE. Petit frais; à midi, calme; le soir, SSO. et S. Joli frais; ciel nuageux.			″	
22	10			16,0	28.5,0	S. SSE. Joli frais; ciel nuageux.	●		″	
23	11			″	″	SE. S. SSE. Joli frais et petit frais; beau temps.			″	
24	12			″	28.3,0	SSE. ESE. S. Petit frais; joli frais; beau temps.			″	
25	13			16,5	28.2,5	SSE. SE. S. SSO. Petit frais; S. SSE. Joli frais; bon frais; beau temps; ciel nuageux.	D. ♋	Constit. australe.	″	
26	14			13,5	28.5,0	SSE. Joli frais et bon frais par rafales; beau temps.			″	
27	15			″	″	SSE. SE. Bon frais par rafales; beau temps.			″	

LIVRE IV. *Résultats généraux.* 531

Suite de la **TABLE 29.**ᵉ Séjour du *Naturaliste* à la Baie des Chiens-Marins.

DATES.		LATITUDES Sud.	LONGITUDES Orientales.	OBSERVATIONS MÉTÉOROLOGIQUES.			Points lunaires.	Points solaires.	DÉCLINAISON de la Boussole.	REMARQUES.
Style Décadaire.	Style Grégorien.			Thermomètre.	Baromètre.	VENTS, État du ciel.				
An IX. 28 Thermidor. 29 30 1.ᵉʳ Fructidor. 2 3 4 5 6 7 8 9 10 11 12 13 14 15 16	1801. 16 Août. 17 18 19 20 21 22 23 24 25 26 27 28 29 30 31 1.ᵉʳ Septembre. 2 3	....À L'ANCRE DANS LA BAIE DE DAMPIER, SUR LA PRESQU'ÎLE PÉRON..........		+0 14,0 0 16,0 0 0 16,0 0 0 0 17,5 17,5 16,0 0 16,0 17,0 16,0 19,0 18,0	0 28ᵖ 4ᵖ,5 28. 4,5 28. 4,0 0 0 28. 3,5 0 0 0 28. 4,0 28. 2,0 28. 3,0 0 28. 4,0 28. 5,0 28. 3,5 28. 2,5 28. ,0	SE. Joli frais par rafales; beau temps. SE. ESE. SE. Bon frais, joli frais et petit frais, b. temps. SE. E. SE. ENE. Petit frais; beau temps. NE. N. NO. O. Petit frais; beau temps. O. OSO. Petit frais; SO. Bonne brise; à midi, calme; le soir, petite fraîcheur de NE.; beau temps. S. SE. Joli frais; à midi, calme; SE. S. Petit frais; SSO. S. Joli frais; beau temps; ciel nuageux. Calme; petit frais de l'E. à l'O. par le N.; beau temps. SE. SSO. S. ENE. NE. Petit frais; SO. Joli frais; temps couvert dans la matinée, ensuite beau temps. SSO. S. SE. Petit frais jusqu'à midi; S. SO. Joli frais; beau temps. S. SE. SSO. Joli frais; le soir, vent par rafales; beau temps. SSO. SSE. SO. S. Joli frais; beau temps. SSO. S. SSO. Joli frais; temps brumeux. SSO. Joli frais; beau temps. SSO. Joli frais; beau temps. S. Bon frais; temps couvert, avec pluie le matin. SSE. SE. S. Bon frais; joli frais; petit frais; ciel nuageux. E. Bon frais; calme à midi; OSO. SSO. Foible; beau temps. SO. OSO. Petit frais; beau temps. SO. OSO. O. Petit frais; OSO. Bon frais par grains, avec pluie.	☽ ☾ L P ☉ ♏ ☋ ♌ Constitution boréale... ☽ ♈ A	Constitution australe... Hiver austral.	NO. 0 0 0 0 0 0 0 0 0 0 0 5° 31' 0 0 0 0 0 0	Cette déclinaison observée à bord est moyenne d'un grand nombre de résultats obtenus pendant notre séjour au mouillage. À l'observatoire du Naturaliste, sur la presqu'île Péron. Latitude S... 25° 35' 5'' Longitude E. P. 111. 14. 37. *Déviations magnétiques.* Déclinaison... 5° 8' 10'' NO. Inclinaison... 52. 30. 0.

TABLE 30.ᵉ TRAVERSÉE DU *NATURALISTE* DE LA BAIE DES CHIENS-MARINS À TIMOR.

DATES		LATITUDES Sud.	LONGITUDES Orientales.	OBSERVATIONS MÉTÉOROLOGIQUES.				Points lunaires.	Points solaires.	DÉCLINAISON de la Boussole.	REMARQUES.
Style Décadaire.	Style Grégorien.			Thermomètre.	Baromètre.	VENTS,	État du ciel.				
An IX.	1801.										
17 Fructidor.	4 Septembre.	△25°32′ 0″	△110°59′ 0″	16′,0	28ᵖ3¹,0	SO. SSO. Bon frais par rafales; S. Joli fr.; temps par grains; il s'est embelli le soir.		Constitution boréale......		NO.	Appareillé de la baie des Chiens-Marins à 10. h. du matin.
18	5	23. 27. 34.	110. 23. 5.	19 ,0	28. 3 ,0	S. SE. Joli frais; S. SSE. Bon frais; ciel nuageux.				5° 5′	Coupé le tropique du Capricorne à midi 6′.
19	6	20. 43. 26.	110. 40. 20.	18 ,5	28. 4 ,0	SSE. SE. Bon frais; ESE. Joli frais; beau temps.				0	
20	7	18. 35. 0.	111. 52. 25.	19 ,5	28. 2 ,0	ESE. SSE. SE. Bon frais, mollissant graduellement jusqu'au soir; à minuit, calme plat.				0	
21	8	17. 33. 0.	112. 39. 47.	20 ,0	28. 3 ,0	Calme; SSE. Foible brise; beau temps.		●		0	
22	9	17. 4. 0.	113. 30. 7.	20 ,7	28. 2 ,0	Calme; SSE. S. SE. Petit frais, mollissant le soir; b. temps.		D. ♈		5. 0.	
23	10	16. 25. 0.	114. 19. 11.	21 ,3	28. 3 ,0	SE. Variable au SSE.; presque calme; beau temps.				3. 50.	
24	11	15. 32. 0.	115. 50. 17.	21 ,0	28. 3 ,0	SE. SSE. Petit frais; SSE. Joli frais; le soir bon frais; à minuit, petit frais; b. temps.			Hiver austral.	3. 35.	
25	12	14. 30. 0.	117. 13. 30.	21 ,0	28. 3 ,0	SE. ESE. SE. Joli frais; variable en force; beau temps; ciel nuageux.				2. 49.	
26	13	13. 7. 0.	118. 4. 35.	21 ,9	28. 2 ,5	SE. ESE. Bon frais, ensuite joli frais; beau temps.				2. 30.	
27	14	11. 54. 0.	118. 29. 54.	22 ,2	28. 2 ,5	E. ESE. SE. Joli frais; beau temps.				0	
28	15	✱10. 57. 0.	△118. 48. 0.	22 ,4	28. 2 ,0	SE. ESE. SE. Joli frais; beau temps.		C		2. 0.	A midi on étoit dans le SSO de Nouveau-Savu, à six ou sept milles de distance.
29	16	10. 25. 15.	△119. 16. 15.	22 ,5	28. 2 ,5	SE. ENE. ESE. E. Foible brise; SE. Joli frais; beau temps.				1. 30.	Passé dans le détroit qui sépare l'île Savu de l'île Benjoar. Nous y avons trouvé un fort courant venant du Nord.
30	17	9. 51. 0.	120. 2. 7.	22 ,8	28. 2 ,0	SE. ESE. Petit frais; avant midi, calme; SE. S. SSE. Petit frais; beau temps.		Constitution australe.		0	
1ᵉʳ. Complémentaires.	18	9. 52. 0.	120. 2. 12.	22 ,8	28. 1 ,5	SE. E. Petit frais; NO. ONO. S. Presque calme; SE. SSE. Petit frais; beau temps.				0. 3.	
2	19	10. 17. 0.	120. 10. 20.	22 ,3	28. 2 ,5	SE. ENE. ESE. ENE. NE. Presque calme; le soir SSE. SE. joli frais; beau temps.		P		0. 0. NE.	
3	20	10. 11. 0.	✱120. 38. 0.	21 ,8	28. 1 ,0	SE. ESE. Joli frais; au jour, E. très-foible brise; à midi, calme plat; UNO. SO. SE. Presque calme; NO. Joli frais; le soir, calme.				0. 5.	En vue des îles Rottie, Sumà et Timor.
4	21	△10. 8. 48.	△121. 15. 16.	0	0	E. ESE. SE. NE. SSO. SE. ENE. E. Petit frais; beau temps.				0	Mouillé dans la baie de Coupang, sur l'île de Timor, à une heure du soir.

LIVRE IV. Résultats généraux.

TABLE 31.e Routes du *Naturaliste* dans le détroit de Banks et dans celui de Bass. 1.re Campagne.

DATES.		LATITUDES Sud.	LONGITUDES Orientales.	OBSERVATIONS MÉTÉOROLOGIQUES.					DÉCLINAISON de la Boussole.	REMARQUES.
Style Décadaire.	Style Grégorien.			Thermomètre.	Baromètre.	VENTS, État du ciel.	Points funaires.	Points solaires.		
An X.	1802.			+					NE.	
17 Ventôse.	8 Mars.	△41° 8′ 15″	△146° 20′ 0″	13°,7	28P 3l,0	SSO. S. Bon frais ; joli frais ; S. SE. ENE. Petit frais ; après midi, NE. N. NNO. NO. O. Joli frais ; beau temps.			*a*	
18	9	40. 25. 0.	146. 26. 42.	13 ,3	27. 11,0	O. OSO. SO. O. Bon frais ; le soir , SE. SSO. Petit frais et joli frais ; ciel nuageux.			7° 46′	
19	10	△40. 42. 42.	△146. 4. 24.	*a*	*a*	SSO. S. SE. Bon frais ; à la pointe du jour, presq. calme; le soir, NNE. N. Jolie brise ; beau temps.			*a*	Mis à l'ancre auprès de l'île Swan, à 2 h. après midi.
20	11 →	40. 39. 0.	145. 55. 36.	*a*	*a*	N. NNO. NNE. Joli frais ; NNO. NNE. NE. N. Bon frais ; beau temps.	☾		*a*	Le vent a fraîchi à minuit, au revirement de la marée.
21	12			*a*	*a*	N. NO. Bon frais ; SSO. ESE. NE Petit frais ; N. NO. Joli fr. ; après midi, ONO. O. NO. Petit frais, mollissant le soir graduellement ; beau temps.			*a*	
22	13	À L'ANCRE DANS LE DÉTROIT DE BANKS.		*a*	*a*	Calme presque toute la journée; légères fraîcheurs du NNE. à l E. ; beau temps.	Constellation boréale.	Été austral.	11. 13.	Cette variation de la boussole, observée par M. HAMELIN quoique moyenne entre sept observations azimuthales, me paroît un peu forte; M. BRETON, dans le même lieu, n'a trouvé que 9° 39′.
23	14			14 ,3	28. 1 ,0	SE. ESE. Bon frais, par fortes rafales ; ciel nuageux.			9. 59.	À 6 h. du soir, appareillé et mis à la cape, après avoir perdu deux ancres dont les câbles ont cassé. M. HAMELIN a trouvé seulement 8° 25′ de déclinaison par l'amplitude occase.
24	15	*40. 36. 12.	* 145. 35. 36.	*a*	28. 1 ,0	ESE. E. ESE. Bon frais et joli frais ; ciel couvert ; horizon gras ; grains fréquents ; temps orageux, tonnerre, pluie.	A		*a*	Louvoyé dans le détroit de Banks jusqu'au 19 mars.
25	16	40. 40. 22.	145. 3. 36.	*a*	28. 1 ,0	ESE. SE. E. ENE. Bon frais et quelquefois joli frais ; ciel nuageux ; grains par intervalles.			*a*	Le mauvais temps qui a eu lieu depuis le 14 mars jusqu'à ce jour, n'a pu faire varier le baromètre, qui s'est tenu constamment à 28 po. 1 lig.
26	17	40. 41. 42.	△ 145. 11. 18.	14 ,0	28. 5 ,0	ESE. E. Bon frais et joli frais ; ciel nuageux ; à la nuit, grain avec pluie.			*a*	
27	18	△40. 45. 6.	△145. 24. 12.	14 ,7	21. 3 ,0	ENE. E. SE. ENE. ESE. Joli frais ; ciel nuageux ; grains et pluie par intervalles.			*a*	
28	19	△40. 39. 30.	△145. 53. 48.	16 ,0	28. 1 ,0	SE. ENE. Foible ; calme plat ; ONO. OSO. NO. O. Joli frais , le soir , S. SSO. SE. Petit frais ; ciel nuageux.	O.D. & Cons. aus.		*a*	

yyy

TABLE 32.e *Suite des* ROUTES DU *NATURALISTE* DANS LE DÉTROIT DE BANKS ET DANS CELUI DE BASS. 1.re Campagne.

DATES.		LATITUDES Sud.	LONGITUDES Orientales.	OBSERVATIONS MÉTÉOROLOGIQUES.				Points lunaires.	Points polaires.	DÉCLINAISON de la Boussole.	REMARQUES.
Style Décadaire.	Style Grégorien.			Thermomètre.	Baromètre.	VENTS, État du ciel.					
An x.	1802.			+						NE.	
9 Germinal.	30 Mars.	△40°43′12″	△146° 10′12″	13°,5	28p,8l,0	ESE. S. E. NE. ESE. Foibles et presque calmes ; beau temps.			Constitution australe.	9° 12′	En vue de l'île Swan.
10	31	40.41.28	△146.11.42	15,0	28.8,0	Presque calme ; fraîcheurs de tous les points de l'horizon ; beau temps.				10. 6.	A 7 h. du soir, mis à l'ancre auprès de l'île Swan.
11	1.er Avril.	*40.41.04	*145.45.24	14,7	28.8,0	Calme ; au jour, foible brise du SB. à l ENE. ; l'après-midi, vent petit frais de l'E. au NNE. ; beau temps.		P. a		9. 42.	Appareillé à 6 h. 1/a du matin, pour gagner le mouillage devant Waterhouse ; nous y sommes arrivés à 6 h. du soir.
12	2	40.45.14	145.30.12	0	0	N. ESE. ENE. Petit frais ; beau temps.		△		8. 51.	L'amplitude ortive a donné 8° 39′, et l'amplitude occase 5° 9′ pour la déclinaison de l'aimant. On n'a port. ci-contre que la moyenne.
13	3	A l'ancre devant l'île Waterhouse.		17,7	28.6,0	E. ESE. ENE. E N. Petit frais ; beau temps.		●		9. 58.	
14	4			0	0	N. NNO. NNE. N. NO. Presque calme et calme ; beau temps.			Automne austral.	10. 0.	
15	5			0	0	Calme ; ENE. ESE. NNE. Foible brise ; ciel nuageux.				0	
16	6	*40.42.26	*145.25.29	14,0	28.1,0	Calme et folles vents de N. à l'O ; ciel couvert et temps brumeux ; pluie continuelle.				0	Appareillé pour nous rendre devant le port Western.
17	7	*40.50.45	*144.38.23	0	28.2,0	S. SE. ESE. Joli frais ; temps couvert, pluie dans l'après-midi.			Constitution boréale.	0	
18	8	△39.21.0	△144.8.30	0	0	ESE. ENE. E. Joli frais et bon frais ; ciel nuageux, temps gras.		△		8. 36.	
19	9	38.47.0	△143.11.18	0	27.11,0	ESE. NNE. Joli frais ; à midi, calme ; puis ; fraîcheurs du SSE. au S. et à l'E. ; temps couvert et pluie le matin, ensuite beau temps.				0	Arrivé devant le port Western, en vue duquel nous avons louvoyé jusqu'au 17 avril au soir.
20	10	38.39.0	△142.58.28	0	0	Calme ; petites fraîcheurs de différents points du compas ; l'après-midi ; ONO. SO. S. petit frais ; beau temps ; le soir, éclairs dans le NE. ; horizon un peu brumeux.		☾		8. 55.	Cette variation de la boussole est moyenne entre quatre observations d'azimuth.

Suite de la TABLE 32.ᵉ ROUTES DU *NATURALISTE* DANS LE DÉTROIT DE BANKS ET DANS CELUI DE BASS. 1.ʳᵉ Campagne.

DATES.		LATITUDES Sud.	LONGITUDES Orientales.	OBSERVATIONS MÉTÉOROLOGIQUES.			Points lunaires.	Points solaires.	DÉCLINAISON de la Boussole.	REMARQUES.
Style Décadaire.	Style Grégorien.			Thermomètre.	Baromètre.	VENTS, État du ciel.				
An X.	1802.			+					NE.	
21 Germinal.	11 Avril.	38°55′42″	△143° 8′24″	»	»	Petit frais du SSO. à l'O. Interrompu par des calmes fréquens ; beau temps ; ciel nuageux.		Constitution boréale...	8° 6′	
22	12	38.39. 0.	△142.55. 6.	»	»	Petit frais du OSO. NNO. NO. O. S. SSE., Interrompu par des calmes ; temps couvert ; pluie ; le soir, éclairs extraordinaires dans le NE.	A		7. 24.	
23	13	△38.45. 0.	△143. 7.36.	»	»	S. SSO. Bon frais par risées ; joli frais le soir ; ciel nuageux.		Automne austral.	7. 24.	
24	14	△38.41.30.	△143. 2. 0.	»	28ᵖ4ˡ,0	S.SO. Petit frais et foible brise ; l'après-midi, calme ; beau temps, ciel nuageux.			8. 10.	
25	15	△38.36.18.	△142.55.18.	»	28. 3 ,0	Calme ; ESE. SE. E. Joli fr. ; temps couvert.	☉		8. 0.	
26	16	38.45. 0.	△142.58.24.	»	»	NE. E. ENE. Bon frais ; joli frais le soir ; beau temps.	D	Constitution australe...	7. 2.	
27	17	38.42.17.	△143.10. 0.	13ᵈ,1	28. 3 ,0	ENE. NE. Petit frais ; ONO. NO. OSO. Bon fr. ; O. SO. Joli frais ; beau temps.			7. 11.	A 8 h. du soir, mis en route pour le Port Jackson.
28	18	✱39. 7.32.	✱143.55.44.	»	28. 3 ,0	SO. SSO. Petit frais ; dans la matinée, calme jusqu'au soir ; ciel nuageux.			7. 14.	
29	19	39.14.25.	△144.27.24.	»	29.0 ,0	N. NE. NO. NE. O. SO. Joli frais ; beau temps ; ciel nuageux.			7. 30.	A 11 h. du matin, doublé le promontoire de Wilson, à une lieue de distance.
30	20	37.57. 0.	△146.40. 0.	»	27. 9,0	SO. NO. ONO. OSO. NO. Grand frais et bon fr. ; temps couvert et à grains.			7. 26.	A 6 h. du soir, en vue du cap Howe.

§. 3.

ROUTES PARTICULIÈRES DE LA GOËLETTE *LE CASUARINA*, et principales Observations physiques et météorologiques faites à bord de ce bâtiment.

J'AI réduit les routes particulières du *Casuarina* à celles qu'il a courues dans le détroit de Bass, aux îles Hunter, à la Terre Napoléon et à la Terre de Nuyts. Les autres, n'étant pas d'un intérêt assez majeur pour trouver place ici, ont été supprimées.

La disposition de ces tables ne diffère des précédentes qu'en ce qu'elles n'ont point les colonnes du thermomètre, du baromètre et de la déclinaison de la boussole.

TABLE 33.ᵉ ROUTES DU *CASUARINA* DANS LE DÉTROIT DE BASS ET AUX ÎLES HUNTER.

DATES.		LATITUDES Sud.	LONGITUDES Orientales.	OBSERVATIONS MÉTÉOROLOGIQUES. VENTS, État du ciel.	Points lunaires.	Points solaires.	REMARQUES.
Style Décadaire.	Style Grégorien.						
An XI.	1802.						
11 Frimaire.	2 Décembre.	39° 28′ 39″	146° 1′ 10″	NE. Joli frais ; calme la nuit ; ciel nuageux.	C. austr.		En vue de la partie N. des îles Furneaux.
12	3	*39. 24. 45.	*144. 49. 24.	Presque calme ; fraîcheurs variables ; SSE. SSO. Petit frais ; SO. OSO. Bon fr. ; temps couvert.	☾ P		
13	4	*39. 11. 0.	*144. 35. 18.	OSO. Bon frais et joli frais ; ciel nuageux.			À 10 h. du soir passé à l'O. au vent et à un jet de pierre de l'îlot du Coin-de-Mire ; les courants nous portaient fortement à l'O.
14	5	*39. 41. 36.	*144. 8. 48.	SO. S. SSE. Joli frais ; au jour calme ; E. ENE. NE. Joli frais ; ciel nuageux ; horizon gras.			
15	6	*40. 14. 42.	*141. 57. 20.	ENE. ONO. OSO. NO. SO. Bon frais ; temps à grains ; pluie.			À 6 h. du matin, découvert un îlot de roches qui gît dans l'E. et par la latitude de la partie S. de l'île King. Mouillé devant l'île King à 7 h. du soir.
16	7 →	39. 53. 0.	142. 8. 27.	Calme ; à midi, SSO. et S. Petit frais ; beau temps.			Au mouillage dans la baie des Éléphans sur l'île King. Appareillé à 2 h. après midi pour aller aux îles Hunter. À 7 h. du soir nous en avons eu connoissance dans le SSE.
17	8	*40. 4. 58.	*142. 46. 4.	Calme et fraîcheurs du S. au SSE. ; ciel nuageux.			
18	9	△40. 17. 18.	△142. 23. 13.	Calme ; SSO. S. Joli frais ; temps couvert ; horizon gras.	O	Constellation boréale.	
19	10	*40. 24. 38.	*142. 40. 16.	SSO. OSO. S. Bon frais et joli frais ; temps couvert.	☽		Mouillé à 3 h. du soir dans l'E. du cap Kéraudren, sur l'île Fleurieu.
20	11 →	40. 25. 40.	142. 39. 24.	S. OSO. SO. Bon frais ; joli frais et petit frais ; beau temps.		Printemps austral.	À l'ancre dans l'E. du cap Kéraudren. Appareillé à 2 h. après midi ; mouillé dans la baie Coulomb, sur l'île Three Hummock, à 6 h. 30′ du soir.
21	12	*40. 40. 30.	*142. 28. 18.	ENE. Joli frais ; bon frais et grand frais par rafales ; temps couvert ; pluie le soir.			Remis sous voiles à 4 h. du matin.
22	13	*41. 25. 36.	*142. 26. 0.	ENE. NNE. Joli frais ; NNO. ONO. Petit frais le soir ; pluie.			À vue de la côte Occidentale de la Terre de Diémen, depuis le 13 jusqu'au 24 décemb.
23	14	*41. 10. 30.	*142. 23. 24.	SO. OSO. Foible brise ; après midi, calme ; le soir, fraîcheurs du N. à l'ENE. ; temps couvert et brumeux ; pluie.			
24	15	*40. 55. 12.	*142. 14. 45.	NE. ONO. OSO. Bon fr. et grand fr. ; temps par grains ; pluie ; les nuages se croisent avec une vitesse extrême.			
25	16	*40. 39. 45.	*142. 16. 54.	OSO. ONO. NO. Bon frais par rafales ; ciel couvert ; pluie ; temps à grains.	A. ♈		
26	17	*40. 45. 24.	*142. 5. 6.	O. NO. OSO. Bon frais et grand frais par rafales ; temps à grains ; pluie et grêle.	D. ☽	Const. australe.	
27	18	△40. 21. 39.	△142. 31. 11.	OSO. SO. O. ONO. Grand frais ; temps à grains ; pluie fréquente.			En vue des îles Hunter.

Suite de la TABLE 32.ᵉ Routes du *Casuarina* dans le détroit de Bass et aux Îles Hunter.

DATES.			LATITUDES Sud.	LONGITUDES Orientales.	OBSERVATIONS MÉTÉOROLOGIQUES. VENTS, État du ciel.	Points lunaires.	Points solaires.	REMARQUES.
Style Décadaire.	Style Grégorien.							
An XI.	1802.						Printemps austral.	
28	19 Frimaire.	Décembre.	△ 40° 32′ 22″	△ 142° 46′ 52″	OSO. SO. Bon frais et grand frais; temps à grains; pluie.			À l'ancre au S. de l'île Three Hummock.
29	20		△ 40. 31. 50.	△ 142. 47. 54.	SO. OSO. SO. Grand frais; temps à grains; pluie; grêle.			À l'ancre au S. de l'île Three Hummock.
30	21		△ 40. 35. 39.	△ 142. 43. 7.	SO. Joli frais; calme et petit frais; b. temps.			À l'ancre dans l'O. du cap Boorke.
1.ᵉʳ Nivôse.	22		△ 40. 39. 4.	△ 142. 41. 54.	Calme; ENE. NE. Petit fr.; joli fr.; l'après-midi, E. Bon frais; ciel couvert; à la nuit, petite pluie.		8	Échoué sur le sable à 5 h. du soir; remis à flot à la marée montante; 2 h. après. Mis à l'ancre à l'entrée de la baie Boulanger à 10 h. du matin.
2	23		△ 40. 30. 42.	△ 142. 49. 26.	ESE. E. Joli frais; à midi, calme; SO. OSO. SSO. Joli frais; beau temps.			À l'ancre au SE. de l'île Three Hummock.
3	24		40. 37. 53.	△ 142. 51. 24.	SSO. S. Petit frais; au jour, calme; après midi, NO. O. SSO Petit frais; beau temps.	L		À l'ancre dans la baie Ransonnet. Échoué sur le sable à 7 h. du soir; remis à flot par la marée, une demi-heure après, dans l'entrée du Casuarina, où nous avons ensuite jeté l'ancre à 10 h. du soir.
4	25		* 40. 22. 18.	* 142. 35. 30.	Avant le jour, calme; ENE. E. Joli frais; après midi, NE. Petite fraîcheur; à la chute, calme; beau temps; brume le soir.	●	Été austral.	Appareillé à 4 h. du matin, et fait route pour l'île King.
5	26		△ 39. 50. 0.	△ 142. 6. 0.	OSO. SO. SSO. Joli fr., petit fr., à midi, calme; S. SSO. Bon fr.; la nuit, calme; b. temps.			Mouillé dans la baie des Éléphans, sur l'île King, à 7 h. du soir.
6	27		À l'ancre à l'île King.		Calme; O. OSO. SO. ENE. Petit frais; le soir, ENE. Bon frais; ciel nuageux.			Appareillé pour rallier le *Géographe* toutes voiles.
7	28		* 40. 26. 24.	* 141. 28. 54.	ENE. NE. Grand fr. et bon fr.; à midi, calme; ONO. OSO. Joli frais; temps brumeux et ciel couvert.			Fait route, de conserve avec le *Géographe*, pour nous rendre à l'île Decrès.
8	29		39. 59. 52.	140. 59. 8.	SO. SSO. S. SE. Joli frais; beau temps.	P. ☾		

TABLE 34.ᵉ Routes du *Casuarina* à la Terre Napoléon et à la Terre de Nuyts.

		1803.						
20 Nivôse.	10 Janvier.		△ 35. 43. 6.	△ 135. 32. 44.	SO. S. SE. Joli frais; beau temps.		Constit. boréale.	Au mouillage dans la baie Bougainville sur l'île Decrès. Appareillé à 10 h. du soir pour nous rendre dans le golfe Joséphine.
21	11		34. 53. 6.	135. 47. 28.	ESE. SE. SSE. S. Joli frais et bon frais; beau temps.		Été austral.	En vue des côtes Orientales du golfe Joséphine.
22	12		34. 17. 5.	135. 47. 6.	ESE. SSE. S. Joli frais; beau temps.			
23	13		* 34. 17. 14.	* 135. 43. 40.	Calme; SSE. SSO. Joli frais; calme la nuit; beau temps.	☾ A		
24	14		34. 24. 37.	135. 46. 46.	S. SO. Joli frais; bon frais; calme; b. temps.	☾ D		En vue des côtes Occidentales du golfe Joséphine.
25	15		34. 32. 8.	135. 42. 50.	S. SE. NE. O. E. NNE. Presque calme; temps disposé à l'orage.		C. austr.	

Suite de la TABLE 34.ᵉ ROUTES DU CASUARINA À LA TERRE NAPOLÉON ET À LA TERRE DE NUYTS.

DATES.		LATITUDES Sud.	LONGITUDES Orientales.	OBSERVATIONS MÉTÉOROLOGIQUES. VENTS, État du ciel.	Points funaires.	Points solaires.	REMARQUES.
Style Décadaire.	Style Grégorien.						
An XI.	1803.						
26 Nivôse.	16 Janvier.	*35° 0' 58".	*133°30' 50".	O. OSO. SSO. Bon frais ; ciel nuageux.	☽		
27	17	35. 8. 45.	133. 36. 0.	SSO. Joli frais ; S. Petit frais ; SO. SSE. ESE. Joli frais ; beau temps.			En vue de la côte Sud de la presqu'île Cambacérès ; passé entre les îles Vauban à 9 h. du soir.
28	18	*35. 15. 10.	135. 7. 40.	SE. ENE. ESE. E. Joli frais ; beau temps.			A l'entrée du golfe Bonaparte.
29	19	34. 59. 14.	*134.30. 53.	E. ENE. NNE. ENE. Joli frais et petit frais ; calme le soir ; beau temps.		Constitution australe.	En vue des côtes Orientales du golfe Bonaparte.
30	20	34. 21. 46.	*134. 32. 5.	Calme ; à 8 h. du matin, reçu un grain blanc du SO. ; NNO. ONO. NNO. Petit fr., presque calme ; l'après-midi, ESE. S. bon frais ; beau temps.			
1.ᵉʳ Pluviôse.	21	33. 38. 25.	△135. 23. 38.	S. SE. SO. S. Bon frais ; beau temps.	L	⊕	A l'extrémité Nord du golfe Bonaparte.
2	22	*33. 42. 0.	*135. 29. 23.	SSE. S. SSO. S. Joli frais ; beau temps.			En vue des côtes Occidentales du golfe Bonaparte.
3	23	32. 53. 37.	*135. 35. 32.	S. SSE. SSO. Joli frais et petit frais le soir ; beau temps.	●	Été austral.	
4	24	33. 1. 51.	135. 25. 12.	SSE. S. SO. Presque calme ; SSO. Joli frais, ensuite calme ; beau temps.			
5	25	33. 15. 56.	135. 12. 36.	SSO. S. Petit frais et calme ; le soir SSO. S. SSE. Bon frais ; beau temps.	P. ☊		
6	26	33. 40. 44.	135. 4. 15.	Calme ; S. SO. OSO. SE. ESE. SSE. SSO. ESE. NE. Petit frais et joli frais ; beau temps.			La présence des vents de NO. nous a occasionné une chaleur étouffante et presque insupportable ; je l'attribue aux feux nombreux allumés sur la côte par les sauvages.
7	27	34. 10. 44.	*134. 6. 13.	NNE. NO. ONO. SSE. SE. S. Bon frais et joli frais ; ciel nuageux.	♃		
8	28	34. 35. 54.	*133. 51. 46.	S. SSE. Joli fr. ; ciel nuageux ; le matin, éclairs dans le SE. et le NO.			En vue des îles de Lioben.
9	29	*34. 46. 2.	*133. 45. 9.	E. ENE. SSE. SSO. S. Petit frais et joli frais ; beau temps.		Constitution boréale.	Dans le port Champagny.
10	30	34. 59. 30.	*134. 20. 36.	S. SE. Presque calme et calme plat ; SSO. SSE. SSO. SE. Joli frais et petit frais.	☾		
11	31	35. 18. 22.	*134. 11. 24.	ESE. SSE. SE. Foible brise ; à midi, calme ; le soir, légères fraîcheurs du S. à l'ESE. ; beau temps, ciel nuageux.			
12	1.ᵉʳ Février.	35. 32. 21.	134. 38. 57.	Calme plat ; au jour, SE. SSO. SO. Joli frais ; à midi, SSE. S. SE. ENE. Bon frais.			En vue de l'île Decrès ; manœuvré pour rallier le Géographe, qui a forcé de voiles et a bientôt été perdu de vue dans le SO.
13	2	*35. 36. 19.	*133. 28. 10.	NE. Bon frais ; au jour, calme ; ensuite SSO. S. SE. Joli frais ; E. ENE. ESE. E. foible brise ; NE. Joli frais ; ciel couvert ; éclairs dans l'E. et le SE. ; horizon gras ; pluie.	♌		En vue des îles Pᵉ Laplace.

Suite de la TABLE 34.ᵉ ROUTES DU *CASUARINA* À LA TERRE NAPOLÉON ET À LA TERRE DE NUYTS.

DATES. Style Décadaire.	Style Grégorien.	LATITUDES Sud.	LONGITUDES Orientales.	OBSERVATIONS MÉTÉOROLOGIQUES. VENTS. État du ciel.	Points lunaires.	Points solaires.	REMARQUES.
An XI. 14 Pluviôse.	1803. 3 Février.	✶34° 39' 7"	✶130° 14' 20"	Calme ; SO. SSO. SSE. SE. Joli frais et petit fr. ; temps orageux, tonnerre dans le NO. ; pluie continuelle ; S. SSO. Bon frais le soir, même temps.			Découvert les îles du Vétéran.
15	4	33. 4. 35.	130. 40. 18.	SSO. SO. S. SSE. Bon frais ; temps à grains ; pluie.	Constellation boréale.	Été austral.	
16	5	✶32. 26. 1.	130. 25. 47.	S. SE. SSE. Joli fr. et bon fr. ; ciel nuageux.			
17	6	△32. 18. 41.	△130. 37. 1.	SE. ESE. SSE. SE. Bon frais et grand frais ; ciel couvert.			En vue des îles du Géographe et du continent voisin.
18	7	32. 24. 24.	130. 42. 35.	SE. ESE. SE. Petit frais le matin ; ensuite bon frais, ciel nuageux.	☉. ☽		
19	8	32. 44. 5.	130. 20. 31.	SE. SSE. Bon frais ; ciel nuageux.			Mis en route pour le port du Roi-George.
20	9	33. 8. 30.	✶127. 10. 14.	SE. SSE. SE. Bon frais et joli frais ; ciel nuageux.			
21	10	✶33. 59. 0.	✶124. 3. 9.	SE. ESE. Bon frais ; ciel couvert ; temps à grains ; pluie.	D.A	Constellation australe.	
22	11	34. 55. 39.	✶121. 24. 28.	E. ENE. Bon frais ; ciel nuageux.			
23	12	34. 31. 48.	118. 35. 7.	ENE. NE. E. Grand frais et bon frais ; ciel couvert.			
24	13	✶35. 5. 0.	115. 55. 0.	E. Bon frais ; ciel couvert ; temps brumeux.			Aperçu la terre à 6 h. du matin ; mouillé dans le port du Roi-George à une heure et demie du soir.

LIVRE IV. *Résultats généraux.*

CHAPITRE II.

Positions géographiques des principaux Points déterminés pendant le voyage.

Les Tables contenues dans ce chapitre ne sont qu'un extrait du recueil général des positions géographiques qui ont été fixées pendant le voyage aux Terres Australes : il suffisoit de rapporter les plus importantes, pour ne point étendre inutilement ce tableau.

La disposition que j'ai adoptée est simple, et n'a pas besoin d'explication.

VOYAGE AUX TERRES AUSTRALES,

TABLE 1.re POSITIONS DÉTERMINÉES À LA TERRE DE DIÉMEN.

	INDICATION DES POINTS dont la position a été fixée.	N.o d'ordre.	LATITUDES Sud.	LONGITUDES, À L'EST DE PARIS, en degrés.	en temps.	REMARQUES.
	Cap Sud-Ouest..........	1.	43° 33′ 22″	143° 44′ 40″	9h 34′ 59″	Cette latitude a été prise sur les cartes d. DENTRECASTEAUX. COOK et HUNTER ont donné, pour la longitude de ce cap, 143° 46′ 45″; les cartes de DENTRECASTEAUX indiquent 144° 45′, et VANCOUVER a trouvé, par son chronomètre, 144° 6′ 45″: cette dernière détermination ne mérite pas la même confiance que les précédentes.
	Ile Mewstone.........	2.	43. 44. 7.	144. 5. 0.	9. 36. 20.	Même observation que ci-dessus pour la latitude. Les cartes de DENTRECASTEAUX donnent à ce point 144° 5′ 0″ de longitude.
	Cap Sud.............	3.	43. 38. 34.	144. 34. 48.	9. 38. 19.	Même observation que ci-dessus pour la latitude. COOK et HUNTER indiquent, pour longitude de point, 144° 35′ 45″; et les cartes de DENTRECASTEAUX, 144° 30′ 45″.
	Port Nord-Ouest (observatoire des corvettes Françoises).....	4.	43. 0. 55.	145. 2. 45.	9. 40. 11.	
Presqu'île Tasman......	Cap Pillar..........	5.	43. 13. 51.	145. 49. 35.	9. 43. 16.	Latitude prise sur les cartes de DENTRECASTEAUX. La longitude y est indiquée de 145° 45′ 45″.
	Cap Haüy..........	6.	43. 8. 51.	145. 49. 19.	9. 43. 17.	
Presqu'île Forestier......	Cap Surville........	7.	42. 59. 0.	145. 49. 0.	9. 43. 16.	
	Cap Frédérick-Hendrik....	8.	42. 53. 40.	145. 48. 26.	9. 43. 14.	Les cartes de DENTRECASTEAUX donnent pour ce point 145° 49′ 55″ de longitude.
	Cap Paul-Lamanon......	9.	42. 52. 35.	145. 46. 12.	9. 43. 5.	
	Cap Bernier.........,	10.	42. 46. 5.	145. 47. 36.	9. 43. 10.	
	Cap Péron.............	11.	42. 46. 32.	145. 54. 37.	9. 43. 38.	
Ile Maria......	Cap Boullanger........	12.	42. 34. 54.	145. 58. 36.	9. 43. 54.	
	Pointe Maugé.........	13.	42. 41. 52.	145. 54. 40.	9. 43. 39.	
Ile Schouten...	Cap Sonnerat.........	14.	42. 21. 10.	146. 9. 30.	9. 44. 38.	
Presqu'île Freycinet....	Cap Dégérando........	15.	42. 16. 30.	146. 20. 0.	9. 45. 20.	
	Cap Forestier........	16.	42. 11. 0.	146. 18. 30.	9. 45. 14.	
	Cap Tourville........	17.	42. 8. 30.	146. 19. 40.	9. 45. 19.	
	Cap Lodi............	18.	41. 56. 30.	146. 13. 30.	9. 44. 54.	
	Pointe Saint-Patrick......	19.	41. 42. 0.	146. 11. 30.	9. 44. 46.	
	Ile Maurouard (milieu).....	20.	41. 23. 8.	146. 16. 48.	9. 45. 7.	

LIVRE IV. *Résultats généraux.*

Suite de la TABLE 1.ʳᵉ POSITIONS DÉTERMINÉES À LA TERRE DE DIÉMEN.

INDICATION DES POINTS dont la position est fixée.		N.ᵒˢ d'ordre.	LATITUDES Sud.	LONGITUDES, À L'EST DE PARIS, en degrés.	en temps.	REMARQUES.
	Cap Sainte-Hélène.........	21.	41° 19′ 50″	146° 17′ 8″	9ʰ 45′ 9″	
	Cap Eddystone............	22.	41. 7. 43.	146. 16. 46.	9. 45. 7.	
	Cap du Naturaliste........	23.	40. 51. 46.	146. 5. 54.	9. 44. 24.	
	Ile Swan (milieu)..........	24.	40. 42. 20.	145. 59. 19.	9. 43. 57.	
	Cap Portland.............	25.	40. 42. 27.	145. 49. 26.	9. 43. 18.	
	Ile Waterhouse (pointe N.)..	26.	40. 47. 0.	145. 32. 32.	9. 42. 10.	
	Circular Head............	27.	40. 44. 30.	143. 13. 20.	9. 32. 53.	Latitude prise sur la carte du Capitaine FLINDERS, publiée en 1800. La longitude y est indiquée de 143° 23′ 0″ à l'E. de P.
	Cap Élie.................	28.	40. 44. 58.	142. 55. 22.	9. 31. 41.	
	Cap Guyton..............	29.	40. 41. 55.	142. 54. 0.	9. 31. 36.	
	Cap Buache..............	30.	40. 35. 40.	142. 47. 30.	9. 31. 10.	
	Cap Berthoud............	31.	40. 40. 24.	142. 36. 30.	9. 30. 26.	
	Cap Rochon.............	32.	40. 25. 15.	142. 50. 27.	9. 31. 22.	
	Ile Three-Hummock (Piton N.)	33.	40. 26. 16.	142. 47. 18.	9. 31. 9.	
Iles Hunter	Cap Adanson.............	34.	40. 29. 12.	142. 48. 56.	9. 31. 16.	
	Cap Kéraudren...........	35.	40. 25. 38.	142. 38. 7.	9. 30. 32.	
	Ile Albatrosses (pointe N.)..	36.	40. 23. 50.	142. 31. 54.	9. 30. 8.	M. FLINDERS place le milieu de cette île, sur sa carte de 1800, par 40° 25′ S., et 142° 43′ 45″ E. P.

TABLE 2.ᵉ POSITIONS DÉTERMINÉES DANS LE DÉTROIT DE BASS.

Iles Furneaux...	Cap Barren..............	37.	40. 26. 40.	146. 20. 30.	9. 45. 22.	Latitude prise sur la carte du Capitaine FLINDERS, publiée en 1800.
	Ile Préservation (pointe S.E.).	38.	40. 29. 0.	146. 1. 19.	9. 44. 5.	La latitude est prise sur la carte du Capitaine FLINDERS publiée en 1800. La longitude y est indiquée de 146° 23′ 0″ à l'E. de P.
	Le Coin de Mire (milieu)..	39.	39. 33. 0.	144. 34. 5.	9. 38. 16.	
	Le Cône (milieu).........	40.	39. 17. 25.	144. 18. 37.	9. 37. 14.	
	Promontoire de Wilson (pointe Sud)................	41.	39. 10. 15.	144. 20. 15.	9. 37. 21.	Longitude douteuse.
	Rocher des Éléphans (observ.ʳᵉ)	42.	39. 49. 30.	142. 7. 2.	9. 28. 28.	
Ile King.......	Cap Bonpland...........	43.	40. 12. 15.	141. 44. 25.	9. 26. 58.	
	Cap d'Anville............	44.	39. 32. 48.	141. 42. 0.	9. 26. 48.	

VOYAGE AUX TERRES AUSTRALES;

TABLE 3.ᵉ POSITIONS DÉTERMINÉES À LA TERRE NAPOLÉON.

	INDICATION DES POINTS dont la position est fixée.	N.º d'ordre.	LATITUDES Sud.	LONGITUDES À L'EST DE PARIS, en degrés.	en temps.	REMARQUES.
Port Western..	Cap Richelieu............	45.	38° 35' 15"	142° 40' 30"	9ʰ 30' 42"	
	Ile des Anglois (milieu)...	46.	38. 35. 0.	143. 3. 0.	9. 32. 12.	
	Cap Desaix..............	47.	38. 56. 16.	141. 18. 44.	9. 25. 15.	
	Ile Fourcroy.............	48.	38. 26. 0.	139. 51. 41.	9. 19. 27.	
	Cap Montaigne..........	49.	38. 27. 34.	139. 22. 0.	9. 17. 28.	
	Cap Bélidor.............	50.	38. 0. 26.	138. 31. 27.	9. 14. 6.	
	Cap Boufflers............	51.	37. 57. 57.	138. 23. 27.	9. 13. 34.	
	Cap Buffon..............	52.	37. 51. 7.	138. 15. 9.	9. 12. 1.	
	Cap Lannes..............	53.	37. 38. 9.	137. 53. 5.	9. 11. 32.	
	Cap Bernouilli...........	54.	37. 0. 9.	137. 22. 35.	9. 9. 30.	
	Cap Fermat..............	55.	36. 4. 38.	137. 8. 31.	9. 8. 34.	
	Cap Caffarelli...........	56.	35. 36. 47.	136. 34. 27.	9. 6. 18.	
	Cap Mollien.............	57.	35. 26. 30.	136. 19. 36.	9. 5. 16.	
	Cap d'Alembert..........	58.	35. 31. 51.	135. 39. 33.	9. 2. 38.	
	Cap Sané...............	59.	35. 53. 10.	135. 50. 34.	9. 3. 22.	
	Cap Gantheaume........	60.	36. 4. 23.	135. 10. 20.	9. 0. 41.	
Ile Decrès.....	Cap Borda..............	61.	35. 45. 25.	134. 15. 52.	8. 57. 3.	
	Cap Vendôme...........	62.	35. 32. 48.	135. 15. 36.	9. 1. 2.	
	Cap Delambre...........	63.	35. 43. 6.	135. 33. 32.	9. 2. 14.	Notre observatoire, établi dans le voisinage du cap Delambre, étoit situé par 35° 43' 28" de latitude Sud, et 135° 33' 13" de longitude Orientale.
	Cap Éliza..............	64.	35. 13. 0.	135. 20. 54.	9. 1. 24.	
	Cap Berthier...........	65.	35. 15. 30.	134. 32. 0.	8. 58. 8.	
Iles Vauban,...	Ile Laubadère..........	66.	35. 24. 18.	134. 33. 0.	8. 58. 12.	
	Ile Dalberg (milieu).....	67.	34. 32. 0.	134. 56. 43.	8. 59. 47.	
	Cap Condorcet.........	68.	33. 52. 38.	135. 16. 12.	9. 1. 5.	
	Cap Lafontaine........	69.	32. 57. 22.	135. 27. 55.	9. 1. 52.	
	Cap Condillac.........	70.	33. 42. 0.	134. 57. 12.	8. 59. 49.	
	Ile Volney (milieu)....	71.	33. 45. 0.	134. 42. 0.	8. 58. 48.	
	Cap Méchain..........	72.	34. 12. 13.	134. 4. 50.	8. 56. 19.	

Suite de la TABLE 3.ᵉ POSITIONS DÉTERMINÉES À LA TERRE NAPOLÉON.

INDICATION DES POINTS dont la position est fixée.		N.ᵒ d'ordre.	LATITUDES Sud.	LONGITUDES À L'EST DE PARIS,		REMARQUES.
				en degrés.	en temps.	
Îles Berthier....	Cap Lalande............	73.	34° 24′ 52″	133° 59′ 34″	8ʰ 55′ 58″	
	Île Marengo (piton)......	74.	35. 10. 0.	134. 7. 30.	8. 56. 30.	
Port Champagny	Île Duroc (milieu).......	75.	34. 58. 30.	134. 8. 0.	8. 56. 32.	
	Île Lagrange (milieu).....	76.	34. 44. 0.	133. 45. 0.	8. 55. 0.	Longitude douteuse.
Îles Catinat....	Île Montmorency (milieu)..	77.	35. 20. 36.	133. 45. 0.	8. 55. 0.	
	Île Valbelle (milieu)......	78.	35. 16. 44	133. 39. 0.	8. 54. 36.	
	Cap Turenne............	79.	35. 8. 0.	133. 45. 40.	8. 55. 3.	
	Cap Vauquelin..........	80.	35. 3. 22.	133. 21. 36.	8. 53. 26.	
	Île Guyton (milieu).......	81.	35. 4. 24.	133. 17. 45.	8. 53. 11.	
	Cap la Tour-d'Auvergne...	82.	34. 40. 30.	132. 51. 20.	8. 51. 25.	
Îles Laplace....	Île le Gentil (milieu)......	83.	34. 53. 50.	132. 55. 20.	8. 51. 41.	
	Île la Caille (milieu)......	84.	34. 50. 24.	132. 36. 15.	8. 50. 25.	
	Cap du Vétéran.........	85.	33. 47. 40.	132. 37. 18.	8. 50. 29.	
	Cap Corréa.............	86.	33. 35. 30.	132. 27. 0.	8. 49. 48.	
	Île Meyronnet (milieu)....	87.	33. 56. 0.	132. 0. 20.	8. 48. 1.	Longitude douteuse.
Îles Jérôme....	Île Andréossy (milieu)....	88.	33. 44. 20.	132. 9. 40.	8. 48. 39.	
	Île Morio..............	89.	33. 35. 0.	132. 23. 0.	8. 49. 32.	
	Cap Feruci.............	90.	32. 54. 10.	131. 43. 15.	8. 46. 53.	
	Île Cuvier (milieu).......	91.	32. 43. 36.	131. 37. 45.	8. 46. 31.	
	Cap Lavoisier...........	92.	32. 30. 40.	131. 30. 6.	8. 46. 0.	
Îles Saint-François..	Île Talleyrand (milieu)....	93.	32. 34. 30.	130. 49. 0.	8. 43. 16.	
	Île Massillon (milieu).....	94.	32. 38. 25.	130. 49. 0.	8. 43. 16.	
	Île Fénélon (milieu)......	95.	32. 40. 0.	130. 49. 20.	8. 43. 17.	
Îles Saint-Pierre....	Île Turenne (milieu)......	96.	32. 25. 30.	131. 18. 40.	8. 45. 15.	
	Île Richelieu (milieu).....	97.	32. 25. 15.	131. 20. 20.	8. 45. 21.	
Îles Joséphine..	Île Eugène (pointe N.)....	98.	32. 12. 0.	131. 20. 0.	8. 45. 20.	Longitude douteuse.
	Île Éliza (milieu)........	99.	32. 22. 20.	131. 6. 40.	8. 44. 27.	
Îles du Géographe	Île Barbié du Bocage (milieu)	100.	32. 14. 32.	130. 51. 0.	8. 43. 24.	
	Cap Vivonne...........	101.	32. 10. 30.	131. 22. 6.	8. 45. 28.	

Suite de la TABLE 3.ᵉ POSITIONS DÉTERMINÉES À LA TERRE NAPOLÉON.

INDICATION DES POINTS dont la position a été fixée.		N.ᵒˢ d'ordre.	LATITUDES Sud.	LONGITUDES À L'EST DE PARIS, en degrés.	en temps.	REMARQUES.
Îles Labourdonnais.	Cap Malouet............	102.	32° 10′ 18″	130° 45′ 6″	8ʰ 43′ 0″	
	Cap Mansard............	103.	32. 2. 0.	130. 7. 10.	8. 40. 29.	
	Île du N. E. (*milieu*).....	104.	32. 7. 12.	129. 50. 36.	8. 39. 22.	

TABLE 4.ᵉ POSITIONS DÉTERMINÉES À LA TERRE DE NUYTS.

Port du Roi-George.	Observatoire des corvettes Françoises............	105.	35. 3. 30.	115. 38. 6.	7. 42. 32.	Notre observatoire était situé dans l'O. de l'île de ce nom.
	Bald-Head............	106.	35. 4. 48.	115. 42. 26.	7. 42. 50.	Je crois cette latitude un peu trop foible. Les cartes de D'ENTRECASTEAUX indiquent, pour la longit. de ce cap, 115°42′45″E.P. celles de VANCOUVER, 115°55′45″E P

TABLE 5.ᵉ POSITIONS DÉTERMINÉES À LA TERRE DE LEUWIN.

Baie du Géographe	Cap Gosselin............	107.	34. 21. 43.	112. 52. 42.	7. 31. 31.	Les cartes de D'ENTRECASTEAUX donnent, pour la position de ce cap, qu'on avoit supposé être l'extrémité Sud-Est de l'île Saint-Alouarn { Latitude Sud 34° 22′ 23″ Longitude E.P. 113. 36. 0
	Cap Hamelin............	108.	34. 14. 0.	112. 40. 0.	7. 30. 40.	
	Tache blanche remarquable.	109.	34. 12. 0.	112. 41. 30.	7. 30. 46.	C'est un très-bon point de reconnoissance sur la côte.
	Pointe Freycinet.........	110.	34. 4. 50.	112. 39. 30.	7. 30. 38.	
	Cap du Naturaliste.......	111.	33. 27. 42.	112. 39. 48.	7. 30. 39.	
	Pointe du Casuarina......	112.	33. 18. 14.	113. 16. 18.	7. 33. 5.	
	Cap Bouvard............	113.	32. 36. 30.	113. 15. 30.	7. 33. 2.	
	Cap Péron.............	114.	32. 18. 10.	113. 22. 28.	7. 33. 30.	
	Rivière des Cygnes (*embouchure*)...............	115.	32. 4. 31.	113. 26. 28.	7. 33. 46.	Position douteuse, sur-tout en longitude.
Îles Louis-Napoléon.	Île Rottnest (*cap N.*)...	116.	31. 58. 47.	113. 9. 4.	7. 32. 36.	
	Île Buache (*milieu*)........	117.	32. 12. 0.	113. 19. 30.	7. 33. 18.	

TABLE 6.ᵉ Positions déterminées à la Terre d'Édels.

INDICATION DES POINTS dont la position a été fixée.	Nos d'ordre.	LATITUDES Sud.	LONGITUDES À L'EST DE PARIS, en degrés.	en temps.	REMARQUES.
Ile Lancelin (milieu)........	118.	30° 59′ 0″	113° 9′ 30″	7ʰ 32′ 38″	Longitude douteuse.
Pointe Rouge............	119.	27. 41. 20.	111. 40. 0.	7. 26. 40.	Longitude douteuse. Cette pointe est très-remarquable.
Pointe Escarpée..........	120.	26. 6. 43.	110. 42. 37.	7. 22. 50.	Longitude douteuse.

TABLE 7.ᵉ Positions déterminées à la Terre d'Endracht.

			Nos d'ordre.	LATITUDES Sud.	LONGITUDES en degrés.	en temps.	REMARQUES.
Baie des Chiens-Marins.	Ile Dirck-Hartighs...	Cap de l'Inscription........	121.	25. 29. 15.	110. 40. 22.	7. 22. 41.	Longitude douteuse.
	Presqu'île Péron.....	Cap Lesueur..............	122.	25. 39. 21.	111. 10. 37.	7. 24. 42.	
		Observatoire du *Naturaliste*...	123.	25. 35. 5.	111. 14. 37.	7. 24. 59.	
		Pointe des Hauts-Fonds.....	124.	25. 29. 45.	111. 14. 32.	7. 24. 58.	
	Ile Bernier.	Cap Cuvier...............	125.	24. 13. 46.	111. 3. 55.	7. 24. 16.	
		Observatoire du *Géographe*..	126.	24. 48. 36.	110. 55. 36.	7. 23. 42.	
		Cap Murat...............	127.	21. 37. 7.	111. 57. 55.	7. 27. 52.	

TABLE 8.ᵉ Positions déterminées à la Terre de Witt.

		Nos d'ordre.	LATITUDES Sud.	LONGITUDES en degrés.	en temps.	REMARQUES.
Iles de Rivoli...	Ile Bessières (milieu).......	128.	21. 34. 10.	112. 22. 15.	7. 29. 29.	Latitude douteuse.
	Ile Rosily (milieu).........	129.	21. 14. 30.	112. 46. 30.	7. 3. 6.	
	Cap Poivre..............	130.	20. 51. 30.	113. 0. 36.	7. 32. 2.	
	Cap Dupuy..............	131.	20. 41. 0.	113. 8. 42.	7. 32. 35.	
Archipel de Dampier.	Ile du Romarin (milieu)...	132.	20. 28. 15.	114. 9. 30.	7. 36. 38.	
	Cap Bruguières...........	133.	20. 25. 0.	114. 22. 20.	7. 37. 29.	
	Ile Legendre (milieu)......	134.	20. 23. 0.	114. 24. 30.	7. 37. 38.	
	Ile Delambre (milieu)......	135.	20. 29. 0.	114. 39. 0.	7. 38. 36.	
	Ile Brouet (milieu)........	136.	20. 36. 0.	114. 43. 0.	7. 38. 52.	
	Ile Picard (milieu)........	137.	20. 37. 24.	114. 48. 0.	7. 39. 12.	
Iles Forestier...	Ile Depuch (milieu).......	138.	20. 35. 22.	115. 13. 52.	7. 40. 55.	

Suite de la TABLE 8.ᵉ Positions déterminées à la Terre de Witt.

INDICATION DES POINTS dont la position a été fixée.		N.º d'ordre.	LATITUDES Sud.	LONGITUDES À L'EST DE PARIS, en degrés.	en temps.	REMARQUES.
Iles des Tortues.	La plus Nord *(milieu)*......	139.	19° 53' 49"	116° 24' 48"	7ʰ 45' 39"	
	Cap Larrey............	140.	19. 58. 0.	116. 37. 0.	7. 46. 28.	
	Cap Kéraudren...........	141.	19. 57. 0.	116. 49. 0.	7. 47. 16.	
	Ile Bedout *(milieu)*......	142.	19. 29. 0.	116. 32. 0.	7. 46. 8.	Latitude douteuse.
	Cap Jaubert...........	143.	18. 55. 12.	119. 10. 10.	7. 56. 41.	
	Cap Bossut............	144.	18. 43. 43.	119. 16. 2.	7. 57. 4.	
	Cap Latouche-Tréville...	145.	18. 25. 39.	119. 27. 15.	7. 57. 49.	
	Cap Villaret...........	146.	18. 19. 26.	119. 35. 48.	7. 58. 23.	
	Ile Ganthéaume *(milieu)*...	147.	18. 5. 0.	119. 47. 0.	7. 59. 8.	
	Cap Boileau...........	148.	17. 38. 35.	119. 44. 30.	7. 58. 58.	
	Cap Berthelot..........	149.	17. 10. 30.	119. 44. 50.	7. 58. 59.	
	Ile Carnot *(milieu)*......	150.	17. 5. 0.	119. 50. 0.	7. 59. 20.	
Iles Lacépède..	La plus Est *(milieu)*.....	151.	16. 53. 30.	119. 54. 0.	7. 59. 36.	
	Cap Lévêque...........	152.	16. 22. 0.	120. 30. 0.	8. 2. 0.	
Iles d'Arcole {	Ile Freycinet *(milieu)*.....	153.	15. 1. 15.	122. 4. 36.	8. 8. 18.	
	Ile Colbert *(milieu)*......	154.	14. 51. 36.	122. 18. 50.	8. 9. 15.	
Iles Maret.. {	Ile Lamarck *(milieu)*......	155.	14. 42. 15.	122. 33. 18.	8. 10. 13.	
	Ile Jussieu *(milieu)*.......	156.	14. 36. 30.	122. 34. 30.	8. 10. 18.	
Archipel Bonaparte.	Ile Suffren *(milieu)*......	157.	14. 26. 0.	122. 38. 0.	8. 10. 32.	
	Ile Berthier *(milieu)*......	158.	14. 24. 15.	122. 39. 0.	8. 10. 36.	
	Ile Lavoisier *(milieu)*.....	159.	14. 12. 8.	123. 11. 36.	8. 12. 52.	
Iles de l'Institut... {	Ile Laplace *(milieu)*......	160.	14. 9. 18.	123. 13. 26.	8. 12. 54.	
	Ile Monge *(milieu)*........	161.	14. 8. 0.	123. 11. 30.	8. 12. 46.	
	Ile Condillac *(milieu)*,....	162.	14. 5. 30.	123. 15. 30.	8. 13. 2.	
	Ile Cassini *(milieu)*.......	163.	13. 56. 36.	123. 18. 55.	8. 13. 16.	
	Cap Chateaurenaud.......	164.	14. 3. 24.	122. 48. 0.	8. 11. 12.	
	Cap Voltaire...........	165.	14. 15. 20.	123. 13. 0.	8. 12. 52.	
Iles Lesueur....	La plus Est........,.....	166.	13. 50. 0.	124. 55. 0.	8. 19. 40.	

LIVRE IV. Résultats généraux.

Suite de la TABLE 8.ᵉ Positions déterminées à la Terre de Witt.

INDICATION DES POINTS dont la position a été fixée.	N.ᵒ d'ordre.	LATITUDES Sud.	LONGITUDES À L'EST DE PARIS, en degrés.	LONGITUDES À L'EST DE PARIS, en temps.	REMARQUES.
Cap Rulhières............	167.	13° 52' 36"	124° 58' 8"	8ʰ 19' 53"	
Montagne du Casuarina....	168.	14. 21. 0.	125. 20. 0.	8. 21. 20.	C'est un bon point de reconnoissance.
Ile Péron (le piton)......	169.	13. 5. 51.	127. 34. 36.	8. 30. 18.	
Cap Fourcroy............	170.	11. 58. 20.	127. 39. 40.	8. 30. 39.	
Cap Helvétius...........	171.	11. 47. 34.	127. 41. 18.	8. 30. 45.	

TABLE 9.ᵉ Positions déterminées à la Nouvelle-Galles du Sud.
(Comté de Cumberland.)

	INDICATION	N.ᵒ	LATITUDES	LONG. degrés	LONG. temps	REMARQUES
Port Jackson...	Entrée du port...........	172.	33. 49. 43.	148. 53. 19.	9. 55. 33.	
	Outer-South-head (Mâts des signaux)................	173.	33. 51. 4.	148. 52. 38.	9. 55. 32.	
	Pointe Banelong ou pointe Cattle, Sydney-cove (à l'observatoire des corvettes Françoises)...........	174.	33. 51. 21,8	148. 48. 32.	9. 55. 14.	Longitude conclue des observ. de Will. Dawes (en 1788)... 148° 58' 30" Hunter a trouvé (en 1788)... 148. 39. 42. Bradley (en 1788)........ 149. 0. 38. Malespina (en 1793)...... 148. 57. 33. Broughton et Crosley (en 1795).............. 148. 49. 33. le tout à l'E. de Paris.

TABLE 10.ᵉ Positions déterminées dans le Grand Archipel d'Asie.

	INDICATION	N.ᵒ	LATITUDES	LONG. degrés	LONG. temps	REMARQUES
Ile Timor.....	Cap Sud................	175.	10. 22. 19.	121. 7. 0.	8. 4. 28.	
	Fort Concordia, baie de Coupang (à l'observatoire des corvettes Françoises)......	176.	10. 9. 55.	121. 15. 21.	8. 5. 1.	En combinant la différence de longitude que nous avons trouvée entre Coupang et le Nouveau-Savu, avec la longitude que Dentrecasteaux assigne à cette dernière île, j'ai conclu, pour la longitude de Coupang rapportée aux déterminations de ce navigateur, 121° 14' 11".
	Ile Simaô (cap Nord).....	177.	10. 3. 42.	120. 59. 8.	8. 3. 57.	
	Ile Cambi (milieu)........	178.	10. 20. 0.	120. 45. 39.	8. 3. 3.	
	Ile Douro (milieu)........	179.	10. 50. 26.	120. 20. 27.	8. 1. 22.	
	Nouveau-Savu (piton de l'O.).	180.	10. 50. 15.	118. 50. 20.	7. 55. 21.	Les cartes de Dentrecasteaux donnent, pour cette longitude, 118° 49' 10" E. P.

Aaaa

CHAPITRE III.

TABLES DES MARÉES OBSERVÉES PENDANT LE VOYAGE.

J'AI divisé en deux séries nos observations des marées : dans la première sont comprises toutes celles qui ont été faites à terre ; dans la seconde se trouvent les résultats obtenus au mouillage. Quelques mots suffiront à l'explication.

§. 1.er

MARÉES OBSERVÉES À TERRE.

LES tables qui appartiennent à cette série, n'ont pas constamment la même forme ; la différence provient de la manière dont quelques-unes des observations ont été faites, ce qui n'a pas toujours permis d'en tirer les mêmes conséquences.

Les colonnes des *dates* contiennent le double style décadaire et grégorien.

Celle des *heures* donne l'instant où les observations ont été faites.

Dans la colonne intitulée *Marées observées*, B signifie basse mer, et H haute mer.

La *distance à un point fixe* est l'intervalle qui a été trouvé entre la surface de la mer et le zéro de l'échelle d'observation.

Le *montant de l'eau* est la différence de niveau entre une haute mer et la basse mer voisine. Ces résultats ont été observés tantôt en pieds, et tantôt en mètres ; mais ils ont été réduits de manière à avoir toujours le montant de l'eau exprimé à-la-fois par ces deux mesures. Les réductions ont été faites en nombres ronds, ce qui est d'une exactitude suffisante.

Age de la lune. On sait qu'on appelle premier jour de la lune celui où la nouvelle lune arrive avant midi; quand la nouvelle lune arrive après midi, c'est alors le lendemain qui est le premier jour de la lune.

Phases de la lune. ● signifie nouvelle lune, ☾ premier quartier, ○ pleine lune, et ☽ dernier quartier. L'heure qui accompagne ces signes indique l'instant de la phase pour le méridien de l'observateur.

Apsides. $A =$ apogée; $P =$ périgée.

Établissement conclu. Je nomme *établissement du port* l'heure à laquelle la pleine mer doit avoir lieu à *l'instant* de la nouvelle et pleine lune, et non pas simplement le *jour* de la nouvelle et pleine lune.

Il est très-rare de pouvoir observer directement l'établissement d'un port; mais au moyen des tables de correction connues [*], on ramène l'observation de la haute mer à ce qu'elle auroit dû être pour donner l'établissement.

Quelques-uns de nos journaux contenoient, non pas l'heure de l'observation de la haute mer, mais l'établissement lui-même; j'ai transcrit ces résultats tels que je les ai trouvés.

J'entends par *vents régnans*, ceux qui dominoient pendant que les observations ont eu lieu.

La colonne des *remarques* comprend les divers faits qui n'avoient pu trouver place ailleurs.

---

[*] Il existe plusieurs tables de ce genre; celle dont j'ai fait usage est due à BOUGUER et à LA CAILLE; on la trouve dans presque tous les traités de navigation. BERNOUILLI en a donné une dont la forme est différente et l'emploi moins commode; peut-être est-elle plus exacte dans la théorie; mais, dans la pratique, cette extrême exactitude est encore bien loin de se trouver dans les observations.

TABLE 1.re MARÉES observées à l'embouchure de la rivière de l'Aiguade, dans le port Nord-Ouest du canal Dentrecasteaux; par M. BERNIER.

Position { Latit. 43° 0′ 55″ Sud. Long. 145. 2. 45. E. de Paris.

DATES.		HEURES.	MARÉE OBSERVÉE.	MONTANT DE L'EAU		CIRCONSTANCES LUNAIRES.			ÉTABLISSEMENT conclu.	VENTS RÉGNANS.	REMARQUES.
Style Décadaire.	Style Grégorien.			en mètres.	en pieds.	Age de la Lune.	Phases de la Lune.	Apsides.			
An X. Pluviôse. 5	1802. Janvier. 25	7h 30′ matin.	B.	0m,32.	1P 0P0	21.	Le 19 Janvier, ☉ à 7h 37′ matin.	Le 20 Janvier, A.	9h 24′	Presque calme.	Le 27 janvier, la mer fut haute à 6h. 30′ du matin; après avoir baissé de quelques pouces, elle remonta jusqu'à midi et demi, où elle se trouva plus élevée d'un pied et demi que le matin. Tout le jour elle ne fit que hausser et baisser alternativement de quelques pouces. Ces irrégularités, jointes à celles des jours précédens, décidèrent M. Bernier à ne plus continuer ici cette espèce d'observation; elle n'offroit aucun intérêt, puisque la grandeur et l'heure des marées ne suivoient aucune loi fixe. Ces anomalies . . . . . . être de ce que les eaux . . . . . . ou moins retenues par le . . . . . . par d'autres obstacles. . . . . . . trémité la plus reculée d'un . . . profond, où se trouve l'embouchure d'une petite rivière. (Voyez liv. II. pag. 47 et suiv.) Toutes ces observations ne sont pas très-concluantes.
		0. 30. soir..	H.	0 ,70.	2. 2.						
		7. 0. soir..	B.	"	"						
6	26	7. 30. matin.	B.	0 ,65.	2. 0.	22.			10. 54	E. NE. Bon frais, par rafales.	
		11. 0. matin.	H.	0 ,65.	2. 0.						
		6. 50. soir..	B.								
7	27	"	"	"		23.	☽ 10h 43′ matin.				

TABLE 2.e MARÉES observées dans le port Nord-Ouest du canal Dentrecasteaux, au point où étoit mouillée la corvette le Naturaliste; par M. HAMELIN.

Position { Latit. 43° 4′ 25″ Sud. Long. 145. 5. 20. E. de Paris.

DATES.		HEURES.	MARÉE OBSERVÉE.	MONTANT DE L'EAU		CIRCONSTANCES LUNAIRES.			ÉTABLISSEMENT conclu.	VENTS RÉGNANS.	REMARQUES.
Style Décadaire.	Style Grégorien.			en mètres.	en pieds.	Age de la Lune.	Phases de la Lune.	Apsides.			
14 Pluviôse.	3 Février.	7. 30. soir..	H.	1m,27.	7P 0P0	1.	● 4h 23′ matin.	2 Février, P.	7h 8′	Calme; fraîcheur de l'ENE. à l'E.	Il paroît, dit M. Hamelin, que dans les grandes marées d'équinoxe, la mer s'élève à une plus grande hauteur. Dans quelques circonstances elle peut monter de 10 pieds. Les marées de nuit sont toujours plus fortes que celles de jour. Il y a deux marées en 24 heures. Toutes ces observations ne paroissent pas très-concluantes.
20	9	1. 30. soir..	H.	0 ,97.	3. 0.	7.	☾ 11. 50. soir.		8. 49	N.O. O. S. NE. Presque calme et calme plat.	

TABLE 3.ᵉ *Marées observées au N. O. du Gros-Morne, dans la rivière du Nord du canal Dentrecasteaux ; par M. Henri Freycinet.*

Position { Latit. 42° 42′ 30″ Sud. / Long. 145. 30. O. E. de Paris. }

DATES		HEURES.	MARÉE OBSERVÉE.	MONTANT DE L'EAU		CIRCONSTANCES LUNAIRES.			ÉTABLISSEMENT conclu.		VENTS RÉGNANS.	REMARQUES.
Style Décadaire.	Style Grégorien.			en mètres.	en pieds.	Âge de la Lune.	Phases de la Lune.	Apsides.				
An X. 3 Pluviôse.	1802. 23 Janvier.	10ʰ 30′ soir..	H.	Plus grande Élévation, 1ᵐ.6.	Plus grande Élévation, 5 pieds.	19.	Le 19 Janvier, ☉ à 7ʰ 37′ matin.	Le 20 Janvier, A.	8ʰ	23′	Presque calme.	RÉSUMÉ. Établissement moyen = 8 h. 22′. Montant de l'eau observé de 4 à 5 pieds (1ᵐ.3 à 1ᵐ.6).
4	24	5. 0. matin.	B.			20.					Presque calme ; SO. NO. par fortes rafales.	
		11. 15. matin.	H.						8.	30.		
		5. 30. soir..	B.									
		11. 40. soir..	H.						8.	14.		
5	25	5. 45. matin.	B.			21.					Presque calme.	

TABLE 4.ᵉ *Marées observées au S. O. du Gros-Morne, dans la rivière du Nord du canal Dentrecasteaux ; par M. Henri Freycinet.*

Position { Latit. 42° 48′ Sud. / Long. 145. 4. E. de Paris. }

6 Pluviôse.	26 Janvier.	0ʰ 15′ matin.	H.	1ᵐ.6.	5ᵖ 0ᵒ⁰	22.	"		8ʰ	27′	ENE. Bon frais, par rafales.	
7	27	"	"	"	"	23.	☽ 10ʰ 43′ matin.	"				

TABLE 5.ᵉ *Marées observées dans le port de Frédérick-Hendrik ; par MM. Henri Freycinet et Bernier.*

Position de l'entrée du port. { Latit. 42° 52′ 30″ Sud. / Long. 145. 45. 15. E. de Paris. }

1.ᵉʳ Ventôse.	20 Février.	6ʰ 0′ matin.	B.	1ᵖ ou 5ᵖ, à-peu-près.	3 ou 4 pieds à-peu-près.	18.	"	Le 3 Mar. P.			Folles ventes.	Ces observations, faites sur divers points du port, ne sont pas très-tatisfaisantes.
3	22	0. 30. soir.	H.			20.			9ʰ	22′	ENE. Petit frais.	
5	24	2. 20. soir.	H.			22.			10.	30.	SSO. Bon frais.	
6	25	7. 30. matin.	B.			23.	☽ 11ʰ 38′ soir.				NE. N. Foible brise.	

TABLE 6.ᵉ *MARÉES observées sur le rocher des Éléphans (île King, détroit de Bass); par* M. BERNIER.

Position : Latit. 39° 49′ 30″ Sud. Long. 142. 7. 3. E. de Paris.

DATES		HEURES.	MARÉE OBSERVÉE.	MONTANT DE L'EAU		CIRCONSTANCES LUNAIRES.			ÉTABLISSEMENT conclu.	VENTS RÉGNANS.	REMARQUES.
Style Décadaire.	Style Grégorien.			en mètres.	en pieds.	Âge de la Lune.	Phases de la Lune.	Apsides.			
An XI.	1802.										
19 Frimaire.	10 Décembre.	Midi......	H.	0	0	15.	Le 9 Décembre, O à 5ʰ 18′ soir.	Le 3 Décembre, P.	11ʰ 32′	SSO. Foible brise.	Le montant de l'eau n'a point été observé.
		6ʰ 15′ soir..	B.	0	0				0	SSO. Foible brise.	
20	11	1. 0. soir..	H.	0	0	16.			11. 55.	SE. Bonne brise.	
		7. 0. soir..	B.	0	0				0	SE. Bonne brise.	
21	12	1. 45. soir..	H.	0	0	17.			12. 5.	ESE. Jolie brise.	RÉSUMÉ.
22	13	2. 45. soir..	H.	0	0	18.			12. 43.	OSO. Joli frais.	Établissement, moyen des 7 premiers résultats........ 12 h. 16′
23	14	9. 20. matin.	B.	0	0	19.			0	O. Petit frais.	
		3. 30. soir..	H.	0	0				12. 49.	NE. Bon frais.	
24	15	10. 10. matin.	B.	0	0	20.			0	NNE. Bon frais.	
		4. 10. soir..	H.	0	0				12. 45.	OSO. Bon frais.	
25	16	10. 40. matin.	B.	0	0	21.		A.	0	O. Joli frais.	
		4. 40. soir..	H.	0	0				12. 22.	OSO. Joli frais.	
26	17	11. 5. matin.	B.	0	0	22.	☽ 3ʰ 11′ soir.		0	OSO. Grand frais.	
27	18	11. 35. matin.	B.	0	0	23.			0	OSO. Bon frais.	
30	21	1. 0. soir..	B.	0	0	26.			0	OSO. Joli frais.	
		7. 10. soir..	H.	0	0				4. 45.	OSO. Joli frais.	
1.ᵉʳ Nivôse.	22	7. 50. soir..	H.	0	0	27.			5. 10.	ESE. Joli frais.	Ces trois dernières observations sont évidemment défectueuses.
2	23	8. 5. matin.	H.	0	0	28.			4. 44.	SE. Joli frais.	
4	25	0	0	0	0	1.	● 7. 18′ matin.		0	0	

TABLE 7.e *Marées observées dans le port Western (détroit de Bass); par M. MILIUS.*

Position de l'île { Latit. 38° 35' 0" Sud.
aux Anglois. { Long. 143. 3. 0. E. de Paris.

DATES.		HEURES.	MARÉE OBSERVÉE.	MONTANT DE L'EAU		CIRCONSTANCES LUNAIRES.			ÉTABLISSEMENT conclu.	VENTS RÉGNANS.	REMARQUES.
Style Décadaire.	Style Grégorien.			en mètres.	en pieds.	Age de la Lune.	Phases de la Lune.	Apsides.			
An x. 19 Germinal.	1802. 9 Avril.	11h 15' matin.	H.	»	»	6	»	Le 12 Avril, A.	7h 0'.	NNE. Joli frais.	Haute mer observée dans la passe Est d'entrée.
20	10	1. 30, ou	H	1m,79.	5p 6¹o	7	☾ 10h 6' matin.		8. 15.	SO. Petit frais.	Haute mer observée dans le bassin de l'Ouest.
		2. 0. soir. .							8. 44.		Le courant, dit M. Milius, parcourt depuis 1 jusqu'à 2 milles par heure; l'eau s'élève de 6 à 7 pieds dans les marées ordinaires; mais il paroît que, dans quelques circonstances, elle peut monter d'une douzaine de pieds.

TABLE 8.e *Marées observées dans la baie Murat (Terre Napoléon); par M. BERNIER.*

Position du cap { Latit. 32° 10' 30" Sud.
Vivonne. { Long. 131. 22. 6. E. de Paris.

DATES.		HEURES.	MARÉE OBSERVÉE.	MONTANT DE L'EAU		CIRCONSTANCES LUNAIRES.			ÉTABLISSEMENT conclu.	VENTS RÉGNANS.	REMARQUES.
Style Décadaire.	Style Grégorien.			en mètres.	en pieds.	Age de la Lune.	Phases de la Lune.	Apsides.			
An XI. 19 Pluviôse.	1803. 8 Février.	1h 45' soir. .	H.	0m,97.	3p 0¹o	»	Le 6 Février, O à 8h matin.	Le 10 Février, A.	0h 26'	9. Bonne brise.	Cette observation a été faite près du cap Vivonne. Le montant de l'eau, qui est de 3 pieds dans les marées ordinaires, s'élève de 4 à 5 pieds dans les grandes marées.

TABLE 9.e MARÉES observées au port du Roi-George (Terre de Nuyts); par M. BAUDIN, Commandant de l'expédition.

Position de notre observatoire. { Latit. 35° 3′ 0″ Sud. Long. 115. 38. 6. E. de Paris.

DATES.		MONTANT DE L'EAU		CIRCONSTANCES des OBSERVATIONS.	REMARQUES.
Style Décadaire.	Style Grégorien.	en mètres.	en pieds.		
An XI. Du 1.er au 8 Ventôse.	1803. Du 20 au 27 Février.	0^m,97. 1,37. 2,60.	3 pieds. 7 et 8.	Pendant la nuit. Pendant le jour et lors de la nouvelle lune.	Les marées sont ici fort irrégulières; on a vu, à plusieurs reprises, la mer baisser deux fois et hausser deux fois dans l'espace de 6 heures. Celles de jour ont été constamment plus foibles. Je n'ai pu découvrir sur quel point ces observations ont été faites.

TABLE 10.e MARÉES observées à la baie du Géographe (Terre de Leuwin); par MM. HAMELIN, PICQUET, et HYA.the BOUGAINVILLE.

Position du cap du Naturaliste. { Latit. 33° 37′ 42″ Sud. Long. 112. 39. 48. E. de Paris.

DATES.		MONTANT DE L'EAU		CIRCONSTANCES des OBSERVATIONS.	REMARQUES.
Style Décadaire.	Style Grégorien.	en mètres.	en pieds.		
An IX. Du 12 au 17 Prairial.	1801. Du 1.er au 6 Juin.	1^m,30. 2,60. 2,92. 4,87.	6 pieds. 8 ou 9. 15.	Dans les marées ord.res Dans les grandes marées. Lorsque le flot est accompagné de forts vents du large.	Près du cap du Naturaliste, les courans sont très-violens; le flot porte au NE et le jusant au SO. Près de la pointe du Casuarina, le flot porte au NE. 1/4 N. M. HAMELIN pense que la pleine mer doit avoir lieu dans la baie à 11 h. 40′ le jour de la nouvelle ou de la pleine lune; mais cette opinion n'est point la conséquence d'une observation directe; je n'ai pas cru devoir, en conséquence, en déduire l'établissement.

TABLE 11.e MARÉES observées à l'île Rottnest; par MM. HAMELIN et LOUIS FREYCINET.

Position du cap Nord de l'île. { Latit. 31° 58′ 47″ Sud. Long. 113. 9. 4. E. de Paris.

DATES.		HEURES.	MARÉE OBSERVÉE.	MONTANT DE L'EAU		CIRCONSTANCES LUNAIRES.			ÉTABLISSEMENT conclu.	VENTS RÉGNANS.	REMARQUES.
Style Décadaire.	Style Grégorien.			en mètres.	en pieds.	Age de la Lune.	Phases de la Lune.	Apsides.			
An IX. 29 Prairial.	1801. 18 Juin.	Midi, à-peu-près.	H.	1^m,30.	4 pieds.	7.			8^h 7′	OSO. Bon frais par grains.	L'heure de la haute mer n'a pu être observée exactement, à cause de la houle.
30	19	"	"	"	"	"	☾ 7^h 37′ soir.				On a compté deux marées en 24 heures.
7 Messidor.	26	9^h 30′ matin.	H.	1,30. 2,27.	6 à 7.	15.	☽ 3^h 36′ soir.			O. Petit frais.	Le flot court au NNO. et quelquefois au NO.; le jusant SSE. S. et SO.: Il est très-violent dans les premières heures.
9	28	"	"	"	"	"	"	P.	9. 39.		Dès qu'il a venté du S. pendant 23 heures, le courant, au large, porte au N., et vice versâ.

TABLE 12.ᵉ *Marées observées sur la presqu'île Péron (baie des Chiens-Marins); par MM. Hamelin et Ransonnet.*

Position de la pointe des Hauts-Fonds. { Latit. 25° 29' 45" Sud.
{ Long. 111. 14. 32. E. de Paris.

DATES.		MONTANT DE L'EAU		CIRCONSTANCES des OBSERVATIONS.	ÉTABLISSEMENT.	REMARQUES.
Style Décadaire.	Style Grégorien.	en mètres.	en pieds.			
An IX. Du 5 au 13 Fruc.ᵒʳ	1801. Du 23 au 31 Août.	1ᵐ,30. 1 ,62. 2 ,11.	4 à 5 pieds. 6 1/2.	Dans les marées ordinaires. Dans les nouvelles et pleines lunes.	11ʰ 30' à-peu-près.	L'erreur sur l'heure de l'établissement ne peut aller à plus de 15 minutes. (*Voy. pag.* 212.) La mer mettoit 5 h. 3/4 à monter ou à descendre et suivoit avec assez de régularité cette période. Ces observations ont été faites, par M. Ransonnet, sur la côte Nord-Ouest de la presqu'île Péron.
6	24	2 ,76.	8 1/2.	Le jour de la pleine lune.	11. 30 à-peu-près.	Cette observation a été faite par M. Hamelin, dans son canot mouillé sur la côte Orientale de la presqu'île Péron et près de la pointe des Hauts-Fonds. Le flot portoit au N. avec 3 milles et demi de vitesse. Deux heures après la pleine mer, le courant renvoya au S. avec une vitesse sensiblement égale. Les jours où la mer est montée un peu plus haut que de coutume, elle est aussi descendue moins vite qu'à l'ordinaire.

TABLE 13.ᵉ *Marées observées sur l'île Dirck-Hartighs (baie des Chiens-Marins); par MM. Hamelin, Ransonnet et Heirisson.*

Position du cap de l'Inscription. { Latit. 25° 29' 15" Sud.
{ Long. 110. 40. 22. E. de Paris.

DATES.		MONTANT DE L'EAU		CIRCONSTANCES des OBSERVATIONS.	ÉTABLISSEMENT.	REMARQUES.
Style Décadaire.	Style Grégorien.	en mètres.	en pieds.			
An IX. »	1801. »	1ᵐ,46.	4 pieds 1/2.	Observé sur la côte Nord de l'île.	10ʰ 30'	M. Hamelin, qui donne cette valeur pour l'établissement, ne dit pas comment il l'a obtenue, ni l'époque de son observation. J'ai observé sur cette côte, dit le même officier, plus de flots que de jusans, tellement que j'ai presque été porté à ne croire qu'à une marée en 24 heures. M. Ransonnet assure que ceux qui ont observé avant lui, sur la partie des côtes de Dirck-Hartighs approchée du large, ont trouvé deux marées en 24 heures, mais d'une durée inégale. (*Voy. pag.* 212.)
Du 1.ᵉʳ au 3 Fruc.ᵒʳ	Du 19 au 21 Août.	»	»	Observé sur la côte Orientale de l'île, par 25° 30' de latitude.	»	M. Ransonnet n'a trouvé sur la côte Orientale de l'île qu'une marée en 24 heures, un flot de 11 h. et un jusant de 12 à 13 heures plus ou moins. Plusieurs fois, il a été surpris et embarrassé par des interruptions et des irrégularités qu'il n'a pu expliquer : au bout de 4 à 5 heures, il voyoit la mer tout-à-coup stationnaire, et paroissant, pendant une heure ou environ, vouloir prendre un mouvement rétrograde ; les vents qui souffloient alors inégalement et de points différens de l'horizon, lui ont paru occasionner ces dérangemens.
Du 2 au 5 Ther.ᵒʳ	Du 21 au 24 Juillet.	»	»	Observé sur la côte Orientale de l'île entre 25° 36' de latitude et le cap Ransonnet.	»	M. Heirisson, qui a observé la marée sur divers points de la côte Orientale de Dirck-Hartighs, pense aussi qu'il n'y a qu'une marée en 24 heures.

TABLE 14.ᵉ MARÉES observées sur la côte Est de l'île Bernier (baie des Chiens-Marins); par MM. BERNIER, BRETON et SAINT-CRICQ.

Position de l'observatoire du Géographe : Latit. 24° 48' 36" Sud. Long. 110. 55. 36. E. de Paris.

DATES.		MONTANT DE L'EAU		CIRCONSTANCES des OBSERVATIONS.	REMARQUES.
Style Décadaire.	Style Grégorien.	en mètres.	en pieds.		
An IX. Du 8 au 19 Mess.ᵒʳ	1801. Du 27 Juin au 8 Juillet.	De 2ᵐ,44 à 2 ,60.	De 7 pi. 1/2 à 8 pieds.	Dans les marées ordinaires.	Le flot porte au NNO. et NO., et le jusant dans le sens opposé, avec une vitesse qui, dans son maximum, est d'un mille à un mille et demi.
29 Mess.ᵒʳ	18 Juillet.	De 4 ,87 à 5 ,85.	De 15 à 18 pieds.	Lorsque les grandes marées sont favorisées par les vents du large.	Cette observation, qui est de M. SAINT-CRICQ, a été faite vers l'extrémité Méridionale de l'île de Dorre; cependant, à cause du peu de distance entre cette île et l'île Bernier, j'ai cru pouvoir la rapporter à cette dernière. M. SAINT-CRICQ a conclu cette hauteur extraordinaire de la marée, des marques qu'il a vues sur le rivage; mais il n'a point été témoin lui-même de cette grande élévation des eaux.

TABLE 15.ᵉ MARÉES observées sur l'île Depuch (Terre de Witt); par M. RONSARD.

Position du milieu de l'île : Latit. 20° 35' 22" Sud. Long. 115. 13. 52. E. de Paris.

DATES.		HEURES.	MARÉE OBSERVÉE.	MONTANT DE L'EAU		CIRCONSTANCES LUNAIRES.			ÉTABLISSEMENT conclu.	VENTS RÉGNANS.	REMARQUES.
Style Décadaire.	Style Grégorien.			en mètres.	en pieds.	Age de la Lune.	Phases de la Lune.	Apsides.			
An IX. 8 Thermidor.	1801. 27 Juillet.	Midi......	H.	6ᵐ,50.	20 p.ᵈˢ	17.	Le 25 Juillet, ☉ à 10ʰ 14' du soir.	Le 25 Juillet, P.	11ʰ 4'	ONO. OSO. Joli frais.	La mer paroît devoir s'élever de 4 pieds davantage dans les plus grandes marées. Nos observations faites au mouillage ont indiqué une bien moindre ascension des eaux. (Voy. pag. 233 et ci-après la Table des courans, N.º 6.) Les courans, dit M. RONSARD, ont leur direction de l'E. à l'O., et sont peu sensibles aux approches de la île.

TABLE 16.ᵉ MARÉES observées à Sydney-cove, au port Jackson; par M. BERNIER.

Position de la pointe Banelong. Latit. 33° 51′ 21″,8. Sud. Long. 148. 48. 32 ,0. E. de Paris.

DATES.		HEURES.	MARÉE OBSERVÉE.	DISTANCE à un point fixe.	MONTANT DE L'EAU		CIRCONSTANCES LUNAIRES.			ÉTABLISSEMENT conclu.	VENTS RÉGNANS.	REMARQUES.
Style Décadaire.	Style Grégorien.				en mètres.	en pieds.	Âge de la 1ʳᵉ.	Phases de la Lune.	Apsides.			
An x. 13 Thermidor.	1802. 1.ᵉʳ Août.	9ʰ 50′ matin.	H.	0			3.	Le 30 juillet, ● à 1ʰ 8′ du matin.	A.	8ʰ 27′	SO. Fortes rafales.	
		4. 5. soir.	B.	1,75.	1,19.	3ᵖ 8¹⁰					SSE. Joli frais par rafales.	
		10. 20. soir.	H.	0,56.	0	0				8. 38.	SSE. Joli frais.	
14	2	10. 25. matin.	H.	0,83.	0,85.	2. 7½.	4.			8. 26.	SO. Foible brise.	
		4. 45. soir.	B.	1,68.	1,00.	3. 1.					NO. Foible brise.	
15	3	11. 5. matin.	H.	0,68.	0,85.	2. 7½.	5.			8. 53.	NE. Variable au SO. par le N.; rafales.	
		5. 30. soir.	B.	1,53.	0,78.	2. 5.					NO. O. Par rafales.	
16	4	11. 45. matin.	H.	0,75.	0,81.	2. 6.	6.			8. 54.	N. Par rafales.	
		5. 55. soir.	B.	1,56.	0	0					O. Par rafales.	
17	5	6. 15. matin.	B.	1,68.	0,93.	2. 10.	7.				NO. Par fortes rafales.	
		0. 28. soir.	H.	0,75.	0,85.	2. 7½.				8. 53.	O. Par fortes rafales.	
		6. 40. soir.	B.	1,60.	0	0					O. Par fortes rafales.	
18	6	7. 0. matin.	B.	1,52.	0,91.	2. 9½.	8.				OSO. Par risées.	
		1. 15. soir.	H.	0,68.	0,70.	2. 2.				8. 49.	O. Par risées.	
		7. 7. soir.	B.	1,38.	0	0					O. Par risées.	
19	7	7. 40. matin.	B.	1,55.	0,82.	2. 6.	9.	☾ à 4ʰ 59′ du matin.			O. Presque calme.	
		2. 10. soir.	H.	0,73.	0,72.	2. 2½.				8. 39.	S. Forte brise.	
		8. 20. soir.	B.	1,45.	0	0					S. Jolie brise.	
20	8	8. 15. matin.	B.	1,59.	0,86.	2. 7½.	10.				O. Presque calme.	
		3. 10. soir.	H.	0,73.	0,80.	2. 5½.				8. 18.	SO. S. Forte brise.	
		9. 15. soir.	B.	1,53.	0	0					Calme.	
21	9	9. 10. matin.	B.	1,56.	0,89.	2. 9.	11.				O. Presque calme.	
		4. 20. soir.	H.	0,67.	0,97.	3. 0.				8. 9.	SSO. S. Forte brise.	
22	10	10. 10. matin.	B.	1,64.	1,05.	3. 3.	12.				S. Forte brise.	
		5. 10. soir.	H.	0,59.	1,13.	3. 6.				7. 52.	SE. Joli frais et calmes alternatifs.	

Suite de la TABLE 16.ᵉ MARÉES observées à Sydney-cove, au port Jackson; par M. BERNIER.

DATES.		HEURES.	MARÉE OBSERVÉE.	DISTANCE à un point fixe.	MONTANT DE L'EAU		CIRCONSTANCES LUNAIRES.			ÉTABLISSEMENT conclu.	VENTS RÉGNANS.	REMARQUES.
Style Décadaire.	Style Grégorien.				en mètres.	en pieds.	Âge de la Lune.	Phases de la Lune.	Apsides.			
An X.	1802.											
23 Thermidor.	11 Août.	11ʰ 5′ matin.	B.	1ᵐ,72.	1ᵐ,23.	3ᵖ9ᵖᵒ¹⁄₂.	13.				Calme.	
		6. 10. soir.	H.	0 ,49.	"	"				7ʰ 40′	NE. Petit frais.	
24	12	7. 10. matin.	H.	0 ,98.	"	"	14.			8. 17.	ONO. Foible.	
		0. 24. soir.	B.	1 ,87.	0 ,89.	2. 9.					SO. Foible.	
		7. 5. soir.	H.	0 ,37.	1 ,50.	4. 7¹⁄₂.				7. 52.	O. Presque calme.	
25	13	7. 55. matin.	H.	0 ,85.	"	"	15.			8. 21.	O. Foible.	RÉSUMÉ.
		1. 40. soir.	B.	1 ,88.	1 ,03.	3. 2.					Calme.	Établissement moyen 8ʰ 32′.
		8. 0. soir.	H.	0 ,26.	1 ,62.	5. 0.				8. 7.	Foibles ventes de l'E. à l'O. par le N.	Plus grande marée observée, ou marée pérégée............. 3ᵖ 0ᵖᵒ.
26	14	8. 50. matin.	H.	0 ,73.	"	"	16.	O à 0ʰ 52′ du matin.	P.	8. 39.	N. Presque calme.	Plus petite marée observée............. 2. 2.
		2. 30. soir.	B.	1 ,87.	1 ,14.	3. 6.					E. Foible brise.	Différence....... 0ᵖ 10ᵖᵒ.
		8. 55. soir.	H.	0 ,23.	1 ,64.	5. 0¹⁄₂.				8. 26.	NNO. Petit frais.	
27	15	9. 40. matin.	H.	0 ,65.	"	"	17.			8. 51.	Calme.	
		3. 15. soir.	B.	1 ,86.	1 ,21.	3. 8¹⁄₂.					E. Petite brise.	
		9. 45. soir.	H.	0 ,25.	1 ,61.	4. 11¹⁄₂.				8. 38.	NNO. Petit frais.	
28	16	10. 30. matin.	H.	0 ,57.	"	"	18.			9. 5.	O. Presque calme.	
		4. 0. soir.	B.	1 ,83.	1 ,26.	3. 10¹⁄₂.					NO. Violentes rafales.	
		10. 35. soir.	H.	0 ,29.	1 ,54.	4. 9.				8. 43.	O. Petit frais.	
29	17	11. 20. matin.	h.	0 ,46.	"	"	19.			8. 50.	SO. NO. Par rafales.	
		4. 30. soir.	B.	1 ,73.	1 ,27.	3. 11.					OSO. Foible.	
30	18	0. 10. soir.	H.	0 ,51.	1 ,12.	3. 9.	20.			8. 58.	Calme.	
		5. 40. soir.	B.	1 ,61.	1 ,10.	3. 4¹⁄₂.					Calme.	
1.ᵉʳ Fruct.ᵒʳ	19	1. 0. soir.	H.	0 ,51.	1 ,10.	3. 4¹⁄₂.	21.	Le 20 août, ⊋ à 5ʰ 18′ du soir.		8. 59.	E. Foible.	

LIVRE IV. Résultats généraux.

TABLE 17.ᵉ *Marées observées à l'embouchure de la rivière de Coupang (île Timor); par MM. Bernier et Hamelin.*

Position du fort Concordia. { Latit. 10° 9′ 55″ Sud. Long. 121. 15. 21. E. de Paris. }

DATES.		HEURES.	MARÉE OBSERVÉE.	DISTANCE à un point fixe.	MONTANT DE L'EAU		CIRCONSTANCES LUNAIRES.			ÉTABLISSEMENT conclu.	VENTS RÉGNANS.	REMARQUES.
Style Décadaire	Style Grégorien				en mètres	en pieds	Âge de la Lune	Phases de la Lune	Apsides			
An IX. 21 Fructidor	1801. 8 Septembre	5ʰ 10′ soir.	B.	12ᵖ 2ˡ 0		8ᵖ 0ᵖ⁰	0.	● à 1ʰ 53′ du soir.	Le 23 août, A.		Calme.	
22	9	11. 30. matin.	H.	4. 2.	2ᵐ,60.	8. 2.	1.			11ʰ 18′	SE. Bon frais.	
		5. 55. soir.	B.	12. 4.	2,65.						ESE. Bon frais.	
23	10	6. 25. matin.	B.	12. 1.	0	0	2.				ESE. Bon frais.	*Résumé des Observations de M. Bernier.*
		0. 40. soir.	H.	4. 2.	2,57.	7. 11.				11. 30.	ESE. Bon frais.	Établissement moyen. 11ʰ 24′
		6. 30. soir.	B.	12. 5.	2,68.	8. 3.					ENE. Bon frais.	Plus grande marée observée............ 8ᵖ 7ᵖ⁰
24	11	7. 10. matin.	B.	12. 6.	0	0	3.				ENE. Bon frais.	Plus petite marée observée............ 7. 11.
		1. 15. soir.	H.	4. 4.	2,65.	8. 2.				11. 30.	ENE. Bon frais.	Différence...... 0ᵖ 8ᵖ⁰
25	12	7. 30. matin.	B.	12. 11.	2,79.	8. 7.	4.		Le 19 septembre, P.		E. Joli frais.	
		1. 40. soir.	H.	4. 7.	2,70.	8. 4.				11. 20.	E. Joli frais.	
26	13	7. 45. matin.	B.	12. 9.	2,65.	8. 2.	5.				ESE. Petit frais.	
28	15	0	0	0	0	0	7.	☾ à 11ʰ 2′ du soir.				Cette dernière observation est de M. Hamelin.
An X. 30 Vendémiaire	22 Octobre	11. 45. matin.	H.	0	2,92. 3,25.	9 ou 10 pieds.		☾ à 3ʰ 19′ du matin.		11. 35.	SE. Petit frais.	Nous avons constamment observé, dit cet officier, que les marées du soir étaient plus grandes que celles du jour.

§. 2.

MARÉES OBSERVÉES AU MOUILLAGE.

QUAND les circonstances n'ont pas permis d'observer les marées à terre, on s'est contenté de les observer en rade. On a noté alors la direction du courant, le maximum de sa vîtesse, l'instant de la mer étale, et quelquefois le montant de l'eau.

Par *direction du courant,* j'entends l'air de vent vers lequel le courant se dirige, lorsqu'il est dans toute sa force.

Le *maximum de vîtesse* a été mesuré avec le loch, par les moyens ordinaires; le nombre qui l'exprime indique l'espace que le courant auroit pu parcourir pendant une heure, si cette vîtesse eût été uniforme. Mais cette condition n'a jamais eu lieu; la vîtesse est parvenue à son maximum par degrés, elle est diminuée par degrés aussi : il eût été curieux d'observer les lois de ces variations, qui ont offert des anomalies singulières; j'ai cité les plus remarquables.

Il m'a paru utile de donner l'instant où le courant avoit atteint son maximum; on verra qu'il n'est pas toujours également éloigné de l'époque de la mer étale, c'est-à-dire, du moment où la vîtesse du courant étoit zéro.

Cette époque de la mer étale n'a pas toujours été non plus celle de la haute ou de la basse mer; lorsqu'il m'a paru certain que ces deux instans avoient été identiques, j'en ai fait la remarque.

Le *montant de l'eau* est le résultat d'observations faites avec la sonde, moyen qui, par lui-même, ne comporte pas une extrême rigueur. Plusieurs causes accidentelles doivent encore nuire à l'exactitude de ce genre d'observations. D'abord il est rare qu'on puisse sonder exactement à l'instant précis de la haute et de la basse mer, et d'autant moins que la plus grande ou la plus petite ascension de l'eau ne répond pas toujours à l'instant de la mer étale, ainsi que nous en avons fait, plus haut, la remarque. D'une autre part, l'évitage du navire empêche presque toujours que la sonde soit prise exactement au même point où l'on a pris la sonde précédente; on suppose tacitement que cette circonstance ne peut qu'affecter légèrement les résultats; l'expérience prouve que cette supposition doit être souvent fautive.

J'ai désigné dans une colonne particulière le lieu où les observations ont été faites; mais cette indication étant vague, je l'ai précisée en donnant la latitude et la longitude de notre mouillage.

Les mêmes signes employés dans les tables précédentes ont servi ici à désigner les phases de la lune. Dans les colonnes des heures, *s* désigne les heures du soir et *m* celles du matin.

Je n'ai pas indiqué sur les tableaux contenus dans ce second paragraphe le nom des observateurs; tous les officiers de l'expédition y ont une part égale, les résultats étant consignés dans les tables de loch, tenues à bord de chacun des bâtimens.

Lorsque deux de nos corvettes ont observé à-la-fois en un même mouillage, je n'ai donné qu'un seul résultat pour éviter la prolixité; mais j'en ai toujours comparé les observations, entre lesquelles d'ailleurs il s'est rarement trouvé des différences. Quand il y a eu incertitude, j'ai pris un terme moyen entre les résultats; ou j'ai donné la préférence aux observations qui m'ont paru avoir été faites avec le plus de soin.

TABLE 1.re *Courans de la Marée observés à l'ancre, à bord de la corvette le Naturaliste, dans le détroit de Banks.*

DATES.		LIEUX des OBSERVATIONS.	POSITIONS GÉOGRAPHIQ.es		DIRECTION du Courant.	MAXIMUM de vitesse.	HEURES du maximum de vitesse.	HEURES de la mer étale.	PHASE DE LA LUNE.	REMARQUES.
Style Décadaire.	Style Grégorien.		LATITUDES Sud.	LONGITUDES Orientales.						
An x. 1802.	1802.					milles				
19 Ventôse	10 Mars	Devant l'île Swan (détroit de Banks).	40° 39′ 0″	145° 55′ 36″	ESE.	1,8.	7ʰ 0′ s.	10ʰ 30′ s.		
20	11	....	....	....	O.	1,1.	1.30.m.	4. 0.m.	☾	
					ESE.	1,6.	6.30.m.	10. 0.m.		
					O.	1,3.	1. 0. s.	4.30. s.		
					ESE.	1,5.	8.30. s.	11. 0. s.		Le vent a fraîchi au revirement de la marée.
21	12	....	....	....	O.	»	»	5. 0.m.		
					ESE.	1,6.	8. 0.m.	11. 0.m.		
					O.	1,5.	»	4.45. s.		
					ESE.	1,5.	7.30. s.	11. 0. s.		
22	13	....	....	....	O.	1,6.	3. 0. m.	5. 0.m.		
					ESE.	1,5.	8. 0.m.	11.30.m.		
					O.	1,5.	2.30. s.	5.30. s.		Le 19 Mars. ○
					ESE.	1,3.	8. 0. s.	11.30. s.		
23	14	....	....	....	O.	1,6.	4. 0.m.	6. 0.m.		
					ESE.	1,7.	4. 0. s.	11.30. s.		
10 Germinal	31	Devant l'île Swan (détroit de Banks).	40. 38. 30.	145. 58. 20.	E.	1,4.	10.30. s.	»		Le jusant a commencé à se faire sentir à 8 h. 15′ soir.
11 Germinal	1.er Avril	....	....	....	O.	»	»	3.30.m.		
12	2	Devant l'île Waterhouse (à l'O. du détroit de Banks).	40. 45. 14.	145. 39. 12.	O.	»	»	11. 0. s.		
					ENE.	1,0.	Incertaine	5.30.m.	Le 3 Avril. ○	Le courant a eu constamment un mille de vitesse depuis 1 h. jusqu'à 4 h. du matin.
					O.	1,2.	9. 0.m.	Midi 30′.		
					NNE.	1,0.	3. 0. s.	»		
					»	»	»	11.45. s.		Le courant est si foible, qu'il est difficile de saisir l'instant de la mer étale.

LIVRE IV. Résultats généraux.

TABLE 2.ᵉ *Courans de la Marée observés à l'ancre, à bord de la goëlette le Casuarina, aux îles Hunter (détroit de Bass).*

DATES.		LIEUX des OBSERVATIONS.	POSITIONS GÉOGRAPHIQ.ˢ		DIRECTION du Courant.	MAXIMUM de vitesse.	HEURES du maximum de vitesse.	HEURES de la mer étale.	PHASES DE LA LUNE.	REMARQUES.
Style Décadaire.	Style Grégorien.		LATITUDES Sud.	LONGITUDES Orientales.						
An XI.	1802.					milles				
19 Frimaire.	10 Décembre.	Dans le canal Péron.	40° 26′ 31″	142° 39′ 15″	NNO.	1,5.	4ʰ 15′ s.	6ʰ 0′ s.	Le 9 Décembre, O.	
					S.	1,5.	7. 45. s.	11. 15. s.		
20	11	Dans l'E. du cap Kéraudren.	40. 25. 40.	142. 39. 24.	N.	1,2.	3. 30. m.	6. 0. m.		
					S.	1,5.	9. 0. m.	11. 0. m.		
27	18	Au S. de l'île Three-Hummock.	40. 32. 22.	142. 46. 52.	0	0	0	7. 0. s.	Le 17 Décembre, ☽.	
					NO.	0,4.	9. 0. s.	11. 0. s.		
28	19	....	....		ESE.	1,0.	1. 30. m.	5. 0. m.		
29	20	Au S. de l'île Three-Hummock.	40. 31. 50.	142. 47. 54.	NE.	1,4.	3. 0. m.	5. 0. m.		
					0	0	0	1. 0. s.		
					NE.	1,0.	4. 30. s.	7. 0. s.		
					SO.	1,0.	Incertaine	0		Le courant a conservé pendant plusieurs heures un mille de vitesse.
30	21	Dans l'O. du cap Buache.	40. 35. 39.	142. 43. 7.	NNE.	1,4.	1. 0. s.	6. 30. s.		
1.ᵉʳ Nivôse.	22	Dans le SE. de l'île Petit.	40. 39. 4.	142. 41. 54.	0	0	0	1. 0. m.		
					NNE.	1,4.	8. 0. s.	9. 30. s.		
2	23	Dans le SE. de l'île Three-Hummock.	40. 30. 42.	142. 49. 26.	0	0	0	3. 0. m.		
					O.	1,5.	10. 45. m.			
3	24	Dans la baie Ransonnet.	40. 37. 53.	142. 51. 24.	0	0	0	1. 0. m.	Le 25 Décembre, ☉.	
					SSE.	1,4.	3. 30. m.			

CCCC

TABLE 3.ᵉ *Courans de la Marée observés à bord de la goëlette le Casuarina, dans le golfe Joséphine (Terre Napoléon).*

DATES.		LIEUX des OBSERVATIONS.	POSITIONS GÉOGRAPHIQ.ˢ		DIRECTION du Courant.	MAXIMUM de vitesse.	HEURES du maximum de vitesse.	HEURES de la mer étale.	PHASES DE LA LUNE.	REMARQUES.
Style Dé-cadaire.	Style Grégorien.		LATITUDES Sud.	LONGITUDES Orientales.						
An XI.	1803.					milles				
22 Nivôse.	12 Janvier.	A l'OSO. de la pointe Scudéry.	34°33'45"	135°52'10"	NNO.	0,5	4ʰ 15'm.	5ʰ 30'm.		
		Dans la baie Caroline.	34. 14. 50.	135. 46. 50.	»	»	»	6. 45. s.		
					SSO.	0,7.	11. 15. s.			
23	13	....	....	....	»	»	»	1. o.m.		
					NNE.	0,6.	4. o.m.	7. 30.m.		
					SSO.	0,5.	9. 45.m.	7. o. s.		
24	14	Au S. de la pointe Do-rothée.	34. 21. 25.	135. 44. 30.	»	»	»	1. 30.m.		
					NNO.	0,9.	3. o.m.	6. 30.m.		
		Au NNE. de la pointe Craffigny.	34. 27. 10.	135. 42. 25.	»	»	»	8. o. s.	Le 16 Janvier, ☾.	
25	15	....	....	....	»	»	»	7. o. s.		
27	17	Au SE. du cap la Ro-chefoucault.	35. 12. 0.	135. 30. 10.	OSO.	0,9.	9. 30. s.	Minuit.		
28	18	....	....	....	E.	0,7.	4. 15.m.	5. 30.m.		

TABLE 4.ᵉ *Courans de la Marée observés à bord du Casuarina, dans le golfe Bonaparte (Terre Napoléon).*

2 Pluviôse.	22 Janvier.	En face de la baie Vol-taire.	32. 46. 30.	135. 31. 45.	»	»	»	9. 15. s.		
3	23	Dans l'E. du cap Delille.	32. 50. 5.	135. 31. 40.	N.	1,4.	5. 30.m.	9. o.m.	☉	
		Dans l'ENE. du cap La-fontaine.	32. 55. 30.	135. 34. 0.	»	»	»	9. 30. s.		
4	24	Dans l'ESE. du cap La-fontaine.	32. 59. 35.	135. 31. 15.	N.	1,4.	5. o.m.	7. 40.m.		
		Dans le SE. du cap Mo-lière.	33. 5. 45.	135. 18. 30.	NNE.	1,2.	6. 15. s.	9. 15. s.		
5	25	Dans le SE. du cap Chaulieu.	33. 8. 45.	135. 0. 45.	»	»	»	7. o m.		
7	27	Dans le SE. du cap Mably.	33. 50. 50.	134. 36. 45.	»	»	»	1. 30.m.		

TABLE 5.ᵉ COURANS de la Marée observés à la Terre de Witt, à bord de la corvette le Géographe.

DATES.		LIEUX des OBSERVATIONS.	POSITIONS GÉOGRAPHIQ.ˢ		DIRECTION du courant.	MAXIMUM de vitesse.	HEURE du maximum de vitesse.	HEURES de la mer étale.	MONTANT de l'EAU.	PHASES DE LA LUNE.	REMARQUES.
Style Décadaire.	Style Grégorien.		LATITUDES Sud.	LONGITUDES Orientales.							
An IX.	1801.					mètr.					
22	10 Août.	....	....	....	....	.....	....	....	..	●	
23	11	Dans le NO. de l'île Colbert.	14°47'50"	122°13'1"	N.	1,5.	2ʰ 0'm.	7ʰ 20'm.	4.		7 h. 20' est l'instant du renversement de la marée, et non pas celui de la mer étale; à cette époque, l'eau avoit déjà monté d'un pied ou deux.
		Dans le NO. des îles Maret.	14. 24. 12.	122. 34. 35.	SSE.	1,5.	10. 30. s.	"	0		
24	12	....	....	....	NNE.	1,5.	"	"	3½.		
		Dans le NNO. des îles Montalivet.	15. 6.40.	122. 49. 25.	SSO.	0	0	"	0		
25	13	....	....	....	0	0	0	4. 0. m.	3.		
26	14	Dans l'O. de l'île Cassini.	13. 55. 25.	123. 7. 30.	NNE.	1,5.	"	0	0		
		Dans le NO. de l'île Cassini.	13. 49. 0.	123. 15. 25.	NNE.	1,1.	6. 0. s.	7. 30. s.	0		Il est douteux que cette vitesse du courant soit réellement son maximum.
27	15	Dans l'O. des bancs des Holothuries.	13. 27. 0.	123. 15. 0.	SO.	1,5.	0	7. 0. s.	0		
28	16	....	....	....	NE.	1,6.	0	1. 0. m.	1½.		
		....	....	....	0	0	0	8. 0. m.	1.		
29	17	Dans l'O. des bancs des Holothuries.	13. 17. 30.	123. 17. 30.	SO.	1.	0	1. 55. m.	0	☾	Basse mer.
		....	....	....	NE.	1,3.	6. 0. m.	0	0		

TABLE 6.ᵉ COURANS de la Marée observés à la Terre de Witt, à bord du Géographe et du Casuarina.

An XI.	1803.										
8	29 Mars.	Dans le NE. de l'île Delambre.	20. 26. 5.	114. 42. 50.	SSE.	1,4.	10. 0. s.	0	0		
9	30	....	....	....	0	0	0	3. 0. m.	1.	☾	
		Dans le NNE. de l'île Depuch.	20. 16. 48.	115. 25. 55.	ENE.	1,0.	2. 0. s.	"	0		
10	31	....	....	....	0	0	0	6. 15. m.	2.		

CCCC 2

Suite de la TABLE 6.ᵉ COURANS de la Marée observés à la Terre de Witt, à bord du Géographe.

DATES.		LIEUX des OBSERVATIONS.	POSITIONS GÉOGRAPHIQ.ˢ		DIRECTION du courant.	MAXIMUM de vitesse.	HEURES du maximum de vitesse.	HEURES de la mer étale.	MONTANT DE L'EAU.	PHASES DE LA LUNE.	REMARQUES.
Style Décadaire.	Style Grégorien.		LATITUDES Sud.	LONGITUDES Orientales.							
Aⁿ XI. 1803.	1803.					milles					
13 Germinal.	3 Avril.	Dans l'ENE. du cap Kéraudren.	19° 36′ 0″	117° 14′ 0″	NE.	1,0.	9ʰ 0′ s.	Minuit.	1.		C'est l'heure de la pleine mer.
14	4	Dans le N. des bancs des Planaires.	19. 37. 0.	117. 46. 30.	E.	2,2.	9. 0. s.	»	»		C'est le courant du jusant.
15	5	....	....	....	»	»	»	5ʰ 30′ m.	3.	O.	C'est l'heure de la basse mer.
		Dans le SO. du cap Missiessy.	19. 26. 0.	118. 26. 35.	SE.	2,0.	9. 0. s.	11. 30. s.	3.		Pleine mer.
16	6	En face de la baie Desault.	19. 57. 30.	118. 57. 0.	SE.	1,5.	9. 0. s.	11. 0. s.	»		Pleine mer.
17	7	....	....	....	NO.	1,6.	1. 45 m.	5. 0. m.	»		Basse mer.
		Dans l'OSO. du cap Latouche-Tréville.	18. 27. 0.	119. 16. 0.	SSE.	1,5.	9. 0. s.	»	»		Courant de flot.
18	8	....	....	....	»	»	»	0. 30. m.	1 ½		Pleine mer.
		Dans l'O. du cap Huygens.	17. 58. 25.	119. 37. 35.	SE.	1,7.	8. 0. s.	Minuit.	2 ½		Courant de flot; pleine mer.
19	9	....	....	....	NO.	1,3.	2. 0. m.	»	»		Courant de jusant.
		Au NNO. du cap Boileau.	17. 27. 45.	119. 40. 0.	SE.	1,3.	9. 0. s.	11. 30. s.	2 ½		Pleine mer.
20	10	....	....	....	N.	1,3.	3. 0. m.	5. 0. m.	2.		Basse mer.
		Dans l'OSO. des îles Lacepède (à bord du Géographe).	16. 55. 40.	119. 42. 25.	E. NE. SO.	2,0.	9. 0. s.	»	2.		La vitesse du courant, qui étoit de deux milles à 9 heures du soir, a diminué jusqu'à minuit, et depuis cet instant jusqu'à 5 heures du matin (11 avril), elle a été constamment de 1ᵐ.3. D'après les variations du brassiage, la haute mer a dû avoir lieu le 11 avril, à 2 heures du matin.
21	11	Dans le NNO. des îles Lacepède (à bord du Casuarina).	16. 50. 30.	119. 48. 20.	O.	2,0.	3. 10. m.	»	»		Depuis 3 h. 15′ jusqu'à 5 h. 30′ du matin, la vitesse du courant n'a pas diminué, elle s'est constamment tenue à 1ᵐ.9.
22	12	Dans le NO. des îles Émériau.	16. 28. 40.	119. 38. 30.	NO.	1,5.	5. 0. m.	Incertaine	1.		Les mouvemens de la marée ont été très-variables et incertains. D'après le brassiage, la haute mer auroit eu lieu à peu près à minuit (le 22 avril).

Suite de la TABLE 6.ᵉ COURANS de la Marée observés à la Terre de Witt, à bord du Géographe et du Casuarina.

DATES.		LIEUX des OBSERVATIONS.	POSITIONS GÉOGRAPHIQ.ˢ		DIRECTION du courant.	MAXIMUM de vitesse.	HEURES du maximum de vitesse.	HEURES de la mer étale.	MONTANT DE L'EAU.	PHASES DE LA LUNE.	REMARQUES.
Style Décadaire.	Style Grégorien.		Sud.	Orientales.							
AN XI.	1803.					milles.					
Germinal 23	Avril 13	Au N. des îles Émériau.	16° 29' 15"	120° 0' 30"	ESE.	1,5.	Minuit.	"	"		C'est le courant de flot.
		....	....	....	"	"	"	4ʰ 30'm.	3 ⅓.		À l'instant où la vitesse du courant a été étale, la mer avoit déjà baissé d'une brasse. On peut conclure de cette observation que l'instant de la mer étale, en rade, n'est pas toujours le même que celui de la haute ou de la basse mer.
24	14	Dans l'O. du cap Lévêque.	16. 18. 40.	120. 7. 45.	E.	1,5.	Minuit.	"	"		Très-grande irrégularité dans la vitesse du courant.
		....	....	....	"	"	"	3. 30. m.	3.		Pleine mer.
25	15	Dans l'O. de l'île Caffarelli.	16. 7. 35.	120. 30. 45.	ONO.	1,7.	7. 45. s.	11. 30. s.	"		
		....	....	....	E.	1,7.	1. 15. m.	5. 0. m.	1. ⅓.	☽	Cette observation du montant de l'eau est douteuse.
30	20	Au N. des îles Maret.	14. 25. 35.	122. 30. 30.	S.	1,2.	8. 0. s.	10. 30. s.	3.		
1.ᵉʳ	21	....	....	....	N.	1,1.	2. 15. m.	5. 0. m.	3.	●	
		À l'ONO. des îles Montalivet.	14. 11. 50.	122. 46. 0.	"	"	"	10. 0. s.	"		
Floréal 2	22	....	....	....	N.	1,4.	1. 45. m.	6. 0. m.	"		
		Dans l'O. des îles de l'Institut.	14. 5. 30.	123. 3. 30.	"	"	"	11. 45. s.	"		
3	23	....	....	....	N.	1,1.	3. 15. m.	"	"		
		Dans le NO. de l'île Cassini.	14. 50. 55.	123. 14. 25.	SSO.	1,4.	9. 30. s.	Minuit.	"		
4	24	....	....	....	NE.	1,5.	4. 0. m.	6. 0. m.	2.		
					"	"	"	Midi.	"		Pleine mer.
					NNE.	1,5.	3. 0. s.	6. 15. s.	2 ⅓.		Basse mer.
					SSO.	1,6.	10. 0. s.	"	"		

Suite de la TABLE 6. COURANS de la Marée observés à la Terre de Witt, à bord du Géographe et du Casuarina.

DATES.		LIEUX des OBSERVATIONS.	POSITIONS GÉOGRAPHIQ.ᵉˢ		DIRECTION du courant.	MAXIMUM de vitesse.	HEURES du maximum de vitesse.	HEURES de la mer étale.	MONTANT DE L'EAU.	PHASES DE LA LUNE.	REMARQUES.
Style Décadaire.	Style Grégorien.		LATITUDES Sud.	LONGITUDES Orientales.							
An XI. 1803. 5 Floréal. 25 Avril.		....	....	....	0	milles. 0	0	1ʰ 30' m.	0		
					NE.	1,4.	4ʰ 0' m.	7. 30. m.	0		
					S.	1,4.	10. 0. m.	0. 45. s.	0		
					NE.	1,3.	3. 30. s.	7. 0. s.	0		Cette observation de la mer étale a été faite à bord du Géographe seulement; le Casuarina étoit sous voiles.
6	26	Dans le NO. de l'île Cassini (à bord du Géographe).	....	....	NE.	1,8.	6. 0. m.	8. 0. m.	0		La vitesse du courant est fort irrégulière.
					0	0	0	8. 0. s.	2.½		Même observation.
7	27	....	....	....	0	0	0	8. 0. m.	0		Même observation.
5	25	Dans le NE. de l'île Cassini (à bord du Casuarina).	13° 54' 30"	123° 20' 15"	S.	0,7.	8. 30. s.	11. 30. s.	0		
6	26	....	....	....	NNE.	0,7.	2. 30. m.	5. 0. m.	0		
7	27	Dans l'O. des bancs des Holothuries.	13. 41. 0.	123. 23. 15.	SO.	1,4.	10. 0. s.	0	0		
8	28	....	....	....	0	0	0	3. 30. m.	0		
		Dans l'O. des bancs des Holothuries.	13. 21. 0.	123. 21. 32.	0	0	0	9. 15. s.	0		
					SO.	1,1.	Minuit.	0	0		
9	29	....	....	....	0	0	0	4. 0. m.	0	☾	
					NNO.	1,0.	7. 0. m.	7. 0. s.	2.½		

FIN.

TABLE

Des CHAPITRES contenus dans ce Volume.

LIVRE I.er
ITINÉRAIRE.

PLAN de l'ouvrage........................ Page 1 — 2.

§. 1.er De France à l'Ile-de-France (du 19 octobre 1800 au 25 avril 1801)......................... 3 — 4.

§. 2. De l'Ile-de-France à Timor (du 25 avril au 13 novembre 1801)......................... 4 — 7.

§. 3. De Timor au port Jackson (du 13 novembre 1801 au 28 juin 1802)......................... 7 — 14.

§. 4. Du port Jackson à Timor (du 28 juin 1802 au 6 mai 1803)......................... 14 — 24.

§. 5. De Timor en France (du 16 mai 1803 au 16 avril 1804)......................... 24 — 28.

LIVRE II.
DESCRIPTIONS GÉOGRAPHIQUES ET NAUTIQUES.

Plan de ce livre......................... 29.

CHAP. I.er
TERRE DE DIÉMEN.

Vues générales......................... 30 — 32.

TABLE DES CHAPITRES.

§. 1.er *Partie Sud de la Terre de Diémen* .... Page 32—53.
§. 2. *Partie Sud-Est de la Terre de Diémen* .... 53—57.
§. 3. *Ile Maria* .... 58—62.
§. 4. *Partie Orientale de la Terre de Diémen* .... 63—67.
§. 5. *Côte Nord de la Terre de Diémen* .... 67—74.
§. 6. *Partie Nord-Ouest de la Terre de Diémen (îles Hunter).* 75—83.
§. 7. *Côte Occidentale de la Terre de Diémen* .... 83—84.

CHAP. II.

DÉTROIT DE BASS.

Vues générales .... 85—87.
§. 1.er *Iles de l'Est* .... 88—94.
§. 2. *Iles de l'Ouest* .... 95—106.

NOUVELLE-HOLLANDE.

Vues générales .... 107—109.

CHAP. III.

TERRE NAPOLÉON.

Vues générales .... 110.
§. 1.er *Depuis le promontoire de Wilson jusqu'au port Western inclusivement* ....,............ 110—115.
§. 2. *Depuis le port Western jusqu'à la presqu'île Fleurieu.* 115—119.
§. 3. *Ile Decrès* .... 119—127.
§. 4. *Golfes de la Terre Napoléon* .... 127—136.
§. 5. *Depuis le golfe Bonaparte jusqu'au cap des Adieux.* 137—144.

CHAP. IV.

TERRE DE NUYTS.

Vues générales .... 145.

§. 1.er

TABLE DES CHAPITRES.

§. 1.ᵉʳ *Port du Roi-George ; port des Deux-Peuples.* Page 145—152.
§. 2. *Portion de côte visitée dans l'Ouest du port du Roi-George* .... 153—154.

CHAP. V.

TERRE DE LEUWIN.

Vues générales.. 155.
§. 1.ᵉʳ *Du cap Gossellin au cap du Naturaliste*....... 155—157.
§. 2. *Baie du Géographe*............................. 157—166.
§. 3. *De la baie du Géographe à la rivière des Cygnes*.. 167—168.

CHAP. VI.

TERRE D'ÉDELS.

Vues générales.. 169.
§. 1.ᵉʳ *Iles Louis-Napoléon*........................... 169—175.
§. 2. *Rivière des Cygnes*............................. 175—179.
§. 3. *Depuis la rivière des Cygnes jusqu'à la Pointe-Escarpée*... 179—184.

CHAP. VII.

TERRE D'ENDRACHT.

Vues générales.. 185.
§. 1.ᵉʳ *Baie des Chiens-Marins*........................ 185—217.
§. 2. *De la baie des Chiens-Marins au cap Murat*... 218—220.

CHAP. VIII.

TERRE DE WITT.

Vues générales.. 221—222.
§. 1.ᵉʳ *Du cap Murat au cap Thouin*................. 222—233.

TABLE DES CHAPITRES.

§. 2. *Du cap Thouin aux îles Champagny* ...... Pag. 234—248.
§. 3. *Archipel Bonaparte* .... 248—257.
§. 4. *Golfe Joseph-Bonaparte* .... 257—261.

CHAP. IX.

NOUVELLE-GALLES DU SUD: COMTÉ DE CUMBERLAND.

Vues générales .... 262.
Comté de Cumberland, ou Colonie Angloise du port Jackson .... 262—322.

CHAP. X.

ILES DU GRAND ARCHIPEL D'ASIE.

Vues générales .... 323.
§. 1.er *Ile de Timor* .... 323—355.
§. 2. *Simaô, Rottie, et îlots voisins* .... 355—356.
§. 3. *Savu, Benjoar, Nouveau-Savu* .... 356—357.

LIVRE III.

ANALYSE DES CARTES.

Plan de ce livre .... 358.

CHAP. Ier

OBSERVATIONS ASTRONOMIQUES.

Divisions de ce chapitre .... 358.
§. 1.er *Des latitudes* .... 358—359.
§. 2. *Des longitudes* .... 359—360.

TABLE DES CHAPITRES.

(A). *Mémoire sur la correction des longitudes observées à bord de la corvette* le Géographe, *par M.* BOULLANGER, *l'un des Ingénieurs hydrographes de l'expédition*................ Pag. 361—394.
(B). *Correction des longitudes observées à bord de la corvette* le Naturaliste................. 395—396.
(C). *Correction des longitudes observées à bord de la goëlette* le Casuarina................ 396—400.
§. 3. *Déclinaisons de la boussole*............. 400.

CHAP. II.

Levée et construction des cartes............. 401—414.

CHAP. III.

EXAMEN DES CARTES QUI COMPOSENT L'ATLAS.

Objet de ce chapitre....................... 415.
§. 1.ᵉʳ *Cartes et plans levés à la Terre de Diémen*.... 415—426.
§. 2. *Cartes et plans levés dans le détroit de Bass*.... 426—430.
§. 3. *Cartes et plans levés à la Terre Napoléon*..... 430—437.
§. 4. *Plans levés à la Terre de Nuyts*............ 438.
§. 5. *Cartes et plans levés à la Terre de Leuwin*.... 439—440.
§. 6. *Cartes et plans levés à la Terre d'Édels*....... 440—442.
§. 7. *Carte levée à la Terre d'Endracht*........... 442—445.
§. 8. *Cartes et plans levés à la Terre de Witt*...... 445—450.
§. 9. *Plan levé au port Jackson*................ 451.
§. 10. *Cartes et plans levés dans le grand archipel d'Asie*. 451—454.
§. 11. *Analyse de la carte générale de la Nouvelle-Hollande*........................ 454—462.

TABLE DES CHAPITRES.

CHAP. IV.
TRACÉ ET DIVISION DES CARTES SUR LE CUIVRE.

§. 1.er *Du tracé des cartes*.................. Pag. 463—466.
§. 2. *Division des échelles*..................... 466—468.

LIVRE IV.
RÉSULTATS GÉNÉRAUX.
CHAP. Ier
TABLES DE ROUTES.

§. 1.er *Routes des corvettes Françoises, et principales observations physiques et météorologiques faites pendant le voyage*.................................. 469—526.

§. 2. *Routes particulières de la corvette* le Naturaliste, *et principales observations physiques et météorologiques faites à bord de ce bâtiment*................. 527—535.

§. 3. *Routes particulières de la goëlette* le Casuarina, *et principales observations météorologiques faites à bord de ce bâtiment*................................ 536—540.

CHAP. II.

Tables de la position géographique des principaux points déterminés pendant le voyage.................. 541—549.

CHAP. III.
TABLES DES MARÉES OBSERVÉES PENDANT LE VOYAGE.

§. 1.er *Marées observées à terre*............... 550—561.
§. 2. *Marées observées au mouillage*............ 562—570.

FIN DE LA TABLE.

ERRATA ET ADDITIONS.

PAGE 11, ligne 10, rconnaissance ; *lisez* reconnoissance.
— 17, — pénultième, dans l'Est ; *lisez* dans l'Ouest.
— 38, — 19, *ajoutez en marge*, Navigation.
— 26, — id. — Mouillages.
— 39, — 4, — id. — Choix du meilleur mouillage.
— 40, — 4, — id. — Productions.
— 43, — 29, — id. — Espèce humaine.
— 47, — 5, — id. — Observations physiques et astronomiques.
— 60, — 3, — id. — Eau douce.
— 17, — id. — Fertilité.
— 23, — id. — Productions.
— 61, — 15, — id. — Espèce humaine.
— pénultième id. — Observations physiques et astronomiques.
— 67, — 17, — id. — Observations physiques.
— 98, — 25, laconstitution ; *lisez* la constitution.
— 101, — 7, côtes ; *lisez* cotes.
— 143, — 20, lettrine ᵃ ; *lisez* ᵇ. La note correspondante à ce renvoi se trouve sur la page suivante.
— 144, — La note placée à la fin de cette page, doit être précédée de la lettrine ᵇ, et être transportée sur la page précédente.
— 172, — 21, (en marge) *Productions*. Relevez ce mot à la hauteur de la ligne 18.
— pénultième. Il seroit facile de s'en procurer ; *ajoutez* : en peu de temps.
— 177, — 25, COLAS ; *lisez* COLLAS.
— 180, — 21, (en marge) *Houtman's-Abrolhos*. Relevez ces mots à la hauteur de la ligne 16.
— 203, — pénultième ; *ajoutez en marge* : Espèce humaine.
— 300, — 30, Imilions ; *lisez* millions.
— 395, — 24, Après le mot *Timor*, ajoutez : longitudes qui toutes ont été tirées du journal de M. HAMELIN.
— 408, — 3, la longitude de *X* ; *lisez* la longitude X.
— 19, *x* ; *lisez* x'.
— 424, — 21, cap du Sud ; *lisez* cap Sud.
— 458, — 30, au Sud des Trials ; *ajoutez* : par 29° 10' de latitude.
— 459, — 10, Occidentale ; *lisez* Orientale.
— 473, ligne dernière, 62° 26' ; *lisez* 61° 34'.
— 477, colonne des remarques, lig. 20, pl. ; *lisez* pluie.
— 514, — idem — lig. 7, après ces mots, *Terre Napoléon* : ajoutez : il ne rejoignit le *Géographe* qu'au port du Roi-George.

Page 513, ————— idem ————— lig. 19, le *Géographe* et le *Casuarina* sont partis; lisez, *le Géographe est parti*.
————— 516, ————— idem ————— lig. 6, après ces mots : à 7ʰ du soir ; ajoutez : où l'on s'est réuni avec *le Casuarina*.
————— 533, ————— idem ————— lig. 7, sep; *lisez* sept.
————— 568, ligne 2, après ces mots : à bord du Géographe; ajoutez : *et du* Casuarina.

CORRECTIONS POUR L'ATLAS.

Planche N.º 6, (plan particulier du port Dalrymple) dans le titre, ligne 5 : assujetti aux observations faites à bord des corvettes Françoises; *lisez*, assujetti aux remarques faites à bord du grand canot du *Naturaliste*.
————— id. ——— le cercle de la position du midi du 19 mars (près Waterhouse) n'est pas gravé.
————— N.º 8, dans la baie Ransonnet ; *ajoutez* une ✠ à la position du midi 24 décembre.
————— N.º 16, les mots *cap Sully* à écrire ; consultez la planche N.º 10 par 34º 10' de latitude.
————— N.º 18, îles de Montenotte ; *ajoutez* les lettres P. D.
————— id. ——— cap des Adieux ; *ajoutez* les lettres P. D.
————— N.º 24, les mots *îles d'Arcole* à écrire ; consultez la planche N.º 27 par 15º de latitude.
————— id. ——— les mots *île Simâô* à écrire ; consultez la planche N.º 31 par 10º 15' de latitude.
————— N.º 26, les mots *bauce des Baleines*, à écrire; consultez la planche N.º 24 par 119º 40' de longitude.
————— id. ——— à la position du midi 29 avril ; *ajoutez* une ✠.
————— id. ——— à la position de midi 24—26 avril ; *ajoutez* une ✠.
————— N.º 29, sur le plan du Comté de Cumberland, à la place de la seconde île à l'entrée de Broken-Bay, il faut un banc.

www.ingramcontent.com/pod-product-compliance
Lightning Source LLC
Chambersburg PA
CBHW070406230426
43665CB00012B/1270